# Messbuch 2020

Die vollständigen Messtexte
für Sonn- und Festtage
nach den authentischen liturgischen Ausgaben
der Bistümer des deutschen Sprachgebietes.
Mit der Feier der Gemeindemesse
und der Wort-Gottes-Feier
an Sonn- und Festtagen

Lesejahr A

**Begründet von Eleonore Beck**
**Herausgegeben von Dorothee Sandherr-Klemp**
**und Susanne Sandherr**



Butzon & Bercker

Lesungen, deren Stellenangabe mit einem (°) gekennzeichnet ist, unterscheiden sich vom Ordo lectionum Missae durch eine andere Wahl oder durch größere Ergänzungen (vgl. Pastorale Einführung 112).

ISBN 978-3-7666-2557-1


Mit kirchlicher Druckerlaubnis. Nr. 3.6 – 4/2019
Münster, den 09. Mai 2019
Dr. Klaus Winterkamp, Generalvikar
Satz: Schröder Media GbR, Dernbach
Druck und Bindung: Druckerei C. H. Beck, Nördlingen

# Inhalt

**Die Fastenzeit – Österliche Bußzeit**



**Heilige Woche – Karwoche**



**Die Osterzeit**

# ZU DIESEM BUCH: ANGST VOR DEM GEIST?

In der lukanischen Apostelgeschichte fragt Paulus „einige Jünger“: „Habt ihr den Heiligen Geist empfangen, als ihr gläubig wurdet?“ Sie antworten ihm: „Wir haben noch nicht einmal gehört, dass es einen Heiligen Geist gibt.“ (Apg 19,12) Karl Rahner bezieht sich auf diese Episode in einem kleinen, aber gehaltvollen Beitrag, der nun ein halbes Jahrhundert alt ist. Er ist überschrieben: „Angst vor dem Geist“. Der große katholische Theologe vermutet, die Christen von heute würden in der Sache wohl nicht ganz anders antworten als jene Jünger aus der Apostelgeschichte. Falls sie aus Religionsunterricht und Katechese auch noch ein wenig über den Heiligen Geist zu sagen wüssten, eine optimistische Annahme – im eigenen Leben hätten sie ihn noch nicht verspürt.

*Geschlossenes System*

Es ist nicht so einfach, in einem vermeintlich geschlossenen System innerweltlicher Ursachen und Wirkungen das Wirken von „Heiligem Geist“ zu entdecken. Und doch, so Karl Rahner weiter, ist es möglich. Ist es dringlich. Es gelte, die begegnende Wirklichkeit nicht allein nach ausdrücklich religiösen Etiketten abzusuchen. Vielmehr offen Ausschau zu halten nach innerer Freiheit, in der ein Mensch dem Spruch seines Gewissens folgt, ohne vorab ängstlich die möglichen Folgen für sich selbst zu kalkulieren; offene Augen zu haben für Situationen, in denen Menschen – wer weiß, wie – aus dem Gefängnis ihres Egoismus aufbrechen; für Menschen, die nicht nur dieses und jenes Vergnügen suchen, sondern eine Freude ahnen, die in ihnen atmet, eine Freude, die nicht trügt, sondern trägt. Sogar über die Todesschwelle hinaus, weil Menschen dem Geheimnis trauen und sich ihm anvertrauen, das wir nicht nur Einheit, Sinn und Liebe nennen dürfen, sondern, in persönlicher Anrede: Gott.

*Heiliger Geist als Mitte und Motor der Welt*

In solchen zutiefst menschlichen und eben so das Menschen Mögliche überschreitenden und öffnenden Grund-Erfahrungen gebe sich zu erfahren, was weit über einzelne manipulierbare und abgrenzbare Erfahrungen unserer Erfahrungswelt hinausgehe. Was diese Welt überschreite, und sie zugleich konzentriere und orientiere und umfange. Heiliger Geist als Mitte und Maß der Welt, die der Welt doch entzogen, ihr unverfügbar, ihr nicht mehr eigen ist! Und diesen „namenlos ‚über alles Fleisch' ausgegossenen Heiligen Geist brauchen gerade wir Christen am allerwenigsten in die Mauern der Kirche eingesperrt zu denken". Kirche ist ja die Gemeinde derer, die wider alle weltlichen Widerstände zu behaupten wagen, dass Gott die Welt – und Karl Rahner fügt hinzu: „nicht bloß uns Christen!" – geliebt und seinen Heiligen Gottesgeist zum dynamischen Beweger der Welt gemacht habe, sofern sich ihm Menschen nicht durch radikale Lebensschuld verschließen.

*Glauben wir nur in der Theorie?*

Was hindert uns daran, den Geist des Herrn zu entdecken? Es ist die Angst vor dem Geist. Eben jene Angst hindert uns, den Heiligen Geist eben so klar und machtvoll zu entdecken, wie es ihm zukommt. Aber woher kommt diese Angst? Warum Angst, ausgerechnet vor dem Anhauch des Lebens, vor dem guten Geist der Freiheit, der Hoffnung und der Zuversicht, der Einheit und des Friedens? Was könnten Menschen sich inniger und sehnlicher wünschen als jenen Geist? Das klingt überzeugend. Aber so ticken wir Menschen wohl nicht. Wir wollen Sicherheit. Wir wollen ein angenehmes Leben. Unsere Lebensrechnung soll, bitte sehr, stimmen. Keine Experimente! Ich will wissen, woran ich bin. Das ist verständlich. So sind wir nun einmal. So bin ich.

*Dem Geist des Herrn trauen – sich ihm anvertrauen*

Der Heilige Geist, wir wollen ihn eindämmen und dosieren. Das ist begreiflich, das ist zu begreiflich. Doch damit schneiden wir uns hart von seinen Gaben ab. Denn dieser „Geist ist, um diese Gaben zu geben, der Geist, der immer wieder alle Grenzen sprengt, alles der Unbegreiflichkeit überantworten will, die wir Gott nennen, ist der Geist, der durch den Tod das Leben gibt". Das macht Angst. Wir messen den Geist also penibel an unseren Maßstäben, Traditionen, Institutionen, statt diese von ihm prüfen zu lassen. Ist nicht auch im

Leben der Kirche selbst diese Angst vor dem Heiligen Geist zu finden? Karl Rahner schreibt: „Was immer nur Ausgangspunkt und Absprungbasis für diese Bewegung durch Glaube, Hoffnung und Liebe in die unumfassbare Unbegreiflichkeit Gottes hinein sein sollte, das machen wir zu unserer bleibenden Heimat."

Angst vor dem Geist? Öffnen wir uns heute, mit allen guten Kräften unserer Traditionen, unserer Institutionen, unserer Reflexion, für das Geschenk des Heiligen Geistes in Kirche und Welt, statt in Angst ihn eigenmächtig zu verwalten.

*Dorothee Sandherr-Klemp und Susanne Sandherr*

# EIN NEUES LESEJAHR: DAS EVANGELIUM NACH MATTHÄUS

Matthäus eröffnet den dreijährigen kirchlichen Lesezyklus. Seine Vorrangstellung im Neuen Testament verdankt das zwischen 80 und 90 nach Christus entstandene Evangelium nicht seinem Alter, sondern dem Umstand, dass es in der Alten Kirche am meisten gelesen und von den immer zahlreicheren Heidenchristen als Evangelium einer Kirche aus Heiden gedeutet und begrüßt wurde. Von einem an Christus glaubenden jüdischen Autor verfasst, wendet sich das Matthäus-Evangelium jedoch nachdrücklich an eine gemischte Gemeinde aus Juden und Nichtjuden.

*Jesus als Sohn Davids und Abrahams*

Der Römische Krieg verloren, Tempel und Stadt zerstört. Eine jüdische Strömung sucht, gegen mächtige Angleichungstendenzen an die griechisch-römische Leitkultur, die tradierte Religion im Rückgriff auf die hebräische Sprache und in Konzentration auf Israel zu bewahren. Hellenistisch geprägte Jesus-Anhänger versuchen ihrerseits, ihren jüdischen Glauben zu artikulieren, aber in der Öffnung für Nichtjuden und unter Rückgriff auf die ins Griechische übertragenen oder so verfassten heiligen Schriften Israels. Matthäus müht sich, das schwierige Verhältnis zwischen Juden und Nicht-Juden in seiner Gemeinde zu klären. Es geht darum, das Verhältnis zwischen dem Glauben an JHWH als Gott Israels und aller Völker und entsprechend zwischen der Sendung Jesu als Sohn Davids zu Israel, aber auch als Sohn Abrahams zu allen Völkern, zu erhellen. Die kritisch-polemischen Töne des Evangeliums zumal gegen pharisäische Kreise, deren Lehrautorität Matthäus nicht bezweifelt, denen er aber den Abstand zwischen Lehre und Tun vorwirft, waren ursprünglich Teil innerjüdischer Auseinandersetzungen um den rechten Weg; sie sollten nicht antijüdisch verwendet werden.

*Matthäus, Schriftgelehrter und Jünger des Himmelreichs*

Der Matthäus-Evangelist wurde ca. 50 Jahre nach Abfassung des Evangeliums mit dem Zöllner und Angehörigen des Zwölferkreises

Matthäus gleichgesetzt (9,9; 10,3). Der Evangelist, wie seine Gemeinde in der syrischen Großstadt Antiochien zu Hause, war selbst kein Augenzeuge Jesu, er kennzeichnet sich in 13,52 selbst als Schriftgelehrten, der „Jünger des Himmelreichs" wurde und nun einem Hausherrn gleicht, „der aus seinem Vorrat Neues und Altes hervorholt". Schriftgelehrt meint hier die Fähigkeit, die Schriften nicht nur historisch zu lesen, sondern zu verheutigen.

*Quellen und eigene theologische Komposition*

Etwa die Hälfte des Stoffes, vor allem Erzählungen, stammt von Markus, etwa ein Viertel aus einer Matthäus und Lukas vorliegenden Redenquelle. Nicht zu vergessen sind die heiligen Schriften Israels! Obwohl Matthäus viele Traditionen einarbeitet, ist sein Evangelium doch eigenständige Komposition. Für ihn ist vor allem die Einheit von Jesu Worten und Taten wichtig. Sie soll das Erkennungszeichen derer werden, die sich zu Christus stellen.

*Im Lichte biblischer Verheißung*

Matthäus arbeitet mit Erfüllungszitaten, in denen Begebenheiten aus dem Leben Jesu im Lichte biblischer Verheißungen leuchten. Auffällig ist die Fülle von Hoheitstiteln. Der Titel „Immanuel" („Mit-uns-Gott", 1,23; vgl. Jes 7,14) findet sich nur bei ihm, und er rahmt das Evangelium: „Ich bin mit euch alle Tage bis zum Ende der Welt." (28,20) Jesus ist „der Christus". Er ist „Sohn Abrahams" und als Christus (Messias) Heiland und „Sohn Davids". Jesus ist „Sohn Gottes" (16,16). Dies bestätigt sich in seiner Herkunft aus dem Heiligen Geist (1,18) und in der Geburt von der Jungfrau Maria (1,25). Jesus wird „Herr" genannt. Er ist „der Menschensohn", der von Gott jetzt schon bevollmächtigte Mensch, zugleich die hohe richterliche Gestalt, deren Kommen endzeitlich erwartet wird.

*Die Gerechtigkeit tun*

Für Matthäus ist Jesus Lehrer der Gerechtigkeit, in Wort und Tat legt er den Willen Gottes aus, der in der Tora geoffenbart ist und durch sein Wirken erfüllt wird (5,17–20). So zeigt sich überwältigend Gottes Zuspruch zum Menschen; er geht dem Anspruch voran und ermöglicht dessen Erfüllung. Menschliches Handeln hat Gewicht; das Gericht am Ende der Zeiten schaut auf das bedingungslos liebende Tun. Gottes Liebe und Treue in Jesus entsprechen darum die Jünger und Jüngerinnen, wo immer sie sich für Gottes guten Willen öffnen und ‚die Gerechtigkeit tun'.

*Einheit von Juden und Nichtjuden im einen Gottesvolk*

Dass der Christus, in dem Gott handelt, zuerst für das Heil Israels, aber auch für das Heil aller Nichtjuden entscheidend ist, hat für Konfliktstoff gesorgt. Konservative Gemeindemitglieder konnten sich durch diese Öffnung der göttlichen Heilsverheißung bedroht fühlen. Doch gerade dies, die Einheit von Juden und Nichtjuden im einen Gottesvolk, ist Anliegen des Matthäus. JHWH handelt in der Geschichte Israels *und* der Völker, und in Jesus und seiner Lebensgeschichte bis in Tod und Auferweckung. Für Matthäus bleibt Israel erwählt und zuerst berufen, doch diese biblische Tradition wird um ebenfalls biblische Traditionen ergänzt, die um die Gestalt Abrahams, des glaubenden Nichtjuden, kreisen, die Bedeutung nichtjüdischer Figuren anerkennen – Frauen im Stammbaum Jesu –, und um die universalen Hoffnungen aus Jesaja. In der spannungsreichen Verbindung beider Traditionslinien lebt die matthäische Gemeinde, und leben wir.

*Susanne Sandherr*

# Der Advent

## 1. ADVENTSSONNTAG

### 1. Dezember 2019

Nein, diese Texte passen nicht wirklich zum Beginn des Advents! Zunächst ist da die Vision des Propheten Jesaja, der uns eine Welt ohne Krieg, in der alle gemeinsam zum Haus des Herrn ziehen, vor Augen stellt – und der so leicht als Spinner abgetan werden kann. Dann die kryptischen Worte des Paulus, der an die baldige Wiederkunft des Herrn glaubte, die bis heute auf sich warten lässt, und dann – apokalyptische Schreckensszenarien, die vom Ende der Tage sprechen, aus dem Matthäus-Evangelium … Und doch, das ist Advent! Da ist Advent. Die Lesungen des heutigen Sonntags sind Texte, die uns aufrütteln wollen. Die Zeichen stehen auf Neuanfang an diesem ersten Dezembertag. Mit dem Advent beginnt eine Zeit, die uns zum Wesentlichen führen will, die uns vorbereiten will auf den, der da kommt. Im Namen des HERRN.

#### ERÖFFNUNGSVERS

Ps 25 (24), 1–3

Zu dir, Herr, erhebe ich meine Seele.
Mein Gott, dir vertraue ich.
Lass mich nicht scheitern,
lass meine Feinde nicht triumphieren!
Denn niemand, der auf dich hofft, wird zuschanden.

## KYRIE-RUFE

Herr Jesus Christus, Menschensohn, du wirst wiederkommen
mit großer Macht und Herrlichkeit.
V/A: Herr, erbarme dich.
Du kommst, zu richten die Lebenden und die Toten.
V/A: Christus, erbarme dich.
Du heißt uns, wachsam zu sein und uns bereitzuhalten.
V/A: Herr, erbarme dich.

## TAGESGEBET

Herr, unser Gott, alles steht in deiner Macht; du schenkst das Wollen und das Vollbringen. Hilf uns, dass wir auf dem Weg der Gerechtigkeit Christus entgegengehen und uns durch Taten der Liebe auf seine Ankunft vorbereiten, damit wir den Platz zu seiner Rechten erhalten, wenn er wiederkommt in Herrlichkeit. Er, der in der Einheit des Heiligen Geistes mit dir lebt und herrscht in alle Ewigkeit.

# WORTGOTTESDIENST

ZUR 1. LESUNG Etwa 2700 Jahre sind sie alt, die Worte des Propheten Jesaja, und doch treffen sie auch unsere Sehnsucht heute: Wie sehr braucht unsere Welt eine Vision, die alle umfasst, die sich Menschen nennen, die Schluss macht mit dem ewigen „Wir“ gegen „die anderen“, die vielmehr auf Gemeinschaft der vielen setzt. Eine Vision, in der alle ein gemeinsames Ziel haben, alle gerufen sind, gewollt sind, egal ob klein oder groß, wohlhabend oder nicht, gesellschaftlich angesehen oder an den Rand gedrängt. – Der Prophet vertraut fest darauf, dass sie Wirklichkeit werden wird, diese Vision. Jede und jeder kann erste Schritte auf den Wegen des HERRN gehen, „Schwerter zu Pflugscharen“ umschmieden, widersprechen, wo Menschen einander mit Hass begegnen, laut und vernehmlich „Nein“ sagen, wo sie „für den Krieg üben“. Wir können es, wir können uns einmischen, wo Ungerechtigkeit herrscht. So können wir der großen Friedensvision schon jetzt Raum geben in unserer eigenen Zeit.

## ERSTE LESUNG Jes 2,1–5

*Der Herr führt alle Völker zusammen in den ewigen Frieden des Reiches Gottes*

**Lesung aus dem Buch Jesája.**

Das Wort, das Jesája, der Sohn des Amoz, über Juda und Jerusalem geschaut hat.

Am Ende der Tage wird es geschehen: Der Berg des Hauses des Herrn steht fest gegründet als höchster der Berge; er überragt alle Hügel. Zu ihm strömen alle Nationen. Viele Völker gehen und sagen: Auf, wir ziehen hinauf zum Berg des Herrn und zum Haus des Gottes Jakobs. Er unterweise uns in seinen Wegen, auf seinen Pfaden wollen wir gehen. Denn vom Zion zieht Weisung aus und das Wort des Herrn von Jerusalem.

Er wird Recht schaffen zwischen den Nationen und viele Völker zurechtweisen. Dann werden sie ihre Schwerter zu Pflugscharen umschmieden und ihre Lanzen zu Winzermessern. Sie erheben nicht das Schwert, Nation gegen Nation, und sie erlernen nicht mehr den Krieg.

Haus Jakob, auf, wir wollen gehen im Licht des Herrn.

## ANTWORTPSALM Ps 122 (121),1–3.4–5.6–7.8–9 (Kv: 1b)

Kv Zum Haus des Herrn wollen wir gehen. – Kv

Ich freute mich, als man mir sagte: *
„Zum Haus des Herrn wollen wir gehen."
Schon stehen unsere Füße in deinen Toren, Jerusalem: /
Jerusalem, als Stadt erbaut, *
die fest in sich gefügt ist. – (Kv)

Dorthin zogen die Stämme hinauf, die Stämme des Herrn, /
wie es Gebot ist für Israel, *
den Namen des Herrn zu preisen.
Denn dort standen Throne für das Gericht, *
die Throne des Hauses David. – (Kv)

Erbittet Frieden für Jerusalem! *
Geborgen seien, die dich lieben.
Friede sei in deinen Mauern, *
Geborgenheit in deinen Häusern! – (Kv)

Wegen meiner Brüder und meiner Freunde *
will ich sagen: In dir sei Friede.
Wegen des Hauses des Herrn, unseres Gottes, *
will ich dir Glück erflehen. – Kv

ZUR 2. LESUNG Was ist zu tun im Wissen um die gegenwärtige Zeit? Als Christen und Christinnen leben wir im Glauben an die noch ausstehende Vollendung der Erlösung der Welt. Aus dieser Perspektive die Zeichen der Zeit zu erkennen und zu handeln, das ist unsere Aufgabe. Unsere Zeit ist geprägt von Kriegen, von Terror, von Umweltkatastrophen, von Flucht und Heimatlosigkeit. In der Tiefe dieser Nacht der Welt haben wir den Auftrag, zu leben wie am Tag, zu hoffen wider die Hoffnungslosigkeit, zu glauben wider die Verzagtheit, uns auf das Wesentliche zu konzentrieren, das der Apostel benennt: Nicht die Sorge um das eigene Wohlergehen ist es, die uns leiten soll, sondern die Liebe zu den anderen.

## ZWEITE LESUNG

Röm 13,11–14a

*Jetzt ist das Heil uns näher*

**Lesung aus dem Brief des Apostels Paulus an die Gemeinde in Rom.**

Schwestern und Brüder! Das tut im Wissen um die gegenwärtige Zeit: Die Stunde ist gekommen, aufzustehen vom Schlaf. Denn jetzt ist das Heil uns näher als zu der Zeit, da wir gläubig wurden. Die Nacht ist vorgerückt, der Tag ist nahe.

Darum lasst uns ablegen die Werke der Finsternis und anlegen die Waffen des Lichts! Lasst uns ehrenhaft leben wie am Tag, ohne maßloses Essen und Trinken, ohne Unzucht und Ausschweifung, ohne Streit und Eifersucht! Vielmehr zieht den Herrn Jesus Christus an.

## RUF VOR DEM EVANGELIUM

Vers: Ps 85 (84), 8

Halleluja. Halleluja.
Lass uns schauen, o Herr, deine Huld
und schenke uns dein Heil.
Halleluja.

**ZUM EVANGELIUM** Seid wachsam! Haltet euch bereit! Deutliche Ermahnungen sind es, die Jesus, folgt man dem Evangelisten Matthäus, formuliert. Wie Paulus ist offensichtlich auch Matthäus von der Vorstellung geprägt, dass die Wiederkunft Jesu in absehbarer Zeit bevorsteht, dass der Tag, an dem der Herr kommt, nahe ist. Schwierig nachzuvollziehen ist das Kriterium, nach welchem einer der Feldarbeiter und auch eine der Frauen mitgenommen, eine bzw. einer aber zurückgelassen werden. Unterscheiden können sich die jeweiligen Personen nur durch ihre innere Haltung; ihre äußere Tätigkeit unterscheidet sie hier nicht. Es scheint, dass es darauf ankommt, in der Gegenwart des Herrn zu leben, so zu leben, dass man jederzeit für sein Kommen bereit ist.

## EVANGELIUM

Mt 24,37–44

*Seid wachsam und haltet euch bereit!*

**+ Aus dem heiligen Evangelium nach Matthäus.**

In jener Zeit sprach Jesus zu seinen Jüngern: Wie es in den Tagen des Noach war, so wird die Ankunft des Menschensohnes sein. Wie die Menschen in jenen Tagen vor der Flut aßen und tranken, heirateten und sich heiraten ließen, bis zu dem Tag, an dem Noach in die Arche ging, und nichts ahnten, bis die Flut hereinbrach und alle wegraffte, so wird auch die Ankunft des Menschensohnes sein.

Dann wird von zwei Männern, die auf dem Feld arbeiten, einer mitgenommen und einer zurückgelassen. Und von zwei Frauen, die an derselben Mühle mahlen, wird eine mitgenommen und eine zurückgelassen.

Seid also wachsam! Denn ihr wisst nicht, an welchem Tag euer Herr kommt.

Bedenkt dies: Wenn der Herr des Hauses wüsste, in welcher Stunde in der Nacht der Dieb kommt, würde er wach bleiben und nicht zulassen, dass man in sein Haus einbricht.

Darum haltet auch ihr euch bereit! Denn der Menschensohn kommt zu einer Stunde, in der ihr es nicht erwartet.

*Oder:*

ZUM EVANGELIUM Ein großes apokalyptisches Szenario wird vor uns ausgebreitet in diesen Versen des Matthäus-Evangeliums. Die Wirkung ist auf den ersten Blick beängstigend. Für die Gemeinde des Matthäus stehen im Hintergrund die Erfahrungen des Jüdischen Krieges und der Zerstörung des Tempels in Jerusalem im Jahr 70 nach Christus. Es geht um die Sorge, dass die Welt, so wie sie ist, nicht weiter bestehen wird. Auch wir können heute leicht Ereignisse und Entwicklungen benennen, die ähnliche Ängste auslösen, auch unsere Zeit ist von Verunsicherungen geprägt. Dieser Angst stellt Jesus im Evangelium das Vertrauen auf das Kommen des Menschensohnes entgegen. Wir dürfen darauf vertrauen, dass die Angst auslösenden Mechanismen unserer Zeit vergehen werden, dass das Geschick der Menschheit und der Welt letztlich anderswo liegt: in Gottes Hand.

## LANGFASSUNG

Mt 24,29–44°

*Man wird den Menschensohn auf den Wolken des Himmels kommen sehen, mit großer Kraft und Herrlichkeit. – Seid wachsam und haltet euch bereit!*

**+ Aus dem heiligen Evangelium nach Matthäus.**

In jener Zeit sprach Jesus zu seinen Jüngern: Sofort nach den Tagen der großen Drangsal wird die Sonne verfinstert werden und der Mond wird nicht mehr scheinen; die Sterne werden vom Himmel fallen und die Kräfte des Himmels werden erschüttert werden.

Danach wird das Zeichen des Menschensohnes am Himmel erscheinen; dann werden alle Völker der Erde wehklagen und man wird den Menschensohn auf den Wolken des Himmels kommen sehen, mit großer Kraft und Herrlichkeit.

Er wird seine Engel unter lautem Posaunenschall aussenden und sie werden die von ihm Auserwählten aus allen vier Windrichtungen zusammenführen, von einem Ende des Himmels bis zum andern.

Lernt etwas aus dem Vergleich mit dem Feigenbaum! Sobald seine Zweige saftig werden und Blätter treiben, erkennt ihr, dass der Sommer nahe ist. So erkennt auch ihr, wenn ihr das alles seht, dass das Ende der Welt nahe ist.

Amen, ich sage euch: Diese Generation wird nicht vergehen, bis das alles geschieht. Himmel und Erde werden vergehen, aber meine Worte werden nicht vergehen.

Doch jenen Tag und jene Stunde kennt niemand, auch nicht die Engel im Himmel, nicht einmal der Sohn, sondern nur der Vater.

Denn wie es in den Tagen des Noach war, so wird die Ankunft des Menschensohnes sein. Wie die Menschen in jenen Tagen vor der Flut aßen und tranken, heirateten und sich heiraten ließen, bis zu dem Tag, an dem Noach in die Arche ging, und nichts ahnten, bis die Flut hereinbrach und alle wegraffte, so wird auch die Ankunft des Menschensohnes sein.

Dann wird von zwei Männern, die auf dem Feld arbeiten, einer mitgenommen und einer zurückgelassen. Und von zwei Frauen, die an derselben Mühle mahlen, wird eine mitgenommen und eine zurückgelassen.

Seid also wachsam! Denn ihr wisst nicht, an welchem Tag euer Herr kommt.

Bedenkt dies: Wenn der Herr des Hauses wüsste, in welcher Stunde in der Nacht der Dieb kommt, würde er wach bleiben und nicht zulassen, dass man in sein Haus einbricht.

Darum haltet auch ihr euch bereit! Denn der Menschensohn kommt zu einer Stunde, in der ihr es nicht erwartet.

Glaubensbekenntnis, S. 492 ff.

## FÜRBITTEN

Erbarmender Gott, du rufst alle Menschen und lädst sie ein, sich neu auf das Heil hin auszurichten, das von dir kommt:

- Führe deine Kirche im Wechsel der Zeiten und schenke ihr die Kraft des Vertrauens und den Mut zur Erneuerung. V/A: Höre und erhöre uns.

- Hilf allen deinen Getauften, diese Adventszeit als Chance der Besinnung zu begreifen. V/A: Höre und erhöre uns.

- Ermutige die Menschen guten Willens, auf die Armen und Schwachen zu schauen und besonders auf die Menschen, die ihre Heimat aufgeben mussten. V/A: Höre und erhöre uns.

- Stärke alle, die sich in ihrem Land für einen gerechten Frieden in Freiheit einsetzen. V/A: Höre und erhöre uns.

- Nimm Angst und Verzweiflung von den Sterbenden und lass sie einmal teilhaben an deinem Licht und deinem Leben. V/A: Höre und erhöre uns.

Gott, du willst, dass unser Leben gut wird. Ermutige uns umzukehren und schärfe unseren Blick für das Unrecht. Darum bitten wir heute und alle Tage, die uns geschenkt sind.

# EUCHARISTIEFEIER

## GABENGEBET

Allmächtiger Gott, alles, was wir haben, kommt von dir. Nimm die Gaben an, die wir darbringen. Mache sie für uns in diesem Leben zum Sakrament der Erlösung und rufe uns an deinen Tisch im kommenden Reich. Darum bitten wir durch Christus, unseren Herrn.

Präfation, S. 499 ff.

## KOMMUNIONVERS

Ps 85 (84), 13

Der Herr wird seinen Segen spenden,
und unsere Erde bringt ihre Frucht hervor.

## SCHLUSSGEBET

Herr, unser Gott, du hast uns an deinem Tisch mit neuer Kraft gestärkt. Zeige uns den rechten Weg durch diese vergängliche Welt und lenke unseren Blick auf das Unvergängliche, damit wir in allem dein Reich suchen. Darum bitten wir durch Christus, unseren Herrn.

## FEIERLICHER SCHLUSSSEGEN

Der barmherzige Gott hat uns den Glauben an das Kommen seines Sohnes geschenkt; er segne und heilige euch durch das Licht seiner Gnade. – A: Amen.
Er mache euch standhaft im Glauben, froh in der Hoffnung und eifrig in Werken der Liebe. – A: Amen.
Die erste Ankunft des Erlösers sei euch Unterpfand der ewigen Herrlichkeit, die er uns schenken wird, wenn er wiederkommt auf den Wolken des Himmels. – A: Amen.
Das gewähre euch der dreieinige Gott, der Vater und der Sohn † und der Heilige Geist. – A: Amen.

***

DIE ZWEITE ERWARTUNG
[zum 1. Adventssonntag]

die welt
ist noch nicht
fertig

im werden sind wir
gebeutelt von wehen

kein stein
bleibt auf dem anderen

der tag des herrn
dämmert nicht sanft herauf
kein trompetenstoß
kündigt ihn strahlend an

hereinbrechen wird er
unerwartet
plötzlich

doch am ende
werden wir nicht untergehen
sondern ankommen bei dem
der war und ist

wachsam
warten wir

zu viele kerzen
brennen schon

*Thomas Schlager-Weidinger*

# 2. ADVENTSSONNTAG

## 8. Dezember 2019

Unter den Adventsgestalten, die Alfred Delp SJ während seiner Inhaftierung durch die Nationalsozialisten und kurz vor seiner Hinrichtung beschreibt, ragt *der Rufende in der Wüste* heraus. Es geht, so Pater Delp, um „Menschen, vom Blitz der Sendung und Berufung getroffen. Ihr Herz ist ihnen voraus und deswegen ist ihr Auge so hellsichtig und so unbestechlich. Sie rufen nicht um des Rufes willen oder der Stimme wegen. [...] Sie rufen den Segen und das Heil." Solche adventlichen Menschen stellen die heutigen Lesungstexte vor Augen. Auch unsere Zeit braucht sie. Wer sind sie, die Rufer und Ruferinnen in der Wüste? Hören wir ihre Stimme?

### ERÖFFNUNGSVERS

Vgl. Jes 30,19.30

Der Herr wird kommen, um die Welt zu erlösen.
Volk Gottes, mach dich bereit.
Höre auf ihn, und dein Herz wird sich freuen.

### KYRIE-RUFE

Herr Jesus Christus, du hast unsere Menschennatur angenommen.
V/A: Herr, erbarme dich.
Du hast unser Dasein in allem geteilt, außer der Sünde.
V/A: Christus, erbarme dich.
Du, unser Menschenbruder, hast für uns Gott ganz angenommen und seinen heiligen Willen getan.
V/A: Herr, erbarme dich.

## TAGESGEBET

Allmächtiger und barmherziger Gott, deine Weisheit allein zeigt uns den rechten Weg. Lass nicht zu, dass irdische Aufgaben und Sorgen uns hindern, deinem Sohn entgegenzugehen. Führe uns durch dein Wort und deine Gnade zur Gemeinschaft mit ihm, der in der Einheit des Heiligen Geistes mit dir lebt und herrscht in alle Ewigkeit.

# WORTGOTTESDIENST

ZUR 1. LESUNG Das Wort ist das Werkzeug des Richters, den der Prophet Jesaja in einer großen Friedensvision beschreibt. Gerechtigkeit ist das Prinzip, dem er folgt, mit einem besonderen Fokus darauf, das Recht der Armen und Entrechteten zu verteidigen. Die Geistesgaben, die ihn prägen, sind Einsicht, Rat, Stärke und Erkenntnis. Und dann ist da die Gottesfurcht, gleich zweimal wird sie genannt. Es scheint dem Verfasser besonders wichtig zu sein, dass der gerechte Richter gottesfürchtig ist. Damit ist nicht etwa Angst vor Gott gemeint. In der biblischen Tradition ist die Gottesfurcht der angemessene Ausdruck für das Verhältnis des Geschöpfes zu seinem Schöpfer. Der gottesfürchtige Mensch weiß, dass er Geschöpf ist; weiß, dass er in der Gegenwart Gottes lebt. Auf Gottes Urteil allein kommt es ihm an. Deshalb ist er frei zu handeln und gegen die Herrschenden dieser Welt aufzubegehren, sich einzusetzen für die Schwachen.

## ERSTE LESUNG Jes 11,1–10

*Er entscheidet für die Armen, wie es recht ist*

**Lesung aus dem Buch Jesája.**

An jenem Tag wächst aus dem Baumstumpf Ísais ein Reis hervor, ein junger Trieb aus seinen Wurzeln bringt Frucht. Der Geist des HERRN ruht auf ihm: der Geist der Weisheit und der Einsicht, der Geist des Rates und der Stärke, der Geist der Erkenntnis und der

Furcht des HERRN. Und er hat sein Wohlgefallen an der Furcht des HERRN.

Er richtet nicht nach dem Augenschein und nach dem Hörensagen entscheidet er nicht, sondern er richtet die Geringen in Gerechtigkeit und entscheidet für die Armen des Landes, wie es recht ist. Er schlägt das Land mit dem Stock seines Mundes und tötet den Frevler mit dem Hauch seiner Lippen.

Gerechtigkeit ist der Gürtel um seine Hüften und die Treue der Gürtel um seine Lenden.

Der Wolf findet Schutz beim Lamm, der Panther liegt beim Böcklein. Kalb und Löwe weiden zusammen, ein kleiner Junge leitet sie. Kuh und Bärin nähren sich zusammen, ihre Jungen liegen beieinander. Der Löwe frisst Stroh wie das Rind. Der Säugling spielt vor dem Schlupfloch der Natter und zur Höhle der Schlange streckt das Kind seine Hand aus. Man tut nichts Böses und begeht kein Verbrechen auf meinem ganzen heiligen Berg; denn das Land ist erfüllt von der Erkenntnis des HERRN, so wie die Wasser das Meer bedecken.

An jenem Tag wird es der Spross aus der Wurzel Ísais sein, der dasteht als Feldzeichen für die Völker; die Nationen werden nach ihm fragen und seine Ruhe wird herrlich sein.

## ANTWORTPSALM

Ps 72 (71), 1–2.7–8.12–13.17 (Kv: vgl. 7)

Kv In den Tagen des Herrn sollen Gerechtigkeit blühen
und Fülle des Friedens. – Kv

Verleih dein Richteramt, o Gott, dem König, *
dem Königssohn gib dein gerechtes Walten.
Er regiere dein Volk in Gerechtigkeit *
und deine Elenden durch rechtes Urteil. – (Kv)

In seinen Tagen sprosse der Gerechte *
und Fülle des Friedens, bis der Mond nicht mehr da ist.
Er herrsche von Meer zu Meer, *
vom Strom bis an die Enden der Erde. – (Kv)

Ja, er befreie den Armen, der um Hilfe schreit, *
den Elenden und den, der keinen Helfer hat.
Er habe Mitleid mit dem Geringen und Armen, *
er rette das Leben der Armen. – (Kv)

Sein Name soll ewig bestehen, *
solange die Sonne bleibt, sprosse sein Name.
Mit ihm wird man sich segnen, *
ihn werden seligpreisen alle Völker. – Kv

ZUR 2. LESUNG Das Wort steht auch im Zentrum der kurzen Passage aus dem Brief, den Paulus an die Gemeinde in Rom gerichtet hat. Er stellt den Empfängern und Empfängerinnen das Wort der Schrift als Trost vor Augen, das ihnen Hoffnung geben kann. Dabei spricht er auch konkrete Probleme in der Gemeinde an: Offensichtlich muss er die Adressaten dazu ermahnen, einander anzunehmen, keine Unterschiede zu machen zwischen Beschnittenen und Unbeschnittenen, Juden und Heiden. Wo der andere nicht mehr Mitmensch ist, sondern die Andersheit als Anlass zu Ausgrenzung und Herabsetzung missbraucht wird, da erhebt sich einer über den anderen und der Ungerechtigkeit sind Tür und Tor geöffnet. Die Hoffnung, die uns die Schrift entfaltet, prägt die Verheißung des Propheten Jesaja, prägt die Botschaft des Täufers Johannes und kommt zum Ausdruck im Tod Jesu für alle, ausnahmslos.

## ZWEITE LESUNG Röm 15,4–9

*Christus rettet alle Menschen*

**Lesung aus dem Brief des Apostels Paulus an die Gemeinde in Rom.**

Schwestern und Brüder! Alles, was einst geschrieben worden ist, ist zu unserer Belehrung geschrieben, damit wir durch Geduld und durch den Trost der Schriften Hoffnung haben. Der Gott der

Geduld und des Trostes aber schenke euch, eines Sinnes untereinander zu sein, Christus Jesus gemäß, damit ihr Gott, den Vater unseres Herrn Jesus Christus, einmütig und mit einem Munde preist.
Darum nehmt einander an, wie auch Christus uns angenommen hat, zur Ehre Gottes! Denn, das sage ich, Christus ist um der Wahrhaftigkeit Gottes willen Diener der Beschnittenen geworden, um die Verheißungen an die Väter zu bestätigen; die Heiden aber sollen Gott rühmen um seines Erbarmens willen, wie geschrieben steht:
Darum will ich dich bekennen unter den Heiden und deinem Namen lobsingen.

## RUF VOR DEM EVANGELIUM

Vers: Lk 3,4b.6

Halleluja. Halleluja.
Bereitet den Weg des Herrn!
Macht gerade seine Straßen!
Und alle Menschen werden das Heil Gottes schauen.
Halleluja.

**ZUM EVANGELIUM** Das Wort ist auch das Werkzeug Johannes des Täufers, der Stimme, die in der Wüste ruft, zur Umkehr aufruft. Sein Eifer zielt nicht auf Anerkennung oder auf den eigenen Ruhm. Der Rufer verkündet die Nähe des Himmelreiches, das Kommen des gerechten Richters. Er will die Menschen aufrütteln, damit sie umkehren und bereit sind für das Kommen des HERRN. Die Worte, die er wählt, formulieren bewusst scharf, wollen aufrütteln: Bringt Frucht hervor, die eure Umkehr zeigt (Mt 3,8), das ruft er den jüdischen Autoritäten zu. Das Fruchtbringen war auch ein Motiv in der ersten Lesung: Der junge Trieb aus der Wurzel Isais bringt Frucht (Jes 11,1). Im Handeln des gerechten Richters wird deutlich, wozu wir berufen sind, wie wir dem Herrn die Wege bereiten können.

## EVANGELIUM

Mt 3,1–12

*Kehrt um! Denn das Himmelreich ist nahe*

**+ Aus dem heiligen Evangelium nach Matthäus.**

In jenen Tagen trat Johannes der Täufer auf und verkündete in der Wüste von Judäa:

Kehrt um! Denn das Himmelreich ist nahe. Er war es, von dem der Prophet Jesája gesagt hat:

Stimme eines Rufers in der Wüste: Bereitet den Weg des Herrn! Macht gerade seine Straßen!

Johannes trug ein Gewand aus Kamelhaaren und einen ledernen Gürtel um seine Hüften; Heuschrecken und wilder Honig waren seine Nahrung.

Die Leute von Jerusalem und ganz Judäa und aus der ganzen Jordangegend zogen zu ihm hinaus; sie bekannten ihre Sünden und ließen sich im Jordan von ihm taufen.

Als Johannes sah, dass viele Pharisäer und Sadduzäer zur Taufe kamen, sagte er zu ihnen: Ihr Schlangenbrut, wer hat euch denn gelehrt, dass ihr dem kommenden Zorngericht entrinnen könnt?

Bringt Frucht hervor, die eure Umkehr zeigt, und meint nicht, ihr könntet sagen: Wir haben Abraham zum Vater. Denn ich sage euch: Gott kann aus diesen Steinen dem Abraham Kinder erwecken.

Schon ist die Axt an die Wurzel der Bäume gelegt; jeder Baum, der keine gute Frucht hervorbringt, wird umgehauen und ins Feuer geworfen.

Ich taufe euch mit Wasser zur Umkehr. Der aber, der nach mir kommt, ist stärker als ich und ich bin es nicht wert, ihm die Sandalen auszuziehen. Er wird euch mit dem Heiligen Geist und mit Feuer taufen.

Schon hält er die Schaufel in der Hand; und er wird seine Tenne reinigen und den Weizen in seine Scheune sammeln; die Spreu aber wird er in nie erlöschendem Feuer verbrennen.

Glaubensbekenntnis, S. 492 ff.

## FÜRBITTEN

Johannes der Täufer mahnt auch uns, Frucht zu bringen. Mit erneuerter Hoffnung gehen wir in dieser Adventszeit Jesus entgegen. Wir rufen zu ihm und bitten ihn:

- Für die christlichen Kirchen; dass sie immer mehr gemeinsam den Weg der Nachfolge Jesu Christi gehen. V: Christus, höre uns. A: Christus, erhöre uns.
- Für unsere Politikerinnen und Politiker; dass sie in ihren Entscheidungen die Würde des Menschen achten. V: Christus, höre uns. A: Christus, erhöre uns.
- Für die Familien, die in Spannungen und im Streit leben; lass sie die Kraft finden, aufeinander zuzugehen. V: Christus, höre uns. A: Christus, erhöre uns.
- Für alle, die heute in Kirche und Gesellschaft auf Missstände aufmerksam machen; dass sie nicht verstummen, sondern den Mut finden, in deinem Geist neue Wege zu weisen. V: Christus, höre uns. A: Christus, erhöre uns.
- Für unsere Verstorbenen; dass sie nun schauen dürfen, was sie im Glauben erhofft haben. V: Christus, höre uns. A: Christus, erhöre uns.

Du, Jesus Christus, bist unsere Hoffnung. Dafür danken wir dir, der du unser Bruder bist und unser Herr.

# EUCHARISTIEFEIER

## GABENGEBET

Barmherziger Gott, wir bekennen, dass wir immer wieder versagen und uns nicht auf unsere Verdienste berufen können. Komm uns zu Hilfe, ersetze, was uns fehlt, und nimm unsere Gebete und Gaben gnädig an. Darum bitten wir durch Christus, unseren Herrn.

Präfation, S. 499 ff.

## KOMMUNIONVERS

Bar 5,5; 4,36

Jerusalem, erhebe dich,
steig auf den Berg und schau die Freude,
die von deinem Gott zu dir kommt.

## SCHLUSSGEBET

Herr, unser Gott, im heiligen Mahl hast du uns mit deinem Geist erfüllt. Lehre uns durch die Teilnahme an diesem Geheimnis, die Welt im Licht deiner Weisheit zu sehen und das Unvergängliche mehr zu lieben als das Vergängliche. Darum bitten wir durch Christus, unseren Herrn.

## FEIERLICHER SCHLUSSSEGEN

S. 22

***

## DAS ERSCHÜTTERTE ERWACHEN

Das erschütterte Erwachen gehört durchaus in den Gedanken und das Erlebnis des Advents. Aber zugleich gehört viel mehr dazu. Das erst macht ja die heimliche Seligkeit dieser Zeiten aus und zündet das innere Licht in den Herzen an, dass der Advent gesegnet ist mit den Verheißungen des Herrn. Die Erschütterung, das Aufwachen: damit fängt das Leben ja erst an, des Advent fähig zu werden. Gerade in der Herbheit des Aufwachens, in der Hilflosigkeit des Zusichselbstkommens, in der Erbärmlichkeit des Grenzerlebnisses erreichen den Menschen die goldenen Fäden, die in diesen Zeiten zwischen Himmel und Erde gehen und der Welt eine Ahnung von der Fülle geben, zu der sie gerufen und fähig ist.

*Alfred Delp SJ*

# HOCHFEST
# DER OHNE ERBSÜNDE EMPFANGENEN JUNGFRAU UND GOTTESMUTTER MARIA

## 9. Dezember 2019

Familiengeschichte. Keiner kann sich davon ganz frei machen. Jeder Mensch ist Teil eines Stammbaums, eingeflochten in die Generationen vor und nach ihm, geprägt von Erfahrungen, die nicht seine eigenen sind, aber dennoch wirken. Das heutige Fest führt uns eine Art theologische Familienaufstellung vor Augen. Wir feiern, dass Maria, die Jungfrau und Gottesmutter, ohne Erbsünde empfangen wurde. Aus heutiger Perspektive ein fremder Gedanke. Belastend, bedenkt man die Abwertung der weiblichen Sexualität, die damit zu oft einherging. Gefährlich auch die harte Gegenüberstellung von Eva und Maria, die Eva als Vertreterin des Alten Bundes abwertete – als Gestat des Alten, des Versagens, der Sünde, und Maria als Gottes Neuanfang mit den Menschen in ein glänzendes Licht stellt. Aber auch eine Meditation der Menschwerdung Christi, in die viel theologische Anstrengung und Kreativität investiert wurde. Jahrhundertelang haben Theologen in fein ziselierter Argumentation nachgezeichnet, unter welchen Bedingungen Gott Mensch werden konnte. Sie haben versucht, die Wurzel bis in die feinsten Verästelungen zu verfolgen: Schon mit Maria unterbricht Gott die Strukturen der Sünde – um unseres Heiles willen.

### ERÖFFNUNGSVERS

Jes 61,10

Von Herzen will ich mich freuen über den Herrn.
Meine Seele soll jubeln über meinen Gott.
Denn er kleidet mich in Gewänder des Heils,
er hüllt mich in den Mantel der Rettung
und schmückt mich köstlich wie eine Braut.

## KYRIE-RUFE

Herr Jesus Christus, du hast deine Mutter Maria
ganz schön und liebenswert gemacht.
V/A: Herr, erbarme dich.
Du hast sie vom ersten Augenblick ihres Daseins an
im Glanz einer einzigartigen Heiligkeit erhalten.
V/A: Christus, erbarme dich.
Du hast uns deine Mutter Maria als leuchtendes Bild
der erlösten Menschheit geschenkt.
V/A: Herr, erbarme dich.

Ehre sei Gott, S. 489 f.

## TAGESGEBET

Großer und heiliger Gott, im Hinblick auf den Erlösertod Christi hast du die selige Jungfrau Maria schon im ersten Augenblick ihres Daseins vor jeder Sünde bewahrt, um deinem Sohn eine würdige Wohnung zu bereiten. Höre auf ihre Fürsprache: Mache uns frei von Sünden und erhalte uns in deiner Gnade, damit wir mit reinem Herzen zu dir gelangen. Darum bitten wir durch Jesus Christus.

# WORTGOTTESDIENST

ZUR 1. LESUNG Ohne Zweifel – hier verstricken sich Menschen in Sünde: Sie verstecken sich, sie handeln aus Angst, sie wälzen die Verantwortung für ihr eigenes Handeln auf andere ab – der Mann auf die Frau, die Frau auf die Schlange. In der großen Erzählung vom Anfang der Welt geschieht das hier zum ersten Mal. Exemplarisch lässt sich daran beobachten, wie sich Menschen voneinander, von der Schöpfung und von Gott entfernen. Danach ist nichts mehr, wie es war. Üblicherweise wird diese Episode der Genesis als Geschichte vom Sündenfall bezeichnet. Doch diese Überschrift greift zu kurz.

Denn am Ende steht ein erster Neuanfang: Eva wird Mutter aller Lebendigen. Gott steht zu seinem Schöpfungswort. Allen tödlichen Mächten – auch wenn sie aus dem Menschen selbst kommen – stellt er das Leben entgegen. Immer wieder und unermüdlich.

## ERSTE LESUNG

Gen 3,9–15.20

*Feindschaft setze ich zwischen dir und der Frau, zwischen deinem Nachkommen und dem Nachkommen der Frau*

**Lesung aus dem Buch Génesis.**

Nachdem der Mensch vom Baum gegessen hatte, rief Gott, der Herr, ihm zu und sprach: Wo bist du? Er antwortete: Ich habe deine Schritte gehört im Garten; da geriet ich in Furcht, weil ich nackt bin, und versteckte mich.

Darauf fragte er: Wer hat dir gesagt, dass du nackt bist? Hast du von dem Baum gegessen, von dem ich dir geboten habe, davon nicht zu essen? Der Mensch antwortete: Die Frau, die du mir beigesellt hast, sie hat mir von dem Baum gegeben. So habe ich gegessen.

Gott, der Herr, sprach zu der Frau: Was hast du getan? Die Frau antwortete: Die Schlange hat mich verführt. So habe ich gegessen.

Da sprach Gott, der Herr, zur Schlange: Weil du das getan hast, bist du verflucht unter allem Vieh und allen Tieren des Feldes. Auf dem Bauch wirst du kriechen und Staub fressen alle Tage deines Lebens. Und Feindschaft setze ich zwischen dir und der Frau, zwischen deinem Nachkommen und ihrem Nachkommen. Er trifft dich am Kopf und du triffst ihn an der Ferse.

Der Mensch gab seiner Frau den Namen Eva, Leben, denn sie wurde die Mutter aller Lebendigen.

## ANTWORTPSALM

Ps 98 (97), 1.2–3b.3c–4 (Kv: 1ab)

Kv Singet dem Herrn ein neues Lied,
denn er hat wunderbare Taten vollbracht! – Kv

Singet dem HERRN ein neues Lied, *
denn er hat wunderbare Taten vollbracht!
Geholfen hat ihm seine Rechte *
und sein heiliger Arm. – (Kv)

Der HERR hat sein Heil bekannt gemacht *
und sein gerechtes Wirken enthüllt vor den Augen der Völker.
Er gedachte seiner Huld *
und seiner Treue zum Hause Israel. – (Kv)

Alle Enden der Erde *
sahen das Heil unsres Gottes.
Jauchzet dem HERRN, alle Lande, *
freut euch, jubelt und singt! – Kv

ZUR 2. LESUNG Gepriesen – Lob – Herrlichkeit: Der Apostel Paulus ist am Beginn des Epheserbriefs in Jubelstimmung. Grund ist ein Familienfest. Die Christinnen und Christen in Ephesus haben Grund zu feiern, weil sie durch Jesus Christus zu Gottes Familie gehören. Der Neuanfang Gottes, der in Jesus Christus erfahrbar wird, erstreckt sich auch auf diejenigen, die ihm nachfolgen. Gott hat sie erwählt – schon vor der Erschaffung der Welt. Durch ihre Beziehung zu Christus sind sie frei von allen Zwängen, in denen sie durch die Gesellschaft oder durch ihre Familie stehen. Jenseits dieser Kräfte wirkt noch eine andere Dynamik: Die Gnade Gottes. Wenn das kein Grund zum Feiern ist!

## ZWEITE LESUNG

Eph 1,3–6.11–12

*In Christus hat Gott uns erwählt vor der Grundlegung der Welt, zum Lob seiner herrlichen Gnade*

**Lesung aus dem Brief des Apostels Paulus an die Gemeinde in Éphesus.**

Gepriesen sei Gott, der Gott und Vater unseres Herrn Jesus Christus. Er hat uns mit allem Segen seines Geistes gesegnet durch unsere Gemeinschaft mit Christus im Himmel.

Denn in ihm hat er uns erwählt vor der Grundlegung der Welt, damit wir heilig und untadelig leben vor ihm. Er hat uns aus Liebe im Voraus dazu bestimmt, seine Söhne zu werden durch Jesus Christus und zu ihm zu gelangen nach seinem gnädigen Willen, zum Lob seiner herrlichen Gnade. Er hat sie uns geschenkt in seinem geliebten Sohn.

In ihm sind wir auch als Erben vorherbestimmt nach dem Plan dessen, der alles so bewirkt, wie er es in seinem Willen beschließt; wir sind zum Lob seiner Herrlichkeit bestimmt, die wir schon früher in Christus gehofft haben.

## RUF VOR DEM EVANGELIUM

Vers: vgl. Lk 1,28.42

Halleluja. Halleluja.
Gegrüßet seist du, Maria, voll der Gnade,
der Herr ist mit dir,
du bist gebenedeit unter den Frauen.
Halleluja.

ZUM EVANGELIUM Mit ihrer Antwort „Siehe, ich bin die Magd des Herrn" stellt sich Maria selbst in die Reihe der Knechte des Herrn. Wie vor ihr Abraham, Mose, Samuel oder David ist sie bereit, ihr Leben von der überraschenden, umstürzenden Kraft Gottes durchdringen zu lassen. Das Ungewöhnliche: Mit Maria und Elisabet sind es zwei Frauen, die Gottes Geschichte mit den Menschen fortschreiben. Eine Rarität in der Bibel, die doch häufig einen männlichen Blickwinkel einnimmt. Die beiden mündigen Frauen am Anfang des Lukas-Evangeliums setzen einen heilsamen Akzent in einer Tradition, die Frauen oft genug mit Verdacht und Abwertung begegnet ist, ihnen eine größere

Nähe zur Leiblichkeit und damit, so der Kurzschluss, zur Sünde unterstellte. Mit ihrem hörbaren „Ja" zu Gottes Plan durchbrechen Maria und Elisabet diese Strukturen der Sünde.

## EVANGELIUM

Lk 1,26–38

*Sei gegrüßt du Begnadete, der Herr ist mit dir*

**+ Aus dem heiligen Evangelium nach Lukas.**

In jener Zeit wurde der Engel Gábriel von Gott in eine Stadt in Galiläa namens Nazaret zu einer Jungfrau gesandt. Sie war mit einem Mann namens Josef verlobt, der aus dem Haus David stammte. Der Name der Jungfrau war Maria.

Der Engel trat bei ihr ein und sagte: Sei gegrüßt, du Begnadete, der Herr ist mit dir. Sie erschrak über die Anrede und überlegte, was dieser Gruß zu bedeuten habe.

Da sagte der Engel zu ihr: Fürchte dich nicht, Maria; denn du hast bei Gott Gnade gefunden. Siehe, du wirst schwanger werden und einen Sohn wirst du gebären; dem sollst du den Namen Jesus geben. Er wird groß sein und Sohn des Höchsten genannt werden. Gott, der Herr, wird ihm den Thron seines Vaters David geben. Er wird über das Haus Jakob in Ewigkeit herrschen und seine Herrschaft wird kein Ende haben.

Maria sagte zu dem Engel: Wie soll das geschehen, da ich keinen Mann erkenne?

Der Engel antwortete ihr: Heiliger Geist wird über dich kommen und Kraft des Höchsten wird dich überschatten. Deshalb wird auch das Kind heilig und Sohn Gottes genannt werden.

Siehe, auch Elisabet, deine Verwandte, hat noch in ihrem Alter einen Sohn empfangen; obwohl sie als unfruchtbar gilt, ist sie schon im sechsten Monat. Denn für Gott ist nichts unmöglich.

Da sagte Maria: Siehe, ich bin die Magd des Herrn; mir geschehe, wie du es gesagt hast.

Danach verließ sie der Engel.

Glaubensbekenntnis, S. 492 ff.

## FÜRBITTEN

Gott hat Maria, die Begnadete, auserwählt, die Mutter seines Sohnes zu werden. Verbunden mit ihr im Glauben, in der Liebe und der Hoffnung, bitten wir den Gott des Lebens:

- Für die Kirche; dass sie die Nöte der Menschen versteht und antwortet. V: Lebendiger Gott. A: Höre unser Rufen.
- Für alle, die sich dafür einsetzen, dass Frauen und Mädchen weltweit Gerechtigkeit erfahren und ihre Talente und Fähigkeiten entfalten können. V: Lebendiger Gott. A: Höre unser Rufen.
- Für unsere Kranken, die von Ängsten und Traurigkeit geplagt werden und doch auf Genesung hoffen. V: Lebendiger Gott. A: Höre unser Rufen.
- Für unsere lieben Verstorbenen und für alle Toten; dass ihnen ein Leben in Freude und Licht geschenkt ist. V: Lebendiger Gott. A: Höre unser Rufen.

Du bist der Gott auch unseres Lebens: So wie du Maria begleitet hast auf ihren Wegen, in ihren Ängsten und Hoffnungen, so bitten auch wir um deine Nähe auf den Wegen unseres Lebens.

# EUCHARISTIEFEIER

## GABENGEBET

Herr, unser Gott, in deiner Gnade hast du die selige Jungfrau Maria auserwählt und vor jeder Sünde bewahrt. An ihrem Fest feiern wir das Opfer, das alle Schuld der Menschen tilgt. Befreie uns auf ihre Fürsprache aus der Verstrickung in das Böse, damit auch wir heilig und makellos vor dir stehen. Darum bitten wir durch Christus, unseren Herrn.

## PRÄFATION

In Wahrheit ist es würdig und recht, dir, Vater im Himmel, zu danken und das Werk deiner Liebe zu rühmen. Denn du hast Maria vor der Erbschuld bewahrt, du hast sie mit der Fülle der Gnade beschenkt, da sie erwählt war, die Mutter deines Sohnes zu werden. In unversehrter Jungfräulichkeit hat sie Christus geboren, der als schuldloses Lamm die Sünde der Welt hinwegnimmt. Sie ist Urbild und Anfang der Kirche, der makellosen Braut deines Sohnes. Vor allen Heiligen ist sie ein Vorbild der Heiligkeit, ihre Fürsprache erfleht uns deine Gnade durch unseren Herrn Jesus Christus. Durch ihn preisen dich Himmel und Erde, Engel und Menschen und singen wie aus einem Munde das Lob deiner Herrlichkeit: Heilig …

## KOMMUNIONVERS

Großes hat man von dir gesagt, Maria,
denn aus dir ging hervor die Sonne der Gerechtigkeit,
Christus, unser Gott.

## SCHLUSSGEBET

Herr und Gott, das Sakrament, das wir empfangen haben, heile in uns die Wunden jener Schuld, vor der du die allerseligste Jungfrau Maria vom ersten Augenblick ihres Daseins an auf einzigartige Weise bewahrt hast. Darum bitten wir durch Christus, unseren Herrn.

## FEIERLICHER SCHLUSSSEGEN

Gott, der allmächtige Vater, segne euch durch den Erlöser der Welt, unseren Herrn Jesus Christus, den Sohn der jungfräulichen Mutter Maria. – A: Amen.

Sie hat den Urheber des Lebens geboren; ihre mütterliche Fürsprache erwirke euch Gottes Hilfe. – A: Amen.
Euch und allen, die heute das Hochfest der ohne Erbsünde empfangenen Jungfrau Maria begehen, schenke Gott die wahre Freude und den ewigen Lohn. – A: Amen.
Das gewähre euch der dreieinige Gott, der Vater und der Sohn † und der Heilige Geist. – A: Amen.

***

## VOM NICHT MACHBAREN

wovon du wirklich lebst
was dich im tiefsten nährt
schenkt sich dir freigiebig
wie von selbst

der zauber des abendhimmels
die leise erwachenden sterne
die hand auf deiner schulter
das wort das für immer gilt

setz dich in des baumes schatten
du brauchst den apfel
nicht zu pflücken
er fällt dir in den schoß

nie und nimmer verdient
doch zu gegebener stunde
zugespielt von
himmlischen händen

*Andreas Knapp*

# 3. ADVENTSSONNTAG

## 15. Dezember 2019

Kaum zu glauben. Die Steppe wird blühen, Kranke finden Heilung, Gottes Gerechtigkeit setzt sich endlich durch. Voller Hoffnung sind die Perspektiven, die die Texte des heutigen Sonntags entwerfen, herzerwärmend – und vollkommen utopisch. Sich davon berühren zu lassen, ist riskant. Wer nichts erwartet, wird auch nicht enttäuscht. Was aber, wenn es wahr wäre? Schon die Möglichkeit verändert die Perspektive. Wer an eine Wendung zum Guten glaubt, wird erkennen, wenn sich die Dinge ändern. Wer Wandlung für möglich hält, wird sich selbst verwandeln lassen. Wer das Risiko der Erwartung eingeht, kann ein Wunder erleben.

### ERÖFFNUNGSVERS

Phil 4,4.5b

Freut euch im Herrn zu jeder Zeit!
Noch einmal sage ich: Freut euch!
Denn der Herr ist nahe.

### KYRIE-RUFE

Herr Jesus Christus, du erregst lauten Jubel
und schenkst große Freude.
V/A: Herr, erbarme dich.
Du erfüllst uns mit der frohen Botschaft
von deinem Kommen.
V/A: Christus, erbarme dich.
Du selbst wirst kommen und uns erretten.
V/A: Herr, erbarme dich.

## TAGESGEBET

Allmächtiger Gott, sieh gütig auf dein Volk, das mit gläubigem Verlangen das Fest der Geburt Christi erwartet. Mache unser Herz bereit für das Geschenk der Erlösung, damit Weihnachten für uns alle ein Tag der Freude und der Zuversicht werde. Darum bitten wir durch Jesus Christus.

# WORTGOTTESDIENST

ZUR 1. LESUNG Trockenheit, monatelang. Und dann der erste Regen. Fast unsichtbar, aber doch unaufhaltsam, brechen sich die ersten leuchtend grünen Grashalme ihren Weg durch den staubigen Untergrund. Ein paar Tage später blüht die Wüste wie ein Garten. Jedes Jahr wieder und jedes Jahr wieder neu – ein Wunder! Die Erfahrung der neu erwachenden Natur nach der Trockenheit des Sommers legt Jesaja zugrunde, um dem Volk Israel Hoffnung auf Erneuerung in einer aussichtslosen Situation zu machen. Gottes Plan wird sich durchsetzen – so überraschend, so kraftvoll, so zuverlässig wie das Erblühen der Wüste.

## ERSTE LESUNG

Jes 35,1–6b.10

*Gott selbst kommt und wird euch retten*

**Lesung aus dem Buch Jesája.**

Jubeln werden die Wüste und das trockene Land, jauchzen wird die Steppe und blühen wie die Lilie. Sie wird prächtig blühen und sie wird jauchzen, ja jauchzen und frohlocken. Die Herrlichkeit des Líbanon wurde ihr gegeben, die Pracht des Karmel und der Ebene Scharón. Sie werden die Herrlichkeit des HERRN sehen, die Pracht unseres Gottes.

Stärkt die schlaffen Hände und festigt die wankenden Knie! Sagt den Verzagten: Seid stark, fürchtet euch nicht! Seht, euer Gott! Die

Rache kommt, die Vergeltung Gottes! Er selbst kommt und wird euch retten.

Dann werden die Augen der Blinden aufgetan und die Ohren der Tauben werden geöffnet. Dann springt der Lahme wie ein Hirsch und die Zunge des Stummen frohlockt.

Die vom HERRN Befreiten kehren zurück und kommen zum Zion mit Frohlocken. Ewige Freude ist auf ihren Häuptern, Jubel und Freude stellen sich ein, Kummer und Seufzen entfliehen.

## ANTWORTPSALM Ps 146 (145),6–7.8–9a.9b–10 (Kv: vgl. Jes 35,4)

Kv Komm, o Herr, und erlöse uns! – Kv

(*Oder:* Halleluja.)

Der HERR ist es, der Himmel und Erde erschafft, /
das Meer und alles, was in ihm ist. *
Er hält die Treue auf ewig.
Recht schafft er den Unterdrückten, /
Brot gibt er den Hungernden, *
der HERR befreit die Gefangenen. – (Kv)

Der HERR öffnet die Augen der Blinden, *
der HERR richtet auf die Gebeugten,
der HERR liebt die Gerechten. *
Der HERR beschützt die Fremden. – (Kv)

Er hilft auf den Waisen und Witwen, *
doch den Weg der Frevler krümmt er.
Der HERR ist König auf ewig, *
dein Gott, Zion, durch alle Geschlechter. – Kv

**ZUR 2. LESUNG** Wie lange dauert's noch? Kinder fragen so vom Rücksitz auf einer langen Autofahrt. Nicht mehr lange, lautet meist die

Antwort. Das versichert auch der Absender des Jakobusbriefes seiner Gemeinde. In beiden Fällen will die Antwort ermutigen: Habt Geduld. Das Warten lohnt sich! Wer in permanenter Erwartung lebt, der braucht einen langen Atem. Das kostet Kraft. Aber es hilft auch, das Wichtige vom Unwichtigen zu unterscheiden. Hier und jetzt – ganz egal, wie lange es noch dauert.

## ZWEITE LESUNG

Jak 5,7–10

*Macht eure Herzen stark, denn die Ankunft des Herrn steht nahe bevor*

**Lesung aus dem Jakobusbrief.**

Schwestern und Brüder, haltet geduldig aus bis zur Ankunft des Herrn! Siehe, auch der Bauer wartet auf die kostbare Frucht der Erde, er wartet geduldig auf sie, bis Frühregen oder Spätregen fällt. Ebenso geduldig sollt auch ihr sein; macht eure Herzen stark, denn die Ankunft des Herrn steht nahe bevor.

Klagt nicht übereinander, Brüder und Schwestern, damit ihr nicht gerichtet werdet! Seht, der Richter steht schon vor der Tür.

Brüder und Schwestern, im Leiden und in der Geduld nehmt euch die Propheten zum Vorbild, die im Namen des Herrn gesprochen haben!

## RUF VOR DEM EVANGELIUM

Vers: vgl. Jes 61,1ab (Lk 4,18)

Halleluja. Halleluja.
Der Geist des Herrn ruht auf mir.
Der Herr hat mich gesandt,
den Armen die frohe Botschaft zu bringen.
Halleluja.

ZUM EVANGELIUM Macht die Augen auf! Zweimal fordert Jesus im heutigen Evangelium dazu auf. Den Jüngern des Johannes rät er, dem zu trauen, was sie hören und sehen – und daraus ihre Schlüsse zu ziehen: Sie haben nicht vergeblich gewartet. Ihre Sehnsucht hat sich erfüllt. Seine eigenen Zuhörerinnen und Zuhörer scheint er mit seiner Frage provozieren zu wollen: Was wolltet ihr sehen? Was habt ihr denn erwartet? Johannes der Täufer entspricht nicht den Erwartungen seiner Zeitgenossen. Er fällt aus dem Rahmen. Die Sehschule des Evangeliums führt zu einer Wahrnehmung, die erwartungsvoll und zugleich offen für Überraschungen ist. So kommt das Reich Gottes in den Blick.

## EVANGELIUM

Mt 11,2–11

*Bist du der, der kommen soll, oder sollen wir auf einen anderen warten?*

**+ Aus dem heiligen Evangelium nach Matthäus.**

In jener Zeit hörte Johannes im Gefängnis von den Taten des Christus. Da schickte er seine Jünger zu ihm und ließ ihn fragen: Bist du der, der kommen soll, oder sollen wir auf einen anderen warten?

Jesus antwortete ihnen: Geht und berichtet Johannes, was ihr hört und seht: Blinde sehen wieder und Lahme gehen; Aussätzige werden rein und Taube hören; Tote stehen auf und Armen wird das Evangelium verkündet. Selig ist, wer an mir keinen Anstoß nimmt.

Als sie gegangen waren, begann Jesus zu der Menge über Johannes zu reden: Was habt ihr denn sehen wollen, als ihr in die Wüste hinausgegangen seid? Ein Schilfrohr, das im Wind schwankt?

Oder was habt ihr sehen wollen, als ihr hinausgegangen seid? Einen Mann in feiner Kleidung? Siehe, die fein gekleidet sind, findet man in den Palästen der Könige.

Oder wozu seid ihr hinausgegangen? Um einen Propheten zu sehen? Ja, ich sage euch: sogar mehr als einen Propheten. Dieser ist es, von dem geschrieben steht:

Siehe, ich sende meinen Boten vor dir her, der deinen Weg vor dir bahnen wird.

Amen, ich sage euch: Unter den von einer Frau Geborenen ist kein Größerer aufgetreten als Johannes der Täufer; doch der Kleinste im Himmelreich ist größer als er.

Glaubensbekenntnis, S. 492 ff.

## FÜRBITTEN

Blinde sehen, Lahme gehen; das Heil von Gott her nimmt in Jesus Gestalt an. Wir bitten Gott um seinen Beistand in unserer zerrissenen Zeit:

- Die Schere zwischen Arm und Reich wird immer größer:
  - Wir beten für die Kirche, dass sie sich klar auf die Seite der Schwachen stellt. V/A: Höre und erhöre uns.
  - Wir bitten für die Politikerinnen und Politiker in unserem Land, dass sie das Wohl aller im Blick haben. V/A: Höre und erhöre uns.
  - Wir bitten für die Menschen, die sich ehrenamtlich engagieren und so mehr Gerechtigkeit und Teilhabe aller ermöglichen. V/A: Höre und erhöre uns.

- Weltweit wächst der nationale Egoismus und Hass wird gesät:
  - Wir beten für alle Menschen, die sich in ihrem Land, an ihrem Ort, für Ausgleich und Versöhnung einsetzen. V/A: Höre und erhöre uns.
  - Wir bitten dich für die jungen Menschen, die in vielen Unrechtssystemen dieser Erde zum Dienst an der Waffe und zum Töten gezwungen werden. V/A: Höre und erhöre uns.
  - Wir beten für die Ordenschristen weltweit, die unter oft schwierigen Bedingungen zu Verständigung und Versöhnung beitragen. V/A: Höre und erhöre uns.

- Immer mehr Menschen verlieren durch Kriege und Gewalt aller Art ihre Heimat:

- Wir bitten dich für alle, die ihre Heimat aufgeben mussten, um sichere Ankunft an einem Ort, an dem neues Leben möglich wird. V/A: Höre und erhöre uns.
- Wir beten für alle, die den Geflüchteten bei uns ehrenamtlich helfen: bei Behördengängen, indem sie mit ihnen sprechen, ihnen Sprachunterricht anbieten oder Ausflüge und Freizeiten für die Kinder ermöglichen. V/A: Höre und erhöre uns.

Guter Gott, im Alltag zeigt sich, was wir von deinem Wort verstanden haben. Begleite uns durch die Zeit des Advent und bleibe uns nahe alle Tage unseres Lebens. Darum bitten wir dich in Christus Jesus, den du zu unserem Heil gesandt hast.

# EUCHARISTIEFEIER

## GABENGEBET

Herr, unser Gott, in dieser Feier erfüllen wir den Auftrag deines Sohnes. Nimm unsere Gaben an und gib deiner Kirche die Gnade, immer und überall sein Opfer zu feiern. Schenke uns durch dieses Geheimnis dein Heil, das du der Welt bereitet hast. Darum bitten wir durch Christus, unseren Herrn.

Präfation, S. 499 ff.

## KOMMUNIONVERS Jes 35,4

Sagt den Verzagten: Habt Mut, fürchtet euch nicht!
Seht, hier ist euer Gott!
Er selbst wird kommen und euch erretten.

## SCHLUSSGEBET

Barmherziger Gott, komm durch dieses heilige Mahl uns schwachen Menschen zu Hilfe. Reinige uns von Schuld und mache uns bereit für das kommende Fest. Darum bitten wir durch Christus, unseren Herrn.

## FEIERLICHER SCHLUSSSEGEN

S. 22

***

### IST VOLLER LIEB UND LUST

Ihr dürft euch nicht bemühen
noch sorgen Tag und Nacht,
wie ihr ihn wollet ziehen
mit eures Armes Macht.
Er kommt, er kommt mit Willen,
ist voller Lieb und Lust,
all Angst und Not zu stillen,
die ihm an euch bewusst.

*Paul Gerhardt*

# 4. ADVENTSSONNTAG

## 22. Dezember 2019

Vier Kerzen brennen dem Brauchtum nach heute am Kranz. Wenige Tage nur fehlen noch. Der vierte Sonntag ist erreicht, von dem aus wir das Weihnachtsfest unmittelbar erwarten. Vier Kerzen am Kranz, eine adventliche Windrose, uns die Richtung zu weisen. Über dem ganzen Kreis der Erde wird es hell.

### ERÖFFNUNGSVERS

Vgl. Jes 45,8

Tauet, ihr Himmel, von oben!
Ihr Wolken, regnet herab den Gerechten!
Tu dich auf, o Erde, und sprosse den Heiland hervor!

### KYRIE-RUFE

Herr Jesus Christus, du bist durch die Propheten
im Voraus verheißen in den heiligen Schriften.
V/A: Herr, erbarme dich.
Du bist dem Fleisch nach geboren als Nachkomme Davids.
V/A: Christus, erbarme dich.
Du bist Immanuel – Gott mit uns.
V/A: Herr, erbarme dich.

### TAGESGEBET

Allmächtiger Gott, gieße deine Gnade in unsere Herzen ein. Durch die Botschaft des Engels haben wir die Menschwerdung Christi, deines Sohnes, erkannt. Führe uns durch sein Leiden und Kreuz zur

Herrlichkeit der Auferstehung. Darum bitten wir durch ihn, Jesus Christus.

# WORTGOTTESDIENST

ZUR 1. LESUNG In bedrohlicher Lage sichert Gott dem König Ahas seinen Schutz zu, seine Unterstützung, will ihm die Angst nehmen. Was Gott sich wünscht, ist Vertrauen in sein Wort. Gott ist sogar bereit, sein Wort zu besiegeln. Ahas kann sich frei ein eindeutiges Zeichen wählen – am Himmel, aus der Unterwelt. In beiden Fällen aus göttlichem Bereich, von jenseits der Erde. Ahas sträubt sich. Will er lieber an seiner Furcht festhalten, als das Vertrauen zu wagen in Gottes Wort? Will er lieber sich selbst vertrauen? Lieber an den eigenen Ängsten festhalten als an Gottes Zusage? Es geht auch anders. Eine junge Frau wird ein Kind bekommen, vielleicht ein Kind des Königs, einen Jungen. Gott-mit-uns. Hier. Auf der Erde. In überschaubarer Zeit. Gleich in der Nachbarschaft. Was der König nicht fertigbrachte – die junge Mutter gibt das rechte Zeugnis, wunderbar: Gott ist mit uns. Sie ist rechte Königin. Eine Königin voller Vertrauen in Gott.

## ERSTE LESUNG Jes 7,10–14

*Siehe, die Jungfrau hat ein Kind empfangen, sie gebiert einen Sohn und wird ihm den Namen Immanuel – Gott mit uns – geben*

**Lesung aus dem Buch Jesája.**

In jenen Tagen sprach der HERR zu Ahas – dem König von Juda; und sagte: Erbitte dir ein Zeichen vom HERRN, deinem Gott, tief zur Unterwelt oder hoch nach oben hin!

Ahas antwortete: Ich werde um nichts bitten und den HERRN nicht versuchen.

Da sagte Jesája: Hört doch, Haus Davids! Genügt es euch nicht, Menschen zu ermüden, dass ihr auch noch meinen Gott ermüdet?

Darum wird der Herr selbst euch ein Zeichen geben: Siehe, die Jungfrau hat empfangen, sie gebiert einen Sohn und wird ihm den Namen Immánuel – Gott mit uns – geben.

## ANTWORTPSALM

Ps 24 (23), 1–2.3–4.5–6 (Kv: vgl. 7b.10b)

Kv Der HERR wird kommen,
er ist der König der Herrlichkeit. – Kv

Dem HERRN gehört die Erde und was sie erfüllt, *
der Erdkreis und seine Bewohner.
Denn er hat ihn auf Meere gegründet, *
ihn über Strömen befestigt. – (Kv)

Wer darf hinaufziehn zum Berg des HERRN, *
wer darf stehn an seiner heiligen Stätte?
Der unschuldige Hände hat und ein reines Herz, /
der seine Seele nicht an Nichtiges hängt *
und keinen trügerischen Eid geschworen hat. – (Kv)

Er wird Segen empfangen vom HERRN *
und Gerechtigkeit vom Gott seines Heils.
Das ist das Geschlecht, das nach ihm fragt, *
die dein Angesicht suchen, Jakob. – Kv

**ZUR 2. LESUNG** Die Regel, den Beginn des großen Briefs des Paulus an die Gemeinde in Rom zum 4. Adventssonntag zu lesen, lässt einen weihnachtlichen Lichtstrahl auf diese Verse fallen. Es geht Paulus um ein Kind, einen Sohn, menschlich geboren (wir denken an Maria), ein Nachkomme Davids (durch den Vater Josef). Und wie die Hirten in dem zwei oder drei Jahrzehnte später geschriebenen Evangelium nach Lukas tritt nun auch Paulus herzu. Nicht, um dem Kind ein Geschenk zu geben, wie zu tun die Hirten in vielen, vielen Krippenspielen sich mühen. Vielmehr, um zu empfangen: Gnade und Auftrag. Apostelamt. Nämlich das Wort auszubreiten. – Ehre sei Gott in der Höhe! Und Friede, Friede von Gott, unserm Vater, auf Erden!

## ZWEITE LESUNG

Röm 1,1–7

*Das Evangelium von Jesus Christus, dem Nachkommen Davids, dem Sohn Gottes*

**Lesung aus dem Brief des Apostels Paulus an die Gemeinde in Rom.**

Paulus, Knecht Christi Jesu, berufen zum Apostel, ausgesondert, das Evangelium Gottes zu verkünden, das er durch seine Propheten im Voraus verheißen hat in heiligen Schriften: das Evangelium von seinem Sohn, der dem Fleisch nach geboren ist als Nachkomme Davids, der dem Geist der Heiligkeit nach eingesetzt ist als Sohn Gottes in Macht seit der Auferstehung von den Toten, das Evangelium von Jesus Christus, unserem Herrn.

Durch ihn haben wir Gnade und Apostelamt empfangen, um unter allen Heiden Glaubensgehorsam aufzurichten um seines Namens willen; unter ihnen lebt auch ihr, die ihr von Jesus Christus berufen seid.

An alle in Rom, die von Gott geliebt sind, die berufenen Heiligen: Gnade sei mit euch und Friede von Gott, unserem Vater, und dem Herrn Jesus Christus.

## RUF VOR DEM EVANGELIUM

Vers: vgl. Mt 1,23

Halleluja. Halleluja.
Halleluja. Halleluja.
Siehe: die Jungfrau wird empfangen
und einen Sohn gebären,
sein Name wird sein: Immánuel – Gott mit uns.
Halleluja.

**ZUM EVANGELIUM** Die meisten, die mit dem Bekenntnis „geboren von der Jungfrau Maria" ihre Probleme haben, machen sich nicht leise davon, sondern lautstark und polternd. Josef, ein Gerechter aus Israel, will leise gehen. Kein schlechtes Licht soll auf Maria fallen. Seine Trauer, seinen Zweifel behält Josef für sich. Da hat er den ersten seiner drei Träume, die ihm nachgehen werden in den Tagen der Schwangerschaft und der Geburt und in der ersten Zeit der Elternschaft. Gott geht ihm nach. Und eröffnet ihm neues Handeln. Josef muss nicht passiv bleiben, verzagt, allein. Er nimmt Maria zu sich.

## EVANGELIUM Mt 1,18–24

*Jesus wird geboren werden von Maria, die verlobt ist mit Josef, dem Sohn Davids*

**+ Aus dem heiligen Evangelium nach Matthäus.**

Mit der Geburt Jesu Christi war es so: Maria, seine Mutter, war mit Josef verlobt; noch bevor sie zusammengekommen waren, zeigte sich, dass sie ein Kind erwartete – durch das Wirken des Heiligen Geistes.

Josef, ihr Mann, der gerecht war und sie nicht bloßstellen wollte, beschloss, sich in aller Stille von ihr zu trennen.

Während er noch darüber nachdachte, siehe, da erschien ihm ein Engel des Herrn im Traum und sagte: Josef, Sohn Davids, fürchte dich nicht, Maria als deine Frau zu dir zu nehmen; denn das Kind, das sie erwartet, ist vom Heiligen Geist. Sie wird einen Sohn gebären; ihm sollst du den Namen Jesus geben; denn er wird sein Volk von seinen Sünden erlösen. Dies alles ist geschehen, damit sich erfüllte, was der Herr durch den Propheten gesagt hat:

Siehe: Die Jungfrau wird empfangen und einen Sohn gebären und sie werden ihm den Namen Immánuel geben, das heißt übersetzt: Gott mit uns.

Als Josef erwachte, tat er, was der Engel des Herrn ihm befohlen hatte, und nahm seine Frau zu sich.

Glaubensbekenntnis, S. 492 ff.

## FÜRBITTEN

Guter Gott, hilf uns, auf deine Stimme zu hören und deine Zeichen zu erkennen, damit dein Heil auch in unserer Zeit sichtbar wird. Wir bitten dich:

- Unruhe und Unrast prägen auch und gerade die Wochen des Advent: Hilf deiner Kirche, glaubwürdige Zeichen des inneren Friedens auszusenden. V: Gott des Lebens. A: Wir bitten dich, erhöre uns.
- Konflikte und Kriege bedrohen so viele Menschen: Lass die Verantwortlichen erkennen, dass nur gerechter Friede Zukunft eröffnet. V: Gott des Lebens. A: Wir bitten dich, erhöre uns.
- In bedrückender und oftmals entwürdigender Armut leben zu viele Menschen auf dieser Erde: Wecke uns alle auf, sodass wir nicht länger über schweres Unrecht und Not hinwegsehen. V: Gott des Lebens. A: Wir bitten dich, erhöre uns.
- Einsamkeit wird von vielen alten und kranken Menschen gerade in diesen Wochen der Advents- und Weihnachtszeit schmerzlich erfahren: Hilf uns, die Einsamen zu sehen und nicht zu übersehen. V: Gott des Lebens. A: Wir bitten dich, erhöre uns.

Treuer Gott, du bist mit uns und bei uns bis zum Ende unseres eigenen Lebensweges. Wir bitten dich, stärke unsere Hoffnung auf deine Ankunft in Jesus Christus, deinem Sohn.

# EUCHARISTIEFEIER

## GABENGEBET

Herr, unser Gott, wir legen die Gaben auf den Altar. Heilige sie durch deinen Geist, der mit seiner Kraft die Jungfrau Maria überschattet hat. Darum bitten wir durch Christus, unseren Herrn.

Präfation, S. 499 ff.

## KOMMUNIONVERS

Jes 7,14

Seht, die Jungfrau wird empfangen
und einen Sohn gebären.
Sein Name ist Immanuel, Gott mit uns.

## SCHLUSSGEBET

Allmächtiger Gott, du hast uns in diesem Mahl das Heil zugesagt und uns schon jetzt Anteil daran gegeben. Lass uns das Kommen deines Sohnes in Freude erwarten und mache uns um so eifriger in deinem Dienst, je näher das Fest seiner Geburt heranrückt. Darum bitten wir durch Christus, unseren Herrn.

## FEIERLICHER SCHLUSSSEGEN

S. 22

***

### DEINES REICHES HERRLICHKEIT

Schaff neuen Himmel, neue Erd‘,
Von deinem Sonnenglanz verklärt!
Komm, Herr Jesu!
So komm mit Deiner Königsmacht.
Vertreib das Dunkel und die Nacht!
Komm, Herr Jesu!

Entzünd‘ uns einen neuen Tag,
Der nimmer von uns weichen mag.
Komm, Herr Jesu!
Ja, komm als Herr der Ewigkeit!
Zeig deines Reiches Herrlichkeit!
Komm, Herr Jesu!

*Max Josef Metzger*

# Die Weihnachtszeit

## HOCHFEST DER GEBURT DES HERRN
## WEIHNACHTEN – CHRISTTAG

„Die schenken sich nichts!" Diese Diagnose bedeutet oft: Zwischen diesen Eheleuten, Familienmitgliedern, ehemaligen Freunden herrscht, bestenfalls, ein rauer Ton, herrscht, schlimmstenfalls, Feindseligkeit, ja Krieg. In meiner Herkunftsfamilie gab es Weihnachtsgeschenke, hin und her, solange wir Kinder waren. Und, ohne Verklärung, das Schenken war für uns Kinder mindestens so aufregend und magisch wie das Beschenktwerden. In unseren Erwachsenenjahren dann gab es die Vereinbarung zwischen Eltern und Kindern: Wir schenken einander nichts. Das hat dem Weihnachtsfest nichts genommen, so war es wohl immer schon angelegt. Die nächste Generation, die sich nach und nach einstellte, die wurde, keine Frage, schön beschenkt. Und heute? Jene nächste Generation ist erwachsen, fast alle jedenfalls, und sie beschenkt uns, was das Zeug hält. Liebevoll und kreativ. Auch diese Regel darf sich wieder einmal ändern. Logik der Liebe.

## AM HEILIGEN ABEND

### 24. Dezember 2019

Die biblische Tradition beginnt den neuen Tag am Abend. Aus Abend und Morgen wird in der Schöpfungsgeschichte ein neuer Tag. Jedes Einläuten des Sonntags hat das bewahrt. Die großen Feste, Ostern und Weihnacht, greifen das auf, erzählen davon, geben dem einen Sinn: der Heilige Abend und die Heilige Nacht eröffnen das Fest von der Geburt des Messias.

## ERÖFFNUNGSVERS

Vgl. Ex 16,6–7

Heute sollt ihr es erfahren:
Der Herr kommt, um uns zu erlösen,
und morgen werdet ihr seine Herrlichkeit schauen.

## KYRIE-RUFE

Herr Jesus Christus, du bist dem Volk Israel
aus dem Geschlecht Davids, des Sohnes Ísais,
als Retter geschickt.
V/A: Herr, erbarme dich.
Du bist empfangen durch das Wirken
des Heiligen Geistes.
V/A: Christus, erbarme dich.
Du bist gekommen, um dein Volk
von seinen Sünden zu erlösen.
V/A: Herr, erbarme dich.

Ehre sei Gott, S. 489 f.

## TAGESGEBET

Gütiger Gott, Jahr für Jahr erwarten wir voll Freude das Fest unserer Erlösung. Gib, dass wir deinen Sohn von ganzem Herzen als unseren Retter und Heiland aufnehmen, damit wir ihm voll Zuversicht entgegengehen können, wenn er am Ende der Zeiten als Richter wiederkommt. Er, der in der Einheit des Heiligen Geistes mit dir lebt und herrscht in alle Ewigkeit.

# WORTGOTTESDIENST

ZUR 1. LESUNG Wenn irgendwo deutlich wird, dass mit dem Christentum das Judentum eben nicht abgelöst ist, dass über dem Sohn die Tochter Zion nicht vergessen ist, dass Gottes Liebe gilt und treu bleibt, nicht eng wird, sondern weit, nicht kleiner wird, sondern immer nur größer, dann in einer Vorgabe wie dieser: den Jubel aus dem Prophetenbuch über Jerusalem und seine Umgebung auch und gerade am Heiligen Abend laut werden zu lassen. Von hier kommt der Sohn.

## ERSTE LESUNG

Jes 62, 1–5

*Der Herr hat an dir Gefallen*

**Lesung aus dem Buch Jesája.**

Um Zions willen werde ich nicht schweigen, um Jerusalems willen nicht still sein, bis hervorbricht wie ein helles Licht seine Gerechtigkeit und sein Heil wie eine brennende Fackel.

Dann sehen die Nationen deine Gerechtigkeit und alle Könige deine Herrlichkeit. Man ruft dich mit einem neuen Namen, den der Mund des Herrn für dich bestimmt. Du wirst zu einer prächtigen Krone in der Hand des Herrn, zu einem königlichen Kopfschmuck in der Hand deines Gottes.

Nicht länger nennt man dich „Verlassene“ und dein Land nicht mehr „Verwüstung“, sondern du wirst heißen: „Ich habe Gefallen an dir“ und dein Land wird „Vermählte“ genannt. Denn der Herr hat an dir Gefallen und dein Land wird vermählt.

Wie der junge Mann die Jungfrau in Besitz nimmt, so nehmen deine Söhne dich in Besitz. Wie der Bräutigam sich freut über die Braut, so freut sich dein Gott über dich.

## ANTWORTPSALM

Ps 89 (88),20a u. 4–5.16–17.27 u. 29 (Kv: 2a)

Kv Von der Huld des HERRN
will ich ewig singen. – Kv

Einst hast du in einer Vision zu deinen Frommen gesprochen: /
„Ich habe einen Bund geschlossen mit meinem Erwählten *
und David, meinem Knecht, geschworen:
Auf ewig gebe ich deinem Haus festen Bestand *
und von Geschlecht zu Geschlecht gründe ich deinen Thron. – (Kv)

Selig das Volk, das den Jubelruf kennt, *
HERR, sie gehen im Licht deines Angesichts.
Sie freuen sich allezeit über deinen Namen *
und sie jubeln über deine Gerechtigkeit. – (Kv)

Er wird zu mir rufen: Mein Vater bist du, *
mein Gott, der Fels meiner Rettung.
Auf ewig werde ich ihm meine Huld bewahren, *
mein Bund mit ihm ist verlässlich." – Kv

**ZUR 2. LESUNG** Dass die Hirten die Botschaft vom Kind in der Krippe, vom Retter der Welt, weitergeben, mag manchen befremden, manchen verwundern; es ist uns vertraut. Dass auch Paulus solch ein Hirte ist, lernen wir nun dazu. Ein Hirte, der achthat auf die Seinen und Gutes eröffnet: Jesus aus Israel, aus Davids Stamm, ist Retter der Welt.

## ZWEITE LESUNG

Apg 13,16–17.22–25

*Aus Davids Geschlecht hat Gott dem Volk Israel Jesus als Retter geschickt*

**Lesung aus der Apostelgeschichte.**

In der Synagoge von Antióchia in Pisídien stand Paulus auf, gab mit der Hand ein Zeichen und sagte:

Ihr Israeliten und ihr Gottesfürchtigen, hört! Der Gott dieses Volkes Israel hat unsere Väter erwählt und das Volk in der Fremde erhöht, im Land Ägypten; er hat sie mit hoch erhobenem Arm von dort herausgeführt. Dann erhob er David zu ihrem König, von dem er bezeugte: Ich habe David, den Sohn des Ísai, als einen Mann nach meinem Herzen gefunden, der alles, was ich will, vollbringen wird.

Aus seinem Geschlecht hat Gott dem Volk Israel, der Verheißung gemäß, Jesus als Retter geschickt. Vor dessen Auftreten hat Johannes dem ganzen Volk Israel eine Taufe der Umkehr verkündet.

Als Johannes aber seinen Lauf vollendet hatte, sagte er: Ich bin nicht der, für den ihr mich haltet; aber siehe, nach mir kommt einer, dem die Sandalen von den Füßen zu lösen ich nicht wert bin.

## RUF VOR DEM EVANGELIUM

Halleluja. Halleluja.
Morgen wird die Sünde der Erde getilgt
und über uns herrscht der Retter der Welt.
Halleluja.

ZUM EVANGELIUM Fremd und schwer auszuhalten sind für uns die Namen der Männer und all der Generationen von Abraham über David, von David über all die Menschen während des Exils Israels in Babylon, der Babylonischen Gefangenschaft, und danach. Und dann weiter bis zu Josef, dem Mann Marias, der Mutter Jesu. Fremd und seltsam sind uns die Geschichten der Frauen, die in diesem Stammbaum erwähnt werden. Tamar, die beharrt, dass ihr nicht verweigert wird, wozu Gott sie beauftragte: Mutter zu werden für eine neue Generation. Rahab aus Jericho, mit der die Zeit im Gelobten Land anbricht, Rut aus Moab, deren liebevolle Treue sie nach Betlehem führt, und dann eben Maria, Mutter wider Erwarten. Die mit ihrer Mutterschaft Gottes bleibende Treue bestätigt: Immanuel. Dreimal die doppelte Siebenzahl an Generationen, eine geradezu ornamentale Ordnung, Fülle über Fülle, ein großes Zeugnis dessen, was Jesus bekräftigt in seiner Geburt, in seinem ganzen Leben. Mit all denen, von denen da die Rede ist, ist Gott. Mit uns und uns zugute.

## EVANGELIUM

Mt 1,1–25

*Stammbaum Jesu Christi, des Sohnes Davids, des Sohnes Abrahams*

+ **Aus dem heiligen Evangelium nach Matthäus.**

Buch des Ursprungs Jesu Christi, des Sohnes Davids, des Sohnes Abrahams: Abraham zeugte den Ísaak, Ísaak zeugte den Jakob, Jakob zeugte den Juda und seine Brüder. Juda zeugte den Perez und den Serach mit der Tamar. Perez zeugte den Hezron, Hezron zeugte den Aram, Aram zeugte den Amminádab, Amminádab zeugte den Nachschon, Nachschon zeugte den Salmon. Salmon zeugte den Boas mit der Rahab. Boas zeugte den Obed mit der Rut. Obed zeugte den Ísai, Ísai zeugte David, den König.

David zeugte den Sálomo mit der Frau des Uríja. Sálomo zeugte den Rehábeam, Rehábeam zeugte den Abíja, Abíja zeugte den Asa, Asa zeugte den Jóschafat, Jóschafat zeugte den Joram, Joram zeugte den Usíja. Usíja zeugte den Jotam, Jotam zeugte den Ahas, Ahas zeugte den Hiskíja, Hiskíja zeugte den Manásse, Manásse zeugte den Amos, Amos zeugte den Joschíja. Joschíja zeugte den Jójachin und seine Brüder; das war zur Zeit der Babylonischen Gefangenschaft.

Nach der Babylonischen Gefangenschaft zeugte Jójachin den Scheáltiël, Scheáltiël zeugte den Serubbábel, Serubbábel zeugte den Ábihud, Ábihud zeugte den Éljakim, Éljakim zeugte den Azor. Azor zeugte den Zadok, Zadok zeugte den Achim, Achim zeugte den Éliud, Éliud zeugte den Eleásar, Eleásar zeugte den Mattan, Mattan zeugte den Jakob.

Jakob zeugte den Josef, den Mann Marias; von ihr wurde Jesus geboren, der der Christus genannt wird.

Im Ganzen sind es also von Abraham bis David vierzehn Generationen, von David bis zur Babylonischen Gefangenschaft vierzehn Generationen und von der Babylonischen Gefangenschaft bis zu Christus vierzehn Generationen.

Mit der Geburt Jesu Christi war es so: Maria, seine Mutter, war mit Josef verlobt; noch bevor sie zusammengekommen waren, zeigte sich, dass sie ein Kind erwartete – durch das Wirken des Heiligen Geistes. Josef, ihr Mann, der gerecht war und sie nicht bloßstellen wollte, beschloss, sich in aller Stille von ihr zu trennen.

Während er noch darüber nachdachte, siehe, da erschien ihm ein Engel des Herrn im Traum und sagte: Josef, Sohn Davids, fürchte dich nicht, Maria als deine Frau zu dir zu nehmen; denn das Kind, das sie erwartet, ist vom Heiligen Geist. Sie wird einen Sohn gebären; ihm sollst du den Namen Jesus geben; denn er wird sein Volk von seinen Sünden erlösen.

Dies alles ist geschehen, damit sich erfüllte, was der Herr durch den Propheten gesagt hat:

Siehe: Die Jungfrau wird empfangen und einen Sohn gebären und sie werden ihm den Namen Immánuel geben, das heißt übersetzt: Gott mit uns.

Als Josef erwachte, tat er, was der Engel des Herrn ihm befohlen hatte, und nahm seine Frau zu sich. Er erkannte sie aber nicht, bis sie ihren Sohn gebar. Und er gab ihm den Namen Jesus.

*Oder:*

## KURZFASSUNG

Mt 1,18–25

*Maria wird einen Sohn gebären; ihm sollst du den Namen Jesus geben*

**+ Aus dem heiligen Evangelium nach Matthäus.**

Mit der Geburt Jesu Christi war es so: Maria, seine Mutter, war mit Josef verlobt; noch bevor sie zusammengekommen waren, zeigte sich, dass sie ein Kind erwartete – durch das Wirken des Heiligen Geistes.

Josef, ihr Mann, der gerecht war und sie nicht bloßstellen wollte, beschloss, sich in aller Stille von ihr zu trennen.

Während er noch darüber nachdachte, siehe, da erschien ihm ein Engel des Herrn im Traum und sagte: Josef, Sohn Davids, fürchte dich nicht, Maria als deine Frau zu dir zu nehmen; denn das Kind, das sie erwartet, ist vom Heiligen Geist. Sie wird einen Sohn gebären; ihm sollst du den Namen Jesus geben; denn er wird sein Volk von seinen Sünden erlösen.

Dies alles ist geschehen, damit sich erfüllte, was der Herr durch den Propheten gesagt hat:

Siehe: Die Jungfrau wird empfangen und einen Sohn gebären und sie werden ihm den Namen Immánuel geben, das heißt übersetzt: Gott mit uns.

Als Josef erwachte, tat er, was der Engel des Herrn ihm befohlen hatte, und nahm seine Frau zu sich. Er erkannte sie aber nicht, bis sie ihren Sohn gebar. Und er gab ihm den Namen Jesus.

Glaubensbekenntnis, S. 492 ff.

(*Kniebeuge zu den Worten:* „hat Fleisch angenommen" bis „Mensch geworden")

## FÜRBITTEN

Lasst uns beten zu Jesus Christus, der in der Menschwerdung unser Bruder geworden ist:

- Segne das ernsthafte Mühen in den noch immer zertrennten Kirchen, zur Einheit derer zusammenzuwachsen, die auf deinen Namen getauft sind und aus der *einen* Hoffnung leben. V: Jesus Christus, Licht der Welt. A: Wir bitten dich, leuchte uns.

- Segne alle Menschen, die das Fest deiner Geburt begehen. V: Jesus Christus, Licht der Welt. A: Wir bitten dich, leuchte uns.

- Segne alle, die heute traurig und verzweifelt sind. V: Jesus Christus, Licht der Welt. A: Wir bitten dich, leuchte uns.

- Segne alle Menschen, die Mangel leiden und keinen Grund zur Freude erkennen können. V: Jesus Christus, Licht der Welt. A: Wir bitten dich, leuchte uns.
- Segne die Familien, dass ein festes Band der Liebe und der Solidarität sie verbindet. V: Jesus Christus, Licht der Welt. A: Wir bitten dich, leuchte uns.

Jesus Christus, heute ist uns deine Nähe geschenkt worden. Hilf uns, dich aufzunehmen und hineinzunehmen in unser Leben, damit es Frucht bringt. So bitten wir heute und an allen Tagen unseres Lebens.

# EUCHARISTIEFEIER

## GABENGEBET

Herr, unser Gott, mit der Menschwerdung deines Sohnes hat unsere Rettung begonnen. Nimm diese Gaben an und mache uns durch diese Opferfeier bereit für das Geheimnis der Heiligen Nacht, in der wir den Ursprung unserer Erlösung festlich begehen. Darum bitten wir durch Christus, unseren Herrn.

Präfation, S. 501 f.

## KOMMUNIONVERS

Vgl. Jes 40,5

Die Herrlichkeit des Herrn wird offenbar,
und alle Menschen erfahren Gottes Heil.

## SCHLUSSGEBET

Allmächtiger Gott, gib uns Anteil am göttlichen Leben durch die Menschwerdung deines Sohnes, dessen Fleisch und Blut wir im Sakrament empfangen haben. Darum bitten wir durch ihn, Christus, unseren Herrn.

## FEIERLICHER SCHLUSSSEGEN

S. 73

***

### STEHT AUF

Durch das Dunkel hindurch
scheint der Himmel hell.
So hell soll auch die Erde sein,
steht auf, steht auf, steht auf,
so hell soll auch die Erde sein,
steht auf.

Durch das Dunkel hindurch
dringt ein neues Wort.
Das Wort wird uns zur Zuversicht,
steht auf, steht auf, steht auf.
Das Wort wird uns zur Zuversicht,
steht auf.

*Hans-Jürgen Netz*

# IN DER HEILIGEN NACHT

## 24./25. Dezember 2019

Wir hatten die Anfangszeilen aus Adalbert Stifters „Bergkristall" auf sehr profane Weise kennengelernt. Eine Kommaübung in der Unterstufe der Gymnasialzeit. Vielleicht lag es an den Wiederholungen beim Diktat. Ich blieb geprägt für immer: „Eines der schönsten Feste feiert die Kirche fast mitten im Winter, wo beinahe die längsten Nächte und kürzesten Tage sind, wo die Sonne am schiefsten gegen unsere Gefilde steht und Schnee alle Fluren deckt, das Fest der Weihnacht. Wie in vielen Ländern der Tag vor dem Geburtsfeste des Herrn der Christabend heißt, so heißt er bei uns der heilige Abend, der darauf folgende Tag der heilige Tag und die dazwischen liegende Nacht die Weihnacht. Die katholische Kirche begeht den Christtag als den Tag der Geburt des Heilands mit ihrer allergrößten kirchlichen Feier, in den meisten Gegenden wird schon die Mitternachtsstunde als die Geburtsstunde des Herrn mit prangender Nachtfeier geheiligt …"

### ERÖFFNUNGSVERS

Ps 2,7

Der Herr sprach zu mir:
Mein Sohn bist du, heute habe ich dich gezeugt.

*Oder:*

Freut euch im Herrn,
heute ist uns der Heiland geboren.
Heute ist der wahre Friede vom Himmel herabgestiegen.

## KYRIE-RUFE

Herr Jesus Christus, in dieser wunderbaren Nacht
erfüllst du die Welt mit dem Licht der Erlösung.
V/A: Herr, erbarme dich.
Du vertreibst durch dein Licht das Dunkel der Herzen.
V/A: Christus, erbarme dich.
Du hast Gottes Gnade zur Erscheinung gebracht,
um alle Menschen zu retten.
V/A: Herr, erbarme dich.

Ehre sei Gott, S. 489 f.

## TAGESGEBET

Herr, unser Gott, in dieser hochheiligen Nacht ist uns das wahre Licht aufgestrahlt. Lass uns dieses Geheimnis im Glauben erfassen und bewahren, bis wir im Himmel den unverhüllten Glanz deiner Herrlichkeit schauen. Darum bitten wir durch Jesus Christus.

# WORTGOTTESDIENST

**ZUR 1. LESUNG** Muttersprache ist ein fester Begriff. Von unseren Eltern haben wir Worte und Wendungen übernommen, um mit ihren Worten die Welt zu verstehen und zu ordnen und neu zu erkunden und dann, aufs Neue, von ihr zu erzählen. So hat die Christenheit die Prophetenworte als Sprachschule durchlaufen; die Worte der Bibel, der Schrift, genommen, um zu erkunden. Und dann selbst neu ins Wort zu fassen, was es mit dem Kind auf sich hat. Um das Kind in der Krippe zu preisen, mit Thronnamen zu begrüßen. Von den Hoffnungen zu reden, die sich mit dem Messias verbinden: erlöst zu sein von der Knute, vom Joch der Knechtschaft. Und frei zu werden von der Angst, die mit Krieg und marschierenden Truppen und Gedröhn verbunden ist. Immer noch.

## ERSTE LESUNG

Jes 9, 1–6

*Ein Sohn wurde uns geschenkt; man rief seinen Namen aus: Fürst des Friedens*

**Lesung aus dem Buch Jesája.**

Das Volk, das in der Finsternis ging, sah ein helles Licht; über denen, die im Land des Todesschattens wohnten, strahlte ein Licht auf. Du mehrtest die Nation, schenktest ihr große Freude. Man freute sich vor deinem Angesicht, wie man sich freut bei der Ernte, wie man jubelt, wenn Beute verteilt wird. Denn sein drückendes Joch und den Stab auf seiner Schulter, den Stock seines Antreibers zerbrachst du wie am Tag von Mídian. Jeder Stiefel, der dröhnend daherstampft, jeder Mantel, im Blut gewälzt, wird verbrannt, wird ein Fraß des Feuers.

Denn ein Kind wurde uns geboren, ein Sohn wurde uns geschenkt. Die Herrschaft wurde auf seine Schulter gelegt. Man rief seinen Namen aus: Wunderbarer Ratgeber, Starker Gott, Vater in Ewigkeit, Fürst des Friedens. Die große Herrschaft und der Frieden sind ohne Ende auf dem Thron Davids und in seinem Königreich, es zu festigen und zu stützen durch Recht und Gerechtigkeit, von jetzt an bis in Ewigkeit. Der Eifer des HERRN der Heerscharen wird das vollbringen.

## ANTWORTPSALM

Ps 96 (95), 1–2.3 u. 11.12–13a (Kv: vgl. Lk 2, 11)

Kv Heute ist uns der Heiland geboren:
Christus, der Herr. – Kv

Singet dem HERRN ein neues Lied, *
singt dem HERRN, alle Lande,
singt dem HERRN, preist seinen Namen! *
Verkündet sein Heil von Tag zu Tag! – (Kv)

Erzählt bei den Nationen von seiner Herrlichkeit, *
bei allen Völkern von seinen Wundern!

Der Himmel freue sich, die Erde frohlocke, *
es brause das Meer und seine Fülle. – (Kv)

Es jauchze die Flur und was auf ihr wächst. *
Jubeln sollen alle Bäume des Waldes
vor dem HERRN, denn er kommt, *
denn er kommt, um die Erde zu richten. – Kv

ZUR 2. LESUNG Man sieht nur, was man kennt. Eine leidige Erfahrung. Ein Paradoxon und eine ständige Herausforderung der Pädagogik: Wissen zu erschließen, um mehr erkennen zu können. Gott lässt sich darauf ein. Damit wir fähig werden, das Erscheinen von Gottes Herrlichkeit zu erwarten, ist Gottes Gnade schon erschienen. Damit wir aufsehen von der Erde, lässt Gott die Himmel aufleuchten über den Feldern von Betlehem. Wir lernen Gott schon jetzt kennen. Damit wir dann Gott erkennen in Ewigkeit.

## ZWEITE LESUNG Tit 2, 11 – 14

*Die Gnade Gottes ist erschienen, um alle Menschen zu retten*

**Lesung aus dem Brief des Apostels Paulus an Titus.**

Die Gnade Gottes ist erschienen, um alle Menschen zu retten. Sie erzieht uns dazu, uns von der Gottlosigkeit und den irdischen Begierden loszusagen und besonnen, gerecht und fromm in dieser Welt zu leben, während wir auf die selige Erfüllung unserer Hoffnung warten: auf das Erscheinen der Herrlichkeit unseres großen Gottes und Retters Christus Jesus.

Er hat sich für uns hingegeben, damit er uns von aller Ungerechtigkeit erlöse und für sich ein auserlesenes Volk schaffe, das voll Eifer danach strebt, das Gute zu tun.

## RUF VOR DEM EVANGELIUM

Vers: vgl. Lk 2,10–11

Halleluja. Halleluja.
Ich verkünde euch eine große Freude:
Heute ist uns der Retter geboren;
er ist der Christus, der Herr.
Halleluja.

**ZUM EVANGELIUM** Der Schlüssel, alles zu verstehen, so sagt es der Engel den Hirten, ist die Krippe! Der Futterkasten, darin das versorgte, gewickelte Kind. Drei solcher Kästen tauchen in der Bibel auf: die Arche, um mit der Familie des Noach die Menschheit zu retten. Und das Kästchen für den kleinen Mose, sein Leben zu erhalten, und mit ihm das ganze Volk Israel. Zum dritten Mal ein Kasten jetzt, auf den der Engel verweist. Den Hirten zum Zeichen für Rettung und Leben, für Erlösung und Freiheit. Mit dem Kind in Windeln. Hinweis auf Gottes Fürsorge noch unter den widrigsten Umständen.

## EVANGELIUM

Lk 2,1–14

*Heute ist euch der Retter geboren*

**+ Aus dem heiligen Evangelium nach Lukas.**

Es geschah aber in jenen Tagen, dass Kaiser Augústus den Befehl erließ, den ganzen Erdkreis in Steuerlisten einzutragen. Diese Aufzeichnung war die erste; damals war Quirínius Statthalter von Syrien. Da ging jeder in seine Stadt, um sich eintragen zu lassen.

So zog auch Josef von der Stadt Nazaret in Galiläa hinauf nach Judäa in die Stadt Davids, die Betlehem heißt; denn er war aus dem Haus und Geschlecht Davids. Er wollte sich eintragen lassen mit Maria, seiner Verlobten, die ein Kind erwartete.

Es geschah, als sie dort waren, da erfüllten sich die Tage, dass sie gebären sollte, und sie gebar ihren Sohn, den Erstgeborenen. Sie wickelte ihn in Windeln und legte ihn in eine Krippe, weil in der Herberge kein Platz für sie war.

In dieser Gegend lagerten Hirten auf freiem Feld und hielten Nachtwache bei ihrer Herde.

Da trat ein Engel des Herrn zu ihnen und die Herrlichkeit des Herrn umstrahlte sie und sie fürchteten sich sehr. Der Engel sagte zu ihnen: Fürchtet euch nicht, denn siehe, ich verkünde euch eine große Freude, die dem ganzen Volk zuteilwerden soll:

Heute ist euch in der Stadt Davids der Retter geboren; er ist der Christus, der Herr.

Und das soll euch als Zeichen dienen: Ihr werdet ein Kind finden, das, in Windeln gewickelt, in einer Krippe liegt.

Und plötzlich war bei dem Engel ein großes himmlisches Heer, das Gott lobte und sprach: Ehre sei Gott in der Höhe und Friede auf Erden den Menschen seines Wohlgefallens.

Glaubensbekenntnis, S. 492 ff.

(*Kniebeuge zu den Worten:* „hat Fleisch angenommen“ bis „Mensch geworden“)

## FÜRBITTEN

Gott hat uns Jesus Christus gesandt, der unser Friede und unsere Hoffnung ist. Deshalb rufen wir voll Hoffnung zu ihm:

- Erfülle mit deinem Frieden und deiner Hoffnung alle, die auf deinen Namen getauft sind. V: Jesus Christus, du unsere Hoffnung. A: Höre und erhöre uns.
- Belebe mit deiner Hoffnung alle, die in der Kirche ein Amt innehaben. V: Jesus Christus, du unsere Hoffnung. A: Höre und erhöre uns.
- Stärke mit deinem Frieden all jene, die Unfrieden und Gewalt erleiden mussten. V: Jesus Christus, du unsere Hoffnung. A: Höre und erhöre uns.
- Erfülle mit deinem Frieden die Gruppen und Völker, die in Spannungen miteinander leben. V: Jesus Christus, du unsere Hoffnung. A: Höre und erhöre uns.

- Wecke die Freude in allen, die niedergedrückt und traurig sind. V: Jesus Christus, du unsere Hoffnung. A: Höre und erhöre uns.
- Erfülle mit deinem Trost diejenigen, die den Verlust eines nahen und lieben Menschen erleiden mussten. V: Jesus Christus, du unsere Hoffnung. A: Höre und erhöre uns.
- Schenke Hoffnung auf Gerechtigkeit denen, die ausgegrenzt und ausgebeutet werden. V: Jesus Christus, du unsere Hoffnung. A: Höre und erhöre uns.
- Erfülle mit deiner Freude und deinem Licht die Menschen, deren Leben in dieser Heiligen Nacht zu Ende geht. V: Jesus Christus, du unsere Hoffnung. A: Höre und erhöre uns.

Jesus Christus, durch dich ist Hoffnung in die Welt gekommen. Steh uns bei und stärke uns, dass wir nicht aufgeben, an deinem Frieden mitzuwirken. So bitten wir voll Zuversicht in dieser Heiligen Nacht.

# EUCHARISTIEFEIER

## GABENGEBET

Allmächtiger Gott, in dieser heiligen Nacht bringen wir dir unsere Gaben dar. Nimm sie an und gib, dass wir durch den wunderbaren Tausch deinem Sohn gleichgestaltet werden, in dem unsere menschliche Natur mit deinem göttlichen Wesen vereint ist. Darum bitten wir durch ihn, Christus, unseren Herrn.

Präfation, S. 501 f.

## KOMMUNIONVERS

Joh 1,14

Das Wort ist Fleisch geworden
und wir haben seine Herrlichkeit geschaut.

## SCHLUSSGEBET

Herr, unser Gott, in der Freude über die Geburt unseres Erlösers bitten wir dich: Gib uns die Gnade, ihm unser ganzes Leben zu weihen, damit wir einst Anteil erhalten an der ewigen Herrlichkeit deines Sohnes, der mit dir lebt und herrscht in alle Ewigkeit.

## FEIERLICHER SCHLUSSSEGEN

Der barmherzige Gott hat durch die Geburt seines Sohnes die Finsternis vertrieben und (diese Nacht) diesen Tag erleuchtet mit dem Glanz seines Lichtes; er mache eure Herzen hell mit dem Licht seiner Gnade. – A: Amen.
Den Hirten ließ er durch den Engel die große Freude verkünden; mit dieser Freude erfülle er euer ganzes Leben. – A: Amen.
In Christus hat Gott Himmel und Erde verbunden; durch ihn schenke er allen Menschen guten Willens seinen Frieden, durch ihn vereine er euch mit der Kirche des Himmels. – A: Amen.
Das gewähre euch der dreieinige Gott, der Vater und der Sohn † und der Heilige Geist. – A: Amen.

***

### DIES WUNDER

Sehet dies Wunder, wie tief sich der Höchste hier beuget;
sehet die Liebe, die endlich als Liebe sich zeiget.
Gott wird ein Kind,
träget und hebet die Sünd:
Alles anbetet und schweiget.

*Gerhard Tersteegen*

# AM MORGEN

## 25. Dezember 2019

Der Heilige Abend ist Vergangenheit. Die Nacht ist vorbei. Das klare Licht umfängt uns. Bei aller Freude aufs Fest: der Morgen nüchterner als eine Nacht. Zumal solch eine Nacht voller Engelserscheinungen und Licht. Voller Furcht und Beruhigung, mit langen Wegen, die am Ende auch müde machen. Nun aber – ganz gemäß der Schöpfungsgeschichte – ward aus Abend und Morgen ein neuer Tag, voller Licht und Klarheit.

### ERÖFFNUNGSVERS

Vgl. Jes 9,1.5; Lk 1,33

Ein Licht strahlt heute über uns auf,
denn geboren ist uns der Herr.
Und man nennt ihn: Starker Gott, Friedensfürst,
Vater der kommenden Welt.
Seine Herrschaft wird kein Ende haben.

### KYRIE-RUFE

Jesus Christus, du bist der Messias, der Herr.
V/A: Herr, erbarme dich.
Heute bist du uns als der Retter geboren.
V/A: Christus, erbarme dich.
Du erfüllst die Hirten auf freiem Feld mit großer Freude.
V/A: Herr, erbarme dich.

Ehre sei Gott, S. 489 f.

## TAGESGEBET

Allmächtiger Gott, dein ewiges Wort ist Fleisch geworden, um uns mit dem Glanz deines Lichtes zu erfüllen. Gib, dass in unseren Werken widerstrahlt, was durch den Glauben in unserem Herzen leuchtet. Darum bitten wir durch ihn, Jesus Christus.

# WORTGOTTESDIENST

ZUR 1. LESUNG Manche meinen, traditionelle Gottesdienste seien nicht leicht durchschaubar. Erschlössen sich nicht, nicht ohne Weiteres. Stimmt das? Eine Grundstruktur hält sich doch durch: Verkündigung und Antwort. Gottes Tat und menschliches Staunen. Über Gott und über alle in seinem Licht.

## ERSTE LESUNG Jes 62,11–12

*Siehe, deine Rettung kommt*

**Lesung aus dem Buch Jesája.**

Siehe, der Herr hat es bekannt gemacht bis ans Ende der Erde. Sagt der Tochter Zion: Siehe, deine Rettung kommt. Siehe, sein Lohn ist mit ihm und sein Ertrag geht vor ihm her! Dann wird man sie nennen „Heiliges Volk“, „Erlöste des Herrn“. Und du wirst genannt werden: „Begehrte, nicht mehr verlassene Stadt“.

## ANTWORTPSALM Ps 97 (96), 1 u. 6.11–12 (Kv: vgl. Jes 9, 1; Lk 2, 11)

Kv Ein Licht strahlt heute über uns auf:
geboren ist Christus, der Herr. – Kv

Der Herr ist König. Es juble die Erde! *
Freuen sollen sich die vielen Inseln.

Seine Gerechtigkeit verkünden die Himmel, *
seine Herrlichkeit schauen alle Völker. – (Kv)

Licht wird ausgesät für den Gerechten, *
Freude für die, die geraden Herzens sind.
Freut euch am HERRN, ihr Gerechten, *
dankt seinem heiligen Namen! – Kv

ZUR 2. LESUNG Ja, merkwürdig, sich vorzustellen, dass unsere Taufe tatsächlich zu tun hat mit dem fernen Ereignis der Geburt in Judäa. Dass die Gabe des Geistes zurückgeht bis zur Geburt des Retters. Und weit dahinter zurück – darüber hinaus. Und doch verhält es sich so. Wir hätten keinen Zugang zum Gott der Schrift, wenn er sich uns nicht offenbart hätte. Freundlich und großzügig.

## ZWEITE LESUNG

Tit 3,4–7

*Gott hat uns gerettet nach seinem Erbarmen*

**Lesung aus dem Brief des Apostels Paulus an Titus.**

Als die Güte und Menschenfreundlichkeit Gottes, unseres Retters, erschien, hat er uns gerettet – nicht aufgrund von Werken der Gerechtigkeit, die wir vollbracht haben, sondern nach seinem Erbarmen – durch das Bad der Wiedergeburt und die Erneuerung im Heiligen Geist.

Ihn hat er in reichem Maß über uns ausgegossen durch Jesus Christus, unseren Retter, damit wir durch seine Gnade gerecht gemacht werden und das ewige Leben erben, das wir erhoffen.

## RUF VOR DEM EVANGELIUM

Vers: Lk 2,14

Halleluja. Halleluja.
Ehre sei Gott in der Höhe

und Friede auf Erden den Menschen seines Wohlgefallens.
Halleluja.

ZUM EVANGELIUM „Lass uns noch eine Runde gehen" – die freundliche Aufforderung kennen wir alle, wenn die Feiertage zu allzu viel Sitzen, allzu viel Essen, allzu viel Fernsehen verleiten. „Lass uns noch eine Runde gehen" – wir können's aufnehmen als kleine geistliche Übung auf den Spuren der Hirten. Auch sie gingen nur eine Runde. Und doch hat sich alles für sie verändert. Sie finden Maria und Josef; das Kind in der Krippe. Sie verkünden und hören. Ihr Glaube, ihr Vertrauen ins Wort – wie ist es gewachsen. „Komm, lass uns noch eine Runde gehen!"

## EVANGELIUM

Lk 2,15–20

*Die Hirten fanden Maria und Josef und das Kind*

+ **Aus dem heiligen Evangelium nach Lukas.**

Als die Engel von den Hirten in den Himmel zurückgekehrt waren, sagten die Hirten zueinander: Lasst uns nach Betlehem gehen, um das Ereignis zu sehen, das uns der Herr kundgetan hat!

So eilten sie hin und fanden Maria und Josef und das Kind, das in der Krippe lag. Als sie es sahen, erzählten sie von dem Wort, das ihnen über dieses Kind gesagt worden war. Und alle, die es hörten, staunten über das, was ihnen von den Hirten erzählt wurde.

Maria aber bewahrte alle diese Worte und erwog sie in ihrem Herzen.

Die Hirten kehrten zurück, rühmten Gott und priesen ihn für alles, was sie gehört und gesehen hatten, so wie es ihnen gesagt worden war.

Glaubensbekenntnis, S. 492 ff.

(*Kniebeuge zu den Worten:* „hat Fleisch angenommen" bis „Mensch geworden")

## FÜRBITTEN

Die Hirten brachen auf, sie gingen nach Betlehem, um das neugeborene Kind, das in der Krippe lag, zu suchen. Auch wir sind gerufen, Jesus zu suchen. Zu ihm dürfen wir in unseren Anliegen beten:

- Steh deiner Kirche bei, dass sie dich in den Kleinen und Unbeachteten, ja Verachteten, sucht und findet. V: Christus, höre uns. A: Christus, erhöre uns.
- Hilf all denen, die auf der Suche sind, dass sie nicht entmutigt werden. V: Christus, höre uns. A: Christus, erhöre uns.
- Sei denen nahe, die sich und ihr Leben als gescheitert wahrnehmen, und lass sie neuen Lebensmut fassen. V: Christus, höre uns. A: Christus, erhöre uns.
- Stärke die Frauen und Männer, die sich in ihren Familien freundlich und treu um kranke und pflegebedürftige Angehörige kümmern. V: Christus, höre uns. A: Christus, erhöre uns.
- Begleite und ermutige all diejenigen, die sich für Frieden und Gerechtigkeit einsetzen, im Politischen wie im Privaten. V: Christus, höre uns. A: Christus, erhöre uns.
- Nimm unsere Verstorbenen auf in deine ewige Freude. V: Christus, höre uns. A: Christus, erhöre uns.

Herr Jesus Christus, in der Heiligen Nacht bist du unvergänglich unser Bruder geworden. Wir danken dir, dass du uns nahe sein willst und unser Leben vom Vater her begleitest und segnest. Gott sei Lob und Preis in Ewigkeit.

# EUCHARISTIEFEIER

## GABENGEBET

Himmlischer Vater, erfülle die Gaben dieser Erde mit deinem Segen, damit sie das Geheimnis dieses Tages darstellen: Wie Christus als neugeborener Mensch und als wahrer Gott vor uns aufleuchtet, so lass uns durch diese irdische Speise das göttliche Leben empfangen. Darum bitten wir durch ihn, Christus, unseren Herrn.

Präfation, S. 501 f.

## KOMMUNIONVERS

Vgl. Sach 9,9

Juble laut, Tochter Zion, jauchze, Tochter Jerusalem,
siehe, dein König kommt zu dir,
der Heilige, der Heiland der Welt.

## SCHLUSSGEBET

Herr, unser Gott, die Menschwerdung deines Sohnes erfülle uns mit Freude und Dank. Lass uns dieses unergründliche Geheimnis im Glauben erfassen und in tätiger Liebe bekennen. Darum bitten wir durch Christus, unseren Herrn.

## FEIERLICHER SCHLUSSSEGEN

S. 73

***

## ALLES IST DEIN

Nimm unsere Gaben:
Die Worte, die es lohnten, gewogen zu werden wie Gold,
Lieder, die aufstiegen wie Weihrauch in unserer Mitte,
und was wir Heilsames taten, als wenn Myrrhe sich auf Wunden legte.
Alles ist dein. Denn du hast alles hervorgebracht.

*Kira Busch-Wagner*

# AM TAG

## 25. Dezember 2019

Der Tag der Weihnacht empfängt uns mit Schriftauslegung und Bekenntnis. Lernen ist ein lebenslanger Prozess; erst recht das Lernen in Glaubensfragen. Lernen ist Veränderung: in der Haltung, in der Einstellung. Im Handeln. Feiertage sind Lerntage.

### ERÖFFNUNGSVERS

Vgl. Jes 9,5

Ein Kind ist uns geboren, ein Sohn ist uns geschenkt.
Auf seinen Schultern ruht die Herrschaft.

### KYRIE-RUFE

Herr Jesus Christus, du bist der Abglanz von Gottes Herrlichkeit
und das Abbild seines Wesens.
V/A: Herr, erbarme dich.
Du bist es, durch den Gott die Welt geschaffen hat.
V/A: Christus, erbarme dich.
Du bist Mensch geworden, um Gottes Ziel
mit seiner Schöpfung zu vollenden.
V/A: Herr, erbarme dich.

Ehre sei Gott, S. 489 f.

### TAGESGEBET

Allmächtiger Gott, du hast den Menschen in seiner Würde wunderbar erschaffen und noch wunderbarer wiederhergestellt. Lass uns teilhaben an der Gottheit deines Sohnes, der unsere Menschennatur angenommen hat. Er, der in der Einheit des Heiligen Geistes mit dir lebt und herrscht in alle Ewigkeit.

# WORTGOTTESDIENST

ZUR 1. LESUNG Nur wenige in Mitteleuropa kennen noch aus eigener Anschauung Bilder vom Ende des Krieges. Weiße Fahnen. Erleichterung. Manchmal tatsächlich Jubel. In vielen Fällen blieb die Angst in Erinnerung, vor dem Kommenden. Vor den Siegern, ihrer Rache, ihrem Hunger, ihrer Wut. Dass der Friede für viele noch lange Zeit eine Fortsetzung des Krieges blieb und bleibt, wird unterschätzt. – Wer mit Jesaja und den Wächtern auf den verbleibenden strategischen Bergkuppen Gott zurückkommen sieht ins zerstörte Jerusalem, erlebt auch einen Sieger. Doch sein Friede ist Rettung, er bringt nicht neuen Schrecken, sondern heilvollen Trost. Die Völker der Welt blicken auf die Stadt Jerusalem und bezeugen zusammen mit den Friedensboten: Dein Gott ist König!

## ERSTE LESUNG Jes 52,7–10

*Alle Enden der Erde werden das Heil unseres Gottes sehen*

**Lesung aus dem Buch Jesája.**

Wie willkommen sind auf den Bergen die Schritte des Freudenboten, der Frieden ankündigt, der eine frohe Botschaft bringt und Heil verheißt, der zu Zion sagt: Dein Gott ist König.

Horch, deine Wächter erheben die Stimme, sie beginnen alle zu jubeln. Denn sie sehen mit eigenen Augen, wie der HERR nach Zion zurückkehrt.

Brecht in Jubel aus, jauchzt zusammen, ihr Trümmer Jerusalems! Denn der HERR hat sein Volk getröstet, er hat Jerusalem erlöst. Der HERR hat seinen heiligen Arm vor den Augen aller Nationen entblößt und alle Enden der Erde werden das Heil unseres Gottes sehen.

## ANTWORTPSALM

Ps 98 (97),1.2–3b.3c–4.5–6 (Kv: vgl. 3cd)

Kv Alle Enden der Erde
sehen das Heil unsres Gottes. – Kv

Singet dem HERRN ein neues Lied, *
denn er hat wunderbare Taten vollbracht!
Geholfen hat ihm seine Rechte *
und sein heiliger Arm. – (Kv)

Der HERR hat sein Heil bekannt gemacht *
und sein gerechtes Wirken enthüllt vor den Augen der Völker.
Er gedachte seiner Huld *
und seiner Treue zum Hause Israel. – (Kv)

Alle Enden der Erde *
sahen das Heil unsres Gottes.
Jauchzet dem HERRN, alle Lande, *
freut euch, jubelt und singt! – (Kv)

Spielt dem HERRN auf der Leier, *
auf der Leier zu lautem Gesang!
Mit Trompeten und lautem Widderhorn *
jauchzt vor dem HERRN, dem König! – Kv

ZUR 2. LESUNG Konsequent unterscheidet die Schrift zwischen Schöpfer und Geschöpf. Das setzt den Geschöpfen ihre Grenzen. Noch der größte Herrscher ist eben ein Mensch, ein Geschöpf, hat sein Leben von Gott. Kommt als Geschöpf an seine Grenzen. Geschaffenes kann nicht Gott sein – diese Erkenntnis nährt die biblische Religionskritik. Geschaffenes, zumal durch Menschen, also etwa Statuen,

Bilder, Kunst, kann nicht Gott sein. Engel, Mächte, Gewalten, geschaffen, sogar von uns Menschen hervorgebracht: nicht Gott. Doch wenn der Hebräerbrief vom Sohn spricht, dann gilt: Gott von Gott. Licht vom Licht. Wahrer Gott vom wahren Gott. Gezeugt, nicht geschaffen. Eines Wesens mit dem Vater. Durch ihn ist alles geschaffen.

## ZWEITE LESUNG

Hebr 1,1–6

*Gott hat zu uns gesprochen durch den Sohn*

**Lesung aus dem Hebräerbrief.**

Vielfältig und auf vielerlei Weise hat Gott einst zu den Vätern gesprochen durch die Propheten; am Ende dieser Tage hat er zu uns gesprochen durch den Sohn, den er zum Erben von allem eingesetzt, durch den er auch die Welt erschaffen hat; er ist der Abglanz seiner Herrlichkeit und das Abbild seines Wesens; er trägt das All durch sein machtvolles Wort, hat die Reinigung von den Sünden bewirkt und sich dann zur Rechten der Majestät in der Höhe gesetzt; er ist umso viel erhabener geworden als die Engel, wie der Name, den er geerbt hat, ihren Namen überragt.

Denn zu welchem Engel hat er jemals gesagt: Mein Sohn bist du, ich habe dich heute gezeugt, und weiter: Ich will für ihn Vater sein und er wird für mich Sohn sein?

Wenn er aber den Erstgeborenen wieder in die Welt einführt, sagt er: Alle Engel Gottes sollen sich vor ihm niederwerfen.

## RUF VOR DEM EVANGELIUM

Halleluja. Halleluja.
Aufgeleuchtet ist uns aufs Neue der Tag der Erlösung:
Ein großes Licht ist heute auf Erden erschienen.
Kommt, ihr Völker, und betet an den Herrn, unseren Gott!
Halleluja.

ZUM EVANGELIUM Die biblischen Bücher bezeugen: Gott nimmt jede Gelegenheit wahr, einzutreten ins Gespräch. Damit wir an Leib und Seele nicht verkümmern, sondern aufblühen. Von Anfang an schenkt Gott sein Wort, seine Tora, seine Weisung zum Leben. Durchs Wort erschafft Gott die Welt. Ein zehnfaches Wort gibt Gott am Sinai. Gott spricht durch Seher, Prophetinnen und Propheten. Im Wort schenkt sich Gott selbst. Und zugleich ist gewährt und gewährleistet: Gott ist frei. Wir haben Gott nicht in der Tasche. Wir verfügen nicht über Gott und sein Wort. Es ist Gott selbst, der sein Wort Gestalt gewinnen lässt. Gottes Wort kleidet sich in Fleisch und Blut. Ist Mensch gewordenes Wort. Geht ein in die Welt. Stellt sich deren Bedingungen. Gott macht sein Wort damit angreifbar. Lukas und Matthäus sprechen vom Kind in der Krippe, Johannes vom Fleisch gewordenen Wort. Gott lädt ein, das Gespräch aufzunehmen.

## EVANGELIUM

Joh 1,1–18

*Das Wort ist Fleisch geworden und hat unter uns gewohnt*

**+ Aus dem heiligen Evangelium nach Johannes.**

Im Anfang war das Wort und das Wort war bei Gott und das Wort war Gott. Dieses war im Anfang bei Gott. Alles ist durch das Wort geworden und ohne es wurde nichts, was geworden ist. In ihm war Leben und das Leben war das Licht der Menschen. Und das Licht leuchtet in der Finsternis und die Finsternis hat es nicht erfasst.

Ein Mensch trat auf, von Gott gesandt; sein Name war Johannes. Er kam als Zeuge, um Zeugnis abzulegen für das Licht, damit alle durch ihn zum Glauben kommen. Er war nicht selbst das Licht, er sollte nur Zeugnis ablegen für das Licht.

Das wahre Licht, das jeden Menschen erleuchtet, kam in die Welt. Er war in der Welt und die Welt ist durch ihn geworden, aber die Welt erkannte ihn nicht. Er kam in sein Eigentum, aber die Seinen nahmen ihn nicht auf.

Allen aber, die ihn aufnahmen, gab er Macht, Kinder Gottes zu werden, allen, die an seinen Namen glauben, die nicht aus dem Blut, nicht aus dem Willen des Fleisches, nicht aus dem Willen des Mannes, sondern aus Gott geboren sind.

Und das Wort ist Fleisch geworden und hat unter uns gewohnt und wir haben seine Herrlichkeit geschaut, die Herrlichkeit des einzigen Sohnes vom Vater, voll Gnade und Wahrheit.

Johannes legt Zeugnis für ihn ab und ruft: Dieser war es, über den ich gesagt habe: Er, der nach mir kommt, ist mir voraus, weil er vor mir war. Aus seiner Fülle haben wir alle empfangen, Gnade über Gnade.

Denn das Gesetz wurde durch Mose gegeben, die Gnade und die Wahrheit kamen durch Jesus Christus. Niemand hat Gott je gesehen. Der Einzige, der Gott ist und am Herzen des Vaters ruht, er hat Kunde gebracht.

*Oder:*

## KURZFASSUNG Joh 1,1–5.9–14

*Das Wort ist Fleisch geworden und hat unter uns gewohnt*

**+ Aus dem heiligen Evangelium nach Johannes.**

Im Anfang war das Wort und das Wort war bei Gott und das Wort war Gott. Dieses war im Anfang bei Gott. Alles ist durch das Wort geworden und ohne es wurde nichts, was geworden ist. In ihm war Leben und das Leben war das Licht der Menschen. Und das Licht leuchtet in der Finsternis und die Finsternis hat es nicht erfasst.

Das wahre Licht, das jeden Menschen erleuchtet, kam in die Welt. Er war in der Welt und die Welt ist durch ihn geworden, aber die Welt erkannte ihn nicht. Er kam in sein Eigentum, aber die Seinen nahmen ihn nicht auf.

Allen aber, die ihn aufnahmen, gab er Macht, Kinder Gottes zu werden, allen, die an seinen Namen glauben, die nicht aus dem Blut, nicht aus dem Willen des Fleisches, nicht aus dem Willen des Mannes, sondern aus Gott geboren sind.

Und das Wort ist Fleisch geworden und hat unter uns gewohnt und wir haben seine Herrlichkeit geschaut, die Herrlichkeit des einzigen Sohnes vom Vater, voll Gnade und Wahrheit.

Glaubensbekenntnis, S. 492 ff.

(*Kniebeuge zu den Worten:* „hat Fleisch angenommen" bis „Mensch geworden")

## FÜRBITTEN

Im Anfang war das Wort, das wirkmächtige Wort. Wir bitten Gott, den Geber aller Gaben, um seinen Beistand:

- Für die zertrennten Kirchen, die doch das eine Wort hören; dass sie sich immer mehr unter dein Wort stellen und neue Wege zur Einheit suchen. V: Gott des Lebens. A: Höre uns.
- Für die verfolgten Christen und für alle, die unter Gewalt leiden müssen; dass sie Schutz finden und Solidarität erfahren. V: Gott des Lebens. A: Höre uns.
- Für alle Menschen, in denen es dunkel ist; dass sie nicht alleine bleiben, sondern Hilfe finden und diese annehmen können. V: Gott des Lebens. A: Höre uns.
- Für alle Kinder, die in der Weihnachtszeit getauft werden; dass sie leben und heranwachsen dürfen in Frieden. V: Gott des Lebens. A: Höre uns.
- Für unsere Verstorbenen und für alle Toten; lass dein Licht des Trostes und der Freude leuchten über ihnen. V: Gott des Lebens. A: Höre uns.

Gott, wir danken dir, dass du in Jesus Christus dein ewiges Wort und dein ewiges Licht in die Welt gesandt hast. Leite uns in den Wechselfällen unseres Lebens, bis wir einmal in dir vollendet sind. So bitten wir heute, am heiligen Weihnachtstag, und an allen Tagen unseres Lebens.

# EUCHARISTIEFEIER

## GABENGEBET

Gott, unser Vater, in diesen Gaben willst du uns Versöhnung schenken und uns wieder mit dir verbinden. Nimm sie an und gib durch sie unserem heiligen Dienst die höchste Vollendung. Darum bitten wir durch Christus, unseren Herrn.

Präfation, S. 501 f.

## KOMMUNIONVERS Ps 98 (97), 3

Alle Enden der Erde sahen
die rettende Tat unseres Gottes.

## SCHLUSSGEBET

Barmherziger Gott, in dieser heiligen Feier hast du uns deinen Sohn geschenkt, der heute als Heiland der Welt geboren wurde. Durch ihn sind wir wiedergeboren zum göttlichen Leben, führe uns auch zur ewigen Herrlichkeit durch ihn, der mit dir lebt und herrscht in alle Ewigkeit.

## FEIERLICHER SCHLUSSSEGEN S. 73

***

## WORT

Wort
seit urher beim Vater
Wort, das lebendig macht
Wort, das hell macht
Wort, Licht der Welt
Wort, Licht in Finsternis

Wort, das Schweigen bricht
Wort, das Brücken baut
Wort aus Liebe
Wort, durch Propheten verkündet
glaubwürdiges Wort
Mensch gewordenes Wort:
Wort Gottes

Wort, das zusammenhält
Wort, das bewegt
Wort, das Gemeinschaft gründet
Wort, das Frieden stiftet
Wort, unsere Wahrheit
Wort, unser Du:
unser Heute
und unser Morgen

*Eleonore Beck*

# HEILIGER STEPHANUS, ERSTER MÄRTYRER
# FEST

## 26. Dezember 2019

Wir haben Weihnachten gefeiert. Wir haben das Kind in der Krippe gesehen. Zerbrechlich. Gefährdet. Verletzlich. Haben davon gesprochen, dass Gottes Wort Fleisch angenommen hat. Eingegangen ist in die Welt. Sich angreifbar gemacht hat. Wie real das alles ist, wie schmerzvoll, daran erinnert sofort tags drauf, am sogenannten zweiten Weihnachtstag, das Martyrium des heiligen Stephanus. Stephanus ist dem fleischgewordenen Wort Gottes wahrhaft gefolgt, der Verletzlichkeit der menschlichen Natur des Christus bis zum Ende. Zugleich erweist sich an ihm die Zusage Gottes: Auferstehung des Fleisches.

### ERÖFFNUNGSVERS

Das Tor des Himmels öffnete sich für Stephanus.
Er zog als Erster der Blutzeugen ein
und empfing die Krone der Herrlichkeit.

### KYRIE-RUFE

Herr Jesus Christus, du bist in die Welt eingetreten,
um uns den Himmel zu öffnen.
V/A: Herr, erbarme dich.
Du hast das Zeugnis des heiligen Stephanus mit Gnade
und Kraft, Weisheit und Geist erfüllt.
V/A: Christus, erbarme dich.
Du rufst deine Gläubigen auch heute, tapfer Zeugnis zu geben
von dem Heil, das du für uns bereitet hast.
V/A: Herr, erbarme dich.

Ehre sei Gott, S. 489 f.

## TAGESGEBET

Allmächtiger Gott, wir ehren am heutigen Fest den ersten Märtyrer deiner Kirche. Gib, dass auch wir unsere Feinde lieben und so das Beispiel des heiligen Stephanus nachahmen, der sterbend für seine Verfolger gebetet hat. Darum bitten wir durch Jesus Christus.

# WORTGOTTESDIENST

ZUR 1. LESUNG Widergesetzliche Lynchjustiz, Menschen, die aus der Masse heraus schamlos gieren und gewalttätig handeln, Verleumdung und Widerspruch: Was Jesus erfahren hat, erleben die Seinen. Was Jesus widerfahren ist, widerfährt auch Stephanus. Denn mit seinem Herrn ist er gleichen Sinnes, gleicher Haltung; von gleichem Geist, von gleicher Zuversicht, gehalten vom gleichen Trost. Der gleiche Himmel geht über beiden auf.

## ERSTE LESUNG

Apg 6,8–10; 7,54–60°

*Ich sehe den Himmel offen*

**Lesung aus der Apostelgeschichte.**

In jenen Tagen tat Stéphanus aber, voll Gnade und Kraft, Wunder und große Zeichen unter dem Volk. Doch einige von der sogenannten Synagoge der Libertíner und Kyrenäer und Alexandríner und Leute aus Kilíkien und der Provinz Asien erhoben sich, um mit Stéphanus zu streiten; aber sie konnten der Weisheit und dem Geist, mit dem er sprach, nicht widerstehen.

Als sie seine Rede hörten, waren sie in ihren Herzen aufs Äußerste über ihn empört und knirschten mit den Zähnen gegen ihn.

Er aber, erfüllt vom Heiligen Geist, blickte zum Himmel empor, sah die Herrlichkeit Gottes und Jesus zur Rechten Gottes stehen und rief: Siehe, ich sehe den Himmel offen und den Menschensohn zur Rechten Gottes stehen.

Da erhoben sie ein lautes Geschrei, hielten sich die Ohren zu, stürmten einmütig auf ihn los, trieben ihn zur Stadt hinaus und steinigten ihn. Die Zeugen legten ihre Kleider zu Füßen eines jungen Mannes nieder, der Saulus hieß. So steinigten sie Stéphanus; er aber betete und rief: Herr Jesus, nimm meinen Geist auf! Dann sank er in die Knie und schrie laut: Herr, rechne ihnen diese Sünde nicht an!

Nach diesen Worten starb er.

## ANTWORTPSALM

Ps 31 (30), 3b–4.6 u. 8.16–17 (Kv: vgl. 6a)

Kv Herr, in deine Hand lege ich meinen Geist. – Kv

Sei mir ein schützender Fels, *
ein festes Haus, mich zu retten!
Denn du bist mein Fels und meine Festung; *
um deines Namens willen wirst du mich führen und leiten. – (Kv)

In deine Hand lege ich voll Vertrauen meinen Geist; *
du hast mich erlöst, Herr, du Gott der Treue.
Ich will jubeln und deiner Huld mich freuen; /
denn du hast mein Elend angesehn, *
du kanntest die Ängste meiner Seele. – (Kv)

In deiner Hand steht meine Zeit; *
entreiß mich der Hand meiner Feinde und Verfolger!
Lass dein Angesicht leuchten über deinem Knecht, *
hilf mir in deiner Huld! – Kv

## RUF VOR DEM EVANGELIUM

Vers: vgl. Ps 118 (117),26a.27a

Halleluja. Halleluja.
Gesegnet sei, der kommt im Namen des Herrn!
Gott, der Herr, erleuchte uns.
Halleluja.

**ZUM EVANGELIUM** Um die Details wird am heftigsten gestritten. Das ist die eine Erfahrung. Und die andere: Je näher uns jemand steht, desto verletzender kann ein Streit werden und desto folgenreicher. Berüchtigt sind Rosenkriege: Auseinandersetzungen zwischen zwei Menschen, die einmal einander sehr nahe waren. Der Evangelist Matthäus lässt seine Gemeinde wissen: Wer sich auf den Messias Jesus beruft, auf seine Ethik, seine Verkündigung, seine Vollmacht, der muss konkret werden. Und steht seinen Nächsten möglicherweise dann plötzlich bitterlich fern.

## EVANGELIUM

Mt 10,17–22

*Nicht ihr werdet dann reden, sondern der Geist eures Vaters wird durch euch reden*

**+ Aus dem heiligen Evangelium nach Matthäus.**

In jener Zeit sprach Jesus zu seinen Jüngern: Nehmt euch vor den Menschen in Acht! Denn sie werden euch an die Gerichte ausliefern und in ihren Synagogen auspeitschen. Ihr werdet um meinetwillen vor Statthalter und Könige geführt werden, ihnen und den Heiden zum Zeugnis. Wenn sie euch aber ausliefern, macht euch keine Sorgen, wie und was ihr reden sollt; denn es wird euch in jener Stunde eingegeben, was ihr sagen sollt. Nicht ihr werdet dann reden, sondern der Geist eures Vaters wird durch euch reden.

Der Bruder wird den Bruder dem Tod ausliefern und der Vater das Kind und Kinder werden sich gegen die Eltern auflehnen und sie in den Tod schicken.
Und ihr werdet um meines Namens willen von allen gehasst werden; wer aber bis zum Ende standhaft bleibt, der wird gerettet.

## FÜRBITTEN

Guter Gott, im heiligen Diakon Stephanus hast du uns ein Vorbild an Klarheit und verzeihender Friedfertigkeit geschenkt. Wir rufen zu dir und bitten dich:

- Für die Kirche; dass der verzeihende Geist des heiligen Stephanus in ihr lebendig bleibe. V: Erbarmender Gott. A: Wir bitten dich, erhöre uns.
- Für die Menschen, die Gewalt erfahren mussten; dass sie Hilfe finden und Heilung erfahren an Leib und Seele. V: Erbarmender Gott. A: Wir bitten dich, erhöre uns.
- Für alle, die sich für Gerechtigkeit und Frieden einsetzen; dass ihr Tun Früchte trägt und sie mitwirken können am Aufbau einer friedlicheren Welt. V: Erbarmender Gott. A: Wir bitten dich, erhöre uns.
- Für Frauen und Männer, die im Raum der Kirche diakonisch handeln; dass durch sie dein Licht auch den Menschen im Dunkeln leuchte. V: Erbarmender Gott. A: Wir bitten dich, erhöre uns.
- Für die Menschen, die uns vorausgegangen sind; lass sie mit Stephanus und allen Heiligen in deinem Licht vereint sein. V: Erbarmender Gott. A: Wir bitten dich, erhöre uns.

Vater im Himmel, wir danken dir für alle Menschen, die wahrhaft diakonisch leben wie der heilige Stephanus und deinen Geist bezeugen. Erhalte auch uns in deiner Gnade, so bitten wir durch Jesus Christus, unseren Bruder und Herrn.

# EUCHARISTIEFEIER

## GABENGEBET

Herr, unser Gott, schau gütig auf dein Volk, das mit Freude und Hingabe den Festtag des heiligen Stephanus feiert, und nimm unsere Gaben an. Darum bitten wir durch Christus, unseren Herrn.

Präfation, S. 501 f.

## KOMMUNIONVERS

Apg 7,59

Die Menge steinigte den Stephanus.
Er aber betete und rief:
Herr Jesus, nimm meinen Geist auf!

## SCHLUSSGEBET

Herr, unser Gott, wir danken dir für die Gnade dieser festlichen Tage. In der Geburt deines Sohnes schenkst du uns das Heil; im Sterben des heiligen Stephanus zeigst du uns das Beispiel eines unerschrockenen Glaubenszeugen. Wir bitten dich: Stärke unsere Bereitschaft, deinen Sohn, unseren Herrn Jesus Christus, standhaft zu bekennen, der mit dir lebt und herrscht in alle Ewigkeit.

## FEIERLICHER SCHLUSSSEGEN

S. 73

***

## HILF UNS IM LEBEN UND IM TOD

O Jesu Christ, des Höchsten Sohn,
dich, seinen Eingebornen,
dich sandte Gott vom Himmelsthron
zur Rettung der Verlornen.
Du Mittler zwischen uns und Gott,
hilf uns im Leben und im Tod,
erbarm dich unser aller.

O Heilger Geist, du Geist von Gott,
erleuchte, heilge, tröste,
die Jesus Christ durch seinen Tod
zum Dienst des Herrn erlöste.
Auf deinen Beistand hoffen wir;
verlass uns nicht, so sind wir hier
und auch einst ewig selig.

*Johann Samuel Diterich,*
*(nach Nikolaus Decius, 1523)*

# FEST DER HEILIGEN FAMILIE

## 29. Dezember 2019

Heilig ist, was zu Gott gehört. Heilig ist der Mensch, zu welchem Gott gesagt hat: Du gehörst zu mir. Familie ist heilig, weil Gott ihr seinen Auftrag gibt. Weil er sie beruft. Denn rechte Zeitansage und prophetisches Wort, zeichenhaftes Handeln und gutes Beispiel sind keine Frage des Alters (vgl. Joël 3,1; Apg 2,17). Noch „aus dem Mund der Kinder und Säuglinge" (Ps 8,3) kann Gott sich eine Festung errichten. Man muss nicht selbst Familie haben, um Teil einer Familie zu sein. Es bleibt der Auftrag: über die Generationen hinweg vielgestaltig Zeugnis zu geben von Gottes großen Taten.

### ERÖFFNUNGSVERS Lk 2,16

Die Hirten eilten hin und fanden Maria und Josef
und das Kind, das in einer Krippe lag.

### KYRIE-RUFE

Herr Jesus Christus, du hast wie wir als Mensch gelebt.
V/A: Herr, erbarme dich.
Du hast dich der Erziehung Josefs und Marias anvertraut.
V/A: Christus, erbarme dich.
Du bist herangewachsen und stark geworden,
erfüllt mit Weisheit, und Gottes Gnade ruhte auf dir.
V/A: Herr, erbarme dich.

Ehre sei Gott, S. 489 f.

## TAGESGEBET

Herr, unser Gott, in der Heiligen Familie hast du uns ein leuchtendes Vorbild geschenkt. Gib unseren Familien die Gnade, dass auch sie in Frömmigkeit und Eintracht leben und einander in der Liebe verbunden bleiben. Führe uns alle zur ewigen Gemeinschaft in deinem Vaterhaus. Darum bitten wir durch Jesus Christus.

# WORTGOTTESDIENST

**ZUR 1. LESUNG** Biblische Weisungen stehen nicht deshalb da, weil ihr Inhalt allen selbstverständlich geworden ist. Sie stehen da, weil sie hinweisen auf ein gefährdetes Gut. Hier bei Jesus Sirach sagen die biblischen Worte: Du sollst den Eltern Ehre geben. Sie anerkennen. Sogar ganz unabhängig von ihrer „Lebensleistung". Unabhängig von Ehren, die ihnen aufgrund guter Taten zukommen. Vielmehr gerade in den Momenten der Schwäche, der geistigen oder körperlichen Hinfälligkeit. Es wird dir selber guttun, argumentiert der Weisheitslehrer. Du selbst hast am meisten davon. Humanität schafft eine humane Gesellschaft.

## ERSTE LESUNG

Sir 3,2–6.12–14 (3–7.14–17a)°

*Wer den Herrn fürchtet, ehrt seine Eltern*

**Lesung aus dem Buch Jesus Sirach.**

Der Herr hat dem Vater Ehre verliehen bei den Kindern und das Recht der Mutter bei den Söhnen bestätigt. Wer den Vater ehrt, sühnt Sünden, und wer seine Mutter ehrt, sammelt Schätze. Wer den Vater ehrt, wird Freude haben an den Kindern und am Tag seines Gebets wird er erhört. Wer den Vater ehrt, wird lange leben, und seiner Mutter verschafft Ruhe, wer auf den Herrn hört.

Kind, nimm dich deines Vaters im Alter an und kränke ihn nicht, solange er lebt! Wenn er an Verstand nachlässt, übe Nachsicht und verachte ihn nicht in deiner ganzen Kraft! Denn die dem Vater erwiesene Liebestat wird nicht vergessen; und statt der Sünden wird sie dir zur Erbauung dienen.

## ANTWORTPSALM

Ps 128 (127), 1–2.3.4–5 (Kv: vgl. 1)

Kv Selig die Menschen,
die Gottes Wege gehn. – Kv

Selig jeder, der den HERRN fürchtet, *
der auf seinen Wegen geht!
Was deine Hände erarbeitet haben, wirst du genießen; *
selig bist du – es wird dir gut ergehn. – (Kv)

Deine Frau ist wie ein fruchtbarer Weinstock *
im Innern deines Hauses.
Wie Schösslinge von Ölbäumen sind deine Kinder *
rings um deinen Tisch herum. – (Kv)

Siehe, so wird der Mann gesegnet, *
der den HERRN fürchtet.
Es segne dich der HERR vom Zion her. *
Du sollst schauen das Glück Jerusalems alle Tage deines Lebens. – Kv

ZUR 2. LESUNG Der Schlüsselsatz steht am Anfang: „Ihr seid von Gott geliebt, seid seine auserwählten Heiligen." Als Getaufte haben wir die Gewissheit, dass Gott uns bei sich haben will, dass er uns haben will, dass er uns wohlwill. Unser aller Wohl will. Weil uns Jesus Christus Glück und Heil gebracht hat, darum kann es uns glücken, heilsam miteinander umzugehen. Weil Gott uns in ihm seine Freundschaft angetragen hat, sind wir zur Freundschaft fähig. Was das heißt? Zuversichtlich und zugewandt leben; sich nicht aufreiben und nicht wundreiben in den unvermeidlichen alltäglichen Auseinandersetzungen; schwelenden Streit nicht verdrängen, sondern ihn vor Ort und im Blick auf eine Verständigung austragen. Und vor allem: meinen Lebens- und Konfliktpartnern immer wieder freundlich entgegenkommen. Wir sind gleich geschaffen, wir alle, zu Gott, des HERRN, eigenem Bild und Gleichnis. Ganz gleich, wer sich dagegen in Stellung bringen und uns, die wir sind, wie wir sind: verletzlich, geschaffen, erwählt, einschüchtern will.

## ZWEITE LESUNG Kol 3, 12–21

*Die Liebe ist das Band der Vollkommenheit*

**Lesung aus dem Brief des Apostels Paulus an die Gemeinde in Kolóssä.**

Schwestern und Brüder! Bekleidet euch, als Erwählte Gottes, Heilige und Geliebte, mit innigem Erbarmen, Güte, Demut, Milde, Geduld! Ertragt einander und vergebt einander, wenn einer dem anderen etwas vorzuwerfen hat! Wie der Herr euch vergeben hat, so vergebt auch ihr! Vor allem bekleidet euch mit der Liebe, die das Band der Vollkommenheit ist! Und der Friede Christi triumphiere in euren Herzen. Dazu seid ihr berufen als Glieder des einen Leibes. Seid dankbar!

Das Wort Christi wohne mit seinem ganzen Reichtum bei euch. In aller Weisheit belehrt und ermahnt einander! Singt Gott Psalmen, Hymnen und geistliche Lieder in Dankbarkeit in euren Herzen! Alles, was ihr in Wort oder Werk tut, geschehe im Namen Jesu, des Herrn. Dankt Gott, dem Vater, durch ihn!

Ihr Frauen, ordnet euch den Männern unter, wie es sich im Herrn geziemt! Ihr Männer, liebt die Frauen und seid nicht erbittert gegen sie! Ihr Kinder, gehorcht euren Eltern in allem, denn das ist dem Herrn wohlgefällig! Ihr Väter, schüchtert eure Kinder nicht ein, damit sie nicht mutlos werden!

## RUF VOR DEM EVANGELIUM Vers: Kol 3, 15a.16a

Halleluja. Halleluja.
Der Friede Christi triumphiere in euren Herzen.

Das Wort Christi wohne mit seinem ganzen Reichtum bei euch. Halleluja.

ZUM EVANGELIUM Kann man aus der Geschichte lernen? Wo Geschichte sich doch nie wiederholt? Kann man aus Familiengeschichte lernen? Josef lernt zu handeln aus der Familiengeschichte, auch dann, wenn sie sich nicht einfach wiederholt, sondern gegenläufig erlebt wird. Gerade hatte es Herodes gemacht wie der ägyptische Pharao: Er hatte die Kinder verfolgt und getötet. Da fasst Josef die umgekehrte Richtung ins Auge. Wie einst dem alttestamentlichen Josef wird auch ihm Ägypten zum Ziel, zu einem Ort der Hoffnung. Und in Jesu Rückkehr nach Ägypten zeichnet sich das Profil eines Mose ab, eines Retters, eines Erlösers und Befreiers in höchster Not, aus höchster Not, von Gott gesandt. – So können wir aus Familiengeschichten lernen, in den größeren Zusammenhängen hellwach, sogar im Traum, Gottes Wege mitzuvollziehen.

## EVANGELIUM Mt 2,13–15.19–23

*Nimm das Kind und seine Mutter und flieh nach Ägypten!*

+ **Aus dem heiligen Evangelium nach Matthäus.**

Als die Sterndeuter wieder gegangen waren, siehe, da erschien dem Josef im Traum ein Engel des Herrn und sagte: Steh auf, nimm das Kind und seine Mutter und flieh nach Ägypten; dort bleibe, bis ich dir etwas anderes auftrage; denn Herodes wird das Kind suchen, um es zu töten.

Da stand Josef auf und floh in der Nacht mit dem Kind und dessen Mutter nach Ägypten. Dort blieb er bis zum Tod des Herodes. Denn es sollte sich erfüllen, was der Herr durch den Propheten gesagt hat: Aus Ägypten habe ich meinen Sohn gerufen.

Als Herodes gestorben war, siehe, da erschien dem Josef in Ägypten ein Engel des Herrn im Traum und sagte: Steh auf, nimm das Kind und seine Mutter und zieh in das Land Israel; denn die Leute, die dem Kind nach dem Leben getrachtet haben, sind tot.

Da stand er auf und zog mit dem Kind und dessen Mutter in das Land Israel.

Als er aber hörte, dass in Judäa Archeláus anstelle seines Vaters Herodes regierte, fürchtete er sich, dorthin zu gehen. Und weil er im Traum einen Befehl erhalten hatte, zog er in das Gebiet von Galiläa und ließ sich in einer Stadt namens Nazaret nieder.

Denn es sollte sich erfüllen, was durch die Propheten gesagt worden ist: Er wird Nazoräer genannt werden.

Glaubensbekenntnis, S. 492 ff.

## FÜRBITTEN

Am Fest der Heiligen Familie bitten wir Gott um sein Erbarmen und seinen Beistand für die Familien auf der ganzen Welt:

- Ermutige die Kirche und weise ihr neue Wege, Familien zu unterstützen. V: Gott, der du uns Vater und Mutter bist. A: Höre unser Rufen.

- Bewege die politisch Handelnden, gute Rahmenbedingungen für das Leben mit Kindern zu schaffen. V: Gott, der du uns Vater und Mutter bist. A: Höre unser Rufen.

- Stärke alle, die weltweit jenen Kindern Liebe und eine gute Lebensstruktur geben, die familiäre Geborgenheit nie kennengelernt haben. V: Gott, der du uns Vater und Mutter bist. A: Höre unser Rufen.

- Öffne unseren verstorbenen Eltern, Geschwistern, Verwandten und Freunden das Tor der Freude und schließe sie in deine Arme. V: Gott, der du uns Vater und Mutter bist. A: Höre unser Rufen.

Erbarmender Gott, du segnest die Gemeinschaften, in denen sich einer des anderen annimmt. Dafür danken wir dir in Christus, unserem Bruder und Herrn.

# EUCHARISTIEFEIER

## GABENGEBET

Herr, unser Gott, am Fest der Heiligen Familie bringen wir das Opfer der Versöhnung dar. Höre auf die Fürsprache der jungfräulichen Gottesmutter und des heiligen Josef. Erhalte unsere Familien in deiner Gnade und in deinem Frieden. Darum bitten wir durch Christus, unseren Herrn.

Präfation, S. 501 f.

## KOMMUNIONVERS

Bar 3,38

Unser Gott ist auf der Erde erschienen,
als Mensch unter den Menschen.

## SCHLUSSGEBET

Gott, unser Vater, du hast uns mit dem Brot des Himmels gestärkt. Bleibe bei uns mit deiner Gnade, damit wir das Vorbild der Heiligen Familie nachahmen und nach der Mühsal dieses Lebens in ihrer Gemeinschaft das Erbe erlangen, das du deinen Kindern bereitet hast. Darum bitten wir durch Christus, unseren Herrn.

## FEIERLICHER SCHLUSSSEGEN

S. 73

***

GEHEILIGT

Ich bin zu jung, behauptet der Prophet Jeremia, als Gott ihn ruft.
Ich bin behindert, weigert sich Mose, den Auftrag anzunehmen.
Ich bin zu alt, legt mir die Gesellschaft nahe.
Doch der familiäre Auftrag fragt nicht nach Alter und Können.
Der familiäre Auftrag fragt nach Erfüllung.
Und wen Gott beauftragt, spricht Gott heilig.

*Kira Busch-Wagner*

# OKTAVTAG VON WEIHNACHTEN
# HOCHFEST DER GOTTESMUTTER MARIA

## 1. Januar 2020 – Neujahr

Zu Beginn des neuen Jahres bittet die Kirche um den Segen und die Fürsprache der Gottesmutter. Dieser „Meeresstern“, wie Maria auch genannt wird, gibt uns Orientierung für die Fahrt ins neue Jahr. Hoffnungsfroh, gesegnet und befreit, wie es die Lesungen zusagen, richtet sich unser Blick auf die Haltung Marias, wie sie im Evangelium beschrieben wird. Maria bewahrte alles in ihrem Herzen, was zu ihr und über das Kind gesagt wurde, und sie dachte darüber nach. Auch uns kann das Wort stärken, das wir heute zugesprochen bekommen. Bewahren wir es in unserem Herzen und lassen wir uns von der frohen Botschaft für all das ermutigen, was das Jahr mit sich bringen wird.

### ERÖFFNUNGSVERS

Sedulius

Gruß dir, heilige Mutter, du hast den König geboren,
der in Ewigkeit herrscht über Himmel und Erde.

### KYRIE-RUFE

Herr Jesus Christus, du bist offenbart im Fleisch.
V/A: Herr, erbarme dich.
Du wirst verkündet unter den Völkern.
V/A: Christus, erbarme dich.
Du wirst geglaubt in der Welt.
V/A: Herr, erbarme dich.

Ehre sei Gott, S. 489 f.

## TAGESGEBET

Barmherziger Gott, durch die Geburt deines Sohnes aus der Jungfrau Maria hast du der Menschheit das ewige Heil geschenkt. Lass uns (auch im neuen Jahr) immer und überall die Fürbitte der gnadenvollen Mutter erfahren, die uns den Urheber des Lebens geboren hat, Jesus Christus, deinen Sohn, unseren Herrn und Gott, der in der Einheit des Heiligen Geistes mit dir lebt und herrscht in alle Ewigkeit.

# WORTGOTTESDIENST

**ZUR 1. LESUNG** Uralte Segensworte, die uns vom Ende des Gottesdienstes vertraut sind, stehen am Beginn des neuen Jahres. Jeder Anfang braucht die Erinnerung an den Segen, den Gott über die ganze Schöpfung (Gen 1,31) und über mein Leben gesprochen hat. Dann erkennen wir, dass es keinen Moment in unserem Leben gibt, an dem Gott von unserer Seite weicht. Gott rückt nicht alles zurecht, wie wir es gerne hätten. Aber er ist ein Gott, der uns fest an die Hand nimmt. Gerade dann, wenn es schwierig, wenn es traurig und unerträglich wird. Er wendet uns sein Angesicht zu und schenkt uns sein Heil. Alle Tage im neuen Jahr.

## ERSTE LESUNG Num 6,22–27

*So sollen sie meinen Namen auf die Israeliten legen und ich werde sie segnen*

**Lesung aus dem Buch Númeri.**

Der HERR sprach zu Mose: Sag zu Aaron und seinen Söhnen: So sollt ihr die Israeliten segnen; sprecht zu ihnen:

Der HERR segne dich und behüte dich. Der HERR lasse sein Angesicht über dich leuchten und sei dir gnädig. Der HERR wende sein Angesicht dir zu und schenke dir Frieden.

So sollen sie meinen Namen auf die Israeliten legen und ich werde sie segnen.

## ANTWORTPSALM

Ps 67 (66),2–3.5–6.7–8 (Kv: 2a)

Kv Gott sei uns gnädig und segne uns. – Kv

Gott sei uns gnädig und segne uns. *
Er lasse sein Angesicht über uns leuchten,
damit man auf Erden deinen Weg erkenne, *
deine Rettung unter allen Völkern. – (Kv)

Die Nationen sollen sich freuen und jubeln, /
denn du richtest die Völker nach Recht *
und leitest die Nationen auf Erden.
Die Völker sollen dir danken, o Gott, *
danken sollen dir die Völker alle. – (Kv)

Die Erde gab ihren Ertrag. *
Gott, unser Gott, er segne uns!
Es segne uns Gott! *
Fürchten sollen ihn alle Enden der Erde. – Kv

**ZUR 2. LESUNG** Im Jahr 1968 hat Papst Paul VI. den 1. Januar auch als Weltfriedenstag ausgerufen. Dieser Zusammenhang kommt besonders in der zweiten Lesung zum Ausdruck. Papst Franziskus hatte in einer seiner Botschaften zum Weltfriedenstag erklärt, dass Sklaverei und Menschenhandel ein großes Übel sind. Oft gehen sie kriegerischen Auseinandersetzungen voraus. Christus aber macht die Menschen frei; er befähigt sie dazu, auch Beziehungen zwischen den Menschen wieder in Ordnung zu bringen. Weil wir im anderen denjenigen erkennen können, den Christus genauso wie mich freigekauft hat. Als Töchter und Söhne Gottes (V. 6) können wir uns mutig für den Frieden einsetzen, der in Christus schon aufleuchtet und der einst die gesamte Schöpfung umfassen wird.

## ZWEITE LESUNG Gal 4,4–7

*Gott sandte seinen Sohn, geboren von einer Frau, damit wir die Sohnschaft erlangen*

**Lesung aus dem Brief des Apostels Paulus an die Gemeinden in Galátien.**

Schwestern und Brüder! Als die Zeit erfüllt war, sandte Gott seinen Sohn, geboren von einer Frau und dem Gesetz unterstellt, damit er die freikaufe, die unter dem Gesetz stehen, und damit wir die Sohnschaft erlangen.

Weil ihr aber Söhne seid, sandte Gott den Geist seines Sohnes in unsere Herzen, den Geist, der ruft: Abba, Vater.

Daher bist du nicht mehr Sklave, sondern Sohn; bist du aber Sohn, dann auch Erbe, Erbe durch Gott.

## RUF VOR DEM EVANGELIUM Vers: vgl. Hebr 1,1–2

Halleluja. Halleluja.
Einst hat Gott zu den Vätern gesprochen durch die Propheten;
heute aber hat er zu uns gesprochen durch den Sohn.
Halleluja.

ZUM EVANGELIUM Wenn Eltern ein Kind erwarten, beginnt sich ihr Leben zu verändern. Etwas grundlegend Neues ist für sie im Kommen. Gott kann uns nicht näher kommen, um unsere Welt auf neues Leben hin zu verwandeln, denn als Kind. „Den aller Welt Kreis nie beschloss, der liegt in Marien Schoß", wie es in einem Weihnachtslied von Martin Luther heißt (EG 23,3). Gottes Ewiges Wort ist Mensch geworden, ist in die Welt unserer kleinen Dinge eingegangen. Maria erkennt: Ich darf vertrauen, weil Gott mit dieser Geburt zeigt, wie er die Welt, wie er mich und mein Leben verwandeln und mir Trost und Zuversicht geben will. Das ist die Haltung, mit der Maria mutig in die Zukunft blickt, die alles verändern wird. Es ist die Haltung, mit der auch wir zuversichtlich die nächsten Schritte gehen können.

## EVANGELIUM

Lk 2,16–21

*Sie fanden Maria und Josef und das Kind.*
*Als acht Tage vorüber waren, gab man dem Kind den Namen Jesus*

**+ Aus dem heiligen Evangelium nach Lukas.**

In jener Zeit eilten die Hirten nach Betlehem und fanden Maria und Josef und das Kind, das in der Krippe lag. Als sie es sahen, erzählten sie von dem Wort, das ihnen über dieses Kind gesagt worden war. Und alle, die es hörten, staunten über das, was ihnen von den Hirten erzählt wurde.

Maria aber bewahrte alle diese Worte und erwog sie in ihrem Herzen.

Die Hirten kehrten zurück, rühmten Gott und priesen ihn für alles, was sie gehört und gesehen hatten, so wie es ihnen gesagt worden war.

Als acht Tage vorüber waren und das Kind beschnitten werden sollte, gab man ihm den Namen Jesus, den der Engel genannt hatte, bevor das Kind im Mutterleib empfangen war.

Glaubensbekenntnis, S. 492 ff.

## FÜRBITTEN

Unsere Zeit steht in Gottes Händen. Vereint mit der Fürbitte der Gottesmutter Maria bitten wir um Gottes Schutz und Segen:

- Wir danken für alles, das gut war im vergangenen Jahr, und bitten um Geleit für das vor uns liegende Neue. V: Gott, Herr der Zeit. A: Höre und erhöre uns.
- Wir danken für den Reichtum der Erde und bitten für die Menschen, die nicht wissen, wovon sie leben und wie sie satt werden sollen. V: Gott, Herr der Zeit. A: Höre und erhöre uns.
- Wir danken dir für das Geschenk der Gesundheit und bitten für Menschen, die schwer erkrankt sind. V: Gott, Herr der Zeit. A: Höre und erhöre uns.
- Wir danken dir für die Gemeinschaft, die uns gewährt ist, für Freunde und Familie, und bitten für alle, die einsam sind. V: Gott, Herr der Zeit. A: Höre und erhöre uns.
- Wir danken für das Geschenk des Lebens und erbitten deine Nähe bei allen, die den Tod vor Augen haben. V: Gott, Herr der Zeit. A: Höre und erhöre uns.

Treuer Gott, du gehst mit uns durch das neue Jahr, so glauben und so hoffen wir. Wir dürfen erfahren, dass dieses Jahr unter deinem Segen steht und ein Jahr des Heils wird in Christus Jesus, deinem Sohn, unserem Bruder und Herrn.

# EUCHARISTIEFEIER

## GABENGEBET

Barmherziger Gott, von dir kommt alles Gute und du führst es zum Ziel. Wir danken dir für den Anfang des Heiles, das du uns in der Geburt deines Sohnes aus der Jungfrau Maria eröffnet hast. Höre auf ihre Fürsprache und führe uns (in diesem Jahr) näher zu dir. Darum bitten wir durch Christus, unseren Herrn.

## PRÄFATION

In Wahrheit ist es würdig und recht, dir, Herr, heiliger Vater, immer und überall zu danken, weil du Großes getan hast an der seligen Jungfrau Maria. Vom Heiligen Geist überschattet, hat sie deinen eingeborenen Sohn empfangen und im Glanz unversehrter Jungfräulichkeit der Welt das ewige Licht geboren, unseren Herrn Jesus Christus. Durch ihn loben die Engel deine Herrlichkeit, beten dich an die Mächte, erbeben die Gewalten. Die Himmel und die himmlischen Kräfte und die seligen Serafim feiern dich jubelnd im Chore. Mit ihrem Lobgesang lass auch unsere Stimmen sich vereinen und voll Ehrfurcht rufen: Heilig ...

## KOMMUNIONVERS Hebr 13,8

Jesus Christus ist derselbe
gestern und heute und in Ewigkeit.

## SCHLUSSGEBET

Herr, unser Gott, am Fest der seligen Jungfrau Maria, die wir als Mutter deines Sohnes und Mutter der Kirche bekennen, haben wir voll Freude das heilige Sakrament empfangen. Lass es uns eine Hilfe sein, die uns zum ewigen Leben führt. Darum bitten wir durch Christus, unseren Herrn.

## FEIERLICHER SCHLUSSSEGEN

Gott, unser Vater, der Quell und Ursprung alles Guten, gewähre euch seinen Segen und erhalte euch im neuen Jahr unversehrt an Leib und Seele. – A: Amen.
Er bewahre euch im rechten Glauben, in unerschütterlicher Hoffnung und in der Geduld unbeirrbarer Liebe. – A: Amen.

Eure Tage ordne er in seinem Frieden, eure Bitten erhöre er heute und immerdar; am Ende eurer Jahre schenke er euch das ewige Leben. – A: Amen.
Das gewähre euch der dreieinige Gott, der Vater und der Sohn † und der Heilige Geist. – A: Amen.

***

## DER DU DIE ZEIT IN HÄNDEN HAST

Der du die Zeit in Händen hast,
Herr, nimm auch dieses Jahres Last
und wandle sie in Segen.
Nun von dir selbst in Jesus Christ
die Mitte fest gewiesen ist,
führ uns dem Ziel entgegen.

Der du allein der Ewge heißt
und Anfang, Ziel und Mitte weißt
im Fluge unsrer Zeiten:
bleib du uns gnädig zugewandt
und führe uns an deiner Hand,
damit wir sicher schreiten.

*Jochen Klepper*

# 2. SONNTAG NACH WEIHNACHTEN

## 5. Januar 2020

Die Lesungen des zweiten Sonntags nach Weihnachten ordnen das Geschehen der Geburt Jesu Christi noch einmal in den großen Zusammenhang der Heilsgeschichte ein. Schon vor der Erschaffung der Welt, so beschreibt es der Prolog des Johannes-Evangeliums (Joh 1,1–17), spricht Gott sein ewiges Wort der Gnade und Freiheit. Dieses Wort widerspricht allem Bösen, das Gottes gute Wege ins Unheil führen will. Auch wenn uns die Welt jeden Tag vor ein Rätsel stellt und Dunkelheit uns umfängt: Das Kind in der Krippe ist ein Zeichen der Hoffnung darauf, dass Gott die Welt am Ende an ihr Ziel führen wird. Dabei kommt es auf mich an: Wer dem Kind glaubt und nach seinem Wort handelt, der bringt schon jetzt das Licht in die Dunkelheit.

### ERÖFFNUNGSVERS

Weish 18,14–15

Als tiefes Schweigen das All umfing
und die Nacht bis zur Mitte gelangt war,
da stieg dein allmächtiges Wort, o Herr,
vom Himmel herab, vom königlichen Thron.

### KYRIE-RUFE

Herr Jesus Christus, du bist das wahre Licht,
das jeden Menschen erleuchtet.
V/A: Herr, erbarme dich.
Du bist in die Welt gekommen und wohnst unter uns.
V/A: Christus, erbarme dich.
Du machst alle, die dich aufnehmen, zu Kindern Gottes.
V/A: Herr, erbarme dich.

Ehre sei Gott, S. 489 f.

## TAGESGEBET

Allmächtiger, ewiger Gott, du erleuchtest alle, die an dich glauben. Offenbare dich den Völkern der Erde, damit alle Menschen das Licht deiner Herrlichkeit schauen. Darum bitten wir durch Jesus Christus.

# WORTGOTTESDIENST

ZUR 1. LESUNG In den weisheitlichen Schriften der Bibel wird das Wort Gottes mit der Weisheit gleichgesetzt. Jerusalem, die Heilige Stadt, die Stadt des Tempels und des Königs, wird als Sitz der Weisheit verstanden, denn dem Volk Israel ist in besonderer Weise diese Weisheit anvertraut. Das Wort Gottes ist zum einen das Gesetz, das nicht als Bürde, sondern als Geschenk aufgefasst wird. Aus ihm erwächst dem Volk die besondere Verantwortung, die Weisheit Gottes in der Welt zu verkünden. Die christliche Tradition sieht zum anderen in dieser Weisheit Jesus Christus, der das fleischgewordene Wort Gottes ist. Die Lesungen machen deutlich, dass diese Traditionen nicht gegeneinander ausgespielt werden dürfen, sondern sich ergänzen und gegenseitig stützen. Beide verbindet der Auftrag, den Geist der Weisheit und Erkenntnis allem gewalttätigen Ungeist entgegenzusetzen, allem Hass.

## ERSTE LESUNG Sir 24,1–2.8–12 (1–4.12–16)

*Die Weisheit Gottes schlug Wurzeln in einem ruhmreichen Volk*

**Lesung aus dem Buch Jesus Sirach.**

Die Weisheit lobt sich selbst und inmitten ihres Volkes rühmt sie sich. In der Versammlung des Höchsten öffnet sie ihren Mund und in Gegenwart seiner Macht rühmt sie sich:

Der Schöpfer des Alls gebot mir; der mich schuf, ließ mein Zelt einen Ruheplatz finden. Er sagte: In Jakob schlag dein Zelt auf und in Israel sei dein Erbteil!

Vor der Ewigkeit, von Anfang an, hat er mich erschaffen und bis in Ewigkeit vergehe ich nicht. Im heiligen Zelt diente ich vor ihm, so wurde ich auf dem Zion fest eingesetzt.

In der Stadt, die er ebenso geliebt hat, ließ er mich Ruhe finden, in Jerusalem ist mein Machtbereich, ich schlug Wurzeln in einem ruhmreichen Volk, im Anteil des Herrn, seines Erbteils.

## ANTWORTPSALM

Ps 147,12–13.14–15.19–20 (Kv: Joh 1,14)

Kv Das Wort ist Fleisch geworden und hat unter uns gewohnt. – Kv

(*Oder:* Halleluja.)

Jerusalem, rühme den Herrn! *
Zion, lobe deinen Gott!
Denn er hat die Riegel deiner Tore festgemacht, *
die Kinder in deiner Mitte gesegnet. – (Kv)

Er verschafft deinen Grenzen Frieden, *
er sättigt dich mit bestem Weizen.
Er sendet seinen Spruch zur Erde, *
in Eile läuft sein Wort dahin. – (Kv)

Er verkündet Jakob sein Wort, *
Israel seine Gesetze und seine Entscheide.
An keinem anderen Volk hat er so gehandelt, *
sie kennen sein Recht nicht. – Kv

ZUR 2. LESUNG Wenn sich eine christliche Gemeinde versammelt, dann ist sie nicht allein. Sie steht in der Gemeinschaft mit allen himmlischen Chören, und mit denen, die uns im Glauben vorangegangen sind. Der Epheserbrief weitet unseren Horizont. Schon bevor wir an Gott denken konnten, hat er über uns Gedanken des Friedens und der Gnade gedacht. Und doch ist der Glaube uns nicht einfach in den Schoß gelegt. Jeden Tag neu sollen wir darüber nachdenken, welche Hoffnung uns erfüllt und was dies für unseren Alltag bedeutet (V. 18). Dass wir dabei gemeinsam mit der ganzen Kirche aller Zeiten und Räume auf dem Weg sind, kann uns entlasten. Das Heil hängt nicht nur davon ab, wie wir unsere kirchlichen Verhältnisse ordnen – unausweichliche Verantwortung! –, sondern lebt von seiner Gnade, die zu allen Zeiten gilt. Sie ist uns geschenkt in Jesus Christus.

## ZWEITE LESUNG

Eph 1,3–6.15–18

*Gott hat uns im Voraus dazu bestimmt, seine Söhne zu werden durch Jesus Christus*

**Lesung aus dem Brief des Apostels Paulus an die Gemeinde in Éphesus.**

Gepriesen sei Gott, der Gott und Vater unseres Herrn Jesus Christus. Er hat uns mit allem Segen seines Geistes gesegnet durch unsere Gemeinschaft mit Christus im Himmel. Denn in ihm hat er uns erwählt vor der Grundlegung der Welt, damit wir heilig und untadelig leben vor ihm. Er hat uns aus Liebe im Voraus dazu bestimmt, seine Söhne zu werden durch Jesus Christus und zu ihm zu gelangen nach seinem gnädigen Willen, zum Lob seiner herrlichen Gnade. Er hat sie uns geschenkt in seinem geliebten Sohn.

Darum höre ich nicht auf, für euch zu danken, wenn ich in meinen Gebeten an euch denke; denn ich habe von eurem Glauben an Jesus, den Herrn, und von eurer Liebe zu allen Heiligen gehört. Der Gott Jesu Christi, unseres Herrn, der Vater der Herrlichkeit, gebe euch den Geist der Weisheit und Offenbarung, damit ihr ihn erkennt. Er erleuchte die Augen eures Herzens, damit ihr versteht, zu welcher Hoffnung ihr durch ihn berufen seid, welchen Reichtum die Herrlichkeit seines Erbes den Heiligen schenkt.

## RUF VOR DEM EVANGELIUM

Vers: vgl. 1 Tim 3,16

Halleluja, Halleluja.
Christus, offenbart im Fleisch, verkündet unter den Völkern,
Christus, geglaubt in der Welt: Ehre sei dir!
Halleluja.

**ZUM EVANGELIUM** Während die drei anderen Evangelien mit der Kindheit oder dem Auftreten Jesu in der Öffentlichkeit beginnen, geht Johannes an den Beginn von allem zurück und spannt so den denkbar weitesten Bogen. In Jesus Christus hat er das ewige Wort der Gnade erkannt, das Gott zu seiner Schöpfung spricht. Das große Zeichen vor der Klammer des Lebens Jesu ist seine Herkunft aus dem Licht des Vaters. Er ist auch das Zeichen, in dem die ganze Schöpfung ihre Zukunft erkennen kann. Seit dieses Licht in der Welt aufgeleuchtet ist, gibt es keine Dunkelheit, in die nicht dieser Hoffnungsschimmer einen Weg bahnt.

## EVANGELIUM

Joh 1,1–18

*Das Wort ist Fleisch geworden und hat unter uns gewohnt*

\+ **Aus dem heiligen Evangelium nach Johannes.**

Im Anfang war das Wort und das Wort war bei Gott und das Wort war Gott. Dieses war im Anfang bei Gott. Alles ist durch das Wort geworden und ohne es wurde nichts, was geworden ist. In ihm war Leben und das Leben war das Licht der Menschen. Und das Licht leuchtet in der Finsternis und die Finsternis hat es nicht erfasst.

Ein Mensch trat auf, von Gott gesandt; sein Name war Johannes. Er kam als Zeuge, um Zeugnis abzulegen für das Licht, damit alle durch ihn zum Glauben kommen. Er war nicht selbst das Licht, er sollte nur Zeugnis ablegen für das Licht.

Das wahre Licht, das jeden Menschen erleuchtet, kam in die Welt. Er war in der Welt und die Welt ist durch ihn geworden, aber die Welt erkannte ihn nicht. Er kam in sein Eigentum, aber die Seinen nahmen ihn nicht auf.

Allen aber, die ihn aufnahmen, gab er Macht, Kinder Gottes zu werden, allen, die an seinen Namen glauben, die nicht aus dem Blut, nicht aus dem Willen des Fleisches, nicht aus dem Willen des Mannes, sondern aus Gott geboren sind.

Und das Wort ist Fleisch geworden und hat unter uns gewohnt und wir haben seine Herrlichkeit geschaut, die Herrlichkeit des einzigen Sohnes vom Vater, voll Gnade und Wahrheit.

Johannes legt Zeugnis für ihn ab und ruft: Dieser war es, über den ich gesagt habe: Er, der nach mir kommt, ist mir voraus, weil er vor mir war. Aus seiner Fülle haben wir alle empfangen, Gnade über Gnade.

Denn das Gesetz wurde durch Mose gegeben, die Gnade und die Wahrheit kamen durch Jesus Christus. Niemand hat Gott je gesehen. Der Einzige, der Gott ist und am Herzen des Vaters ruht, er hat Kunde gebracht.

*Oder:*

## KURZFASSUNG

Joh 1,1–5.9–14

*Das Wort ist Fleisch geworden und hat unter uns gewohnt*

**+ Aus dem heiligen Evangelium nach Johannes.**

Im Anfang war das Wort und das Wort war bei Gott und das Wort war Gott. Dieses war im Anfang bei Gott. Alles ist durch das Wort geworden und ohne es wurde nichts, was geworden ist. In ihm war Leben und das Leben war das Licht der Menschen. Und das Licht leuchtet in der Finsternis und die Finsternis hat es nicht erfasst.

Das wahre Licht, das jeden Menschen erleuchtet, kam in die Welt. Er war in der Welt und die Welt ist durch ihn geworden, aber die Welt erkannte ihn nicht. Er kam in sein Eigentum, aber die Seinen nahmen ihn nicht auf.

Allen aber, die ihn aufnahmen, gab er Macht, Kinder Gottes zu werden, allen, die an seinen Namen glauben, die nicht aus dem Blut, nicht aus dem Willen des Fleisches, nicht aus dem Willen des Mannes, sondern aus Gott geboren sind.

Und das Wort ist Fleisch geworden und hat unter uns gewohnt und wir haben seine Herrlichkeit geschaut, die Herrlichkeit des einzigen Sohnes vom Vater, voll Gnade und Wahrheit.

Glaubensbekenntnis, S. 492 ff.

## FÜRBITTEN

Gott schenkt allen Menschen das Licht in Jesus Christus, seinem geliebten Sohn. Wir bitten:

- Lass den christlichen Konfessionen ein Licht aufgehen, damit sie Wege zur Einheit in Glaube, Liebe und Hoffnung suchen und finden. V: Gott, du Licht des Lebens. A: Wir bitten dich, erhöre uns.

- Leite die politisch Verantwortlichen, damit sie zum Wohl aller handeln. V: Gott, du Licht des Lebens. A: Wir bitten dich, erhöre uns.

- Ermutige uns, deine Getauften, nicht stumm zu bleiben, wenn Menschen herabgewürdigt werden. V: Gott, du Licht des Lebens. A: Wir bitten dich, erhöre uns.

- Bestärke die Frauen und Männer, die Wort-Gottes-Feiern leiten, und segne die Katechetinnen und Katecheten weltweit, die dein Wort bezeugen und deine Liebe aufleuchten lassen. V: Gott, du Licht des Lebens. A: Wir bitten dich, erhöre uns.

- Umfange alle, die schwer krank sind, mit deinem Licht und deiner Wärme. V: Gott, du Licht des Lebens. A: Wir bitten dich, erhöre uns.

Großer Gott, aus deiner Fülle empfangen wir, was gut ist in unserem Leben. Lass uns deinem Licht folgen und als hoffnungsvolle Menschen leben. Darum bitten wir dich, heute und alle Tage, durch Christus, unseren Herrn.

# EUCHARISTIEFEIER

## GABENGEBET

Herr, unser Gott, heilige unsere Gaben durch die Menschwerdung deines Sohnes. Durch seine Geburt hast du allen Menschen den Weg der Wahrheit gewiesen und ihnen dein Reich verheißen. Lass uns in dieser Feier verkosten, was du denen bereitet hast, die dich lieben. Darum bitten wir durch Christus, unseren Herrn.

Präfation, S. 501 f.

## KOMMUNIONVERS

Joh 1,12

Allen, die ihn aufnahmen,
gab er Macht, Kinder Gottes zu werden.

## SCHLUSSGEBET

Herr, unser Gott, befreie uns durch die Wirkung dieses Sakramentes von unseren Fehlern und Sünden. Erfülle unser Verlangen und schenke uns alles, was wir zum Heil nötig haben. Darum bitten wir durch Christus, unseren Herrn.

***

## DAS EWIG LICHT

Das ewig Licht geht da herein,
gibt der Welt ein’ neuen Schein;
es leucht’ wohl mitten in der Nacht
und uns des Lichtes Kinder macht.
Kyrieleis.

Das hat er alles uns getan,
sein groß Lieb zu zeigen an.
Des freu sich alle Christenheit
und dank ihm des in Ewigkeit.
Kyrieleis.

*Martin Luther*

# ERSCHEINUNG DES HERRN – HOCHFEST

## 6. Januar 2020

Alles Suchen und Sehen erfüllt sich in Jesus Christus. In seiner Epiphanie, in seinem Erscheinen, erkennen die Autoren der neutestamentlichen Texte, was sie aus den heiligen Schriften erwartet haben. Wie auch am zweiten Sonntag nach Weihnachten spielt die Lichtsymbolik eine wichtige Rolle in den Lesungen. Das Erscheinen Gottes in Jesus Christus blendet die Welt nicht, es erleuchtet sie. Alles erscheint in einem neuen Licht. Dies erkennen sogar die Fernen und Fremden. Aus den Texten des Sonntags wird deutlich, wie das Heil Gottes nicht nur dem Volk Israel allein, sondern gerade so aller Welt zugesprochen ist.

### ERÖFFNUNGSVERS

Vgl. Mal 3,1; 1 Chr 19,12

Seht, gekommen ist der Herrscher, der Herr.
In seiner Hand ist die Macht und das Reich.

### KYRIE-RUFE

Herr Jesus Christus, du bist das Licht der Völker,
dein Stern geht strahlend auf über uns.
V/A: Herr, erbarme dich.
Du bist der Leitstern, du weist allen Menschen
den Weg zum Leben.
V/A: Christus, erbarme dich.
Du versammelst alle Völker in Gottes Reich.
V/A: Herr, erbarme dich.

Ehre sei Gott, S. 489 f.

## TAGESGEBET

Allherrschender Gott, durch den Stern, dem die Weisen gefolgt sind, hast du am heutigen Tag den Heidenvölkern deinen Sohn geoffenbart. Auch wir haben dich schon im Glauben erkannt. Führe uns vom Glauben zur unverhüllten Anschauung deiner Herrlichkeit. Darum bitten wir durch Jesus Christus.

# WORTGOTTESDIENST

ZUR 1. LESUNG Als das Volk Israel aus dem Exil in Babylon in sein Land zurückkehrte (538 vor Christus), lag alles am Boden. Der Tempel, das Zeichen für die Gegenwart Gottes, war nur noch Schutt und Asche. Dies kann die Hoffnung des Volkes jedoch nicht erschüttern. Über Jerusalem strahlt in dieser Dunkelheit ein Licht. Das Volk kann wieder zurückkehren (V. 4). Dies deutet der Prophet als Zeichen, dass Jerusalem als Heilige Stadt auch in Zukunft eine wichtige Rolle spielen wird. Hier greift der Prophet die Vision am Beginn des Jesajabuches auf (Jes 2,1–5), dass der Zion einst das Zentrum der Welt sein wird, zu dem alle Völker ziehen und Gott preisen. Ausweglosigkeit ist keine Vokabel des Glaubens. Er lebt aus der Verheißung, die schon jetzt Mut und Kraft für die nächsten Schritte gibt.

## ERSTE LESUNG Jes 60,1–6

*Die Herrlichkeit des Herrn geht strahlend auf über dir*

**Lesung aus dem Buch Jesája.**

Steh auf, werde licht, Jerusalem, denn es kommt dein Licht und die Herrlichkeit des HERRN geht strahlend auf über dir.
Denn siehe, Finsternis bedeckt die Erde und Dunkel die Völker, doch über dir geht strahlend der HERR auf, seine Herrlichkeit erscheint über dir. Nationen wandern zu deinem Licht und Könige zu deinem strahlenden Glanz.

Erhebe deine Augen ringsum und sieh: Sie alle versammeln sich, kommen zu dir. Deine Söhne kommen von fern, deine Töchter werden auf der Hüfte sicher getragen. Da wirst du schauen und strahlen, dein Herz wird erbeben und sich weiten.

Denn die Fülle des Meeres wendet sich dir zu, der Reichtum der Nationen kommt zu dir. Eine Menge von Kamelen bedeckt dich, Hengste aus Mídian und Efa. Aus Saba kommen sie alle, Gold und Weihrauch bringen sie und verkünden die Ruhmestaten des HERRN.

## ANTWORTPSALM

Ps 72 (71), 1–2.7–8.10–11.12–13 (Kv: 11)

Kv Alle Könige werfen sich vor ihm nieder,
es dienen ihm alle Völker. – Kv

Verleih dein Richteramt, o Gott, dem König, *
dem Königssohn gib dein gerechtes Walten.
Er regiere dein Volk in Gerechtigkeit *
und deine Elenden durch rechtes Urteil. – (Kv)

In seinen Tagen sprosse der Gerechte *
und Fülle des Friedens, bis der Mond nicht mehr da ist.
Er herrsche von Meer zu Meer, *
vom Strom bis an die Enden der Erde. – (Kv)

Die Könige von Tarschisch und von den Inseln bringen Gaben, *
mit Tribut nahen die Könige von Scheba und Saba.
Alle Könige werfen sich vor ihm nieder, *
es dienen ihm alle Völker. – (Kv)

Ja, er befreie den Armen, der um Hilfe schreit, *
den Elenden und den, der keinen Helfer hat.
Er habe Mitleid mit dem Geringen und Armen, *
er rette das Leben der Armen. – Kv

ZUR 2. LESUNG Der griechische Begriff „oikonomia", der in der Einheitsübersetzung mit „Amt" wiedergegeben wird, deutet an, dass das Amt des Apostels in einem größeren Zusammenhang steht. Paulus wird in den weisen Plan Gottes einbezogen, mit dem Gott seine Heilsabsichten erreichen will. Ihm ist das Geheimnis offenbart worden, dass die Heiden in Christus mit zum Heil berufen sind (vgl. Gal 1,12–16). Das Erbe wird als das im Himmel bereitliegende volle Heil verstanden (vgl. Eph 1,18; 5,5). An ihm haben Heiden bereits Anteil, sie werden nicht nur zusätzlich hinzugefügt, sondern gehören von Anfang an dazu. Sie bilden mit allen anderen zusammen den Leib Christi im einen Geist (vgl. Eph 1,12; 2,1–10). Durch das Wirken des Paulus und die Verkündigung des Evangeliums in aller Welt wird dieser göttliche Heilsplan nun offenbar.

## ZWEITE LESUNG

Eph 3,2–3a.5–6

*Jetzt ist offenbart worden: Auch die Heiden haben an der Verheißung in Christus Jesus teil*

**Lesung aus dem Brief des Apostels Paulus an die Gemeinde in Éphesus.**

Schwestern und Brüder! Ihr habt gehört, welches Amt die Gnade Gottes mir für euch verliehen hat. Durch eine Offenbarung wurde mir das Geheimnis kundgetan. Den Menschen früherer Generationen wurde es nicht kundgetan, jetzt aber ist es seinen heiligen Aposteln und Propheten durch den Geist offenbart worden: dass nämlich die Heiden Miterben sind, zu demselben Leib gehören und mit teilhaben an der Verheißung in Christus Jesus durch das Evangelium.

## RUF VOR DEM EVANGELIUM

Vers: vgl. Mt 2,2

Halleluja. Halleluja.
Wir haben seinen Stern gesehen

und sind gekommen, dem Herrn zu huldigen.
Halleluja.

ZUM EVANGELIUM Vom Evangelisten werden in diesem Abschnitt zwei Könige gegenübergestellt: Herodes und Jesus. Die Magier erkennen in dem Kind den wahren König und fallen vor ihm nieder. Der Evangelist benutzt dafür einen Begriff, der sonst nur für die Anbetung Gottes gebraucht wird (vgl. Mt 4,9f.). Dass Herodes und mit ihm ganz Jerusalem erschrickt (V. 3), nimmt vorweg, wie Israel mehrheitlich den neuen König zurückweisen wird, und deutet schon die Passion an. Aber die Geburt dieses Kindes ist ein Wunder der göttlichen Fügung, dies zeigen der vorausgehende Stammbaum (Mt 1,1–17) und der Stern, der als Zeichen der Führung Gottes verstanden wird (vgl. Num 24,17). Für den Evangelisten ist daher klar: So wie die fremden Weisen sollen auch die Jünger Jesu auf die Knie fallen und den wahren König anbeten.

## EVANGELIUM Mt 2,1–12

*Wir haben seinen Stern aufgehen sehen und sind gekommen, um ihm zu huldigen*

**+ Aus dem heiligen Evangelium nach Matthäus.**

Als Jesus zur Zeit des Königs Herodes in Betlehem in Judäa geboren worden war, siehe, da kamen Sterndeuter aus dem Osten nach Jerusalem und fragten: Wo ist der neugeborene König der Juden? Wir haben seinen Stern aufgehen sehen und sind gekommen, um ihm zu huldigen.

Als König Herodes das hörte, erschrak er und mit ihm ganz Jerusalem. Er ließ alle Hohepriester und Schriftgelehrten des Volkes zusammenkommen und erkundigte sich bei ihnen, wo der Christus geboren werden solle.

Sie antworteten ihm: in Betlehem in Judäa; denn so steht es geschrieben bei dem Propheten:

Du, Betlehem im Gebiet von Juda, bist keineswegs die unbedeutendste unter den führenden Städten von Juda; denn aus dir wird ein Fürst hervorgehen, der Hirt meines Volkes Israel.

Danach rief Herodes die Sterndeuter heimlich zu sich und ließ sich von ihnen genau sagen, wann der Stern erschienen war. Dann schickte er sie nach Betlehem und sagte: Geht und forscht sorgfältig nach dem Kind; und wenn ihr es gefunden habt, berichtet mir, damit auch ich hingehe und ihm huldige!

Nach diesen Worten des Königs machten sie sich auf den Weg.

Und siehe, der Stern, den sie hatten aufgehen sehen, zog vor ihnen her bis zu dem Ort, wo das Kind war; dort blieb er stehen. Als sie den Stern sahen, wurden sie von sehr großer Freude erfüllt. Sie gingen in das Haus und sahen das Kind und Maria, seine Mutter; da fielen sie nieder und huldigten ihm. Dann holten sie ihre Schätze hervor und brachten ihm Gold, Weihrauch und Myrrhe als Gaben dar.

Weil ihnen aber im Traum geboten wurde, nicht zu Herodes zurückzukehren, zogen sie auf einem anderen Weg heim in ihr Land.

Glaubensbekenntnis, S. 492 ff.

## FÜRBITTEN

„Als sie den Stern sahen, wurden sie von sehr großer Freude erfüllt." Wir bitten den Gott des Lebens um seinen Segen für unsere oft freud- und friedlose Welt:

- Du hast die Weisen zum Kind geführt: Hilf den Wissenschaftlerinnen und Wissenschaftlern heute, ihre Forschung und ihr Wissen in den Dienst des Guten zu stellen. V: Du Heil der Völker. A: Höre unser Rufen.

- Neid und ungebremstes Machtstreben bringen Unheil in die Welt: Erfülle die politisch Handelnden mit deinem Geist der Offenheit und der Versöhnung. V: Du Heil der Völker. A: Höre unser Rufen.

- Flucht und Vertreibung sind alltägliches Schicksal von Millionen Menschen: Bestärke alle, die auf deinen Namen getauft sind, nicht wegzuschauen, sondern zu helfen. V: Du Heil der Völker. A: Höre unser Rufen.

- Viele Menschen sind auf der Suche nach Halt und Sinn: Lass sie erfahren, dass sie in deiner Liebe gehalten sind und dein Wort ein Wort des Lebens und der Freude ist. V: Du Heil der Völker. A: Höre unser Rufen.

- In diesen Tagen sind sie wieder unterwegs, die Sternsinger: Segne die Kinder und Jugendlichen, die sich so für andere Kinder einsetzen, und sei bei den vielen Kindern dieser Erde, denen das Nötige zum Leben und zum Lernen fehlt. V: Du Heil der Völker. A: Höre unser Rufen.

Großer Gott, zu dir dürfen wir alle kommen, mit allem, was uns bewegt, mit unserer Trauer und mit unserer Freude. Dich loben wir durch Christus Jesus, der unser Bruder geworden ist.

# EUCHARISTIEFEIER

## GABENGEBET

Allmächtiger Gott, nimm die Gaben deiner Kirche an. Sie bringt nicht mehr Gold, Weihrauch und Myrrhe dar, sondern er, den diese Gaben bezeichnen, wird für uns geopfert und uns zur Speise gegeben, unser Herr Jesus Christus, der mit dir lebt und herrscht in alle Ewigkeit.

## PRÄFATION

In Wahrheit ist es würdig und recht, dir, Herr, heiliger Vater, allmächtiger, ewiger Gott, immer und überall zu danken. Denn heute enthüllst du das Geheimnis unseres Heiles, heute offenbarst du das Licht der Völker, deinen Sohn Jesus Christus. Er ist als sterblicher Mensch auf Erden erschienen und hat uns neu geschaffen im Glanz seines göttlichen Lebens. Darum singen wir mit den Engeln und Erzengeln, den Thronen und Mächten und mit all den Scharen des himmlischen Heeres den Hochgesang von deiner göttlichen Herrlichkeit: Heilig …

## KOMMUNIONVERS

Vgl. Mt 2,2

Wir haben seinen Stern aufgehen sehen
und sind gekommen,
dem Herrn mit Geschenken zu huldigen.

## SCHLUSSGEBET

Wir danken dir, allmächtiger Gott, für die heiligen Gaben und bitten dich: Erhelle unsere Wege mit dem Licht deiner Gnade, damit wir in Glauben und Liebe erfassen, was du uns im Geheimnis der Eucharistie geschenkt hast. Darum bitten wir durch Christus, unseren Herrn.

## FEIERLICHER SCHLUSSSEGEN

Gott, unser Vater, hat uns aus der Finsternis in sein wunderbares Licht gerufen; er segne euch und stärke euch im Glauben, in der Hoffnung und in der Liebe. – A: Amen.
Und Christus, der heute der Welt erschienen ist als Licht in der Finsternis, leuchte auf in euren Herzen und mache euer Leben zum Licht für eure Brüder. – A: Amen.
Die Weisen sind dem Stern gefolgt und haben Christus gefunden; Gott führe auch euch auf dem Weg der irdischen Pilgerschaft zur Anschauung seiner Herrlichkeit. – A: Amen.
Das gewähre euch der dreieinige Gott, der Vater und der Sohn † und der Heilige Geist. – A: Amen.

***

## SITZT NICHT IM STEINERN SCHLOSSE

Du bist ein großer König,
wie uns die Schrift vermeld't,
doch achtest du gar wenig
vergänglich Gut und Geld,
prangst nicht auf stolzem Rosse,
trägst keine güldne Kron,
sitzt nicht im steinern Schlosse;
hier hast du Spott und Hohn.

Du wollst in mir entzünden
dein Wort, den schönen Stern,
dass falsche Lehr und Sünden
sein meinem Herzen fern.
Hilf, dass ich dich erkenne
und mit der Christenheit
dich meinen König nenne
jetzt und in Ewigkeit.

*Martin Behm*

# Zeit im Jahreskreis

## TAUFE DES HERRN – FEST

### 12. Januar 2020

Auch wenn in den synoptischen Evangelien von Matthäus, Markus und Lukas das öffentliche Wirken Jesu mit seiner Taufe eröffnet wird, bleibt es doch auch noch ein weihnachtliches Geschehen. Wie beim Erscheinungsfest wird in der Taufe des Herrn der Bogen von den alten Verheißungen des Volkes Israel direkt zu Jesus Christus gespannt. Er wird als der Gottesknecht verstanden, der für sein Volk leidet und ihm dadurch Licht und Leben bringt. Das Erscheinen des Herrn, sein Kommen in diese Welt in Jesus Christus, bedeutet Frieden und Freude.

#### ERÖFFNUNGSVERS

Vgl. Mt 3,16–17

Als Jesus getauft war, öffnete sich der Himmel,
und er sah den Geist Gottes wie eine Taube
auf sich herabkommen.
Und die Stimme des Vaters aus dem Himmel sprach:
Das ist mein geliebter Sohn, an dem ich Gefallen habe.

#### KYRIE-RUFE

Jesus von Nazaret, unser Herr, du bist von Gott gesalbt
mit dem Heiligen Geist und mit Kraft.
V/A: Herr, erbarme dich.

Du bist Gottes geliebter Sohn,
an dem er Gefallen gefunden hat.
V/A: Christus, erbarme dich.
Du heilst alle, die verstrickt sind
in die Macht des Bösen.
V/A: Herr, erbarme dich.

Ehre sei Gott, S. 489 f.

## TAGESGEBET

Allmächtiger, ewiger Gott, bei der Taufe im Jordan kam der Heilige Geist auf unseren Herrn Jesus Christus herab und du hast ihn als deinen geliebten Sohn geoffenbart. Gib, dass auch wir, die aus dem Wasser und dem Heiligen Geist wiedergeboren sind, in deinem Wohlgefallen stehen und als deine Kinder aus der Fülle dieses Geistes leben. Darum bitten wir durch Jesus Christus.

# WORTGOTTESDIENST

ZUR 1. LESUNG Der Gottesknecht ist eine geheimnisvolle prophetisch-königliche Gestalt, die im sogenannten Deuterojesaja, dem zweiten Teil des Prophetenbuches (Jes 40–55), berufen wird. Der Gottesknecht wird allen Völkern Gottes Zusage und Heil verkünden. Dabei wird ihm, ebenso wie Jesus bei seiner Taufe, der Geist Gottes verliehen. Im Neuen Testament wurde die Gestalt des Gottesknechtes mit Jesus identifiziert. Er heilt die Wunden seines Volkes und wendet sich den Gebrochenen und Verzagten zu. Mit leisen, aber wirksamen Tönen verkündet er das Reich Gottes. Das genickte Rohr richtet er auf und den glimmenden Docht entfacht er neu. Liebe und Zuwendung lauten die Maximen des Gesetzes, das er unter den Völkern und zwischen den Menschen aufrichtet.

## ERSTE LESUNG

Jes 42,5a.1–4.6–7

*Siehe, das ist mein Knecht, an ihm finde ich Gefallen*

**Lesung aus dem Buch Jesája.**

So spricht Gott, der Herr: Siehe, das ist mein Knecht, den ich stütze; das ist mein Erwählter, an ihm finde ich Gefallen. Ich habe meinen Geist auf ihn gelegt, er bringt den Nationen das Recht. Er schreit nicht und lärmt nicht und lässt seine Stimme nicht auf der Gasse erschallen. Das geknickte Rohr zerbricht er nicht und den glimmenden Docht löscht er nicht aus; ja, er bringt wirklich das Recht. Er verglimmt nicht und wird nicht geknickt, bis er auf der Erde das Recht begründet hat. Auf seine Weisung warten die Inseln.

Ich, der Herr, habe dich aus Gerechtigkeit gerufen, ich fasse dich an der Hand. Ich schaffe und mache dich zum Bund mit dem Volk, zum Licht der Nationen, um blinde Augen zu öffnen, Gefangene aus dem Kerker zu holen und die im Dunkel sitzen, aus der Haft.

## ANTWORTPSALM

Ps 29 (28),1–2.3ac–4.3b u. 9b–10 (Kv: vgl. 11b)

Kv Der Herr schenkt seinem Volk den Frieden. – Kv

Bringt dar dem Herrn, ihr Himmlischen, *
bringt dar dem Herrn Ehre und Macht!
Bringt dar dem Herrn die Ehre seines Namens, *
werft euch nieder vor dem Herrn in heiliger Majestät! – (Kv)

Die Stimme des Herrn über den Wassern: *
der Herr über gewaltigen Wassern.
Die Stimme des Herrn voller Kraft, *
die Stimme des Herrn voll Majestät. – (Kv)

Der Gott der Ehre hat gedonnert. *
In seinem Palast ruft alles: Ehre!

Der HERR thronte über der Flut, *
der HERR thronte als König in Ewigkeit. – Kv

ZUR 2. LESUNG Der Predigt des Petrus, die er im Haus des nichtjüdischen Hauptmanns Kornelius in Cäsarea hält, geht in der Apostelgeschichte eine Vision voraus. In ihr wird Petrus aufgefordert, unreine Tiere zu schlachten und zu essen. „Was Gott für rein erklärt hat, nenne du nicht unrein" (Apg 10,15), wird ihm zugerufen. Petrus erkennt, dass Gottes Heil und Gnade nicht auf das Volk Israel beschränkt sind, sondern allen Menschen, aller Welt offensteht. Im Geist Gottes erschließt sich für Petrus der Heilsplan Gottes, der mit dem Auftreten und der Taufe des Johannes auf den Höhepunkt des Sterbens und Auferstehens Jesu zuläuft: „Gott war mit ihm" (Apg 10,38), Jesus von Nazaret heilt und befreit aus der Gewalt des Bösen. Nach seiner Predigt tauft Petrus den heidnischen Hauptmann. Gottes Barmherzigkeit überschreitet alle Grenzen.

## ZWEITE LESUNG Apg 10,34–38

*Gott hat Jesus gesalbt mit dem Heiligen Geist*

**Lesung aus der Apostelgeschichte.**

In jenen Tagen begann Petrus zu reden und sagte: Wahrhaftig, jetzt begreife ich, dass Gott nicht auf die Person sieht, sondern dass ihm in jedem Volk willkommen ist, wer ihn fürchtet und tut, was recht ist.

Er hat das Wort den Israeliten gesandt, indem er den Frieden verkündete durch Jesus Christus: Dieser ist der Herr aller.

Ihr wisst, was im ganzen Land der Juden geschehen ist, angefangen in Galiläa, nach der Taufe, die Johannes verkündet hat: wie Gott Jesus von Nazaret gesalbt hat mit dem Heiligen Geist und mit Kraft, wie dieser umherzog, Gutes tat und alle heilte, die in der Gewalt des Teufels waren; denn Gott war mit ihm.

## RUF VOR DEM EVANGELIUM

Vers: vgl. Mt 3,16.17; Mk 9,7

Halleluja. Halleluja.
Der Himmel tat sich auf und eine Stimme sprach:
Das ist mein geliebter Sohn; auf ihn sollt ihr hören.
Halleluja.

**ZUM EVANGELIUM** Ganz bewusst stellt der Evangelist den Täufer Johannes in die Reihe der alttestamentlichen Propheten. Am Anfang seines Wirkens stehen adventliche Worte: „Bereitet den Weg des Herrn! Macht gerade seine Straßen!" (V. 3; vgl. Jes 40, 3). Wer sich von Johannes taufen ließ, folgte diesem Ruf der Umkehr. Auch Jesus lässt sich taufen, denn nur so wird erkennbar: Er ist kein Halbgott, der huldvoll über die Erde schreitet. Jesus ist ganz Mensch und stellt sich uns an die Seite. Und er ist Gottes Sohn, dessen besondere Aufgabe und Stellung der Evangelist mit dem Öffnen des Himmels anzeigt. So wie der Evangelist sein Evangelium mit einem Stammbaum beginnen lässt, dem die Geburt Jesu und die Anbetung der Sterndeuter folgen, so zeigt er auch hier auf engstem Raum: Jesus Christus ist Gottes Sohn und uns Menschen ganz nah. Der verheißene Messias verteidigt seinen Titel mit dem Argument, dass er auch dem Ärmsten und dem Schuldbeladenen ein Bruder ist und dessen Last auf sich nimmt.

## EVANGELIUM

Mt 3,13–17

*Als Jesus getauft war, sah er den Geist Gottes wie eine Taube auf sich herabkommen*

**+ Aus dem heiligen Evangelium nach Matthäus.**

In jener Zeit kam Jesus von Galiläa an den Jordan zu Johannes, um sich von ihm taufen zu lassen. Johannes aber wollte es nicht zulassen und sagte zu ihm: Ich müsste von dir getauft werden und du kommst zu mir?

Jesus antwortete ihm: Lass es nur zu! Denn so können wir die Gerechtigkeit ganz erfüllen. Da gab Johannes nach.

Als Jesus getauft war, stieg er sogleich aus dem Wasser herauf. Und siehe, da öffnete sich der Himmel und er sah den Geist Gottes wie eine Taube auf sich herabkommen. Und siehe, eine Stimme aus dem Himmel sprach: Dieser ist mein geliebter Sohn, an dem ich Wohlgefallen gefunden habe.

Glaubensbekenntnis, S. 492 ff.

## FÜRBITTEN

In der Taufe Jesu kommt Gottes Geist allen Menschen nahe. Wir rufen zum Vater und bitten ihn:

- Für die Kirche, dass sie in Wort und Tat, in heiligen Zeichen und im rechten Handeln, deine Gegenwart bezeugt. V: Gott, du Spender des Lebens. A: Wir bitten dich, erhöre uns.
- Für alle, die in diesem Jahr die Taufe empfangen, dass sie hineinwachsen in den Glauben an Gott, der Halt und Hoffnung ist. V: Gott, du Spender des Lebens. A: Wir bitten dich, erhöre uns.
- Für alle, die Verantwortung tragen in der Kirche, dass die Einheit aller Getauften ihnen Anliegen und Auftrag sei. V: Gott, du Spender des Lebens. A: Wir bitten dich, erhöre uns.
- Für die in der Verkündigung Tätigen, dass dein Heiliger Geist sie stärke und leite. V: Gott, du Spender des Lebens. A: Wir bitten dich, erhöre uns.
- Für unsere Verstorbenen: Lass sie als deine geliebten Söhne und Töchter bei dir zu Hause sein. V: Gott, du Spender des Lebens. A: Wir bitten dich, erhöre uns.

Ewiger Gott, du hast uns als deine Kinder angenommen. Wir danken dir für das Geschenk unserer Taufe und preisen dich durch Jesus Christus im Heiligen Geist, heute und alle Tage unseres Lebens.

# EUCHARISTIEFEIER

## GABENGEBET

Gott, unser Vater, wir feiern den Tag, an dem du Jesus als deinen geliebten Sohn geoffenbart hast. Nimm unsere Gaben an und mache sie zum Opfer Christi, der die Sünden der ganzen Welt abgewaschen hat. Er, der mit dir lebt und herrscht in alle Ewigkeit.

## PRÄFATION

In Wahrheit ist es würdig und recht, dir, allmächtiger Vater, zu danken und deine Größe zu preisen. Denn bei der Taufe im Jordan offenbarst du das Geheimnis deines Sohnes durch wunderbare Zeichen: Die Stimme vom Himmel verkündet ihn als deinen geliebten Sohn, der auf Erden erschienen ist, als dein ewiges Wort, das unter uns Menschen wohnt. Der Geist schwebt über ihm in Gestalt einer Taube und bezeugt ihn als deinen Knecht, den du gesalbt hast, den Armen die Botschaft der Freude zu bringen. Darum singen wir mit den Engeln und Erzengeln, den Thronen und Mächten und mit all den Scharen des himmlischen Heeres den Hochgesang von deiner göttlichen Herrlichkeit: Heilig …

## KOMMUNIONVERS

Joh 1,30.34

Dieser ist es, über den Johannes gesagt hat:
Ich habe es gesehen und lege Zeugnis ab:
Dieser ist der Sohn Gottes.

## SCHLUSSGEBET

Gütiger Gott, du hast uns mit deinem Wort und dem Brot des Lebens genährt. Gib, dass wir gläubig auf deinen Sohn hören, damit wir deine Kinder heißen und es in Wahrheit sind. Darum bitten wir durch Christus, unseren Herrn.

***

## IN DEINER LIEBE

Du, der über uns ist,
du, der einer von uns ist,
du, der ist – auch in uns,
dass dich alle sehen –
auch in mir,
dass ich den Weg bereite für dich,
dass ich danke für alles, was mir widerfuhr.
Dass ich dabei nicht vergesse der andern Not.
Behalte mich in deiner Liebe,
so wie du willst,
dass andere bleiben in der meinen.

*Dag Hammerskjöld*

# 2. SONNTAG IM JAHRESKREIS

## 19. Januar 2020

In den Lesungen des 2. Sonntags im Jahreskreis werden die Aussagen des Festes der Taufe des Herrn nochmals aufgegriffen. Jesus ist der Knecht, er ist von Gott beauftragt und ihm wurde der Geist Gottes verliehen. Gottes Christus, Gottes Sohn, ist Mensch und Gott. Zugleich verweisen die Lesungen schon auf die Passion und den Höhepunkt des Wirkens Christi: Er ist das Lamm Gottes, das aller Welt Sünden trägt und selbst mit dem Heiligen Geist taufen wird. In diesem Geist ruft er auch uns in seine Nähe und versammelt uns in seiner Gemeinde, wie es in der zweiten Lesung beschrieben wird.

### ERÖFFNUNGSVERS

Ps 66 (65),4

Alle Welt bete dich an, o Gott, und singe dein Lob,
sie lobsinge deinem Namen, du Allerhöchster.

### KYRIE-RUFE

Herr Jesus Christus, du bist das Lamm Gottes,
das die Sünde der Welt hinwegnimmt.
V/A: Herr, erbarme dich.
Du bist der Sohn Gottes.
V/A: Christus, erbarme dich.
Du taufst mit dem Heiligen Geist.
V/A: Herr, erbarme dich.

Ehre sei Gott, S. 489 f.

## TAGESGEBET

Allmächtiger Gott, du gebietest über Himmel und Erde, du hast Macht über die Herzen der Menschen. Darum kommen wir voll Vertrauen zu dir; stärke alle, die sich um die Gerechtigkeit mühen, und schenke unserer Zeit deinen Frieden. Darum bitten wir durch Jesus Christus.

# WORTGOTTESDIENST

**ZUR 1. LESUNG** Das zweite Lied vom Gottesknecht, aus dem dieser Abschnitt entnommen ist, wird auch ausführlich in der Karwoche gelesen. Wenn wir an den kommenden Sonntagen das Wirken Jesu nach dem Matthäus-Evangelium verfolgen, geschieht dies unter diesem Vorzeichen: Jesus ist der Knecht, der das Licht den Völkern bringt (V. 6, vgl. Lk 2,32; Apg 13,47). Er gibt sein Leben hin, damit wir es gewinnen können. Gott lässt uns nicht allein mit unserer Schuld. In Jesus Christus hat er uns seine vorauseilende und nachgehende Liebe berührbar, antastbar, vor Augen geführt.

## ERSTE LESUNG Jes 49,3.5–6

*Ich mache dich zum Licht der Nationen*

**Lesung aus dem Buch Jesája.**

Der HERR sagte zu mir: Du bist mein Knecht, Israel, an dem ich meine Herrlichkeit zeigen will.
Jetzt aber hat der HERR gesprochen, der mich schon im Mutterleib zu seinem Knecht geformt hat, damit ich Jakob zu ihm heimführe und Israel bei ihm versammelt werde. So wurde ich in den Augen des HERRN geehrt und mein Gott war meine Stärke.
Und er sagte: Es ist zu wenig, dass du mein Knecht bist, nur um die Stämme Jakobs wieder aufzurichten und die Verschonten Israels

heimzuführen. Ich mache dich zum Licht der Nationen; damit mein Heil bis an das Ende der Erde reicht.

## ANTWORTPSALM

Ps 40 (39), 2 u. 4ab.7–8.9–10 (Kv: vgl. 8a.9a)

Kv Mein Gott, ich komme;
deinen Willen zu tun, ist mein Gefallen. – Kv

Ich hoffte, ja ich hoffte auf den HERRN. *
Da neigte er sich mir zu und hörte mein Schreien.
Er gab mir ein neues Lied in den Mund, *
einen Lobgesang auf unseren Gott. – (Kv)

An Schlacht- und Speiseopfern hattest du kein Gefallen, /
doch Ohren hast du mir gegraben, *
Brand- und Sündopfer hast du nicht gefordert.
Da habe ich gesagt: Siehe, ich komme. *
In der Buchrolle steht es über mich geschrieben. – (Kv)

Deinen Willen zu tun, mein Gott, war mein Gefallen *
und deine Weisung ist in meinem Innern.
Gerechtigkeit habe ich in großer Versammlung verkündet, *
meine Lippen verschließe ich nicht; HERR, du weißt es. – Kv

**ZUR 2. LESUNG** Bis zum 8. Sonntag im Jahreskreis werden nun Abschnitte aus dem ersten Korintherbrief gelesen. Den Brief richtete der Apostel um das Jahr 55 nach Christus an die noch junge Gemeinde. Streitigkeiten und Missverständnisse prägten das Leben der ersten Christen in der pulsierenden Hafenmetropole. Paulus wird in diesem Brief sehr deutlich werden, doch tut auch er dies unter einem bestimmten Vorzeichen. Die Glieder der Gemeinde sind alle Heilige, sie sind alle „herausgerufen", so die griechische Wurzel des Wortes Kirche, die „Herausgerufene" (ekklesia). Sie leben unter der Gnade Gottes, die in Jesus Christus erschienen ist. So sind alle miteinander verbunden, auch wenn es harte Meinungsverschiedenheiten gibt. Paulus mahnt eindringlich: Ihr könnt und müsst streiten; auseinanderbringen darf dies euch aber nicht. Nehmt den anderen wahr, wie Christus ihn sieht: als unendlich wertvoll, weil Christus ihn beim Namen gerufen hat.

## ZWEITE LESUNG 1 Kor 1,1–3

*Gnade sei mit euch und Friede von Gott, unserem Vater, und dem Herrn Jesus Christus!*

**Lesung aus dem ersten Brief des Apostels Paulus an die Gemeinde in Korínth.**

Paulus, durch Gottes Willen berufener Apostel Christi Jesu, und der Bruder Sósthenes an die Kirche Gottes, die in Korínth ist – die Geheiligten in Christus Jesus, die berufenen Heiligen –, mit allen, die den Namen unseres Herrn Jesus Christus überall anrufen, bei ihnen und bei uns.

Gnade sei mit euch und Friede von Gott, unserem Vater, und dem Herrn Jesus Christus!

## RUF VOR DEM EVANGELIUM Vers: Joh 1,14a.12a

Halleluja. Halleluja.
Das Wort ist Fleisch geworden und hat unter uns gewohnt.
Allen, die ihn aufnahmen,
gab er Macht, Kinder Gottes zu werden.
Halleluja.

**ZUM EVANGELIUM** Johannes wird in der Bildsprache der kirchlichen Kunst oft als „Zeiger" dargestellt. Er zeigt auf den, der nach ihm kommen wird. Gleichzeitig wird ihm aber die Ehre zuteil, Jesus von Nazaret zu taufen, und damit ist er derjenige, der die Offenbarung der

Welt bekannt macht. Im eigentlichen Sinne wird Johannes der Täufer zum „Offenbarer", denn erst er macht deutlich, dass Jesus Christus das Lamm Gottes ist, das der Welt Sünde trägt. Damit wird Johannes gleichzeitig zum Urbild der christlichen Existenz. Der Zeigefinger gehört zur Ausstattung eines Christenlebens. Mit unserem Leben zeigen wir, dass derjenige, der das Kreuz auf sich genommen hat, zugleich als Lamm die Sünde der Welt getragen hat. Dieser Finger zeigt von uns weg und stellt alles, unser ganzes Leben, unter den Segen dessen, von dem Gott selbst sagt: Das ist mein lieber Sohn.

## EVANGELIUM

Joh 1,29–34

*Seht, das Lamm Gottes, das die Sünde der Welt hinwegnimmt*

**+ Aus dem heiligen Evangelium nach Johannes.**

In jener Zeit sah Johannes der Täufer Jesus auf sich zukommen und sagte: Seht, das Lamm Gottes, das die Sünde der Welt hinwegnimmt! Er ist es, von dem ich gesagt habe: Nach mir kommt ein Mann, der mir voraus ist, weil er vor mir war. Auch ich kannte ihn nicht; aber ich bin gekommen und taufe mit Wasser, damit er Israel offenbart wird.

Und Johannes bezeugte: Ich sah, dass der Geist vom Himmel herabkam wie eine Taube und auf ihm blieb. Auch ich kannte ihn nicht; aber er, der mich gesandt hat, mit Wasser zu taufen, er hat mir gesagt: Auf wen du den Geist herabkommen und auf ihm bleiben siehst, der ist es, der mit dem Heiligen Geist tauft.

Und ich habe es gesehen und bezeugt: Dieser ist der Sohn Gottes.

Glaubensbekenntnis, S. 492 ff.

## FÜRBITTEN

Jesus Christus ist der, auf den Johannes weist, er ist auch der, auf den wir hoffen dürfen. Wir rufen zu ihm und bitten ihn:

- Führe alle, die an dich glauben, zur Einheit im Bekenntnis und zum Handeln aus deinem Geist. V: Christus, höre uns. A: Christus, erhöre uns.
- Stärke und schütze alle, die um ihres Glaubens und Bekennens willen benachteiligt, ausgegrenzt und verfolgt werden. V: Christus, höre uns. A: Christus, erhöre uns.
- Weise den Menschen, die am anderen schuldig geworden sind, Wege der Versöhnung. V: Christus, höre uns. A: Christus, erhöre uns.
- Segne alle, die sich auf die Seite der Menschen in Verachtung und Not stellen. V: Christus, höre uns. A: Christus, erhöre uns.
- Ermutige alle, die auf deinen Namen getauft sind, auf prophetische Stimmen zu hören und sie nicht zu überhören. V: Christus, höre uns. A: Christus, erhöre uns.
- Umfange unsere Toten mit deiner vergebenden Liebe und lass sie leben in deinem Licht. V: Christus, höre uns. A: Christus, erhöre uns.

Jesus Christus, der du unser Bruder und Herr bist, du gehst den Weg mit uns und trägst unsere Last. Dafür danken wir dir, heute und allezeit.

# EUCHARISTIEFEIER

## GABENGEBET

Herr, gib, dass wir das Geheimnis des Altares ehrfürchtig feiern; denn sooft wir die Gedächtnisfeier dieses Opfers begehen, vollzieht sich an uns das Werk der Erlösung. Durch Christus, unseren Herrn.

Präfation, S. 504 ff.

## KOMMUNIONVERS

1 Joh 4,16

Wir haben die Liebe erkannt und an die Liebe geglaubt,
die Gott zu uns hat.

## SCHLUSSGEBET

Barmherziger Gott, du hast uns alle mit dem einen Brot des Himmels gestärkt. Erfülle uns mit dem Geist deiner Liebe, damit wir ein Herz und eine Seele werden. Darum bitten wir durch Christus, unseren Herrn.

***

Für eine Wort-Gottes-Feier:

## ERÖFFNUNGSGEBET ZUR WAHL

Gott, unser Vater, du hast uns in deine Kirche berufen. Als deine Töchter und Söhne sind wir hier versammelt. Wir bitten dich: Sende uns deinen Geist, und mach uns zu einem Licht der Völker, damit dein Heil durch uns verkündet wird bis an die Grenzen der Erde, und alle Menschen deinen Sohn erkennen, Jesus Christus, unseren Herrn, der mit dir und dem Heiligen Geist lebt von Ewigkeit zu Ewigkeit.

***

### UND VERGIBT IHNEN BEIDEN

Menschen gehen zu Gott in ihrer Not,
flehen um Hilfe, bitten um Glück und Brot,
um Errettung aus Krankheit, Schuld und Tod.
So tun sie alle, Christen und Heiden.

Menschen gehen zu Gott in Seiner Not,
finden ihn arm, geschmäht, ohne Obdach und Brot,
sehn ihn verschlungen von Sünde, Schwachheit und Tod.
Christen stehen bei Gott in Seinem Leiden.

Gott geht zu allen Menschen in ihrer Not,
sättigt den Leib und die Seele mit Seinem Brot,
stirbt für Christen und Heiden den Kreuzestod,
und vergibt ihnen beiden.

*Dietrich Bonhoeffer*

# 3. SONNTAG IM JAHRESKREIS

## 26. Januar 2020

Nach dem Auftreten des Johannes und nach der Taufe Jesu gewinnt das öffentliche Wirken Jesu an Dynamik. Sein Licht strahlt hell in das Dunkel und leuchtet neue Wege aus. Für jeden, der sich auf die Botschaft Jesu einlässt, nimmt das Leben eine radikal neue Wendung. Da zerbricht die Last, die auf den Schultern liegt, wie es in der ersten Lesung heißt. Da bekommt das Miteinander in einer Gemeinde plötzlich einen ganz anderen Charakter, wie es Paulus in der zweiten Lesung anmahnt. Da ändern sich Lebenspläne und Karrieregedanken. Weil Menschen erkennen, dass Jesus Christus die Krankheiten und Leiden heilt. Die Wunden, die mein Leben hinterlassen hat. „Folge mir nach!", das ruft Jesus allen zu, die ahnen, dass sein Licht das Dunkel des Lebens erhellen kann. Schritt für Schritt.

### ERÖFFNUNGSVERS

Ps 96 (95), 1.6

Singet dem Herrn ein neues Lied,
singt dem Herrn, alle Lande!
Hoheit und Pracht sind vor seinem Angesicht,
Macht und Glanz in seinem Heiligtum!

### KYRIE-RUFE

Herr Jesus Christus, du verkündest deine Botschaft:
Kehrt um! Denn das Himmelreich ist nahe.
V/A: Herr, erbarme dich.
Du rufst Menschen in deinen besonderen Dienst.
V/A: Christus, erbarme dich.

Du berufst sie zu Menschenfischern.
V/A: Herr, erbarme dich.

Ehre sei Gott, S. 489 f.

## TAGESGEBET

Allmächtiger, ewiger Gott, lenke unser Tun nach deinem Willen und gib, dass wir im Namen deines geliebten Sohnes reich werden an guten Werken. Darum bitten wir durch ihn, Jesus Christus.

# WORTGOTTESDIENST

ZUR 1. LESUNG In der Zeit des Auftretens des Propheten Jesaja (ca. 736–701 vor Christus) waren große Teile des israelitischen Nordreiches im syrisch-ephraimitischen Krieg vom benachbarten assyrischen Reich eingenommen worden. Die israelitischen Volksstämme Sebulon und Naftali, die im Gebiet um den See Gennesaret lebten, wurden verschleppt und ihr Land verwüstet (vgl. 2 Kön 15,29). Der Prophet sieht auch darin einen Weg Gottes, den er mit seinem Volk durch die Geschichte geht. In dieses Dunkel hinein scheint das Licht, das Befreiung und Freude ankündigt. Gott selbst wird der Fremdherrschaft ein Ende setzen. Auch das unscheinbar Kleine erlangt mit Gottes Hilfe den Sieg, so wie Gideon mit einem kleinen Heer die Midianiter besiegte (Ri 7; vgl. Jes 9,3). Im Neuen Testament wird Jesus Christus als dieses Licht angesehen. Scheinbar schwach leuchtet es erstmals in Galiläa auf und hat die Dunkelheit doch ein für alle Mal in ihre Schranken gewiesen.

## ERSTE LESUNG Jes 8,23b–9,3

*In Galiläa, dem Gebiet der Heiden, sah das Volk ein helles Licht*

**Lesung aus dem Buch Jesája.**

Wie der Herr in früherer Zeit das Land Sébulon und das Land Náftali verachtet hat, so hat er später den Weg am Meer zu Ehren gebracht, das Land jenseits des Jordan, das Gebiet der Nationen.
Das Volk, das in der Finsternis ging, sah ein helles Licht; über denen, die im Land des Todesschattens wohnten, strahlte ein Licht auf. Du mehrtest die Nation, schenktest ihr große Freude. Man freute sich vor deinem Angesicht, wie man sich freut bei der Ernte, wie man jubelt, wenn Beute verteilt wird.
Denn sein drückendes Joch und den Stab auf seiner Schulter, den Stock seines Antreibers zerbrachst du wie am Tag von Mídian.

## ANTWORTPSALM

Ps 27 (26), 1.4.13–14 (Kv: 1a)

Kv Der Herr ist mein Licht und mein Heil. – Kv

Der Herr ist mein Licht und mein Heil: *
Vor wem sollte ich mich fürchten?
Der Herr ist die Zuflucht meines Lebens: *
Vor wem sollte mir bangen? – (Kv)

Eines habe ich vom Herrn erfragt, dieses erbitte ich: *
im Haus des Herrn zu wohnen alle Tage meines Lebens;
die Freundlichkeit des Herrn zu schauen *
und nachzusinnen in seinem Tempel. – (Kv)

Ich bin gewiss, zu schauen *
die Güte des Herrn im Land der Lebenden.
Hoffe auf den Herrn, /
sei stark und fest sei dein Herz! *
Und hoffe auf den Herrn! – Kv

ZUR 2. LESUNG In der Gemeinde in Korinth hatten sich Gruppen gebildet, die sich um bestimmte Persönlichkeiten scharten. Vermutlich nennt Paulus auch eine Gruppe die „des Christus", um zu zeigen, wie abwegig solche Grüppchenbildungen in der Gemeinde sind. Hier geht es nicht nur um eine Meinungsverschiedenheit, die natürlich auch in einer Gemeinde sein darf. Wer aber solche Spaltungen vorantreibt, zerteilt den Leib Christi. Das ist eine Verwundung des einen Leibes Christi und verdunkelt die lebendige Gegenwart des erhöhten Herrn in der Welt. Die Mahnung, eines Sinnes und einer Meinung zu sein, ist mehr als ein moralischer Appell zu einem guten Miteinander. Sie ist eine Erinnerung an die Berufung der Christen, am Aufbau von Christi Leib mitzuwirken und die unterschiedlichen Gaben und Talente nicht gegeneinander, sondern miteinander einzusetzen – und füreinander.

## ZWEITE LESUNG 1 Kor 1,10–13.17

*Seid alle einmütig und duldet keine Spaltungen*

**Lesung aus dem ersten Brief des Apostels Paulus an die Gemeinde in Korínth.**

Ich ermahne euch, Schwestern und Brüder, im Namen unseres Herrn Jesus Christus: Seid alle einmütig und duldet keine Spaltungen unter euch; seid vielmehr eines Sinnes und einer Meinung!

Es wurde mir nämlich, meine Brüder und Schwestern, von den Leuten der Chloë berichtet, dass es Streitigkeiten unter euch gibt. Ich meine damit, dass jeder von euch etwas anderes sagt: Ich halte zu Paulus – ich zu Apóllos – ich zu Kephas – ich zu Christus.

Ist denn Christus zerteilt? Wurde etwa Paulus für euch gekreuzigt? Oder seid ihr auf den Namen des Paulus getauft worden?

Christus hat mich nicht gesandt zu taufen, sondern das Evangelium zu verkünden, aber nicht mit gewandten und klugen Worten, damit das Kreuz Christi nicht um seine Kraft gebracht wird.

## RUF VOR DEM EVANGELIUM

Vers: Mt 4,23b

Halleluja. Halleluja.
Jesus verkündete das Evangelium vom Reich
und heilte im Volk alle Krankheiten und Leiden.
Halleluja.

**ZUM EVANGELIUM** Indem Jesus von Galiläa aus sein Wirken beginnt, deutet sich an, dass er nicht nur zum Volk Israel gesandt ist. Von Kafarnaum aus, dem damals äußersten Zipfel des jüdischen Landes, strahlt sein Licht in jedes Dunkel hinein. Jesus schließt zunächst an den Bußruf des Johannes an und mahnt zur Umkehr. Jesus stellt nicht das Gericht, sondern die Gnade in den Mittelpunkt. Und doch tritt er ganz anders auf. Vollmächtig beruft er Nachfolger, und er duldet keinen Aufschub. Halbherzigkeit ist keine Vokabel der Nachfolge. Den Begriff der Menschenfischer bezieht der Evangelist vermutlich auf den Propheten Jeremia (Jer 16,16), wo Fänger angekündigt werden, die den Menschen unausweichlich zum Gericht fangen. Jesus aber sendet die Menschenfänger aus, um die Botschaft der Gnade zu verkünden.

## EVANGELIUM

Mt 4,12–23

*Jesus verließ Nazaret, um in Kafarnaum zu wohnen, im Gebiet von Sebulon und Naftali; denn es sollte sich erfüllen, was durch Jesaja gesagt worden ist*

+ **Aus dem heiligen Evangelium nach Matthäus.**

Als Jesus hörte, dass Johannes ausgeliefert worden war, kehrte er nach Galiläa zurück. Er verließ Nazaret, um in Kafárnaum zu wohnen, das am See liegt, im Gebiet von Sébulon und Náftali. Denn es sollte sich erfüllen, was durch den Propheten Jesája gesagt worden ist:

Das Land Sébulon und das Land Náftali, die Straße am Meer, das Gebiet jenseits des Jordan, das heidnische Galiläa: Das Volk, das im Dunkel saß, hat ein helles Licht gesehen; denen, die im Schattenreich des Todes wohnten, ist ein Licht erschienen.

Von da an begann Jesus zu verkünden: Kehrt um! Denn das Himmelreich ist nahe.

Als Jesus am See von Galiläa entlangging, sah er zwei Brüder, Simon, genannt Petrus, und seinen Bruder Andreas; sie warfen gerade ihr Netz in den See, denn sie waren Fischer. Da sagte er zu ihnen: Kommt her, mir nach! Ich werde euch zu Menschenfischern machen. Sofort ließen sie ihre Netze liegen und folgten ihm nach.

Als er weiterging, sah er zwei andere Brüder, Jakobus, den Sohn des Zebedäus, und seinen Bruder Johannes; sie waren mit ihrem Vater Zebedäus im Boot und richteten ihre Netze her. Er rief sie und sogleich verließen sie das Boot und ihren Vater und folgten Jesus nach.

Er zog in ganz Galiläa umher, lehrte in den Synagogen, verkündete das Evangelium vom Reich und heilte im Volk alle Krankheiten und Leiden.

*Oder:*

## KURZFASSUNG

Mt 4, 12–17

*Jesus verließ Nazaret, um in Kafarnaum zu wohnen, im Gebiet von Sebulon und Naftali; denn es sollte sich erfüllen, was durch Jesaja gesagt worden ist*

**+ Aus dem heiligen Evangelium nach Matthäus.**

Als Jesus hörte, dass Johannes ausgeliefert worden war, kehrte er nach Galiläa zurück. Er verließ Nazaret, um in Kafárnaum zu wohnen, das am See liegt, im Gebiet von Sébulon und Náftali. Denn es sollte sich erfüllen, was durch den Propheten Jesája gesagt worden ist:

Das Land Sébulon und das Land Náftali, die Straße am Meer, das Gebiet jenseits des Jordan, das heidnische Galiläa: Das Volk, das im

Dunkel saß, hat ein helles Licht gesehen; denen, die im Schattenreich des Todes wohnten, ist ein Licht erschienen.
Von da an begann Jesus zu verkünden: Kehrt um! Denn das Himmelreich ist nahe.

Glaubensbekenntnis, S. 492 ff.

## FÜRBITTEN

Prophetische Rede stört, sie wird unterdrückt; auch Jesus erfährt es. Dennoch ruft er zu Umkehr und Erneuerung. Wir bitten ihn in den Anliegen unserer Zeit:

- Wir beten um die Einheit der Christenheit im Glauben, der stärker ist als alles Trennende. V: Jesus, Rufer und Erlöser. A: Höre und erhöre uns.

- Wir bitten um deinen Geist der Hoffnung für alle, die im Dienst der Verkündigung stehen. V: Jesus, Rufer und Erlöser. A: Höre und erhöre uns.

- Wir beten für die Menschen, die verfolgt und getötet werden, weil sie für ihre guten Überzeugungen einstehen. V: Jesus, Rufer und Erlöser. A: Höre und erhöre uns.

- Wir beten für diejenigen, die sich für die Menschenrechte einsetzen und an Menschen erinnern, die zu Unrecht in Haft sind. V: Jesus, Rufer und Erlöser. A: Höre und erhöre uns.

- Wir bitten dich für alle, die nach Sinn suchen und für alle, die bewusst und schonend mit den Ressourcen dieser Welt umgehen. V: Jesus, Rufer und Erlöser. A: Höre und erhöre uns.

Jesus Christus, du willst, dass wir dein Werk in unserer Zeit weiterführen. Du stehst uns bei mit deiner heilsamen Gegenwart, heute und alle Tage unseres Lebens.

# EUCHARISTIEFEIER

## GABENGEBET

Herr, nimm unsere Gaben an und heilige sie, damit sie zum Sakrament der Erlösung werden, das uns Heil und Segen bringt. Darum bitten wir durch Christus, unseren Herrn.

Präfation, S. 504 ff.

## KOMMUNIONVERS Joh 8,12

Ich bin das Licht der Welt – so spricht der Herr.
Wer mir nachfolgt, wird nicht in der Finsternis gehen.
Er wird das Licht des Lebens haben.

## SCHLUSSGEBET

Allmächtiger Gott, in deinem Mahl schenkst du uns göttliches Leben. Gib, dass wir dieses Sakrament immer neu als dein großes Geschenk empfangen und aus seiner Kraft leben. Darum bitten wir durch Christus, unseren Herrn.

***

Für eine Wort-Gottes-Feier:

## ERÖFFNUNGSGEBET ZUR WAHL

Gott, unser Licht, du machst unsere Finsternis hell. Entzünde in uns das Feuer deines Geistes, damit wir deine Botschaft weitersagen und einmütig Christus verkünden. Darum bitten wir durch ihn, Jesus

Christus, deinen Sohn, der mit dir und dem Heiligen Geist lebt von Ewigkeit zu Ewigkeit.

***

## ICH BIN DAS LICHT

Ich bin das Licht,
ich leucht euch für
mit heilgem Tugendleben.
Wer zu mir kommt,
und folget mir,
darf nicht im Finstern schweben.
Ich bin der Weg,
ich weise wohl,
wie man wahrhaftig wandeln soll.

*Angelus Silesius*

# DARSTELLUNG DES HERRN – FEST

## 2. Februar 2020

Vierzig Tage nach Weihnachten wird das Fest „Darstellung des Herrn“ gefeiert. Es bildet den Abschluss des weihnachtlichen Festkreises. Bis zur Liturgiereform im Jahr 1960 wurde das Fest „Mariä Lichtmess“ genannt. Da früher an Lichtmess der Jahresbedarf der Kerzen geweiht wurde, ist bis heute die Kerzenweihe ein wichtiger Bestandteil des Festes, bei dem auch die Kerzen für den eigenen Haushalt geweiht werden können. Papst Johannes Paul II. kennzeichnete das Fest zugleich als „Tag des geweihten Lebens“: So wie Jesus im Evangelium zum Tempel gebracht wird, wird für alle gebetet, die in besonderer Weise für den Dienst in der Kirche berufen worden sind.

### Kerzenweihe und Prozession

*(An vielen Orten versammelt sich die Gemeinde mit dem Priester vor der Kirche oder in einem Nebenraum. Alle tragen Kerzen, die der Priester segnet. Nach der Weihe zieht man singend mit brennenden Kerzen in feierlicher Prozession in die Kirche ein. Die Messe beginnt dann mit dem Eröffnungsvers. An anderen Orten versammeln sich die Gläubigen in der Kirche. Auch sie bringen Kerzen, die gesegnet werden. Die Prozession und auch die brennenden Kerzen, mit denen wir die Messfeier dieses Tages beginnen, sind Zeichen für unseren Weg zu Gott, jenen Weg, auf dem sein Licht leuchtet.)*

*(Der Priester segnet die Kerzen.)*

Lasset uns beten. Gott, du Quell und Ursprung allen Lichtes, du hast am heutigen Tag dem greisen Simeon Christus geoffenbart als das Licht zur Erleuchtung der Heiden. Segne † die Kerzen, die wir in unseren Händen tragen und zu deinem Lob entzünden. Führe uns auf dem Weg des Glaubens und der Liebe zu jenem Licht, das nie erlöschen wird. Darum bitten wir durch Christus, unseren Herrn.

*(Der Priester fordert zur Prozession auf:)*

Lasst uns ziehen in Frieden,
Christus, dem Herrn, entgegen!

*(Während der Prozession wird der Lobgesang des Simeon gesungen oder ein anderes passendes Lied.)*

### DER LOBGESANG DES SIMEON Lk 2,29–32

℟ Ein Licht, das die Heiden erleuchtet,
und Herrlichkeit für dein Volk Israel. – ℟

Nun lässt du, Herr, deinen Knecht, *
wie du gesagt hast, in Frieden scheiden. – (℟)

Meine Augen haben das Heil gesehen, *
das du vor allen Völkern bereitet hast. – ℟

## MESSFEIER

### ERÖFFNUNGSVERS Vgl. Ps 48 (47), 10–11

Wir haben dein Heil empfangen, o Gott,
inmitten deines Tempels.
Wie dein Name, Gott, so reicht dein Ruhm
bis an die Enden der Erde;
deine rechte Hand ist voll von Gerechtigkeit.

## KYRIE-RUFE

Herr Jesus Christus, du bist geboren von einer Frau
und dem Gesetz unterstellt.
V/A: Herr, erbarme dich.
Du bist ein Zeichen, dem widersprochen wird.
V/A: Christus, erbarme dich.
Du bist ein Licht, das die Heiden erleuchtet,
und Herrlichkeit für dein Volk Israel.
V/A: Herr, erbarme dich.

Ehre sei Gott, S. 489 f.

## TAGESGEBET

Allmächtiger, ewiger Gott, dein eingeborener Sohn hat unsere menschliche Natur angenommen und wurde am heutigen Tag im Tempel dargestellt. Läutere unser Leben und Denken, damit wir mit reinem Herzen vor dein Antlitz treten. Darum bitten wir durch Jesus Christus.

# WORTGOTTESDIENST

ZUR 1. LESUNG Nach der Rückkehr des Volkes Israel aus dem Exil (538 vor Christus) und dem Wiederaufbau des Tempels tritt etwa in der Mitte des 5. Jahrhunderts der Prophet Maleachi auf. Die erste Euphorie nach dem Ende des Exils war verpufft, Armut machte sich breit und die Moral sank. Maleachi führt dem Volk seine Sünden vor Augen und beklagt vor allem die Halbherzigkeit des Gottesdienstes im neuen Tempel. Wenn das Volk wieder mit dem Herzen feiert und nicht nur Rituale begeht, dann besteht es auch im Gericht. Am „Tag des Herrn" werden der Tempel gereinigt und die Priester geläutert werden. Dabei geht dem Herrn ein Bote voraus. Im Neuen Testament wird Johannes der Täufer als dieser Bote verstanden (Mt 17,10–13). Jesus war es, der den Tempel gereinigt hat (Mt 21,12–17). Das Reich Gottes ist in ihm schon angebrochen.

## ERSTE LESUNG

Mal 3,1–4

*Dann kommt zu seinem Tempel der Herr, den ihr sucht*

**Lesung aus dem Buch Maleáchi.**

So spricht Gott, der Herr: Seht, ich sende meinen Boten; er soll den Weg für mich bahnen. Dann kommt plötzlich zu seinem Tempel der Herr, den ihr sucht, und der Bote des Bundes, den ihr herbeiwünscht. Seht, er kommt!, spricht der Herr der Heerscharen.

Doch wer erträgt den Tag, an dem er kommt? Wer kann bestehen, wenn er erscheint? Denn er ist wie das Feuer des Schmelzers und wie die Lauge der Walker. Er setzt sich, um das Silber zu schmelzen und zu reinigen: Er reinigt die Söhne Levis, er läutert sie wie Gold und Silber. Dann werden sie dem Herrn die richtigen Opfer darbringen. Und dem Herrn wird das Opfer Judas und Jerusalems angenehm sein wie in den Tagen der Vorzeit, wie in längst vergangenen Jahren.

## ANTWORTPSALM

Ps 24 (23),7–8.9–10 (Kv: vgl. 10b)

Kv Der Herr der Heere,
er ist der König der Herrlichkeit. – Kv

Ihr Tore, hebt eure Häupter, /
hebt euch, ihr uralten Pforten, *
denn es kommt der König der Herrlichkeit!
Wer ist dieser König der Herrlichkeit? *
Der Herr, stark und gewaltig, der Herr, im Kampf gewaltig. – (Kv)

Ihr Tore, hebt eure Häupter, /
hebt euch, ihr uralten Pforten, *
denn es kommt der König der Herrlichkeit!

Wer ist er, dieser König der Herrlichkeit? *
Der Herr der Heerscharen: Er ist der König der Herrlichkeit. – Kv

ZUR 2. LESUNG Für die Menschen der Antike war das Leiden und Sterben des Messias, so wie es Jesus durchlitten hat, ein Stein des Anstoßes. Einen göttlichen Boten stellte man sich erhaben vor, allem Menschlichen fremd. Doch der Verfasser des Hebräerbriefes zeigt auf, dass gerade diese unfassbare Leidensgeschichte unser Heil bedeutet. In Jesus Christus hat Gott Fleisch und Blut angenommen, er hat sich den verletzlichen Menschen an die Seite gestellt. Jesus begibt sich in die tiefsten Niederungen, dorthin wo gelitten, gefoltert und gestorben wird. So kann er uns die Furcht vor dem Tod nehmen (V. 15), denn er ist uns gleich geworden. Auch Jesus zitterte und hatte Angst vor dem eigenen Tod. Er wurde versucht und hat Qualen gelitten, so wie wir. Ihm ist nichts Menschliches fremd. Gott, der ewige Schöpfer, hat in seinem Christus unsere Hand ergriffen und lässt sie nicht mehr los.

## ZWEITE LESUNG Hebr 2,11–12.13c–18°

*Er musste in allem seinen Brüdern gleich sein*

**Lesung aus dem Hebräerbrief.**

Er, der heiligt, und sie, die geheiligt werden, stammen alle aus Einem; darum schämt er sich nicht, sie Brüder zu nennen und zu sagen: Ich will deinen Namen meinen Brüdern verkünden, inmitten der Gemeinde dich preisen; und ferner: Siehe, ich und die Kinder, die Gott mir geschenkt hat.

Da nun die Kinder von Fleisch und Blut sind, hat auch er in gleicher Weise daran Anteil genommen, um durch den Tod den zu entmachten, der die Gewalt über den Tod hat, nämlich den Teufel, und um die zu befreien, die durch die Furcht vor dem Tod ihr Leben lang der Knechtschaft verfallen waren. Denn er nimmt sich keineswegs der Engel an, sondern der Nachkommen Abrahams nimmt er sich an.

Darum musste er in allem seinen Brüdern gleich sein, um ein barmherziger und treuer Hohepriester vor Gott zu sein und die Sünden des Volkes zu sühnen. Denn da er gelitten hat und selbst in Versuchung geführt wurde, kann er denen helfen, die in Versuchung geführt werden.

## RUF VOR DEM EVANGELIUM

Vers: vgl. Lk 2,32

Halleluja. Halleluja.
Ein Licht, das die Heiden erleuchtet,
und Herrlichkeit für das Volk Israel.
Halleluja.

ZUM EVANGELIUM Nach dem Gesetz gilt eine Mutter vierzig Tage nach der Geburt ihres Kindes als unrein. Anschließend bringen die Eltern ein Reinigungsopfer dar (Lev 12,6–8). Daher gingen auch Maria und Josef zur „Reinigung" in den Jerusalemer Tempel. Als Erstgeborener galt Jesus als Eigentum Gottes und musste von den Eltern ausgelöst werden: Er wurde zu den Priestern gebracht und vor Gott „dargestellt". Auf diesen Tag haben Hanna und Simeon ihr Leben lang gewartet. Sie erkennen in Jesus den Erlöser, den Messias. Maria hört, dass sie den Leidensweg ihres Sohnes teilen wird (V. 35). Der Evangelist macht von Beginn an deutlich, dass in dem so unscheinbar geborenen Kind Gott selbst auf dem Plan ist. In ihm erfüllen sich alle Verheißungen.

## EVANGELIUM

Lk 2,22–40

*Meine Augen haben das Heil gesehen*

**+ Aus dem heiligen Evangelium nach Lukas.**

Als sich für die Eltern Jesu die Tage der vom Gesetz des Mose vorgeschriebenen Reinigung erfüllt hatten, brachten sie das Kind nach Jerusalem hinauf, um es dem Herrn darzustellen, wie im Gesetz des Herrn geschrieben ist: Jede männliche Erstgeburt soll dem Herrn heilig genannt werden. Auch wollten sie ihr Opfer darbringen, wie es das Gesetz des Herrn vorschreibt: ein Paar Turteltauben oder zwei junge Tauben.

Und siehe, in Jerusalem lebte ein Mann namens Símeon. Dieser Mann war gerecht und fromm und wartete auf den Trost Israels und der Heilige Geist ruhte auf ihm. Vom Heiligen Geist war ihm offenbart worden, er werde den Tod nicht schauen, ehe er den Christus des Herrn gesehen habe.

Er wurde vom Geist in den Tempel geführt; und als die Eltern das Kind Jesus hereinbrachten, um mit ihm zu tun, was nach dem Gesetz üblich war, nahm Símeon das Kind in seine Arme und pries Gott mit den Worten:

Nun lässt du, Herr, deinen Knecht, wie du gesagt hast, in Frieden scheiden. Denn meine Augen haben das Heil gesehen, das du vor allen Völkern bereitet hast, ein Licht, das die Heiden erleuchtet, und Herrlichkeit für dein Volk Israel.

Sein Vater und seine Mutter staunten über die Worte, die über Jesus gesagt wurden. Und Símeon segnete sie und sagte zu Maria, der Mutter Jesu: Siehe, dieser ist dazu bestimmt, dass in Israel viele zu Fall kommen und aufgerichtet werden, und er wird ein Zeichen sein, dem widersprochen wird, – und deine Seele wird ein Schwert durchdringen. So sollen die Gedanken vieler Herzen offenbar werden.

Damals lebte auch Hanna, eine Prophetin, eine Tochter Pénuëls, aus dem Stamm Ascher. Sie war schon hochbetagt. Als junges Mädchen hatte sie geheiratet und sieben Jahre mit ihrem Mann gelebt; nun war sie eine Witwe von vierundachtzig Jahren. Sie hielt sich ständig im Tempel auf und diente Gott Tag und Nacht mit Fasten und Beten.

Zu derselben Stunde trat sie hinzu, pries Gott und sprach über das Kind zu allen, die auf die Erlösung Jerusalems warteten.

Als seine Eltern alles getan hatten, was das Gesetz des Herrn vorschreibt, kehrten sie nach Galiläa in ihre Stadt Nazaret zurück. Das Kind wuchs heran und wurde stark, erfüllt mit Weisheit, und Gottes Gnade ruhte auf ihm.

*Oder:*

## KURZFASSUNG

Lk 2,22–32

*Meine Augen haben das Heil gesehen*

+ **Aus dem heiligen Evangelium nach Lukas.**

Als sich für die Eltern Jesu die Tage der vom Gesetz des Mose vorgeschriebenen Reinigung erfüllt hatten, brachten sie das Kind nach Jerusalem hinauf, um es dem Herrn darzustellen, wie im Gesetz des Herrn geschrieben ist: Jede männliche Erstgeburt soll dem Herrn heilig genannt werden. Auch wollten sie ihr Opfer darbringen, wie es das Gesetz des Herrn vorschreibt: ein Paar Turteltauben oder zwei junge Tauben.

Und siehe, in Jerusalem lebte ein Mann namens Símeon. Dieser Mann war gerecht und fromm und wartete auf den Trost Israels und der Heilige Geist ruhte auf ihm. Vom Heiligen Geist war ihm offenbart worden, er werde den Tod nicht schauen, ehe er den Christus des Herrn gesehen habe.

Er wurde vom Geist in den Tempel geführt; und als die Eltern das Kind Jesus hereinbrachten, um mit ihm zu tun, was nach dem Gesetz üblich war, nahm Símeon das Kind in seine Arme und pries Gott mit den Worten:

Nun lässt du, Herr, deinen Knecht, wie du gesagt hast, in Frieden scheiden. Denn meine Augen haben das Heil gesehen, das du vor allen Völkern bereitet hast, ein Licht, das die Heiden erleuchtet, und Herrlichkeit für dein Volk Israel.

## FÜRBITTEN

Wie die Prophetin Hanna und der gerechte und fromme Simeon, so hoffen auch wir auf die Nähe Gottes in Jesus, unserem Bruder. Wir rufen zu Gott, den Schöpfer des Lebens, und bitten ihn um seinen Beistand:

- Für die Frauen und Männer, die nach neuen Wegen suchen, damit die Frohbotschaft die Menschen auch heute erreicht. V/A: Komm, Heiliger Geist.
- Für die alt gewordenen Ordenschristen, dass das Licht des Glaubens, der Hoffnung und der Liebe ihnen immer wieder neu geschenkt werde. V/A: Komm, Heiliger Geist.
- Für alle, die von Ängsten gequält sind, dass sie Hilfe finden und so Hoffnung in ihrem Leben wieder wachsen kann. V/A: Komm, Heiliger Geist.
- Für alle, die hungern und dürsten, für die Armen, Ausgeschlossenen und Trauernden, dass ihr Hunger nach Nahrung und Gemeinschaft gestillt werde. V/A: Komm, Heiliger Geist.
- Für unsere Toten, dass sie nicht im Dunkel bleiben, sondern ihre Augen einmal das Licht sehen werden, das allein von Gott her kommt. V/A: Komm, Heiliger Geist.

Ewiger Gott, aus dir fließen Licht und Hoffnung. Du lädst uns ein, in deinem Licht zu leben, heute und allezeit.

# EUCHARISTIEFEIER

## GABENGEBET

Allmächtiger Gott, nach deinem Ratschluss hat dein eigener Sohn sich als makelloses Lamm für das Leben der Welt geopfert. Nimm die Gabe an, die deine Kirche in festlicher Freude darbringt. Darum bitten wir durch Christus, unseren Herrn.

## PRÄFATION

In Wahrheit ist es würdig und recht, dir, Herr, heiliger Vater, allmächtiger, ewiger Gott, immer und überall zu danken. Denn heute hat die jungfräuliche Mutter deinen ewigen Sohn zum Tempel getragen; Simeon, vom Geist erleuchtet, preist ihn als Ruhm deines Volkes Israel, als Licht zur Erleuchtung der Heiden. Darum gehen auch wir dem Erlöser freudig entgegen und singen mit den Engeln und Heiligen das Lob deiner Herrlichkeit: Heilig …

## KOMMUNIONVERS

Lk 2,30–31

Meine Augen haben das Heil gesehen,
das du vor allen Völkern bereitet hast.

## SCHLUSSGEBET

Barmherziger Gott, stärke unsere Hoffnung durch das Sakrament, das wir empfangen haben, und vollende in uns das Werk deiner Gnade. Du hast die Erwartung Simeons erfüllt und ihn Christus schauen lassen. Erfülle auch unser Verlangen: Lass uns Christus entgegengehen und in ihm das ewige Leben finden, der mit dir lebt und herrscht in alle Ewigkeit.

## FEIERLICHER SCHLUSSSEGEN

Der Herr segne euch und behüte euch; der Herr lasse sein Angesicht über euch leuchten und sei euch gnädig; er wende euch sein Antlitz zu und schenke euch seinen Frieden! A: Amen.
Das gewähre euch der dreieinige Gott, der Vater und der Sohn † und der Heilige Geist. A: Amen.

⁎⁎⁎

## DU WIRST KLEIN, DU GROSSER GOTT

Du bist arm und machst zugleich
uns an Leib und Seele reich.
Du wirst klein, du großer Gott,
und machst Höll und Tod zu Spott.
Aller Welt wird offenbar,
ja auch deiner Feinde Schar,
dass du, Gott, bist wunderbar.

Lass mir deine Güt und Treu
täglich werden immer neu.
Gott, mein Gott, verlass mich nicht,
wenn mich Not und Tod anficht.
Lass mich deine Herrlichkeit,
deine Wundergütigkeit,
schauen in der Ewigkeit.

*Johann Olearius*

# 5. SONNTAG IM JAHRESKREIS

## 9. Februar 2020

Der Wortbestandteil „Salz" ist in manchen unserer Städtenamen verborgen: Salzburg, Reichenhall, Hallstein, Hallein. So manches bekannte Sprichwort, so manche Redensart, kreist um das Salz: Hier „fehlt das Salz in der Suppe" – die Sache ist arg fad –, dort hat man „jemandem die Suppe gründlich versalzen" – sie ist ungenießbar geworden. Auch Jesus spricht vom Salz. Genauer: er spricht seine Freunde und Freundinnen an: „Ihr seid das Salz der Erde." Das ist stark! Das Salz ist ja eine winzige Menge, verglichen mit dem ganzen Laib Brot, dem großen Topf Suppe, das es würzt. Und doch, auf das Salz kommt es an. Ohne eine Prise Salz sind die schönsten Speisen eine traurige, unbelebte Angelegenheit. Umgekehrt gilt: Salz pur kann man nicht essen. Die Überdosis tötet. Salz tut nur seinen Dienst, es entfaltet seine Kraft erst, wenn es sich entschieden, bescheiden, einmischt. „Ihr seid das Salz der Erde."

### ERÖFFNUNGSVERS

Ps 95 (94),6–7

Kommt, lasst uns niederfallen,
uns verneigen vor dem Herrn, unserem Schöpfer!
Denn er ist unser Gott.

### KYRIE-RUFE

Herr Jesus Christus, du bist das Licht der Völker.
V/A: Herr, erbarme dich.
Du hast unsere Finsternis hell gemacht.
V/A: Christus, erbarme dich.

Du rufst uns, dass auch unser Licht
vor den Menschen leuchten soll.
V/A: Herr, erbarme dich.

Ehre sei Gott, S. 489 f.

### TAGESGEBET

Gott, unser Vater, wir sind dein Eigentum und setzen unsere Hoffnung allein auf deine Gnade. Bleibe uns nahe in jeder Not und Gefahr und schütze uns. Darum bitten wir durch Jesus Christus.

## WORTGOTTESDIENST

ZUR 1. LESUNG Du sollst dich deinem Nächsten nicht entziehen – das ist die Weisung, die ein Schüler des Propheten Jesaja der Gemeinde zukommen lässt. Der Prophet entzieht sich nicht. Er nimmt seine Verantwortung wahr. Er gibt Antworten, die unangenehm sind, Antworten, die schmerzen, aber Heilung bringen wie eine bittere Pille, eine medizinisch notwendige Operation. Wie sieht ein Fasten aus, das wirklich fromm ist? Ein Fasten, das bei Gott ankommt, weil es allen frommt? Die Antwort des Propheten: Meint nicht, eure Beziehung zum HERRN ließe sich ablösen von euren Beziehungen untereinander! Erst wenn ihr für den Nächsten getan habt, was zu tun ist, wenn ihr eigenes Unrecht erkannt und wiedergutgemacht, Hungrigen zu essen gegeben, Obdachlose beherbergt und Nackte bekleidet habt, dann reimen sich fromm und Fasten nicht mehr auf Frevel. Dann hat eure Hoffnung guten Grund. „Hier bin ich", spricht der HERR. Ungeteilt bin ich für dich da. Dein Gott bin ich, und der entzieht sich nicht.

## ERSTE LESUNG

Jes 58,7–10

*Wenn du den Gebeugten satt machst, dann geht im Dunkel dein Licht auf*

**Lesung aus dem Buch Jesája.**

So spricht der Herr: Brich dem Hungrigen dein Brot, nimm obdachlose Arme ins Haus auf, wenn du einen Nackten siehst, bekleide ihn und entziehe dich nicht deiner Verwandtschaft. Dann wird dein Licht hervorbrechen wie das Morgenrot und deine Heilung wird schnell gedeihen. Deine Gerechtigkeit geht dir voran, die Herrlichkeit des HERRN folgt dir nach. Wenn du dann rufst, wird der HERR dir Antwort geben, und wenn du um Hilfe schreist, wird er sagen: Hier bin ich.

Wenn du Unterjochung aus deiner Mitte entfernst, auf keinen mit dem Finger zeigst und niemandem übel nachredest, den Hungrigen stärkst und den Gebeugten satt machst, dann geht im Dunkel dein Licht auf und deine Finsternis wird hell wie der Mittag.

## ANTWORTPSALM

Ps 112 (111),4–5.6–7.8–9 (Kv: vgl. 4a)

Kv Im Finstern erstrahlt der Gerechte als Licht. – Kv

(*Oder:* Halleluja.)

Im Finstern erstrahlt er als Licht den Redlichen: *
Gnädig und barmherzig ist der Gerechte.
Glücklich ein Mann, der gnädig ist und leiht ohne Zinsen, *
der nach dem Recht das Seine ordnet. – (Kv)

Niemals gerät er ins Wanken; *
ewig denkt man an den Gerechten.
Er fürchtet sich nicht vor böser Kunde, *
sein Herz ist fest, auf den HERRN vertraut er. – (Kv)

Sein Herz ist getrost, er fürchtet sich nicht, *
er wird herabschauen auf seine Bedränger.
Reichlich gibt er den Armen, /
seine Gerechtigkeit hat Bestand für immer, *
seine Macht steht hoch in Ehren. – Kv

ZUR 2. LESUNG Paulus, der als Israelit und Pharisäer mit römischem Bürgerrecht gleich eine Doppelmitgliedschaft in der Welt des Wissens besitzt, verachtet Bildung, Weisheit und Wissenschaft nicht, und erst recht nicht die Lebensweisung der Heiligen Schrift. Doch in Jesus, dem Christus, hat er das Eine kennengelernt, das man im Leben wissen muss; das einzige Wissen, das nötig ist, um zu leben. Jesus zu wissen bedeutet aber nicht, möglichst viel über ihn zu wissen. Jesus-Wissen, das sind nicht erworbene Kenntnisse über den Mann aus Nazaret, es ist die lebenswendende Gewissheit, von dem gekreuzigten und auferweckten Messias Gottes erkannt worden zu sein. „Jetzt ist mein Erkennen Stückwerk, / dann aber werde ich durch und durch erkennen, / so wie ich auch durch und durch erkannt worden bin." (1 Kor 13,12)

## ZWEITE LESUNG 1 Kor 2,1–5

*Ich habe euch das Geheimnis Gottes verkündet: Jesus Christus, den Gekreuzigten*

**Lesung aus dem ersten Brief des Apostels Paulus an die Gemeinde in Korínth.**

Ich kam nicht zu euch, Schwestern und Brüder, um glänzende Reden oder gelehrte Weisheit vorzutragen, sondern um euch das Geheimnis Gottes zu verkünden. Denn ich hatte mich entschlossen, bei euch nichts zu wissen außer Jesus Christus, und zwar als den Gekreuzigten. Zudem kam ich in Schwäche und in Furcht, zitternd und bebend zu euch.

Meine Botschaft und Verkündigung war nicht Überredung durch gewandte und kluge Worte, sondern war mit dem Erweis von Geist und Kraft verbunden, damit sich euer Glaube nicht auf Menschenweisheit stützte, sondern auf die Kraft Gottes.

## RUF VOR DEM EVANGELIUM

Vers: vgl. Joh 8,12

Halleluja. Halleluja.
(So spricht der Herr:)
Ich bin das Licht der Welt.
Wer mir nachfolgt, hat das Licht des Lebens.
Halleluja.

**ZUM EVANGELIUM** Ihr seid das Salz der Erde – ihr seid das Licht der Welt. Meint Jesu Ansage und Zusage nicht eben dies: Wenn ihr die Welt würzt, so verlässlich, so unausweichlich, so selbstverständlich und so nachhaltig wie gutes Salz die Suppe, wenn ihr in der Welt wirkt, sie hell macht und anderen Menschen mit dem Licht, das ihr selbst empfangen habt, Orientierung ermöglicht, wie die Stadt auf dem Berg und wie das Licht auf dem Leuchter, dann lebt ihr in Wahrheit als meine Jüngerinnen und Jünger, und dann kommt ihr selbst wahrhaft zur Welt?

## EVANGELIUM

Mt 5,13–16

*Euer Licht soll vor den Menschen leuchten*

+ **Aus dem heiligen Evangelium nach Matthäus.**

In jener Zeit sprach Jesus zu seinen Jüngern: Ihr seid das Salz der Erde. Wenn das Salz seinen Geschmack verliert, womit kann man es wieder salzig machen? Es taugt zu nichts mehr, außer weggeworfen und von den Leuten zertreten zu werden.

Ihr seid das Licht der Welt. Eine Stadt, die auf einem Berg liegt, kann nicht verborgen bleiben. Man zündet auch nicht eine Leuchte an und stellt sie unter den Scheffel, sondern auf den Leuchter; dann leuchtet sie allen im Haus.

So soll euer Licht vor den Menschen leuchten, damit sie eure guten Taten sehen und euren Vater im Himmel preisen.

Glaubensbekenntnis, S. 492 ff.

## FÜRBITTEN

„Ihr seid das Salz der Erde.“ Wir bitten Gott um seine stärkende Gegenwart, damit das Salz nicht seinen Geschmack verliert. Vor ihn tragen wir nun unsere Bitten:

- Für die Kirche und alle, die in ihr ein Amt bekleiden: dass sie die Liebe Gottes zu den Menschen verkünden und diese Liebe auch mit ihrem Leben bezeugen. V: Gott, du unser Licht. A: Wir bitten dich, erhöre uns.

- Für alle, die den Namen Christi tragen: dass sie an ihrem Platz und mit ihren Möglichkeiten sich einsetzen für eine menschenwürdige und gerechte Welt. V: Gott, du unser Licht. A: Wir bitten dich, erhöre uns.

- Für alle, die Opfer von Mobbing, Ausgrenzung und Gewalt wurden: dass ihre Leiden gesehen werden und sie Hilfe erfahren. V: Gott, du unser Licht. A: Wir bitten dich, erhöre uns.

- Für Menschen auf der Flucht, für Frauen und Männer ohne Obdach: lass sie nicht Gleichgültigkeit, sondern Hilfe erfahren. V: Gott, du unser Licht. A: Wir bitten dich, erhöre uns.

- Für die Schwerkranken und Sterbenden: dass sie durch dein helles Licht aus der Dunkelheit ihrer Ängste geführt werden. V: Gott, du unser Licht. A: Wir bitten dich, erhöre uns.

Gott, du willst, dass wir gerecht und gut leben und Unrecht beim Namen nennen, weil wir auf deinen Namen getauft sind. Hilf uns, dein Licht nicht zum Erlöschen zu bringen, sondern die Flamme deiner Liebe in unseren Alltag zu tragen; so bitten wir dich in Jesus Christus, unserem Bruder und Lehrer.

# EUCHARISTIEFEIER

## GABENGEBET

Herr, unser Gott, du hast Brot und Wein geschaffen, um uns Menschen in diesem vergänglichen Leben Nahrung und Freude zu schenken. Mache diese Gaben zum Sakrament, das uns ewiges Leben bringt. Darum bitten wir durch Christus, unseren Herrn.

Präfation, S. 504 ff.

## KOMMUNIONVERS Mt 5,4.6

Selig, die trauern; denn sie werden getröstet werden.
Selig, die hungern und dürsten nach der Gerechtigkeit;
denn sie werden satt werden.

## SCHLUSSGEBET

Barmherziger Gott, du hast uns teilhaben lassen an dem einen Brot und dem einen Kelch. Lass uns eins werden in Christus und Diener der Freude sein für die Welt. Darum bitten wir durch Christus, unseren Herrn.

***

Für eine Wort-Gottes-Feier:

## ERÖFFNUNGSGEBET ZUR WAHL

Gott, Vater im Himmel, du bist uns nahe in unserem Leben, deine Liebe umfängt uns. In dieser Feier schenke uns das Feuer deines Geistes, damit unser Licht vor den Menschen leuchtet und sie dich preisen durch deinen Sohn Jesus Christus, der mit dir und dem Heiligen Geist lebt in Ewigkeit.

***

### ES WIRD ZEIT

Wann
setzt du dich
auf deinen Thron?

Wann
trittst du
das Böse nieder?

Wann
vernichtest du
Krankheit und Tod,
Gewalt und Terror?

Wann kommst du
und erhörst
die Armen und Hungernden,
die von Bomben Zerfetzten?

Es wird Zeit,
die Welt zu verändern.

*Heinz Detlef Stäps*

# 6. SONNTAG IM JAHRESKREIS

## 16. Februar 2020

„Öffne mir die Augen", so bitten wir Gott gemeinsam mit dem Beter, der Beterin des heutigen Antwortpsalms. „Öffne mir die Augen für das Wunderbare an deiner Weisung!" Zweierlei wird in diesem kurzen Bittgebet deutlich: zum einen die Bitte um Offenheit, um Einsicht und Durchblick, und zum anderen das Vertrauen in das Wort Gottes, das mir Lebenshilfe sein will. Beides – das Sehen und das Verstehen – will erbeten sein, weil es keine Selbstverständlichkeit ist. Und beides – das Sehen und das Verstehen –, so lernen wir, können wir einüben, hier, im Gottesdienst, in der einen, guten Stunde am ersten Tag der Woche.

### ERÖFFNUNGSVERS

Ps 31 (30),3–4

Sei mir ein schützender Fels,
eine feste Burg, die mich rettet.
Denn du bist mein Fels und meine Burg;
um deines Namens willen wirst du mich führen
und leiten.

### KYRIE-RUFE

Herr Jesus Christus, du bist nicht gekommen,
um das Gesetz und die Propheten aufzuheben,
sondern um zu erfüllen.
V/A: Herr, erbarme dich.
Du verlangst eine weit größere Gerechtigkeit
als die der Schriftgelehrten und Pharisäer.
V/A: Christus, erbarme dich.

Du lehrst uns, vollkommen zu sein,
wie es auch unser himmlischer Vater ist.
V/A: Herr, erbarme dich.

Ehre sei Gott, S. 489 f.

## TAGESGEBET

Gott, du liebst deine Geschöpfe, und es ist deine Freude, bei den Menschen zu wohnen. Gib uns ein neues und reines Herz, das bereit ist, dich aufzunehmen. Darum bitten wir durch Jesus Christus.

# WORTGOTTESDIENST

ZUR 1. LESUNG Die Weisheitsliteratur des Ersten Testaments will im besten Wortsinn Lebenshelferin sein, Ratgeberin für alle Lebenslagen. Auf den ersten Blick erscheinen die Ratschläge unproblematisch. Gott zuhören, das Gute suchen, Gottes Willen tun. Im Alltag wird es dann aber sehr viel schwieriger. Was ist der Wille Gottes, fragen wir oft und nicht ohne Grund. Auch wenn uns die Antworten nicht auf Knopfdruck erscheinen, weil es uns wie Schuppen von den Augen fällt, sind wir doch eingeladen, die Texte der Schriftlesung auf uns wirken zu lassen. Dem Wort Gottes Raum geben, sich Zeit nehmen – zu dieser Haltung ruft uns der Weisheitslehrer Jesus Sirach auf.

## ERSTE LESUNG

Sir 15,15–20 (16–21)

*Keinem befahl er, gottlos zu sein*

**Lesung aus dem Buch Jesus Sirach.**

Gott gab den Menschen seine Gebote und Vorschriften. Wenn du willst, wirst du die Gebote bewahren und die Treue, um wohlgefällig zu handeln. Er hat dir Feuer und Wasser vorgelegt, was immer du erstrebst, danach wirst du deine Hand ausstrecken. Vor den Menschen liegen Leben und Tod, was immer ihm gefällt, wird ihm gegeben. Denn groß ist die Weisheit des Herrn, stark an Kraft ist er und sieht alles. Seine Augen sind auf denen, die ihn fürchten, und er kennt jede Tat des Menschen. Keinem befahl er, gottlos zu sein, und er erlaubte keinem zu sündigen.

## ANTWORTPSALM Ps 119 (118), 1–2.4–5.17–18.33–34 (Kv: vgl. 1)

Kv Selig die Menschen,
die gehen nach der Weisung des HERRN. – Kv

Selig, deren Weg ohne Tadel ist, *
die gehen nach der Weisung des HERRN.
Selig, die seine Zeugnisse bewahren, *
ihn suchen mit ganzem Herzen. – (Kv)

Du hast deine Befehle gegeben, *
damit man sie genau beachtet.
Wären doch meine Schritte fest darauf gerichtet, *
deine Gesetze zu beachten. – (Kv)

Handle an deinem Knecht, so werde ich leben. *
Ich will dein Wort beachten.
Öffne mir die Augen, dass ich schaue *
die Wunder deiner Weisung! – (Kv)

Weise mir, HERR, den Weg deiner Gesetze! *
Ich will ihn bewahren bis ans Ende.
Gib mir Einsicht, damit ich deine Weisung bewahre, *
ich will sie beachten mit ganzem Herzen! – Kv

**ZUR 2. LESUNG** Der Apostel Paulus verfolgt in aller Konsequenz ein Ziel: das Unsagbare sagbar zu machen. Auch wenn noch kein Ohr die Botschaft unwiderleglich gehört und kein Auge letzte Beweise für die Liebe Gottes gesehen hat, so ist Paulus dennoch von der Zuwendung Gottes zu uns Menschen überzeugt. Die Weisheit, auf die sich der Apostel beruft, darf daher nicht mit Wissen verwechselt werden. Wissen ist bekannt und kann erweitert werden; der Glaube aber, um den es Paulus geht, ist eine Herausforderung für jeden einzelnen Menschen, eine Haltung, die Mut und Überzeugungskraft verlangt, und die Bereitschaft, sich – auch in der und gegen die vermeintliche Banalität des Alltags – Gehör für das Unerhörte zu verschaffen.

## ZWEITE LESUNG 1 Kor 2,6–10

*Wir verkündigen die Weisheit, die Gott vorausbestimmt hat zu unserer Verherrlichung*

**Lesung aus dem ersten Brief des Apostels Paulus an die Gemeinde in Korínth.**

Schwestern und Brüder! Wir verkünden Weisheit unter den Vollkommenen, aber nicht Weisheit dieser Welt oder der Machthaber dieser Welt, die einst entmachtet werden.

Vielmehr verkünden wir das Geheimnis der verborgenen Weisheit Gottes, die Gott vor allen Zeiten vorausbestimmt hat zu unserer Verherrlichung. Keiner der Machthaber dieser Welt hat sie erkannt; denn hätten sie die Weisheit Gottes erkannt, so hätten sie den Herrn der Herrlichkeit nicht gekreuzigt.

Nein, wir verkünden, wie es in der Schrift steht, was kein Auge gesehen und kein Ohr gehört hat, was in keines Menschen Herz gedrungen ist, was Gott denen bereitet hat, die ihn lieben.

Uns aber hat es Gott enthüllt durch den Geist. Der Geist ergründet nämlich alles, auch die Tiefen Gottes.

## RUF VOR DEM EVANGELIUM Vers: vgl. Mt 11,25

Halleluja. Halleluja.
Sei gepriesen, Vater, Herr des Himmels und der Erde;

du hast die Geheimnisse des Reiches den Unmündigen offenbart.
Halleluja.

ZUM EVANGELIUM Noch vor einigen Jahrzehnten wurde in der Theologie ein Gegensatz zwischen Jesus von Nazaret und dem ihm zeitgenössischen Judentum behauptet. Inbegriff für die Echtheit der Jesusworte war der Abstand zum Judentum. Die theologische Geschichts- und Bibelwissenschaft hat inzwischen ein anderes Bild rekonstruieren können: Demnach widerspricht Jesus nicht den Weisungen Gottes, der Tora, sondern er schärft die Bedeutung eben dieser Tora ein. Der heutige Evangeliumstext ist ein eindrückliches Beispiel für diese Sichtweise, die Juden und Christen im Glauben an den einen Gott verbindet und verpflichtet. Wer diese Weisungen für ein gelingendes Leben ernst nimmt, kommt nicht umhin, Demut, Bescheidenheit, Barmherzigkeit und Großzügigkeit als Wegmarken auch für sich selbst wertzuschätzen. Nachfolge Jesu scheint so leicht zu sein – und ist auch gerade darum schwer.

## EVANGELIUM Mt 5,17–37

*Zu den Alten ist gesagt worden – ich aber sage euch*

+ **Aus dem heiligen Evangelium nach Matthäus.**

In jener Zeit sprach Jesus zu seinen Jüngern: Denkt nicht, ich sei gekommen, um das Gesetz und die Propheten aufzuheben! Ich bin nicht gekommen, um aufzuheben, sondern um zu erfüllen. Amen, ich sage euch: Bis Himmel und Erde vergehen, wird kein Jota und kein Häkchen des Gesetzes vergehen, bevor nicht alles geschehen ist.

Wer auch nur eines von den kleinsten Geboten aufhebt und die Menschen entsprechend lehrt, der wird im Himmelreich der Kleinste sein. Wer sie aber hält und halten lehrt, der wird groß sein im Himmelreich.

Darum sage ich euch: Wenn eure Gerechtigkeit nicht weit größer ist als die der Schriftgelehrten und der Pharisäer, werdet ihr nicht in das Himmelreich kommen.

Ihr habt gehört, dass zu den Alten gesagt worden ist: Du sollst nicht töten; wer aber jemanden tötet, soll dem Gericht verfallen sein. Ich aber sage euch: Jeder, der seinem Bruder auch nur zürnt, soll dem Gericht verfallen sein; und wer zu seinem Bruder sagt: Du Dummkopf!, soll dem Spruch des Hohen Rates verfallen sein; wer aber zu ihm sagt: Du Narr!, soll dem Feuer der Hölle verfallen sein.

Wenn du deine Opfergabe zum Altar bringst und dir dabei einfällt, dass dein Bruder etwas gegen dich hat, so lass deine Gabe dort vor dem Altar liegen; geh und versöhne dich zuerst mit deinem Bruder, dann komm und opfere deine Gabe!

Schließ ohne Zögern Frieden mit deinem Gegner, solange du mit ihm noch auf dem Weg zum Gericht bist! Sonst wird dich dein Gegner vor den Richter bringen und der Richter wird dich dem Gerichtsdiener übergeben und du wirst ins Gefängnis geworfen. Amen, ich sage dir: Du kommst von dort nicht heraus, bis du den letzten Pfennig bezahlt hast.

Ihr habt gehört, dass gesagt worden ist: Du sollst nicht die Ehe brechen. Ich aber sage euch: Jeder, der eine Frau ansieht, um sie zu begehren, hat in seinem Herzen schon Ehebruch mit ihr begangen.

Wenn dich dein rechtes Auge zum Bösen verführt, dann reiß es aus und wirf es weg! Denn es ist besser für dich, dass eines deiner Glieder verloren geht, als dass dein ganzer Leib in die Hölle geworfen wird. Und wenn dich deine rechte Hand zum Bösen verführt, dann hau sie ab und wirf sie weg! Denn es ist besser für dich, dass eines deiner Glieder verloren geht, als dass dein ganzer Leib in die Hölle kommt.

Ferner ist gesagt worden: Wer seine Frau aus der Ehe entlässt, muss ihr eine Scheidungsurkunde geben. Ich aber sage euch: Wer seine Frau entlässt, obwohl kein Fall von Unzucht vorliegt, liefert sie dem Ehebruch aus; und wer eine Frau heiratet, die aus der Ehe entlassen worden ist, begeht Ehebruch.

Ihr habt gehört, dass zu den Alten gesagt worden ist: Du sollst keinen Meineid schwören, und: Du sollst halten, was du dem Herrn geschworen hast. Ich aber sage euch: Schwört überhaupt nicht, weder beim Himmel, denn er ist Gottes Thron, noch bei der Erde, denn sie ist der Schemel seiner Füße, noch bei Jerusalem, denn es ist die Stadt des großen Königs! Auch bei deinem Haupt sollst du nicht schwören; denn du kannst kein einziges Haar weiß oder schwarz machen.

Eure Rede sei: Ja ja, nein nein; was darüber hinausgeht, stammt vom Bösen.

*Oder:*

KURZFASSUNG Mt 5,20–22a.27–28.33–34a.37

*Zu den Alten ist gesagt worden – ich aber sage euch*

+ **Aus dem heiligen Evangelium nach Matthäus.**

In jener Zeit sprach Jesus zu seinen Jüngern: Ich sage euch: Wenn eure Gerechtigkeit nicht weit größer ist als die der Schriftgelehrten und der Pharisäer, werdet ihr nicht in das Himmelreich kommen.

Ihr habt gehört, dass zu den Alten gesagt worden ist: Du sollst nicht töten; wer aber jemanden tötet, soll dem Gericht verfallen sein. Ich aber sage euch: Jeder, der seinem Bruder auch nur zürnt, soll dem Gericht verfallen sein.

Ihr habt gehört, dass gesagt worden ist: Du sollst nicht die Ehe brechen. Ich aber sage euch: Jeder, der eine Frau ansieht, um sie zu begehren, hat in seinem Herzen schon Ehebruch mit ihr begangen.

Ihr habt gehört, dass zu den Alten gesagt worden ist: Du sollst keinen Meineid schwören, und: Du sollst halten, was du dem Herrn geschworen hast. Ich aber sage euch: Schwört überhaupt nicht.

Eure Rede sei: Ja ja, nein nein; was darüber hinausgeht, stammt vom Bösen.

Glaubensbekenntnis, S. 492 ff.

## FÜRBITTEN

Gott, du allein schenkst das Wollen und das Vollbringen. Und doch bedarf es unseres ganzen Einsatzes, braucht es unser Herz und unseren Verstand. Wir rufen zu dir und bitten dich:

- Hilf deiner Kirche, in der Freiheit deines Heiligen Geistes zu leben und so die Wahrheit zu bezeugen. V/A: Höre und erhöre uns.

- Sei den jungen Menschen nahe, die in Freiwilligenorganisationen Erfahrungen für ihr ganzes Leben machen, weil sie lernen, Verantwortung zu übernehmen und zu teilen. V/A: Höre und erhöre uns.

- Sende deinen Geist der Freiheit all denen, die in starren Vorurteilen gefangen sind. V/A: Höre und erhöre uns.

- Schenke den Mut zur Versöhnung denjenigen, die sich zerstritten haben, dass sie Hassgefühle und Feindschaft überwinden können. V/A: Höre und erhöre uns.

- Nimm dich der Einsamen, Kranken und Behinderten an. Lass sie Menschen finden, die an ihrer Seite sind. V/A: Höre und erhöre uns.

Erbarmender Gott, wir wissen dich an unserer Seite, gerade wenn wir nicht weiterwissen. Wir danken dir, dass du uns die Chance gibst zum Neubeginn in Jesus Christus, deinem Sohn, unserem Bruder und Herrn.

# EUCHARISTIEFEIER

## GABENGEBET

Barmherziger Gott, das heilige Opfer reinige uns von Sünden und mache uns zu neuen Menschen. Es helfe uns, nach deinem Willen zu leben, damit wir den verheißenen Lohn erlangen. Darum bitten wir durch Christus, unseren Herrn.

Präfation, S. 504 ff.

## KOMMUNIONVERS

Joh 3,16

Gott hat die Welt so geliebt,
dass er seinen einzigen Sohn hingab,
damit jeder, der an ihn glaubt, nicht zugrunde geht,
sondern das ewige Leben hat.

## SCHLUSSGEBET

Gott, du Spender alles Guten, du hast uns das Brot des Himmels geschenkt. Erhalte in uns das Verlangen nach dieser Speise, die unser wahres Leben ist. Darum bitten wir durch Christus, unseren Herrn.

***

Für eine Wort-Gottes-Feier:

## ERÖFFNUNGSGEBET ZUR WAHL

Gott, du Fülle der Weisheit, du siehst auf unser Tun. Du hast deinen Sohn gesandt, damit er uns das Gesetz der Liebe bringt. Gib uns den Mut, entschlossen den Weg deiner Weisungen zu gehen, und schenke uns deine Gerechtigkeit in Jesus Christus, deinem Sohn, der mit dir und dem Heiligen Geist lebt in Ewigkeit.

***

## GOTT SELBST

Gott selbst ist im bedürftigen Menschen gegenwärtig. Jedes menschliche Zeugnis erbarmender Liebe gegenüber dem Mitmenschen ist deshalb eine Antwort auf die Liebe Gottes. Diese Spiritualität befähigt den Menschen, das Antlitz des barmherzigen Gottes im Angesicht jedes Menschen zu erkennen und Gott im Mitmenschen zu dienen.

*Mouhanad Khorchide*

# 7. SONNTAG IM JAHRESKREIS

## 23. Februar 2020

Der Gottesdienst lebt von der Bedeutung der Sprache, zu der auch Musik, Gesten, Lieder und Gebete gehören. Wichtig dabei ist vor allem eine Erkenntnis, die Sprachwissenschaftler des letzten Jahrhunderts gemacht haben: Sprache dient nicht nur der Kommunikation, Sprechen ist mehr als bloßer Informationsaustausch. Denn mit Sprache können wir handeln: Wir können andere Menschen begrüßen und willkommen heißen oder ausgrenzen und zurückweisen. Mit Sprache können wir loben oder tadeln, nützen oder schaden. Im Tagesgebet des heutigen Sonntags wird diese Macht der Sprache deutlich, wenn wir Gott bitten, über sein Wort nachdenken zu dürfen, um sodann zu reden und zu tun, was bei Gott Gefallen finden wird.

### ERÖFFNUNGSVERS

Ps 13 (12),6

Herr, ich baue auf deine Huld,
mein Herz soll über deine Hilfe frohlocken.
Singen will ich dem Herrn, weil er mir Gutes getan hat.

### KYRIE-RUFE

Herr Jesus Christus, du hast uns das Gebot der Liebe
zu Gott und zu unserem Nächsten aufgetragen
als die Erfüllung des ganzen Gesetzes.
V/A: Herr, erbarme dich.
Du lehrst uns, unsere Feinde zu lieben
und für die zu beten, die uns verfolgen.
V/A: Christus, erbarme dich.

Du offenbarst, dass Gott selbst die Liebe ist.
V/A: Herr, erbarme dich.

Ehre sei Gott, S. 489 f.

## TAGESGEBET

Barmherziger Gott, du hast durch deinen Sohn zu uns gesprochen. Lass uns immer wieder über dein Wort nachsinnen, damit wir reden und tun, was dir gefällt. Darum bitten wir durch Jesus Christus.

# WORTGOTTESDIENST

ZUR 1. LESUNG Die Einheit von Gottes- und Nächstenliebe gilt nicht selten heute noch als Besonderheit christlichen Glaubens. Eindrücklich ruft uns dagegen der erste Lesungstext aus dem Buch Levitikus, dem 3. Buch Mose, in Erinnerung, dass die göttliche Aufforderung zur Gottes- und zur Nächstenliebe ein gemeinsames und verbindendes Erbe von Judentum und Christentum darstellt. Gemeinsam sind wir, und mit uns alle Menschen, aufgerufen zur Heiligkeit. Tragender Grund dieser Heiligkeit ist der Gott, auf den sich unsere ganze Hoffnung richtet. Wer sich diesem Gott der Liebe nähert, wird verwandelt und auf den Weg des Heils gerufen.

## ERSTE LESUNG Lev 19,1–2.17–18

*Du sollst deinen Nächsten lieben wie dich selbst*

**Lesung aus dem Buch Levítikus.**

Der HERR sprach zu Mose: Rede zur ganzen Gemeinde der Israeliten und sag zu ihnen: Seid heilig, denn ich, der HERR, euer Gott, bin heilig.

Du sollst in deinem Herzen keinen Hass gegen deinen Bruder tragen. Weise deinen Mitbürger zurecht, so wirst du seinetwegen keine Sünde auf dich laden.
An den Kindern deines Volkes sollst du dich nicht rächen und ihnen nichts nachtragen. Du sollst deinen Nächsten lieben wie dich selbst. Ich bin der HERR.

## ANTWORTPSALM

Ps 103 (102), 1–2.3–4.9–10.12–13 (Kv: vgl. 8)

Kv Gnädig und barmherzig ist der HERR,
voll Langmut und reich an Huld. – Kv

Preise den HERRN, meine Seele, *
und alles in mir seinen heiligen Namen!
Preise den HERRN, meine Seele, *
und vergiss nicht, was er dir Gutes getan hat! – (Kv)

Der dir all deine Schuld vergibt *
und all deine Gebrechen heilt,
der dein Leben vor dem Untergang rettet *
und dich mit Huld und Erbarmen krönt. – (Kv)

Er wird nicht immer rechten *
und nicht ewig trägt er nach.
Er handelt an uns nicht nach unsern Sünden *
und vergilt uns nicht nach unsrer Schuld. – (Kv)

So weit der Aufgang entfernt ist vom Untergang, *
so weit entfernt er von uns unsere Frevel.
Wie ein Vater sich seiner Kinder erbarmt, *
so erbarmt sich der HERR über alle, die ihn fürchten. – Kv

**ZUR 2. LESUNG** Der Apostel Paulus bezeichnet die Gläubigen in diesem Ausschnitt seines Briefes an die Gemeinde in Korinth als Gottes heiligen Tempel. Die Gläubigen – und mit ihnen sind auch wir gemeint – gelten somit als Wohnstätte Gottes, als besonderer Ort der Heiligkeit. Damit sind, wie Paulus deutlich macht, keine Privilegien verbunden, sondern vor allem Verantwortung. Heilig zu sein, heißt demnach, ein Ort zu sein und zu werden, an dem andere Heil erfahren können. In der Begegnung mit uns, die wir in der Nachfolge Jesu stehen, soll Gottesbegegnung möglich werden. Auf die Frage, wie wir dieser Aufgabe gerecht werden können, weiß Paulus ebenfalls eine so schlichte wie überzeugende Antwort: Weil wir durch Christus Jesus zu Gott gehören und somit nicht auf uns allein gestellt sind.

## ZWEITE LESUNG 1 Kor 3,16–23

*Alles gehört euch; ihr aber gehört Christus und Christus gehört Gott*

**Lesung aus dem ersten Brief des Apostels Paulus an die Gemeinde in Korínth.**

Schwestern und Brüder! Wisst ihr nicht, dass ihr Gottes Tempel seid und der Geist Gottes in euch wohnt? Wer den Tempel Gottes zerstört, den wird Gott zerstören. Denn Gottes Tempel ist heilig und der seid ihr.

Keiner täusche sich selbst. Wenn einer unter euch meint, er sei weise in dieser Welt, dann werde er töricht, um weise zu werden. Denn die Weisheit dieser Welt ist Torheit vor Gott. In der Schrift steht nämlich: Er fängt die Weisen in ihrer eigenen List. Und an einer anderen Stelle: Der Herr kennt die Gedanken der Weisen; er weiß, sie sind nichtig.

Daher soll sich niemand eines Menschen rühmen. Denn alles gehört euch; Paulus, Apóllos, Kephas, Welt, Leben, Tod, Gegenwart und Zukunft: Alles gehört euch; ihr aber gehört Christus und Christus gehört Gott.

## RUF VOR DEM EVANGELIUM

Vers: 1 Joh 2,5a

Halleluja. Halleluja.
Wer sich an Christi Wort hält,
in dem ist die Gottesliebe wahrhaft vollendet.
Halleluja.

**ZUM EVANGELIUM** Inzwischen hat es sich, hoffentlich, herumgesprochen: Das Wort „Auge um Auge, Zahn um Zahn" ist nicht als Rechtfertigung von Rache und Selbstjustiz zu verstehen. Im Gegenteil: Der Satz sollte dazu anleiten, dass man nicht mehr als den tatsächlichen Schaden vom Täter zurückverlangt. Hintergrund ist also der Gedanke der Rechtssicherheit. Jesus denkt in dieser Richtung konsequent weiter und fordert die ihm Zuhörenden auf, Unrecht nicht nur hinzunehmen und zu ertragen. Die Beispiele, die Jesus nennt und die zum Umdenken aufrufen und den Frieden friedlich einfordern, müssen erklärt werden, um heute verständlich zu sein. Beispielsweise konnte ein römischer Soldat jederzeit einen Israeliten zwingen, eine bestimmte Strecke lang das Gepäck für ihn zu tragen. Was bewirkt dann die freiwillige Steigerung der gesetzlichen Vorgaben? Weist diese auf den ersten Blick unverständliche Freiwilligkeit den Mächtigeren nicht in die Schranken? Weist die persönliche Würde, die in der Freiwilligkeit des Dienstes zum Ausdruck kommt, nicht das Ende gewalttätiger Macht auf? Die hervorgehobene Schwäche – wird somit zur überraschenden Stärke.

## EVANGELIUM

Mt 5,38–48

*Ich aber sage euch: Liebt eure Feinde!*

**+ Aus dem heiligen Evangelium nach Matthäus.**

In jener Zeit sprach Jesus zu seinen Jüngern: Ihr habt gehört, dass gesagt worden ist: Auge für Auge und Zahn für Zahn. Ich aber sage euch: Leistet dem, der euch etwas Böses antut, keinen Widerstand, sondern wenn dich einer auf die rechte Wange schlägt, dann halt ihm auch die andere hin!

Und wenn dich einer vor Gericht bringen will, um dir das Hemd wegzunehmen, dann lass ihm auch den Mantel!

Und wenn dich einer zwingen will, eine Meile mit ihm zu gehen, dann geh zwei mit ihm!

Wer dich bittet, dem gib, und wer von dir borgen will, den weise nicht ab!

Ihr habt gehört, dass gesagt worden ist: Du sollst deinen Nächsten lieben und deinen Feind hassen. Ich aber sage euch: Liebt eure Feinde und betet für die, die euch verfolgen, damit ihr Kinder eures Vaters im Himmel werdet; denn er lässt seine Sonne aufgehen über Bösen und Guten und er lässt regnen über Gerechte und Ungerechte.

Wenn ihr nämlich nur die liebt, die euch lieben, welchen Lohn könnt ihr dafür erwarten? Tun das nicht auch die Zöllner?

Und wenn ihr nur eure Brüder grüßt, was tut ihr damit Besonderes? Tun das nicht auch die Heiden?

Seid also vollkommen, wie euer himmlischer Vater vollkommen ist!

Glaubensbekenntnis, S. 492 ff.

## FÜRBITTEN

„Wenn ihr nur die liebt, die euch lieben, welchen Lohn könnt ihr dafür erwarten?“, so fragt auch uns Jesus im heutigen Evangelium. Wir rufen zu ihm und bitten ihn:

- Um ein glaubwürdiges Zeugnis der Einheit und der Liebe in allen christlichen Kirchen. V: Herr, Jesus Christus. A: Führe uns und leite uns.
- Um Politikerinnen und Politiker, die ihre Entscheidungen bewusst aus christlicher Verantwortung heraus treffen. V: Herr, Jesus Christus. A: Führe uns und leite uns.
- Um Menschen, die über den eigenen Tellerrand hinausschauen und dort helfen, wo es nottut. V: Herr, Jesus Christus. A: Führe uns und leite uns.

- Um wirksame Hilfe für Menschen, die ihre Heimat aufgeben mussten. V: Herr, Jesus Christus. A: Führe uns und leite uns.
- Um deine trostreiche Nähe für alle, deren Leben zu Ende geht. V: Herr, Jesus Christus. A: Führe uns und leite uns.

Jesus, du kennst unsere Enge, unsere Unzulänglichkeit und unsere Halbherzigkeit – wie auch unseren Willen zur Erneuerung. Steh uns bei und weise uns den Weg, wenn wir in die Irre gehen, du, der du unser Bruder und Freund bist.

# EUCHARISTIEFEIER

## GABENGEBET

Allmächtiger Gott, in der Feier der göttlichen Geheimnisse erfüllen wir den Dienst, der uns aufgetragen ist. Gib, dass wir deine Größe würdig loben und preisen und aus diesem Opfer Heil empfangen. Darum bitten wir durch Christus, unseren Herrn.

Präfation, S. 504 ff.

## KOMMUNIONVERS Joh 11,27

Ja, Herr, ich glaube, dass du der Messias bist,
der Sohn Gottes, der in die Welt kommen soll.

## SCHLUSSGEBET

Getreuer Gott, du hast uns das heilige Sakrament als Unterpfand der kommenden Herrlichkeit gegeben. Schenke uns einst das Heil in seiner ganzen Fülle. Darum bitten wir durch Christus, unseren Herrn.

***

Für eine Wort-Gottes-Feier:

## ERÖFFNUNGSGEBET ZUR WAHL

Gott, himmlischer Vater, in deinem Sohn ist uns deine Liebe erschienen. Seine Hingabe ist für uns Leben und Heil. In seinem Geist stärke unsere Liebe zu dir und zueinander. Darum bitten wir durch ihn, Jesus Christus, unseren Herrn, der mit dir und dem Heiligen Geist lebt von Ewigkeit zu Ewigkeit.

***

### DER NÄCHSTE, BITTE

Der Nächste, bitte!
Beim Arzt gilt dieser Ruf zunächst
nicht mehr als eine Wartemarke
in der Bahnhofshalle.

Den oder die Nächste
habe ich nie selbst ausgewählt.
Die Nähe des Nächsten
wurzelt nicht in meinem Wunsch.

Selbst die, die mir nicht
nahe sind, die anders denken,
reden, handeln als ich,
können mir die Nächsten sein.

Ohne Ansehen der Person,
ohne Wahl durch mich
steht der Nächste da
und verlangt nach meiner Hilfe.

*René Dausner*

# DIE FASTENZEIT – ÖSTERLICHE BUẞZEIT

## ASCHERMITTWOCH

26. Februar 2020

Um Jahr für Jahr tragfähige Antworten auf die Fragen meines Lebens zu finden, bedarf es der Zeit und der Ruhe. Immer wieder. Der Aschermittwoch ist darum ein Weckruf zu einem achtsamen und wachsamen Leben. Eben noch – an Fasching, Karneval oder Fasnet – war Jubel, Trubel, Heiterkeit angesagt. Und nun, mitten in der Woche, 40 Tage vor Ostern, werden wir zur Besinnung aufgerufen. Besinnung meint ein Zu-sich-Kommen und ein Zu-Gott-unterwegs-Sein. Am Horizont scheinen bereits der Tod und die Auferstehung Jesu auf und laden uns ein, über unsere eigene Sterblichkeit und zugleich über unser Leben neu nachzudenken. In Gemeinschaft mit anderen und für mich allein – aber immer vor Gott.

## ERÖFFNUNG UND WORTGOTTESDIENST

### ERÖFFNUNGSVERS

Weish 11,24–25.27

Du erbarmst dich aller, o Herr,
und hast Nachsicht mit den Sünden der Menschen,
damit sie sich bekehren;
denn du bist der Herr, unser Gott.

*(Das Allgemeine Schuldbekenntnis entfällt. Es wird ersetzt durch die Austeilung der Asche nach der Homilie.)*

## KYRIE-RUFE

Herr Jesus Christus, du weißt, was wir für Gebilde sind,
du bedenkst, dass wir Staub sind.
V/A: Herr, erbarme dich.
Du gibst der Schöpfung, die der Nichtigkeit
unterworfen ist, Hoffnung.
V/A: Christus, erbarme dich.
Denn auf Hoffnung hin hast du uns gerettet.
V/A: Herr, erbarme dich.

## TAGESGEBET

Getreuer Gott, im Vertrauen auf dich beginnen wir die vierzig Tage der Umkehr und Buße. Gib uns die Kraft zu christlicher Zucht, damit wir dem Bösen absagen und mit Entschiedenheit das Gute tun. Darum bitten wir durch Jesus Christus.

ZUR 1. LESUNG Der Prophet Joël weiß: Gottes Vergebung ist keine Selbstverständlichkeit. Darum gehört seine Predigt zu den großen biblischen Texten, die nicht nur Umkehr fordern, sondern zugleich auch Hoffnung schenken. Gewiss, der Ruf zur Umkehr, den der Prophet vorträgt, ist eindringlich. Denn nicht Einzelne, sondern ausnahmslos alle, jede und jeder Einzelne des Volkes, sind gehalten, ihr Leben zu überdenken und zu ändern. Alte und Kranke ebenso wie Kinder und Säuglinge – alle gesellschaftlichen Schichten, alle Altersgruppen sollen umkehren und Gott um Vergebung bitten. Aber gerade so groß und so begründet wie die Rede von der Umkehr ist die Hoffnung, dass Gott sich den bittenden Menschen zuwenden wird. Wer ernsthaft bittet, dem wird gegeben, wer anklopft, dem öffnen sich Tür und Tor.

## ERSTE LESUNG

Joël 2,12–18

*Lesung aus dem Buch Joël.*

**Lesung aus dem Buch Joël.**

Spruch des Herrn: Kehrt um zu mir von ganzem Herzen mit Fasten, Weinen und Klagen! Zerreißt eure Herzen, nicht eure Kleider, und kehrt um zum Herrn, eurem Gott! Denn er ist gnädig und barmherzig, langmütig und reich an Huld und es reut ihn das Unheil. Wer weiß, vielleicht kehrt er um und es reut ihn und er lässt Segen zurück, sodass ihr Speise- und Trankopfer darbringen könnt für den Herrn, euren Gott.

Auf dem Zion stoßt in das Horn, ordnet ein heiliges Fasten an, ruft einen Gottesdienst aus! Versammelt das Volk, heiligt die Gemeinde! Versammelt die Alten, holt die Kinder zusammen, auch die Säuglinge! Der Bräutigam verlasse seine Kammer und die Braut ihr Gemach.

Zwischen Vorhalle und Altar sollen die Priester klagen, die Diener des Herrn sollen sprechen: Hab Mitleid, Herr, mit deinem Volk und überlass dein Erbe nicht der Schande, damit die Völker nicht über uns spotten! Warum soll man bei den Völkern sagen: Wo ist denn ihr Gott?

Da erwachte im Herrn die Leidenschaft für sein Land und er hatte Erbarmen mit seinem Volk.

## ANTWORTPSALM Ps 51 (50),3–4.5–6b.12–13.14 u. 17 (Kv: vgl. 3)

Kv Erbarme dich unser, o Herr,
denn wir haben gesündigt. – Kv

Gott, sei mir gnädig nach deiner Huld, *
tilge meine Frevel nach deinem reichen Erbarmen!
Wasch meine Schuld von mir ab *
und mach mich rein von meiner Sünde! – (Kv)

Denn ich erkenne meine bösen Taten, *
meine Sünde steht mir immer vor Augen.
Gegen dich allein habe ich gesündigt, *
ich habe getan, was böse ist in deinen Augen. – (Kv)

Erschaffe mir, Gott, ein reines Herz *
und einen festen Geist erneuere in meinem Innern!
Verwirf mich nicht vor deinem Angesicht, *
deinen heiligen Geist nimm nicht von mir! – (Kv)

Gib mir wieder die Freude deines Heiles, *
rüste mich aus mit dem Geist der Großmut!
Herr, öffne meine Lippen, *
damit mein Mund dein Lob verkünde! – Kv

ZUR 2. LESUNG Paulus beschreibt den wunderbaren Tausch, der sich durch die Inkarnation ereignet hat. Gott wurde in Jesus Christus Mensch wie wir, außer der Sünde, damit uns in Jesus die Gnade Gottes zuteilwird. Auffällig ist, wie sehr Paulus die Gegenwart betont, die einen Raum für die Gnade und die Barmherzigkeit schaffen kann und soll. Nicht irgendwann einmal, in fernen Zeiten, sondern hier und jetzt. Das Reich Gottes duldet folglich keinen Aufschub. Jeder Augenblick zählt. Die Mahnungen des Apostels treffen uns noch heute und fordern uns heraus, hier und jetzt das Antlitz der Welt zum Guten zu verändern. Und sagen wir nicht: Das ist doch nicht möglich! Dem Geist Gottes, der uns gegeben ist, ist nichts verwehrt.

## ZWEITE LESUNG

2 Kor 5,20–6,2

*Lasst euch mit Gott versöhnen! Jetzt ist sie da, die Zeit der Gnade*

**Lesung aus dem zweiten Brief des Apostels Paulus an die Gemeinde in Korínth.**

Schwestern und Brüder! Wir sind also Gesandte an Christi statt und Gott ist es, der durch uns mahnt. Wir bitten an Christi statt: Lasst euch mit Gott versöhnen! Er hat den, der keine Sünde kannte, für uns zur Sünde gemacht, damit wir in ihm Gerechtigkeit Gottes würden.

Als Mitarbeiter Gottes ermahnen wir euch, dass ihr seine Gnade nicht vergebens empfangt. Denn es heißt: Zur Zeit der Gnade habe ich dich erhört, am Tag der Rettung habe ich dir geholfen.
Siehe, jetzt ist sie da, die Zeit der Gnade; siehe, jetzt ist er da, der Tag der Rettung.

## RUF VOR DEM EVANGELIUM

Vers: vgl. Ps 95 (94), 7d.8a

Herr Jesus, dir sei Ruhm und Ehre! – Kv
Wenn ihr heute seine Stimme hört,
verhärtet nicht euer Herz!
Herr Jesus, dir sei Ruhm und Ehre!

**ZUM EVANGELIUM** Für viele Zeitgenossen ist der christliche Glaube, wie Religion überhaupt, beliebige Privatsache geworden. Ob ich glaube oder nicht, ob und wie ich bete, geht niemanden etwas an. Der heutige Evangeliumstext wäre aber gründlich missverstanden, wenn er in dieser Richtung gedeutet würde. Denn nicht die Verlagerung des Glaubens vom Öffentlichen ins Private ist das Ziel der Predigt Jesu. Ihm geht es vielmehr darum, den Glauben nicht zu verzwecken und dadurch zu entwerten. Wer betet oder Gutes tut, sollte nicht auf Anerkennung schielen. Das Beten und das Gute, das wir tun, sind in sich bereits erfüllt. Der Sinn wird nicht nachträglich und von außen an das religiöse Leben herangetragen. Der Sinn liegt in der Besinnung auf die eigene Glaubenshaltung, auf die eigene Gottesbeziehung, die den Bezug zum Nächsten nicht als nachrangig ansieht. Mit anderen Worten: Der Glaube stärkt und verlangt nach persönlichem Selbstbewusstsein, das nicht in mir, sondern in Gott gegründet ist.

## EVANGELIUM

Mt 6, 1–6.16–18

*Dein Vater, der das Verborgene sieht, wird es dir vergelten*

**+ Aus dem heiligen Evangelium nach Matthäus.**

In jener Zeit sprach Jesus zu seinen Jüngern: Hütet euch, eure Gerechtigkeit vor den Menschen zu tun, um von ihnen gesehen zu werden; sonst habt ihr keinen Lohn von eurem Vater im Himmel zu erwarten.

Wenn du Almosen gibst, posaune es nicht vor dir her, wie es die Heuchler in den Synagogen und auf den Gassen tun, um von den Leuten gelobt zu werden! Amen, ich sage euch: Sie haben ihren Lohn bereits erhalten. Wenn du Almosen gibst, soll deine linke Hand nicht wissen, was deine rechte tut, damit dein Almosen im Verborgenen bleibt; und dein Vater, der auch das Verborgene sieht, wird es dir vergelten.

Wenn ihr betet, macht es nicht wie die Heuchler! Sie stellen sich beim Gebet gern in die Synagogen und an die Straßenecken, damit sie von den Leuten gesehen werden. Amen, ich sage euch: Sie haben ihren Lohn bereits erhalten.

Du aber, wenn du betest, geh in deine Kammer, schließ die Tür zu; dann bete zu deinem Vater, der im Verborgenen ist! Dein Vater, der auch das Verborgene sieht, wird es dir vergelten.

Wenn ihr fastet, macht kein finsteres Gesicht wie die Heuchler! Sie geben sich ein trübseliges Aussehen, damit die Leute merken, dass sie fasten. Amen, ich sage euch: Sie haben ihren Lohn bereits erhalten.

Du aber, wenn du fastest, salbe dein Haupt und wasche dein Gesicht, damit die Leute nicht merken, dass du fastest, sondern nur dein Vater, der im Verborgenen ist; und dein Vater, der das Verborgene sieht, wird es dir vergelten.

## SEGNUNG UND AUSTEILUNG DER ASCHE

*(Nach der Homilie lädt der Priester zum Gebet ein:)*

Liebe Brüder und Schwestern, wir wollen Gott, unseren Vater, bitten, dass er diese Asche segne, die wir als Zeichen der Buße empfangen.

*(Nach einer kurzen Gebetsstille betet der Priester:)*

Barmherziger Gott, du bist den Demütigen nahe und lässt dich durch Buße versöhnen. Neige dein Ohr unseren Bitten und segne † alle, die gekommen sind, um das Aschenkreuz zu empfangen. Hilf uns, die vierzig Tage der Buße in rechter Gesinnung zu begehen, damit wir das heilige Osterfest mit geläutertem Herzen feiern. Darum bitten wir durch Christus, unseren Herrn.

*Oder:*

Gott, du willst nicht den Tod des Sünders, du willst, dass er sich bekehrt und lebt. Erhöre gnädig unsere Bitten: Segne † diese Asche, mit der wir uns bezeichnen lassen, weil wir wissen, dass wir Staub sind und zum Staub zurückkehren. Hilf uns, die vierzig Tage der Buße in rechter Gesinnung zu begehen. Verzeih uns unsere Sünden, erneuere uns nach dem Bild deines Sohnes und schenke uns durch seine Auferstehung das unvergängliche Leben. Darum bitten wir durch ihn, Christus, unseren Herrn.

*(Danach legt der Priester allen, die vor ihn hintreten, die Asche auf und spricht zu jedem Einzelnen:)*

Bekehrt euch und glaubt an das Evangelium. Mk 1,15

*Oder:* Vgl. Gen 3,19

Bedenke, Mensch, dass du Staub bist
und wieder zum Staub zurückkehren wirst.

*(Während der Austeilung der Asche wird gesungen.)*

## ANTIPHON Joël 2,13

Lasst uns umkehren zum Herrn, unserem Gott,
denn er ist gnädig und barmherzig und langmütig.
Groß ist seine Güte,
und es reut ihn, dass er Unheil verhängt hat.

*Oder:* Joël 2,17; Est 4,17

Zwischen Vorhalle und Altar sollen die Priester klagen,
die Diener des Herrn sollen sprechen:
Hab Mitleid, Herr, mit deinem Volk,
lass den Mund derer, die dich loben, nicht verstummen.

*Oder:* Ps 51 (50),3

Tilge, Herr, meine Frevel
nach deinem reichen Erbarmen.

## RESPONSORIUM

Vgl. Bar 3,2; Ps 79 (78),9

Wir wollen Buße tun für das, was wir gefehlt haben, und uns bessern, damit wir nicht, plötzlich vom Tod überrascht, nach einer Gnadenfrist suchen, die uns niemand geben kann.
℟ Höre, Herr, und hab Erbarmen,
denn wir haben gesündigt vor dir.

V: Hilf uns, du Gott unseres Heils!
Um der Ehre deines Namens willen reiß uns heraus! – ℟

## FÜRBITTEN

Zum Neubeginn sind wir gerufen. So rufen wir zu Gott, der Wohl und Heil aller Menschen will:

- Wir bitten um die Offenheit, auf dein Wort zu hören, Unbequemes anzunehmen und fragwürdig Gewordenes und Falsches in unserem Leben zu ändern. V: Du Gott des Anfangs. A: Wir bitten dich, erhöre uns.
- Wir bitten um die Bereitschaft der Verantwortlichen in Kirche und Gesellschaft, eigene Fehler zu sehen und aus ihnen zu lernen. V: Du Gott des Anfangs. A: Wir bitten dich, erhöre uns.
- Wir beten um Frieden, um die Bereitschaft zur Annäherung und Aussöhnung in den Regionen dieser Erde, die von Unfrieden ge-

zeichnet sind. V: Du Gott des Anfangs. A: Wir bitten dich, erhöre uns.

- Wir bitten um Wachsamkeit und Mut in unserer Kirche und um die Kraft zur Erneuerung. V: Du Gott des Anfangs. A: Wir bitten dich, erhöre uns.
- Wir beten für die Schwerkranken und Sterbenden, um einen guten Tod und um die Hoffnung auf ein Leben in deinem tröstlichen und unvergänglichen Licht. V: Du Gott des Anfangs. A: Wir bitten dich, erhöre uns.

Gott, du lädst uns ein zu einem besonnenen Leben, einem Leben, das sich auf das Wesentliche besinnt. Gib uns, dass wir die Chance ergreifen, neu zu werden in unserer Beziehung zu dir, unseren Mitmenschen und uns selbst. So bitten wir an diesem besonderen Tag und an allen Tagen unseres Lebens.

# EUCHARISTIEFEIER

## GABENGEBET

Herr, unser Gott, zu Beginn der heiligen vierzig Tage bringen wir dieses Opfer dar und bitten dich: Hilf uns, umzukehren und Taten der Buße und der Liebe zu vollbringen, damit wir unseren bösen Neigungen nicht nachgeben. Reinige uns von Sünden und mache uns fähig, das Gedächtnis des Leidens unseres Herrn Jesus Christus mit ganzer Hingabe zu begehen, der mit dir lebt und herrscht in alle Ewigkeit.

Präfation, S. 502 f.

## KOMMUNIONVERS

Ps 1,2–3

Wer über die Weisung des Herrn nachsinnt
bei Tag und Nacht,
bringt seine Frucht zur rechten Zeit.

## SCHLUSSGEBET

Barmherziger Gott, stärke uns durch dieses heilige Mahl, damit wir fasten können, wie es dir gefällt, und durch die Feier dieser Tage Heilung finden. Darum bitten wir durch Christus, unseren Herrn.

***

### EIN KREUZ AUS ASCHE

Spur der Spur des Lebens,
verloschenes Feuer,
verbrannte Palmzweige,
mit denen wir eben noch jubelten.

Der Tod, aschgrau,
fahlgrau und kalt,
trägt keine Farben.
Der Tod singt keine Lieder.

Das Kreuz ist des Todes Tod.
Die Asche ist der Dünger
des ewigen Lebens.

*René Dausner*

# 1. FASTENSONNTAG

## 1. März 2020

Auffällig oft begegnet in den Texten der Fastensonntage der Begriff des Lebens. Von „langem Leben" ist die Rede, von „Lebensatem", von „lebendigem Wasser" und „lebenden Wesen". Was aber ist das Leben? Was macht es lebenswert? Worin unterscheidet sich menschliches von anderem Leben? Und welchen Anteil hat mein Glaube an einem gelingenden Leben? Die Fastenzeit ermutigt, den Glauben als fruchtbaren Boden für ein Leben zu entdecken, das in Gottes Augen Bestand haben kann. Gott gebe, so heißt es im Tagesgebet, dass die „Kraft der Erlösungstat" Jesu durch „ein Leben aus dem Glauben sichtbar" werde.

### ERÖFFNUNGSVERS

Ps 91 (90), 15–16

Wenn er mich anruft, dann will ich ihn erhören.
Ich bin bei ihm in der Not,
befreie ihn und bringe ihn zu Ehren.
Ich sättige ihn mit langem Leben
und lasse ihn mein Heil schauen.

### KYRIE-RUFE

Herr Jesus Christus, du hast wie wir als Mensch gelebt,
in allem uns gleich außer der Sünde.
V/A: Herr, erbarme dich.
Du bist versucht worden, hast aber nicht gesündigt.
V/A: Christus, erbarme dich.
Du stehst uns bei und gibst uns Kraft
in jeder Anfechtung und Versuchung.
V/A: Herr, erbarme dich.

## TAGESGEBET

Allmächtiger Gott, du schenkst uns die heiligen vierzig Tage als eine Zeit der Umkehr und der Buße. Gib uns durch ihre Feier die Gnade, dass wir in der Erkenntnis Jesu Christi voranschreiten und die Kraft seiner Erlösungstat durch ein Leben aus dem Glauben sichtbar machen. Darum bitten wir durch ihn, der in der Einheit des Heiligen Geistes mit dir lebt und herrscht in alle Ewigkeit.

# WORTGOTTESDIENST

ZUR 1. LESUNG Bei Lichte besehen, ist die zweite Schöpfungserzählung höchst rätselhaft. Der Wunsch, die Früchte des Baums des Lebens und der Erkenntnis zu ernten, führe nicht zum Leben, sondern zum Tod. Sein wie Gott und Gutes und Böses erkennen und unterscheiden zu können – beides sei der Ursprung eines Weges, der zum Tod führe. Bedeutet aber die Taufe nicht ebenfalls beides zugleich? Die Eingliederung in den Leib Christi und den Empfang des göttlichen Geistes zur Unterscheidung der Geister? Im Wissen um die eigene Sterblichkeit gewinnt die Paradiesesgeschichte eine neue Dimension. Denn sie macht neu bewusst, dass uns das Leben von Gott geschenkt ist. Ohne Vorleistung, ohne Hintergedanken. Das vorgängige Ja zu meinem Leben ist mir gewiss – ohne mein Zutun und uneinholbar. In diesem Bewusstsein kann die Bewährung beginnen.

## ERSTE LESUNG Gen 2,7–9; 3,1–7

*Erschaffung und Sünde der Stammeltern*

**Lesung aus dem Buch Génesis.**

Gott, der HERR, formte den Menschen, Staub vom Erdboden, und blies in seine Nase den Lebensatem. So wurde der Mensch zu einem lebendigen Wesen.

Dann pflanzte Gott, der HERR, in Eden, im Osten, einen Garten und setzte dorthin den Menschen, den er geformt hatte. Gott, der HERR, ließ aus dem Erdboden allerlei Bäume wachsen, begehrenswert anzusehen und köstlich zu essen, in der Mitte des Gartens aber den Baum des Lebens und den Baum der Erkenntnis von Gut und Böse.

Die Schlange war schlauer als alle Tiere des Feldes, die Gott, der HERR, gemacht hatte. Sie sagte zu der Frau: Hat Gott wirklich gesagt: Ihr dürft von keinem Baum des Gartens essen? Die Frau entgegnete der Schlange: Von den Früchten der Bäume im Garten dürfen wir essen; nur von den Früchten des Baumes, der in der Mitte des Gartens steht, hat Gott gesagt: Davon dürft ihr nicht essen und daran dürft ihr nicht rühren, sonst werdet ihr sterben.

Darauf sagte die Schlange zur Frau: Nein, ihr werdet nicht sterben. Gott weiß vielmehr: Sobald ihr davon esst, gehen euch die Augen auf; ihr werdet wie Gott und erkennt Gut und Böse.

Da sah die Frau, dass es köstlich wäre, von dem Baum zu essen, dass der Baum eine Augenweide war und begehrenswert war, um klug zu werden. Sie nahm von seinen Früchten und aß; sie gab auch ihrem Mann, der bei ihr war, und auch er aß.

Da gingen beiden die Augen auf und sie erkannten, dass sie nackt waren. Sie hefteten Feigenblätter zusammen und machten sich einen Schurz.

## ANTWORTPSALM Ps 51 (50),3–4.5–6b.12–13.14 u. 17 (Kv: vgl. 3)

Kv Erbarme dich unser, o Herr,
denn wir haben gesündigt. – Kv
Gott, sei mir gnädig nach deiner Huld, *
tilge meine Frevel nach deinem reichen Erbarmen!
Wasch meine Schuld von mir ab *
und mach mich rein von meiner Sünde! – (Kv)

Denn ich erkenne meine bösen Taten, *
meine Sünde steht mir immer vor Augen.
Gegen dich allein habe ich gesündigt, *
ich habe getan, was böse ist in deinen Augen. – (Kv)

Erschaffe mir, Gott, ein reines Herz *
und einen festen Geist erneuere in meinem Innern!
Verwirf mich nicht vor deinem Angesicht, *
deinen heiligen Geist nimm nicht von mir! – (Kv)

Gib mir wieder die Freude deines Heiles, *
rüste mich aus mit dem Geist der Großmut!
Herr, öffne meine Lippen, *
damit mein Mund dein Lob verkünde! – Kv

ZUR 2. LESUNG Der Begriff der Sünde, sofern er überhaupt noch in unserem aktiven Wortschatz enthalten ist, setzt die Vorstellung der Freiheit notwendig voraus. Nur wenn ich frei bin, kann ich mich von Gott und von Gottes Weisungen abwenden. Und diese Abkehr von Gott gilt als Sünde. Die Rede von einer ursprünglichen Sünde, der sogenannten Erbsünde, die nicht als Folge meiner Freiheit entsteht, muss daher unverständlich scheinen. Und doch hält auch zeitgenössische Theologie an dieser ursprünglichen Sünde fest, die nicht aus der freien Entscheidung resultiert. Grund ist unsere unweigerliche Verflechtung und Verstrickung in Sündenzusammenhänge. Sündhafte Strukturen gehen über die eigene, persönliche Entscheidungsmacht hinaus. Wirtschaftliche Ausbeutung von Menschen beispielsweise haftet den Produkten an, die wir günstig erstehen. Die Unrechtstaten der Vergangenheit sind nicht mit den Tätern aus der Welt geschafft. Gegen all diese täglichen Verstrickungen und Verwicklungen in Schuld und Sünde stellt Paulus die Hoffnung auf die Gnade Gottes, die größer ist als die größte Sünde. Können, ja dürfen wir dies glauben?

## ZWEITE LESUNG Röm 5,12–19

*Wo die Sünde mächtig wurde, da ist die Gnade übergroß geworden (Röm 5,20b)*

**Lesung aus dem Brief des Apostels Paulus an die Gemeinde in Rom.**

Schwestern und Brüder! Durch einen einzigen Menschen kam die Sünde in die Welt und durch die Sünde der Tod und auf diese Weise gelangte der Tod zu allen Menschen, weil alle sündigten.

Sünde war nämlich schon vor dem Gesetz in der Welt, aber Sünde wird nicht angerechnet, wo es kein Gesetz gibt; dennoch herrschte der Tod von Adam bis Mose auch über die, welche nicht durch Übertreten eines Gebots gesündigt hatten wie Adam, der ein Urbild des Kommenden ist.

Doch anders als mit der Übertretung verhält es sich mit der Gnade; sind durch die Übertretung des einen die vielen dem Tod anheimgefallen, so ist erst recht die Gnade Gottes und die Gabe, die durch die Gnadentat des einen Menschen Jesus Christus bewirkt worden ist, den vielen reichlich zuteilgeworden. Und anders als mit dem, was durch den einen Sünder verursacht wurde, verhält es sich mit dieser Gabe: Denn das Gericht führt wegen eines Einzigen zur Verurteilung, die Gnade führt aus vielen Übertretungen zur Gerechtsprechung.

Denn ist durch die Übertretung des einen der Tod zur Herrschaft gekommen, durch diesen einen, so werden erst recht diejenigen, denen die Gnade und die Gabe der Gerechtigkeit reichlich zuteilwurde, im Leben herrschen durch den einen, Jesus Christus.

Wie es also durch die Übertretung eines Einzigen für alle Menschen zur Verurteilung kam, so kommt es auch durch die gerechte Tat eines Einzigen für alle Menschen zur Gerechtsprechung, die Leben schenkt. Denn wie durch den Ungehorsam des einen Menschen die vielen zu Sündern gemacht worden sind, so werden auch durch den Gehorsam des einen die vielen zu Gerechten gemacht werden.

*Oder:*

KURZFASSUNG Röm 5,12.17–19

*Wo die Sünde mächtig wurde, da ist die Gnade übergroß geworden (Röm 5,20b)*

**Lesung aus dem Brief des Apostels Paulus an die Gemeinde in Rom.**

Schwestern und Brüder! Durch einen einzigen Menschen kam die Sünde in die Welt und durch dic Sündc der Tod und auf diese Weise gelangte der Tod zu allen Menschen, weil alle sündigten.

Denn ist durch die Übertretung des einen der Tod zur Herrschaft gekommen, durch diesen einen, so werden erst recht diejenigen, denen die Gnade und die Gabe der Gerechtigkeit reichlich zuteilwurde, im Leben herrschen durch den einen, Jesus Christus.

Wie es also durch die Übertretung eines Einzigen für alle Menschen zur Verurteilung kam, so kommt es auch durch die gerechte Tat eines Einzigen für alle Menschen zur Gerechtsprechung, die Leben schenkt. Denn wie durch den Ungehorsam des einen Menschen die vielen zu Sündern gemacht worden sind, so werden auch durch den Gehorsam des einen die vielen zu Gerechten gemacht werden.

## RUF VOR DEM EVANGELIUM

Vers: vgl. Mt 4, 4b

Herr Jesus, dir sei Ruhm und Ehre! – Kv
Nicht nur vom Brot lebt der Mensch,
sondern von jedem Wort aus Gottes Mund.
Herr Jesus, dir sei Ruhm und Ehre!

ZUM EVANGELIUM Im Evangelium wird Jesus als geistesgegenwärtig dargestellt. Alle Einflüsterungen, Schmeicheleien, Verlockungen prüft er gewissenhaft und weist jede Form der persönlichen Überhöhung zurück. Jesus bleibt, bibelfest, keine Antwort schuldig und seiner Sendung treu. Gerade so legt er die Tugenden des Reiches Gottes, das er mit Leib und Leben verkündet, offen: Demut, nicht Selbstgefälligkeit, Standfestigkeit, nicht Wankelmut, Glaubenskraft, nicht Angst und Verzweiflung prägen sein Auftreten. Diese menschlichen Seiten Jesu machen ihn umso einfühlsamer und lassen ihn für uns heute, noch zweitausend Jahre später, zu einem Zeitgenossen werden, der uns Augen und Ohren zu öffnen vermag.

## EVANGELIUM

Mt 4,1–11

*Jesus fastete vierzig Tage und wurde in Versuchung geführt*

**+ Aus dem heiligen Evangelium nach Matthäus.**

In jener Zeit wurde Jesus vom Geist in die Wüste geführt; dort sollte er vom Teufel versucht werden. Als er vierzig Tage und vierzig Nächte gefastet hatte, hungerte ihn.

Da trat der Versucher an ihn heran und sagte: Wenn du Gottes Sohn bist, so befiehl, dass aus diesen Steinen Brot wird.

Er aber antwortete: In der Schrift heißt es: Der Mensch lebt nicht vom Brot allein, sondern von jedem Wort, das aus Gottes Mund kommt.

Darauf nahm ihn der Teufel mit sich in die Heilige Stadt, stellte ihn oben auf den Tempel und sagte zu ihm: Wenn du Gottes Sohn bist, so stürz dich hinab; denn es heißt in der Schrift:

Seinen Engeln befiehlt er um deinetwillen, und: Sie werden dich auf ihren Händen tragen, damit dein Fuß nicht an einen Stein stößt.

Jesus antwortete ihm: In der Schrift heißt es auch: Du sollst den Herrn, deinen Gott, nicht auf die Probe stellen.

Wieder nahm ihn der Teufel mit sich und führte ihn auf einen sehr hohen Berg; er zeigte ihm alle Reiche der Welt mit ihrer Pracht und sagte zu ihm: Das alles will ich dir geben, wenn du dich vor mir niederwirfst und mich anbetest.

Da sagte Jesus zu ihm: Weg mit dir, Satan! Denn in der Schrift steht: Den Herrn, deinen Gott, sollst du anbeten und ihm allein dienen.

Darauf ließ der Teufel von ihm ab und siehe, es kamen Engel und dienten ihm.

Glaubensbekenntnis, S. 492 ff.

## FÜRBITTEN

Wir leben nicht vom Brot allein. Ohne das Wort der Hoffnung und der Liebe müssten wir verhungern. Wir bitten:

- Wir beten für alle deine Getauften, dass sie mehr und mehr den Weg der Wahrheit und der Liebe gehen. V/A: Höre und erhöre uns.
- Wir beten für alle, die schuldig am anderen geworden sind, dass sie die Kraft finden zu wirklichem Eingeständnis ihrer Schuld, zu echter Reue und zu erneuertem Handeln. V/A: Höre und erhöre uns.
- Wir beten für alle, deren Prioritäten im Sammeln von Besitz und im Konsum liegen, dass sie die Freude des Gebens und Teilens erfahren. V/A: Höre und erhöre uns.
- Wir bitten dich für alle, die krank sind und sich abgeschnitten fühlen vom Leben und von aller Freude. V/A: Höre und erhöre uns.
- Wir beten für die Frauen und Männer, die kranke Angehörige treu umsorgen und pflegen. V/A: Höre und erhöre uns.

Guter Gott, du willst, dass unser Leben gelingt, und du begleitest uns in der Kraft deines Geistes. Gib, dass wir immer bewusster aus deinem Wort leben durch Jesus Christus, unseren Bruder und Herrn.

# EUCHARISTIEFEIER

## GABENGEBET

Herr, unser Gott, wir bringen Brot und Wein für das heilige Opfer, das wir zum Beginn dieser Fastenzeit feiern. Nimm mit diesen Gaben uns selbst an und vereine unsere Hingabe mit dem Opfer deines Sohnes, der mit dir lebt und herrscht in alle Ewigkeit.

## PRÄFATION

In Wahrheit ist es würdig und recht, dir, Herr, heiliger Vater, allmächtiger, ewiger Gott, immer und überall zu danken durch unseren Herrn Jesus Christus. Denn er hat in der Wüste vierzig Tage gefastet und durch sein Beispiel diese Zeit der Buße geheiligt. Er macht die teuflische List des Versuchers zunichte und lässt uns die Bosheit des Feindes durchschauen. Er gibt uns die Kraft, den alten Sauerteig zu entfernen, damit wir Ostern halten mit lauterem Herzen und zum ewigen Ostern gelangen. Darum preisen wir dich mit den Kerubim und Serafim und singen mit allen Chören der Engel das Lob deiner Herrlichkeit: Heilig …

## KOMMUNIONVERS

Ps 91 (90),4

Mit seinen Flügeln schirmt dich der Herr,
unter seinen Schwingen findest du Zuflucht.

## SCHLUSSGEBET

Gütiger Gott, du hast uns das Brot des Himmels gegeben, damit Glaube, Hoffnung und Liebe in uns wachsen. Erhalte in uns das Verlangen nach diesem wahren Brot, das der Welt das Leben gibt, und stärke uns mit jedem Wort, das aus deinem Mund hervorgeht. Darum bitten wir durch Christus, unseren Herrn.

## FEIERLICHER SCHLUSSSEGEN

Der barmherzige Gott, der seinen Sohn für uns dahingegeben und uns in ihm ein Beispiel der Liebe geschenkt hat, segne euch und mache euch bereit, Gott und den Menschen zu dienen. – A: Amen.

Und Christus, der Herr, der uns durch sein Sterben dem ewigen Tode entrissen hat, stärke euren Glauben und führe euch zur unvergänglichen Herrlichkeit. – A: Amen.
Und allen, die ihm folgen auf dem Weg der Entäußerung, gebe er Anteil an seiner Auferstehung und an seiner Herrlichkeit. – A: Amen.
Das gewähre euch der dreieinige Gott, der Vater und der Sohn † und der Heilige Geist. – A: Amen.

***

## DEM LEBEN AUF DER SPUR

Dem Leben auf der Spur
durch das Dornendickicht,
durch Wasserwellen
und Wüstenwinde,
immer ihm nach, dem
Leben, den Verlockungen,
den Verheißungen,
den Versprechen derer,
die das Leben kannten.

Gefunden habe ich das Leben
erst mit Dir, als ich mein Leben
als Zelt der Begegnung kennenlernte und
mit Dir betrat. Mein Leben – mon Dieu! –
war der Ausgang aus meiner
selbstverschuldeten Einsamkeit.

*René Dausner*

# 2. FASTENSONNTAG

## 8. März 2020

Wir leben in einer Kultur des Sehens und Gesehen-Werdens. Sichtbarkeit ist ein gewichtiges Gütezeichen, im privaten wie auch im beruflichen Leben. Umso wichtiger ist es daher, regelmäßig die Sehschärfe überprüfen zu lassen. Die Fastenzeit dient dazu, die eigenen Sichtweisen und die Blickwinkel meiner eigenen Weltsicht neu unter die Lupe zu nehmen. Insbesondere die Texte des heutigen Fastensonntags zeigen uns Bilder von Gott, von Jesus von Nazaret und von anderen biblischen Vorbildern wie Abraham, um uns Sehhilfen für unsere gegenwärtige Welt zu bieten. Oder anders gesagt: um uns die Augen des Glaubens zu öffnen.

### ERÖFFNUNGSVERS

Ps 27 (26),8–9

Mein Herz denkt an dein Wort:
Sucht mein Angesicht!
Dein Angesicht, Herr, will ich suchen.
Verbirg nicht dein Gesicht vor mir.

### KYRIE-RUFE

Herr Jesus Christus, du wurdest auf dem Berg
vor den Augen der Jünger verwandelt.
V/A: Herr, erbarme dich.
Du hast uns das Licht des unvergänglichen
Lebens gebracht.
V/A: Christus, erbarme dich.

Du bist Gottes geliebter Sohn,
an dir hat er Gefallen gefunden.
V/A: Herr, erbarme dich.

## TAGESGEBET

Gott, du hast uns geboten, auf deinen geliebten Sohn zu hören. Nähre uns mit deinem Wort und reinige die Augen unseres Geistes, damit wir fähig werden, deine Herrlichkeit zu erkennen. Darum bitten wir durch Jesus Christus.

# WORTGOTTESDIENST

ZUR 1. LESUNG In den christlichen ebenso wie in den jüdischen Gottesdiensten ist der Text über den Aufbruch Abrahams aus Ur, gelegen im heutigen Irak, von entscheidender Bedeutung. Denn nach den Erzählungen von den Verfehlungen der Menschen gegen Gott und gegeneinander – Adam und Eva, Kain und Abel, der Grund der Sintflut, der Turmbau zu Babel – rückt nun Abraham, der Vater des Glaubens, ins Blickfeld. Auf den Ruf Gottes hörend und vertrauend verlässt Abraham die ihm bekannte Welt und folgt dem Wort Gottes, um in ein fremdes Land aufzubrechen. In wenigen Sätzen entsteht ein Bild von Abraham, das von Vertrauen, Zuversicht, Hoffnung, Mut und Entschlossenheit geprägt ist. Für eine Kirche von morgen, die wir sein sollen, ist Abraham in der Tat ein Vorbild des Glaubenden.

## ERSTE LESUNG Gen 12,1–4a

*Der Herr beruft Abraham, den Vater des Gottesvolkes*

**Lesung aus dem Buch Génesis.**

In jenen Tagen sprach der HERR zu Abram: Geh fort aus deinem Land, aus deiner Verwandtschaft und aus deinem Vaterhaus in das

Land, das ich dir zeigen werde! Ich werde dich zu einem großen Volk machen, dich segnen und deinen Namen groß machen. Ein Segen sollst du sein. Ich werde segnen, die dich segnen; wer dich verwünscht, den werde ich verfluchen. Durch dich sollen alle Sippen der Erde Segen erlangen.

Da ging Abram, wie der HERR ihm gesagt hatte.

## ANTWORTPSALM

Ps 33 (32),4–5.18–19.20 u. 22 (Kv: 22)

Kv Lass deine Huld über uns walten, o HERR! – Kv

Das Wort des HERRN ist redlich, *
all sein Tun ist verlässlich.
Er liebt Gerechtigkeit und Recht, *
erfüllt von der Huld des HERRN ist die Erde. – (Kv)

Siehe, das Auge des HERRN ruht auf denen, die ihn fürchten, *
die seine Huld erwarten,
dass er ihre Seele dem Tod entreiße *
und, wenn sie hungern, sie am Leben erhalte. – (Kv)

Unsre Seele hofft auf den HERRN; *
er ist unsre Hilfe und unser Schild.
Lass deine Huld über uns walten, o HERR, *
wie wir auf dich hofften! – Kv

**ZUR 2. LESUNG** Für die frühen christlichen Gemeinden war es nicht leicht, den Glauben zu leben. Keine ausgeprägte Gemeindestruktur war vorhanden, keine staatlichen Hilfestellungen und keine kirchliche Verwaltung. Der Glutkern der Motivation war die Frohbotschaft von der Liebe und Treue Gottes, die als das „Erscheinen unseres Retters Christus Jesus" gedeutet wird. Der Glaube an die Auferstehung von den Toten, die feste Überzeugung, dass nicht der Tod das letzte Wort behalte, sondern das Leben – in dieser Zuversicht entstanden und wuchsen die frühen Gemeinden. Vielleicht sollten wir uns von dieser Glaubenskraft begeistern lassen, um im Vertrauen auf Gottes Gnade unseren Teil zu einer lebenswerten künftigen Welt zu leisten. Die Zukunft – unsere eigene, die der Kirche und der ganzen Menschheit – ist nicht Dunkelheit und Finsternis.

## ZWEITE LESUNG 2 Tim 1,8b–10

*Mit einem heiligen Ruf hat Gott uns gerufen und uns das Licht des Lebens gebracht*

**Lesung aus dem zweiten Brief des Apostels Paulus an Timótheus.**

Mein Sohn! Leide mit mir für das Evangelium! Gott gibt dazu die Kraft:

Er hat uns gerettet; mit einem heiligen Ruf hat er uns gerufen, nicht aufgrund unserer Taten, sondern aus eigenem Entschluss und aus Gnade, die uns schon vor ewigen Zeiten in Christus Jesus geschenkt wurde; jetzt aber wurde sie durch das Erscheinen unseres Retters Christus Jesus offenbart.

Er hat den Tod vernichtet und uns das Licht des unvergänglichen Lebens gebracht durch das Evangelium.

## RUF VOR DEM EVANGELIUM Vers: vgl. Mt 17,5

Herr Jesus, dir sei Ruhm und Ehre! – Kv
Aus der leuchtenden Wolke rief die Stimme des Vaters:
Das ist mein geliebter Sohn; auf ihn sollt ihr hören.
Herr Jesus, dir sei Ruhm und Ehre!

ZUM EVANGELIUM Der Evangelist Matthäus schildert ein Wunschbild für alle Gläubigen: in strahlender Klarheit, ohne Wenn und Aber die Offenbarung erleben. Jesus Christus erscheint, bezeugt und beglaubigt von den maßgeblichen Autoritäten der Heiligen Schriften Israels, von Mose und von Elija. Aber Matthäus macht auch deutlich, dass die alltägliche Wirklichkeit oft weniger spektakulär ist. „Und als sie aufblickten, sahen sie nur noch Jesus." Eine Enttäuschung im wahrsten Sinn des Wortes. Denn Jesu Wort an die Jünger, keine Angst zu haben, zeigt den Kern der Geschichte: Im Wunsch nach Eindeutigkeit in Fragen des Glaubens steckt die Angst und Unsicherheit, sich auf den Glauben ganz und gar einzulassen. Glauben aber bedeutet: Alle Sicherheiten zu verlassen, nicht blindlings, aber doch waghalsig Neues zu wagen. Und was könnte waghalsiger sein, als darauf zu vertrauen, dass Gott den Tod zu überwinden vermag.

## EVANGELIUM

Mt 17,1–9

*Er wurde vor ihnen verwandelt; sein Gesicht leuchtete wie die Sonne*

**+ Aus dem heiligen Evangelium nach Matthäus.**

In jener Zeit nahm Jesus Petrus, Jakobus und dessen Bruder Johannes beiseite und führte sie auf einen hohen Berg. Und er wurde vor ihnen verwandelt; sein Gesicht leuchtete wie die Sonne und seine Kleider wurden weiß wie das Licht. Und siehe, es erschienen ihnen Mose und Elíja und redeten mit Jesus.

Und Petrus antwortete und sagte zu Jesus: Herr, es ist gut, dass wir hier sind. Wenn du willst, werde ich hier drei Hütten bauen, eine für dich, eine für Mose und eine für Elíja.

Noch während er redete, siehe, eine leuchtende Wolke überschattete sie und siehe, eine Stimme erscholl aus der Wolke: Dieser ist mein geliebter Sohn, an dem ich Wohlgefallen gefunden habe; auf ihn sollt ihr hören. Als die Jünger das hörten, warfen sie sich mit dem Gesicht zu Boden und fürchteten sich sehr.

Da trat Jesus zu ihnen, fasste sie an und sagte: Steht auf und fürchtet euch nicht! Und als sie aufblickten, sahen sie niemanden außer Jesus allein.

Während sie den Berg hinabstiegen, gebot ihnen Jesus: Erzählt niemandem von dem, was ihr gesehen habt, bis der Menschensohn von den Toten auferweckt ist!

Glaubensbekenntnis, S. 492 ff.

## FÜRBITTEN

Gott, du schenkst Licht und Leben und rufst uns ins Weite. Wir kommen zu dir mit unseren Bitten und Anliegen:

- Wir beten für alle im Dienst der Verkündigung, deren Blick müde geworden ist, um deinen Beistand. V: Gott, du Licht des Lebens. A: Höre und erhöre uns.
- Wir bitten um deinen Geist des Aufbruchs für alle, die sich eingerichtet haben in den scheinbar unverrückbaren Grenzen des Alltags. V: Gott, du Licht des Lebens. A: Höre und erhöre uns.
- Wir beten für die Hungernden und für alle Menschen, denen der Zugang zu Bildung verwehrt ist, um eine gerechte Verteilung der Güter dieser Erde. V: Gott, du Licht des Lebens. A: Höre und erhöre uns.
- Wir bitten für die Menschen, die ihre Heimat verloren haben, um die Chance eines Neuanfangs in Sicherheit und Würde. V: Gott, du Licht des Lebens. A: Höre und erhöre uns.
- Wir beten für unsere lieben Toten, dass sie das Taborlicht schauen dürfen. V: Gott, du Licht des Lebens. A: Höre und erhöre uns.

Gott, du weißt, dass unser Leben Licht und Dunkel, Höhen und tiefe Täler kennt. Lass uns erkennen, dass du an unserer Seite bist, heute und an allen Tagen, die uns geschenkt sind. Darum bitten wir durch deinen Christus, unseren Herrn.

# EUCHARISTIEFEIER

## GABENGEBET

Herr, das Opfer, das wir feiern, nehme alle Schuld von uns. Es heilige uns an Leib und Seele, damit wir uns in rechter Weise auf das Osterfest vorbereiten. Darum bitten wir durch Christus, unseren Herrn.

## PRÄFATION

In Wahrheit ist es würdig und recht, dir, Vater im Himmel, zu danken durch unseren Herrn Jesus Christus. Denn er hat den Jüngern seinen Tod vorausgesagt und ihnen auf dem heiligen Berg seine Herrlichkeit kundgetan. In seiner Verklärung erkennen wir, was Gesetz und Propheten bezeugen: dass wir durch das Leiden mit Christus zur Auferstehung gelangen. Durch ihn rühmen wir deine Größe und singen mit den Chören der Engel das Lob deiner Herrlichkeit: Heilig …

## KOMMUNIONVERS

Mt 17,5

Dies ist mein geliebter Sohn,
an dem ich Gefallen gefunden habe:
Auf ihn sollt ihr hören.

## SCHLUSSGEBET

Herr, du hast uns im Sakrament an der Herrlichkeit deines Sohnes Anteil gegeben. Wir danken dir, dass du uns schon auf Erden teilnehmen lässt an dem, was droben ist. Durch Christus, unseren Herrn.

## FEIERLICHER SCHLUSSSEGEN

S. 210 f.

***

### GLAUBEN

Können Worte fliegen?
Und so weit?
Auch von Dir zu mir?
Tragen Worte mich?

Ich hörte Dich, Dein Wort.
Es lautet schlicht: Glaube!
Hören aber und annehmen
sind zwei Paar Schuhe.

Der Schritt ins Ungewisse,
ohne Halt und doppelten Boden,
wagemutig, im Vertrauen
auf Dein Wort:

eine Brücke,
ein Drahtseil,
ein seidener Faden.

*René Dausner*

# 3. FASTENSONNTAG

## 15. März 2020

Wer schon einmal in der Wüste war, hat die Begrenztheit der menschlichen Möglichkeiten und das Angewiesensein auf andere und anderes erlebt. Wasser ist in der Wüste nicht ausreichend vorhanden: kaum genug zum Trinken, kaum genug zum Essen, in jedem Fall nicht genug zum Abwaschen und schon gar nicht zum Duschen. Aber wer diese Durststrecken durchlebt hat, kann das vermeintlich Selbstverständliche nach der Wüstenerfahrung ganz neu wertschätzen. Die Fastenzeit ist eine solche Wüstenzeit und bereitet auf die unendliche Fülle des Lebens, das wir an Ostern feiern, vor.

### ERÖFFNUNGSVERS

Ez 36,22–26

Wort Gottes, des Herrn:
Ich werde euch beweisen, dass ich heilig bin.
Ich sammle euch aus allen Ländern.
Ich gieße reines Wasser über euch, damit ihr rein werdet,
und gebe euch einen neuen Geist.

### KYRIE-RUFE

Herr Jesus Christus, du gibst uns lebendiges Wasser.
V/A: Herr, erbarme dich.
Du machst es in uns zur sprudelnden Quelle.
V/A: Christus, erbarme dich.
Du lehrst uns, Gott anzubeten im Geist und in der Wahrheit.
V/A: Herr, erbarme dich.

## TAGESGEBET

Gott, unser Vater, du bist der Quell des Erbarmens und der Güte, wir stehen als Sünder vor dir, und unser Gewissen klagt uns an. Sieh auf unsere Not und lass uns Vergebung finden durch Fasten, Gebet und Werke der Liebe. Darum bitten wir durch Jesus Christus.

# WORTGOTTESDIENST

ZUR 1. LESUNG Die Erzählung von Mose, der aus einem Felsen Wasser sprudeln lassen kann, ist höchst eindrücklich. Denn bald nach der Rettung aus der Sklaverei in Ägypten wird Mose mit Vorwürfen überhäuft. Warum, so fragen ihn die Israeliten, haben wir Ägypten eigentlich verlassen? Statt Dankbarkeit und Freude werden Hunger und Durst, Erschöpfung und Müdigkeit spürbar. In dieser Situation der Unzufriedenheit kann Mose neue Zeichen des Vertrauens setzen, indem er auf einen Felsen schlägt und Wasser hervortreten lässt. Ein Wunder? Eher: ein Bild, das Vertrauen zeigen will, aber kein beliebiges Bild, sondern ein Sinnbild, das hoffen lässt. Ein unbelebter Fels wird durch Mose zu einer sprudelnden Quelle. Wo, so dürfen wir fragen, ist für uns dieser Lebensborn heute?

## ERSTE LESUNG Ex 17,3–7

*Gib uns Wasser zu trinken! (Ex 17,2)*

**Lesung aus dem Buch Éxodus.**

In jenen Tagen dürstete das Volk nach Wasser und murrte gegen Mose. Sie sagten: Wozu hast du uns überhaupt aus Ägypten heraufgeführt, um mich und meine Söhne und mein Vieh vor Durst sterben zu lassen? Mose schrie zum HERRN: Was soll ich mit diesem Volk anfangen? Es fehlt nur wenig und sie steinigen mich.

Der HERR antwortete Mose: Geh am Volk vorbei und nimm einige von den Ältesten Israels mit; nimm auch den Stab in die Hand, mit dem du auf den Nil geschlagen hast, und geh! Siehe, dort drüben auf dem Felsen am Horeb werde ich vor dir stehen. Dann schlag an den Felsen! Es wird Wasser herauskommen und das Volk kann trinken.

Das tat Mose vor den Augen der Ältesten Israels.

Den Ort nannte er Massa und Meríba, Probe und Streit, weil die Israeliten gehadert und den HERRN auf die Probe gestellt hatten, indem sie sagten: Ist der HERR in unserer Mitte oder nicht?

## ANTWORTPSALM

Ps 95 (94), 1–2.6–7c.7d–9 (Kv: vgl. 7d.8a)

Kv Hört auf die Stimme des Herrn;
verhärtet nicht euer Herz! – Kv

Kommt, lasst uns jubeln dem HERRN, *
jauchzen dem Fels unsres Heiles!
Lasst uns mit Dank seinem Angesicht nahen, *
ihm jauchzen mit Liedern! – (Kv)

Kommt, wir wollen uns niederwerfen, uns vor ihm verneigen, *
lasst uns niederknien vor dem HERRN, unserm Schöpfer!
Denn er ist unser Gott, /
wir sind das Volk seiner Weide, *
die Herde, von seiner Hand geführt. – (Kv)

Würdet ihr doch heute auf seine Stimme hören! /
Verhärtet euer Herz nicht wie in Meríba, *
wie in der Wüste am Tag von Massa!
Dort haben eure Väter mich versucht, *
sie stellten mich auf die Probe
und hatten doch mein Tun gesehen. – Kv

**ZUR 2. LESUNG** Der Apostel Paulus wird nicht müde, von einer Hoffnung zu sprechen, die ihn erfüllt. Dabei kennt Paulus die Schwierigkeiten und Widrigkeiten, den empfangenen Glauben weiterzugeben. Aber die Erfahrung, dass die Liebe Gottes „ausgegossen ist in unsere Herzen", ist ihm ein Anker im Leben, der ihm Halt gibt. Und Paulus benennt auch den Grund dieser Liebe Gottes, nämlich die fast unvorstellbare Liebe, die sich darin zeigt, dass Jesus „für uns gestorben ist", obwohl und als wir noch Sünder waren. Mit anderen Worten: Die Liebe geht nicht auf unser Verdienst zurück, ist kein Resultat fleißiger Arbeit. Die Liebe Gottes ist bedingungslos und geht allen menschlichen Leistungen voraus. Gelingt es uns, in einer von Machbarkeit und Leistungskraft geprägten Welt dieses Vertrauen in einen anderen aufzubringen?

## ZWEITE LESUNG Röm 5,1–2.5–8

*Die Liebe Gottes ist ausgegossen in unsere Herzen durch den Heiligen Geist, der uns gegeben ist*

**Lesung aus dem Brief des Apostels Paulus an die Gemeinde in Rom.**

Schwestern und Brüder! Gerecht gemacht aus Glauben, haben wir Frieden mit Gott durch Jesus Christus, unseren Herrn. Durch ihn haben wir auch im Glauben den Zugang zu der Gnade erhalten, in der wir stehen, und rühmen uns der Hoffnung auf die Herrlichkeit Gottes. Die Hoffnung aber lässt nicht zugrunde gehen; denn die Liebe Gottes ist ausgegossen in unsere Herzen durch den Heiligen Geist, der uns gegeben ist.

Denn Christus ist, als wir noch schwach waren, für die zu dieser Zeit noch Gottlosen gestorben. Dabei wird nur schwerlich jemand für einen Gerechten sterben; vielleicht wird er jedoch für einen guten Menschen sein Leben wagen.

Gott aber erweist seine Liebe zu uns darin, dass Christus für uns gestorben ist, als wir noch Sünder waren.

## RUF VOR DEM EVANGELIUM

Herr Jesus, dir sei Ruhm und Ehre! – Kv
Herr, du bist der Retter der Welt.
Gib mir lebendiges Wasser, damit mich nie mehr dürstet.
Herr Jesus, dir sei Ruhm und Ehre!

**ZUM EVANGELIUM** Der Evangelist Johannes ist ein großer Theologe und ein begabter Erzähler. Die Erzählung von Jesus und der samaritischen Frau am Jakobsbrunnen ist getragen von dem Wunsch, im Moment darzustellen, was über den Moment hinausweist. Denn im Augenblick und in den Einzelerfahrungen zeigt sich die Bedeutung Jesu: Wie Mose schenkt auch Jesus Wasser, jenes Wasser, das lebenswichtig ist. Die Botschaft, die dahintersteckt, ist klar: Jesus wird als Heilbringer erfahrbar und verstehbar, als einer, der wie die großen biblischen Gestalten ein Leben in Fülle, und das bedeutet auch: der ein Leben mit Gott gegenwärtig werden lässt.

## EVANGELIUM

Joh 4,5–42

*Das Wasser, das ich gebe, wird zu einer Quelle werden, deren Wasser ins ewige Leben fließt*

**+ Aus dem heiligen Evangelium nach Johannes.**

In jener Zeit kam Jesus zu einer Stadt in Samárien, die Sychar hieß und nahe bei dem Grundstück lag, das Jakob seinem Sohn Josef vermacht hatte. Dort befand sich der Jakobsbrunnen. Jesus war müde von der Reise und setzte sich daher an den Brunnen; es war um die sechste Stunde.

Da kam eine Frau aus Samárien, um Wasser zu schöpfen. Jesus sagte zu ihr: Gib mir zu trinken! Seine Jünger waren nämlich in die Stadt gegangen, um etwas zum Essen zu kaufen.

Die Samaríterin sagte zu ihm: Wie kannst du als Jude mich, eine Samaríterin, um etwas zu trinken bitten? Die Juden verkehren nämlich nicht mit den Samarítern.

Jesus antwortete ihr: Wenn du wüsstest, worin die Gabe Gottes besteht und wer es ist, der zu dir sagt: Gib mir zu trinken!, dann hättest du ihn gebeten und er hätte dir lebendiges Wasser gegeben.

Sie sagte zu ihm: Herr, du hast kein Schöpfgefäß und der Brunnen ist tief; woher hast du also das lebendige Wasser? Bist du etwa größer als unser Vater Jakob, der uns den Brunnen gegeben und selbst daraus getrunken hat, wie seine Söhne und seine Herden?

Jesus antwortete ihr: Wer von diesem Wasser trinkt, wird wieder Durst bekommen; wer aber von dem Wasser trinkt, das ich ihm geben werde, wird niemals mehr Durst haben; vielmehr wird das Wasser, das ich ihm gebe, in ihm zu einer Quelle werden, deren Wasser ins ewige Leben fließt.

Da sagte die Frau zu ihm: Herr, gib mir dieses Wasser, damit ich keinen Durst mehr habe und nicht mehr hierherkommen muss, um Wasser zu schöpfen! Er sagte zu ihr: Geh, ruf deinen Mann und komm wieder her! Die Frau antwortete: Ich habe keinen Mann. Jesus sagte zu ihr: Du hast richtig gesagt: Ich habe keinen Mann. Denn fünf Männer hast du gehabt und der, den du jetzt hast, ist nicht dein Mann. Damit hast du die Wahrheit gesagt.

Die Frau sagte zu ihm: Herr, ich sehe, dass du ein Prophet bist. Unsere Väter haben auf diesem Berg Gott angebetet; ihr aber sagt, in Jerusalem sei die Stätte, wo man anbeten muss.

Jesus sprach zu ihr: Glaube mir, Frau, die Stunde kommt, zu der ihr weder auf diesem Berg noch in Jerusalem den Vater anbeten werdet. Ihr betet an, was ihr nicht kennt, wir beten an, was wir kennen; denn das Heil kommt von den Juden. Aber die Stunde kommt und sie ist schon da, zu der die wahren Beter den Vater anbeten werden im Geist und in der Wahrheit; denn so will der Vater angebetet werden. Gott ist Geist und alle, die ihn anbeten, müssen im Geist und in der Wahrheit anbeten.

Die Frau sagte zu ihm: Ich weiß, dass der Messias kommt, der Christus heißt. Wenn er kommt, wird er uns alles verkünden.

Da sagte Jesus zu ihr: Ich bin es, der mit dir spricht.

Inzwischen waren seine Jünger zurückgekommen. Sie wunderten sich, dass er mit einer Frau sprach, doch keiner sagte: Was suchst du? oder: Was redest du mit ihr? Die Frau ließ ihren Wasserkrug stehen, kehrte zurück in die Stadt und sagte zu den Leuten:

Kommt her, seht, da ist ein Mensch, der mir alles gesagt hat, was ich getan habe: Ist er vielleicht der Christus? Da gingen sie aus der Stadt heraus und kamen zu ihm.

Währenddessen baten ihn seine Jünger: Rabbi, iss! Er aber sagte zu ihnen: Ich habe eine Speise zu essen, die ihr nicht kennt. Da sagten die Jünger zueinander: Hat ihm jemand etwas zu essen gebracht?

Jesus sprach zu ihnen: Meine Speise ist es, den Willen dessen zu tun, der mich gesandt hat, und sein Werk zu vollenden. Sagt ihr nicht: Noch vier Monate dauert es bis zur Ernte? Sieh, ich sage euch: Erhebt eure Augen und seht, dass die Felder schon weiß sind zur Ernte! Schon empfängt der Schnitter seinen Lohn und sammelt Frucht für das ewige Leben, sodass sich der Sämann und der Schnitter gemeinsam freuen. Denn hier hat das Sprichwort recht: Einer sät und ein anderer erntet. Ich habe euch gesandt zu ernten, wofür ihr euch nicht abgemüht habt; andere haben sich abgemüht und euch ist ihre Mühe zugutegekommen.

Aus jener Stadt kamen viele Samaríter zum Glauben an Jesus auf das Wort der Frau hin, die bezeugt hatte: Er hat mir alles gesagt, was ich getan habe.

Als die Samaríter zu ihm kamen, baten sie ihn, bei ihnen zu bleiben; und er blieb dort zwei Tage. Und noch viel mehr Leute kamen zum Glauben an ihn aufgrund seiner eigenen Worte.

Und zu der Frau sagten sie: Nicht mehr aufgrund deiner Rede glauben wir, denn wir haben selbst gehört und wissen: Er ist wirklich der Retter der Welt.

*Oder:*

## KURZFASSUNG

Joh 4,5–15.19b–26.39a.40–42

*Das Wasser, das ich gebe, wird zu einer Quelle werden, deren Wasser ins ewige Leben fließt*

+ **Aus dem heiligen Evangelium nach Johannes.**

In jener Zeit kam Jesus zu einer Stadt in Samárien, die Sychar hieß und nahe bei dem Grundstück lag, das Jakob seinem Sohn Josef vermacht hatte. Dort befand sich der Jakobsbrunnen. Jesus war müde von der Reise und setzte sich daher an den Brunnen; es war um die sechste Stunde.

Da kam eine Frau aus Samárien, um Wasser zu schöpfen. Jesus sagte zu ihr: Gib mir zu trinken! Seine Jünger waren nämlich in die Stadt gegangen, um etwas zum Essen zu kaufen.

Die Samaríterin sagte zu ihm: Wie kannst du als Jude mich, eine Samaríterin, um etwas zu trinken bitten? Die Juden verkehren nämlich nicht mit den Samarítern.

Jesus antwortete ihr: Wenn du wüsstest, worin die Gabe Gottes besteht und wer es ist, der zu dir sagt: Gib mir zu trinken!, dann hättest du ihn gebeten und er hätte dir lebendiges Wasser gegeben.

Sie sagte zu ihm: Herr, du hast kein Schöpfgefäß und der Brunnen ist tief; woher hast du also das lebendige Wasser? Bist du etwa größer als unser Vater Jakob, der uns den Brunnen gegeben und selbst daraus getrunken hat, wie seine Söhne und seine Herden?

Jesus antwortete ihr: Wer von diesem Wasser trinkt, wird wieder Durst bekommen; wer aber von dem Wasser trinkt, das ich ihm geben werde, wird niemals mehr Durst haben; vielmehr wird das Wasser, das ich ihm gebe, in ihm zu einer Quelle werden, deren Wasser ins ewige Leben fließt.

Da sagte die Frau zu ihm: Herr, gib mir dieses Wasser, damit ich keinen Durst mehr habe und nicht mehr hierherkommen muss, um Wasser zu schöpfen! Herr, ich sehe, dass du ein Prophet bist. Unsere Väter haben auf diesem Berg Gott angebetet; ihr aber sagt, in Jerusalem sei die Stätte, wo man anbeten muss.

Jesus sprach zu ihr: Glaube mir, Frau, die Stunde kommt, zu der ihr weder auf diesem Berg noch in Jerusalem den Vater anbeten werdet. Ihr betet an, was ihr nicht kennt, wir beten an, was wir kennen; denn das Heil kommt von den Juden. Aber die Stunde kommt und sie ist schon da, zu der die wahren Beter den Vater anbeten werden im Geist und in der Wahrheit; denn so will der Vater angebetet werden. Gott ist Geist und alle, die ihn anbeten, müssen im Geist und in der Wahrheit anbeten.

Die Frau sagte zu ihm: Ich weiß, dass der Messias kommt, der Christus heißt. Wenn er kommt, wird er uns alles verkünden.

Da sagte Jesus zu ihr: Ich bin es, der mit dir spricht.

Aus jener Stadt kamen viele Samaríter zum Glauben an Jesus. Als die Samaríter zu ihm kamen, baten sie ihn, bei ihnen zu bleiben; und er blieb dort zwei Tage. Und noch viel mehr Leute kamen zum Glauben an ihn aufgrund seiner eigenen Worte.

Und zu der Frau sagten sie: Nicht mehr aufgrund deiner Rede glauben wir, denn wir haben selbst gehört und wissen: Er ist wirklich der Retter der Welt.

Glaubensbekenntnis, S. 492 ff.

## FÜRBITTEN

Gott lädt uns ein zu einem Leben, frei von falschen Abhängigkeiten. Der Samariterin reicht Jesus Wasser des Lebens. Wir bitten Gott, den Schöpfer und Freund des Lebens, um seinen Beistand:

- Für alle Menschen, die schuldig geworden sind, dass sie Einsicht, Vergebung und Befreiung finden. V: Gott, Quell des Lebens. A: Wir bitten dich, erhöre uns.
- Für alle Politikerinnen und Politiker, die ihrem Gewissen folgen und für die das Ringen um Wohl und Würde aller Menschen Kern ihres Handelns ist. V: Gott, Quell des Lebens. A: Wir bitten dich, erhöre uns.
- Für die Menschen, die sich ausgegrenzt fühlen und am Rande der Gesellschaft stehen. V: Gott, Quell des Lebens. A: Wir bitten dich, erhöre uns.
- Für alle Menschen, die ihre Vorurteile überwinden und Herzen und Hände öffnen für den anderen, der so anders, der so fremd scheint. V: Gott, Quell des Lebens. A: Wir bitten dich, erhöre uns.
- Für die Sterbenden, deren Lebensdurst in diesem Leben nicht gestillt werden konnte, dass sie Leben und überfließende Fülle finden bei dir. V: Gott, Quell des Lebens. A: Wir bitten dich, erhöre uns.

Erbarmender Gott, im Wasser der Taufe bist du uns zur Quelle des Lebens geworden. Aus diesem Brunnen dürfen wir schöpfen, durch Jesus Christus, unseren Freund und Bruder.

# EUCHARISTIEFEIER

## GABENGEBET

Barmherziger Gott, befreie uns durch dieses Opfer von unseren Sünden und schenke uns die Kraft, auch den Brüdern zu vergeben, wenn sie an uns schuldig geworden sind. Darum bitten wir durch Christus, unseren Herrn.

## PRÄFATION

In Wahrheit ist es würdig und recht, dir, Herr, heiliger Vater, allmächtiger, ewiger Gott, immer und überall zu danken durch unseren Herrn Jesus Christus. Er hatte der Samariterin schon die Gnade des Glaubens geschenkt, als er sie bat, ihm einen Trunk Wasser zu reichen. Nach ihrem Glauben dürstete ihn mehr als nach dem Wasser, denn er wollte im gläubigen Herzen das Feuer der göttlichen Liebe entzünden. Darum preisen dich deine Erlösten und vereinen sich mit den Chören der Engel zum Hochgesang von deiner göttlichen Herrlichkeit: Heilig …

## KOMMUNIONVERS Joh 4,13–14

Wer von dem Wasser trinkt, das ich ihm geben werde,
wird niemals mehr Durst haben.
Es wird in ihm zur Quelle,
deren Wasser ins ewige Leben sprudelt –
so spricht der Herr.

## SCHLUSSGEBET

Herr und Gott, du hast uns mit dem Brot des Himmels gesättigt und uns in dieser Speise ein Unterpfand dessen gegeben, was unseren Augen noch verborgen ist. Lass in unserem Leben sichtbar werden, was wir im Sakrament empfangen haben. Darum bitten wir durch Christus, unseren Herrn.

## FEIERLICHER SCHLUSSSEGEN

S. 210 f.

***

### VON DER STERBLICHKEIT

Wie kann man nicht an die Zukunft glauben,
wenn man von der Sterblichkeit weiß?

*Robert Menasse*

# HEILIGER JOSEF, BRÄUTIGAM DER GOTTESMUTTER MARIA – HOCHFEST

## 19. März 2020

Das heutige Hochfest lädt ein, sich dem Menschen Josef, dem jungen Bauhandwerker, Mirjams gutem und zuverlässigem Verlobten, zu nähern. Josef hat klare Pläne für sein Leben. Er bereitet sich auf die Ehe mit Maria vor. Gott deutet ihm an, dass er seine Pläne hat. Nun muss sich Josef entscheiden. Matthäus stellt uns den jungen Mann als gottesfürchtigen und gerechten Menschen vor. Aber auch ein Gerechter ist jetzt überfordert: Seine Verlobte bekommt ein Kind, dessen Vater er nicht ist. Josef wird zuerst bestürzt und ratlos gewesen sein, vermutlich auch traurig und zornig, doch dann fasst er sich. Er fasst einen Plan. Doch der Planer wird zum Träumer. Ein Bote des Herrn erscheint ihm und weist einen anderen Weg. Und Josef lebt Gottes Traum.

### ERÖFFNUNGSVERS

Vgl. Lk 12,42

Seht, das ist der treue und kluge Hausvater,
dem der Herr seine Familie anvertraut,
damit er für sie sorge.

### KYRIE-RUFE

Herr Jesus Christus, du bist durch
das väterliche Ja des heiligen Josef
als Kind angenommen worden.
V/A: Herr, erbarme dich.

Du bist durch die väterliche Umsicht
des heiligen Josef bewahrt worden.
V/A: Christus, erbarme dich.
Du hast dich dem väterlichen Vorbild
des heiligen Josef anvertraut.
V/A: Herr, erbarme dich.

Ehre sei Gott, S. 489 f.

### TAGESGEBET

Allmächtiger Gott, du hast Jesus, unseren Heiland, und seine Mutter Maria der treuen Sorge des heiligen Josef anvertraut. Höre auf seine Fürsprache und hilf deiner Kirche, die Geheimnisse der Erlösung treu zu verwalten, bis das Werk des Heiles vollendet ist. Darum bitten wir durch Jesus Christus.

## WORTGOTTESDIENST

**ZUR 1. LESUNG** Ein Haus für Gott? Was für eine Frage! Gott ist überall zu Hause. Er hat keine Adresse. Oder doch? Aber ist nicht jede seine? David, der dem Herrn ein Haus bauen, und sich selbst damit wohl auch verewigen möchte, wird jedenfalls zurückgewiesen. Gott sucht sich Menschen, um in ihnen zu wohnen, um sie lebendig zu machen, um sie mit seinem eigenen Heiligen Geist zu inspirieren, zu beseelen, zu erfüllen, zu führen – zu einem neuen Leben, zum Tun der Gerechtigkeit. Das ist die Erfahrung Israels. Zur Zeit Jesu hoffen viele darauf, dass der HERR einen Nachfahren der längst abgewirtschafteten Davidsdynastie erwählen, salben und als Retter-Messias senden wird. Denn Israels Gott ist der Ewige: er ist treu.

## ERSTE LESUNG 2 Sam 7,4–5a.12–14a.16

*Der Herr wird ihm den Thron seines Vaters David geben (Lk 1,32)*

**Lesung aus dem zweiten Buch Sámuel.**

Das Wort des HERRN erging an Natan: Geh zu meinem Knecht David und sag zu ihm: So spricht der HERR: Wenn deine Tage erfüllt sind und du dich zu deinen Vätern legst, werde ich deinen leiblichen Sohn als deinen Nachfolger einsetzen und seinem Königtum Bestand verleihen. Er wird für meinen Namen ein Haus bauen und ich werde seinem Königsthron ewigen Bestand verleihen. Ich werde für ihn Vater sein und er wird für mich Sohn sein.
Dein Haus und dein Königtum werden vor dir auf ewig bestehen bleiben; dein Thron wird auf ewig Bestand haben.

## ANTWORTPSALM Ps 89 (88),2–3.4–5.27 u. 29 (Kv: Lk 1,32b)

Kv Gott, der Herr, wird ihm den Thron
seines Vaters David geben. – Kv

Von der Huld des HERRN will ich ewig singen, *
von Geschlecht zu Geschlecht
mit meinem Mund deine Treue verkünden.
Denn ich bekenne: Auf ewig ist Huld gegründet, *
im Himmel deine Treue gefestigt. – (Kv)

„Ich habe einen Bund geschlossen mit meinem Erwählten *
und David, meinem Knecht, geschworen:
Auf ewig gebe ich deinem Haus festen Bestand *
und von Geschlecht zu Geschlecht gründe ich deinen Thron. – (Kv)

Er wird zu mir rufen: Mein Vater bist du, *
mein Gott, der Fels meiner Rettung.
Auf ewig werde ich ihm meine Huld bewahren, *
mein Bund mit ihm ist verlässlich.“ – Kv

ZUR 2. LESUNG Für Paulus ist Abraham der Vater aller Glaubenden – nicht nur der Juden, sondern auch der Heiden. Denn Abraham wird in der Bibel als „Gerechter" bezeichnet, noch bevor die Beschneidung zum Bundeszeichen wurde und bevor Gott dem Mose die Tora, die Lebensweisung, gab. Das Prinzip von Abrahams Gerechtigkeit ist sein Gottvertrauen. Paulus hat so ein bedeutendes biblisches Argument, um auch Menschen aus den Heidenvölkern gerecht nennen zu können aufgrund ihres Glaubens. Abraham ist ein kinderlos gebliebener uralter Mann, als Gott ihm verheißt, Vater einer Menge von Völkern zu werden. (Gen 17,5) Klingt es nicht wie Hohn, wenn Gott ihn als „Vater" anredet? Doch Gott gibt Abraham sein Wort. Auch wenn es menschlich Unmögliches in Aussicht stellt – Gottes Wort gilt. Und Abraham glaubte „dem Gott, der die Toten lebendig macht und das, was nicht ist, ins Dasein ruft".

## ZWEITE LESUNG

Röm 4,13.16–18.22

*Gegen alle Hoffnung hat er voll Hoffnung geglaubt*

**Lesung aus dem Brief des Apostels Paulus an die Gemeinde in Rom.**

Schwestern und Brüder! Abraham und seine Nachkommen erhielten nicht aufgrund des Gesetzes die Verheißung, Erben der Welt zu sein, sondern aufgrund der Glaubensgerechtigkeit.

Deshalb gilt: „aus Glauben", damit auch gilt: „aus Gnade". Nur so bleibt die Verheißung für die ganze Nachkommenschaft gültig, nicht nur für die, welche aus dem Gesetz, sondern auch für die, welche aus dem Glauben Abrahams leben.

Er ist unser aller Vater, wie geschrieben steht: Ich habe dich zum Vater vieler Völker bestimmt – im Angesicht des Gottes, dem er geglaubt hat, des Gottes, der die Toten lebendig macht und das, was nicht ist, ins Dasein ruft.

Gegen alle Hoffnung hat er voll Hoffnung geglaubt, dass er der Vater vieler Völker werde, nach dem Wort: So zahlreich werden deine Nachkommen sein.

Darum wurde es ihm auch als Gerechtigkeit angerechnet.

## RUF VOR DEM EVANGELIUM

Vers: vgl. Ps 84 (83),5

Dein ist die Ehre, dein ist die Macht, Christus, Herr und Erlöser. – Kv
Selig, die in deinem Hause wohnen, Herr,
die dich loben allezeit.
Dein ist die Ehre, dein ist die Macht, Christus, Herr und Erlöser.

**ZUM EVANGELIUM** Wie läuft's? Danke, bestens! Aber läuft denn nicht alles auf den Tod hinaus? Auf den des anderen und auf den eigenen? Es ist schwer, Grenzen zu akzeptieren. Grenzen sind aber auch hilfreich. Sie ermöglichen Kontur und Klarheit. Grenzen markieren Übergänge. Grenzen machen Angst, können aber auch verheißungsvoll sein. Sie bedeuten Trennung, aber auch Berührung. Marias Verlobter ist von dem, was er gerade erfahren hat, wie betäubt. Sein Lebensplan wird hart durchkreuzt. Doch der junge Josef lässt sich von Gottes Finger berühren – und erfährt, dass die Grenze zur Schwelle wird.

## EVANGELIUM

Mt 1,16.18–21.24a

*Josef tat, was der Engel des Herrn ihm befohlen hatte*

+ **Aus dem heiligen Evangelium nach Matthäus.**

Jakob zeugte den Josef, den Mann Marias; von ihr wurde Jesus geboren, der der Christus genannt wird.

Mit der Geburt Jesu Christi war es so: Maria, seine Mutter, war mit Josef verlobt; noch bevor sie zusammengekommen waren, zeigte sich, dass sie ein Kind erwartete – durch das Wirken des Heiligen Geistes. Josef, ihr Mann, der gerecht war und sie nicht bloßstellen wollte, beschloss, sich in aller Stille von ihr zu trennen.

Während er noch darüber nachdachte, siehe, da erschien ihm ein Engel des Herrn im Traum und sagte: Josef, Sohn Davids, fürchte dich nicht, Maria als deine Frau zu dir zu nehmen; denn das Kind, das sie erwartet, ist vom Heiligen Geist.

Sie wird einen Sohn gebären; ihm sollst du den Namen Jesus geben; denn er wird sein Volk von seinen Sünden erlösen.
Als Josef erwachte, tat er, was der Engel des Herrn ihm befohlen hatte.

*Oder:*

## EVANGELIUM

Lk 2,41–51a

*Dein Vater und ich haben dich mit Schmerzen gesucht*

**+ Aus dem heiligen Evangelium nach Lukas.**

Die Eltern Jesu gingen jedes Jahr zum Paschafest nach Jerusalem. Als er zwölf Jahre alt geworden war, zogen sie wieder hinauf, wie es dem Festbrauch entsprach.
Nachdem die Festtage zu Ende waren, machten sie sich auf den Heimweg. Der Knabe Jesus aber blieb in Jerusalem, ohne dass seine Eltern es merkten. Sie meinten, er sei in der Pilgergruppe, und reisten eine Tagesstrecke weit; dann suchten sie ihn bei den Verwandten und Bekannten. Als sie ihn nicht fanden, kehrten sie nach Jerusalem zurück und suchten nach ihm.
Da geschah es, nach drei Tagen fanden sie ihn im Tempel; er saß mitten unter den Lehrern, hörte ihnen zu und stellte Fragen. Alle, die ihn hörten, waren erstaunt über sein Verständnis und über seine Antworten.
Als seine Eltern ihn sahen, waren sie voll Staunen und seine Mutter sagte zu ihm: Kind, warum hast du uns das angetan? Siehe, dein Vater und ich haben dich mit Schmerzen gesucht.
Da sagte er zu ihnen: Warum habt ihr mich gesucht? Wusstet ihr nicht, dass ich in dem sein muss, was meinem Vater gehört? Doch sie verstanden das Wort nicht, das er zu ihnen gesagt hatte.
Dann kehrte er mit ihnen nach Nazaret zurück und war ihnen gehorsam.

Glaubensbekenntnis, S. 492 ff.

## FÜRBITTEN

Guter Gott. Wir rufen zu dir und bitten dich um deinen Beistand. Hilf uns, wie der heilige Josef auf deine so leicht zu überhörende Stimme zu hören und das Rechte zu tun. Wir bitten dich:

- Für die Kirche, dass sie mit Offenheit nach dem Willen Gottes für die jeweilige Zeit fragt. V: Gott, guter Vater. A: Höre und erhöre uns.
- Für alle, denen Kinder anvertraut sind, dass sie den Kindern vorleben, was sie lehren, und dass Geduld und Liebe ihr ganzes Tun begleite. V: Gott, guter Vater. A: Höre und erhöre uns.
- Für die Kinder, die ohne die Liebe ihrer Eltern aufwachsen müssen, dass sie Hilfe finden und Geborgenheit erfahren. V: Gott, guter Vater. A: Höre und erhöre uns.
- Für die vielen Menschen, die trotz schwerer Arbeit nicht genug zum Leben haben. V: Gott, guter Vater. A: Höre und erhöre uns.
- Für die Kranken und Sterbenden, dass dein Engel sie tröstet und in dein Land des Lichts führen wird. V: Gott, guter Vater. A: Höre und erhöre uns.

Guter Gott, dir können wir vertrauen, wie der heilige Josef vertraut hat. Lass uns die richtigen Entscheidungen treffen, jeden Tag neu. So bitten wir durch Christus, unseren Herrn und Bruder.

# EUCHARISTIEFEIER

## GABENGEBET

Herr, unser Gott, der heilige Josef hat deinem ewigen Sohn, den die Jungfrau Maria geboren hat, in Treue gedient. Lass auch uns Christus dienen und dieses Opfer mit reinem Herzen feiern. Darum bitten wir durch Christus, unseren Herrn.

## PRÄFATION

In Wahrheit ist es würdig und recht, dir, allmächtiger Vater, zu danken und am Fest des heiligen Josef die Wege deiner Weisheit zu rühmen. Denn ihm, dem Gerechten, hast du die jungfräuliche Gottesmutter anvertraut, ihn, deinen treuen und klugen Knecht, bestellt zum Haupt der Heiligen Familie. An Vaters statt sollte er deinen eingeborenen Sohn beschützen, der durch die Überschattung des Heiligen Geistes empfangen war, unseren Herrn Jesus Christus. Durch ihn loben die Engel deine Herrlichkeit, beten dich an die Mächte, erbeben die Gewalten. Die Himmel und die himmlischen Kräfte und die seligen Serafim feiern dich jubelnd im Chore. Mit ihrem Lobgesang lass auch unsere Stimmen sich vereinen und voll Ehrfurcht rufen: Heilig …

## KOMMUNIONVERS

Mt 25,21

Komm, du guter und getreuer Knecht;
nimm teil am Festmahl deines Herrn.

## SCHLUSSGEBET

Herr, unser Gott, du hast uns am Fest des heiligen Josef um deinen Altar versammelt und mit dem Brot des Lebens gestärkt. Schütze deine Familie und erhalte in ihr deine Gaben. Darum bitten wir durch Christus, unseren Herrn.

## FEIERLICHER SCHLUSSSEGEN

Der gütige Gott, der die Heiligen zur Vollendung geführt hat, segne euch und bewahre euch vor allem Unheil. A: Amen.
Das Vorbild des heiligen Josef lehre euch und seine Fürsprache helfe euch, Gott und den Menschen zu dienen. A: Amen.

Das gewähre euch der dreieinige Gott, der Vater und der Sohn † und der Heilige Geist. A: Amen.

***

WAS DU SAGST

Du suchst deine Helfer nicht bei denen,
die in Palästen geboren,
zu „Höherem" bestimmt,
meinen, sie könnten die Welt bewegen.

Du traust den Kleinen Großes zu,
machst Geschichte mit denen,
die dein Wort hören,
offen und bereit aufstehen und tun.

Du wirkst deine Pläne mit denen,
die frei von der Sorge
um Besitz und Würde
dich groß sein lassen:
tun, was du sagst –
allen zum Heil.

*Eleonore Beck*

# 4. FASTENSONNTAG

## 22. März 2020

Für Kinder ist es aufregend, hinter verschlossene Türen zu schauen. Und Erwachsene wissen gerne, was hinter manchen Dingen steckt. Die Lesungen des heutigen Sonntags laden ein, Selbstverständliches zu hinterfragen und hinter das Augenscheinliche zu schauen. Hinter dem Aussehen eines Menschen sein Herz zu sehen. Hinter glänzenden Fassaden auch mit Dunklem zu rechnen. Hinter der Heilung eines Blinden die Auseinandersetzung um die Blindheit im Glauben zu erkennen. Hinter die Dinge zu schauen, das meint nicht unverschämte Neugier, sondern zielt auf liebevolle Begegnung, kritische Unterscheidung und vertrauenden Glauben.

### ERÖFFNUNGSVERS

Vgl. Jes 66, 10–11

Freue dich, Stadt Jerusalem!
Seid fröhlich zusammen mit ihr, alle, die ihr traurig wart.
Freut euch und trinkt euch satt
an der Quelle göttlicher Tröstung.

### KYRIE-RUFE

Herr Jesus Christus, du bist das Licht der Welt.
V/A: Herr, erbarme dich.
Du erleuchtest unser Leben, sodass wir Güte,
Gerechtigkeit und Wahrheit hervorbringen können.
V/A: Christus, erbarme dich.
Du machst uns zu Kindern des Lichts.
V/A: Herr, erbarme dich.

## TAGESGEBET

Herr, unser Gott, du hast in deinem Sohn die Menschheit auf wunderbare Weise mit dir versöhnt. Gib deinem Volk einen hochherzigen Glauben, damit es mit froher Hingabe dem Osterfest entgegeneilt. Darum bitten wir durch Jesus Christus.

# WORTGOTTESDIENST

ZUR 1. LESUNG Wenn Musikerinnen und Musiker sich um eine Stelle in einem Orchester bewerben, müssen sie mancherorts hinter einem Vorhang vorspielen: Die Jury will die Bewerber nur nach ihrer Musik, ihrem Spiel und ihrem Ton, beurteilen und sich nicht vom Äußeren ablenken lassen. Etwas Ähnliches sagt Gott dem Propheten Samuel über seine Sicht des Menschen: Ich schaue nicht aufs Äußere, ich sehe das Herz. Dieses Wort lädt ein, in der Begegnung mit Menschen neue Sicht-, und warum nicht auch Hörweisen zu wagen. Hinter dem Äußeren das Herz eines Menschen zu sehen, zu hören, wie sein Herz klingt, und was es in uns zum Klingen bringt.

## ERSTE LESUNG 1 Sam 16,1b.6–7.10–13b

*Samuel salbte David zum König über Israel*

**Lesung aus dem ersten Buch Sámuel.**

In jenen Tagen sprach der Herr zu Sámuel: Fülle dein Horn mit Öl und mach dich auf den Weg!
Ich schicke dich zu dem Betlehemíter Ísai; denn ich habe mir einen von seinen Söhnen als König ausersehen.
Als Sámuel den Éliab sah, dachte er: Gewiss steht nun vor dem Herrn sein Gesalbter. Der Herr aber sagte zu Sámuel: Sieh nicht auf sein Aussehen und seine stattliche Gestalt, denn ich habe ihn verworfen; Gott sieht nämlich nicht auf das, worauf der Mensch sieht.

Der Mensch sieht, was vor den Augen ist, der HERR aber sieht das Herz.

So ließ Ísai sieben seiner Söhne vor Sámuel treten, aber Sámuel sagte zu Ísai: Diese hat der HERR nicht erwählt. Und er fragte Ísai: Sind das alle jungen Männer? Er antwortete: Der jüngste fehlt noch, aber der hütet gerade die Schafe. Sámuel sagte zu Ísai: Schick jemand hin und lass ihn holen; wir wollen uns nicht zum Mahl hinsetzen, bevor er hergekommen ist. Ísai schickte also jemand hin und ließ ihn kommen. David war rötlich, hatte schöne Augen und eine schöne Gestalt. Da sagte der HERR: Auf, salbe ihn! Denn er ist es.

Sámuel nahm das Horn mit dem Öl und salbte David mitten unter seinen Brüdern. Und der Geist des HERRN war über David von diesem Tag an.

## ANTWORTPSALM

Ps 23 (22), 1–3.4.5.6 (Kv: 1)

Kv Der HERR ist mein Hirt,
nichts wird mir fehlen. – Kv

Der HERR ist mein Hirt, nichts wird mir fehlen. /
Er lässt mich lagern auf grünen Auen *
und führt mich zum Ruheplatz am Wasser.
Meine Lebenskraft bringt er zurück. *
Er führt mich auf Pfaden der Gerechtigkeit,
getreu seinem Namen. – (Kv)

Auch wenn ich gehe im finsteren Tal, *
ich fürchte kein Unheil;
denn du bist bei mir, *
dein Stock und dein Stab, sie trösten mich. – (Kv)

Du deckst mir den Tisch *
vor den Augen meiner Feinde.
Du hast mein Haupt mit Öl gesalbt, *
übervoll ist mein Becher. – (Kv)

Ja, Güte und Huld *
werden mir folgen mein Leben lang
und heimkehren werde ich ins Haus des HERRN *
für lange Zeiten. - Kv

ZUR 2. LESUNG Im Epheserbrief wie an anderen Stellen der Bibel ist der Gegensatz von Licht und Finsternis eine klare Sache. Licht – Güte, Gerechtigkeit, Wahrheit – ist gut, Finsternis böse. Aber stimmt diese eindeutige Gegenüberstellung von Hell und Dunkel noch? Längst geschehen Werke der Finsternis in hell erleuchteten Bürotürmen und verdeckt von Hochglanzbroschüren, wenn riskante Finanzaktionen abgewickelt und Rüstungsgeschäfte abgeschlossen werden und mit Nahrungsmitteln spekuliert wird. Sollte der Weckruf am Ende der Lesung heute vielleicht anders lauten: Wacht auf, ihr Geblendeten, und lasst euch nicht täuschen von Glanz und Lichtermeer! Macht die Augen auf und beurteilt, was ihr seht, im Lichte Christi!

## ZWEITE LESUNG Eph 5,8–14

*Steh auf von den Toten und Christus wird dein Licht sein*

**Lesung aus dem Brief des Apostels Paulus an die Gemeinde in Éphesus.**

Schwestern und Brüder! Einst wart ihr Finsternis, jetzt aber seid ihr Licht im Herrn. Lebt als Kinder des Lichts!

Denn das Licht bringt lauter Güte, Gerechtigkeit und Wahrheit hervor.

Prüft, was dem Herrn gefällt, und habt nichts gemein mit den Werken der Finsternis, die keine Frucht bringen, deckt sie vielmehr auf! Denn von dem, was sie heimlich tun, auch nur zu reden, ist schändlich.

Alles, was aufgedeckt ist, wird vom Licht erleuchtet. Denn alles Erleuchtete ist Licht. Deshalb heißt es: Wach auf, du Schläfer, und steh auf von den Toten und Christus wird dein Licht sein.

## RUF VOR DEM EVANGELIUM

Vers: vgl. Joh 8,12

Herr Jesus, dir sei Ruhm und Ehre! – Kv
(So spricht der Herr:)
Ich bin das Licht der Welt.
Wer mir nachfolgt, hat das Licht des Lebens.
Herr Jesus, dir sei Ruhm und Ehre!

**ZUM EVANGELIUM** Als ein regelrechtes Dickicht von Fragen und Antworten, von Argumentationen und Gedankengängen, erscheint das neunte Kapitel des Johannes-Evangeliums. Mitten darin steht ein namenloser Mann, ein Blinder, der geheilt wird. Er wird ausgefragt über seine Heilung. Er bezeichnet Jesus als Propheten. Er scheut die Auseinandersetzung mit den Pharisäern nicht und begegnet ihnen mit Ironie und klugen Worten. Schließlich begegnet er Jesus ein zweites Mal und kommt im Gespräch mit ihm dahin, dass er an den Menschensohn, an Jesus glaubt. Ist dieser Mann namenlos, weil er für uns alle steht? Wo stehen wir in unserer Glaubensgeschichte zwischen Blindheit, Begegnung und Bekenntnis?

## EVANGELIUM

Joh 9,1–41

*Der Blinde ging fort und wusch sich. Und als er zurückkam, konnte er sehen*

**+ Aus dem heiligen Evangelium nach Johannes.**

In jener Zeit sah Jesus unterwegs einen Mann, der seit seiner Geburt blind war. Da fragten ihn seine Jünger: Rabbi, wer hat gesündigt? Er selbst oder seine Eltern, sodass er blind geboren wurde?

Jesus antwortete: Weder er noch seine Eltern haben gesündigt, sondern die Werke Gottes sollen an ihm offenbar werden. Wir müssen, solange es Tag ist, die Werke dessen vollbringen, der mich gesandt hat; es kommt die Nacht, in der niemand mehr wirken kann.

Solange ich in der Welt bin, bin ich das Licht der Welt.

Als er dies gesagt hatte, spuckte er auf die Erde; dann machte er mit dem Speichel einen Teig, strich ihn dem Blinden auf die Augen und sagte zu ihm: Geh und wasch dich in dem Teich Schilóach! Das heißt übersetzt: der Gesandte. Der Mann ging fort und wusch sich. Und als er zurückkam, konnte er sehen.

Die Nachbarn und jene, die ihn früher als Bettler gesehen hatten, sagten: Ist das nicht der Mann, der dasaß und bettelte? Einige sagten: Er ist es. Andere sagten: Nein, er sieht ihm nur ähnlich. Er selbst aber sagte: Ich bin es. Da fragten sie ihn: Wie sind deine Augen geöffnet worden?

Er antwortete: Der Mann, der Jesus heißt, machte einen Teig, bestrich damit meine Augen und sagte zu mir: Geh zum Schilóach und wasch dich! Ich ging hin, wusch mich und konnte sehen. Sie fragten ihn: Wo ist er? Er sagte: Ich weiß es nicht.

Da brachten sie den Mann, der blind gewesen war, zu den Pharisäern. Es war aber Sabbat an dem Tag, als Jesus den Teig gemacht und ihm die Augen geöffnet hatte.

Auch die Pharisäer fragten ihn, wie er sehend geworden sei. Er antwortete ihnen: Er legte mir einen Teig auf die Augen und ich wusch mich und jetzt sehe ich. Einige der Pharisäer sagten: Dieser Mensch ist nicht von Gott, weil er den Sabbat nicht hält. Andere aber sagten: Wie kann ein sündiger Mensch solche Zeichen tun? So entstand eine Spaltung unter ihnen. Da fragten sie den Blinden noch einmal: Was sagst du selbst über ihn? Er hat doch deine Augen geöffnet. Der Mann sagte: Er ist ein Prophet.

Die Juden aber wollten nicht glauben, dass er blind gewesen und sehend geworden war. Daher riefen sie die Eltern des von der Blindheit Geheilten und fragten sie: Ist das euer Sohn, von dem ihr sagt, dass er blind geboren wurde? Wie kommt es, dass er jetzt sieht?

Seine Eltern antworteten: Wir wissen, dass er unser Sohn ist und dass er blind geboren wurde. Wie es kommt, dass er jetzt sieht, das wissen wir nicht. Und wer seine Augen geöffnet hat, das wissen wir auch nicht. Fragt doch ihn selbst, er ist alt genug und kann selbst für sich sprechen!

Das sagten seine Eltern, weil sie sich vor den Juden fürchteten; denn die Juden hatten schon beschlossen, jeden, der ihn als den Christus bekenne, aus der Synagoge auszustoßen. Deswegen sagten seine Eltern: Er ist alt genug, fragt ihn selbst!

Da riefen die Pharisäer den Mann, der blind gewesen war, zum zweiten Mal und sagten zu ihm: Gib Gott die Ehre! Wir wissen, dass dieser Mensch ein Sünder ist. Er antwortete: Ob er ein Sünder ist, weiß ich nicht. Nur das eine weiß ich, dass ich blind war und jetzt sehe.

Sie fragten ihn: Was hat er mit dir gemacht? Wie hat er deine Augen geöffnet?

Er antwortete ihnen: Ich habe es euch bereits gesagt, aber ihr habt nicht gehört. Warum wollt ihr es noch einmal hören? Wollt etwa auch ihr seine Jünger werden?

Da beschimpften sie ihn: Du bist ein Jünger dieses Menschen; wir aber sind Jünger des Mose. Wir wissen, dass zu Mose Gott gesprochen hat; aber von dem da wissen wir nicht, woher er kommt.

Der Mensch antwortete ihnen: Darin liegt ja das Erstaunliche, dass ihr nicht wisst, woher er kommt; dabei hat er doch meine Augen geöffnet. Wir wissen, dass Gott Sünder nicht erhört; wer aber Gott fürchtet und seinen Willen tut, den erhört er. Noch nie hat man gehört, dass jemand die Augen eines Blindgeborenen geöffnet hat. Wenn dieser nicht von Gott wäre, dann hätte er gewiss nichts ausrichten können.

Sie entgegneten ihm: Du bist ganz und gar in Sünden geboren und du willst uns belehren? Und sie stießen ihn hinaus.

Jesus hörte, dass sie ihn hinausgestoßen hatten, und als er ihn traf, sagte er zu ihm: Glaubst du an den Menschensohn?

Da antwortete jener und sagte: Wer ist das, Herr, damit ich an ihn glaube?

Jesus sagte zu ihm: Du hast ihn bereits gesehen; er, der mit dir redet, ist es.

Er aber sagte: Ich glaube, Herr! Und er warf sich vor ihm nieder.

Da sprach Jesus: Um zu richten, bin ich in diese Welt gekommen: damit die nicht Sehenden sehen und die Sehenden blind werden.

Einige Pharisäer, die bei ihm waren, hörten dies. Und sie fragten ihn: Sind etwa auch wir blind?

Jesus sagte zu ihnen: Wenn ihr blind wärt, hättet ihr keine Sünde. Jetzt aber sagt ihr: Wir sehen. Darum bleibt eure Sünde.

*Oder:*

## KURZFASSUNG

Joh 9,1.6–9.13–17.34–38

*Der Blinde ging fort und wusch sich. Und als er zurückkam, konnte er sehen*

+ **Aus dem heiligen Evangelium nach Johannes.**

In jener Zeit sah Jesus unterwegs einen Mann, der seit seiner Geburt blind war. Jesus spuckte auf die Erde; dann machte er mit dem Speichel einen Teig, strich ihn dem Blinden auf die Augen und sagte zu ihm: Geh und wasch dich in dem Teich Schilóach! Das heißt übersetzt: der Gesandte. Der Mann ging fort und wusch sich. Und als er zurückkam, konnte er sehen.

Die Nachbarn und jene, die ihn früher als Bettler gesehen hatten, sagten: Ist das nicht der Mann, der dasaß und bettelte? Einige sagten: Er ist es. Andere sagten: Nein, er sieht ihm nur ähnlich. Er selbst aber sagte: Ich bin es.

Da brachten sie den Mann, der blind gewesen war, zu den Pharisäern. Es war aber Sabbat an dem Tag, als Jesus den Teig gemacht und ihm die Augen geöffnet hatte.

Die Pharisäer fragten ihn, wie er sehend geworden sei. Er antwortete ihnen: Er legte mir einen Teig auf die Augen und ich wusch mich und jetzt sehe ich.

Einige der Pharisäer sagten: Dieser Mensch ist nicht von Gott, weil er den Sabbat nicht hält. Andere aber sagten: Wie kann ein sündiger Mensch solche Zeichen tun? So entstand eine Spaltung unter ihnen. Da fragten sie den Blinden noch einmal: Was sagst du selbst über ihn? Er hat doch deine Augen geöffnet. Der Mann sagte: Er ist ein Prophet.

Sie entgegneten ihm: Du bist ganz und gar in Sünden geboren und du willst uns belehren? Und sie stießen ihn hinaus.

Jesus hörte, dass sie ihn hinausgestoßen hatten, und als er ihn traf, sagte er zu ihm: Glaubst du an den Menschensohn?

Da antwortete jener und sagte: Wer ist das, Herr, damit ich an ihn glaube?
Jesus sagte zu ihm: Du hast ihn bereits gesehen; er, der mit dir redet, ist es.
Er aber sagte: Ich glaube, Herr! Und er warf sich vor ihm nieder.

Glaubensbekenntnis, S. 492 ff.

## FÜRBITTEN

Die Heilung des Blinden im heutigen Evangelium zeigt uns, dass nichts bleibt, wie es war, wenn wir mit Gott rechnen, wenn wir auf ihn zählen. Vertrauen wir auf die verwandelnde Kraft des Geistes Gottes und rufen zu ihm, dem Gott des Lebens:

- Wir bitten dich, öffne den Verantwortlichen in der Kirche die Augen für das, was du heute in der Kraft des Geistes wirken willst. V: Leben schaffender Gott. A: Höre unser Rufen.

- Wir beten für alle, die in ihrem Alltag für andere da sind. V: Leben schaffender Gott. A: Höre unser Rufen.

- Wir beten für alle Menschen, die blind geboren wurden oder ihr Augenlicht verloren haben. V: Leben schaffender Gott. A: Höre unser Rufen.

- Wir bitten dich für alle, die den Verlust eines nahen Menschen erlitten haben und mit dem leeren Platz an ihrer Seite leben müssen. V: Leben schaffender Gott. A: Höre unser Rufen.

- Wir beten für die Schwerkranken und Sterbenden, die keine Versorgung, keine Begleitung haben, dass sie deine offenen Arme spüren können. V: Leben schaffender Gott. A: Höre unser Rufen.

Guter Gott, du öffnest unsere Augen, sodass wir erkennen, dass dir nicht an äußeren Zeichen der Frömmigkeit, sondern am rechten Tun gelegen ist. Dafür danken wir dir durch Christus, unseren Herrn.

# EUCHARISTIEFEIER

## GABENGEBET

Herr, unser Gott, in der Freude auf das Osterfest bringen wir unsere Gaben dar. Hilf uns, gläubig und ehrfürchtig das Opfer zu feiern, das der Welt Heilung schenkt und den Tod überwindet. Darum bitten wir durch Christus, unseren Herrn.

## PRÄFATION

In Wahrheit ist es würdig und recht, dir, Herr, heiliger Vater, allmächtiger, ewiger Gott, immer und überall zu danken durch unseren Herrn Jesus Christus. Denn durch seine Menschwerdung hat er das Menschengeschlecht aus der Finsternis zum Licht des Glaubens geführt. Wir sind als Knechte der Sünde geboren, er aber macht uns zu deinen Kindern durch die neue Geburt aus dem Wasser der Taufe. Darum preisen wir jetzt und in Ewigkeit dein Erbarmen und singen mit den Chören der Engel das Lob deiner Herrlichkeit: Heilig …

## KOMMUNIONVERS

Vgl. Joh 9,11

Der Herr salbte meine Augen;
ich ging hin, wusch mich und wurde sehend
und glaube an Gott.

## SCHLUSSGEBET

Allmächtiger Gott, dein ewiges Wort ist das wahre Licht, das jeden Menschen erleuchtet. Heile die Blindheit unseres Herzens, damit wir erkennen, was vor dir recht ist, und dich aufrichtig lieben. Darum bitten wir durch Christus, unseren Herrn.

## FEIERLICHER SCHLUSSSEGEN

S. 210 f.

***

### DIE SEELENSONNE

Nimm hin der Sonne Licht: mein Jesus ist die Sonne,
Die meine Seel erleucht und macht sie voller Wonne.

*Angelus Silesius*

# VERKÜNDIGUNG DES HERRN – HOCHFEST

## 25. März 2020

Jeder Zeit, dies sagt uns der Prophet Jesaja am heutigen Hochfest „Verkündigung des Herrn“ zu, jederzeit bietet Gott seine Begleitung an (erste Lesung). Der HERR ist ja von jeher der Immanuel, der „Gott mit uns“. Nicht der Hochangesehene und Herrische, nicht der Wichtige, Mächtige, Prunkend-Prächtige, das Mädchen Maria hat es gewagt, sich mit Leib und Leben auf Gottes Begleitung und auf seine Lebens-Leitung einzulassen.

### ERÖFFNUNGSVERS

Vgl. Hebr 10,5.7

Als Christus in diese Welt eintrat,
sprach er zu seinem Vater:
Siehe, ich komme, um deinen Willen zu erfüllen.

### KYRIE-RUFE

Herr Jesus Christus, du bist in deinem
Heilswerk vom ersten Augenblick an
mit deiner Mutter Maria verbunden.
V/A: Herr, erbarme dich.
Du hast deine Sendung auf das Ja Marias aufgebaut.
V/A: Christus, erbarme dich.
Du hast mit Marias Ja der Menschheit ihre
eigenen Möglichkeiten vor Augen gestellt.
V/A: Herr, erbarme dich.

Ehre sei Gott, S. 489 f.

## TAGESGEBET

Gott, du bist groß und unbegreiflich. Nach deinem Willen ist dein ewiges Wort im Schoß der Jungfrau Maria Mensch geworden. Gläubig bekennen wir, dass unser Erlöser wahrer Gott und wahrer Mensch ist. Mache uns würdig, Anteil zu erhalten an seinem göttlichen Leben. Darum bitten wir durch ihn, Jesus Christus.

# WORTGOTTESDIENST

ZUR 1. LESUNG Was wird er tun, der König aus dem Hause David? Wird er sich mit dem starken Nachbarn Assur verbünden oder baut er wie sein Ahnherr auf den Jahwe-Bund? Der König hat bereits entschieden. Er wird sich mit der politischen Großmacht arrangieren. Die Trennung vom Gott seines Volkes nimmt er in Kauf. Ahas weiß: Umsonst ist nur der Tod. In aller Ruhe will er taktieren und paktieren; ein Zeichen, dass Gott auf seiner Seite ist, käme ihm denkbar ungelegen. Sein Spielraum wäre dahin. Bündnispolitisch wäre er erledigt. Doch nichts bringt Gott von seinem Heilsplan für Israel ab – auch nicht königliche Realpolitik. Der HERR kündigt das Zeichen an, von dem der König nichts wissen will.

## ERSTE LESUNG Jes 7,10–14

*Siehe, die Jungfrau hat ein Kind empfangen, sie gebiert einen Sohn und wird ihm den Namen Immanuel – Gott mit uns – geben*

**Lesung aus dem Buch Jesája.**

In jenen Tagen sprach der HERR zu Ahas – dem König von Juda; und sagte: Erbitte dir ein Zeichen vom HERRN, deinem Gott, tief zur Unterwelt oder hoch nach oben hin!

Ahas antwortete: Ich werde um nichts bitten und den HERRN nicht versuchen.

Da sagte Jesája: Hört doch, Haus Davids! Genügt es euch nicht, Menschen zu ermüden, dass ihr auch noch meinen Gott ermüdet? Darum wird der Herr selbst euch ein Zeichen geben: Siehe, die Jungfrau hat empfangen, sie gebiert einen Sohn und wird ihm den Namen Immánuel – Gott mit uns – geben.

## ANTWORTPSALM

Ps 40 (39),7–8.9–10.11 (Kv: vgl. 8a.9a)

Kv Mein Gott, ich komme;
deinen Willen zu tun, ist mein Gefallen. – Kv

An Schlacht- und Speiseopfern hattest du kein Gefallen, /
doch Ohren hast du mir gegraben, *
Brand- und Sündopfer hast du nicht gefordert.
Da habe ich gesagt: Siehe, ich komme. *
In der Buchrolle steht es über mich geschrieben. – (Kv)

Deinen Willen zu tun, mein Gott, war mein Gefallen *
und deine Weisung ist in meinem Innern.
Gerechtigkeit habe ich in großer Versammlung verkündet, *
meine Lippen verschließe ich nicht; Herr, du weißt es. – (Kv)

Deine Gerechtigkeit habe ich nicht in meinem Herzen verborgen. *
Ich habe gesprochen von deinem Heil und deiner Treue,
nicht verschwiegen deine Huld *
und deine Treue vor großer Versammlung. – Kv

ZUR 2. LESUNG Der frühchristliche Lehrer versenkt sich in das Geheimnis der Menschwerdung. Ergründen kann er es nicht. Doch er hebt Einsichten ans Licht, die weiterhelfen. Nicht durch unsere Leistungen, sondern durch die Liebe Gottes, der seinen Sohn sendet, lichtet sich das Dunkel dieser Welt. Entscheidend ist Gottes Ja-Wort zur Erde. Entscheidend ist die Bereitschaft des Menschen, Gottes Wort zur Welt zu bringen: „Ja, ich komme, um deinen Willen, Gott, zu tun." Mit Marias Ja konnte Jesus zur Welt kommen. Christus hat dieses Ja zum Gott des Lebens radikal gelebt – gegen die Widerstände dieser Welt, für diese Welt.

## ZWEITE LESUNG

Hebr 10,4–10

*Siehe, ich komme – so steht es über mich in der Schriftrolle –, um deinen Willen, Gott, zu tun*

**Lesung aus dem Hebräerbrief.**

Schwestern und Brüder! Das Blut von Stieren und Böcken kann unmöglich Sünden wegnehmen. Darum spricht er bei seinem Eintritt in die Welt:

Schlacht- und Speiseopfer hast du nicht gefordert, doch einen Leib hast du mir bereitet; an Brand- und Sündopfern hast du kein Gefallen. Da sagte ich: Siehe, ich komme – so steht es über mich in der Schriftrolle –, um deinen Willen, Gott, zu tun.

Zunächst sagt er: Schlacht- und Speiseopfer, Brand- und Sündopfer forderst du nicht, du hast daran kein Gefallen, obgleich sie doch nach dem Gesetz dargebracht werden; dann aber hat er gesagt: Siehe, ich komme, um deinen Willen zu tun. Er hebt das Erste auf, um das Zweite in Kraft zu setzen.

Aufgrund dieses Willens sind wir durch die Hingabe des Leibes Jesu Christi geheiligt – ein für alle Mal.

## RUF VOR DEM EVANGELIUM

Vers: Joh 1,14ab

Christus, du ewiges Wort des Vaters, Ehre sei dir! – Kv
Das Wort ist Fleisch geworden und hat unter uns gewohnt
und wir haben seine Herrlichkeit geschaut.
Christus, du ewiges Wort des Vaters, Ehre sei dir!

ZUM EVANGELIUM „Voll der Gnade", das sagen und bezeugen auch wir von Maria: Maria ist befreit von der Sünde, der schuldhaften Trennung von Gott. Was ihr Sohn für uns alle wirken wird, kommt ihr schon hier, bei der Ankündigung seiner Geburt, zugute. Durch Christus soll die gesamte Schöpfung erlöst werden, und diese Befreiung und Begnadigung erstreckt sich auch auf die vor ihm Geborenen. Denn bei Gott ist kein Ding unmöglich. Ja, Maria ist wirklich erfüllt von Gottes Gunst und Gönnen; „voll der Gnade"!

## EVANGELIUM Lk 1,26–38

*Du hast bei Gott Gnade gefunden, Maria; du wirst schwanger werden und einen Sohn wirst du gebären*

+ **Aus dem heiligen Evangelium nach Lukas.**

In jener Zeit wurde der Engel Gábriel von Gott in eine Stadt in Galiläa namens Nazaret zu einer Jungfrau gesandt. Sie war mit einem Mann namens Josef verlobt, der aus dem Haus David stammte. Der Name der Jungfrau war Maria.

Der Engel trat bei ihr ein und sagte: Sei gegrüßt, du Begnadete, der Herr ist mit dir. Sie erschrak über die Anrede und überlegte, was dieser Gruß zu bedeuten habe.

Da sagte der Engel zu ihr: Fürchte dich nicht, Maria; denn du hast bei Gott Gnade gefunden. Siehe, du wirst schwanger werden und einen Sohn wirst du gebären; dem sollst du den Namen Jesus geben. Er wird groß sein und Sohn des Höchsten genannt werden. Gott, der Herr, wird ihm den Thron seines Vaters David geben. Er wird über das Haus Jakob in Ewigkeit herrschen und seine Herrschaft wird kein Ende haben.

Maria sagte zu dem Engel: Wie soll das geschehen, da ich keinen Mann erkenne?

Der Engel antwortete ihr: Heiliger Geist wird über dich kommen und Kraft des Höchsten wird dich überschatten. Deshalb wird auch das Kind heilig und Sohn Gottes genannt werden.

Siehe, auch Elisabet, deine Verwandte, hat noch in ihrem Alter einen Sohn empfangen; obwohl sie als unfruchtbar gilt, ist sie schon im sechsten Monat. Denn für Gott ist nichts unmöglich.
Da sagte Maria: Siehe, ich bin die Magd des Herrn; mir geschehe, wie du es gesagt hast.
Danach verließ sie der Engel.

Glaubensbekenntnis, S. 492 ff.

(*Kniebeuge bei den Worten:* „hat Fleisch angenommen" bis „Mensch geworden")

## FÜRBITTEN

Marias freies Ja ist ihre Zusage zu Gottes Heilsplan für unsere Welt. Mit ihrer Fürbitte vereint, rufen wir zu Gott, der das Heil aller Menschen will:

- Für deine Kirche, dass in ihr das Ja zu deinem Wort und Willen immer neu lebendig wird. V: Gott, unser Heil. A: Wir bitten dich, erhöre uns.
- Für alle, die auf den Namen Jesu Christi getauft sind, dass sie mutig und tatkräftig zusammenwirken, um das Ziel der Einheit im Glauben, Hoffen und Lieben zu erreichen. V: Gott, unser Heil. A: Wir bitten dich, erhöre uns.
- Für alle Frauen, die ein Kind erwarten, besonders für diejenigen, die in schwierigen Lebenssituationen sind. V: Gott, unser Heil. A: Wir bitten dich, erhöre uns.
- Für die Kinder dieser Erde, dass sie ein Umfeld vorfinden, in dem sie Liebe und Bestärkung erfahren. V: Gott, unser Heil. A: Wir bitten dich, erhöre uns.
- Für alle, die eine schwere Entscheidung treffen müssen, bitten wir um deinen Beistand. V: Gott, unser Heil. A: Wir bitten dich, erhöre uns.

Guter Gott, in der Klarheit und Kraft der Gottesmutter Maria hast du uns gezeigt, was du in Menschen bewirken kannst, die dir ganz vertrauen. Du stärkst auch in uns Vertrauen und Liebe, damit wir unseren Weg zuversichtlich gehen können, durch Jesus Christus, unseren Bruder und Herrn.

# EUCHARISTIEFEIER

## GABENGEBET

Allmächtiger Gott, nimm die Gaben deiner Kirche gütig an. Sie erkennt in der Menschwerdung deines Sohnes ihren eigenen Ursprung; lass uns heute in der Feier dieses Geheimnisses seine Liebe erfahren. Darum bitten wir durch Christus, unseren Herrn.

## PRÄFATION

In Wahrheit ist es würdig und recht, dir, Vater im Himmel, zu danken und das Werk deiner Liebe zu rühmen. Denn heute brachte der Engel Maria die Botschaft, und deine Magd nahm sie auf mit gläubigem Herzen. Durch die Kraft des Heiligen Geistes empfing die Jungfrau dein ewiges Wort, und das Wort wurde Mensch in ihrem Schoß, um unter uns Menschen zu wohnen. So hast du an Israel deine Verheißung erfüllt und den gesandt, den die Völker erwarten, deinen Sohn, unseren Herrn Jesus Christus. Durch ihn preisen wir dein Erbarmen und singen mit den Chören der Engel das Lob deiner Herrlichkeit: Heilig …

## KOMMUNIONVERS

Jes 7,14

Seht, die Jungfrau wird empfangen
und einen Sohn gebären.
Sein Name ist: Immanuel – Gott mit uns.

## SCHLUSSGEBET

Ewiger Gott, bewahre, was du uns im Sakrament des Glaubens geschenkt hast. Lass uns festhalten am Bekenntnis, dass dein Sohn, den die Jungfrau empfangen hat, wahrer Gott und wahrer Mensch ist, und führe uns in der Kraft seiner Auferstehung zur ewigen Freude. Darum bitten wir durch ihn, Christus, unseren Herrn.

## FEIERLICHER SCHLUSSSEGEN

Gott, der allmächtige Vater, segne euch durch den Erlöser der Welt, unseren Herrn Jesus Christus, den Sohn der jungfräulichen Mutter Maria. A: Amen.
Sie hat den Urheber des Lebens geboren; ihre mütterliche Fürsprache erwirke euch Gottes Hilfe. A: Amen.
Euch und allen, die heute das Fest der Verkündigung unseres Herrn begehen, schenke Gott die wahre Freude und den ewigen Lohn. A: Amen.
Das gewähre euch der dreieinige Gott, der Vater und der Sohn † und der Heilige Geist. A: Amen.

***

### ÜBERRASCHUNG

Was will der Mann
mit den Flügeln?
Er spricht so komisch,
ich bin doch nur
Maria.

Ein Kind
soll ich bekommen?
Wie soll das gehen –
ohne einen Mann?

Der Heilige Geist
soll das machen –
das glaubt mir doch kein Mensch!

Doch wenn Gott im Spiel ist,
glaube ich,
ist alles möglich.

Also gut:
Mach es so,
wie du willst,
ich bin für dich da.

*Heinz Detlef Stäps*

# 5. FASTENSONNTAG

## 29. März 2020

Marta läuft hinaus aus ihrem Haus, aus ihrem Dorf. Sie läuft nicht einfach davon, sie eilt Jesus entgegen, der sich viel Zeit gelassen hat, zu viel Zeit. Er kommt spät, viel zu spät. Marta findet sich nicht damit ab. Sie geht Jesus an, sie fährt ihn an. Sie gibt sich nicht zufrieden mit dem Unabänderlichen: mit dem Tod. Sie beklagt nicht nur das späte Kommen Jesu, sie klagt jetzt sein Handeln ein. Ein Wort gibt das andere, ein Wort ruft das andere. Ein dramatisch dichtes Gespräch entspinnt sich zwischen Marta und Jesus, das beide verändert. Die Frau erkennt und bekennt, wer ihr lieber Freund ist – der Messias und der Sohn Gottes. Martas Klarheit, Martas Mut – haben sie nicht auch Jesus bewegt? „Lazarus, komm heraus!"

### ERÖFFNUNGSVERS

Ps 43 (42), 1–2

Verschaff mir Recht, o Gott,
und führe meine Sache gegen ein treuloses Volk!
Rette mich vor bösen und tückischen Menschen,
denn du bist mein starker Gott.

### KYRIE-RUFE

Herr Jesus Christus, du bist
der Messias, der Sohn Gottes,
der in die Welt kommen soll.
V/A: Herr, erbarme dich.
Du bist die Auferstehung und das Leben.
V/A: Christus, erbarme dich.
Du willst, dass wir glauben.
V/A: Herr, erbarme dich.

## TAGESGEBET

Herr, unser Gott, dein Sohn hat sich aus Liebe zur Welt dem Tod überliefert. Lass uns in seiner Liebe bleiben und mit deiner Gnade aus ihr leben. Darum bitten wir durch Jesus Christus.

# WORTGOTTESDIENST

**ZUR 1. LESUNG** Ein gespenstisches Bild bietet diese Vision Ezechiels. Gott selbst wird die Gräber öffnen und die Leichen des Volkes herausholen – doch hier geht es nicht um makabre Effekte, sondern darum, Menschen das Leben wiederzugeben, die allen Mut und jegliche Hoffnung begraben haben. Alles ist sinnlos, wir sind doch schon längst tot: So fühlt man sich in Israel zur Zeit Ezechiels. Der Prophet hält dagegen: Gott sagt dem Volk zu, dass sein Leben spendender Atemhauch wirken und es wieder beleben wird – und dies sagt Gott jedem einzelnen Menschen, der seine und unser aller Lage für hoffnungslos hält. Ach, geschenkt! Nein – Geschenk!

## ERSTE LESUNG Ez 37,12b–14

*Ich gebe meinen Geist in euch, dann werdet ihr lebendig*

**Lesung aus dem Buch Ezéchiel.**

So spricht GOTT, der Herr: Siehe, ich öffne eure Gräber und hole euch, mein Volk, aus euren Gräbern herauf. Ich bringe euch zum Ackerboden Israels. Und ihr werdet erkennen, dass ich der HERR bin, wenn ich eure Gräber öffne und euch, mein Volk, aus euren Gräbern heraufhole.

Ich gebe meinen Geist in euch, dann werdet ihr lebendig und ich versetze euch wieder auf euren Ackerboden. Dann werdet ihr erkennen, dass ich der HERR bin.

Ich habe gesprochen und ich führe es aus – Spruch des HERRN.

## ANTWORTPSALM

Ps 130 (129), 1–2.3–4.5–6.7–8 (Kv: 7bc)

Kv Beim HERRN ist die Huld,
bei ihm ist Erlösung in Fülle. – Kv

Aus den Tiefen rufe ich, HERR, zu dir: *
Mein Herr, höre doch meine Stimme!
Lass deine Ohren achten *
auf mein Flehen um Gnade. – (Kv)

Würdest du, HERR, die Sünden beachten, *
mein Herr, wer könnte bestehen?
Doch bei dir ist Vergebung, *
damit man in Ehrfurcht dir dient. – (Kv)

Ich hoffe auf den HERRN, es hofft meine Seele, *
ich warte auf sein Wort.
Meine Seele wartet auf meinen Herrn /
mehr als Wächter auf den Morgen, *
ja, mehr als Wächter auf den Morgen. – (Kv)

Israel, warte auf den HERRN, /
denn beim HERRN ist die Huld, *
bei ihm ist Erlösung in Fülle.
Ja, er wird Israel erlösen *
aus all seinen Sünden. – Kv

ZUR 2. LESUNG Zwei Schlüssel-Wörter stellt der Apostel hier einander gegenüber: Fleisch und Geist. Fleisch, das ist nicht einfach unser Körper, sondern das ist der Mensch in seiner Angst um sich, um seinen Vorteil, seinen Eigennutzen. Der Geist ist auch nicht einfach unser Verstand, sondern der Geist Jesu Christi, der in uns wirkt – sowohl in unserem Leibe als auch in unserem Denken und Verstehen. Mit diesem Geist leben wir und sind wir bereits auferweckt. Ohne ihn sind wir einsam, von allen guten Geistern verlassen, abgeschnitten von dem blühenden Leben, das von Gott kommt und wirkt und bleibt.

## ZWEITE LESUNG

Röm 8,8–11

*Der Geist dessen, der Jesus von den Toten auferweckt hat, wohnt in euch*

**Lesung aus dem Brief des Apostels Paulus an die Gemeinde in Rom.**

Schwestern und Brüder! Wer aber vom Fleisch bestimmt ist, kann Gott nicht gefallen. Ihr aber seid nicht vom Fleisch, sondern vom Geist bestimmt, da ja der Geist Gottes in euch wohnt. Wer aber den Geist Christi nicht hat, der gehört nicht zu ihm.

Wenn aber Christus in euch ist, dann ist zwar der Leib tot aufgrund der Sünde, der Geist aber ist Leben aufgrund der Gerechtigkeit.

Wenn aber der Geist dessen in euch wohnt, der Jesus von den Toten auferweckt hat, dann wird er, der Christus von den Toten auferweckt hat, auch eure sterblichen Leiber lebendig machen, durch seinen Geist, der in euch wohnt.

## RUF VOR DEM EVANGELIUM

Vers: Joh 11,25a.26b

Herr Jesus, dir sei Ruhm und Ehre! – Kv
(So spricht der Herr:)
Ich bin die Auferstehung und das Leben.
Jeder, der an mich glaubt, wird auf ewig nicht sterben.
Herr Jesus, dir sei Ruhm und Ehre!

ZUM EVANGELIUM „Ist ein Meister, heißt der Tod. Der hat Gewalt vom großen Gott", singt ein altes Lied. Die Macht des Todes wird durch Jesus, in dem Gott selber handelt, zeichenhaft beschnitten. Jesus wirkt das Zeichen nicht an irgendeinem Toten, sondern an seinem lieben Freund. Die Auferweckung des Lazarus ist keine selbstgefällige Machtdemonstration. Jesus ist kein Möchtegern-Messias. Marta, die Freundin Jesu, Schwester des Toten, erkennt und bekennt, dass Jesus wirklich der Messias ist, Sohn des lebendigen Gottes: eines Gottes, der die Menschen liebt und mit ihnen leidet. Diese Erkenntnis ist so wunderbar wie die Totenerweckung, der sie vorausgeht. Martas Freundschaft zu Jesus öffnet ihr die Augen des Glaubens und verschließt sie nicht, sowenig ihr fester Glaube die Trauer über den Tod des Bruders ausschließt. Martas Glaube erwächst aus ihrer Menschlichkeit und lässt diese wachsen. So wächst die Macht des Lebens über den Tod.

## EVANGELIUM

Joh 11,1–45

*Ich bin die Auferstehung und das Leben; wer an mich glaubt, wird leben*

**+ Aus dem heiligen Evangelium nach Johannes.**

In jener Zeit war ein Mann krank, Lázarus aus Betánien, dem Dorf der Maria und ihrer Schwester Marta. Maria war jene, die den Herrn mit Öl gesalbt und seine Füße mit ihren Haaren abgetrocknet hatte; deren Bruder Lázarus war krank. Daher sandten die Schwestern Jesus die Nachricht: Herr, sieh: Der, den du liebst, er ist krank.

Als Jesus das hörte, sagte er: Diese Krankheit führt nicht zum Tod, sondern dient der Verherrlichung Gottes. Durch sie soll der Sohn Gottes verherrlicht werden. Jesus liebte aber Marta, ihre Schwester und Lázarus. Als er hörte, dass Lázarus krank war, blieb er noch zwei Tage an dem Ort, wo er sich aufhielt.

Danach sagte er zu den Jüngern: Lasst uns wieder nach Judäa gehen. Die Jünger sagten zu ihm: Rabbi, eben noch suchten dich die Juden zu steinigen und du gehst wieder dorthin? Jesus antwortete: Hat der Tag nicht zwölf Stunden? Wenn jemand am Tag umhergeht, stößt er nicht an, weil er das Licht dieser Welt sieht; wenn aber jemand in der Nacht umhergeht, stößt er an, weil das Licht nicht in ihm ist. So sprach er.

Dann sagte er zu ihnen: Lázarus, unser Freund, schläft; aber ich gehe hin, um ihn aufzuwecken. Da sagten die Jünger zu ihm: Herr, wenn er schläft, dann wird er gesund werden. Jesus hatte aber von seinem Tod gesprochen, während sie meinten, er spreche von dem gewöhnlichen Schlaf. Darauf sagte ihnen Jesus unverhüllt:

Lázarus ist gestorben. Und ich freue mich für euch, dass ich nicht dort war; denn ich will, dass ihr glaubt. Doch wir wollen zu ihm gehen. Da sagte Thomas, genannt Dídymus – Zwilling –, zu den anderen Jüngern: Lasst uns mit ihm gehen, um mit ihm zu sterben!

Als Jesus ankam, fand er Lázarus schon vier Tage im Grab liegen. Betánien war nahe bei Jerusalem, etwa fünfzehn Stadien entfernt.

Viele Juden waren zu Marta und Maria gekommen, um sie wegen ihres Bruders zu trösten. Als Marta hörte, dass Jesus komme, ging sie ihm entgegen, Maria aber blieb im Haus sitzen.

Marta sagte zu Jesus: Herr, wärst du hier gewesen, dann wäre mein Bruder nicht gestorben. Aber auch jetzt weiß ich: Alles, worum du Gott bittest, wird Gott dir geben. Jesus sagte zu ihr: Dein Bruder wird auferstehen. Marta sagte zu ihm: Ich weiß, dass er auferstehen wird bei der Auferstehung am Jüngsten Tag. Jesus sagte zu ihr: Ich bin die Auferstehung und das Leben. Wer an mich glaubt, wird leben, auch wenn er stirbt, und jeder, der lebt und an mich glaubt, wird auf ewig nicht sterben. Glaubst du das? Marta sagte zu ihm: Ja, Herr, ich glaube, dass du der Christus bist, der Sohn Gottes, der in die Welt kommen soll.

Nach diesen Worten ging sie weg, rief heimlich ihre Schwester Maria und sagte zu ihr: Der Meister ist da und lässt dich rufen. Als Maria das hörte, stand sie sofort auf und ging zu ihm. Denn Jesus war noch nicht in das Dorf gekommen; er war noch dort, wo ihn Marta getroffen hatte.

Die Juden, die bei Maria im Haus waren und sie trösteten, sahen, dass sie plötzlich aufstand und hinausging. Da folgten sie ihr, weil sie meinten, sie gehe zum Grab, um dort zu weinen.

Als Maria dorthin kam, wo Jesus war, und ihn sah, fiel sie ihm zu Füßen und sagte zu ihm: Herr, wärst du hier gewesen, dann wäre mein Bruder nicht gestorben. Als Jesus sah, wie sie weinte und wie auch die Juden weinten, die mit ihr gekommen waren, war er im Innersten erregt und erschüttert. Er sagte: Wo habt ihr ihn bestattet? Sie sagten zu ihm: Herr, komm und sieh! Da weinte Jesus.

Die Juden sagten: Seht, wie lieb er ihn hatte! Einige aber sagten: Wenn er dem Blinden die Augen geöffnet hat, hätte er dann nicht auch verhindern können, dass dieser hier starb?

Da wurde Jesus wiederum innerlich erregt und er ging zum Grab. Es war eine Höhle, die mit einem Stein verschlossen war.

Jesus sagte: Nehmt den Stein weg! Marta, die Schwester des Verstorbenen, sagte zu ihm: Herr, er riecht aber schon, denn es ist bereits der vierte Tag. Jesus sagte zu ihr: Habe ich dir nicht gesagt: Wenn du glaubst, wirst du die Herrlichkeit Gottes sehen? Da nahmen sie den Stein weg. Jesus aber erhob seine Augen und sprach: Vater, ich danke dir, dass du mich erhört hast. Ich wusste, dass du mich immer erhörst; aber wegen der Menge, die um mich herumsteht, habe ich es gesagt, damit sie glauben, dass du mich gesandt hast.

Nachdem er dies gesagt hatte, rief er mit lauter Stimme: Lázarus, komm heraus! Da kam der Verstorbene heraus; seine Füße und Hände waren mit Binden umwickelt und sein Gesicht war mit einem Schweißtuch verhüllt. Jesus sagte zu ihnen: Löst ihm die Binden und lasst ihn weggehen!

Viele der Juden, die zu Maria gekommen waren und gesehen hatten, was Jesus getan hatte, kamen zum Glauben an ihn.

*Oder:*

## KURZFASSUNG

Joh 11,3–7.17.20–27.33b–45

*Ich bin die Auferstehung und das Leben; wer an mich glaubt, wird leben*

**+ Aus dem heiligen Evangelium nach Johannes.**

In jener Zeit sandten die Schwestern des Lázarus Jesus die Nachricht: Herr, sieh: Der, den du liebst, er ist krank. Als Jesus das hörte, sagte er: Diese Krankheit führt nicht zum Tod, sondern dient der Verherrlichung Gottes. Durch sie soll der Sohn Gottes verherrlicht werden. Jesus liebte aber Marta, ihre Schwester und Lázarus. Als er hörte, dass Lázarus krank war, blieb er noch zwei Tage an dem Ort, wo er sich aufhielt. Danach sagte er zu den Jüngern: Lasst uns wieder nach Judäa gehen.

Als Jesus ankam, fand er Lázarus schon vier Tage im Grab liegen. Als Marta hörte, dass Jesus komme, ging sie ihm entgegen, Maria aber blieb im Haus sitzen.

Marta sagte zu Jesus: Herr, wärst du hier gewesen, dann wäre mein Bruder nicht gestorben. Aber auch jetzt weiß ich: Alles, worum du Gott bittest, wird Gott dir geben. Jesus sagte zu ihr: Dein Bruder wird auferstehen. Marta sagte zu ihm: Ich weiß, dass er auferstehen wird bei der Auferstehung am Jüngsten Tag. Jesus sagte zu ihr: Ich bin die Auferstehung und das Leben. Wer an mich glaubt, wird leben, auch wenn er stirbt, und jeder, der lebt und an mich glaubt, wird auf ewig nicht sterben. Glaubst du das? Marta sagte zu ihm: Ja, Herr, ich glaube, dass du der Christus bist, der Sohn Gottes, der in die Welt kommen soll.

Jesus war im Innersten erregt und erschüttert. Er sagte: Wo habt ihr ihn bestattet? Sie sagten zu ihm: Herr, komm und sieh! Da weinte Jesus.

Die Juden sagten: Seht, wie lieb er ihn hatte! Einige aber sagten: Wenn er dem Blinden die Augen geöffnet hat, hätte er dann nicht auch verhindern können, dass dieser hier starb? Da wurde Jesus wiederum innerlich erregt und er ging zum Grab. Es war eine Höhle, die mit einem Stein verschlossen war.

Jesus sagte: Nehmt den Stein weg! Marta, die Schwester des Verstorbenen, sagte zu ihm: Herr, er riecht aber schon, denn es ist bereits der vierte Tag. Jesus sagte zu ihr: Habe ich dir nicht gesagt: Wenn du glaubst, wirst du die Herrlichkeit Gottes sehen? Da nahmen sie den Stein weg.

Jesus aber erhob seine Augen und sprach: Vater, ich danke dir, dass du mich erhört hast. Ich wusste, dass du mich immer erhörst; aber wegen der Menge, die um mich herumsteht, habe ich es gesagt, damit sie glauben, dass du mich gesandt hast.

Nachdem er dies gesagt hatte, rief er mit lauter Stimme: Lázarus, komm heraus! Da kam der Verstorbene heraus; seine Füße und Hände waren mit Binden umwickelt und sein Gesicht war mit einem Schweißtuch verhüllt. Jesus sagte zu ihnen: Löst ihm die Binden und lasst ihn weggehen!

Viele der Juden, die zu Maria gekommen waren und gesehen hatten, was Jesus getan hatte, kamen zum Glauben an ihn.

Glaubensbekenntnis, S. 492 ff.

## FÜRBITTEN

Maria und Marta, sie vertrauen und hoffen beide auf Jesus. Wir rufen zu Gott, den Grund auch unserer Hoffnung, und bitten ihn:

- Um Erleuchtung durch deinen Heiligen Geist und um die Kraft der Hoffnung für die Kirche, dass sie die Botschaft der Auferstehung unserer Zeit glaubwürdig verkünden kann. V: Lebendiger Gott. A: Erbarme dich unser.

- Um das Geschenk des Glaubens für alle Kranken und Trauernden, sodass sie Hoffnung auf Leben in Fülle haben. V: Lebendiger Gott. A: Erbarme dich unser.

- Um deinen Beistand für alle, die einen geliebten Menschen verloren haben, dass sie Zeit für die Trauer und Grund zur Hoffnung finden. V: Lebendiger Gott. A: Erbarme dich unser.

- Um die Kraft der Menschenfreundlichkeit für alle, die in Krankenhäusern und Hospizen Sterbende begleiten und ihnen Teilhabe am Leben bis zuletzt ermöglichen. V: Lebendiger Gott. A: Erbarme dich unser.

- Um Frieden und Freude für unsere verstorbenen Angehörigen und Freunde, mit denen wir eng verbunden waren und die uns im Leben Gutes getan haben, und für alle Toten. V: Lebendiger Gott. A: Erbarme dich unser.

Du, Gott des Lebens, schenkst uns auch heute Hoffnung und Licht. Wir danken dir für die Botschaft des Heils, heute und alle Tage unseres Lebens.

# EUCHARISTIEFEIER

## GABENGEBET

Erhöre uns, allmächtiger Gott. Du hast uns durch dein Wort zum Zeugnis eines christlichen Lebens berufen. Reinige uns durch dieses

Opfer und stärke uns zum Kampf gegen das Böse. Darum bitten wir durch Christus, unseren Herrn.

## PRÄFATION

In Wahrheit ist es würdig und recht, dir, Herr, heiliger Vater, allmächtiger, ewiger Gott, immer und überall zu danken durch unseren Herrn Jesus Christus. Da er Mensch ist wie wir, weinte er über den Tod seines Freundes, da er Gott ist von Ewigkeit, rief er Lazarus aus dem Grabe. Er hat Erbarmen mit uns Menschen und führt uns zum neuen Leben durch die österlichen Sakramente. Durch ihn preisen wir das Werk deiner Liebe und vereinen uns mit den Chören der Engel zum Hochgesang von deiner göttlichen Herrlichkeit. Heilig …

## KOMMUNIONVERS

Joh 11,26

Jeder, der lebt und an mich glaubt,
wird in Ewigkeit nicht sterben – so spricht der Herr.

## SCHLUSSGEBET

Allmächtiger Gott, du hast uns das Sakrament der Einheit geschenkt. Lass uns immer lebendige Glieder Christi bleiben, dessen Leib und Blut wir empfangen haben. Darum bitten wir durch ihn, Christus, unseren Herrn.

## FEIERLICHER SCHLUSSSEGEN

S. 210 f.

***

GETHSEMANI

allein sein wollen
nicht laute noch worte

in todesangst
auf die knie gezwungen
an den felsen geschleudert

vor schweigendem himmel
gethsemani

*Josef Wohlmuth*

# Heilige Woche – Karwoche

## PALMSONNTAG

### 5. April 2020

Die Große Woche, die Heilige Woche – so nennt die Tradition die Tage, in die wir heute eintreten. Mit Recht, erleben wir doch in den Liturgien der kommenden Tage in bewegender Verdichtung den tiefsten Grund christlicher Hoffnung. Jesus Christus ist gestorben, wurde begraben, wurde auferweckt, ließ sich sehen: Dieses früh formulierte Bekenntnis wurde, so können wir vermuten, in den gottesdienstlichen Feiern der frühen christlichen Gemeinden gebetet. Der Apostel Paulus jedenfalls zitiert es in seinem ersten Brief an die Gemeinde in Korinth, um in Worte zu fassen, was sein Leben von Grund auf verändert hat. Gestorben – begraben – auferweckt – erschienen. Wir dürfen uns an die lange Reihe der suchenden Menschen anschließen, die geahnt haben, dass dieses Geheimnis sie zur letzten und entscheidenden Wahrheit ihres Lebens führt. Über das Geheimnis können und sollen wir nachdenken – der Verstand wird es letztlich nicht begreifen. Diese Woche lehrt uns einen anderen Weg: In dankbarer Erinnerung feiern wir, was wir nicht fassen können. Wir hören staunend auf das Zeugnis unserer Geschwister und Vorfahren in der Suche nach der Wahrheit. Und wir werden als hörende, feiernde Gemeinde selbst zu Zeugen für die Wahrheit – eine Wahrheit, die sich bewährt hat und in jedem Leben neu bewähren will.

# FEIER DES EINZUGS CHRISTI IN JERUSALEM

## 1. PROZESSION

*(Die Gemeinde versammelt sich vor der Kirche oder in einer Nebenkirche. Alle tragen Zweige in den Händen. Falls keine Prozession stattfindet, beginnt die Feier mit dem Einzug, siehe S. 275.)*

### ERÖFFNUNGSVERS Mt 21,9

Hosanna dem Sohne Davids!
Gepriesen, der da kommt im Namen des Herrn,
der König von Israel.
Hosanna in der Höhe!

*(Der Priester begrüßt die Gemeinde und lädt sie zur gemeinsamen Feier ein.)*

### GEBET

Allmächtiger, ewiger Gott, segne † diese (grünen) Zweige, die Zeichen des Lebens und des Sieges, mit denen wir Christus, unserem König, huldigen. Mit Lobgesängen begleiten wir ihn in seine heilige Stadt; gib, dass wir durch ihn zum himmlischen Jerusalem gelangen, der mit dir lebt und herrscht in alle Ewigkeit.

ZUM EVANGELIUM „Wer ist das?" – Das Auftreten Jesu provoziert diese Frage –, so schildert es der Evangelist Matthäus. Jesus provoziert, er fordert heraus: seine Zeitgenossen nicht weniger als die frühen Christus-Gemeinschaften, für die Matthäus Jahrzehnte später geschrieben hat. Und nicht weniger: uns. Ist er der verheißene ersehnte König in der Tradition Davids? Eine große Sehnsucht: Seine königliche Würde und Macht möge sich doch so manifestieren, dass sie aller Welt einleuchtet! Hosianna! Hilf doch! – der Jubelruf feiert voll Hoffnung den, durch dessen Macht alles gut werden soll. Aber warum auf einem Esel? In der Bildsprache der Bibel ist der Esel, der nicht zur Kriegsführung taugt, das Reittier des Messias, des endzeitlichen Friedensherrschers. „Er ist friedfertig." Er setzt sich nicht mit Gewalt durch. Bald wird aus dem Hosianna das „Kreuzige ihn", das alle Hoffnung zunichtezumachen scheint. „Wer ist das?" – Auch wir stehen vor der Frage, die uns mit dem Geheimnis der verborgenen Größe Gottes konfrontiert und unserer Sehnsucht eine neue Richtung geben will.

## EVANGELIUM Mt 21,1–11

*Gesegnet sei er, der kommt im Namen des Herrn*

**+ Aus dem heiligen Evangelium nach Matthäus.**

Als sich Jesus mit seinen Begleitern Jerusalem näherte und nach Bétfage am Ölberg kam, schickte er zwei Jünger aus und sagte zu ihnen: Geht in das Dorf, das vor euch liegt; dort werdet ihr eine Eselin angebunden finden und ein Fohlen bei ihr. Bindet sie los und bringt sie zu mir! Und wenn euch jemand zur Rede stellt, dann sagt: Der Herr braucht sie, er lässt sie aber bald zurückbringen.

Das ist geschehen, damit sich erfüllte, was durch den Propheten gesagt worden ist:

Sagt der Tochter Zion: Siehe, dein König kommt zu dir. Er ist sanftmütig und er reitet auf einer Eselin und auf einem Fohlen, dem Jungen eines Lasttiers.

Die Jünger gingen und taten, wie Jesus ihnen aufgetragen hatte. Sie brachten die Eselin und das Fohlen, legten ihre Kleider auf sie und er setzte sich darauf. Viele Menschen breiteten ihre Kleider auf dem Weg aus, andere schnitten Zweige von den Bäumen und streuten sie auf den Weg.

Die Leute aber, die vor ihm hergingen und die ihm nachfolgten, riefen:

Hosanna dem Sohn Davids! Gesegnet sei er, der kommt im Namen des Herrn. Hosanna in der Höhe!

Als er in Jerusalem einzog, erbebte die ganze Stadt und man fragte: Wer ist dieser? Die Leute sagten: Das ist der Prophet Jesus von Nazaret in Galiläa.

*(Der Priester fordert die Gemeinde zur Prozession auf. Während der Prozession singen Schola und Volk.)*

## HYMNUS

*Chor:* Ruhm und Preis und Ehre sei dir,
Erlöser und König!
Jubelnd rief einst das Volk sein Hosianna dir zu.
*Alle:* Ruhm und Preis und Ehre …

*Chor:* Du bist Israels König,
Davids Geschlechte entsprossen,
der im Namen des Herrn als der Gesegnete kommt.
*Alle:* Ruhm und Preis und Ehre …

*Chor:* Dir lobsingen im Himmel der Seligen Chöre;
so auch preist dich der Mensch,
so alle Schöpfung zugleich.
*Alle:* Ruhm und Preis und Ehre …

*Chor:* Einst mit Zweigen in Händen
eilte das Volk dir entgegen;
so mit Lied und Gebet ziehen wir heute mit dir.
*Alle:* Ruhm und Preis und Ehre …

*Chor:* Dort erklang dir der Jubel,
als du dahingingst zu leiden;
dir, dem König der Welt,
bringen wir hier unser Lob.
*Alle:* Ruhm und Preis und Ehre …

*Chor:* Hat ihr Lob dir gefallen,
nimm auch das unsre entgegen,
großer König und Herr, du, dem das Gute gefällt.
*Alle:* Ruhm und Preis und Ehre …

## ANTWORTGESANG ZUM EINZUG IN DIE KIRCHE

*Chor:* Gepriesen, der kommt im Namen des Herrn!
*Alle:* Gepriesen …

*Chor:* Als das Volk hörte,
dass Jesus nach Jerusalem komme,
da zogen sie ihm entgegen.
Sie trugen Palmzweige in den Händen und riefen:
Hosanna, hosanna, hosanna in der Höhe.
*Alle:* Hosanna …

# 2. EINFACHER EINZUG

*(Wenn keine Prozession oder ein feierlicher Einzug stattfindet, beginnt die Messe mit dem folgenden Eröffnungsvers.)*

## ERÖFFNUNGSVERS

Ps 24 (23), 9–10

Sechs Tage vor dem Osterfest
kam der Herr in die Stadt Jerusalem.
Da liefen ihm Kinder entgegen
mit Palmzweigen in den Händen und riefen:
Hosanna in der Höhe!
Sei gepriesen, der du kommst als Heiland der Welt.

Ihr Tore, hebt euch nach oben,
hebt euch, ihr uralten Pforten;
denn es kommt der König der Herrlichkeit.

Wer ist der König der Herrlichkeit?
Der Herr der Heerscharen,
er ist der König der Herrlichkeit.

Hosanna in der Höhe!
Sei gepriesen, der du kommst als Heiland der Welt.

# MESSE

## KYRIE-RUFE

Herr Jesus Christus, Gott gleich,
du hast dich entäußert
und wurdest wie ein Sklave.
V/A: Herr, erbarme dich.
Du bist demütig und reitest auf einem Esel.
V/A: Christus, erbarme dich.
Du bist über alle erhöht, du bist der Herr,
zur Ehre Gottes des Vaters.
V/A: Herr, erbarme dich.

## TAGESGEBET

Allmächtiger, ewiger Gott, deinem Willen gehorsam, hat unser Erlöser Fleisch angenommen, er hat sich selbst erniedrigt und sich unter die Schmach des Kreuzes gebeugt. Hilf uns, dass wir ihm auf dem Weg des Leidens nachfolgen und an seiner Auferstehung Anteil erlangen. Darum bitten wir durch ihn, Jesus Christus.

# WORTGOTTESDIENST

ZUR 1. LESUNG Menschen können einander Furchtbares antun. Sie tun es. Wie kann man das aushalten? Körperliche Gewalt und seelische Demütigung, das Grauen selbst? Hier spricht jemand, der solche Gewalt erfahren hat. Was gab ihm die Kraft, zu leben und nicht zugrunde zu gehen? Nicht aus sich selbst kann er es. „Gott gab mir …", sagt er. Nur deshalb kann er andere trösten. Was unzerstörbar in ihm ist, ist Gottes Ja, die Zusage, ihn zu halten, wo er selbst es nicht mehr vermag. Dieses Lied vom Gottesknecht half den Menschen um Jesus, das schändliche Leiden ihres Messias – betäubender Schmerz, unerträglicher Skandal für ihr Fühlen und Denken – tappend, tastend anzunehmen.

## ERSTE LESUNG

Jes 50,4–7

*Mein Gesicht verbarg ich nicht vor Schmähungen, doch ich weiß, dass ich nicht in Schande gerate (Drittes Lied vom Gottesknecht)*

**Lesung aus dem Buch Jesája.**

GOTT, der Herr, gab mir die Zunge von Schülern, damit ich verstehe, die Müden zu stärken durch ein aufmunterndes Wort. Jeden Morgen weckt er mein Ohr, damit ich höre, wie Schüler hören. GOTT, der Herr, hat mir das Ohr geöffnet.

Ich aber wehrte mich nicht und wich nicht zurück. Ich hielt meinen Rücken denen hin, die mich schlugen, und meine Wange denen, die mir den Bart ausrissen. Mein Gesicht verbarg ich nicht vor Schmähungen und Speichel.

Und GOTT, der Herr, wird mir helfen; darum werde ich nicht in Schande enden. Deshalb mache ich mein Gesicht hart wie einen Kiesel; ich weiß, dass ich nicht in Schande gerate.

## ANTWORTPSALM

Ps 22 (21),8–9.17–18.19–20.23–24 (Kv: 2a)

Kv Mein Gott, mein Gott,
warum hast du mich verlassen? – Kv

Alle, die mich sehen, verlachen mich, *
verziehen die Lippen, schütteln den Kopf:
„Wälze die Last auf den HERRN! /
Er soll ihn befreien, *
er reiße ihn heraus, wenn er an ihm Gefallen hat!“ – (Kv)

Denn Hunde haben mich umlagert, /
eine Rotte von Bösen hat mich umkreist. *
Sie haben mir Hände und Füße durchbohrt.
Ich kann all meine Knochen zählen; *
sie gaffen und starren mich an. – (Kv)

Sie verteilen unter sich meine Kleider *
und werfen das Los um mein Gewand.
Du aber, HERR, halte dich nicht fern! *
Du, meine Stärke, eile mir zu Hilfe! – (Kv)

Ich will deinen Namen, Herr, meinen Brüdern verkünden, *
inmitten der Versammlung dich loben.
Die ihr den HERRN fürchtet, lobt ihn; /
all ihr Nachkommen Jakobs, rühmt ihn; *
erschauert vor ihm, all ihr Nachkommen Israels! – Kv

ZUR 2. LESUNG Der Apostel stellt dem Christus-Hymnus die Mahnung voran, im Miteinander dem In-Christus-Sein zu entsprechen: „Seid untereinander so gesinnt, wie es dem Leben in Christus entspricht." Das heißt so viel wie: Schließ dich nicht ein. Verrenne dich nicht in deinen Sorgen, verliere dich nicht in deinen Freuden und deinen Leiden. Verliere den anderen nicht aus dem Blick. Du lebst ja nicht allein. Stoß die Fenster auf! Wozu die verriegelten Türen? Achte doch nicht eng und ängstlich auf deinen Anteil, deinen Vorteil, das brauchst du nicht mehr. Sieh dich nach deinem Bruder, deiner Schwester um. Lass dem anderen den Vortritt, in deinem Herzen, in deinem Handeln. Nur von dem, der Gott gleich war, lässt sich lernen, was Menschsein heißt.

## ZWEITE LESUNG

Phil 2,6–11

*Christus Jesus erniedrigte sich; darum hat ihn Gott über alle erhöht*

**Lesung aus dem Brief des Apostels Paulus an die Gemeinde in Philíppi.**

Christus Jesus war Gott gleich, hielt aber nicht daran fest, Gott gleich zu sein, sondern er entäußerte sich und wurde wie ein Sklave und den Menschen gleich. Sein Leben war das eines Menschen; er erniedrigte sich und war gehorsam bis zum Tod, bis zum Tod am Kreuz.

Darum hat ihn Gott über alle erhöht und ihm den Namen verliehen, der größer ist als alle Namen, damit alle im Himmel, auf der Erde und unter der Erde ihr Knie beugen vor dem Namen Jesu und jeder Mund bekennt: „Jesus Christus ist der Herr“ – zur Ehre Gottes, des Vaters.

## RUF VOR DER PASSION

Vers: vgl. Phil 2,8b–9

Christus Sieger, Christus König, Christus Herr in Ewigkeit! – Kv
Christus war für uns gehorsam bis zum Tod,
bis zum Tod am Kreuz.
Darum hat ihn Gott über alle erhöht
und ihm den Namen verliehen, der größer ist als alle Namen.
Christus Sieger, Christus König, Christus Herr in Ewigkeit!

**ZUR PASSION** Am heutigen Palmsonntag hören wir die Passionsgeschichte, wie sie Matthäus überliefert hat. Sie stellt uns den Leidensweg Jesu vor Augen. Schonungslos zeigt sie, was ein Mensch durch Menschen erleiden muss. „Kommt, ihr Töchter, helft mir klagen“ – so lässt Johann Sebastian Bach den Chor zu Anfang seiner Matthäuspassion trauern. Klagen darüber, dass Freunde, die eben noch miteinander gefeiert haben, Jesus in der Stunde der Not alleine lassen. Klagen darüber, dass ein Freund den Freund verrät. Klagen über erniedrigende Verhörmethoden, über den Missbrauch religiöser Macht im Dienste der vermeintlichen Rechtgläubigkeit. Klagen über die Verleugnung durch den Freund, der vor wenigen Stunden noch von seiner Treue überzeugt war. Klagen über die Ignoranz und Brutalität der Machthaber, über den Wankelmut und die Manipulierbarkeit der Massen. Klagen über gnadenlose Unbarmherzigkeit und entsetzliche Brutalität. „Mein Gott, mein Gott, warum hast du mich verlassen?“, so lässt Matthäus Jesus selbst seine Todesnot herausschreien. Der Gemarterte wendet sich in seiner Klage an Gott, der ihn im Sterben nicht dem Tod überlässt.

(Die Passion wird meist mit verteilten Rollen gelesen:
E = Evangelist, † = Worte Jesu, S = Worte sonstiger Personen)

## PASSION

Mt 26,14–27,66

*Das Leiden unseres Herrn Jesus Christus*

**Das Leiden unseres Herrn Jesus Christus nach Matthäus.**

Die Vereinbarung des Judas mit den Hohepriestern

E Einer der Zwölf namens Judas Iskáriot ging zu den Hohepriestern und sagte: S Was wollt ihr mir geben, wenn ich euch Jesus ausliefere? E Und sie boten ihm dreißig Silberstücke. Von da an suchte er nach einer Gelegenheit, ihn auszuliefern.

Die Vorbereitung des Paschamahles

E Am ersten Tag des Festes der Ungesäuerten Brote gingen die Jünger zu Jesus und fragten: S Wo sollen wir das Paschamahl für dich vorbereiten? E Er antwortete: † Geht in die Stadt zu dem und dem und sagt zu ihm: Der Meister lässt dir sagen: Meine Zeit ist da; bei dir will ich mit meinen Jüngern das Paschamahl feiern. E Die Jünger taten, wie Jesus ihnen aufgetragen hatte, und bereiteten das Paschamahl vor.

Das Mahl

E Als es Abend wurde, begab er sich mit den zwölf Jüngern zu Tisch. Und während sie aßen, sprach er: † Amen, ich sage euch: Einer von euch wird mich ausliefern. E Da wurden sie sehr traurig und einer nach dem andern fragte ihn: S Bin ich es etwa, Herr? E Er antwortete: † Der die Hand mit mir in die Schüssel eintunkt, wird mich ausliefern. Der Menschensohn muss zwar seinen Weg gehen, wie die Schrift über ihn sagt. Doch weh dem Menschen, durch den der Menschensohn ausgeliefert wird! Für ihn wäre es besser, wenn er nie geboren wäre. E Da fragte Judas, der ihn auslieferte: S Bin ich es etwa, Rabbi? E Jesus antwortete: † Du sagst es.
E Während des Mahls nahm Jesus das Brot und sprach den Lobpreis; dann brach er das Brot, reichte es den Jüngern und sagte: † Nehmt und esst; das ist mein Leib. E Dann nahm er den Kelch, sprach das Dankgebet, gab ihn den Jüngern und sagte: † Trinkt alle daraus; das ist mein Blut des Bundes, das für viele vergossen wird zur Vergebung

der Sünden. Ich sage euch: Von jetzt an werde ich nicht mehr von dieser Frucht des Weinstocks trinken, bis zu dem Tag, an dem ich mit euch von Neuem davon trinke im Reich meines Vaters.

Die Ankündigung der Verleugnung

E Nach dem Lobgesang gingen sie zum Ölberg hinaus. Da sagte Jesus zu ihnen: † Ihr alle werdet in dieser Nacht an mir Anstoß nehmen; denn in der Schrift steht: Ich werde den Hirten erschlagen, dann werden sich die Schafe der Herde zerstreuen. Aber nach meiner Auferstehung werde ich euch nach Galiläa vorausgehen. E Petrus erwiderte ihm: S Und wenn alle an dir Anstoß nehmen – ich werde niemals an dir Anstoß nehmen! E Jesus sagte zu ihm: † Amen, ich sage dir: In dieser Nacht, ehe der Hahn kräht, wirst du mich dreimal verleugnen. E Da sagte Petrus zu ihm: S Und wenn ich mit dir sterben müsste – ich werde dich nie verleugnen. E Das Gleiche sagten auch alle Jünger.

Das Gebet in Getsemani

E Darauf kam Jesus mit ihnen zu einem Grundstück, das man Getsémani nennt, und sagte zu den Jüngern: † Setzt euch hier, während ich dorthin gehe und bete! E Und er nahm Petrus und die beiden Söhne des Zebedäus mit sich. Da ergriff ihn Traurigkeit und Angst und er sagte zu ihnen: † Meine Seele ist zu Tode betrübt. Bleibt hier und wacht mit mir! E Und er ging ein Stück weiter, warf sich auf sein Gesicht und betete: † Mein Vater, wenn es möglich ist, gehe dieser Kelch an mir vorüber. Aber nicht wie ich will, sondern wie du willst. E Und er ging zu den Jüngern zurück und fand sie schlafend. Da sagte er zu Petrus: † Konntet ihr nicht einmal eine Stunde mit mir wachen? Wacht und betet, damit ihr nicht in Versuchung geratet! Der Geist ist willig, aber das Fleisch ist schwach. E Wieder ging er weg, zum zweiten Mal, und betete: † Mein Vater, wenn dieser Kelch an mir nicht vorübergehen kann, ohne dass ich ihn trinke, geschehe dein Wille. E Als er zurückkam, fand er sie wieder schlafend, denn die Augen waren ihnen zugefallen. Und er ließ sie, ging wieder weg und betete zum dritten Mal mit den gleichen Worten. Danach kehrte er zu den Jüngern zurück und sagte zu ihnen: † Schlaft ihr immer noch und ruht euch aus? Siehe, die Stunde ist gekommen und der Menschensohn wird in die Hände von Sündern ausgeliefert. Steht auf, wir wollen gehen! Siehe, der mich ausliefert, ist da.

Die Gefangennahme Jesu

E Noch während er redete, siehe, da kam Judas, einer der Zwölf, mit einer großen Schar von Männern, die mit Schwertern und Knüppeln bewaffnet waren; sie waren von den Hohepriestern und den Ältesten des Volkes geschickt worden. Der ihn auslieferte, hatte mit ihnen ein Zeichen vereinbart und gesagt: S Der, den ich küssen werde, der ist es; nehmt ihn fest! E Sogleich ging er auf Jesus zu und sagte: S Sei gegrüßt, Rabbi! E Und er küsste ihn. Jesus erwiderte ihm: † Freund, dazu bist du gekommen? E Da gingen sie auf Jesus zu, ergriffen ihn und nahmen ihn fest. Und siehe, einer von den Begleitern Jesu streckte die Hand aus, zog sein Schwert, schlug auf den Diener des Hohepriesters ein und hieb ihm ein Ohr ab. Da sagte Jesus zu ihm: † Steck dein Schwert in die Scheide; denn alle, die zum Schwert greifen, werden durch das Schwert umkommen. Oder glaubst du nicht, mein Vater würde mir sogleich mehr als zwölf Legionen Engel schicken, wenn ich ihn darum bitte? Wie würden dann aber die Schriften erfüllt, dass es so geschehen muss? E In jener Stunde sagte Jesus zu den Männern: † Wie gegen einen Räuber seid ihr mit Schwertern und Knüppeln ausgezogen, um mich festzunehmen. Tag für Tag saß ich im Tempel und lehrte und ihr habt mich nicht verhaftet. E Das alles aber ist geschehen, damit die Schriften der Propheten in Erfüllung gehen. Da verließen ihn alle Jünger und flohen.

Das Bekenntnis Jesu vor dem Hohen Rat

E Nach der Verhaftung führte man Jesus zum Hohepriester Kájaphas, bei dem sich die Schriftgelehrten und die Ältesten versammelt hatten. Petrus folgte Jesus von Weitem bis zum Hof des Hohepriesters; er ging in den Hof hinein und setzte sich zu den Dienern, um zu sehen, wie alles ausgehen würde. Die Hohepriester und der ganze Hohe Rat bemühten sich um falsche Zeugenaussagen gegen Jesus, um ihn zum Tod verurteilen zu können. Sie fanden aber nichts, obwohl viele falsche Zeugen auftraten. Zuletzt kamen zwei Männer und behaupteten: S Er hat gesagt: Ich kann den Tempel Gottes niederreißen und in drei Tagen wieder aufbauen. E Da stand der Hohepriester auf und fragte Jesus: S Willst du nichts sagen zu dem, was diese Leute gegen dich vorbringen? E Jesus aber schwieg. Darauf sagte der Hohepriester zu ihm: S Ich beschwöre dich bei dem lebendigen Gott, sag uns: Bist du der Christus, der Sohn Gottes? E Jesus antwortete: † Du hast es gesagt. Doch ich erkläre euch: Von nun an werdet ihr den Menschensohn zur Rechten der Macht sitzen und auf den Wolken des Himmels kommen sehen. E Da zerriss der Hohepriester sein Gewand und rief: S Er hat Gott gelästert! Wozu brauchen wir noch Zeugen? Jetzt habt ihr die Gotteslästerung gehört. Was ist eure Meinung? E Sie antworteten: S Er ist des Todes schuldig. E Dann spuckten sie ihm ins Gesicht und schlugen ihn. Andere ohrfeigten ihn und riefen: S Messias, du bist doch ein Prophet, sag uns: Wer hat dich geschlagen?

Die Verleugnung durch Petrus

E Petrus aber saß draußen im Hof. Da trat eine Magd zu ihm und sagte: S Auch du warst mit diesem Jesus aus Galiläa zusammen. E Doch er leugnete es vor allen und sagte: S Ich weiß nicht, wovon du redest. E Und als er zum Tor hinausgehen wollte, sah ihn eine andere Magd und sagte zu denen, die dort standen: S Der war mit Jesus dem Nazoräer zusammen. E Wieder leugnete er und schwor: S Ich kenne den Menschen nicht. E Wenig später kamen die Leute, die dort standen, und sagten zu Petrus: S Wirklich, auch du gehörst zu ihnen, deine Mundart verrät dich. E Da fing er an zu fluchen und zu schwören: S Ich kenne den Menschen nicht. E Gleich darauf krähte ein Hahn und Petrus erinnerte sich an das Wort, das Jesus gesagt hatte: Ehe der Hahn kräht, wirst du mich dreimal verleugnen. Und er ging hinaus und weinte bitterlich.

Die Übergabe an Pilatus

E Als es Morgen wurde, fassten die Hohepriester und die Ältesten des Volkes gemeinsam den Beschluss, Jesus hinrichten zu lassen. Sie ließen ihn fesseln und abführen und lieferten ihn dem Statthalter Pilatus aus.

Das Ende des Judas

E Als nun Judas, der ihn ausgeliefert hatte, sah, dass Jesus verurteilt war, reute ihn seine Tat. Er brachte den Hohepriestern und den Ältesten die dreißig Silberstücke zurück und sagte: S Ich habe gesündigt, ich habe unschuldiges Blut ausgeliefert. E Sie antworteten: S Was geht das uns an? Das ist deine Sache. E Da warf er die Silberstücke in den Tempel; dann ging er weg und erhängte sich. Die Hohepriester nahmen die Silberstücke und sagten: S Man darf das Geld nicht in den Tempelschatz tun; denn es klebt Blut daran. E Und sie beschlossen, von dem Geld den Töpferacker zu kaufen als Begräbnisplatz für die Fremden. Deshalb heißt dieser Acker bis heute Blutacker. So erfüllte sich, was durch den Propheten Jeremía gesagt worden ist: Sie nahmen die dreißig Silberstücke – das ist der Preis, den er den Israeliten wert war – und kauften für das Geld den Töpferacker, wie mir der Herr befohlen hatte.

Das Verhör vor Pilatus

E Als Jesus vor dem Statthalter stand, fragte ihn dieser: S Bist du der König der Juden? E Jesus antwortete: † Du sagst es. E Als aber die Hohenpriester und die Ältesten ihn anklagten, gab er keine Antwort. Da sagte Pilatus zu ihm: S Hörst du nicht, was sie dir alles vorwerfen? E Er aber antwortete ihm auf keine einzige Frage, sodass der Statthalter sehr verwundert war. Jeweils zum Fest pflegte der Statthalter einen Gefangenen freizulassen, den das Volk verlangte. Damals war gerade ein berüchtigter Mann namens Bárabbas im Gefängnis. Pilatus fragte nun die Menge, die zusammengekommen war: S Was wollt ihr? Wen soll ich freilassen, Bárabbas oder Jesus, den man den Christus nennt? E Er wusste nämlich, dass man Jesus nur aus Neid an ihn ausgeliefert hatte. Während Pilatus auf dem Richterstuhl saß, sandte seine Frau zu ihm und ließ ihm sagen: S Habe du nichts zu schaffen mit jenem Gerechten! Ich habe heute seinetwegen im Traum viel gelitten. E Inzwischen überredeten die Hohepriester und die Ältesten die Menge, die Freilassung des Bárabbas zu fordern, Jesus aber hinrichten zu lassen. Der Statthalter fragte sie: S Wen von beiden soll ich freilassen? E Sie riefen: S Bárabbas! E Pilatus sagte zu ihnen: S Was soll ich dann mit Jesus tun, den man den Christus nennt? E Da antworteten sie alle: S Ans Kreuz mit ihm! E Er erwiderte: S Was für ein Verbrechen hat er denn begangen? E Sie aber schrien noch lauter: S Ans Kreuz mit ihm! E Als Pilatus sah, dass er nichts erreichte, sondern dass der Tumult immer größer wurde, ließ er Wasser bringen, wusch sich vor allen Leuten die Hände und sagte: S Ich bin unschuldig am Blut dieses Menschen. Das ist eure Sache! E Da rief das ganze Volk: S Sein Blut – über uns und unsere Kinder! E Darauf ließ er Bárabbas frei, Jesus aber ließ er geißeln und lieferte ihn aus zur Kreuzigung.

Die Verspottung Jesu durch die römischen Soldaten

E Da nahmen die Soldaten des Statthalters Jesus, führten ihn in das Prätórium und versammelten die ganze Kohórte um ihn. Sie zogen ihn aus und legten ihm einen purpurroten Mantel um. Dann flochten sie einen Kranz aus Dornen; den setzten sie ihm auf das Haupt und gaben ihm einen Stock in die rechte Hand. Sie fielen vor ihm auf die Knie und verhöhnten ihn, indem sie riefen: S Sei gegrüßt, König der Juden! E Und sie spuckten ihn an, nahmen ihm den Stock wieder weg und schlugen damit auf seinen Kopf. Nachdem sie so ihren Spott mit ihm getrieben hatten, nahmen sie ihm den Mantel ab und zogen ihm seine eigenen Kleider wieder an.

Kreuzweg und Kreuzigung

E Dann führten sie Jesus hinaus, um ihn zu kreuzigen. Auf dem Weg trafen sie einen Mann aus Kyréne namens Simon; ihn zwangen sie, sein Kreuz zu tragen. So kamen sie an den Ort, der Gólgota genannt wird, das heißt Schädelhöhe. Und sie gaben ihm Wein zu trinken, der mit Galle vermischt war; als er aber davon gekostet hatte, wollte er ihn nicht trinken. Nachdem sie ihn gekreuzigt hatten, verteilten sie seine Kleider, indem sie das Los über sie warfen. Dann setzten sie sich nieder und bewachten ihn dort. Über seinem Kopf hatten sie eine Aufschrift angebracht, die seine Schuld angab: Das ist Jesus, der König der Juden. Zusammen mit ihm wurden zwei Räuber gekreuzigt, der eine rechts von ihm, der andere links. Die Leute, die vorbeikamen, verhöhnten ihn, schüttelten den Kopf und riefen: S Du willst den Tempel niederreißen und in drei Tagen wieder aufbauen? Wenn du Gottes Sohn bist, rette dich selbst und steig herab vom Kreuz! E Ebenso verhöhnten ihn auch die Hohepriester, die Schriftgelehrten und die Ältesten und sagten: S Andere hat er gerettet, sich selbst kann er nicht retten. Er ist doch der König von Israel! Er soll jetzt vom Kreuz herabsteigen, dann werden wir an ihn glauben. Er hat auf Gott vertraut, der soll ihn jetzt retten, wenn er an ihm Gefallen hat; er hat doch gesagt: Ich bin Gottes Sohn. E Ebenso beschimpften ihn die beiden Räuber, die mit ihm zusammen gekreuzigt wurden.

*(Hier stehen alle auf.)*

Der Tod Jesu

E Von der sechsten Stunde an war Finsternis über dem ganzen Land bis zur neunten Stunde. Um die neunte Stunde schrie Jesus mit lauter Stimme: † Eli, Eli, lema sabachtáni?, E das heißt: † Mein Gott, mein Gott, warum hast du mich verlassen? E Einige von denen, die dabeistanden und es hörten, sagten: S Er ruft nach Elíja. E Sogleich lief einer von ihnen hin, tauchte einen Schwamm in Essig, steckte ihn auf ein Rohr und gab Jesus zu trinken. Die anderen aber sagten: S Lass, wir wollen sehen, ob Elíja kommt und ihm hilft. E Jesus aber schrie noch einmal mit lauter Stimme. Dann hauchte er den Geist aus.

*(Hier knien alle zu einer kurzen Gebetsstille nieder.)*

E Und siehe, der Vorhang riss im Tempel von oben bis unten entzwei. Die Erde bebte und die Felsen spalteten sich. Die Gräber öffneten sich und die Leiber vieler Heiligen, die entschlafen waren, wurden auferweckt. Nach der Auferstehung Jesu verließen sie ihre Gräber, kamen in die Heilige Stadt und erschienen vielen. Als der Hauptmann und die Männer, die mit ihm zusammen Jesus bewachten, das Erdbeben bemerkten und sahen, was geschah, erschraken sie sehr und sagten: S Wahrhaftig, Gottes Sohn war dieser! E Auch viele Frauen waren dort und sahen von Weitem zu; sie waren Jesus von Galiläa aus nachgefolgt und hatten ihm gedient. Zu ihnen gehörten Maria aus Mágdala, Maria, die Mutter des Jakobus und des Josef, und die Mutter der Söhne des Zebedäus.

Das Begräbnis Jesu

E Gegen Abend kam ein reicher Mann aus Arimathäa namens Josef; auch er war ein Jünger Jesu. Er ging zu Pilatus und bat um den Leichnam Jesu. Da befahl Pilatus, ihm den Leichnam zu überlassen. Josef nahm den Leichnam und hüllte ihn in ein reines Leinentuch. Dann legte er ihn in ein neues Grab, das er für sich selbst in einen Felsen hatte hauen lassen. Er wälzte einen großen Stein vor den Eingang des Grabes und ging weg. Auch Maria aus Mágdala und die andere Maria waren dort; sie saßen dem Grab gegenüber.

Die Bewachung des Grabes

E Am nächsten Tag gingen die Hohepriester und die Pharisäer gemeinsam zu Pilatus; es war der Tag nach dem Rüsttag. Sie sagten: S Herr, es fiel uns ein, dass dieser Betrüger, als er noch lebte, behauptet hat: Ich werde nach drei Tagen auferstehen. Gib also den Befehl, dass das Grab bis zum dritten Tag bewacht wird! Sonst könnten seine Jünger kommen, ihn stehlen und dem Volk sagen: Er ist von den Toten auferstanden. Und dieser letzte Betrug wäre noch schlimmer als alles zuvor. E Pilatus antwortete ihnen: S Ihr sollt eine Wache haben. Geht und sichert das Grab, so gut ihr könnt! E Darauf gingen sie, um das Grab zu sichern. Sie versiegelten den Eingang und ließen die Wache dort.

*Oder:*

## KURZFASSUNG Mt 27,11–54

*Das Leiden unseres Herrn Jesus Christus*

**Das Leiden unseres Herrn Jesus Christus nach Matthäus.**

Das Verhör vor Pilatus

E Als Jesus vor dem Statthalter stand, fragte ihn dieser: S Bist du der König der Juden? E Jesus antwortete: † Du sagst es. E Als aber die Hohenpriester und die Ältesten ihn anklagten, gab er keine Antwort. Da sagte Pilatus zu ihm: S Hörst du nicht, was sie dir alles vorwerfen?

E Er aber antwortete ihm auf keine einzige Frage, sodass der Statthalter sehr verwundert war.
Jeweils zum Fest pflegte der Statthalter einen Gefangenen freizulassen, den das Volk verlangte. Damals war gerade ein berüchtigter Mann namens Bárabbas im Gefängnis. Pilatus fragte nun die Menge, die zusammengekommen war: S Was wollt ihr? Wen soll ich freilassen, Bárabbas oder Jesus, den man den Christus nennt? E Er wusste nämlich, dass man Jesus nur aus Neid an ihn ausgeliefert hatte. Während Pilatus auf dem Richterstuhl saß, sandte seine Frau zu ihm und ließ ihm sagen: S Habe du nichts zu schaffen mit jenem Gerechten! Ich habe heute seinetwegen im Traum viel gelitten. E Inzwischen überredeten die Hohepriester und die Ältesten die Menge, die Freilassung des Bárabbas zu fordern, Jesus aber hinrichten zu lassen. Der Statthalter fragte sie: S Wen von beiden soll ich freilassen? E Sie riefen: S Bárabbas! E Pilatus sagte zu ihnen: S Was soll ich dann mit Jesus tun, den man den Christus nennt? E Da antworteten sie alle: S Ans Kreuz mit ihm! E Er erwiderte: S Was für ein Verbrechen hat er denn begangen? E Sie aber schrien noch lauter: S Ans Kreuz mit ihm! E Als Pilatus sah, dass er nichts erreichte, sondern dass der Tumult immer größer wurde, ließ er Wasser bringen, wusch sich vor allen Leuten die Hände und sagte: S Ich bin unschuldig am Blut dieses Menschen. Das ist eure Sache! E Da rief das ganze Volk: S Sein Blut – über uns und unsere Kinder! E Darauf ließ er Bárabbas frei, Jesus aber ließ er geißeln und lieferte ihn aus zur Kreuzigung.

Die Verspottung Jesu durch die römischen Soldaten

E Da nahmen die Soldaten des Statthalters Jesus, führten ihn in das Prätórium und versammelten die ganze Kohórte um ihn. Sie zogen ihn aus und legten ihm einen purpurroten Mantel um. Dann flochten sie einen Kranz aus Dornen; den setzten sie ihm auf das Haupt und gaben ihm einen Stock in die rechte Hand. Sie fielen vor ihm auf die Knie und verhöhnten ihn, indem sie riefen: S Sei gegrüßt, König der Juden! E Und sie spuckten ihn an, nahmen ihm den Stock wieder weg und schlugen damit auf seinen Kopf. Nachdem sie so ihren Spott mit ihm getrieben hatten, nahmen sie ihm den Mantel ab und zogen ihm seine eigenen Kleider wieder an.

Kreuzweg und Kreuzigung

E Dann führten sie Jesus hinaus, um ihn zu kreuzigen. Auf dem Weg trafen sie einen Mann aus Kyréne namens Simon; ihn zwangen sie, sein Kreuz zu tragen. So kamen sie an den Ort, der Gólgota genannt wird, das heißt Schädelhöhe. Und sie gaben ihm Wein zu trinken, der mit Galle vermischt war; als er aber davon gekostet hatte, wollte er ihn nicht trinken. Nachdem sie ihn gekreuzigt hatten, verteilten sie seine Kleider, indem sie das Los über sie warfen. Dann setzten sie sich nieder und bewachten ihn dort. Über seinem Kopf hatten sie eine Aufschrift angebracht, die seine Schuld angab: Das ist Jesus, der König der Juden. Zusammen mit ihm wurden zwei Räuber gekreuzigt, der eine rechts von ihm, der andere links. Die Leute, die vorbeikamen, verhöhnten ihn, schüttelten den Kopf und riefen: S Du willst den Tempel niederreißen und in drei Tagen wieder aufbauen? Wenn du Gottes Sohn bist, rette dich selbst und steig herab vom Kreuz! E Ebenso verhöhnten ihn auch die Hohepriester, die Schriftgelehrten und die Ältesten und sagten: S Andere hat er gerettet, sich selbst kann er nicht retten. Er ist doch der König von Israel! Er soll jetzt vom Kreuz herabsteigen, dann werden wir an ihn glauben. Er hat auf Gott vertraut, der soll ihn jetzt retten, wenn er an ihm Gefallen hat; er hat doch gesagt: Ich bin Gottes Sohn. E Ebenso beschimpften ihn die beiden Räuber, die mit ihm zusammen gekreuzigt wurden.

*(Hier stehen alle auf.)*

Der Tod Jesu

E Von der sechsten Stunde an war Finsternis über dem ganzen Land bis zur neunten Stunde. Um die neunte Stunde schrie Jesus mit lauter Stimme: † Eli, Eli, lema sabachtáni?, E das heißt: † Mein Gott, mein Gott, warum hast du mich verlassen? E Einige von denen, die dabeistanden und es hörten, sagten: S Er ruft nach Elíja. E Sogleich lief einer von ihnen hin, tauchte einen Schwamm in Essig, steckte ihn auf ein Rohr und gab Jesus zu trinken. Die anderen aber sagten: S Lass, wir wollen sehen, ob Elíja kommt und ihm hilft. E Jesus aber schrie noch einmal mit lauter Stimme. Dann hauchte er den Geist aus.

*(Hier knien alle zu einer kurzen Gebetsstille nieder.)*

E Und siehe, der Vorhang riss im Tempel von oben bis unten entzwei. Die Erde bebte und die Felsen spalteten sich. Die Gräber öffneten sich und die Leiber vieler Heiligen, die entschlafen waren, wurden auferweckt. Nach der Auferstehung Jesu verließen sie ihre Gräber, kamen in die Heilige Stadt und erschienen vielen. Als der Hauptmann und die Männer, die mit ihm zusammen Jesus bewachten, das Erdbeben bemerkten und sahen, was geschah, erschraken sie sehr und sagten: S Wahrhaftig, Gottes Sohn war dieser!

Glaubensbekenntnis, S. 492 ff.

## FÜRBITTEN

Wir rufen zu Jesus Christus, unserem Herrn und Bruder, der lautstark gefeiert – und angegriffen und geschlagen wurde:

- Lehre deine Kirche, sich an die Seite der Geschundenen und Missachteten zu stellen. V: Jesus Christus, Herr und Bruder. A: Wir bitten dich, erhöre uns.

- Führe und leite alle, die auf deinen Namen getauft sind, hin zur vollen Einheit der Christenheit. V: Jesus Christus, Herr und Bruder. A: Wir bitten dich, erhöre uns.

- Hilf den Verantwortlichen in Justiz und Politik, durch ihre Arbeit beizutragen zu Gerechtigkeit und Frieden. V: Jesus Christus, Herr und Bruder. A: Wir bitten dich, erhöre uns.

- Stärke alle, die Schritte zu Frieden und Versöhnung in unfriedlicher Zeit wagen. V: Jesus Christus, Herr und Bruder. A: Wir bitten dich, erhöre uns.

- Ermutige all diejenigen, die gegen Armut und Mangel an Bildungschancen weltweit kämpfen. V: Jesus Christus, Herr und Bruder. A: Wir bitten dich, erhöre uns.

- Leite unsere Gemeinde, verborgene Not und stummes Leid wahrzunehmen und zu helfen. V: Jesus Christus, Herr und Bruder. A: Wir bitten dich, erhöre uns.

Jesus Christus, du bist den Weg der Gottesnähe und der Solidarität mit den Menschen gegangen. Wir danken dir für die Liebe, die in deinem Kreuz aufleuchtet, und preisen dich, heute und alle Tage unseres Lebens.

# EUCHARISTIEFEIER

## GABENGEBET

Herr, unser Gott, schenke uns Verzeihung durch das Leiden deines Sohnes. Wir haben sie zwar durch unsere Taten nicht verdient, aber wir vertrauen auf dein Erbarmen. Darum versöhne uns mit dir durch das einzigartige Opfer unseres Herrn Jesus Christus, der mit dir lebt und herrscht in alle Ewigkeit.

## PRÄFATION

In Wahrheit ist es würdig und recht, dir, allmächtiger Vater, zu danken und das Werk deiner Liebe zu rühmen durch unseren Herrn Jesus Christus. Er war ohne Sünde und hat für die Sünder gelitten. Er war ohne Schuld und hat sich ungerechtem Urteil unterworfen. Sein Tod hat unsere Vergehen getilgt, seine Auferstehung uns Gnade und Leben erworben. Darum preisen wir jetzt und in Ewigkeit dein Erbarmen und singen mit den Chören der Engel das Lob deiner Herrlichkeit: Heilig …

## KOMMUNIONVERS

Mt 26,42

Mein Vater,
wenn dieser Kelch an mir nicht vorübergehen kann
und ich ihn trinken muss, so geschehe dein Wille.

## SCHLUSSGEBET

Herr, unser Gott, du hast uns im heiligen Mahl gestärkt. Durch das Sterben deines Sohnes gibst du uns die Kraft, das Leben zu erhoffen, das uns der Glaube verheißt. Gib uns durch seine Auferstehung die Gnade, das Ziel unserer Pilgerschaft zu erreichen. Darum bitten wir durch ihn, Christus, unseren Herrn.

## FEIERLICHER SCHLUSSSEGEN

S. 210 f.

***

### BEI JESUS ZU BLEIBEN

Gut ist's
mit Jesus zu gehen
dem Fest entgegen
mit vielen jubeln
wenn die Sonne strahlt
und die Bäume grünen.

Gut ist's
wenn der Abend naht
mit ihm am Tisch
zu singen
das Brot nehmen
und den Becher des Heils
aus seiner Hand.

Schwer ist's
mit Jesus zu gehen
wenn die Nacht dunkelt
die Lieder verstummen
unter schattendrohenden Bäumen.

Schwer ist's
bei Jesus zu bleiben
wenn er, der ein Leben lang
bei denen war
die ganz unten sind,
unter die Räder kommt.

*Eleonore Beck*

# GRÜNDONNERSTAG – HOHER DONNERSTAG

## 9. April 2020

Der Gründonnerstag, der erste der drei österlichen Tage, eröffnet die Liturgie des Triduum, die erst mit dem Segen am Ostermorgen endet. Weil es heute um den Beginn eines längeren Weges geht, ist es entscheidend, mit welcher inneren Einstellung und mit welcher Haltung wir in die Feier dieser Tage hineingehen, wie wir diese turbulenten und schicksalhaften, ebenso geheimnis- wie kraftvollen Stunden im Leben des Jesus von Nazaret erinnern und verinnerlichen. Letztlich geht es darum, den Weg Jesu mitzugehen. Dieses schlichte, unaufgeregte Mitgehen führt uns heran an die Herausforderung von Hingabe und Dienen, hinein in Schmerz und Trauer, in Enttäuschung und Verzweiflung. „Wer Dankbarkeit als Grundgefühl seiner Existenz wählt, kann niemals wirklich verzweifeln", schreibt der Schriftsteller Martin Kämpchen. Vielleicht steht deshalb am Anfang der österlichen Tage die Eucharistie, die Danksagung. Damit wir in den nächsten Tagen nicht verzweifeln.

# MESSE VOM LETZTEN ABENDMAHL

## ERÖFFNUNGSVERS

Vgl. Gal 6,14

Wir rühmen uns des Kreuzes unseres Herrn Jesus Christus.
In ihm ist uns Heil geworden und Auferstehung und Leben.
Durch ihn sind wir erlöst und befreit.

## KYRIE-RUFE

Herr Jesus Christus, du hast den Deinen in der Welt
deine Liebe erwiesen bis zur Vollendung.
V/A: Herr, erbarme dich.
Du gibst dich selbst im Brot des Lebens
und im Kelch des Segens.
V/A: Christus, erbarme dich.
Du hast uns ein Beispiel gegeben –
wir verkünden deinen Tod, bis du kommst.
V/A: Herr, erbarme dich.

Ehre sei Gott, S. 489 f.

*(Die Glocken läuten zu unserem Preislied. Danach verstummen sie bis zur Feier der Osternacht.)*

## TAGESGEBET

Allmächtiger, ewiger Gott, am Abend vor seinem Leiden hat dein geliebter Sohn der Kirche das Opfer des Neuen und Ewigen Bundes anvertraut und das Gastmahl seiner Liebe gestiftet. Gib, dass wir aus diesem Geheimnis die Fülle des Lebens und der Liebe empfangen. Darum bitten wir durch ihn, Jesus Christus.

# WORTGOTTESDIENST

ZUR 1. LESUNG Vertraut klingt der Abschnitt aus dem Buch Exodus, zumal wenn wir ihn am Gründonnerstag als Erzählung jener Tradition hören, in der das Mahl Jesu mit seinen Jüngern steht. Aber müsste dieser Text nicht immer wieder auch heftigen Widerspruch hervorrufen, wenn es heißt, dass der HERR im Land Ägypten jede Erstgeburt bei Mensch und Vieh erschlägt? Es ist heute schwer zu verstehen, dass die Erinnerung an eine solche Gewalttat zur identitätsstiftenden Tradition eines Volkes und einer Religion gehört. Sollte diese Erzählung nicht eher zum Gebet und zum Einsatz für den Frieden zwischen den Völkern und Nationen provozieren? Könnte sie so nicht zum Ausgangspunkt einer neuen Bewegung, einer neuen Befreiung werden?

## ERSTE LESUNG Ex 12,1–8.11–14

*Die Feier des Paschamahles*

**Lesung aus dem Buch Éxodus.**

In jenen Tagen sprach der HERR zu Mose und Aaron im Land Ägypten: Dieser Monat soll die Reihe eurer Monate eröffnen, er soll euch als der Erste unter den Monaten des Jahres gelten. Sagt der ganzen Gemeinde Israel:

Am Zehnten dieses Monats soll jeder ein Lamm für seine Familie holen, ein Lamm für jedes Haus. Ist die Hausgemeinschaft für ein Lamm zu klein, so nehme er es zusammen mit dem Nachbarn, der seinem Haus am nächsten wohnt, nach der Anzahl der Personen. Bei der Aufteilung des Lammes müsst ihr berücksichtigen, wie viel der Einzelne essen kann. Nur ein fehlerfreies, männliches, einjähriges Lamm darf es sein, das Junge eines Schafes oder einer Ziege müsst ihr nehmen. Ihr sollt es bis zum vierzehnten Tag dieses Monats aufbewahren. In der Abenddämmerung soll die ganze versammelte Gemeinde Israel es schlachten. Man nehme etwas von dem Blut und bestreiche damit die beiden Türpfosten und den Türsturz an den Häusern, in denen man es essen will. Noch in der gleichen Nacht soll man das Fleisch essen. Über dem Feuer gebraten und zusammen mit ungesäuertem Brot und Bitterkräutern soll man es essen.

So aber sollt ihr es essen: eure Hüften gegürtet, Schuhe an euren Füßen und euren Stab in eurer Hand. Esst es hastig! Es ist ein Pessach für den HERRN – das heißt: der Vorübergang des Herrn.

In dieser Nacht gehe ich durch das Land Ägypten und erschlage im Land Ägypten jede Erstgeburt bei Mensch und Vieh. Über alle Götter Ägyptens halte ich Gericht, ich, der HERR.

Das Blut an den Häusern, in denen ihr wohnt, soll für euch ein Zeichen sein. Wenn ich das Blut sehe, werde ich an euch vorübergehen und das vernichtende Unheil wird euch nicht treffen, wenn ich das Land Ägypten schlage.

Diesen Tag sollt ihr als Gedenktag begehen. Feiert ihn als Fest für den Herrn! Für eure kommenden Generationen wird es eine ewige Satzung sein, das Fest zu feiern!

## ANTWORTPSALM

Ps 116 (115), 12–13.15–16.17–18 (Kv: vgl. 1 Kor 10, 16)

Kv Der Kelch des Segens gibt uns Anteil an Christi Blut. – Kv

Wie kann ich dem Herrn vergelten *
all das Gute, das er mir erwiesen?
Den Becher des Heils will ich erheben. *
Ausrufen will ich den Namen des Herrn. – (Kv)

Kostbar ist in den Augen des Herrn *
der Tod seiner Frommen.
Ach Herr, ich bin doch dein Knecht, /
dein Knecht bin ich, der Sohn deiner Magd! *
Gelöst hast du meine Fesseln. – (Kv)

Ich will dir ein Opfer des Dankes bringen, *
ausrufen will ich den Namen des Herrn.
Meine Gelübde will ich dem Herrn erfüllen *
in Gegenwart seines ganzen Volkes. – Kv

ZUR 2. LESUNG Mit einem merkwürdigen Vers endet die Lesung aus dem ersten Brief an die Gemeinde in Korinth. Wie soll denn die Teilnahme am eucharistischen Mahl Verkündigung sein? Der Vers wird verständlich, wenn man bedenkt, dass der Tod Jesu seine Hingabe bezeichnet, seinen Tod „für euch". Dann bedeutet die Teilnahme an der

Eucharistie, sich hineinnehmen zu lassen in Jesu Hingabe „für euch“, seinem Beispiel zu folgen in der Hingabe „für andere“ und so zu Zeuginnen und Zeugen, zu Verkünderinnen und Verkündern zu werden – auch außerhalb der Kirchenmauern.

## ZWEITE LESUNG 1 Kor 11,23–26

*Sooft ihr von diesem Brot esst und aus diesem Kelch trinkt, verkündet ihr den Tod des Herrn, bis er kommt*

**Lesung aus dem ersten Brief des Apostels Paulus an die Gemeinde in Korínth.**

Schwestern und Brüder! Ich habe vom Herrn empfangen, was ich euch dann überliefert habe:

Jesus, der Herr, nahm in der Nacht, in der er ausgeliefert wurde, Brot, sprach das Dankgebet, brach das Brot und sagte: Das ist mein Leib für euch. Tut dies zu meinem Gedächtnis!

Ebenso nahm er nach dem Mahl den Kelch und sagte: Dieser Kelch ist der Neue Bund in meinem Blut. Tut dies, sooft ihr daraus trinkt, zu meinem Gedächtnis!

Denn sooft ihr von diesem Brot esst und aus dem Kelch trinkt, verkündet ihr den Tod des Herrn, bis er kommt.

## RUF VOR DEM EVANGELIUM Vers: Joh 13,34ac

Herr Jesus, dir sei Ruhm und Ehre! – Kv
(So spricht der Herr:)
Ein neues Gebot gebe ich euch:
Wie ich euch geliebt habe, so sollt auch ihr einander lieben.
Herr Jesus, dir sei Ruhm und Ehre!

*Oder:*

Dies ist mein Gebot:
Liebet einander, wie ich euch geliebt.

ZUM EVANGELIUM Jetzt gilt's. Seine Stunde ist gekommen. Jesus steht auf und wäscht seinen Jüngern die Füße. Ohne Worte. Nur Petrus quatscht in das still redende Geschehen hinein, nötigt Jesus schon jetzt Worte ab. Erst als er fertig ist, ergreift Jesus selbst das Wort, fragt: Habt ihr diese Geste verstanden? Und dann erklärt er seinen begriffsstutzigen Jüngerinnen und Jüngern damals und heute, wie sein Handeln zu verstehen ist. Aber sein Beispiel zeigt auch: Wenn's drauf ankommt – und es kommt ziemlich oft drauf an –, dann geht es nicht um große Worte, sondern um stilles, demütiges, dienendes Handeln.

## EVANGELIUM

Joh 13,1–15

*Er liebte sie bis zur Vollendung*

**+ Aus dem heiligen Evangelium nach Johannes.**

Es war vor dem Paschafest. Jesus wusste, dass seine Stunde gekommen war, um aus dieser Welt zum Vater hinüberzugehen. Da er die Seinen liebte, die in der Welt waren, liebte er sie bis zur Vollendung.

Es fand ein Mahl statt und der Teufel hatte Judas, dem Sohn des Simon Iskáriot, schon ins Herz gegeben, ihn auszuliefern. Jesus, der wusste, dass ihm der Vater alles in die Hand gegeben hatte und dass er von Gott gekommen war und zu Gott zurückkehrte, stand vom Mahl auf, legte sein Gewand ab und umgürtete sich mit einem Leinentuch. Dann goss er Wasser in eine Schüssel und begann, den Jüngern die Füße zu waschen und mit dem Leinentuch abzutrocknen, mit dem er umgürtet war.

Als er zu Simon Petrus kam, sagte dieser zu ihm: Du, Herr, willst mir die Füße waschen?

Jesus sagte zu ihm: Was ich tue, verstehst du jetzt noch nicht; doch später wirst du es begreifen.

Petrus entgegnete ihm: Niemals sollst du mir die Füße waschen!

Jesus erwiderte ihm: Wenn ich dich nicht wasche, hast du keinen Anteil an mir.

Da sagte Simon Petrus zu ihm: Herr, dann nicht nur meine Füße, sondern auch die Hände und das Haupt.

Jesus sagte zu ihm: Wer vom Bad kommt, ist ganz rein und braucht sich nur noch die Füße zu waschen. Auch ihr seid rein, aber nicht alle. Er wusste nämlich, wer ihn ausliefern würde; darum sagte er: Ihr seid nicht alle rein.

Als er ihnen die Füße gewaschen, sein Gewand wieder angelegt und Platz genommen hatte, sagte er zu ihnen: Begreift ihr, was ich an euch getan habe? Ihr sagt zu mir Meister und Herr und ihr nennt mich mit Recht so; denn ich bin es. Wenn nun ich, der Herr und Meister, euch die Füße gewaschen habe, dann müsst auch ihr einander die Füße waschen. Ich habe euch ein Beispiel gegeben, damit auch ihr so handelt, wie ich an euch gehandelt habe.

## FUSSWASCHUNG

*(Nach der Homilie kann die Fußwaschung folgen. Sie ist Zeichen dafür, dass wir als Kirche uns an Jesu Weisung binden. Dabei können die folgenden Antiphonen gesungen werden.)*

### ANTIPHON 1 — Joh 13,35

Daran werden alle erkennen, dass ihr meine Jünger seid,
wenn ihr Liebe habt zueinander.
V: Jesus sagte zu seinen Jüngern:
A: Daran werden alle erkennen, dass ihr meine Jünger seid,
wenn ihr Liebe habt zueinander.

### ANTIPHON 2 — Joh 13,34

Ein neues Gebot gebe ich euch: „Liebt einander!“
Wie ich euch geliebt habe, so sollt auch ihr einander lieben.

## ANTIPHON 3

1 Kor 13,13

In euch sollen bleiben Glaube, Hoffnung, Liebe, diese drei:
am größten unter ihnen ist die Liebe.
V: Jetzt bleiben Glaube, Hoffnung, Liebe, diese drei:
am größten unter ihnen ist die Liebe.
A: In euch sollen bleiben Glaube, Hoffnung, Liebe, diese drei:
am größten unter ihnen ist die Liebe.

## FÜRBITTEN

Aus Liebe hat Jesus uns sein Mahl der Versöhnung hinterlassen. Auch wir sind eingeladen, in der Gabe des heiligen Brotes Gottes Nähe zu erfahren. Wir rufen zu ihm, der uns nahe sein will:

- Jesus Christus, der du unser Bruder und Erlöser bist, du hast in der Fußwaschung ein bleibendes Zeichen gesetzt: Ermutige deine Kirche, dir im Glauben und in der dienenden Liebe zu folgen. V: Kyrie, eleison. A: Christe, eleison.

- Jesus Christus, der du unser Bruder und Erlöser bist, du schenkst dich selbst im Brot des Lebens: Durchbrich unsere Gleichgültigkeit und hilf uns, Hunger und Leid nicht hinzunehmen, sondern den Hungernden und Leidenden zu helfen. V: Kyrie, eleison. A: Christe, eleison.

- Jesus Christus, der du unser Bruder und Erlöser bist, du willst, dass alle Getauften mit dir und untereinander im priesterlichen Dienst verbunden sind: Stärke deine Botinnen und Boten des Glaubens in der ganzen Welt. V: Kyrie, eleison. A: Christe, eleison.

- Jesus Christus, der du unser Bruder und Erlöser bist, du willst bei uns sein bis zum Ende der Welt: Schenke allen deinen Getauften deine Nähe in Glaube, Liebe und Hoffnung, besonders dann, wenn Ängste und Zweifel übermächtig werden. V: Kyrie, eleison. A: Christe, eleison.

- Jesus Christus, der du unser Bruder und Erlöser bist, du schenkst dich uns und willst uns nähren: Schenke deine heilvolle Nähe den Schwachen, Kranken und den Sterbenden. V: Kyrie, eleison. A: Christe, eleison.

Uns bleiben Glaube, Liebe, Hoffnung. Lob und Preis sei dir, Jesus Christus, heute und allezeit.

# EUCHARISTIEFEIER

## OPFERGANG

*(Zu Beginn der Eucharistiefeier können die Gläubigen einen Opfergang mit Gaben für die Armen halten. Dazu kann man singen:)*

Wo Güte und Liebe, da wohnet Gott. – ℟

1. Christi Liebe hat uns geeint,
lasst uns frohlocken und jubeln in ihm!
Fürchten und lieben wollen wir den lebendigen Gott
und einander lieben aus lauterem Herzen. – (℟)

2. Da wir allesamt eines geworden,
hüten wir uns, getrennt zu werden im Geiste!
Es fliehe der Streit, böser Hader entweiche;
in unserer Mitte wohne der Herr. – (℟)

3. Christus spricht zu den Seinen:
Wo zwei oder drei
in meinem Namen versammelt sind,
da bin ich mitten unter ihnen. – (℟)

4. So lasst uns Gott anhangen aus ganzer Seele
und nichts soll stehen vor seiner Liebe.
Lasst uns in Gott dem Nächsten gut sein wie uns selbst
und Gottes wegen lieben auch den Feind. – (℟)

5. Mit den Heiligen wollen wir schauen
dein Antlitz, Christus, dereinst in der Herrlichkeit.
O, welch unermessliche Freude
durch die grenzenlose Weite der Ewigkeit. Amen. – ℟

## GABENGEBET

Herr, gib, dass wir das Geheimnis des Altares ehrfürchtig feiern; denn sooft wir die Gedächtnisfeier dieses Opfers begehen, vollzieht sich an uns das Werk der Erlösung. Durch Christus, unseren Herrn.

## PRÄFATION

In Wahrheit ist es würdig und recht, dir, Herr, heiliger Vater, allmächtiger, ewiger Gott, immer und überall zu danken durch unseren Herrn Jesus Christus. Als der wahre und ewige Hohepriester hat er die Feier eines immerwährenden Opfers gestiftet. Er hat sich selbst als Opfergabe dargebracht für das Heil der Welt und uns geboten, dass auch wir diese Gabe darbringen zu seinem Gedächtnis. Er stärkt uns, wenn wir seinen Leib empfangen, den er für uns geopfert hat. Er heiligt uns, wenn wir sein Blut trinken, das er für uns vergossen hat. Darum singen wir mit den Engeln und Erzengeln, den Thronen und Mächten und mit all den Scharen des himmlischen Heeres den Hochgesang von deiner göttlichen Herrlichkeit: Heilig …

## KOMMUNIONVERS

1 Kor 11,24.25

Das ist mein Leib, der für euch hingegeben wird.
Dieser Kelch ist der neue Bund in meinem Blut.
Sooft ihr dieses Brot esst und diesen Kelch trinkt,
tut es zum Gedenken an mich – so spricht der Herr.

## SCHLUSSGEBET

Allmächtiger Gott, du hast uns heute im Abendmahl deines Sohnes gestärkt. Sättige uns beim himmlischen Gastmahl mit dem ewigen Leben. Darum bitten wir durch ihn, Christus, unseren Herrn.

*(Nach dem Schlussgebet wird die heilige Eucharistie in eine Kapelle oder an einen Nebenaltar getragen. Während der Prozession singt die Gemeinde. Nach der Feier wird der Altar abgedeckt, die Kreuze werden aus der Kirche entfernt oder verhüllt. In vielen Gemeinden beten die Gläubigen in dieser Nacht vor der Eucharistie.)*

***

## LEINEN I
(Joh 13,4f.)

ein leinentuch
nimmst du
als gürtel
als trockentuch
für die füße
deiner freunde

damit sie
trockenen fußes gehen
durch das nächtliche meer
der anfechtung
und verlassenheit

weil sie wissen
dass der dienst
das größte ist
weil du
darin lebst

*Stefan Voges*

# KARFREITAG – DIE FEIER VOM LEIDEN UND STERBEN CHRISTI

## 10. April 2020

Der Gottesknecht. Der himmlische Hohepriester. Ein verratener, verspotteter, verurteilter und gekreuzigter König der Juden. Ferne Karfreitagsbilder. Alte Glaubenswege. Sprachlich sperrige Verstehenshilfen. Dazwischen, dahinter die bleibende Frage des Jesus von Nazaret: „Ihr aber, für wen haltet ihr mich?" Am Karfreitag eine Frage auf Leben und Tod. Ist unsere Antwort darauf dieselbe, die wir auf Jesu Frage in Getsemani geben: „Wen sucht ihr?" Wenn Jesus der ist, den wir suchen, und in ihm das verwirklicht ist, was wir suchen, dann ist die Frage des Pilatus „Was ist Wahrheit?" schon beantwortet. Dann verstehen wir am Karfreitag, dass Jesus Weg, Wahrheit, Leben ist. Dann eröffnen die Karfreitagsbilder eine österliche Hoffnung, ein glaubendes, Tod und Leere überwindendes Vertrauen.

### GEBET

Gedenke, Herr, der großen Taten, die dein Erbarmen gewirkt hat. Schütze und heilige deine Diener, für die dein Sohn Jesus Christus sein Blut vergossen und das österliche Geheimnis eingesetzt hat, der mit dir lebt und herrscht in alle Ewigkeit.

*Oder:*

Allmächtiger, ewiger Gott, durch das Leiden deines Sohnes hast du den Tod vernichtet, der vom ersten Menschen auf alle Geschlechter übergegangen ist. Nach dem Gesetz der Natur tragen wir das Abbild des ersten Adam an uns; hilf uns durch deine Gnade, das Bild des neuen Adam in uns auszuprägen und Christus ähnlich zu werden, der mit dir lebt und herrscht in alle Ewigkeit.

# WORTGOTTESDIENST

ZUR 1. LESUNG In das vierte Lied vom Gottesknecht hat die neue Einheitsübersetzung mindestens zwei bemerkenswerte Veränderungen eingetragen. Im zweiten Vers (Jes 52, 14) der rahmenden Gottesrede heißt es nun „über dich" statt „über ihn". Und in der Wir-Rede sind aus den „Vergehen seines Volkes" (Jes 53, 8) die „Vergehen meines Volkes" geworden. Beide Änderungen durchbrechen die distanzierte Rede über den Gottesknecht. Die erste offenbart die persönliche Beziehung Gottes zu seinem Knecht; die zweite weist darauf hin, dass jeder und jede Einzelne in dem kollektiven Wir einen persönlichen Bezug zum Schicksal des Gottesknechtes hat. Hören und verstehen wir diese alttestamentliche Passion nun anders?

## ERSTE LESUNG Jes 52, 13–53, 12

*Er wurde durchbohrt wegen unserer Verbrechen (Viertes Lied vom Gottesknecht)*

**Lesung aus dem Buch Jesája.**

Siehe, mein Knecht wird Erfolg haben, er wird sich erheben und erhaben und sehr hoch sein. Wie sich viele über dich entsetzt haben – so entstellt sah er aus, nicht mehr wie ein Mensch, seine Gestalt war nicht mehr die eines Menschen –, so wird er viele Nationen entsühnen, Könige schließen vor ihm ihren Mund. Denn was man ihnen noch nie erzählt hat, das sehen sie nun; was sie niemals hörten, das erfahren sie jetzt.

Wer hat geglaubt, was wir gehört haben? Der Arm des HERRN – wem wurde er offenbar? Vor seinen Augen wuchs er auf wie ein junger Spross, wie ein Wurzeltrieb aus trockenem Boden. Er hatte keine schöne und edle Gestalt, sodass wir ihn anschauen mochten. Er sah nicht so aus, dass wir Gefallen fanden an ihm. Er wurde verachtet und von den Menschen gemieden, ein Mann voller Schmerzen, mit Krankheit vertraut. Wie einer, vor dem man das Gesicht verhüllt, war er verachtet; wir schätzten ihn nicht.

Aber er hat unsere Krankheit getragen und unsere Schmerzen auf sich geladen. Wir meinten, er sei von Gott geschlagen, von ihm getroffen und gebeugt. Doch er wurde durchbohrt wegen unserer Vergehen, wegen unserer Sünden zermalmt. Zu unserem Heil lag die Züchtigung auf ihm, durch seine Wunden sind wir geheilt.

Wir hatten uns alle verirrt wie Schafe, jeder ging für sich seinen Weg. Doch der HERR ließ auf ihn treffen die Schuld von uns allen. Er wurde bedrängt und misshandelt, aber er tat seinen Mund nicht auf. Wie ein Lamm, das man zum Schlachten führt, und wie ein Schaf vor seinen Scherern verstummt, so tat auch er seinen Mund nicht auf.

Durch Haft und Gericht wurde er dahingerafft, doch wen kümmerte sein Geschick? Er wurde vom Land der Lebenden abgeschnitten und wegen der Vergehen meines Volkes zu Tode getroffen. Bei den Frevlern gab man ihm sein Grab und bei den Reichen seine Ruhestätte, obwohl er kein Unrecht getan hat und kein trügerisches Wort in seinem Mund war.

Doch der HERR hat Gefallen an dem von Krankheit Zermalmten. Wenn du, Gott, sein Leben als Schuldopfer einsetzt, wird er Nachkommen sehen und lange leben. Was dem HERRN gefällt, wird durch seine Hand gelingen. Nachdem er vieles ertrug, erblickt er das Licht. Er sättigt sich an Erkenntnis. Mein Knecht, der gerechte, macht die Vielen gerecht; er lädt ihre Schuld auf sich.

Deshalb gebe ich ihm Anteil unter den Großen und mit Mächtigen teilt er die Beute, weil er sein Leben dem Tod preisgab und sich unter die Abtrünnigen rechnen ließ. Er hob die Sünden der Vielen auf und trat für die Abtrünnigen ein.

## ANTWORTPSALM

Ps 31 (30), 2 u. 6.12–13.15–16.17 u. 25 (Kv: Lk 23,46)

Kv Vater, in deine Hände lege ich meinen Geist. – Kv

HERR, bei dir habe ich mich geborgen. /
Lass mich nicht zuschanden werden in Ewigkeit; *

rette mich in deiner Gerechtigkeit!
In deine Hand lege ich voll Vertrauen meinen Geist; *
du hast mich erlöst, HERR, du Gott der Treue. – (Kv)

Vor all meinen Bedrängern wurde ich zum Spott, /
zum Spott sogar für meine Nachbarn.
Meinen Freunden wurde ich zum Schrecken, *
wer mich auf der Straße sieht, der flieht vor mir.
Ich bin dem Gedächtnis entschwunden wie ein Toter, *
bin geworden wie ein zerbrochenes Gefäß. – (Kv)

Ich aber, HERR, ich habe dir vertraut, *
ich habe gesagt: Mein Gott bist du.
In deiner Hand steht meine Zeit; *
entreiß mich der Hand meiner Feinde und Verfolger! – (Kv)

Lass dein Angesicht leuchten über deinem Knecht, *
hilf mir in deiner Huld!
Euer Herz sei stark und unverzagt, *
ihr alle, die ihr den HERRN erwartet. – Kv

ZUR 2. LESUNG Mit dem Bild des Hohepriesters stellt der Hebräerbrief Jesus als den wirklichen und endgültigen Mittler dar, durch den die Menschen einen Zugang zu Gott finden. Die besondere Qualität liegt darin, dass dieser Hohepriester wirklich Zugang zu Gott hat – die Himmel durchschritten – und aus eigener Erfahrung das menschliche Dasein kennt – mitfühlen. Und dieses Wissen Jesu um das Leben der Menschen klingt in der revidierten Einheitsübersetzung noch etwas lebensnäher. Denn jetzt ist nicht mehr, beinah abstrakt, von „unserer Schwäche“, sondern von „unseren Schwächen“ die Rede. So fern uns das Bild des Hohepriesters ist, so vertraut sind uns unsere Schwächen. Damit findet das einmalige Geschehen des Karfreitags und der österlichen Vollendung einen Sitz im ganz alltäglichen Leben.

## ZWEITE LESUNG

Hebr 4,14–16; 5,7–9

*Christus Jesus erniedrigte sich; darum hat ihn Gott über alle erhöht*

**Lesung aus dem Hebräerbrief.**

Schwestern und Brüder! Da wir nun einen erhabenen Hohepriester haben, der die Himmel durchschritten hat, Jesus, den Sohn Gottes, lasst uns an dem Bekenntnis festhalten. Wir haben ja nicht einen Hohepriester, der nicht mitfühlen könnte mit unseren Schwächen, sondern einen, der in allem wie wir versucht worden ist, aber nicht gesündigt hat. Lasst uns also voll Zuversicht hinzutreten zum Thron der Gnade, damit wir Erbarmen und Gnade finden und so Hilfe erlangen zur rechten Zeit!

Christus hat in den Tagen seines irdischen Lebens mit lautem Schreien und unter Tränen Gebete und Bitten vor den gebracht, der ihn aus dem Tod retten konnte, und er ist erhört worden aufgrund seiner Gottesfurcht. Obwohl er der Sohn war, hat er durch das, was er gelitten hat, den Gehorsam gelernt; zur Vollendung gelangt, ist er für alle, die ihm gehorchen, der Urheber des ewigen Heils geworden.

## RUF VOR DER PASSION

Vers: vgl. Phil 2,8b–9

Herr Jesus, dir sei Ruhm und Ehre! – Kv
Christus war für uns gehorsam bis zum Tod,
bis zum Tod am Kreuz.
Darum hat ihn Gott über alle erhöht
und ihm den Namen verliehen, der größer ist als alle Namen.
Herr Jesus, dir sei Ruhm und Ehre!

**ZUR PASSION** Eine Frage leitet die Erzählung vom Leiden und Sterben des Jesus von Nazaret ein: Wen sucht ihr? Mit dieser Frage tritt Jesus den Soldaten und Gerichtsdienern entgegen. Sie trifft auch die, die heute diese Geschichte hören. Wen sucht ihr eigentlich? Die

Passion ergründet gleichsam die Antwort Jesu, sein „Ich bin es". Er ist es. Das Nein zur Gewalt. Das offene Wort. Der König eines außerweltlichen, aber gegenwärtigen Reiches. Der Zeuge einer lebensdienlichen Wahrheit. Die Solidarität mit Opfern willkürlichen Spotts. Die Erinnerung an unschuldiges Leiden. Der Mensch. Der sterbende Gott. Die Hoffnung.

(Die Passion wird meist mit verteilten Rollen gelesen:
E = Evangelist, † = Worte Jesu, S = Worte sonstiger Personen)

## PASSION

Joh 18,1–19,42

*Das Leiden unseres Herrn Jesus Christus*

**Das Leiden unseres Herrn Jesus Christus nach Johannes.**

Die Verhaftung Jesu

E Jesus ging mit seinen Jüngern hinaus, auf die andere Seite des Baches Kidron. Dort war ein Garten; in den ging er mit seinen Jüngern hinein. Auch Judas, der ihn auslieferte, kannte den Ort, weil Jesus dort oft mit seinen Jüngern zusammengekommen war. Judas holte die Soldaten und die Gerichtsdiener der Hohepriester und der Pharisäer und kam dorthin mit Fackeln, Laternen und Waffen. Jesus, der alles wusste, was mit ihm geschehen sollte, ging hinaus und fragte sie: † Wen sucht ihr? E Sie antworteten ihm: S Jesus von Nazaret. E Er sagte zu ihnen: † Ich bin es. E Auch Judas, der ihn auslieferte, stand bei ihnen. Als er zu ihnen sagte: Ich bin es!, wichen sie zurück und stürzten zu Boden. Er fragte sie noch einmal: † Wen sucht ihr? E Sie sagten: S Jesus von Nazaret. E Jesus antwortete: † Ich habe euch gesagt, dass ich es bin. Wenn ihr also mich sucht, dann lasst diese gehen! E So sollte sich das Wort erfüllen, das er gesagt hatte: Ich habe keinen von denen verloren, die du mir gegeben hast. Simon Petrus, der ein Schwert bei sich hatte, zog es, traf damit den Diener des Hohepriesters und hieb ihm das rechte Ohr ab; der Diener aber hieß Malchus. Da sagte Jesus zu Petrus: † Steck das Schwert in die Scheide! Der Kelch, den mir der Vater gegeben hat – soll ich ihn nicht trinken?

Jesus vor Hannas

E Die Soldaten, der Hauptmann und die Gerichtsdiener der Juden nahmen Jesus fest, fesselten ihn und führten ihn zuerst zu Hannas; er war nämlich der Schwiegervater des Kájaphas, der in jenem Jahr Hohepriester war. Kájaphas aber war es, der den Juden den Rat gegeben hatte: S Es ist besser, dass ein einziger Mensch für das Volk stirbt.
E Simon Petrus und ein anderer Jünger folgten Jesus. Dieser Jünger war mit dem Hohepriester bekannt und ging mit Jesus in den Hof des Hohepriesters. Petrus aber blieb draußen am Tor stehen. Da kam der andere Jünger, der Bekannte des Hohepriesters, heraus; er sprach mit der Pförtnerin und führte Petrus hinein. Da sagte die Pförtnerin zu Petrus: S Bist nicht auch du einer von den Jüngern dieses Menschen? E Er sagte: S Ich bin es nicht. E Die Knechte und die Diener hatten sich ein Kohlenfeuer angezündet und standen dabei, um sich zu wärmen; denn es war kalt. Auch Petrus stand bei ihnen und wärmte sich.
Der Hohepriester befragte Jesus über seine Jünger und über seine Lehre. Jesus antwortete ihm: † Ich habe offen vor aller Welt gesprochen. Ich habe immer in der Synagoge und im Tempel gelehrt, wo alle Juden zusammenkommen. Nichts habe ich im Geheimen gesprochen. Warum fragst du mich? Frag doch die, die gehört haben, was ich zu ihnen gesagt habe; siehe, sie wissen, was ich geredet habe. E Als er dies sagte, schlug einer von den Dienern, der dabeistand, Jesus ins Gesicht und sagte: S Antwortest du so dem Hohepriester? E Jesus entgegnete ihm: † Wenn es nicht recht war, was ich gesagt habe, dann weise es nach; wenn es aber recht war, warum schlägst du mich? E Da schickte ihn Hannas gefesselt zum Hohepriester Kájaphas.
Simon Petrus aber stand da und wärmte sich. Da sagten sie zu ihm: S Bist nicht auch du einer von seinen Jüngern? E Er leugnete und sagte: S Ich bin es nicht. E Einer von den Knechten des Hohepriesters, ein Verwandter dessen, dem Petrus das Ohr abgehauen hatte, sagte: S Habe ich dich nicht im Garten bei ihm gesehen? E Wieder leugnete Petrus und gleich darauf krähte ein Hahn.

Jesus vor Pilatus

E Von Kájaphas brachten sie Jesus zum Prätórium; es war früh am Morgen. Sie selbst gingen nicht in das Gebäude hinein, um nicht unrein zu werden, sondern das Paschalamm essen zu können. Deshalb kam Pilatus zu ihnen heraus und fragte: S Welche Anklage erhebt ihr gegen diesen Menschen? E Sie antworteten ihm: S Wenn er kein Übeltäter wäre, hätten wir ihn dir nicht ausgeliefert. E Pilatus sagte zu ihnen: S Nehmt ihr ihn doch und richtet ihn nach eurem Gesetz! E Die Juden antworteten ihm: S Uns ist es nicht gestattet, jemanden hinzurichten. E So sollte sich das Wort Jesu erfüllen, mit dem er angedeutet hatte, welchen Tod er sterben werde.
Da ging Pilatus wieder in das Prätórium hinein, ließ Jesus rufen und fragte ihn: S Bist du der König der Juden? E Jesus antwortete: † Sagst du das von dir aus oder haben es dir andere über mich gesagt? E Pilatus entgegnete: S Bin ich denn ein Jude? Dein Volk und die Hohepriester haben dich an mich ausgeliefert. Was hast du getan? E Jesus antwortete: † Mein Königtum ist nicht von dieser Welt. Wenn mein Königtum von dieser Welt wäre, würden meine Leute kämpfen, damit ich den Juden nicht ausgeliefert würde. Nun aber ist mein Königtum nicht von hier. E Da sagte Pilatus zu ihm: S Also bist du doch ein König? E Jesus antwortete: † Du sagst es, ich bin ein König. Ich bin dazu geboren und dazu in die Welt gekommen, dass ich für die Wahrheit Zeugnis ablege. Jeder, der aus der Wahrheit ist, hört auf meine Stimme. E Pilatus sagte zu ihm: S Was ist Wahrheit?
E Nachdem er das gesagt hatte, ging er wieder zu den Juden hinaus und sagte zu ihnen: S Ich finde keine Schuld an ihm. Ihr seid aber gewohnt, dass ich euch zum Paschafest einen freilasse. Wollt ihr also, dass ich euch den König der Juden freilasse? E Da schrien sie wieder: S Nicht diesen, sondern Bárabbas! E Bárabbas aber war ein Räuber.
Darauf nahm Pilatus Jesus und ließ ihn geißeln. Die Soldaten flochten einen Kranz aus Dornen; den setzten sie ihm auf das Haupt und legten ihm einen purpurroten Mantel um. Sie traten an ihn heran und sagten: S Sei gegrüßt, König der Juden! E Und sie schlugen ihm ins Gesicht.
Pilatus ging wieder hinaus und sagte zu ihnen: S Seht, ich bringe ihn zu euch heraus; ihr sollt wissen, dass ich keine Schuld an ihm finde.

E Jesus kam heraus; er trug die Dornenkrone und den purpurroten Mantel. Pilatus sagte zu ihnen: S Seht, der Mensch! E Als die Hohepriester und die Diener ihn sahen, schrien sie: S Kreuzige ihn, kreuzige ihn! E Pilatus sagte zu ihnen: S Nehmt ihr ihn und kreuzigt ihn! Denn ich finde keine Schuld an ihm. E Die Juden entgegneten ihm: S Wir haben ein Gesetz und nach dem Gesetz muss er sterben, weil er sich zum Sohn Gottes gemacht hat. E Als Pilatus das hörte, fürchtete er sich noch mehr. Er ging wieder in das Prätórium hinein und fragte Jesus: S Woher bist du? E Jesus aber gab ihm keine Antwort. Da sagte Pilatus zu ihm: S Du sprichst nicht mit mir? Weißt du nicht, dass ich Macht habe, dich freizulassen, und Macht, dich zu kreuzigen? E Jesus antwortete ihm: † Du hättest keine Macht über mich, wenn es dir nicht von oben gegeben wäre; darum hat auch der eine größere Sünde, der mich dir ausgeliefert hat. E Daraufhin wollte Pilatus ihn freilassen, aber die Juden schrien: S Wenn du diesen freilässt, bist du kein Freund des Kaisers; jeder, der sich zum König macht, lehnt sich gegen den Kaiser auf.

E Auf diese Worte hin ließ Pilatus Jesus herausführen und er setzte sich auf den Richterstuhl an dem Platz, der Lithóstrotos, auf Hebräisch Gábbata, heißt. Es war Rüsttag des Paschafestes, ungefähr die sechste Stunde. Pilatus sagte zu den Juden: S Seht, euer König! E Sie aber schrien: S Hinweg, hinweg, kreuzige ihn! E Pilatus sagte zu ihnen: S Euren König soll ich kreuzigen? E Die Hohepriester antworteten: S Wir haben keinen König außer dem Kaiser. E Da lieferte er ihnen Jesus aus, damit er gekreuzigt würde.

Kreuzigung, Tod und Begräbnis Jesu

E Sie übernahmen Jesus. Und er selbst trug das Kreuz und ging hinaus zur sogenannten Schädelstätte, die auf Hebräisch Gólgota heißt. Dort kreuzigten sie ihn und mit ihm zwei andere, auf jeder Seite einen, in der Mitte aber Jesus.

Pilatus ließ auch eine Tafel anfertigen und oben am Kreuz befestigen; die Inschrift lautete: Jesus von Nazaret, der König der Juden. Diese Tafel lasen viele Juden, weil der Platz, wo Jesus gekreuzigt wurde, nahe bei der Stadt lag. Die Inschrift war hebräisch, lateinisch und griechisch abgefasst. Da sagten die Hohepriester der Juden zu Pilatus:

S Schreib nicht: Der König der Juden, sondern dass er gesagt hat: Ich bin der König der Juden. E Pilatus antwortete: S Was ich geschrieben habe, habe ich geschrieben.
E Nachdem die Soldaten Jesus gekreuzigt hatten, nahmen sie seine Kleider und machten vier Teile daraus, für jeden Soldaten einen Teil, und dazu das Untergewand. Das Untergewand war aber ohne Naht von oben ganz durchgewoben. Da sagten sie zueinander: S Wir wollen es nicht zerteilen, sondern darum losen, wem es gehören soll. E So sollte sich das Schriftwort erfüllen: Sie verteilten meine Kleider unter sich und warfen das Los um mein Gewand. Dies taten die Soldaten.
Bei dem Kreuz Jesu standen seine Mutter und die Schwester seiner Mutter, Maria, die Frau des Klopas, und Maria von Mágdala. Als Jesus die Mutter sah und bei ihr den Jünger, den er liebte, sagte er zur Mutter: † Frau, siehe, dein Sohn! E Dann sagte er zu dem Jünger: † Siehe, deine Mutter! E Und von jener Stunde an nahm sie der Jünger zu sich.

*(Hier stehen alle auf.)*

E Danach, da Jesus wusste, dass nun alles vollbracht war, sagte er, damit sich die Schrift erfüllte: † Mich dürstet. E Ein Gefäß voll Essig stand da. Sie steckten einen Schwamm voll Essig auf einen Ysopzweig und hielten ihn an seinen Mund. Als Jesus von dem Essig genommen hatte, sprach er: † Es ist vollbracht! E Und er neigte das Haupt und übergab den Geist.

*(Hier knien alle zu einer kurzen Gebetsstille nieder.)*

E Weil Rüsttag war und die Körper während des Sabbats nicht am Kreuz bleiben sollten – dieser Sabbat war nämlich ein großer Feiertag –, baten die Juden Pilatus, man möge ihnen die Beine zerschlagen und sie dann abnehmen. Also kamen die Soldaten und zerschlugen dem ersten die Beine, dann dem andern, der mit ihm gekreuzigt worden war. Als sie aber zu Jesus kamen und sahen, dass er schon tot war, zerschlugen sie ihm die Beine nicht, sondern einer der Soldaten stieß mit der Lanze in seine Seite und sogleich floss Blut und Wasser heraus. Und der es gesehen hat, hat es bezeugt und sein Zeugnis ist wahr. Und er weiß, dass er Wahres sagt, damit auch ihr glaubt. Denn

das ist geschehen, damit sich das Schriftwort erfüllte: Man soll an ihm kein Gebein zerbrechen. Und ein anderes Schriftwort sagt: Sie werden auf den blicken, den sie durchbohrt haben.
Josef aus Arimathäa war ein Jünger Jesu, aber aus Furcht vor den Juden nur im Verborgenen. Er bat Pilatus, den Leichnam Jesu ab nehmen zu dürfen, und Pilatus erlaubte es. Also kam er und nahm den Leichnam ab.
Es kam auch Nikodémus, der früher einmal Jesus bei Nacht aufgesucht hatte. Er brachte eine Mischung aus Myrrhe und Aloë, etwa hundert Pfund. Sie nahmen den Leichnam Jesu und umwickelten ihn mit Leinenbinden, zusammen mit den wohlriechenden Salben, wie es beim jüdischen Begräbnis Sitte ist.
An dem Ort, wo man ihn gekreuzigt hatte, war ein Garten und in dem Garten war ein neues Grab, in dem noch niemand bestattet worden war. Wegen des Rüsttages der Juden und weil das Grab in der Nähe lag, setzten sie Jesus dort bei.

## GROSSE FÜRBITTEN

1. Für die heilige Kirche
Lasst uns beten, Brüder und Schwestern, für die heilige Kirche Gottes, dass unser Gott und Herr ihr Frieden schenke auf der ganzen Erde, sie eine und behüte und uns ein Leben gewähre in Ruhe und Sicherheit zum Lob seines Namens.
(Beuget die Knie. – Erhebet euch.)

Allmächtiger, ewiger Gott, du hast in Christus allen Völkern deine Herrlichkeit geoffenbart. Behüte, was du in deinem Erbarmen geschaffen hast, damit deine Kirche auf der ganzen Erde in festem Glauben verharre. Darum bitten wir durch Christus, unseren Herrn.

2. Für den Papst
Lasst uns auch beten für unsern Papst N.: Der allmächtige Gott, der ihn zum Bischofsamt erwählt hat, erhalte ihn seiner Kirche und gebe ihm Kraft, das heilige Volk Gottes zu leiten.
(Beuget die Knie. – Erhebet euch.)

Allmächtiger, ewiger Gott, du Hirte deines Volkes, in deiner Weisheit ist alles begründet. Höre auf unser Gebet und bewahre in deiner Güte unseren Papst N. Leite durch ihn deine Kirche und gib, dass sie wachse im Glauben und in der Liebe. Darum bitten wir durch Christus, unseren Herrn.

3. Für alle Stände der Kirche
Lasst uns beten für unseren Bischof N., für alle Bischöfe, Priester, Diakone, für alle, die zum Dienst in der Kirche bestellt sind, und für das ganze Volk Gottes.
(Beuget die Knie. – Erhebet euch.)

Allmächtiger, ewiger Gott, dein Geist heiligt den ganzen Leib der Kirche und leitet ihn. Erhöre unser Gebet für alle Stände deines Volkes und gib ihnen die Gnade, dir in Treue zu dienen. Darum bitten wir durch Christus, unseren Herrn.

4. Für die Katechumenen
Lasst uns auch beten für die (unsere) Katechumenen: Unser Herr und Gott öffne ihre Herzen für sein Wort, er schenke ihnen in der Taufe die Vergebung aller Sünden und nehme sie auf in sein Vaterhaus, damit sie das Leben finden in unserem Herrn Jesus Christus.
(Beuget die Knie. – Erhebet euch.)

Allmächtiger, ewiger Gott, du gibst deiner Kirche immer neue Fruchtbarkeit. Schenke allen, die sich auf die Taufe vorbereiten, Wachstum im Glauben und in der Erkenntnis. Führe sie zur Wiedergeburt aus dem Quell der Taufe und nimm sie an als deine Kinder. Darum bitten wir durch Christus, unseren Herrn.

5. Für die Einheit der Christen
Lasst uns beten für alle Brüder und Schwestern, die an Christus glauben, dass unser Herr und Gott sie leite auf dem Weg der Wahrheit und sie zusammenführe in der Einheit der heiligen Kirche.
(Beuget die Knie. – Erhebet euch.)

Allmächtiger Gott, du allein kannst die Spaltung überwinden und die Einheit bewahren. Erbarme dich deiner Christenheit, die geheiligt ist durch die eine Taufe. Einige sie im wahren Glauben und schließe sie zusammen durch das Band der Liebe. Darum bitten wir durch Christus, unseren Herrn.

6. Für die Juden
Lasst uns auch beten für die Juden, zu denen Gott, unser Herr, zuerst gesprochen hat: Er bewahre sie in der Treue zu seinem Bund und in der Liebe zu seinem Namen, damit sie das Ziel erreichen, zu dem sein Ratschluss sie führen will.
(Beuget die Knie. – Erhebet euch.)

Allmächtiger, ewiger Gott, du hast Abraham und seinen Kindern deine Verheißung gegeben. Erhöre das Gebet deiner Kirche für das Volk, das du als Erstes zu deinem Eigentum erwählt hast: Gib, dass es zur Fülle der Erlösung gelangt. Darum bitten wir durch Christus, unseren Herrn.

7. Für alle, die nicht an Christus glauben
Lasst uns beten für alle, die nicht an Christus glauben, dass der Heilige Geist sie erleuchte und sie auf den Weg des Heils führe.
(Beuget die Knie. – Erhebet euch.)

Allmächtiger, ewiger Gott, steh allen bei, die sich nicht zu Christus bekennen, damit sie mit redlichem Herzen vor dir leben und die Wahrheit finden. Uns aber gib, dass wir das Geheimnis deines Lebens immer tiefer erfassen und in der brüderlichen Liebe wachsen, damit wir immer mehr zu glaubhaften Zeugen deiner Güte werden. Darum bitten wir durch Christus, unseren Herrn.

8. Für alle, die nicht an Gott glauben
Lasst uns auch beten für alle, die Gott nicht erkennen, dass sie mit seiner Hilfe ihrem Gewissen folgen und so zum Gott und Vater aller Menschen gelangen.
(Beuget die Knie. – Erhebet euch.)

Allmächtiger, ewiger Gott, du hast den Menschen geschaffen, dass er dich suche und in dir Ruhe finde. Gib dich zu erkennen in den Beweisen deines Erbarmens und in den Taten deiner Gläubigen, damit die Menschen trotz aller Hindernisse dich finden und als den wahren Gott und Vater bekennen. Darum bitten wir durch Christus, unseren Herrn.

9. Für die Regierenden
Lasst uns beten für die Regierenden: Unser Herr und Gott lenke ihren Geist und ihr Herz nach seinem Willen, damit sie den wahren Frieden und die Freiheit suchen zum Heil aller Völker.
(Beuget die Knie. – Erhebet euch.)

Allmächtiger, ewiger Gott, in deiner Hand sind die Herzen der Menschen und das Recht der Völker. Schau gnädig auf jene, die uns regieren, damit auf der ganzen Welt Sicherheit und Frieden herrschen, Wohlfahrt der Völker und Freiheit des Glaubens. Darum bitten wir durch Christus, unseren Herrn.

10. Für alle notleidenden Menschen
Lasst uns Gott, den allmächtigen Vater, bitten für alle, die der Hilfe bedürfen: Er reinige die Welt von allem Irrtum, nehme die Krankheiten hinweg, vertreibe den Hunger, löse ungerechte Fesseln, gebe den Heimatlosen Sicherheit, den Pilgernden und Reisenden eine glückliche Heimkehr, den Kranken die Gesundheit und den Sterbenden das ewige Leben.
(Beuget die Knie. – Erhebet euch.)

Allmächtiger, ewiger Gott, du Trost der Betrübten, du Kraft der Leidenden, höre auf alle, die in ihrer Bedrängnis zu dir rufen, und lass sie in jeder Not deine Barmherzigkeit erfahren. Darum bitten wir durch Christus, unseren Herrn.

## KREUZVEREHRUNG

*(Nach dem Wortgottesdienst folgt die feierliche Kreuzverehrung. Das Kreuz ist Zeichen der Niederlage, aber auch Zeichen des Sieges, es ist das Zeichen unserer Hoffnung. Im Zeichen des Kreuzes ehren wir Christus und bekennen uns zu ihm und seinem Weg.)*

## RUF ZUR KREUZERHEBUNG

V: Ecce lignum Crucis,
in quo salus mundi
pependit.
A: Venite, adoremus.

V: Seht das Kreuz, an dem
der Herr gehangen, das
Heil der Welt.
A: Kommt, lasset uns
anbeten.

## GESÄNGE ZUR KREUZVEREHRUNG

## ANTWORTGESANG

A: Dein Kreuz, o Herr, verehren wir
und deine heilige Auferstehung
preisen und rühmen wir:
Denn siehe, durch das Holz des Kreuzes
kam Freude in alle Welt.

V: Gott sei uns gnädig und segne uns. Vgl. Ps 67 (66), 2
Er lasse sein Angesicht über uns leuchten
und erbarme sich unser.

A: Dein Kreuz, o Herr, verehren wir
und deine heilige Auferstehung
preisen und rühmen wir:
Denn siehe, durch das Holz des Kreuzes
kam Freude in alle Welt.

## IMPROPERIEN

A: Mein Volk, was habe ich dir getan, womit nur habe ich dich betrübt? Antworte mir.

V: Aus der Knechtschaft Ägyptens habe ich dich herausgeführt. Du aber bereitest das Kreuz deinem Erlöser.

A: Mein Volk …

Hagios, ho Theos,
Sanctus Deus.
Heiliger Gott.

Hagios Ischyros.
Sanctus Fortis.
Heiliger, starker Gott.

Hagios Athanatos, eleison hemas.
Sanctus Immortalis, miserere nobis.
Heiliger, unsterblicher Gott, erbarme dich unser.

V: Vierzig Jahre habe ich dich geleitet durch die Wüste. Ich habe dich mit Manna gespeist und dich hineingeführt in das Land der Verheißung. Du aber bereitest das Kreuz deinem Erlöser.

Hagios, ho Theos,
Sanctus Deus.
Heiliger Gott.

Hagios Ischyros.
Sanctus Fortis.
Heiliger, starker Gott.

Hagios Athanatos, eleison hemas.
Sanctus Immortalis, miserere nobis.
Heiliger, unsterblicher Gott, erbarme dich unser.

V: Was hätte ich dir mehr tun sollen und tat es nicht? Als meinen erlesenen Weinberg pflanzte ich dich, du aber brachtest mir bittere Trauben, du hast mich in meinem Durst mit Essig getränkt und mit der Lanze deinem Erlöser die Seite durchstoßen.

Hagios, ho Theos,
Sanctus Deus.
Heiliger Gott.

Hagios Ischyros.
Sanctus Fortis.
Heiliger, starker Gott.

Hagios Athanatos, eleison hemas.
Sanctus Immortalis, miserere nobis.
Heiliger, unsterblicher Gott, erbarme dich unser.

V: Deinetwegen habe ich Ägypten geschlagen und seine Erstgeburt, du aber hast mich geschlagen und dem Tod überliefert.
A: Mein Volk, was habe ich dir getan, womit nur habe ich dich betrübt? Antworte mir.
V: Ich habe dich aus Ägypten herausgeführt und den Pharao versinken lassen im Roten Meer, du aber hast mich den Hohenpriestern überliefert.
A: Mein Volk …
V: Ich habe vor dir einen Weg durch das Meer gebahnt, du aber hast mit der Lanze meine Seite geöffnet.
A: Mein Volk …
V: In einer Wolkensäule bin ich dir vorangezogen, du aber hast mich vor den Richterstuhl des Pilatus geführt.
A: Mein Volk …
V: Ich habe dich in der Wüste mit Manna gespeist, du aber hast mich ins Gesicht geschlagen und mich gegeißelt.
A: Mein Volk …
V: Ich habe dir Wasser aus dem Felsen zu trinken gegeben und dich gerettet, du aber hast mich getränkt mit Galle und Essig.
A: Mein Volk …
V: Deinetwegen habe ich die Könige Kanaans geschlagen, du aber schlugst mir mit einem Rohr auf mein Haupt.
A: Mein Volk …
V: Ich habe dir ein Königszepter in die Hand gegeben, du aber hast mich gekrönt mit einer Krone von Dornen.
A: Mein Volk …
V: Ich habe dich erhöht und ausgestattet mit großer Kraft, du aber erhöhtest mich am Holz des Kreuzes.
A: Mein Volk …

## HYMNUS

*Hier kann der Hymnus* Pange, lingua, gloriosi proelium certaminis *eingefügt werden.*

# KOMMUNION

*(Das Allerheiligste wird zum Altar gebracht. Der Priester tritt zum Altar und spricht mit gefalteten Händen:)*

Dem Wort unseres Herrn und Erlösers gehorsam und getreu seiner göttlichen Weisung, wagen wir zu sprechen:

*(Er breitet die Hände aus und betet mit der Gemeinde:)*

Vater unser im Himmel, geheiligt werde dein Name. Dein Reich komme. Dein Wille geschehe, wie im Himmel so auf Erden. Unser tägliches Brot gib uns heute. Und vergib uns unsere Schuld, wie auch wir vergeben unsern Schuldigern. Und führe uns nicht in Versuchung, sondern erlöse uns von dem Bösen.

*(Der Priester fährt allein fort mit ausgebreiteten Händen:)*

Erlöse uns, Herr, allmächtiger Vater, von allem Bösen und gib Frieden in unseren Tagen. Komm uns zu Hilfe mit deinem Erbarmen und bewahre uns vor Verwirrung und Sünde, damit wir voll Zuversicht das Kommen unseres Erlösers Jesus Christus erwarten.

*(Die Gemeinde beschließt das Gebet mit dem Ruf:)*

Denn dein ist das Reich und die Kraft
und die Herrlichkeit in Ewigkeit. Amen.

*(Der Priester faltet die Hände und spricht leise:)*

Herr Jesus Christus, der Empfang deines Leibes bringe mir nicht Gericht und Verdammnis, sondern Segen und Heil.

*(Der Priester macht eine Kniebeuge, nimmt eine Hostie, hält sie über der Schale und spricht, zur Gemeinde gewendet, laut:)*

Seht das Lamm Gottes,
das hinwegnimmt die Sünde der Welt.

*(Zusammen mit der Gemeinde spricht er einmal:)*

Herr, ich bin nicht würdig,
dass du eingehst unter mein Dach,
aber sprich nur ein Wort,
so wird meine Seele gesund.

## SCHLUSSGEBET

Allmächtiger, ewiger Gott, durch den Tod und die Auferstehung deines Sohnes hast du uns das neue Leben geschenkt. Bewahre in uns, was deine Barmherzigkeit gewirkt hat, und gib uns durch den Empfang dieses Sakramentes die Kraft, dir treu zu dienen. Darum bitten wir durch Christus, unseren Herrn.

## SEGENSGEBET ÜBER DAS VOLK

Herr, unser Gott, reicher Segen komme herab auf dein Volk, das den Tod deines Sohnes gefeiert hat und die Auferstehung erwartet. Schenke ihm Verzeihung und Trost, Wachstum im Glauben und die ewige Erlösung. Darum bitten wir durch Christus, unseren Herrn.

***

## LEINEN II
(Joh 19,40)

mit leinenbinden
umwickeln sie
deinen körper
und mit
duftenden salben

sie tun was
jetzt noch
möglich ist
damit sie
selbst glauben
dass du
tot bist
und damit du
ein zeichen
hinterlassen kannst

*Stefan Voges*

# Die Osterzeit

## HOCHFEST DER AUFERSTEHUNG DES HERRN

## OSTERSONNTAG

11./12. April 2020

## DIE FEIER DER OSTERNACHT

Die Auferstehung, ein fernes Geschehen. Die Auferstehung Jesu ist lange vergangen, die eigene hoffentlich noch in ferner Zukunft, die kommende in gelegentlich angezweifelter Glaubensgewissheit. Doch Auferstehung will gegenwärtig sein. In der Erfahrung der erhellten Nacht. In den Auferstehungsbotschaften der biblischen Lesungen. In der Neuschöpfung der Taufe. Im Frieden der Vergebung. In der Wirklichkeit des Neuanfangs. Auferstehung ist nicht fern und nicht vergangen. Auferstehung ist nah und gegenwärtig. In dir und für dich.

## LICHTFEIER

*(In der Lichtfeier wird das Osterfeuer gesegnet. An ihm wird die Osterkerze entzündet und in feierlichem Zug in die dunkle Kirche getragen. Wenn es nicht möglich ist, das Osterfeuer anzuzünden, beginnt die Feier mit dem Einzug der Osterkerze.)*

## BEGRÜSSUNG

Liebe Brüder und Schwestern!
In der Osternacht ist unser Herr Jesus Christus vom Tode auferstanden und zum Leben hinübergegangen. Darum hält die Kirche in der ganzen Welt diese Nacht heilig; sie lädt ihre Söhne und Töchter, wo immer sie wohnen, ein, zu wachen und zu beten. Auch wir sind in (zu Beginn – am Ende) dieser Nacht der Einladung gefolgt. Wir begehen das Gedächtnis des österlichen Heilswerkes Christi, indem wir das Wort Gottes hören und die heiligen Mysterien feiern in der zuversichtlichen Hoffnung, dass wir einst am Sieg Christi über den Tod und an seinem Leben in Gott teilnehmen dürfen.

## SEGEN ÜBER DAS FEUER

Lasset uns beten. Allmächtiger, ewiger Gott, du hast durch Christus allen, die an dich glauben, das Licht deiner Herrlichkeit geschenkt. Segne † dieses neue Feuer, das die Nacht erhellt, und entflamme in uns die Sehnsucht nach dir, dem unvergänglichen Licht, damit wir mit reinem Herzen zum ewigen Osterfest gelangen. Darum bitten wir durch Christus, unseren Herrn.

## BEREITUNG DER OSTERKERZE

*(Nach der Segnung des Feuers wird die Osterkerze herbeigebracht. Der Zelebrant ritzt mit einem Griffel ein Kreuz in die Kerze, darüber zeichnet er den ersten Buchstaben des griechischen Alphabets, Alpha, darunter den letzten, Omega. Zwischen die Kreuzesarme schreibt er die Jahreszahl. Dabei spricht er:)*

Christus, gestern und heute *(senkrechter Balken)*,
Anfang und Ende *(Querbalken)*,
Alpha *(über dem Kreuz)*
und Omega *(unter dem Kreuz)*.

Sein ist die Zeit *(1. Ziffer)*
und die Ewigkeit *(2. Ziffer).*
Sein ist die Macht
und die Herrlichkeit *(3. Ziffer)*
in alle Ewigkeit. Amen *(4. Ziffer).*

A
2 | 0
2 | 0
Ω

*(Der Priester kann in das geritzte Kreuz fünf Weihrauchkörner einfügen. Dabei spricht er:)*

Durch seine heiligen Wunden *(1),*
die leuchten in Herrlichkeit *(2),*
behüte uns *(3)*
und bewahre uns *(4),*
Christus, der Herr. Amen *(5).*

1
4 2 5
3

*(Danach zündet der Priester die Osterkerze am Feuer an und spricht:)*

Christus ist glorreich auferstanden vom Tod.
Sein Licht vertreibe das Dunkel der Herzen.

## PROZESSION

*(Der Priester oder ein Diakon nimmt die Osterkerze, hebt sie empor und singt:)*

Lumen Christi.
A: Deo gratias.

Christus, das Licht.
A: Dank sei Gott.

*(Alle ziehen in die Kirche ein. Am Eingang wird der Preisruf wiederholt. Die Mitfeiernden zünden ihre Kerzen an der Osterkerze an. Vor dem Altar wendet sich der Priester dem Volk zu und singt zum dritten Mal den Preisruf. Nun werden in der Kirche die Lichter angezündet.)*

## DAS OSTERLOB

Frohlocket, ihr Chöre der Engel, frohlocket, ihr himmlischen Scharen, lasset die Posaune erschallen, preiset den Sieger, den erhabenen König! Lobsinge, du Erde, überstrahlt vom Glanz aus der Höhe! Licht des großen Königs umleuchtet dich. Siehe, geschwunden ist allerorten das Dunkel. Auch du freue dich, Mutter Kirche, umkleidet von Licht und herrlichem Glanze! Töne wider, heilige Halle, töne von des Volkes mächtigem Jubel.

(V: Der Herr sei mit euch.
A: Und mit deinem Geiste.)
V: Erhebet die Herzen.
A: Wir haben sie beim Herrn.
V: Lasset uns danken dem Herrn, unserm Gott.
A: Das ist würdig und recht.

In Wahrheit ist es würdig und recht, den verborgenen Gott, den allmächtigen Vater, mit aller Glut des Herzens zu rühmen und seinen eingeborenen Sohn, unseren Herrn Jesus Christus, mit jubelnder Stimme zu preisen. Er hat für uns beim ewigen Vater Adams Schuld bezahlt und den Schuldbrief ausgelöscht mit seinem Blut, das er aus Liebe vergossen hat. Gekommen ist das heilige Osterfest, an dem das wahre Lamm geschlachtet ward, dessen Blut die Türen der Gläubigen heiligt und das Volk bewahrt vor Tod und Verderben. Dies ist die Nacht, die unsere Väter, die Söhne Israels, aus Ägypten befreit und auf trockenem Pfad durch die Fluten des Roten Meeres geführt hat. Dies ist die Nacht, in der die leuchtende Säule das Dunkel der Sünde vertrieben hat. Dies ist die Nacht, die auf der ganzen Erde alle, die an Christus glauben, scheidet von den Lastern der Welt, dem Elend der Sünde entreißt, ins Reich der Gnade heimführt und einfügt in die heilige Kirche. Dies ist die selige Nacht, in der Christus die Ketten des Todes zerbrach und aus der Tiefe als Sieger emporstieg. O unfassbare Liebe des Vaters: Um den Knecht zu erlösen, gabst du den Sohn dahin! O wahrhaft heilbringende Sünde des Adam, du wurdest uns zum Segen, da Christi Tod dich vernichtet hat. O glückliche Schuld, welch großen Erlöser hast du gefunden. Der Glanz dieser heiligen Nacht nimmt den Frevel hinweg, reinigt von Schuld, gibt den Sün-

dern die Unschuld, den Trauernden Freude. O wahrhaft selige Nacht, die Himmel und Erde versöhnt, die Gott und Menschen verbindet! In dieser gesegneten Nacht, heiliger Vater, nimm an das Abendopfer unseres Lobes, nimm diese Kerze entgegen als unsere festliche Gabe! Aus dem köstlichen Wachs der Bienen bereitet, wird sie dir dargebracht von deiner heiligen Kirche durch die Hand ihrer Diener. So bitten wir dich, o Herr: Geweiht zum Ruhm deines Namens, leuchte die Kerze fort, um in dieser Nacht das Dunkel zu vertreiben. Nimm sie an als lieblich duftendes Opfer, vermähle ihr Licht mit den Lichtern am Himmel. Sie leuchte, bis der Morgenstern erscheint, jener wahre Morgenstern, der in Ewigkeit nicht untergeht: dein Sohn, unser Herr Jesus Christus, der von den Toten erstand, der den Menschen erstrahlt im österlichen Licht, der lebt und herrscht in Ewigkeit!
A: Amen.

## WORTGOTTESDIENST

ZUR 1. LESUNG Wohlgeordnet erschafft Gott die Welt, aus dem Chaos gestaltet er den Kosmos. Ein wichtiges Strukturprinzip ist die Zeit. Zuerst entstehen Tag und Nacht, am vierten Tag richtet Gott Festzeiten, Tage und Jahre ein. Den siebten Tag setzt Gott als Ruhetag, jedoch nicht durch das Wort, sondern durch den Vollzug – indem er ruht. Als Gott ähnliche Kreaturen werden die Menschen es Gott gleichtun. Ruhen und staunen über das Wunder der Schöpfung. Ruhe und Kräfte sammeln für die neue Woche. Ruhen und die Auferstehung feiern, die österliche Neuschöpfung.

### ERSTE LESUNG Gen 1,1–2,2

*Gott sah alles an, was er gemacht hatte: Es war sehr gut*

**Lesung aus dem Buch Génesis.**

Im Anfang erschuf Gott Himmel und Erde. Die Erde war wüst und wirr und Finsternis lag über der Urflut und Gottes Geist schwebte über dem Wasser. Gott sprach: Es werde Licht. Und es wurde Licht. Gott sah, dass das Licht gut war. Und Gott schied das Licht von der Finsternis. Und Gott nannte das Licht Tag und die Finsternis nannte er Nacht. Es wurde Abend und es wurde Morgen: erster Tag.

Dann sprach Gott: Es werde ein Gewölbe mitten im Wasser und scheide Wasser von Wasser. Gott machte das Gewölbe und schied das Wasser unterhalb des Gewölbes vom Wasser oberhalb des Gewölbes. Und so geschah es. Und Gott nannte das Gewölbe Himmel. Es wurde Abend und es wurde Morgen: zweiter Tag.

Dann sprach Gott: Es sammle sich das Wasser unterhalb des Himmels an einem Ort und das Trockene werde sichtbar. Und so geschah es. Und Gott nannte das Trockene Land und die Ansammlung des Wassers nannte er Meer. Gott sah, dass es gut war. Dann sprach Gott: Die Erde lasse junges Grün sprießen, Gewächs, das Samen bildet, Fruchtbäume, die nach ihrer Art Früchte tragen mit Samen darin auf der Erde. Und so geschah es. Die Erde brachte junges Grün hervor, Gewächs, das Samen nach seiner Art bildet, und Bäume, die Früchte tragen mit Samen darin nach ihrer Art. Gott sah, dass es gut war. Es wurde Abend und es wurde Morgen: dritter Tag.

Dann sprach Gott: Lichter sollen am Himmelsgewölbe sein, um Tag und Nacht zu scheiden. Sie sollen als Zeichen für Festzeiten, für Tage und Jahre dienen. Sie sollen Lichter am Himmelsgewölbe sein, um über die Erde hin zu leuchten. Und so geschah es. Gott machte die beiden großen Lichter, das große zur Herrschaft über den Tag, das kleine zur Herrschaft über die Nacht, und die Sterne. Gott setzte sie an das Himmelsgewölbe, damit sie über die Erde leuchten, über Tag und Nacht herrschen und das Licht von der Finsternis scheiden. Gott sah, dass es gut war. Es wurde Abend und es wurde Morgen: vierter Tag.

Dann sprach Gott: Das Wasser wimmle von Schwärmen lebendiger Wesen und Vögel sollen über der Erde am Himmelsgewölbe fliegen. Und Gott erschuf die großen Wassertiere und alle Lebewesen, die sich fortbewegen nach ihrer Art, von denen das Wasser wimmelt, und alle gefiederten Vögel nach ihrer Art. Gott sah, dass es gut war. Gott segnete sie und sprach: Seid fruchtbar und mehrt euch! Füllt das Wasser im Meer und die Vögel sollen sich auf Erden vermehren. Es wurde Abend und es wurde Morgen: fünfter Tag.

Dann sprach Gott: Die Erde bringe Lebewesen aller Art hervor, von Vieh, von Kriechtieren und von Wildtieren der Erde nach ihrer Art. Und so geschah es. Gott machte die Wildtiere der Erde nach ihrer Art, das Vieh nach seiner Art und alle Kriechtiere auf dem Erdboden nach ihrer Art. Gott sah, dass es gut war.

Dann sprach Gott: Lasst uns Menschen machen als unser Bild, uns ähnlich! Sie sollen walten über die Fische des Meeres, über die Vögel des Himmels, über das Vieh, über die ganze Erde und über alle Kriechtiere, die auf der Erde kriechen. Gott erschuf den Menschen als sein Bild, als Bild Gottes erschuf er ihn. Männlich und weiblich erschuf er sie. Gott segnete sie und Gott sprach zu ihnen: Seid fruchtbar und mehrt euch, füllt die Erde und unterwerft sie und waltet über die Fische des Meeres, über die Vögel des Himmels und über alle Tiere, die auf der Erde kriechen! Dann sprach Gott: Siehe, ich gebe euch alles Gewächs, das Samen bildet auf der ganzen Erde, und alle Bäume, die Früchte tragen mit Samen darin. Euch sollen sie zur Nahrung dienen. Allen Tieren der Erde, allen Vögeln des Himmels und allem, was auf der Erde kriecht, das Lebensatem in sich hat, gebe ich alles grüne Gewächs zur Nahrung. Und so geschah es. Gott sah alles an, was er gemacht hatte: Und siehe, es war sehr gut. Es wurde Abend und es wurde Morgen: der sechste Tag.

So wurden Himmel und Erde und ihr ganzes Heer vollendet. Am siebten Tag vollendete Gott das Werk, das er gemacht hatte, und er ruhte am siebten Tag, nachdem er sein ganzes Werk gemacht hatte.

*Oder:*

## KURZFASSUNG

Gen 1,1.26–31a

*Gott sah alles an, was er gemacht hatte: Es war sehr gut*

**Lesung aus dem Buch Génesis.**

Im Anfang erschuf Gott Himmel und Erde. Dann sprach Gott: Lasst uns Menschen machen als unser Bild, uns ähnlich! Sie sollen walten über die Fische des Meeres, über die Vögel des Himmels, über das Vieh, über die ganze Erde und über alle Kriechtiere, die auf der Erde kriechen. Gott erschuf den Menschen als sein Bild, als Bild Gottes erschuf er ihn. Männlich und weiblich erschuf er sie.
Gott segnete sie und Gott sprach zu ihnen: Seid fruchtbar und mehrt euch, füllt die Erde und unterwerft sie und waltet über die Fische des Meeres, über die Vögel des Himmels und über alle Tiere, die auf der Erde kriechen! Dann sprach Gott: Siehe, ich gebe euch alles Gewächs, das Samen bildet auf der ganzen Erde, und alle Bäume, die Früchte tragen mit Samen darin. Euch sollen sie zur Nahrung dienen. Allen Tieren der Erde, allen Vögeln des Himmels und allem, was auf der Erde kriecht, das Lebensatem in sich hat, gebe ich alles grüne Gewächs zur Nahrung. Und so geschah es.
Gott sah alles an, was er gemacht hatte: Und siehe, es war sehr gut.

## ANTWORTPSALM

Ps 104 (103),1–2.5–6.10 u. 12.13–14b.24 u. 1ab (Kv: vgl. 30)

Kv Sende aus deinen Geist
und das Angesicht der Erde wird neu. – Kv

Preise den HERRN, meine Seele! /
HERR, mein Gott, überaus groß bist du! *
Du bist mit Hoheit und Pracht bekleidet.
Du hüllst dich in Licht wie in einen Mantel, *
du spannst den Himmel aus gleich einem Zelt. – (Kv)

Du hast die Erde auf Pfeiler gegründet, *
in alle Ewigkeit wird sie nicht wanken.

Einst hat die Urflut sie bedeckt wie ein Kleid, *
die Wasser standen über den Bergen. – (Kv)

Du lässt Quellen sprudeln in Bäche, *
sie eilen zwischen den Bergen dahin.
Darüber wohnen die Vögel des Himmels, *
aus den Zweigen erklingt ihr Gesang. – (Kv)

Du tränkst die Berge aus deinen Kammern, *
von der Frucht deiner Werke wird die Erde satt.
Du lässt Gras wachsen für das Vieh *
und Pflanzen für den Ackerbau des Menschen. – (Kv)

Wie zahlreich sind deine Werke, Herr, /
sie alle hast du mit Weisheit gemacht, *
die Erde ist voll von deinen Geschöpfen.
Preise den Herrn, meine Seele! *
Herr, mein Gott, überaus groß bist du! – Kv

*Oder:*

ANTWORTPSALM Ps 33 (32),4–5.6–7.12–13.20 u. 22 (Kv: vgl. 5b)

Kv Von deiner Huld, o Herr, ist die Erde erfüllt. – Kv

Das Wort des Herrn ist redlich, *
all sein Tun ist verlässlich.
Er liebt Gerechtigkeit und Recht, *
erfüllt von der Huld des Herrn ist die Erde. – (Kv)

Durch das Wort des Herrn wurden die Himmel geschaffen, *
ihr ganzes Heer durch den Hauch seines Mundes.
Er sammelt das Wasser des Meeres und dämmt es ein, *
legt die Fluten in Kammern. – (Kv)

Selig die Nation, deren Gott der Herr ist, *
das Volk, das er sich zum Erbteil erwählt hat.

Der HERR blickt herab vom Himmel, *
er sieht alle Menschen. – (Kv)

Unsre Seele hofft auf den HERRN; *
er ist unsre Hilfe und unser Schild.
Lass deine Huld über uns walten, o HERR, *
wie wir auf dich hofften! – Kv

## GEBET

Allmächtiger Gott, du bist wunderbar in allem, was du tust. Lass deine Erlösten erkennen, dass deine Schöpfung groß ist, doch größer noch das Werk der Erlösung, die du uns in der Fülle der Zeit geschenkt hast durch den Tod des Osterlammes, unseres Herrn Jesus Christus, der mit dir lebt und herrscht in alle Ewigkeit.

ZUR 2. LESUNG Nachdem Isaak einmal zu Wort gekommen ist, eine verdächtige Beobachtung geäußert hat, wird seine Perspektive fallengelassen. Nur noch Abraham handelt und tritt dann in einen Dialog mit Gott. Isaak wird gebunden, bleibt stumm. Steht er nicht für die unschuldigen Opfer dieser Welt, die gefesselt und mundtot gemacht sind, deren Perspektive nicht zählt? Auch um ihretwillen ist der Glaube an Gott unverzichtbar und wider manchen Zweifel aufrechtzuerhalten. Denn Gott ist es, der – durch die, die ihm glauben – seine Stimme erhebt für die Opfer. Gegen willkürliche Gewalt und religiösen Fanatismus muss der Glaube mutig Einspruch erheben. Als Auferstehungshoffnung für die unschuldig Verfolgten.

## ZWEITE LESUNG

Gen 22,1–18

*Das Opfer unseres Vaters Abraham (Messbuch: 1. Hochgebet)*

**Lesung aus dem Buch Génesis.**

In jenen Tagen stellte Gott Abraham auf die Probe. Er sprach zu ihm: Abraham! Er sagte: Hier bin ich. Er sprach: Nimm deinen Sohn, deinen einzigen, den du liebst, Ísaak, geh in das Land Moríja und bring ihn dort auf einem der Berge, den ich dir nenne, als Brandopfer dar!

Frühmorgens stand Abraham auf, sattelte seinen Esel, nahm zwei seiner Jungknechte mit sich und seinen Sohn Ísaak, spaltete Holz zum Brandopfer und machte sich auf den Weg zu dem Ort, den ihm Gott genannt hatte. Als Abraham am dritten Tag seine Augen erhob, sah er den Ort von Weitem.

Da sagte Abraham zu seinen Jungknechten: Bleibt mit dem Esel hier! Ich aber und der Knabe, wir wollen dorthin gehen und uns niederwerfen; dann wollen wir zu euch zurückkehren. Abraham nahm das Holz für das Brandopfer und lud es seinem Sohn Ísaak auf. Er selbst nahm das Feuer und das Messer in die Hand. So gingen beide miteinander.

Da sprach Ísaak zu seinem Vater Abraham. Er sagte: Mein Vater! Er antwortete: Hier bin ich, mein Sohn! Dann sagte Ísaak: Hier ist Feuer und Holz. Wo aber ist das Lamm für das Brandopfer? Abraham sagte: Gott wird sich das Lamm für das Brandopfer ausersehen, mein Sohn. Und beide gingen miteinander weiter.

Als sie an den Ort kamen, den ihm Gott genannt hatte, baute Abraham dort den Altar, schichtete das Holz auf, band seinen Sohn Ísaak und legte ihn auf den Altar, oben auf das Holz. Abraham streckte seine Hand aus und nahm das Messer, um seinen Sohn zu schlachten. Da rief ihm der Engel des HERRN vom Himmel her zu und sagte: Abraham, Abraham! Er antwortete: Hier bin ich. Er sprach: Streck deine Hand nicht gegen den Knaben aus und tu ihm nichts zuleide! Denn jetzt weiß ich, dass du Gott fürchtest; du hast mir deinen Sohn, deinen einzigen, nicht vorenthalten. Abraham erhob seine Augen, sah hin und siehe, ein Widder hatte sich hinter ihm mit seinen Hörnern im Gestrüpp verfangen. Abraham ging hin, nahm den Widder und brachte ihn statt seines Sohnes als Brandopfer dar.

Abraham gab jenem Ort den Namen „Der HERR sieht“, wie man noch heute sagt: Auf dem Berg lässt sich der HERR sehen.

Der Engel des HERRN rief Abraham zum zweiten Mal vom Himmel her zu und sprach: Ich habe bei mir geschworen – Spruch des HERRN: Weil du das getan hast und deinen Sohn, deinen einzigen, mir nicht vorenthalten hast, will ich dir Segen schenken in Fülle und deine Nachkommen überaus zahlreich machen wie die Sterne am Himmel und den Sand am Meeresstrand. Deine Nachkommen werden das Tor ihrer Feinde einnehmen. Segnen werden sich mit deinen Nachkommen alle Völker der Erde, weil du auf meine Stimme gehört hast.

*Oder:*

## KURZFASSUNG

Gen 22,1–2.9a.10–13.15–18

*Das Opfer unseres Vaters Abraham (Messbuch: 1. Hochgebet)*

**Lesung aus dem Buch Génesis.**

In jenen Tagen stellte Gott Abraham auf die Probe. Er sprach zu ihm: Abraham! Er sagte: Hier bin ich. Er sprach: Nimm deinen Sohn, deinen einzigen, den du liebst, Ísaak, geh in das Land Moríja und bring ihn dort auf einem der Berge, den ich dir nenne, als Brandopfer dar!

Als sie an den Ort kamen, den ihm Gott genannt hatte, baute Abraham dort den Altar, schichtete das Holz auf. Abraham streckte seine Hand aus und nahm das Messer, um seinen Sohn zu schlachten. Da rief ihm der Engel des HERRN vom Himmel her zu und sagte: Abraham, Abraham! Er antwortete: Hier bin ich. Er sprach: Streck deine Hand nicht gegen den Knaben aus und tu ihm nichts zuleide! Denn jetzt weiß ich, dass du Gott fürchtest; du hast mir deinen Sohn, deinen einzigen, nicht vorenthalten. Abraham erhob seine Augen, sah hin und siehe, ein Widder hatte sich hinter ihm mit seinen Hörnern im Gestrüpp verfangen. Abraham ging hin, nahm den Widder und brachte ihn statt seines Sohnes als Brandopfer dar.

Der Engel des HERRN rief Abraham zum zweiten Mal vom Himmel her zu und sprach: Ich habe bei mir geschworen – Spruch des HERRN: Weil du das getan hast und deinen Sohn, deinen einzigen, mir nicht vorenthalten hast, will ich dir Segen schenken in Fülle und deine Nachkommen überaus zahlreich machen wie die Sterne am Himmel und den Sand am Meeresstrand. Deine Nachkommen werden das Tor ihrer Feinde einnehmen. Segnen werden sich mit deinen Nachkommen alle Völker der Erde, weil du auf meine Stimme gehört hast.

## ANTWORTPSALM

Ps 16 (15),5 u. 8.9–10.2 u. 11 (Kv: vgl. 1)

Kv Behüte mich, Gott,
denn ich vertraue auf dich. – Kv

Der Herr ist mein Erbteil, er reicht mir den Becher, *
du bist es, der mein Los hält.
Ich habe mir den Herrn beständig vor Augen gestellt, *
weil er zu meiner Rechten ist, wanke ich nicht. – (Kv)

Darum freut sich mein Herz und jubelt meine Ehre, *
auch mein Fleisch wird wohnen in Sicherheit.
Denn du überlässt mein Leben nicht der Totenwelt; *
du lässt deinen Frommen die Grube nicht schauen. – (Kv)

Ich sagte zum Herrn: Mein Herr bist du, *
mein ganzes Glück bist du allein.
Du lässt mich den Weg des Lebens erkennen. /
Freude in Fülle vor deinem Angesicht, *
Wonnen in deiner Rechten für alle Zeit. – Kv

## GEBET

Gott, du Vater aller Gläubigen, durch deine Gnade mehrst du auf dem ganzen Erdenrund die Kinder deiner Verheißung. Durch das österliche Sakrament der Taufe erfüllst du den Eid, den du Abraham geschworen hast, und machst ihn zum Vater aller Völker. Gib allen, die du zu deinem Volke berufen hast, die Gnade, diesem Ruf zu folgen. Darum bitten wir durch Christus, unseren Herrn.

ZUR 3. LESUNG Was für ein Drehbuch! In monumentalen Bildern lässt sich inszenieren, wie die Israeliten vor den Ägyptern durch das Meer fliehen. Doch das Entscheidende lässt sich in noch so spektakulären Animationen nicht zeigen. Denn das Entscheidende geschieht im Innern: Gott verhärtet das Herz der Ägypter. Nur weil Gott ihr Herz verhärtet, ziehen die Ägypter ins Meer hinein. Was für eine Warnung! Ein hartes Herz führt in den Tod. Wo Menschen ihr Herz erweichen, wo verhärtete Herzen aufbrechen, ist Leben, geschieht Auferstehung.

## DRITTE LESUNG Ex 14,15–15,1

*Die Israeliten zogen auf trockenem Boden mitten durch das Meer*

**Lesung aus dem Buch Éxodus**

In jenen Tagen, als die Israeliten sahen, dass die Ägypter ihnen nachrückten, erschraken sie sehr und schrien zum Herrn. Da sprach der HERR zu Mose: Was schreist du zu mir? Sag den Israeliten, sie sollen aufbrechen. Und du heb deinen Stab hoch, streck deine Hand über das Meer und spalte es, damit die Israeliten auf trockenem Boden in das Meer hineinziehen können! Ich aber will das Herz der Ägypter verhärten, damit sie hinter ihnen hineinziehen. So will ich am Pharao und an seiner ganzen Streitmacht, an seinen Streitwagen und Reitern meine Herrlichkeit erweisen. Die Ägypter sollen erkennen, dass ich der HERR bin, wenn ich am Pharao, an seinen Streitwagen und Reitern meine Herrlichkeit erweise.

Der Engel Gottes, der den Zug der Israeliten anführte, brach auf und ging nach hinten und die Wolkensäule brach auf und stellte sich hinter sie. Sie kam zwischen das Lager der Ägypter und das Lager der Israeliten. Die Wolke war da und Finsternis und Blitze erhellten die Nacht. So kamen sie die ganze Nacht einander nicht näher. Mose streckte seine Hand über das Meer aus und der HERR trieb die ganze Nacht das Meer durch einen starken Ostwind fort. Er ließ das Meer austrocknen und das Wasser spaltete sich. Die Israeliten zogen auf trockenem Boden ins Meer hinein, während rechts und links von ihnen das Wasser wie eine Mauer stand. Die Ägypter setzten ihnen nach; alle Pferde des Pharao, seine Streitwagen und Reiter zogen hinter ihnen ins Meer hinein.

Um die Zeit der Morgenwache blickte der HERR aus der Feuer- und Wolkensäule auf das Lager der Ägypter und brachte es in Verwirrung. Er hemmte die Räder an ihren Wagen und ließ sie nur schwer vorankommen. Da sagte der Ägypter: Ich muss vor Israel fliehen; denn der HERR kämpft auf ihrer Seite gegen Ägypten.

Darauf sprach der HERR zu Mose: Streck deine Hand über das Meer, damit das Wasser zurückflutet und den Ägypter, seine Wagen und Reiter zudeckt! Mose streckte seine Hand über das Meer und gegen Morgen flutete das Meer an seinen alten Platz zurück, während die Ägypter auf der Flucht ihm entgegenliefen. So trieb der HERR die Ägypter mitten ins Meer. Das Wasser kehrte zurück und bedeckte Wagen und Reiter, die ganze Streitmacht des Pharao, die den Israeliten ins Meer nachgezogen war. Nicht ein Einziger von ihnen blieb übrig. Die Israeliten aber waren auf trockenem Boden mitten durch das Meer gezogen, während rechts und links von ihnen das Wasser wie eine Mauer stand.

So rettete der HERR an jenem Tag Israel aus der Hand der Ägypter. Israel sah die Ägypter tot am Strand liegen. Als Israel sah, dass der HERR mit mächtiger Hand an den Ägyptern gehandelt hatte, fürchtete das Volk den HERRN. Sie glaubten an den HERRN und an Mose, seinen Knecht.

Damals sang Mose mit den Israeliten dem HERRN dieses Lied; sie sagten: Ich singe dem HERRN ein Lied, denn er ist hoch und erhaben. Ross und Reiter warf er ins Meer.

## ANTWORTPSALM Ex 15,1b–2b.2c–3.4–5.6 u. 13.17–18 (Kv: vgl. 1bc)

Kv Dem HERRN will ich singen,

machtvoll hat er sich kundgetan. – Kv

Ich singe dem Herrn ein Lied, /
denn er ist hoch und erhaben. *
Ross und Reiter warf er ins Meer.
Meine Stärke und mein Lied ist der Herr, *
er ist mir zur Rettung geworden. – (Kv)

Er ist mein Gott, ihn will ich preisen; *
den Gott meines Vaters will ich rühmen.
Der Herr ist ein Krieger, *
Herr ist sein Name. – (Kv)

Pharaos Wagen und seine Streitmacht warf er ins Meer. *
Seine besten Vorkämpfer versanken im Roten Meer.
Fluten deckten sie zu, *
sie sanken in die Tiefe wie Steine. – (Kv)

Deine Rechte, Herr, ist herrlich an Stärke; *
deine Rechte, Herr, zerschmettert den Feind.
Du lenktest in deiner Güte das Volk, das du erlöst hast, *
du führtest sie machtvoll zu deiner heiligen Wohnung. – (Kv)

Du wirst sie hinbringen und einpflanzen auf den Berg deines Erbes, *
den du, Herr, zu deiner Wohnstätte gemacht hast,
um dich niederzulassen,
zu einem Heiligtum, Herr, von deinen Händen gegründet. *
Der Herr ist König für immer und ewig. – Kv

## GEBET

Gott, deine uralten Wunder leuchten noch in unseren Tagen. Was einst dein mächtiger Arm an *einem* Volk getan hat, das tust du jetzt an allen Völkern: Einst hast du Israel aus der Knechtschaft des Pharao befreit und durch die Fluten des Roten Meeres geführt; nun aber führst du alle Völker durch das Wasser der Taufe zur Freiheit. Gib, dass alle Menschen Kinder Abrahams werden und zur Würde des auserwählten Volkes gelangen. Darum bitten wir durch Christus, unseren Herrn.

ZUR 4. LESUNG Zion, die heilige Stadt Jerusalem, begegnet in der Lesung aus dem Buch Jesaja als verlassene Frau. Jetzt verheißt der HERR, Gott selbst, ihr eine Zukunft, indem er ihr erneute Zuwendung und unverbrüchliche Treue verspricht. Zu diesen Versprechen gehört auch, jetzt wieder im Bild der Stadt, das Gegründetsein auf Gerechtigkeit. Bleibende Zuwendung und grundlegende Gerechtigkeit sind die Garantinnen einer Zukunft mit Gott. In dieses Versprechen sind die Glaubenden aller Zeiten hineingenommen. Wo sie selbst sich Verlassenen und Verstoßenen zuwenden, wo sie ihr Leben auf Gerechtigkeit gründen und auf eine gerechte Gesellschaft hinwirken, eröffnen sie Zukunft, verkünden sie Auferstehung.

## VIERTE LESUNG Jes 54,5–14

*In ewiger Huld habe ich mich deiner erbarmt, spricht dein Erlöser, der Herr*

**Lesung aus dem Buch Jesája.**

Jerusalem, dein Schöpfer ist dein Gemahl, „Herr der Heerscharen" ist sein Name. Der Heilige Israels ist dein Erlöser, „Gott der ganzen Erde" wird er genannt.

Ja, der Herr hat dich gerufen als verlassene, bekümmerte Frau. Kann man denn die Frau seiner Jugend verstoßen?, spricht dein Gott. Nur für eine kleine Weile habe ich dich verlassen, doch mit großem Erbarmen werde ich dich sammeln. Einen Augenblick nur verbarg ich vor dir mein Gesicht in aufwallendem Zorn; aber in ewiger Huld habe ich mich deiner erbarmt, spricht dein Erlöser, der Herr.

Wie bei der Flut Noachs soll es für mich sein: So wie ich damals schwor, dass die Flut Noachs die Erde nie mehr überschwemmen wird, so schwöre ich jetzt, dir nie mehr zu zürnen und dich nie mehr zu schelten. Mögen auch die Berge weichen und die Hügel wanken – meine Huld wird nicht von dir weichen und der Bund meines Friedens nicht wanken, spricht der HERR, der Erbarmen hat mit dir.

Ärmste, vom Sturm Gepeitschte, die ohne Trost ist: Siehe, ich selbst lege dir ein Fundament aus Malachít und Grundmauern aus Saphír. Aus Rubínen mache ich deine Zinnen, aus Berýll deine Tore und alle deine Mauern aus kostbaren Steinen. Alle deine Kinder sind Schüler des HERRN und groß ist der Friede deiner Kinder. Du wirst auf Gerechtigkeit gegründet sein. Du bist fern von Bedrängnis, denn du brauchst dich nicht mehr zu fürchten und bist fern von Schrecken; er kommt an dich nicht heran.

## ANTWORTPSALM Ps 30 (29),2 u. 4.5–6b.6cd u. 12a u. 13b (Kv: vgl. 2ab)

Kv HERR, du zogst mich herauf aus der Tiefe;
ich will dich rühmen in Ewigkeit. – Kv

Ich will dich erheben, HERR, /
denn du zogst mich herauf *
und ließest nicht zu, dass meine Feinde sich über mich freuen.
HERR, du hast meine Seele heraufsteigen lassen aus der Totenwelt, *
hast mich am Leben erhalten,
sodass ich nicht in die Grube hinabstieg. – (Kv)

Singt und spielt dem HERRN, ihr seine Frommen, *
dankt im Gedenken seiner Heiligkeit!
Denn sein Zorn dauert nur einen Augenblick, *
doch seine Güte ein Leben lang. – (Kv)

Wenn man am Abend auch weint, *
am Morgen herrscht wieder Jubel.
Du hast mein Klagen in Tanzen verwandelt, *
HERR, mein Gott, ich will dir danken in Ewigkeit. – Kv

## GEBET

Allmächtiger, ewiger Gott, verherrliche deinen Namen. Gewähre, was du den Vätern um ihres Glaubens willen versprochen hast, und mehre durch die Taufe die Zahl deiner Kinder. Lass deine Kirche erfahren, dass sich erfüllt, was die Heiligen des Alten Bundes gläubig erhofft haben. Darum bitten wir durch Christus, unseren Herrn.

**ZUR 5. LESUNG** Hört auf mich! Getrieben von dieser Bitte, präsentiert die Lesung drei Perspektiven auf Gottes Wort. Gottes Wort stillt den Durst; seine Weisung für das Leben macht satt. Gegen den Pessimismus, dass die Weisung allzu oft ungehört verhallt, setzt der Prophet die göttliche Versicherung, dass Gottes Wort tatsächlich bewirkt, was es will. Dazwischen steht die Einladung an den Frevler, umzukehren. Gemeinsam ist diesen Perspektiven der Fluchtpunkt Sinn. Wo ein Frevler einen von Gott gewirkten Sinn in seinem Leben entdeckt, kehrt er um. Wo Menschen Gottes Wort in sich wirken lassen, finden sie einen tragenden Sinn in ihrem Leben. Und Sinn erfüllt das Leben, stillt den Durst und sättigt. Auf Gottes Weisung zu hören, macht wirklich Sinn, lässt aufleben, lässt auferstehen aus dem Tod der Gleichgültigkeit.

## FÜNFTE LESUNG Jes 55,1–11

*Kommt zu mir und ihr werdet aufleben! Ich schließe mit euch einen ewigen Bund*

**Lesung aus dem Buch Jesája.**

So spricht der Herr: Auf, alle Durstigen, kommt zum Wasser! Die ihr kein Geld habt, kommt, kauft Getreide und esst, kommt und kauft ohne Geld und ohne Bezahlung Wein und Milch! Warum bezahlt ihr mit Geld, was euch nicht nährt, und mit dem Lohn eurer Mühen, was euch nicht satt macht? Hört auf mich, dann bekommt ihr das Beste zu essen und könnt euch laben an fetten

Speisen! Neigt euer Ohr und kommt zu mir, hört und ihr werdet aufleben! Ich schließe mit euch einen ewigen Bund: Die Erweise der Huld für David sind beständig. Siehe, ich habe ihn zum Zeugen für die Völker gemacht, zum Fürsten und Gebieter der Nationen. Siehe, eine Nation, die du nicht kennst, wirst du rufen und eine Nation, die dich nicht kannte, eilt zu dir, um des HERRN, deines Gottes, des Heiligen Israels willen, weil er dich herrlich gemacht hat.

Sucht den HERRN, er lässt sich finden, ruft ihn an, er ist nah! Der Frevler soll seinen Weg verlassen, der Übeltäter seine Pläne. Er kehre um zum HERRN, damit er Erbarmen hat mit ihm, und zu unserem Gott; denn er ist groß im Verzeihen. Meine Gedanken sind nicht eure Gedanken und eure Wege sind nicht meine Wege – Spruch des HERRN. So hoch der Himmel über der Erde ist, so hoch erhaben sind meine Wege über eure Wege und meine Gedanken über eure Gedanken.

Denn wie der Regen und der Schnee vom Himmel fällt und nicht dorthin zurückkehrt, ohne die Erde zu tränken und sie zum Keimen und Sprossen zu bringen, dass sie dem Sämann Samen gibt und Brot zum Essen, so ist es auch mit dem Wort, das meinen Mund verlässt: Es kehrt nicht leer zu mir zurück, ohne zu bewirken, was ich will, und das zu erreichen, wozu ich es ausgesandt habe.

## ANTWORTPSALM

Jes 12,2.3 u. 4bcd.5–6 (Kv: 3)

Kv Ihr werdet Wasser freudig schöpfen
aus den Quellen des Heils. – Kv

Siehe, Gott ist mein Heil; *
ich vertraue und erschrecke nicht.
Denn meine Stärke und mein Lied ist Gott, der HERR. *
Er wurde mir zum Heil. – (Kv)

Ihr werdet Wasser freudig schöpfen *
aus den Quellen des Heiles.

Dankt dem Herrn! Ruft seinen Namen an! /
Macht unter den Völkern seine Taten bekannt, *
verkündet: Sein Name ist erhaben! – (Kv)

Singet dem Herrn, denn Überragendes hat er vollbracht; *
bekannt gemacht sei dies auf der ganzen Erde.
Jauchzt und jubelt, ihr Bewohner Zions; *
denn groß ist in eurer Mitte der Heilige Israels. – Kv

## GEBET

Allmächtiger, ewiger Gott, du einzige Hoffnung der Welt, durch die Propheten hast du die Heilsereignisse angekündigt, die sich in unseren Tagen erfüllen. Erwecke du selbst in uns das Verlangen, dir immer treuer zu dienen; denn niemand macht Fortschritte im Guten, wenn ihn nicht deine Gnade führt. Darum bitten wir durch Christus, unseren Herrn.

**ZUR 6. LESUNG** Die Ursache des Unglücks ist klar: Du hast den Quell der Weisheit verlassen. Das galt für Israel damals, das gilt für die Menschen heute. Denn wer von ihnen sehnte sich nicht nach Leben, Lebensglück und Frieden? Aber was ist Weisheit? Dass Gott, der Allwissende, sie kennt, wird mit seinem Wirken als Schöpfer begründet. Dass sie auf der Erde erschienen ist und mit den Menschen gelebt hat, kann christlich auf die Menschwerdung und das Leben Jesu hin gedeutet werden. Schließlich ist die Weisheit das Buch der Gebote Gottes. Drei Quellen der Weisheit, die sich ergänzen und wechselseitig erklären. Drei Quellen der Auferstehung in Leben, Glück und Frieden hinein.

## SECHSTE LESUNG

Bar 3,9–15.32–4,4

*Geh deinen Weg im Licht der Weisheit Gottes*

**Lesung aus dem Buch Baruch.**

Höre, Israel, die Gebote des Lebens; merkt auf, um Einsicht zu erlangen! Warum, Israel, warum lebst du im Gebiet der Feinde, wirst alt in einem fremden Land, bist unrein geworden, den Toten gleich, wurdest gezählt zu denen, die in die Unterwelt hinabsteigen? Du hast den Quell der Weisheit verlassen. Wärest du auf Gottes Weg gegangen, du wohntest in Frieden für immer. Nun lerne, wo die Einsicht ist, wo Kraft und wo Klugheit, dann erkennst du zugleich, wo langes Leben und Lebensglück, wo Licht für die Augen und Frieden zu finden sind!

Wer hat je ihren Ort gefunden? Wer ist zu ihren Schatzkammern vorgedrungen? Doch der Allwissende kennt sie; er hat sie in seiner Einsicht entdeckt. Er hat ja die Erde für immer gegründet, er hat sie mit vierfüßigen Tieren bevölkert. Er entsendet das Licht und es eilt dahin; er ruft es zurück und zitternd gehorcht es ihm. Froh leuchten die Sterne auf ihren Posten. Ruft er sie, so antworten sie: Hier sind wir. Sie leuchten mit Freude für ihren Schöpfer.

Das ist unser Gott; kein anderer gilt neben ihm. Er hat den Weg der Erkenntnis ganz erkundet und hat sie Jakob, seinem Diener, verliehen, Israel, seinem Liebling. Dann erschien sie auf der Erde und lebte mit den Menschen.

Sie ist das Buch der Gebote Gottes, das Gesetz, das ewig besteht. Alle, die an ihr festhalten, finden das Leben; doch alle, die sie verlassen, verfallen dem Tod. Kehr um, Jakob, ergreif sie! Geh in ihrem Glanz den Weg zum Licht! Überlass deinen Ruhm keinem andern und deinen Vorzug keinem fremden Volk! Glücklich sind wir, das Volk Israel; denn wir wissen, was Gott gefällt.

## ANTWORTPSALM

Ps 19 (18), 8.9.10.11 – 12 (Kv: Joh 6, 68c)

Kv Herr, du hast Worte des ewigen Lebens. – Kv

Die Weisung des Herrn ist vollkommen, *
sie erquickt den Menschen.
Das Zeugnis des Herrn ist verlässlich, *

den Unwissenden macht es weise. – (Kv)

Die Befehle des HERRN sind gerade, *
sie erfüllen das Herz mit Freude.
Das Gebot des HERRN ist rein, *
es erleuchtet die Augen. – (Kv)

Die Furcht des HERRN ist lauter, *
sie besteht für immer.
Die Urteile des HERRN sind wahrhaftig, *
gerecht sind sie alle. – (Kv)

Sie sind kostbarer als Gold, als Feingold in Menge. *
Sie sind süßer als Honig, als Honig aus Waben.
Auch dein Knecht lässt sich von ihnen warnen; *
reichen Lohn hat, wer sie beachtet. – Kv

## GEBET

Gott, unser Vater, du mehrst die Zahl deiner Kinder und rufst aus allen Völkern Menschen in deine Kirche. Beschütze gütig die Täuflinge, damit sie den Quell der Weisheit niemals verlassen und auf deinen Wegen gehen. Darum bitten wir durch Christus, unseren Herrn.

**ZUR 7. LESUNG** Durch ihre Wege und Taten haben die Israeliten ihr Land unrein gemacht, durch Gewalttaten und die Verehrung selbst gemachter Götter. Da greift Gott ein: Er zerstreut sein Volk unter die Nationen. Doch in diesem Zustand entweihen sie seinen Namen, weil sie zeigen, dass ihr Gott, so möchte man sagen, sein Volk nicht im Griff hat, und dass auch die Zerstreuung als Erziehungsmaßnahme nicht greift. Daraufhin ergreift Gott eine neue Initiative, indem er sein Volk sammelt und reinigt und so seinen Namen wieder heiligt. Gott an sich handeln lassen, von ihm das Herz formen und den Geist durchdringen lassen, das heiligt nicht nur Gottes Namen, sondern es ist auch eine Auferstehung in eine heilige und heilende Wirklichkeit Gottes hinein.

## SIEBTE LESUNG

Ez 36,16–17a.18–28

*Ich gieße reines Wasser über euch aus und gebe euch ein neues Herz*

**Lesung aus dem Buch Ezéchiel.**

Das Wort des HERRN erging an mich: Menschensohn, als die vom Haus Israel in ihrem Land wohnten, machten sie es durch ihre Wege und ihre Taten unrein. Da goss ich meinen Zorn über sie aus, weil sie Blut vergossen im Land und es mit ihren Götzen befleckten. Ich zerstreute sie unter die Nationen; in die Länder wurden sie vertrieben. Nach ihren Wegen und nach ihren Taten habe ich sie gerichtet. Als sie aber zu den Nationen kamen, entweihten sie überall, wohin sie kamen, meinen heiligen Namen; denn man sagte von ihnen: Das ist das Volk des HERRN und doch mussten sie sein Land verlassen. Da tat mir mein heiliger Name leid, den das Haus Israel bei den Nationen entweihte, wohin es auch kam.

Darum sag zum Haus Israel: So spricht GOTT, der Herr: Nicht euretwegen handle ich, Haus Israel, sondern um meines heiligen Namens willen, den ihr bei den Nationen entweiht habt, wohin ihr auch gekommen seid. Meinen großen, bei den Nationen entweihten Namen, den ihr mitten unter ihnen entweiht habt, werde ich wieder heiligen. Und die Nationen – Spruch GOTTES, des Herrn – werden erkennen, dass ich der HERR bin, wenn ich mich an euch vor ihren Augen als heilig erweise. Ich nehme euch heraus aus den Nationen, ich sammle euch aus allen Ländern und ich bringe euch zu eurem Ackerboden. Ich gieße reines Wasser über euch aus, dann werdet ihr rein. Ich reinige euch von aller Unreinheit und von allen euren Götzen.

Ich gebe euch ein neues Herz und einen neuen Geist gebe ich in euer Inneres. Ich beseitige das Herz von Stein aus eurem Fleisch und gebe euch ein Herz von Fleisch. Ich gebe meinen Geist in euer Inneres und bewirke, dass ihr meinen Gesetzen folgt und auf meine Rechtsentscheide achtet und sie erfüllt. Dann werdet ihr in dem Land wohnen, das ich euren Vätern gegeben habe. Ihr werdet mir Volk sein und ich, ich werde euch Gott sein.

ANTWORTPSALM Ps 42 (41), 3.5bcd; 43 (42), 3–4 (Kv: vgl. 42 [41], 2)

Kv Wie der Hirsch verlangt nach frischem Wasser,
so verlangt meine Seele, Gott, nach dir. – Kv

Meine Seele dürstet nach Gott, *
nach dem lebendigen Gott.
Wann darf ich kommen *
und erscheinen vor Gottes Angesicht? – (Kv)

Ich will in einer Schar einherziehn. *
Ich will in ihr zum Hause Gottes schreiten,
im Schall von Jubel und Dank *
in festlich wogender Menge. – (Kv)

Sende dein Licht und deine Wahrheit; sie sollen mich leiten; *
sie sollen mich bringen zu deinem heiligen Berg
und zu deinen Wohnungen.
So will ich kommen zu Gottes Altar, /
zum Gott meiner Freude und meines Jubels. *
Ich will dir danken zur Leier, Gott, du mein Gott. – Kv

*[Falls eine Taufe gespendet wird:*
*Jes 12, 2.3 u. 4bcd.5–6 (Kv: 3) (wie nach der fünften Lesung, s. S. 344 f.)]*

*Oder:*

ANTWORTPSALM Ps 51 (50), 12–13.14–15.18–19 (Kv: vgl. 12a)

Kv Ein reines Herz erschaffe mir, o Gott! – Kv

Erschaffe mir, Gott, ein reines Herz *
und einen festen Geist erneuere in meinem Innern!
Verwirf mich nicht vor deinem Angesicht, *
deinen heiligen Geist nimm nicht von mir! – (Kv)

Gib mir wieder die Freude deines Heiles, *
rüste mich aus mit dem Geist der Großmut!
Ich will die Frevler deine Wege lehren *
und die Sünder kehren um zu dir. – (Kv)

Schlachtopfer willst du nicht, ich würde sie geben, *
an Brandopfern hast du kein Gefallen.
Schlachtopfer für Gott ist ein zerbrochener Geist, *
ein zerbrochenes und zerschlagenes Herz
wirst du, Gott, nicht verschmähen. – Kv

## GEBET

Gott, du unwandelbare Kraft, du ewiges Licht, schau gütig auf deine Kirche und wirke durch sie das Heil der Menschen. So erfahre die Welt, was du von Ewigkeit her bestimmt hast: Was alt ist, wird neu, was dunkel ist, wird licht, was tot war, steht auf zum Leben, und alles wird wieder heil in dem, der der Ursprung von allem ist, in unserem Herrn Jesus Christus, der mit dir lebt und herrscht in alle Ewigkeit.

*Oder (wenn eine Taufe folgt):*

Sei uns nahe, allmächtiger Gott, und wirke in den Sakramenten, die uns deine Liebe schenkt: Sende den Geist aus, der uns zu deinen Kindern macht, den Geist, durch den dir aus dem Wasser der Taufe ein neues Volk geboren wird. Was wir unter heiligen Zeichen vollziehen, das vollende du mit deiner Kraft. Darum bitten wir durch Christus, unseren Herrn.

Ehre sei Gott, S. 489 f.

*(Es läuten die Glocken.)*

## TAGESGEBET

Lasset uns beten. Gott, du hast diese Nacht hell gemacht durch den Glanz der Auferstehung unseres Herrn. Erwecke in deiner Kirche den Geist der Kindschaft, den du uns durch die Taufe geschenkt hast, damit wir neu werden an Leib und Seele und dir mit aufrichtigem Herzen dienen. Darum bitten wir durch Jesus Christus.

ZUR EPISTEL Sie ist eine unheimliche, gewaltige Macht, die Sünde. Sie beherrscht den Leib und versklavt den Menschen. Von dieser lebensfeindlichen Macht hat Christus die Menschen befreit. Denn seine Auferstehung führt vor Augen: Keine Macht trennt den Menschen dauerhaft von Gott, weder der Tod noch die kleinen Tode, die Sünden, das menschliche, allzu menschliche Sich-Entfernen von Gott. Christus hat uns vielmehr schon in diesem Leben eine dauerhafte Rückkehroption zu Gott eröffnet und damit zu jener lebensfreundlichen Macht, die uns ansieht, aufrichtet, liebt. Diese Rückkehroption ermöglicht immer neu die Auferstehung aus dem Tod des Versagens in die Zusage des Lebens.

## EPISTEL

Röm 6,3–11

*Sind wir mit Christus gestorben, so glauben wir, dass wir auch mit ihm leben werden*

**Lesung aus dem Brief des Apostels Paulus an die Gemeinde in Rom.**

Schwestern und Brüder! Wir, die wir auf Christus Jesus getauft wurden, sind auf seinen Tod getauft worden. Wir wurden ja mit ihm begraben durch die Taufe auf den Tod, damit auch wir, so wie Christus durch die Herrlichkeit des Vaters von den Toten auferweckt wurde, in der Wirklichkeit des neuen Lebens wandeln.

Wenn wir nämlich mit der Gestalt seines Todes verbunden wurden, dann werden wir es auch mit der seiner Auferstehung sein. Wir wissen doch: Unser alter Mensch wurde mitgekreuzigt, damit der von der Sünde beherrschte Leib vernichtet werde, sodass wir nicht mehr Sklaven der Sünde sind. Denn wer gestorben ist, der ist frei geworden von der Sünde.

Sind wir nun mit Christus gestorben, so glauben wir, dass wir auch mit ihm leben werden. Wir wissen, dass Christus, von den Toten auferweckt, nicht mehr stirbt; der Tod hat keine Macht mehr über ihn. Denn durch sein Sterben ist er ein für alle Mal gestorben für die Sünde, sein Leben aber lebt er für Gott. So begreift auch ihr euch als Menschen, die für die Sünde tot sind, aber für Gott leben in Christus Jesus.

## ANTWORTPSALM

Ps 118 (117),1–2.16–17.22–23

Kv Halleluja, Halleluja, Halleluja. – Kv

Danket dem HERRN, denn er ist gut, *
denn seine Huld währt ewig!
So soll Israel sagen: *
Denn seine Huld währt ewig. – (Kv)

Die Rechte des HERRN, sie erhöht, *
die Rechte des HERRN, Taten der Macht vollbringt sie.
Ich werde nicht sterben, sondern leben, *
um die Taten des HERRN zu verkünden. – (Kv)

Ein Stein, den die Bauleute verwarfen, *
er ist zum Eckstein geworden.
Vom HERRN her ist dies gewirkt, *
ein Wunder in unseren Augen. – Kv

**ZUM EVANGELIUM** Der Engel hat's nicht eilig. Er kommt herab, tritt an das Grab und wälzt den Stein weg. Und dann setzt er sich erst einmal, so als wollte er sich selbst auf die umwerfende Nachricht, die er dann verkündet, vorbereiten. Ruhig spricht er zu den Frauen und erklärt ihnen, was geschehen ist. Auch für den Blick ins Grab ist Zeit. Das Unbegreifliche begreifen, das Unglaubliche glauben, das braucht Zeit. Das braucht ruhiges Hören, Schauen, Verweilen. Dann aber drängt der Engel zur Eile. Schnell sollen die Frauen zu den Jüngern gehen, und in der Tat: Sie eilen. Zum österlichen Glauben gehört beides, die verweilende Vergewisserung und die eilende Verkündigung.

## EVANGELIUM Mt 28, 1–10

*Ihr sucht Jesus, den Gekreuzigten. Er ist auferstanden, wie er gesagt hat*

+ **Aus dem heiligen Evangelium nach Matthäus.**

Nach dem Sabbat, beim Anbruch des ersten Tages der Woche, kamen Maria aus Mágdala und die andere Maria, um nach dem Grab zu sehen.

Und siehe, es geschah ein gewaltiges Erdbeben; denn ein Engel des Herrn kam vom Himmel herab, trat an das Grab, wälzte den Stein weg und setzte sich darauf. Sein Aussehen war wie ein Blitz und sein Gewand weiß wie Schnee. Aus Furcht vor ihm erbebten die Wächter und waren wie tot.

Der Engel aber sagte zu den Frauen: Fürchtet euch nicht! Ich weiß, ihr sucht Jesus, den Gekreuzigten. Er ist nicht hier; denn er ist auferstanden, wie er gesagt hat. Kommt her und seht euch den Ort an, wo er lag! Dann geht schnell zu seinen Jüngern und sagt ihnen: Er ist von den Toten auferstanden und siehe, er geht euch voraus nach Galiläa, dort werdet ihr ihn sehen. Siehe, ich habe es euch gesagt.

Sogleich verließen sie das Grab voll Furcht und großer Freude und sie eilten zu seinen Jüngern, um ihnen die Botschaft zu verkünden.

Und siehe, Jesus kam ihnen entgegen und sagte: Seid gegrüßt! Sie gingen auf ihn zu, warfen sich vor ihm nieder und umfassten seine Füße. Da sagte Jesus zu ihnen: Fürchtet euch nicht! Geht und sagt meinen Brüdern, sie sollen nach Galiläa gehen und dort werden sie mich sehen.

# TAUFFEIER

*(Die Tauffeier besteht, je nach den Umständen, aus drei Teilen: Segnung des Taufwassers, Spendung der Taufe, Erneuerung des Taufversprechens. Die Täuflinge kommen mit Eltern und Paten zum Taufbrunnen und werden der Gemeinde vorgestellt.)*

## LITANEI

*(Die Namen der Kirchen- und Ortspatrone oder der Namenspatrone der Täuflinge können in die Litanei eingefügt werden.)*

| | | |
|---|---|---|
| V/A: Kyrie, eleison. | *Oder:* | Herr, erbarme dich. |
| V/A: Christe, eleison. | | Christus, erbarme dich. |
| V/A: Kyrie, eleison. | | Herr, erbarme dich. |

| | |
|---|---|
| V: Heilige Maria, Mutter Gottes | A: Bitte für uns. |
| Heiliger Michael | |
| Ihr heiligen Engel Gottes | A: Bittet für uns. |
| Heiliger Johannes der Täufer | A: Bitte für uns. |
| Heiliger Josef | |
| Heilige Apostel Petrus und Paulus | A: Bittet für uns. |
| Heiliger Andreas | A: Bitte für uns. |
| Heiliger Johannes | |
| Heilige Maria Magdalena | |
| Heiliger Stephanus | |
| Heiliger Ignatius von Antiochien | |
| Heiliger Laurentius | |
| Heilige Perpetua und Felizitas | A: Bittet für uns. |
| Heilige Agnes | A: Bitte für uns. |
| Heiliger Gregor | |
| Heiliger Augustinus | |
| Heiliger Athanasius | |
| Heiliger Basilius | |
| Heiliger Martin | |
| Heiliger Benedikt | |
| Heiliger Franziskus | |

Heiliger Dominikus
Heiliger Franz Xaver
Heiliger Pfarrer von Ars
Heilige Katharina von Siena
Heilige Theresia von Jesus
Alle Heiligen Gottes A: Bittet für uns.
Jesus, sei uns gnädig A: Herr, befreie uns.
Von allem Bösen
Von aller Sünde
Von der ewigen Verdammnis
Durch deine Menschwerdung
und dein heiliges Leben
Durch dein Sterben und dein Auferstehn
Durch die Sendung des Heiligen Geistes
Wir armen Sünder A: Wir bitten dich, erhöre uns.

*(Wenn Täuflinge anwesend sind:)*

V: Schenke diesen Erwählten im Wasser der Taufe
das neue Leben.

*(Wenn keine Täuflinge anwesend sind:)*

V: Heilige in deiner Gnade dieses Wasser für die Taufe
deiner Kinder.
V: Jesus, Sohn des lebendigen Gottes.
V: Christus, höre uns. A: Christus, erhöre uns.

## TAUFWASSERWEIHE

*(Der Priester segnet das Taufwasser und singt oder spricht mit gefalteten Händen:)*

Allmächtiger, ewiger Gott, deine unsichtbare Macht bewirkt das Heil der Menschen durch sichtbare Zeichen. Auf vielfältige Weise hast du das Wasser dazu erwählt, dass es hinweise auf das Geheimnis der Taufe: Schon im Anfang der Schöpfung schwebte dein Geist über dem Wasser und schenkte ihm die Kraft, zu retten und zu heiligen.

Selbst die Sintflut war ein Zeichen der Taufe, denn das Wasser brachte der Sünde den Untergang und heiligem Leben einen neuen Anfang. Als die Kinder Abrahams, aus Pharaos Knechtschaft befreit, trockenen Fußes das Rote Meer durchschritten, da waren sie ein Bild deiner Gläubigen, die durch das Wasser der Taufe aus der Knechtschaft des Bösen befreit sind.
Allmächtiger, ewiger Gott, dein geliebter Sohn wurde von Johannes im Jordan getauft und von dir gesalbt mit Heiligem Geiste. Als er am Kreuz hing, flossen aus seiner Seite Blut und Wasser. Nach seiner Auferstehung befahl er den Jüngern: „Geht hin und lehret alle Völker und taufet sie im Namen des Vaters und des Sohnes und des Heiligen Geistes."
Allmächtiger, ewiger Gott, schau gnädig auf deine Kirche und öffne ihr den Brunnen der Taufe. Dieses Wasser empfange die Gnade deines eingeborenen Sohnes vom Heiligen Geiste, damit der Mensch, der auf dein Bild hin geschaffen ist, durch das Sakrament der Taufe gereinigt wird von der alten Schuld und aus Wasser und Heiligem Geiste aufersteht zum neuen Leben deiner Kinder.

*(Bei den folgenden Worten senkt der Priester die Osterkerze – einmal oder dreimal – in das Wasser:)*

Durch deinen geliebten Sohn steige herab in dieses Wasser die Kraft des Heiligen Geistes, damit alle, die durch die Taufe mit Christus begraben sind in seinen Tod, durch die Taufe mit Christus auferstehen zum ewigen Leben. Darum bitten wir durch Jesus Christus, deinen Sohn, unseren Herrn und Gott, der in der Einheit des Heiligen Geistes mit dir lebt und herrscht in Ewigkeit. – A: Amen.

*(Die Kerze wird aus dem Wasser genommen. Dabei singt man:)*

Preist, ihr Quellen, den Herrn, Dan 3,77
lobt und erhebt ihn in Ewigkeit.

## TAUFSPENDUNG

*(Die einzelnen Täuflinge versprechen Christus die Treue. Sie werden nach ihrem Glauben befragt und getauft. Erwachsene Täuflinge empfangen sofort nach der Taufe die Firmung, wenn ein Bischof oder ein Priester mit Firmvollmacht anwesend ist.)*

## (SEGNUNG DES WASSERS)

*(Wenn keine Taufe stattfindet und auch kein Taufwasser gesegnet wird, so segnet der Priester das Wasser mit dem folgenden Gebet:)*

Liebe Brüder und Schwestern!
Wir bitten den Herrn, dass er dieses Wasser segne, mit dem wir nun besprengt werden. Das geweihte Wasser soll uns an die Taufe erinnern; Gott aber erneuere in uns seine Gnade, damit wir dem Geist treu bleiben, den wir empfangen haben.

*(Nach einer kurzen Gebetsstille spricht der Priester mit gefalteten Händen:)*

Herr, unser Gott, sei deinem Volk nahe, das wachend und betend diese Osternacht feiert. Du hast uns wunderbar erschaffen und noch wunderbarer wiederhergestellt. Wir gedenken deiner großen Taten und bitten dich:

† Segne dieses Wasser, das uns an deine Sorge für uns Menschen erinnert. Im Anfang hast du das Wasser erschaffen, damit es der Erde Fruchtbarkeit bringt und uns Menschen zum frischen Trunk und zum reinigenden Bad wird. Du hast das Wasser in Dienst genommen für das Werk deines Erbarmens: Im Roten Meer hast du dein Volk durch das Wasser aus der Knechtschaft Ägyptens befreit, in der Wüste mit Wasser aus dem Felsen seinen Durst gestillt. Die Propheten sahen im Bild des lebendigen Wassers den Neuen Bund, den du mit uns Menschen schließen wolltest.

Durch das Wasser, das Christus im Jordan geheiligt hat, reinigst du im Bad der Taufe den sündigen Menschen und schenkst ihm das neue

Leben deiner Kinder. Darum sei dieses Wasser eine Erinnerung an unsere Taufe, es vereinige uns in österlicher Freude mit unseren Brüdern und Schwestern, die in dieser heiligen Nacht getauft werden, und mit allen, die aus dem Wasser und dem Heiligen Geist wiedergeboren sind zum ewigen Leben. Darum bitten wir durch Christus, unseren Herrn. A: Amen.

## ERNEUERUNG DES TAUFVERSPRECHENS

*(Nach der Spendung der Taufe oder nach der Segnung des Wassers erneuern alle, mit brennenden Kerzen in den Händen, ihr Taufversprechen. Der Priester führt dazu mit etwa folgenden Worten ein:)*

Liebe Brüder und Schwestern!
Wir alle sind einst durch das österliche Geheimnis der Taufe mit Christus begraben worden, damit wir mit ihm auferstehen zu einem neuen Leben. Nach den vierzig Tagen der Fastenzeit, in denen wir uns auf Ostern vorbereitet haben, wollen wir darum das Taufversprechen erneuern, mit dem wir einst dem Satan abgeschworen und Gott versprochen haben, ihm, unserem Herrn, in der heiligen katholischen Kirche zu dienen.

Deshalb frage ich euch:
P: Widersagt ihr dem Bösen, um in der Freiheit der Kinder Gottes leben zu können?
A: Ich widersage.
P: Widersagt ihr den Verlockungen des Bösen, damit es nicht Macht über euch gewinnt?
A: Ich widersage.
P: Widersagt ihr dem Satan, dem Urheber des Bösen?
A: Ich widersage.
P: Glaubt ihr an Gott, den Vater, den Allmächtigen, den Schöpfer des Himmels und der Erde?
A: Ich glaube.
P: Glaubt ihr an Jesus Christus, seinen eingeborenen Sohn, unseren Herrn, der geboren ist von der Jungfrau Maria, der gelitten hat

und begraben wurde, von den Toten auferstand und zur Rechten des Vaters sitzt?

A: Ich glaube.

P: Glaubt ihr an den Heiligen Geist, die heilige katholische Kirche, die Gemeinschaft der Heiligen, die Vergebung der Sünden, die Auferstehung der Toten und das ewige Leben?

A: Ich glaube.

P: Der allmächtige Gott, der Vater unseres Herrn Jesus Christus, hat uns aus dem Wasser und dem Heiligen Geist neues Leben geschenkt und uns alle Sünden vergeben. Er bewahre uns durch seine Gnade in Christus Jesus, unserem Herrn, zum ewigen Leben.

A: Amen.

*(Der Priester besprengt die Gemeinde mit gesegnetem Wasser; alle singen die Antiphon oder ein Tauflied.)*

## ANTIPHON

Vgl. Ez 47, 1 – 2.9

Ich sah ein Wasser ausgehen vom Tempel,
von dessen rechter Seite.
Halleluja, halleluja.
Und alle, zu denen das Wasser kam, wurden gerettet,
und sie werden rufen:
Halleluja, halleluja.

## FÜRBITTEN

Der helle Schein der Osterkerze vertreibt das Dunkel. Jesus Christus hat die Nacht der Angst durchlitten, in ihm ist auch uns das Licht der Hoffnung und der Freude geschenkt. Wir rufen zu ihm und bitten ihn:

- Für die Kirche: Bestärke sie in der Verkündigung der frohen Botschaft deiner Auferstehung. V: Jesus, Heiland und Erlöser. A: Höre und erhöre uns.
- Für die Christinnen und Christen weltweit: Hilf ihnen, als österlich-befreite Menschen zu leben. V: Jesus, Heiland und Erlöser. A: Höre und erhöre uns.
- Für alle, die Schuld auf sich geladen haben, diese bereuen und sich nach Vergebung sehnen: Nimm die schwere Last von ihrer Seele und lass sie Heilung erfahren. V: Jesus, Heiland und Erlöser. A: Höre und erhöre uns.
- Für alle, die an diesem Tag des Lebens um einen lieben Menschen trauern: Schenke ihrer Trauer Raum und lass ihren Lebensmut wieder wachsen. V: Jesus, Heiland und Erlöser. A: Höre und erhöre uns.
- Für die Opfer von Unfrieden, Terror und Gewalt, und für alle Toten: Schenke ihnen Anteil an deiner Auferstehung und an deinem Leben in Gottes unvergänglichem Licht. V: Jesus, Heiland und Erlöser. A: Höre und erhöre uns.

Jesus Christus, in dir sind auch wir erlöst, befreit zur Hoffnung und zu neuem Leben. Das Tor zur Freude steht weit auf. Dafür danken wir dir und preisen den erbarmenden Vater im Heiligen Geist.

# EUCHARISTIEFEIER

## GABENGEBET

Herr, unser Gott, nimm die Gebete und Gaben deines Volkes an und gib, dass diese österliche Feier, die im Opfer des wahren Osterlammes ihren Ursprung hat, uns zum ewigen Heil führt. Darum bitten wir durch Christus, unseren Herrn.

Präfation, S. 503 f.

## KOMMUNIONVERS

1 Kor 5,7–8

Unser Osterlamm ist geopfert, Christus, der Herr.
Halleluja!
Wir sind befreit von Sünde und Schuld.
So lasst uns Festmahl halten in Freude.
Halleluja!

## SCHLUSSGEBET

Herr, unser Gott, du hast uns durch die österlichen Sakramente gestärkt. Schenke uns den Geist deiner Liebe, damit deine Gemeinde ein Herz und eine Seele wird. Darum bitten wir durch Christus, unseren Herrn.

## FEIERLICHER SCHLUSSSEGEN

In dieser Nacht, die erhellt ist durch die Auferstehung unseres Herrn Jesus Christus, segne euch der gütige Gott und bewahre euch vor der Finsternis der Sünde. – A: Amen.
In Christus haben wir Anteil am ewigen Leben; in ihm führe euch Gott zur unvergänglichen Herrlichkeit. – A: Amen.
Unser Erlöser hat uns durch die Tage seines Leidens zur österlichen Freude geführt; er geleite euch alle Tage des Lebens bis zu jener Osterfreude, die niemals endet. – A: Amen.
Das gewähre euch der dreieinige Gott, der Vater und der Sohn † und der Heilige Geist. – A: Amen.

***

LEINEN III
(Mt 27,59; 28,6)

das leinentuch
fehlt in das
josef dich
gehüllt hat
als er dich
vom kreuz nahm

hast du es
mitgenommen
nach dem sieg
über gewalt
und tod
als friedensfahne?

*Stefan Voges*

# AM TAG

## 12. April 2020

Kleiner Osterfragebogen: Zu wie viel Prozent müssen Sie selbst von einer Sache überzeugt sein, damit Sie sie weitererzählen? Wann erzählen Sie etwas eher weiter – wenn es wahrscheinlich und glaubhaft oder wenn es unwahrscheinlich, aber sensationell ist? Haben Sie ein Geheimwissen, auf das Sie stolz sind und das Sie nicht weitergeben? Haben Sie oft Angst, dass andere Ihnen nicht glauben, wenn Sie etwas erzählen? Wie versuchen Sie, andere an Ihren Erfahrungen teilhaben zu lassen und vielleicht von Ihren Ansichten zu überzeugen? Fällt es Ihnen leicht, diese Fragen mit Blick auf die Osterbotschaft vom leeren Grab und der Auferweckung Jesu zu beantworten?

### ERÖFFNUNGSVERS

Vgl. Ps 139 (138), 18.5–6

Ich bin erstanden und bin immer bei dir. Halleluja.
Du hast deine Hand auf mich gelegt. Halleluja.
Wie wunderbar ist für mich dieses Wissen. Halleluja.

*Oder:* Vgl. Lk 24, 34; Offb 1, 6

Der Herr ist auferstanden,
er ist wahrhaft auferstanden. Halleluja.
Sein ist die Macht und die Herrlichkeit in Ewigkeit.
Halleluja.

### KYRIE-RUFE

Herr Jesus Christus, du bist glorreich
auferstanden vom Tod.
V/A: Herr, erbarme dich.

So hast du auch uns den Zugang
zum ewigen Leben erschlossen.
V/A: Christus, erbarme dich.
Du hast den Tod für immer besiegt.
V/A: Herr, erbarme dich.

Ehre sei Gott, S. 489 f.

## TAGESGEBET

Allmächtiger, ewiger Gott, am heutigen Tag hast du durch deinen Sohn den Tod besiegt und uns den Zugang zum ewigen Leben erschlossen. Darum begehen wir in Freude das Fest seiner Auferstehung. Schaffe uns neu durch deinen Geist, damit auch wir auferstehen und im Licht des Lebens wandeln. Darum bitten wir durch Jesus Christus.

# WORTGOTTESDIENST

**ZUR 1. LESUNG** Zweimal spricht Petrus von Zeugen. Die Apostel sind Zeugen des Wirkens Jesu und seines Erscheinens nach der Auferweckung. Auf dieses Zeugnis baut der christliche Glaube bis heute. Ob wir den Zeugen glauben, welches Urteil wir fällen, bleibt uns überlassen. Zweimal spricht Petrus vom Bezeugen. Jesus ist als der zu bezeugen, der dem Leben Richtung gibt und Neuanfänge ermöglicht. Dieses Zeugnis verkündet den christlichen Glauben bis heute. Ob andere uns glauben, welches Urteil sie fällen, bleibt ihnen überlassen.

## ERSTE LESUNG

Apg 10,34a.37–43

*Wir haben mit ihm nach seiner Auferstehung gegessen und getrunken*

**Lesung aus der Apostelgeschichte.**

In jenen Tagen begann Petrus zu reden und sagte: Ihr wisst, was im ganzen Land der Juden geschehen ist, angefangen in Galiläa, nach der Taufe, die Johannes verkündet hat: wie Gott Jesus von Nazaret gesalbt hat mit dem Heiligen Geist und mit Kraft, wie dieser umherzog, Gutes tat und alle heilte, die in der Gewalt des Teufels waren; denn Gott war mit ihm. Und wir sind Zeugen für alles, was er im Land der Juden und in Jerusalem getan hat.

Ihn haben sie an den Pfahl gehängt und getötet. Gott aber hat ihn am dritten Tag auferweckt und hat ihn erscheinen lassen, zwar nicht dem ganzen Volk, wohl aber den von Gott vorherbestimmten Zeugen: uns, die wir mit ihm nach seiner Auferstehung von den Toten gegessen und getrunken haben.

Und er hat uns geboten, dem Volk zu verkünden und zu bezeugen: Dieser ist der von Gott eingesetzte Richter der Lebenden und der Toten.

Von ihm bezeugen alle Propheten, dass jeder, der an ihn glaubt, durch seinen Namen die Vergebung der Sünden empfängt.

## ANTWORTPSALM Ps 118 (117), 1–2.16–17.22–23 (Kv: vgl. 24)

℟ Das ist der Tag, den der Herr gemacht;
lasst uns jubeln und seiner uns freuen. – ℟

*Oder:*

Kv Halleluja. – Kv

Danket dem Herrn, denn er ist gut, *
denn seine Huld währt ewig!
So soll Israel sagen: *
Denn seine Huld währt ewig. – (Kv)

Die Rechte des Herrn, sie erhöht, *
die Rechte des Herrn, Taten der Macht vollbringt sie.

Ich werde nicht sterben, sondern leben, *
um die Taten des Herrn zu verkünden. – (Kv)

Ein Stein, den die Bauleute verwarfen, *
er ist zum Eckstein geworden.
Vom Herrn her ist dies gewirkt, *
ein Wunder in unseren Augen. – Kv

ZUR 2. LESUNG In den Versen des Kolosserbriefs umgibt die Auferstehung etwas Geheimnisvolles – das Leben ist „mit Christus verborgen in Gott". Andererseits hat sie geradezu etwas Praktisches, weil sie dem Leben eine Richtung gibt – strebt nach dem, richtet euren Sinn auf das, was oben ist. Diese Richtungsangabe macht Mut …, nicht nur um sich selbst zu kreisen, sondern über sich hinaus zu denken … nicht klein von sich zu denken, sondern Gottes Kraft in sich zu ahnen … nicht nur auf das Augenscheinliche zu setzen, sondern auch dem Geheimnisvollen zu trauen.

## ZWEITE LESUNG

Kol 3, 1–4

*Strebt nach dem, was oben ist, wo Christus zur Rechten Gottes sitzt*

**Lesung aus dem Brief des Apostels Paulus an die Gemeinde in Kolóssä.**

Schwestern und Brüder! Seid ihr nun mit Christus auferweckt, so strebt nach dem, was oben ist, wo Christus zur Rechten Gottes sitzt! Richtet euren Sinn auf das, was oben ist, nicht auf das Irdische! Denn ihr seid gestorben und euer Leben ist mit Christus verborgen in Gott. Wenn Christus, unser Leben, offenbar wird, dann werdet auch ihr mit ihm offenbar werden in Herrlichkeit.

*Oder:*

ZUR 2. LESUNG Frühlingsputz, Großreinemachen, das passt doch zu Ostern. Und was war die Fastenzeit anderes als ein inneres Ausmisten. Jetzt, am Fest, beginnt ein neues Leben. Keines, das uns überfordert, sondern eines, das aus kleinen Anfängen wächst, das nicht mehr als ein wenig Aufrichtigkeit mir selbst und anderen gegenüber verlangt. Dass dieser neue Sauerteig dem eigenen Leben neuen, frischen Geschmack geben wird, ist die erste Wahrheit, die wir uns eingestehen müssen. Damit wir selbst, und andere durch uns, Geschmack an Ostern finden.

## ZWEITE LESUNG

1 Kor 5,6b–8

*Schafft den alten Sauerteig weg, damit ihr neuer Teig seid*

**Lesung aus dem ersten Brief des Apostels Paulus an die Gemeinde in Korínth.**

Schwestern und Brüder! Wisst ihr nicht, dass ein wenig Sauerteig den ganzen Teig durchsäuert? Schafft den alten Sauerteig weg, damit ihr neuer Teig seid! Ihr seid ja schon ungesäuertes Brot; denn als unser Paschalamm ist Christus geopfert worden. Lasst uns also das Fest nicht mit dem alten Sauerteig feiern, nicht mit dem Sauerteig der Bosheit und Schlechtigkeit, sondern mit den ungesäuerten Broten der Aufrichtigkeit und Wahrheit!

## SEQUENZ

*(Wenn die musikalische Gestaltung es nahelegt, kann die Sequenz nach dem Hallellujavers gesungen werden, wobei sie dann mit „Amen. Halleluja" abgeschlossen wird.)*

Singt das Lob dem Osterlamme,
bringt es ihm dar, ihr Christen.

Das Lamm erlöst' die Schafe:
Christus, der ohne Schuld war,
versöhnte die Sünder mit dem Vater.

Tod und Leben, die kämpften
unbegreiflichen Zweikampf;
des Lebens Fürst, der starb, herrscht nun lebend.

Maria Magdalena,
sag uns, was du gesehen.

Sah Engel in dem Grabe,
die Binden und das Linnen.

Das Grab des Herrn sah ich offen
und Christus von Gottes Glanz umflossen.

Er lebt, der Herr, meine Hoffnung,
er geht euch voran nach Galiläa.

Lasst uns glauben, was Maria den Jüngern verkündet.
Sie sah den Herren, den Auferstandnen.

Ja, der Herr ist auferstanden, ist wahrhaft erstanden.
Du Sieger, König, Herr, hab Erbarmen! (Amen. Halleluja.)

## RUF VOR DEM EVANGELIUM

Vers: vgl. 1 Kor 5,7b–8a

Halleluja. Halleluja.
Unser Paschalamm ist geopfert: Christus.
So lasst uns das Festmahl feiern im Herrn.
Halleluja.

ZUM EVANGELIUM Der Stein war vom Grab weggenommen. Mit dieser Formulierung im Passiv bringt der Evangelist das Handeln Gottes zum Ausdruck. Weil Gott den Stein weggenommen hat, ist das Grab offen, kann Jesus auferstehen und hinausgehen. Weil der Stein weggenommen ist, kommt Licht ins Dunkel. Welche Steine liegen mir auf dem Herzen? Welche Steine halten in mir Lebensabbrüche und Dunkelheiten fest? Wo bitte ich Gott, er möge einen Stein wegnehmen und in mir Auferstehung ermöglichen? Und wo werde ich zum Handlanger Gottes und nehme Steine weg, damit im Leben anderer Auferstehung möglich wird?

## EVANGELIUM

Joh 20,1–9

*Er sah und glaubte*

+ **Aus dem heiligen Evangelium nach Johannes.**

Am ersten Tag der Woche kam Maria von Mágdala frühmorgens, als es noch dunkel war, zum Grab und sah, dass der Stein vom Grab weggenommen war. Da lief sie schnell zu Simon Petrus und dem anderen Jünger, den Jesus liebte, und sagte zu ihnen: Sie haben den Herrn aus dem Grab weggenommen und wir wissen nicht, wohin sie ihn gelegt haben.

Da gingen Petrus und der andere Jünger hinaus und kamen zum Grab; sie liefen beide zusammen, aber weil der andere Jünger schneller war als Petrus, kam er als Erster ans Grab. Er beugte sich vor und sah die Leinenbinden liegen, ging jedoch nicht hinein.

Da kam auch Simon Petrus, der ihm gefolgt war, und ging in das Grab hinein. Er sah die Leinenbinden liegen und das Schweißtuch, das auf dem Haupt Jesu gelegen hatte; es lag aber nicht bei den Leinenbinden, sondern zusammengebunden daneben an einer besonderen Stelle.

Da ging auch der andere Jünger, der als Erster an das Grab gekommen war, hinein; er sah und glaubte. Denn sie hatten noch nicht die Schrift verstanden, dass er von den Toten auferstehen müsse.

*Oder:*

## LANGFASSUNG

Joh 20,1–18°

*Er sah und glaubte. –*
*Ich gehe hinauf zu meinem Vater und zu eurem Vater*

**+ Aus dem heiligen Evangelium nach Johannes.**

Am ersten Tag der Woche kam Maria von Mágdala frühmorgens, als es noch dunkel war, zum Grab und sah, dass der Stein vom Grab weggenommen war. Da lief sie schnell zu Simon Petrus und dem anderen Jünger, den Jesus liebte, und sagte zu ihnen: Sie haben den Herrn aus dem Grab weggenommen und wir wissen nicht, wohin sie ihn gelegt haben.

Da gingen Petrus und der andere Jünger hinaus und kamen zum Grab; sie liefen beide zusammen, aber weil der andere Jünger schneller war als Petrus, kam er als Erster ans Grab. Er beugte sich vor und sah die Leinenbinden liegen, ging jedoch nicht hinein.

Da kam auch Simon Petrus, der ihm gefolgt war, und ging in das Grab hinein. Er sah die Leinenbinden liegen und das Schweißtuch, das auf dem Haupt Jesu gelegen hatte; es lag aber nicht bei den Leinenbinden, sondern zusammengebunden daneben an einer besonderen Stelle.

Da ging auch der andere Jünger, der als Erster an das Grab gekommen war, hinein; er sah und glaubte. Denn sie hatten noch nicht die Schrift verstanden, dass er von den Toten auferstehen müsse. Dann kehrten die Jünger wieder nach Hause zurück.

Maria aber stand draußen vor dem Grab und weinte. Während sie weinte, beugte sie sich in die Grabkammer hinein. Da sah sie zwei Engel in weißen Gewändern sitzen, den einen dort, wo der Kopf, den anderen dort, wo die Füße des Leichnams Jesu gelegen hatten. Diese sagten zu ihr: Frau, warum weinst du? Sie antwortete ihnen: Sie haben meinen Herrn weggenommen und ich weiß nicht, wohin sie ihn gelegt haben.

Als sie das gesagt hatte, wandte sie sich um und sah Jesus dastehen, wusste aber nicht, dass es Jesus war. Jesus sagte zu ihr: Frau, warum weinst du? Wen suchst du? Sie meinte, es sei der Gärtner, und sagte zu ihm: Herr, wenn du ihn weggebracht hast, sag mir, wohin du ihn gelegt hast! Dann will ich ihn holen.

Jesus sagte zu ihr: Maria! Da wandte sie sich um und sagte auf Hebräisch zu ihm: Rabbúni!, das heißt: Meister. Jesus sagte zu ihr: Halte mich nicht fest; denn ich bin noch nicht zum Vater hinaufgegangen. Geh aber zu meinen Brüdern und sag ihnen: Ich gehe hinauf zu meinem Vater und eurem Vater, zu meinem Gott und eurem Gott.

Maria von Mágdala kam zu den Jüngern und verkündete ihnen: Ich habe den Herrn gesehen. Und sie berichtete, was er ihr gesagt hatte.

*(Anstelle dieses Evangeliums kann auch das Evangelium aus der Osternacht – S. 353 – gewählt werden; wenn die Messe am Abend stattfindet, steht das Evangelium von Ostermontag – S. 380 f. – zur Wahl, mit dem dazugehörigen Ruf vor dem Evangelium.)*

Glaubensbekenntnis, S. 492 ff.

## FÜRBITTEN

Maria Magdalena verkündete den Jüngern die Osterbotschaft: „Ich habe den Herrn gesehen." Auch wir hören heute voll Dankbarkeit und Freude die Botschaft der Hoffnung und rufen zu Gott, der seinen Sohn nicht im Tode ließ:

- Wir bitten für die Kirche, dass sie in wachsender Einheit ein lebendiges Zeichen deiner Liebe und Güte sei. V: Du Gott des Lebens. A: Wir bitten dich, erhöre uns.

- Wir bitten dich für die jungen Kirchen um den Mut, dein Wort zu verkünden und Unrecht und Ungerechtigkeit beim Namen zu nennen. V: Du Gott des Lebens. A: Wir bitten dich, erhöre uns.

- Wir bitten für alle, die unter Unfrieden und Gewalt leiden, besonders aber für die Menschen, die ihre Heimat verlassen mussten. V: Du Gott des Lebens. A: Wir bitten dich, erhöre uns.

- Wir beten für die Menschen im Dunkel der Armut, der Schutzlosigkeit, der Verzweiflung. V: Du Gott des Lebens. A: Wir bitten dich, erhöre uns.
- Wir beten für alle Menschen, die das Leben anderer heller und leichter machen. V: Du Gott des Lebens. A: Wir bitten dich, erhöre uns.
- Wir beten für alle um deinen Beistand, die in diesen Tagen der Freude und des Erwachens der Natur ihr Leben lassen müssen. V: Du Gott des Lebens. A: Wir bitten dich, erhöre uns.

Guter Gott, in der Auferstehung deines Sohnes hast du für alle Menschen das Leben neu erschlossen. Du gewährst uns, aus dieser Hoffnung zu leben, am heiligen Ostertag und an allen Tagen, die uns geschenkt sind.

# EUCHARISTIEFEIER

## GABENGEBET

Herr, unser Gott, nimm die Gaben an, die wir in österlicher Freude darbringen für das Opfer, durch das deine Kirche auf wunderbare Weise wiedergeboren und gestärkt wird. Darum bitten wir durch Christus, unseren Herrn.

Präfation, S. 503 f.

## KOMMUNIONVERS

1 Kor 6,7–8

Unser Osterlamm ist geopfert, Christus, der Herr.
Halleluja.
Wir sind befreit von Sünde und Schuld.
So lasst uns Festmahl halten in Freude. Halleluja.

## SCHLUSSGEBET

Allmächtiger Gott, du hast deiner Kirche durch die österlichen Geheimnisse neues Leben geschenkt. Bewahre und beschütze uns in deiner Liebe und führe uns zur Herrlichkeit der Auferstehung. Darum bitten wir durch Christus, unseren Herrn.

## FEIERLICHER SCHLUSSSEGEN

An diesem Tag, der geheiligt ist durch die Auferstehung unseres Herrn Jesus Christus, segne euch der gütige Gott und bewahre euch vor der Finsternis der Sünde. – A: Amen.
In Christus haben wir Anteil am ewigen Leben; in ihm führe euch Gott zur unvergänglichen Herrlichkeit. – A: Amen.
Unser Erlöser hat uns durch die Tage seines Leidens zur österlichen Freude geführt; er geleite euch alle Tage des Lebens bis zu jener Osterfreude, die niemals endet. – A: Amen.
Das gewähre euch der dreieinige Gott, der Vater und der Sohn † und der Heilige Geist. – A: Amen.

***

LEINEN IV
(Joh 20, 5)

deine leinenbinden
liegen noch
im grab
du selbst
nicht mehr

das unbewegliche
das enge
das tote
hast du

hinter dir gelassen
um in die freiheit
und das
bislang nicht gedachte
vorauszugehen

du hast mir
viel voraus
denke ich
und zerre
an meinen
leinenbinden

*Stefan Voges*

# OSTERMONTAG

## 13. April 2020

Wie das Unbegreifliche begreifen? Das ist nur im Glauben möglich. Die Männer und Frauen um Jesus besinnen sich auf die heiligen Schriften Israels. Um den österlichen Durchbruch vom Tod zum Leben und die Befreiung aller aus Tod und Schuld zu verstehen, denken sie an die Durchbrüche und Ausbrüche zurück, die das Volk Israel in seiner Geschichte von Gott erfahren durfte. Diesen Weg des Verstehens spiegeln die Lesungen des Ostermontags. Auch wir sind heute gerufen, uns dem Pascha-Mysterium zu nähern. Es geht nicht darum, ein Rätsel zu lösen, wie man eine harte Nuss knackt. Doch wenn wir selbst uns öffnen, wenn wir uns wie die Emmaus-Jünger vom Auferstandenen selbst berühren lassen – dann beginnen wir zu „begreifen, was uns ergreift".

### ERÖFFNUNGSVERS

Der Herr ist vom Tod auferstanden, wie er gesagt hat.
Freut euch und frohlockt, denn er herrscht in Ewigkeit.
Halleluja.

### KYRIE-RUFE

Gütiger Jesus, Bruder und Herr,
du bist mit uns auf dem Weg.
V/A: Herr, erbarme dich.
Du bleibst bei uns, auch wenn es Abend wird
und der Tag sich neigt.
V/A: Christus, erbarme dich.

Du erklärst uns den Sinn der Schrift
und brichst das Brot mit uns.
V/A: Herr, erbarme dich.

Ehre sei Gott, S. 489 f.

## TAGESGEBET

Gott, du Herr allen Lebens, durch die Taufe schenkst du deiner Kirche Jahr für Jahr neue Söhne und Töchter. Gib, dass alle Christen in ihrem Leben dem Sakrament treu bleiben, das sie im Glauben empfangen haben. Darum bitten wir durch Jesus Christus.

# WORTGOTTESDIENST

ZUR 1. LESUNG Zu Beginn dieser Lesung mag man stutzen, denn sie fängt an „Am Pfingsttag …" und gibt jene Predigt wieder, die Petrus nach dem Pfingstwunder vor allem Volk gehalten hatte: als das Feuer des Geistes auf die Apostel herabgekommen war und sie aus der Verschlossenheit des verriegelten Saales herausgeholt hatte. Im Grunde haben die Jünger dort ihr eigenes Ostern erlebt, als der Geist sie aus den Fesseln der Erstarrung und des Todes gelöst hat. Das Zeugnis des Petrus vor allem Volk ist Fortsetzung von Ostern und Pfingsten zugleich, denn es sorgt für die Weitergabe der Lebensbotschaft in die Welt hinein. Ostern entfaltet eine Dynamik, die bis heute noch nicht an ihr Ende gekommen ist.

## ERSTE LESUNG

Apg 2,14.22b–33

*Gott hat Jesus auferweckt, dafür sind wir alle Zeugen*

**Lesung aus der Apostelgeschichte.**

Am Pfingsttag trat Petrus auf, zusammen mit den Elf; er erhob seine Stimme und begann zu reden: Ihr Juden und alle Bewohner von Jerusalem! Dies sollt ihr wissen, achtet auf meine Worte!

Jesus, den Nazoräer, einen Mann, den Gott vor euch beglaubigt hat durch Machttaten, Wunder und Zeichen, die er durch ihn in eurer Mitte getan hat, wie ihr selbst wisst – ihn, der nach Gottes beschlossenem Willen und Vorauswissen hingegeben wurde, habt ihr durch die Hand von Gesetzlosen ans Kreuz geschlagen und umgebracht.

Gott aber hat ihn von den Wehen des Todes befreit und auferweckt; denn es war unmöglich, dass er vom Tod festgehalten wurde. David nämlich sagt über ihn:

Ich hatte den Herrn beständig vor Augen. Denn er steht mir zur Rechten, dass ich nicht wanke. Darum freute sich mein Herz und frohlockte meine Zunge und auch mein Leib wird in Hoffnung wohnen; denn du gibst meine Seele nicht der Unterwelt preis, noch lässt du deinen Frommen die Verwesung schauen. Du hast mir die Wege zum Leben gezeigt, du wirst mich erfüllen mit Freude vor deinem Angesicht.

Brüder, ich darf freimütig zu euch über den Patriarchen David reden: Er starb und wurde begraben und sein Grabmal ist bei uns erhalten bis auf den heutigen Tag. Da er ein Prophet war und wusste, dass Gott ihm einen Eid geschworen hatte, einer von seinen Nachkommen werde auf seinem Thron sitzen, sagte er vorausschauend über die Auferstehung des Christus: Er gab ihn nicht der Unterwelt preis und sein Leib schaute die Verwesung nicht. Diesen Jesus hat Gott auferweckt, dafür sind wir alle Zeugen. Zur Rechten Gottes erhöht, hat er vom Vater den verheißenen Heiligen Geist empfangen und ihn ausgegossen, wie ihr seht und hört.

ANTWORTPSALM Ps 89 (88),2–3.4–5 (Kv: 2a)

Kv Von der Huld des Herrn will ich ewig singen. – Kv

*Oder:*

Kv Halleluja. – Kv

Von der Huld des HERRN will ich ewig singen, *
von Geschlecht zu Geschlecht mit meinem Mund
deine Treue verkünden.
Denn ich bekenne: Auf ewig ist Huld gegründet, *
im Himmel deine Treue gefestigt. – (Kv)

„Ich habe einen Bund geschlossen mit meinem Erwählten *
und David, meinem Knecht, geschworen:
Auf ewig gebe ich deinem Haus festen Bestand *
und von Geschlecht zu Geschlecht gründe ich deinen Thron." – Kv

ZUR 2. LESUNG Vom Zeugnis fehlbarer Menschen hängt der Glaube an die Auferweckung Christi ab, und vom Glauben an die Auferweckung die Hoffnung der Christen. Hängt unsere Hoffnung also am seidenen Faden? Gott sucht Menschen, die für seine Rettungstat offene Augen und offene Herzen haben und deren offene Hände sie bezeugen. Die Kette der Zeugen, Männer und Frauen, Junge und Alte, kann reißen. Sie ist verwundbar wie alles Menschliche. Doch durch Jesu Tod und Auferweckung wurde dieses Menschliche über alles Begreifen hinaus wunderbar erneuert und gestärkt.

## ZWEITE LESUNG 1 Kor 15,1–8.11

*Das Evangelium, das ich euch verkündet habe, ist der Grund, auf dem ihr steht*

**Lesung aus dem ersten Brief des Apostels Paulus an die Gemeinde in Korínth.**

Ich erinnere euch, Schwestern und Brüder, an das Evangelium, das ich euch verkündet habe. Ihr habt es angenommen; es ist der Grund, auf dem ihr steht. Durch dieses Evangelium werdet ihr gerettet werden, wenn ihr festhaltet an dem Wort, das ich euch verkündet habe, es sei denn, ihr hättet den Glauben unüberlegt angenommen.

Denn vor allem habe ich euch überliefert, was auch ich empfangen habe:

Christus ist für unsere Sünden gestorben, gemäß der Schrift, und ist begraben worden. Er ist am dritten Tag auferweckt worden, gemäß der Schrift, und erschien dem Kephas, dann den Zwölf.

Danach erschien er mehr als fünfhundert Brüdern zugleich; die meisten von ihnen sind noch am Leben, einige sind entschlafen. Danach erschien er dem Jakobus, dann allen Aposteln. Zuletzt erschien er auch mir, gleichsam der Missgeburt.

Ob nun ich verkünde oder die anderen: Das ist unsere Botschaft und das ist der Glaube, den ihr angenommen habt.

## RUF VOR DEM EVANGELIUM

Vers: vgl. Lk 24,32

Halleluja. Halleluja.
Brannte nicht unser Herz,
als der Herr unterwegs mit uns redete
und uns den Sinn der Schriften eröffnete?
Halleluja.

## ZUM EVANGELIUM

Jesus, der Zuhörer. Er tut nicht viel. Er sagt nicht viel. Aber die in Angst und Schmerz gefangenen Jünger können plötzlich frei sprechen. Sie können sich aussprechen. Jesus hört ihre stummen Fragen. Darum hören sie seinen Zuspruch. Darum öffnen sich ihre Augen dem Licht der Schrift: Gottes Liebe hat das Todeszeichen, das harte Kreuz, zu einem Ort des neuen Lebens gemacht. Beim gemeinsamen Mahl, am Danken und Teilen, erkennen sie ihn, den Lebendigen. Todmüde waren sie, des Lebens müde. Zum Tode müde. Nun stehen sie auf, um das Erlebte, das Leben, zu teilen.

## EVANGELIUM

Lk 24,13–35°

*Sie erkannten ihn, als er das Brot brach*

**+ Aus dem heiligen Evangelium nach Lukas.**

Am ersten Tag der Woche waren zwei von den Jüngern Jesu auf dem Weg in ein Dorf namens Emmaus, das sechzig Stadien von Jerusalem entfernt ist. Sie sprachen miteinander über all das, was sich ereignet hatte. Und es geschah: Während sie redeten und ihre Gedanken austauschten, kam Jesus selbst hinzu und ging mit ihnen. Doch ihre Augen waren gehalten, sodass sie ihn nicht erkannten. Er fragte sie: Was sind das für Dinge, über die ihr auf eurem Weg miteinander redet?

Da blieben sie traurig stehen und der eine von ihnen – er hieß Kléopas – antwortete ihm: Bist du so fremd in Jerusalem, dass du als Einziger nicht weißt, was in diesen Tagen dort geschehen ist? Er fragte sie: Was denn?

Sie antworteten ihm: Das mit Jesus aus Nazaret. Er war ein Prophet, mächtig in Tat und Wort vor Gott und dem ganzen Volk. Doch unsere Hohepriester und Führer haben ihn zum Tod verurteilen und ans Kreuz schlagen lassen. Wir aber hatten gehofft, dass er der sei, der Israel erlösen werde. Und dazu ist heute schon der dritte Tag, seitdem das alles geschehen ist.

Doch auch einige Frauen aus unserem Kreis haben uns in große Aufregung versetzt. Sie waren in der Frühe beim Grab, fanden aber seinen Leichnam nicht. Als sie zurückkamen, erzählten sie, es seien ihnen Engel erschienen und hätten gesagt, er lebe. Einige von uns gingen dann zum Grab und fanden alles so, wie die Frauen gesagt hatten; ihn selbst aber sahen sie nicht.

Da sagte er zu ihnen: Ihr Unverständigen, deren Herz zu träge ist, um alles zu glauben, was die Propheten gesagt haben. Musste nicht der Christus das erleiden und so in seine Herrlichkeit gelangen? Und er legte ihnen dar, ausgehend von Mose und allen Propheten, was in der gesamten Schrift über ihn geschrieben steht.

So erreichten sie das Dorf, zu dem sie unterwegs waren. Jesus tat, als wolle er weitergehen, aber sie drängten ihn und sagten: Bleibe bei uns; denn es wird Abend, der Tag hat sich schon geneigt! Da ging er mit hinein, um bei ihnen zu bleiben. Und es geschah: Als er mit ihnen bei Tisch war, nahm er das Brot, sprach den Lobpreis, brach es und gab es ihnen. Da wurden ihre Augen aufgetan und sie erkannten ihn; und er entschwand ihren Blicken. Und sie sagten zu einander: Brannte nicht unser Herz in uns, als er unterwegs mit uns redete und uns den Sinn der Schriften eröffnete?

Noch in derselben Stunde brachen sie auf und kehrten nach Jerusalem zurück und sie fanden die Elf und die mit ihnen versammelt waren. Diese sagten: Der Herr ist wirklich auferstanden und ist dem Simon erschienen. Da erzählten auch sie, was sie unterwegs erlebt und wie sie ihn erkannt hatten, als er das Brot brach.

*Oder:*

ZUM EVANGELIUM Das Schlüsselwort dieses Osterevangeliums ist „sogleich". Die beiden Marien, zwei Menschen in tiefster Trauer, kommen früh am Morgen zu dem Ort, an dem Jesus bestattet wurde. Sie vernehmen die alles umwälzende Engelsbotschaft. „Sogleich" brechen sie auf. Sie sind zu Botschafterinnen des Auferstandenen geworden. Alles hat seine Zeit, und alles braucht seine Zeit. Das ist unsere menschliche Erfahrung. Wenn wir unserer Trauer keine Zeit lassen, wird sie uns nie entlassen. Doch für die beiden Marien ist der Bann gebrochen; „sogleich". Eine andere Nähe ist ihnen gegeben zu dem, den sie verloren haben. Sie glauben dem Offenbarungsengel und begegnen dem Auferstandenen. Sie sehen, sie hören und sie begreifen Jesu neues Leben. Sie lassen sich ganz erfüllen von österlicher Freude und werden die ersten Evangelistinnen des auferweckten Herrn. Sogleich.

## EVANGELIUM Mt 28,8–15

*Sagt meinen Brüdern, sie sollen nach Galiläa gehen und dort werden sie mich sehen*

**+ Aus dem heiligen Evangelium nach Matthäus.**

Nachdem die Frauen die Botschaft des Engels vernommen hatten, verließen sie sogleich das Grab voll Furcht und großer Freude und sie eilten zu seinen Jüngern, um ihnen die Botschaft zu verkünden.

Und siehe, Jesus kam ihnen entgegen und sagte: Seid gegrüßt! Sie gingen auf ihn zu, warfen sich vor ihm nieder und umfassten seine Füße. Da sagte Jesus zu ihnen: Fürchtet euch nicht! Geht und sagt meinen Brüdern, sie sollen nach Galiläa gehen und dort werden sie mich sehen.

Noch während die Frauen unterwegs waren, siehe, da kamen einige von den Wächtern in die Stadt und berichteten den Hohenpriestern alles, was geschehen war. Diese fassten gemeinsam mit den Ältesten den Beschluss, die Soldaten zu bestechen. Sie gaben ihnen viel Geld und sagten: Erzählt den Leuten: Seine Jünger sind bei Nacht gekommen und haben ihn gestohlen, während wir schliefen. Falls der Statthalter davon hört, werden wir ihn beschwichtigen und dafür sorgen, dass ihr nichts zu befürchten habt. Die Soldaten nahmen das Geld und machten alles so, wie man es ihnen gesagt hatte. Und dieses Gerücht verbreitete sich bei den Juden bis heute.

## FÜRBITTEN

Miteinander gehen, einander begleiten, miteinander sprechen, einander den Sinn der Schrift erschließen, das Brot brechen: So wird die Botschaft Jesu Christi lebendig. Wir rufen zu ihm:

- Für alle Getauften bitten wir um den Mut zum Hören, um die Kraft, einander zu begleiten, und um die Gabe, die Schrift auszulegen und miteinander Mahl zu halten. V: Christus, unser Heil und unsere Mitte. A: Höre und erhöre uns.

- Für alle Trauernden bitten wir um die Hoffnung, dass die Toten in deiner Liebe und deinem Licht geborgen sind. V: Christus, unser Heil und unsere Mitte. A: Höre und erhöre uns.

- Für alle, die in Flüchtlingsunterkünften und Zeltstädten unter harten Bedingungen leben müssen, bitten wir um Hilfe. V: Christus, unser Heil und unsere Mitte. A: Höre und erhöre uns.
- Für die Frauen und Männer, die sich für den Frieden einsetzen, im Nahen Osten und überall auf der Welt, wo Feindschaft und Verhärtung schon so lange Denken und Handeln prägen, bitten wir um deinen Geist der Klarheit und der Stärke. V: Christus, unser Heil und unsere Mitte. A: Höre und erhöre uns.
- Für alle, die, wie die Frauen am Ostermorgen, deine frohe Botschaft verkünden und für dein lebendiges Wort einstehen, bitten wir um deinen Segen. V: Christus, unser Heil und unsere Mitte. A: Höre und erhöre uns.

Herr Jesus Christus, wir bitten um das brennende Herz, auf dass wir dich suchen und tun, was nottut. Schenke uns deinen Beistand, heute und alle Tage unseres Lebens.

# EUCHARISTIEFEIER

## GABENGEBET

Gott, du hast deinem Volk durch das Bekenntnis des Glaubens und den Empfang der Taufe neues Leben geschenkt. Nimm die Gaben (der Neugetauften und aller) deiner Gläubigen gnädig an und lass uns in dir Seligkeit und ewiges Leben finden. Darum bitten wir durch Christus, unseren Herrn.

Präfation, S. 503 f.

## KOMMUNIONVERS

Vgl. Röm 6,9

Christus ist vom Tod erstanden; er stirbt nicht mehr.
Gebrochen ist die Macht des Todes. Halleluja.

## SCHLUSSGEBET

Allmächtiger Gott, du hast uns durch die österlichen Geheimnisse auf den Weg des Lebens geführt. Lass deine Gnade in uns mächtig werden, damit wir uns deiner Gaben würdig erweisen und unseren Weg zu dir vollenden. Darum bitten wir durch Christus, unseren Herrn.

## FEIERLICHER SCHLUSSSEGEN

S. 373

***

### UNTERWEGS

den Unbekannten,
wann treffe ich ihn
der an meiner Seite geht
so tut, als wüsste er von nichts
aber das Scheitern deutet
als wäre das Ende ein Anfang?

wann fallen mir die Schuppen
von den Augen
wann brennt mir das Herz
in der Brust?

niemand bricht mir das Brot
und verschwindet plötzlich
denn ich traf ihn noch nicht
den Unbekannten

*Georg Schwikart*

# 2. SONNTAG DER OSTERZEIT SONNTAG DER GÖTTLICHEN BARMHERZIGKEIT WEISSER SONNTAG

19. April 2020

Festhalten an der Lehre der Apostel – an gemeinschaftlichen Lebensformen, die auch die Fragen von Mein und Dein berühren –, am Brotbrechen, an den Gebeten. So festigen sich die Eckpfeiler eines Hauses, das christliches Leben beherbergt. Wie selbstverständlich geht Lukas vom Beten der Gläubigen in der allen gemeinsamen Synagoge *und* von Eucharistiefeiern in den Häusern aus. Der Weiße Sonntag ist der richtige Tag, um zusammen mit den Kindern, die hier und heute erfahren, dass Christus ihnen das Brot bricht, in Dankbarkeit und Offenheit unserer bleibenden Ursprünge zu gedenken.

## ERÖFFNUNGSVERS

Vgl. 5 Esra 2,36–37 (apokr.)

Freut euch und dankt Gott, der euch zu sich gerufen hat.
Ihr seid Kinder Gottes und Erben seiner Herrlichkeit.
Halleluja.

## KYRIE-RUFE

Jesus Christus, auferstandener Herr,
du lässt dich erfahren beim Brechen
des Brotes in deiner Gemeinde.
V/A: Herr, erbarme dich.

Du bist das Mensch gewordene Antlitz
der göttlichen Barmherzigkeit.
V/A: Christus, erbarme dich.
Du bist unser Herr und unser Gott.
V/A: Herr, erbarme dich.

Ehre sei Gott, S. 489 f.

## TAGESGEBET

Barmherziger Gott, durch die jährliche Osterfeier erneuerst du den Glauben deines Volkes. Lass uns immer tiefer erkennen, wie heilig das Bad der Taufe ist, das uns gereinigt hat, wie mächtig dein Geist, aus dem wir wiedergeboren sind, und wie kostbar das Blut, durch das wir erkauft sind. Darum bitten wir durch Jesus Christus.

# WORTGOTTESDIENST

ZUR 1. LESUNG Was passiert nicht alles, wenn man alles gemeinsam hat! Man ärgert sich über die hohen Heizkosten, streitet um Sauberkeitsstandards in Küche und Badezimmer, und wer, bitte schön, hat den Kaffeeautomaten kaputt gemacht? Auch wenn man sich noch so gut versteht, das Leben in Gemeinschaft ist ein Härtetest. Eine Gemeinschaft, die einen wahrhaft österlichen Lebensstil pflegt, stellt uns die Apostelgeschichte heute vor Augen. Lehre und Leben bilden eine lebendige Einheit. Nicht nur beim Herrenmahl wird Gott gepriesen und das Brot gebrochen, auch sonst wird dankbar geteilt. Doch Teilen ist schwer. Es fällt uns nur dann leicht, wenn wir uns im Grunde, nämlich im Herzensgrunde, beschenkt fühlen, sodass wir keine Angst haben, übersehen zu werden und zu kurz zu kommen. Wer so lebt, gibt eine Antwort, die Zukunft hat; kräftiger Widerschein des Lichts, das von Ostern her jedes Leben erhellt.

## ERSTE LESUNG

Apg 2,42–47

*Alle, die glauben, waren an demselben Ort und hatten alles gemeinsam*

**Lesung aus der Apostelgeschichte.**

Die Gläubigen hielten an der Lehre der Apostel fest und an der Gemeinschaft, am Brechen des Brotes und an den Gebeten.

Alle wurden von Furcht ergriffen; und durch die Apostel geschahen viele Wunder und Zeichen. Und alle, die glaubten, waren an demselben Ort und hatten alles gemeinsam. Sie verkauften Hab und Gut und teilten davon allen zu, jedem so viel, wie er nötig hatte.

Tag für Tag verharrten sie einmütig im Tempel, brachen in ihren Häusern das Brot und hielten miteinander Mahl in Freude und Lauterkeit des Herzens. Sie lobten Gott und fanden Gunst beim ganzen Volk. Und der Herr fügte täglich ihrer Gemeinschaft die hinzu, die gerettet werden sollten.

## ANTWORTPSALM

Ps 118 (117),2 u. 4.14–15.22–23.24 u. 28 (Kv: 1)

Kv Danket dem HERRN, denn er ist gut,
denn seine Huld währt ewig. – Kv

*Oder:*

Kv Halleluja. – Kv

So soll Israel sagen: *
Denn seine Huld währt ewig.
So sollen sagen, die den HERRN fürchten: *
Denn seine Huld währt ewig. – (Kv)

Meine Stärke und mein Lied ist der HERR; *
er ist für mich zur Rettung geworden.
Schall von Jubel und Rettung in den Zelten der Gerechten: *
„Die Rechte des HERRN, Taten der Macht vollbringt sie!“ – (Kv)

Ein Stein, den die Bauleute verwarfen, *
er ist zum Eckstein geworden.
Vom Herrn her ist dies gewirkt, *
ein Wunder in unseren Augen. – (Kv)

Dies ist der Tag, den der Herr gemacht hat; *
wir wollen jubeln und uns über ihn freuen.
Mein Gott bist du, dir will ich danken. *
Mein Gott bist du, dich will ich erheben. – Kv

ZUR 2. LESUNG Warum macht ihr das? Was versprecht ihr euch davon? Die Umgebung bemerkt, dass diese Leute irgendwie anders leben. Sie fallen auf durch eine Lebensweise, in der Geschwisterlichkeit, Gewaltlosigkeit und der Wille, einander gerecht zu werden, mehr gelten als Durchsetzungsfähigkeit und materieller Erfolg. Mancher reagiert auf diese seltsamen Heiligen mit Abwehr und Aggression. Andere lassen sich berühren. Sie fragen nach: Wie kommt ihr dazu, was trägt euch, worauf hofft ihr? Ob auch unser Lebensstil zum Nachfragen reizt?

## ZWEITE LESUNG

1 Petr 1,3–9

*Lebendige Hoffnung durch die Auferstehung Jesu Christi*

**Lesung aus dem ersten Brief des Apostels Petrus.**

Gepriesen sei der Gott und Vater unseres Herrn Jesus Christus: Er hat uns in seinem großen Erbarmen neu gezeugt zu einer lebendigen Hoffnung durch die Auferstehung Jesu Christi von den Toten, zu einem unzerstörbaren, makellosen und unvergänglichen Erbe, das im Himmel für euch aufbewahrt ist.

Gottes Kraft behütet euch durch den Glauben, damit ihr die Rettung erlangt, die am Ende der Zeit offenbart werden soll. Deshalb seid ihr voll Freude, wenn es für kurze Zeit jetzt sein muss, dass ihr durch mancherlei Prüfungen betrübt werdet. Dadurch soll sich eure Standfestigkeit im Glauben, die kostbarer ist als Gold, das im

Feuer geprüft wurde und doch vergänglich ist, herausstellen – zu Lob, Herrlichkeit und Ehre bei der Offenbarung Jesu Christi.
Ihn habt ihr nicht gesehen und dennoch liebt ihr ihn; ihr seht ihn auch jetzt nicht; aber ihr glaubt an ihn und jubelt in unaussprechlicher und von Herrlichkeit erfüllter Freude, da ihr das Ziel eures Glaubens empfangen werdet: eure Rettung.

## RUF VOR DEM EVANGELIUM

Vers: Joh 20,29

Halleluja. Halleluja.
(So spricht der Herr:)
Weil du mich gesehen hast, Thomas, glaubst du.
Selig sind, die nicht sehen und doch glauben.
Halleluja.

ZUM EVANGELIUM Thomas Didymus, bist du vielleicht mein Zwilling? Sind wir Zwillinge im Geiste? Du und ich? Ich bin du: ich, in meinem Lieben-Wollen, aber Nicht-glauben-Können? Ich möchte es so sehr, aber das kann doch nicht wahr sein. Ihr mögt es ja alle so erlebt haben, wie schön für euch; aber ist es nicht zu schön, um wahr zu sein? Jesus, du hast gelitten, du wurdest gefoltert. Du bist tot. Du bist fort. „Da sagte er zu Thomas: Streck deinen Finger aus – hier sind meine Hände." In deine Hände, Herr, will ich nicht nur meinen prüfenden Finger legen, sondern auch meinen im Dunkel tappenden Geist.

## EVANGELIUM

Joh 20,19–31

*Acht Tage darauf kam Jesus bei verschlossenen Türen und trat in ihre Mitte*

**+ Aus dem heiligen Evangelium nach Johannes.**

Am Abend dieses ersten Tages der Woche, als die Jünger aus Furcht vor den Juden bei verschlossenen Türen beisammen waren, kam Jesus, trat in ihre Mitte und sagte zu ihnen: Friede sei mit euch! Nach diesen Worten zeigte er ihnen seine Hände und seine Seite. Da freuten sich die Jünger, als sie den Herrn sahen.

Jesus sagte noch einmal zu ihnen: Friede sei mit euch! Wie mich der Vater gesandt hat, so sende ich euch. Nachdem er das gesagt hatte, hauchte er sie an und sagte zu ihnen: Empfangt den Heiligen Geist! Denen ihr die Sünden erlasst, denen sind sie erlassen; denen ihr sie behaltet, sind sie behalten.

Thomas, der Dídymus genannt wurde, einer der Zwölf, war nicht bei ihnen, als Jesus kam. Die anderen Jünger sagten zu ihm: Wir haben den Herrn gesehen.

Er entgegnete ihnen: Wenn ich nicht das Mal der Nägel an seinen Händen sehe und wenn ich meinen Finger nicht in das Mal der Nägel und meine Hand nicht in seine Seite lege, glaube ich nicht.

Acht Tage darauf waren seine Jünger wieder drinnen versammelt und Thomas war dabei.

Da kam Jesus bei verschlossenen Türen, trat in ihre Mitte und sagte: Friede sei mit euch!

Dann sagte er zu Thomas: Streck deinen Finger hierher aus und sieh meine Hände! Streck deine Hand aus und leg sie in meine Seite und sei nicht ungläubig, sondern gläubig!

Thomas antwortete und sagte zu ihm: Mein Herr und mein Gott! Jesus sagte zu ihm: Weil du mich gesehen hast, glaubst du. Selig sind, die nicht sehen und doch glauben.

Noch viele andere Zeichen hat Jesus vor den Augen seiner Jünger getan, die in diesem Buch nicht aufgeschrieben sind. Diese aber sind aufgeschrieben, damit ihr glaubt, dass Jesus der Christus ist, der Sohn Gottes, und damit ihr durch den Glauben Leben habt in seinem Namen.

Glaubensbekenntnis, S. 492 ff.

## FÜRBITTEN

Am heutigen Sonntag der Barmherzigkeit kommen wir mit unseren Anliegen und Nöten zu Gott, dem erbarmenden Vater:

- Wir beten für die Kinder, die heute erstmals das Brot des Lebens empfangen. V: Guter Gott. A: Höre unser Rufen.
- Wir beten für die Kinder weltweit, die nicht genug Brot haben und deren Lebenschancen gering sind. V: Guter Gott. A: Höre unser Rufen.
- Wir beten für die Kirche, dass sie daran mitwirkt, Gerechtigkeit zu schaffen und Frieden zu fördern. V: Guter Gott. A: Höre unser Rufen.
- Wir beten für die Kranken und Sterbenden, dass sie in ihren Ängsten nicht alleingelassen werden. V: Guter Gott. A: Höre unser Rufen.
- Wir beten für alle, die sie begleiten, trösten und stärken. V: Guter Gott. A: Höre unser Rufen.
- Wir beten für alle, die teilen und barmherzig leben. V: Guter Gott. A: Höre unser Rufen.

Du bist der Gott des Erbarmens und des Trostes. Schau voll Güte auf uns und unsere Bitten. Wir danken dir und preisen dich, weil du, großer Gott, uns nahe bist in Christus Jesus und im Heiligen Geist.

# EUCHARISTIEFEIER

## GABENGEBET

Gott, du hast deinem Volk durch das Bekenntnis des Glaubens und den Empfang der Taufe neues Leben geschenkt. Nimm die Gaben (der Neugetauften und aller) deiner Gläubigen gnädig an und lass uns in dir Seligkeit und ewiges Leben finden. Darum bitten wir durch Christus, unseren Herrn.

Präfation, S. 503 f.

## KOMMUNIONVERS

Joh 20,29

Selig, die nicht sehen und doch glauben.
Halleluja.

## SCHLUSSGEBET

Allmächtiger Gott, im heiligen Sakrament haben wir den Leib und das Blut deines Sohnes empfangen. Lass diese österliche Gabe in uns weiterwirken und fruchtbar sein. Darum bitten wir durch Christus, unseren Herrn.

## FEIERLICHER SCHLUSSSEGEN

Der allmächtige Gott hat uns durch die Auferstehung seines Sohnes aus Sünde und Tod befreit; er segne euch und schenke euch seine Freude. – A: Amen.
Und Christus, mit dem wir auferstanden sind durch den Glauben, bewahre in euch die Gabe der Erlösung. – A: Amen.
Gott hat uns in der Taufe angenommen als Kinder seiner Gnade; er schenke euch das verheißene Erbe. – A: Amen.
Das gewähre euch der dreieinige Gott, der Vater und der Sohn † und der Heilige Geist. – A: Amen.

***

### AUS MEINES HERZENS GRUNDE

Aus meines Herzens Grunde
sag ich dir Lob und Dank
in dieser Morgenstunde,
dazu mein Leben lang,

dir, Gott, in deinem Thron,
zu Lob und Preis und Ehren
durch Christum unsern Herren,
dein eingebornen Sohn.

*Nach Georg Niege (vor 1585)*

# 3. SONNTAG DER OSTERZEIT

## 26. April 2020

Rettung aus dem Tod! Lachen oder weinen? Rettung nicht vor dem Tod, sondern aus dem Tod? Wie kann das denn sein? Wer soll denn so etwas glauben? Unerhört. Nein, das kann nicht sein. Das kann nur Gott geben. Die Schrifttexte des heutigen Sonntags bringen dieses Wunder vielstimmig und einstimmig zum Ausdruck. Leihen wir der so oft gehörten und doch, wie wahr ist das, unerhörten, Botschaft von der Gottes-Gabe Leben unser Ohr!

### ERÖFFNUNGSVERS

Ps 66 (65), 1–2

Jauchzt vor Gott, alle Menschen der Erde!
Spielt zum Ruhm seines Namens!
Verherrlicht ihn mit Lobpreis! Halleluja.

### KYRIE-RUFE

Jesus Christus, auferstandener Herr,
du nimmst das Brot und gibst es uns.
V/A: Herr, erbarme dich.
Du machst unsere Armut fruchtbar und reich.
V/A: Christus, erbarme dich.
Du offenbarst deine lebendige Gegenwart.
V/A: Herr, erbarme dich.

Ehre sei Gott, S. 489 f.

## TAGESGEBET

Allmächtiger Gott, lass die österliche Freude in uns fortdauern, denn du hast deiner Kirche neue Lebenskraft geschenkt und die Würde unserer Gotteskindschaft in neuem Glanz erstrahlen lassen. Gib, dass wir den Tag der Auferstehung voll Zuversicht erwarten als einen Tag des Jubels und des Dankes. Darum bitten wir durch Jesus Christus.

# WORTGOTTESDIENST

ZUR 1. LESUNG Nach dem Pfingstereignis legt Petrus vor der Jerusalemer Öffentlichkeit die wahre Bedeutung der dramatischen und düsteren Geschehnisse um Jesus und seines bedrückenden Geschicks dar. Er zitiert den 16. Psalm, der die Zuversicht ausdrückt, dass Gott den Beter aus Todesgefahr retten werde: Verse, die das pharisäische Judentum bereits im Sinne einer persönlichen Auferstehungshoffnung gedeutet hatte. König David, wie man annahm, der Verfasser des Psalms, konnte nicht von sich gesprochen haben, so führt der Apostel aus, war der Herrscher doch in einem allen wohlbekannten Grabmal in Jerusalem bestattet. Der König hatte also prophetisch auf einen Späteren aus seinem Geschlecht hingewiesen: auf den Davidssohn Jesus. Es fällt uns heute vielleicht nicht leicht, Punkt für Punkt den Schriftbeweis nachzuvollziehen, den der Sprecher der Apostel vorträgt. Doch das Entscheidende bleibt: das rettende Geschenk der Auferweckung, und das Wunder der Bereitschaft, es zu empfangen, in der Mitte der Nacht. Dazu braucht es auch heute den ganzen Glauben Israels – und heiligen pfingstlichen Geist.

## ERSTE LESUNG Apg 2,14.22b–33

*Es war unmöglich, dass er vom Tod festgehalten wurde*

**Lesung aus der Apostelgeschichte.**

Am Pfingsttag trat Petrus auf, zusammen mit den Elf; er erhob seine Stimme und begann zu reden: Ihr Juden und alle Bewohner von Jerusalem! Dies sollt ihr wissen, achtet auf meine Worte!

Jesus, den Nazoräer, einen Mann, den Gott vor euch beglaubigt hat durch Machttaten, Wunder und Zeichen, die er durch ihn in eurer Mitte getan hat, wie ihr selbst wisst – ihn, der nach Gottes beschlossenem Willen und Vorauswissen hingegeben wurde, habt ihr durch die Hand von Gesetzlosen ans Kreuz geschlagen und umgebracht.

Gott aber hat ihn von den Wehen des Todes befreit und auferweckt; denn es war unmöglich, dass er vom Tod festgehalten wurde. David nämlich sagt über ihn:

Ich hatte den Herrn beständig vor Augen. Denn er steht mir zur Rechten, dass ich nicht wanke. Darum freute sich mein Herz und frohlockte meine Zunge und auch mein Leib wird in Hoffnung wohnen; denn du gibst meine Seele nicht der Unterwelt preis, noch lässt du deinen Frommen die Verwesung schauen. Du hast mir die Wege zum Leben gezeigt, du wirst mich erfüllen mit Freude vor deinem Angesicht.

Brüder, ich darf freimütig zu euch über den Patriarchen David reden: Er starb und wurde begraben und sein Grabmal ist bei uns erhalten bis auf den heutigen Tag.

Da er ein Prophet war und wusste, dass Gott ihm einen Eid geschworen hatte, einer von seinen Nachkommen werde auf seinem Thron sitzen, sagte er vorausschauend über die Auferstehung des Christus: Er gab ihn nicht der Unterwelt preis und sein Leib schaute die Verwesung nicht. Diesen Jesus hat Gott auferweckt, dafür sind wir alle Zeugen. Zur Rechten Gottes erhöht, hat er vom Vater den verheißenen Heiligen Geist empfangen und ihn ausgegossen, wie ihr seht und hört.

## ANTWORTPSALM

Ps 16 (15), 1–2 u. 5.7–8.9–10 (Kv: 11a)

Kv Du lässt mich, Herr, den Weg des Lebens erkennen. – Kv

*Oder:*

Kv Halleluja. – Kv

Behüte mich, Gott, denn bei dir habe ich mich geborgen! /
Ich sagte zum HERRN: Mein Herr bist du, *
mein ganzes Glück bist du allein.
Der HERR ist mein Erbteil, er reicht mir den Becher, *
du bist es, der mein Los hält. – (Kv)

Ich preise den HERRN, der mir Rat gibt, *
auch in Nächten hat mich mein Innerstes gemahnt.
Ich habe mir den HERRN beständig vor Augen gestellt, *
weil er zu meiner Rechten ist, wanke ich nicht. – (Kv)

Darum freut sich mein Herz und jubelt meine Ehre, *
auch mein Fleisch wird wohnen in Sicherheit.
Denn du überlässt mein Leben nicht der Totenwelt; *
du lässt deinen Frommen die Grube nicht schauen. – Kv

ZUR 2. LESUNG Der erste Petrusbrief ist das Rundschreiben eines frühchristlichen Lehrers, der im Namen des Petrus die christlichen Gemeinden in Kleinasien in schwerer Zeit stärken will. Von einer allgemeinen staatlichen Verfolgung der Christen ist zunächst nicht die Rede, doch die spezifisch christliche Lebensart, die Ethik, die diese Gruppe von der heidnischen Mehrheitsgesellschaft unterscheidet, führt zu Misstrauen. Die Christen Kleinasiens kommen überwiegend nicht aus dem Judentum, sondern aus dem Heidentum. Also Identitäts- und Loyalitätskonflikte, Leiden. Soziale Diskriminierung. Ihr seid so anders! Parallelgesellschaft! Die Beziehung zur Treue Christi, auch in Bedrängnis und Not, ist der Schlüssel. Solidarität Christi, Solidarität mit Christus, dem Außenseiter, dem Ausgestoßenen, dem Lamm. Welche Verheißung: Solidarität Christi mit der bedrängten Gemeinde: in seiner Auferweckung und Herrlichkeit!

## ZWEITE LESUNG

1 Petr 1,17–21

*Ihr wurdet losgekauft mit dem kostbaren Blut Christi, des Lammes ohne Fehl und Makel*

**Lesung aus dem ersten Brief des Apostels Petrus.**

Schwestern und Brüder! Wenn ihr den als Vater anruft, der jeden ohne Ansehen der Person nach seinem Tun beurteilt, dann führt auch, solange ihr in der Fremde seid, ein Leben in Gottesfurcht!

Ihr wisst, dass ihr aus eurer nichtigen, von den Vätern ererbten Lebensweise nicht um einen vergänglichen Preis losgekauft wurdet, nicht um Silber oder Gold, sondern mit dem kostbaren Blut Christi, des Lammes ohne Fehl und Makel. Er war schon vor Grundlegung der Welt dazu ausersehen und euretwegen ist er am Ende der Zeiten erschienen.

Durch ihn seid ihr zum Glauben an Gott gekommen, der ihn von den Toten auferweckt und ihm die Herrlichkeit gegeben hat, sodass ihr an Gott glauben und auf ihn hoffen könnt.

## RUF VOR DEM EVANGELIUM

Vers: vgl. Lk 24,32

Halleluja. Halleluja.
Herr Jesus, erschließ uns die Schrift!
Lass unser Herz entbrennen, wenn du zu uns redest.
Halleluja.

**ZUM EVANGELIUM** Kleopas und sein Freund, zutiefst verunsichert, bodenlos enttäuscht. Sie wollen nichts mehr wissen. Sie wollen nichts wie weg. Sie haben aufgegeben. In ihnen ist Karfreitag. Zu viel und zu viel Widersprüchliches hat sich in den vergangenen Tagen vor ihren Augen und in ihren Herzen grausam täuschend zusammengeballt. Himmelhoch jauchzend die Siegesgewissheit, der große Einzug in Jerusalem. Scham und Schande, die Verhaftung und Kreuzigung. Höllensturz. Zu Tode betrübt. Der Absturz, der Abfall, die blanke Angst.

Und dann die rätselhafte Entdeckung der Jüngerinnen: Das Grab leer, die Erscheinungen, vor den Frauen. Und nun? Nicht aus eigener Kraft, sondern in der Schöpfer-Kraft des von Gott Auferweckten: „Selig allein ist die Seele, die liebt."

## EVANGELIUM

Lk 24,13–35

*Sie erkannten ihn, als er das Brot brach*

+ **Aus dem heiligen Evangelium nach Lukas.**

Am ersten Tag der Woche waren zwei von den Jüngern Jesu auf dem Weg in ein Dorf namens Emmaus, das sechzig Stadien von Jerusalem entfernt ist. Sie sprachen miteinander über all das, was sich ereignet hatte. Und es geschah: Während sie redeten und ihre Gedanken austauschten, kam Jesus selbst hinzu und ging mit ihnen. Doch ihre Augen waren gehalten, sodass sie ihn nicht erkannten. Er fragte sie: Was sind das für Dinge, über die ihr auf eurem Weg miteinander redet?

Da blieben sie traurig stehen und der eine von ihnen – er hieß Kléopas – antwortete ihm: Bist du so fremd in Jerusalem, dass du als Einziger nicht weißt, was in diesen Tagen dort geschehen ist? Er fragte sie: Was denn?

Sie antworteten ihm: Das mit Jesus aus Nazaret. Er war ein Prophet, mächtig in Tat und Wort vor Gott und dem ganzen Volk. Doch unsere Hohepriester und Führer haben ihn zum Tod verurteilen und ans Kreuz schlagen lassen. Wir aber hatten gehofft, dass er der sei, der Israel erlösen werde. Und dazu ist heute schon der dritte Tag, seitdem das alles geschehen ist.

Doch auch einige Frauen aus unserem Kreis haben uns in große Aufregung versetzt. Sie waren in der Frühe beim Grab, fanden aber seinen Leichnam nicht. Als sie zurückkamen, erzählten sie, es seien ihnen Engel erschienen und hätten gesagt, er lebe. Einige von uns gingen dann zum Grab und fanden alles so, wie die Frauen gesagt hatten; ihn selbst aber sahen sie nicht.

Da sagte er zu ihnen: Ihr Unverständigen, deren Herz zu träge ist, um alles zu glauben, was die Propheten gesagt haben. Musste nicht der Christus das erleiden und so in seine Herrlichkeit gelangen? Und er legte ihnen dar, ausgehend von Mose und allen Propheten, was in der gesamten Schrift über ihn geschrieben steht.

So erreichten sie das Dorf, zu dem sie unterwegs waren. Jesus tat, als wolle er weitergehen, aber sie drängten ihn und sagten: Bleibe bei uns; denn es wird Abend, der Tag hat sich schon geneigt! Da ging er mit hinein, um bei ihnen zu bleiben. Und es geschah: Als er mit ihnen bei Tisch war, nahm er das Brot, sprach den Lobpreis, brach es und gab es ihnen. Da wurden ihre Augen aufgetan und sie erkannten ihn; und er entschwand ihren Blicken. Und sie sagten zueinander: Brannte nicht unser Herz in uns, als er unterwegs mit uns redete und uns den Sinn der Schriften eröffnete?

Noch in derselben Stunde brachen sie auf und kehrten nach Jerusalem zurück und sie fanden die Elf und die mit ihnen versammelt waren. Diese sagten: Der Herr ist wirklich auferstanden und ist dem Simon erschienen.

*Oder (wo der Ostermontag als Feiertag begangen wird und das Emmaus-Evangelium bereits an diesem Tag gelesen wurde):*

## RUF VOR DEM EVANGELIUM

Halleluja. Halleluja.
Christus ist auferstanden.
Er, der Schöpfer des Alls, hat sich aller Menschen erbarmt.
Halleluja.

**ZUM EVANGELIUM** Wie Brot und Wein steht Fisch biblisch für die Fürsorge und den Segen Gottes. Jesus wird in der frühen Kirche im Zeichen des Fischs dargestellt. Die Buchstaben des griechischen Wortes für Fisch, Ichthys, wurden entsprechend gedeutet: Jesous, Christos, Theou Hyios, Soter: Jesus, Messias (Gesalbter), Gottes Sohn, Retter. Doch im heutigen Evangelium bemühen sich die Jesusjünger eine ganze Nacht lang vergeblich um einen guten Fang. Ihre Netze bleiben niederschmetternd leer. Fehlt ihnen Gottvertrauen? Stehen sie noch in Verbindung mit Jesus, dem Mensch gewordenen Gottessegen? Als er am Ufer auf sie wartet, wachsen Vertrauen und Mut, und am Ende nehmen sie Gottes überwältigende Gabenfülle an.

## EVANGELIUM

Joh 21,1–14°

*Jesus trat heran, nahm das Brot und gab es ihnen, ebenso den Fisch*

**+ Aus dem heiligen Evangelium nach Johannes.**

In jener Zeit offenbarte sich Jesus den Jüngern noch einmal, am See von Tibérias, und er offenbarte sich in folgender Weise.

Simon Petrus, Thomas, genannt Dídymus, Natánaël aus Kana in Galiläa, die Söhne des Zebedäus und zwei andere von seinen Jüngern waren zusammen. Simon Petrus sagte zu ihnen: Ich gehe fischen. Sie sagten zu ihm: Wir kommen auch mit. Sie gingen hinaus und stiegen in das Boot. Aber in dieser Nacht fingen sie nichts.

Als es schon Morgen wurde, stand Jesus am Ufer. Doch die Jünger wussten nicht, dass es Jesus war.

Jesus sagte zu ihnen: Meine Kinder, habt ihr keinen Fisch zu essen? Sie antworteten ihm: Nein. Er aber sagte zu ihnen: Werft das Netz auf der rechten Seite des Bootes aus und ihr werdet etwas finden. Sie warfen das Netz aus und konnten es nicht wieder einholen, so voller Fische war es.

Da sagte der Jünger, den Jesus liebte, zu Petrus: Es ist der Herr! Als Simon Petrus hörte, dass es der Herr sei, gürtete er sich das Obergewand um, weil er nackt war, und sprang in den See.

Dann kamen die anderen Jünger mit dem Boot – sie waren nämlich nicht weit vom Land entfernt, nur etwa zweihundert Ellen – und zogen das Netz mit den Fischen hinter sich her.

Als sie an Land gingen, sahen sie am Boden ein Kohlenfeuer und darauf Fisch und Brot liegen. Jesus sagte zu ihnen: Bringt von den Fischen, die ihr gerade gefangen habt! Da stieg Simon Petrus ans Ufer und zog das Netz an Land. Es war mit hundertdreiundfünfzig großen Fischen gefüllt, und obwohl es so viele waren, zerriss das Netz nicht.

Jesus sagte zu ihnen: Kommt her und esst! Keiner von den Jüngern wagte ihn zu befragen: Wer bist du? Denn sie wussten, dass es der Herr war. Jesus trat heran, nahm das Brot und gab es ihnen, ebenso den Fisch.

Dies war schon das dritte Mal, dass Jesus sich den Jüngern offenbarte, seit er von den Toten auferstanden war.

Glaubensbekenntnis, S. 492 ff.

## FÜRBITTEN

Der Auferstandene lässt seine Freunde auch im Alltag nicht allein. Wir rufen zu ihm, der unsere Hoffnung ist, und bitten ihn:

- Für alle, die zum Leben in der Kirche beitragen, um Hoffnung und Zuversicht. V: Christus, höre uns. A: Christus, erhöre uns.

- Für alle, die in schwierigen Lebenssituationen buchstäblich gefangen sind, um Wegweisung und die Kraft der Entscheidung und des Aufbruchs. V: Christus, höre uns. A: Christus, erhöre uns.

- Für unsere Kinder und Jugendlichen, dass sie Gemeinde als Gemeinschaft erfahren können und ihr Glaube guten Grund hat. V: Christus, höre uns. A: Christus, erhöre uns.

- Für die Kirche, dass sie vertrauensvoll aufbricht, mutige Entscheidungen trifft und im Geiste Jesu die Wege zu den Menschen findet. V: Christus, höre uns. A: Christus, erhöre uns.

- Für alle, deren Mühen und Anstrengungen doch nicht zum Lebensunterhalt reichen. V: Christus, höre uns. A: Christus, erhöre uns.

- Für alle, die Verantwortung übernehmen und ein Segen sein wollen, dass du sie stärkst. V: Christus, höre uns. A: Christus, erhöre uns.

In Jesus, dem Christus, und im Heiligen Geist erfahren wir Fülle und Heil von Gott her. Darauf hoffen und darauf vertrauen wir, und dafür danken wir, heute und allezeit.

# EUCHARISTIEFEIER

## GABENGEBET

Allmächtiger Gott, nimm die Gaben an, die deine Kirche dir in österlicher Freude darbringt. Du hast ihr Grund gegeben zu solchem Jubel, erhalte ihr die Freude bis zur Vollendung. Darum bitten wir durch Christus, unseren Herrn.

Präfation, S. 503 f.

## KOMMUNIONVERS

Vgl. Lk 24,35

Die Jünger erkannten den Herrn Jesus,
als er das Brot brach. Halleluja.

## SCHLUSSGEBET

Ewiger Gott, du hast uns durch die Ostergeheimnisse erneuert. Wende dich uns voll Güte zu und bleibe bei uns mit deiner Huld, bis wir mit verklärtem Leib zum unvergänglichen Leben auferstehen. Darum bitten wir durch Christus, unseren Herrn.

## FEIERLICHER SCHLUSSSEGEN

S. 392

***

EMMAUS

Zu Ende der Weg.
Zu Ende das Spiel
mit der Frage.

Der Schrecken
des Wiedererkennens.

Du!
Du bist es.
Du bist es gewesen.

Sprang
aus dem Stein
nicht
ein Feuer!

Brannte nicht
unser Herz!

In Flammen steht
all
unsre Trauer.

*Hans Günter Saul*

# 4. SONNTAG DER OSTERZEIT

## 3. Mai 2020

Tu was! Gottes Wort tut etwas. Es geht unter die Haut. Die Worte des Petrus treffen die Zuhörer „mitten ins Herz", so sagt es die erste Lesung des heutigen Sonntags. Mitten ins Herz? Ein Stich ins Herz ist tödlich. Wer ins Herz getroffen wird, dem ist nicht mehr zu helfen. Hier ist es ganz anders: Wer sich treffen lässt, dem ist schon geholfen. Wer den Stich spürt, beginnt zu leben. Gottes WORT verwundet – und heilt. Tu was! Gott hat getan. Wagnis der Rettung.

### ERÖFFNUNGSVERS

Ps 33 (32),5–6

Die Erde ist voll von der Huld des Herrn.
Durch das Werk des Herrn wurden die Himmel geschaffen.
Halleluja.

### KYRIE-RUFE

Herr Jesus Christus, du bist der gute Hirt, die Schafe
kennen dich und hören auf deine Stimme.
V/A: Herr, erbarme dich.
Du rettest die Schafe vor den Dieben und Räubern –
denen draußen und denen, die im Stall sind.
V/A: Christus, erbarme dich.
Du bist gekommen, damit sie das Leben haben
und es in Fülle haben.
V/A: Herr, erbarme dich.

Ehre sei Gott, S. 489 f.

## TAGESGEBET

Allmächtiger, ewiger Gott, dein Sohn ist der Kirche siegreich vorausgegangen als der Gute Hirt. Geleite auch die Herde, für die er sein Leben dahingab, aus aller Not zur ewigen Freude. Darum bitten wir durch ihn, Jesus Christus.

# WORTGOTTESDIENST

ZUR 1. LESUNG Ihr habt ihn gekreuzigt. Aufruf zur Umkehr. Aber gehört der nicht eher in die Fasten- denn in die Osterzeit? Gekreuzigt? Wen? Wir? Doch gerade das rettende Handeln Gottes am Gekreuzigten, an Jesus, dem Christus, führt ja zu der Frage „Was sollen wir tun?" „Kehrt um", antwortet Petrus und richtet diese Worte an uns, die Generation, die verdorben ist, weil sie die Erde und die Grundlagen des Lebens verdirbt. Ostern macht Umkehr möglich – das ist unsere Rettung.

## ERSTE LESUNG

Apg 2, 14a.36–41

*Gott hat ihn zum Herrn und Christus gemacht*

**Lesung aus der Apostelgeschichte.**

Am Pfingsttag trat Petrus auf, zusammen mit den Elf; er erhob seine Stimme und begann zu reden:

Mit Gewissheit erkenne das ganze Haus Israel: Gott hat ihn zum Herrn und Christus gemacht, diesen Jesus, den ihr gekreuzigt habt.

Als sie das hörten, traf es sie mitten ins Herz und sie sagten zu Petrus und den übrigen Aposteln: Was sollen wir tun, Brüder? Petrus antwortete ihnen: Kehrt um und jeder von euch lasse sich auf den Namen Jesu Christi taufen zur Vergebung eurer Sünden; dann werdet ihr die Gabe des Heiligen Geistes empfangen. Denn euch

und euren Kindern gilt die Verheißung und all denen in der Ferne, die der Herr, unser Gott, herbeirufen wird.
Mit noch vielen anderen Worten beschwor und ermahnte er sie: Lasst euch retten aus diesem verdorbenen Geschlecht! Die nun, die sein Wort annahmen, ließen sich taufen. An diesem Tag wurden ihrer Gemeinschaft etwa dreitausend Menschen hinzugefügt.

## ANTWORTPSALM

Ps 23 (22), 1–3.4.5.6 (Kv: 1)

Kv Der Herr ist mein Hirt,
nichts wird mir fehlen. – Kv

*Oder:*

Kv Halleluja. – Kv

Der Herr ist mein Hirt, nichts wird mir fehlen. /
Er lässt mich lagern auf grünen Auen *
und führt mich zum Ruheplatz am Wasser.
Meine Lebenskraft bringt er zurück. *
Er führt mich auf Pfaden der Gerechtigkeit,
getreu seinem Namen. – (Kv)

Auch wenn ich gehe im finsteren Tal, *
ich fürchte kein Unheil;
denn du bist bei mir, *
dein Stock und dein Stab, sie trösten mich. – (Kv)

Du deckst mir den Tisch *
vor den Augen meiner Feinde.
Du hast mein Haupt mit Öl gesalbt, *
übervoll ist mein Becher. – (Kv)

Ja, Güte und Huld *
werden mir folgen mein Leben lang
und heimkehren werde ich ins Haus des Herrn *
für lange Zeiten. – Kv

ZUR 2. LESUNG Nachdem der frühchristliche Lehrer die Gemeinde ihres Heiles versichert hat (vgl. die zweite Lesung des letzten Sonntags), setzt er sich mit ihrem gegenwärtigen Leid auseinander. Weil Erfolg, reflexhaft oder theologisch abgesichert, als Zeichen für Gottgefälligkeit, Leid und Leiden aber als Strafe Gottes verstanden werden, betont der Brief umgekehrt: Es ist keine Strafe Gottes, wenn ihr recht handelt und trotzdem Leiden erduldet, im Gegenteil. Die Gemeinde steht bei ihrem Leiden in einer Linie mit Jesus selbst und mit dem treuen Gottesknecht aus Jesaja 53, der gelitten hat, und der, alles andere als ein notorischer Jasager, seine Zustimmung gegeben hat, das Leiden zu tragen, ohne eigene Schuld. Das Urteil der anderen steht gerade darum fest. So einer eben … Typisch mal wieder … Hätte sich ja wehren können … Warum wohl nicht … Selbst schuld …! Doch aus solchem Leiden, Mit-Leiden, Für-Leiden, ist das Heil erwachsen, in dem die Gemeinde nun und unwiderruflich lebt.

## ZWEITE LESUNG

1 Petr 2,20b–25

*Ihr habt euch hingewandt zum Hirten und Hüter eurer Seelen*

**Lesung aus dem ersten Brief des Apostels Petrus.**

Geliebte, wenn ihr recht handelt und trotzdem Leiden erduldet, das ist eine Gnade in den Augen Gottes. Dazu seid ihr berufen worden; denn auch Christus hat für euch gelitten und euch ein Beispiel gegeben, damit ihr seinen Spuren folgt.

Er hat keine Sünde begangen und in seinem Mund war keine Falschheit. Als er geschmäht wurde, schmähte er nicht; als er litt, drohte er nicht, sondern überließ seine Sache dem gerechten Richter.

Er hat unsere Sünden mit seinem eigenen Leib auf das Holz des Kreuzes getragen, damit wir tot sind für die Sünden und leben für die Gerechtigkeit. Durch seine Wunden seid ihr geheilt. Denn ihr hattet euch verirrt wie Schafe, jetzt aber habt ihr euch hingewandt zum Hirten und Hüter eurer Seelen.

## RUF VOR DEM EVANGELIUM

Vers: Joh 10,14

Halleluja. Halleluja.
(So spricht der Herr:)
Ich bin der gute Hirt;
ich kenne die Meinen und die Meinen kennen mich.
Halleluja.

ZUM EVANGELIUM Die Gemeinden, an die sich Johannes wendet, haben mit Irrlehren zu kämpfen, die die Gläubigen verunsichern. Die beiden Bildworte knüpfen an die Erfahrung der Zuhörer an: Sie wissen aus ihrem Alltag, dass Schafe die Stimme ihres Hirten kennen. Doch die Hörer begreifen nicht auf Anhieb, was Jesus meint. So versucht er es noch einmal anders: Jetzt vergleicht er sich nicht mehr mit dem Hirten, sondern mit der Tür zum Schafstall. Das erste Bild betont, dass die Gläubigen darauf vertrauen dürfen, ihren Glauben zu kennen, ein Gespür dafür zu haben, wenn jemand mit falscher Zunge spricht. Das zweite hebt hervor, dass es nur diesen einen Zugang zum Vater gibt: den Sohn, der frei und freigiebig und nicht aus Eigeninteresse handelt. Beides zählt, die Ermutigung, mir selbst zu trauen und meiner eigenen Glaubenskraft etwas zuzutrauen, und die Erinnerung daran, dass sich meine Freiheit und mein Glaubenssinn nur an Christus bilden können. Wer glaubt, geht in Freiheit ein und aus und findet Weide, gutes Leben in Fülle; doch Christus allein ist die Tür.

## EVANGELIUM

Joh 10,1–10

*Ich bin die Tür zu den Schafen*

+ **Aus dem heiligen Evangelium nach Johannes.**

In jener Zeit sprach Jesus: Amen, amen, ich sage euch: Wer in den Schafstall nicht durch die Tür hineingeht, sondern anderswo einsteigt, der ist ein Dieb und ein Räuber. Wer aber durch die Tür hineingeht, ist der Hirt der Schafe.

Ihm öffnet der Türhüter und die Schafe hören auf seine Stimme; er ruft die Schafe, die ihm gehören, einzeln beim Namen und führt sie hinaus. Wenn er alle seine Schafe hinausgetrieben hat, geht er ihnen voraus und die Schafe folgen ihm; denn sie kennen seine Stimme.

Einem Fremden aber werden sie nicht folgen, sondern sie werden vor ihm fliehen, weil sie die Stimme der Fremden nicht kennen.

Dieses Gleichnis erzählte ihnen Jesus; aber sie verstanden nicht den Sinn dessen, was er ihnen gesagt hatte.

Weiter sagte Jesus zu ihnen: Amen, amen, ich sage euch: Ich bin die Tür zu den Schafen. Alle, die vor mir kamen, sind Diebe und Räuber; aber die Schafe haben nicht auf sie gehört. Ich bin die Tür; wer durch mich hineingeht, wird gerettet werden; er wird ein- und ausgehen und Weide finden.

Der Dieb kommt nur, um zu stehlen, zu schlachten und zu vernichten; ich bin gekommen, damit sie das Leben haben und es in Fülle haben.

Glaubensbekenntnis, S. 492 ff.

## FÜRBITTEN

Leben in Fülle ist uns zugesagt. Wir rufen zu Gott, der die Liebe ist:

- Wir beten für alle, die liebevoll für andere da sind und für sie sorgen: in Familien, in Ordensgemeinschaften, in Freundeskreisen, in Krankenhäusern, Hospizen und Heimen, in christlichen Gemeinden. V: Gott des Lebens und der Fülle. A: Wir bitten dich, erhöre uns.

- Wir beten für alle, die andere stützen und fördern: in Schulen und Hochschulen, in Ausbildungsstätten, in Behinderteneinrichtungen, im Berufsleben. V: Gott des Lebens und der Fülle. A: Wir bitten dich, erhöre uns.

- Wir beten für alle, die unsere Umwelt, deine Schöpfung, bewahren: in Freiwilligendiensten, im alltäglichen Handeln, im bewussten Umgang mit Lebensmitteln, im Teilen der Freude über die Schönheit der Natur, die uns anvertraut ist. V: Gott des Lebens und der Fülle. A: Wir bitten dich, erhöre uns.

Du bist die Liebe. Deine Huld währt ewig, so hoffen und vertrauen wir. Wir bitten dich, erhöre unsere Gebete und hilf uns, zu erneuerten Menschen zu werden in Jesus Christus, deinem Sohn.

# EUCHARISTIEFEIER

## GABENGEBET

Herr, unser Gott, gib, dass wir dir allzeit danken durch die Feier der österlichen Geheimnisse. In ihnen führst du das Werk der Erlösung fort, mache sie für uns zur Quelle der unvergänglichen Freude. Darum bitten wir durch Christus, unseren Herrn.

Präfation, S. 503 f.

## KOMMUNIONVERS

Auferstanden ist der Gute Hirt.
Er gab sein Leben für die Schafe.
Er ist für seine Herde gestorben. Halleluja.

## SCHLUSSGEBET

Gott, du Hirt deines Volkes, sieh voll Huld auf deine Herde, die durch das kostbare Blut deines Sohnes erkauft ist; bleibe bei ihr und führe sie auf die Weide des ewigen Lebens. Darum bitten wir durch ihn, Christus, unseren Herrn.

FEIERLICHER SCHLUSSSEGEN S. 392

***

## RUF MICH BEIM NAMEN

Ruf mich beim Namen,
Herr,
wenn ich in der Menge
der Namenlosen mitgehe
und nicht mehr frage: Wohin?

Ruf mich beim Namen,
wenn ich die Hoffnung
und mich selbst
verloren habe.
Lass mich
beim Klang deiner Stimme
erkennen,
dass dir an mir liegt.

Ruf mich beim Namen,
geh mir voran,
wenn ich im Ungewissen
deine Spur suche
und die Tür zum Leben.

*Eleonore Beck*

# 5. SONNTAG DER OSTERZEIT

## 10. Mai 2020

Diese Reportage im Deutschlandfunk. In einer deutschen Großstadt eine „Tafel“, wo Bedürftige ohne Bezahlung Lebensmittel erhalten. Eine Gruppe ausländischer bzw. aus dem Ausland stammender Frauen äußerte mit Nachdruck dem Sender gegenüber den Verdacht, dass gebürtige Deutsche bevorzugt werden. In der konkreten Situation der Essensvergabe beschwerten sie sich dann allerdings doch nicht. Vielleicht trauten sie sich nicht? Oder sie trauten ihrem eigenen Verdacht nicht. Eigentlich ist es so wie in der Apostelgeschichte; die eine Gruppe von Bedürftigen fühlt sich der anderen gegenüber benachteiligt. Nicht permanent, nicht lebensnotwendig auf die Zuwendung anderer angewiesen zu sein, was für ein Privileg. Mein persönliches Privileg. So kann man doch vergleichsweise gelassen sein, tolerant, vorurteilsfrei. Zeit zum Nachdenken. Aber vermutlich kann im Letzten nur eine tiefe Gottesbeziehung – Liebe zu dem Gott, der, „Deus semper maior“, unbegreiflich, unfasslich, unerforschlich, alle Menschen liebt: derzeit oder chronisch Gebende wie notgedrungen oder notorisch Nehmende – uns alle vor Missgunst und Kränkung, vor Rachsucht und Herrschsucht schützen. Bitten wir darum, und sagen wir Dank.

### ERÖFFNUNGSVERS

Ps 98 (97), 1–2

Singt dem Herrn ein neues Lied,
denn er hat wunderbare Taten vollbracht
und sein gerechtes Wirken enthüllt
vor den Augen der Völker. Halleluja.

## KYRIE-RUFE

Herr Jesus Christus, du bist im Vater,
und der Vater ist in dir.
V/A: Herr, erbarme dich.
Du bist der Weg, die Wahrheit und das Leben.
V/A: Christus, erbarme dich.
Du allein genügst.
V/A: Herr, erbarme dich.

Ehre sei Gott, S. 489 f.

## TAGESGEBET

Gott, unser Vater, du hast uns durch deinen Sohn erlöst und als deine geliebten Kinder angenommen. Sieh voll Güte auf alle, die an Christus glauben, und schenke ihnen die wahre Freiheit und das ewige Erbe. Darum bitten wir durch Jesus Christus.

# WORTGOTTESDIENST

ZUR 1. LESUNG Wachstum ist eine Gottheit unserer Zeit. Der oberste Wachstumsgott ist wohl das Wirtschaftswachstum. Die Gewinnspannen der Unternehmen müssen in unbekannte Dimensionen vorstoßen, neue Produkte auf den Markt geworfen, Märkte erschlossen werden. Wachstum gut – alles gut. Auch Lukas freut sich über das sichtbare Zunehmen und Gedeihen der Urgemeinde. Doch diese Freude macht nicht blind für Not und andere Nebensachen, sondern öffnet Herzen, Augen und Hände. In der größer gewordenen Gemeinde werden die griechisch sprechenden Witwen bei der Versorgung übersehen; sie sind Opfer der raschen Vergrößerung und der neuen Unübersichtlichkeit geworden. Um allen zu helfen und um der veränderten Lage gerecht zu werden, schlagen die Apostel die Einführung eines sozialen Leitungskreises vor. Die anschließende Wahl und Einsetzung der sieben namentlich genannten Helfer beschreibt Lukas als Wirkung des Heiligen Geistes. Die Gemeinde wächst weiter. Wachstum. Es ist fast unmöglich, diesem Zauberwort unserer Zeit nicht zu erliegen. Aber Wachstum ist nicht das Kriterium. Es ist ein Mittel, kein Zweck. Der Maßstab kann nur die Liebe sein. Wachsen wir in sie hinein – oder aus ihr heraus?

## ERSTE LESUNG

Apg 6,1–7

*Sie wählten sieben Männer von gutem Ruf und voll Geist und Weisheit*

**Lesung aus der Apostelgeschichte.**

In diesen Tagen, als die Zahl der Jünger zunahm, begehrten die Helenísten gegen die Hebräer auf, weil ihre Witwen bei der täglichen Versorgung übersehen wurden.

Da riefen die Zwölf die ganze Schar der Jünger zusammen und erklärten:

Es ist nicht recht, dass wir das Wort Gottes vernachlässigen und uns dem Dienst an den Tischen widmen. Brüder, wählt aus eurer Mitte sieben Männer von gutem Ruf und voll Geist und Weisheit; ihnen werden wir diese Aufgabe übertragen. Wir aber wollen beim Gebet und beim Dienst am Wort bleiben.

Der Vorschlag fand den Beifall der ganzen Gemeinde und sie wählten Stéphanus, einen Mann, erfüllt vom Glauben und vom Heiligen Geist, ferner Philíppus und Próchorus, Nikánor und Timon, Parménas und Nikolaus, einen Proselýten aus Antióchia.

Sie ließen sie vor die Apostel hintreten und diese legten ihnen unter Gebet die Hände auf.

Und das Wort Gottes breitete sich aus und die Zahl der Jünger in Jerusalem wurde immer größer; auch eine große Anzahl von den Priestern nahm gehorsam den Glauben an.

## ANTWORTPSALM

Ps 33 (32),1–2.4–5.18–19 (Kv: 22)

Kv Lass deine Huld über uns walten, o Herr! – Kv

*Oder:*

Kv Halleluja. – Kv

Jubelt im Herrn, ihr Gerechten, *
den Redlichen ziemt der Lobgesang.
Preist den Herrn auf der Leier, *
auf der zehnsaitigen Harfe spielt ihm! – (Kv)

Das Wort des Herrn ist redlich, *
all sein Tun ist verlässlich.
Er liebt Gerechtigkeit und Recht, *
erfüllt von der Huld des Herrn ist die Erde. – (Kv)

Siehe, das Auge des Herrn ruht auf denen, die ihn fürchten, *
die seine Huld erwarten,
dass er ihre Seele dem Tod entreiße *
und, wenn sie hungern, sie am Leben erhalte. – Kv

ZUR 2. LESUNG Der Verfasser des ersten Petrusbriefes legt großen Wert darauf, dass nicht Tieropfer dargebracht werden, sondern ein geistiges Opfer. Das geistige Opfer ist dabei als die Haltung zu verstehen, die am vorherigen Sonntag in der Epistellesung angesprochen wurde und im Brief eigentlich erst nach der heutigen Lesung steht. Warum kehrt die Liturgie die Reihenfolge um? Für den aufmerksamen Hörer wird in der vorgeschlagenen Reihenfolge deutlich, dass wir durch Christi Hingabe erlöst sind und deshalb zu einem geistigen Leben befähigt sind. Alle sind wir berufen, reich beschenkt seinem Beispiel zu folgen und aus seinem Geist zu leben. Unser Leben – nicht auf Kosten der anderen. Leben, begabt mit Heiligkeit. Nüchternes Leben – in Gottes eigenem Licht.

## ZWEITE LESUNG 1 Petr 2,4–9

*Ihr seid ein auserwähltes Geschlecht, eine königliche Priesterschaft*

**Lesung aus dem ersten Brief des Apostels Petrus.**

Schwestern und Brüder! Kommt zum Herrn, dem lebendigen Stein, der von den Menschen verworfen, aber von Gott auserwählt und geehrt worden ist!

Lasst euch als lebendige Steine zu einem geistigen Haus aufbauen, zu einer heiligen Priesterschaft, um durch Jesus Christus geistige Opfer darzubringen, die Gott gefallen! Denn es heißt in der Schrift:

Siehe, ich lege in Zion einen auserwählten Stein, einen Eckstein, den ich in Ehren halte; wer an ihn glaubt, der geht nicht zugrunde.

Euch, die ihr glaubt, gilt diese Ehre. Für jene aber, die nicht glauben, ist dieser Stein, den die Bauleute verworfen haben, zum Eckstein geworden, zum Stein, an den man anstößt, und zum Felsen, an dem man zu Fall kommt. Sie stoßen sich an ihm, weil sie dem Wort nicht gehorchen; doch dazu sind sie bestimmt.

Ihr aber seid ein auserwähltes Geschlecht, eine königliche Priesterschaft, ein heiliger Stamm, ein Volk, das sein besonderes Eigentum wurde, damit ihr die großen Taten dessen verkündet, der euch aus der Finsternis in sein wunderbares Licht gerufen hat.

## RUF VOR DEM EVANGELIUM Vers: Joh 14,6

Halleluja. Halleluja.
(So spricht der Herr:)
Ich bin der Weg und die Wahrheit und das Leben;
niemand kommt zum Vater außer durch mich.
Halleluja.

**ZUM EVANGELIUM** Ich bin dann mal weg!? Das heutige Evangelium ist ein Abschnitt aus den sogenannten Abschiedsreden, mit denen Jesus im Johannes-Evangelium beim letzten Mahl die Jünger auf seinen Tod vorbereitet. Was wird aus ihnen nach seinem Tod? Der, an den sie geglaubt und für den sie alles verlassen haben, an dem sie sich festgemacht haben, ist, so scheint es, nicht mehr da. Jesus sagt ihnen zu: Ich bin nicht weg. Glaubt weiter an Gott, glaubt weiter an mich, wie ich unserem Gott geglaubt habe. Jesu Leben, sein unerschütterliches Vertrauen in den Vater, auch im Tode, und schließlich seine Auferweckung zeigen, wie zuverlässig und treu Gott ist. So sollen die Jünger weiter an Gott glauben, an Jesus glauben, sie sollen leben wie er. Wenn Jesus Sätze sagt wie „Ich bin im Vater und der Vater ist in mir" oder „Niemand kommt zum Vater außer durch mich", dann stellt er sich nicht als zusätzliche Hürde zwischen Gott und den Menschen auf, sondern zeigt den Weg, zeigt die Zuverlässigkeit („Wahrheit") und Treue Gottes, die sich in seinem eigenen Leben, Sterben und Auferstehen erwiesen hat. An Jesus zu glauben, bedeutet, an die Treue Gottes zu glauben.

## EVANGELIUM

Joh 14,1–12

*Ich bin der Weg und die Wahrheit und das Leben*

+ **Aus dem heiligen Evangelium nach Johannes.**

In jener Zeit sprach Jesus zu seinen Jüngern: Euer Herz lasse sich nicht verwirren. Glaubt an Gott und glaubt an mich! Im Haus meines Vaters gibt es viele Wohnungen. Wenn es nicht so wäre, hätte ich euch dann gesagt: Ich gehe, um einen Platz für euch vorzubereiten? Wenn ich gegangen bin und einen Platz für euch vorbereitet habe, komme ich wieder und werde euch zu mir holen, damit auch ihr dort seid, wo ich bin. Und wohin ich gehe – den Weg dorthin kennt ihr.

Thomas sagte zu ihm: Herr, wir wissen nicht, wohin du gehst. Wie können wir dann den Weg kennen?

Jesus sagte zu ihm: Ich bin der Weg und die Wahrheit und das Leben; niemand kommt zum Vater außer durch mich. Wenn ihr mich erkannt habt, werdet ihr auch meinen Vater erkennen. Schon jetzt kennt ihr ihn und habt ihn gesehen.

Philíppus sagte zu ihm: Herr, zeig uns den Vater; das genügt uns.

Jesus sagte zu ihm: Schon so lange bin ich bei euch und du hast mich nicht erkannt, Philíppus? Wer mich gesehen hat, hat den Vater gesehen. Wie kannst du sagen: Zeig uns den Vater? Glaubst du nicht, dass ich im Vater bin und dass der Vater in mir ist? Die Worte, die ich zu euch sage, habe ich nicht aus mir selbst. Der Vater, der in mir bleibt, vollbringt seine Werke. Glaubt mir doch, dass ich im Vater bin und dass der Vater in mir ist; wenn nicht, dann glaubt aufgrund eben dieser Werke!

Amen, amen, ich sage euch: Wer an mich glaubt, wird die Werke, die ich vollbringe, auch vollbringen und er wird noch größere als diese vollbringen, denn ich gehe zum Vater.

Glaubensbekenntnis, S. 492 ff.

## FÜRBITTEN

Im Haus des Vaters sind viele Wohnungen, so sagt es Jesus auch uns heute zu. Wir vertrauen auf ihn und bitten Gott, den barmherzigen Vater:

- Für die Kirche: dass sie glaubwürdig Jesus als den verkündet, der Weg, Wahrheit und Leben ist. V: Vater im Himmel. A: Wir bitten dich, erhöre uns.
- Für die christlichen Gemeinden, die entmutigt sind von den vielen Strukturänderungen und Verlusten, die ihnen zugemutet werden: dass sie zu neuen Formen der Gemeinschaft in Christus finden. V: Vater im Himmel. A: Wir bitten dich, erhöre uns.
- Für all diejenigen weltweit, die keine Wohnung und kein Obdach haben: dass sie Hilfe erfahren und sich ihnen Türen öffnen. V: Vater im Himmel. A: Wir bitten dich, erhöre uns.
- Für die Kinder und Jugendlichen, denen der Zugang zu Bildung verwehrt ist: dass wir erkennen, wie wichtig Chancengerechtigkeit ist, um Zukunft für alle zu eröffnen. V: Vater im Himmel. A: Wir bitten dich, erhöre uns.

- Für die Schwerkranken und Sterbenden: dass die Hoffnung auf ein Sein in Freude und Licht im Haus des Vaters sie durch ihre letzte Lebenszeit trage. V: Vater im Himmel. A: Wir bitten dich, erhöre uns.

Guter Gott, du nimmst uns an als Menschen, die wertvoll und gesegnet sind. Wir sind es – durch dich. Dafür preisen wir dich und danken dir, heute und alle Tage unseres Lebens.

# EUCHARISTIEFEIER

## GABENGEBET

Erhabener Gott, durch die Feier des heiligen Opfers gewährst du uns Anteil an deiner göttlichen Natur. Gib, dass wir dich nicht nur als den einen wahren Gott erkennen, sondern unser ganzes Leben nach dir ausrichten. Darum bitten wir durch Christus, unseren Herrn.

Präfation, S. 503 f.

## KOMMUNIONVERS

Joh 15,1.5

So spricht der Herr:
Ich bin der wahre Weinstock, ihr seid die Rebzweige.
Wer in mir bleibt und in wem ich bleibe,
der bringt reiche Frucht. Halleluja.

## SCHLUSSGEBET

Barmherziger Gott, höre unser Gebet. Du hast uns im Sakrament das Brot des Himmels gegeben, damit wir an Leib und Seele gesunden. Gib, dass wir die Gewohnheiten des alten Menschen ablegen und als neue Menschen leben. Darum bitten wir durch Christus, unseren Herrn.

## FEIERLICHER SCHLUSSSEGEN

S. 392

***

### MENSCHLICHE SEHNSUCHT

Ich möchte ihm
in die Augen schauen
mit ihm sprechen
ihn berühren

dann wäre er
nicht mehr Gott

ich bleibe stehen
und schaue ihm
hinterher

sehe seine Spuren
in meinem Leben

*Heinz Detlef Stäps*

# 6. SONNTAG DER OSTERZEIT

## 17. Mai 2020

Wie in einer nichtchristlichen, ja in einer widerchristlichen Umgebung den Glauben leben? Nicht eingeschüchtert und nicht abweisend, vielmehr überzeugt und überzeugend; werbend, weil liebend? Die Frage ist nicht neu. In den letzten Jahren des ersten Jahrhunderts riet ein Christ im Namen des Petrus den bedrängten jungen Gemeinden Kleinasiens: „Seid stets bereit, jedem Rede und Antwort zu stehen, der von euch Rechenschaft fordert über die Hoffnung, die euch erfüllt" (1 Petr 3,15). Und im griechischen Wortlaut des Neuen Testamentes: „... der nach dem LOGOS der Hoffnung in euch fragt". Der gute Grund der Hoffnung, die befreiende Logik des Glaubens. Christen glauben nicht grundlos und nicht irrational. Das macht Mut. Das macht innerlich stark – und liebevoll offen. Kein Plädoyer für das Prinzip Wagenburg.

### ERÖFFNUNGSVERS

Vgl. Jes 48,20

Verkündet es jauchzend, damit man es hört!
Ruft es hinaus bis ans Ende der Erde!
Ruft: Der Herr hat sein Volk befreit. Halleluja.

### KYRIE-RUFE

Jesus Christus, zum Vater erhöhter Herr,
du lässt uns nicht als Waisen zurück, sondern
du kommst wieder zu uns.
V/A: Herr, erbarme dich.
Du bist in deinem Vater, und du bist in uns.
V/A: Christus, erbarme dich.

Du legst den Geist der Wahrheit in uns hinein,
den Beistand, der für immer bei uns bleiben soll.
V/A: Herr, erbarme dich.

Ehre sei Gott, S. 489 f.

### TAGESGEBET

Allmächtiger Gott, lass uns die österliche Zeit in herzlicher Freude begehen und die Auferstehung unseres Herrn preisen, damit das Ostergeheimnis, das wir in diesen fünfzig Tagen feiern, unser ganzes Leben prägt und verwandelt. Darum bitten wir durch Jesus Christus.

## WORTGOTTESDIENST

ZUR 1. LESUNG Ist unsere Kirche geistvergessen? Hat sie den heiligen Gottesatem vergessen, der lebendig macht, der von der Gemeinde und von jeder und jedem Getauften empfangen werden will? „Pfingstkirchen" haben heute Zulauf, „charismatische Bewegungen" boomen. Wie geist-voll sind sie? Halten sie einer „Unterscheidung der Geister" stand? Den Geist empfangen. Die Ausgießung des Geistes über das ganze Volk ist für die Endzeit verheißen, endlich: über Söhne und Töchter, Jung und Alt, über Hochgestellte und Knechte und Mägde (Ez 26,37; Joël 3). In dieser Endzeit leben wir! Jetzt. Die Taufe auf den Namen Jesu, des Herrn, ist der Schlüssel zu neuem Leben. Hast du Heiligen Geist empfangen? Damit das Tote aufsteht und lebt. Die Apostel stehen den Getauften bei. Sie beten für sie. Sie legen ihnen die Hände auf. Und sie empfingen Heiligen Geist.

### ERSTE LESUNG Apg 8,5–8.14–17

*Petrus und Johannes legten ihnen die Hände auf und sie empfingen den Heiligen Geist*

**Lesung aus der Apostelgeschichte.**

In jenen Tagen kam Philíppus in die Hauptstadt Samáriens hinab und verkündete dort Christus. Und die Menge achtete einmütig auf die Worte des Philíppus; sie hörten zu und sahen die Zeichen, die er tat. Denn aus vielen Besessenen fuhren unter lautem Geschrei die unreinen Geister aus; auch viele Lahme und Verkrüppelte wurden geheilt. So herrschte große Freude in jener Stadt.

Als die Apostel in Jerusalem hörten, dass Samárien das Wort Gottes angenommen hatte, schickten sie Petrus und Johannes dorthin. Diese zogen hinab und beteten für sie, dass sie den Heiligen Geist empfingen. Denn er war noch auf keinen von ihnen herabgekommen; sie waren nur getauft auf den Namen Jesu, des Herrn. Dann legten sie ihnen die Hände auf und sie empfingen den Heiligen Geist.

## ANTWORTPSALM

Ps 66 (65), 1–3.4–5.6–7.16 u. 20 (Kv: 1)

Kv Jauchzet Gott zu, alle Länder der Erde. – Kv

*Oder:*

Kv Halleluja. – Kv

Jauchzt Gott zu, alle Länder der Erde! /
Spielt zur Ehre seines Namens! *
Verherrlicht ihn mit Lobpreis!
Sagt zu Gott: Wie Ehrfurcht gebietend sind deine Taten; *
vor deiner gewaltigen Macht müssen die Feinde sich beugen. – (Kv)

Alle Welt bete dich an und singe dein Lob, *
sie lobsinge deinem Namen!
Kommt und seht die Taten Gottes! *
Ehrfurcht gebietend ist sein Tun an den Menschen: – (Kv)

Er verwandelte das Meer in trockenes Land, /
sie schreiten zu Fuß durch den Strom; *

dort wollen wir uns über ihn freuen.
In seiner Kraft ist er Herrscher auf ewig; /
seine Augen prüfen die Völker. *
Die Aufsässigen können sich gegen ihn nicht erheben. – (Kv)

Alle, die ihr Gott fürchtet, kommt und hört; *
ich will euch erzählen, was er mir Gutes getan hat.
Gepriesen sei Gott; /
denn er hat mein Bittgebet nicht unterbunden *
und mir seine Huld nicht entzogen. – Kv

ZUR 2. LESUNG Warum macht ihr das? Was versprecht ihr euch davon? Die Umgebung merkt, dass Christen anders leben. Merkwürdig. Sie fallen auf durch eine Lebensweise, in der Geschwisterlichkeit, Gewaltlosigkeit und der Wille, einander gerecht zu werden, mehr gelten als Durchsetzungsfähigkeit und Geltung und als das rücksichtslose Ringen um materiellen Erfolg. Mancher reagiert auf diese seltsamen Heiligen mit Abwehr und Aggression. Einige schimpfen und beschimpfen. Sie blocken ab, sie grenzen wütend aus. Andere lassen sich berühren. Sie fragen nach: Wie kommt ihr dazu; was trägt euch; worauf hofft ihr? Ob auch unser Lebensstil andere zum Nachfragen reizt – zum Nachdenken bringt?

## ZWEITE LESUNG 1 Petr 3, 15–18

*Dem Fleisch nach wurde er getötet, aber dem Geist nach lebendig gemacht*

**Lesung aus dem ersten Brief des Apostels Petrus.**

Schwestern und Brüder! Heiligt in eurem Herzen Christus, den Herrn! Seid stets bereit, jedem Rede und Antwort zu stehen, der von euch Rechenschaft fordert über die Hoffnung, die euch erfüllt; antwortet aber bescheiden und ehrfürchtig, denn ihr habt ein reines Gewissen, damit jene, die euren rechtschaffenen Lebenswandel in Christus in schlechten Ruf bringen, wegen ihrer Verleumdungen beschämt werden. Denn es ist besser, für gute Taten zu leiden, wenn es Gottes Wille ist, als für böse.

Denn auch Christus ist der Sünden wegen ein einziges Mal gestorben, ein Gerechter für Ungerechte, damit er euch zu Gott hinführe, nachdem er dem Fleisch nach zwar getötet, aber dem Geist nach lebendig gemacht wurde.

## RUF VOR DEM EVANGELIUM

Vers: vgl. Joh 14,23

Halleluja. Halleluja.
(So spricht der Herr:)
Wer mich liebt, hält mein Wort.
Mein Vater wird ihn lieben und wir werden bei ihm Wohnung nehmen.
Halleluja.

**ZUM EVANGELIUM** Wenn du mich liebhättest, würdest du dieses und jenes tun (oder eben nicht tun). So setzen wir einander bisweilen unter Druck. Belastend bis vernichtend kann das sein. Aber wir sind so; wir sind so ungläubig, so bedürftig, wir brauchen Zeichen und Wunder! Und zwar sofort, und bitte belastbar. Der erste Satz des heutigen Evangeliums klingt zunächst ganz ähnlich. Was Jesus gebietet, ist aber die Liebe, er lebt aus dem Doppelgebot der Gottes- und Nächstenliebe, das die Bibel als Ganze prägt, Altes und Neues Testament. Liebt einander, wie ich euch geliebt habe. Gottes Gebot, dessen Bote Jesus ist, ist eines, das verbindlich bindet und gerade so Wort wird, das bedingungslos befreit.

## EVANGELIUM

Joh 14,15–21

*Ich werde den Vater bitten und er wird euch einen anderen Beistand geben*

**+ Aus dem heiligen Evangelium nach Johannes.**

In jener Zeit sprach Jesus zu seinen Jüngern: Wenn ihr mich liebt, werdet ihr meine Gebote halten. Und ich werde den Vater bitten und er wird euch einen anderen Beistand geben, der für immer bei euch bleiben soll, den Geist der Wahrheit, den die Welt nicht empfangen kann, weil sie ihn nicht sieht und nicht kennt. Ihr aber kennt ihn, weil er bei euch bleibt und in euch sein wird.

Ich werde euch nicht als Waisen zurücklassen, ich komme zu euch. Nur noch kurze Zeit und die Welt sieht mich nicht mehr; ihr aber seht mich, weil ich lebe und auch ihr leben werdet. An jenem Tag werdet ihr erkennen: Ich bin in meinem Vater, ihr seid in mir und ich bin in euch.

Wer meine Gebote hat und sie hält, der ist es, der mich liebt; wer mich aber liebt, wird von meinem Vater geliebt werden und auch ich werde ihn lieben und mich ihm offenbaren.

Glaubensbekenntnis, S. 492 ff.

## FÜRBITTEN

Nicht als Waisen lässt Jesus seine Freunde zurück. Deshalb rufen auch wir heute zu ihm und bitten ihn:

- Für die Kirche: dass sie sich öffnet für das Wirken des Geistes. V: Jesus Christus, Bruder und Erlöser. A: Höre unser Rufen.
- Für die Politikerinnen und Politiker: dass sie sich in ihrem Handeln von den Grundsätzen der Gerechtigkeit und des Friedens leiten lassen. V: Jesus Christus, Bruder und Erlöser. A: Höre unser Rufen.
- Für die Angehörigen der verschiedenen Religionen und Konfessionen: dass der Geist der Einsicht und des Friedens ihr Miteinander erneuere, besonders in den Ländern des Nahen Ostens. V: Jesus Christus, Bruder und Erlöser. A: Höre unser Rufen.

- Für die Kranken in den Kriegs- und Krisengebieten: dass sie Hilfe und Heilung erfahren. V: Jesus Christus, Bruder und Erlöser. A: Höre unser Rufen.
- Für die Opfer von Gewalt und Hass, und für alle Toten: dass sie Frieden und Heimat finden bei Gott, dem Vater aller. V: Jesus Christus, Bruder und Erlöser. A: Höre unser Rufen.

Jesus Christus, du heißt uns hoffen und führst uns zum Vater. Dafür danken wir dir und preisen dich, heute und alle Tage und in Ewigkeit.

# EUCHARISTIEFEIER

## GABENGEBET

Herr und Gott, lass unser Gebet zu dir aufsteigen und nimm unsere Gaben an. Reinige uns durch deine Gnade, damit wir fähig werden, das Sakrament deiner großen Liebe zu empfangen. Darum bitten wir durch Christus, unseren Herrn.

Präfation, S. 503 f.

## KOMMUNIONVERS

Joh 14,15–16

So spricht der Herr:
Wenn ihr mich liebt, werdet ihr meine Gebote halten.
Ich werde den Vater bitten
und er wird euch einen anderen Beistand geben,
damit er immer bei euch bleibe. Halleluja.

## SCHLUSSGEBET

Allmächtiger Gott, du hast uns durch die Auferstehung Christi neu geschaffen für das ewige Leben. Erfülle uns mit der Kraft dieser heilbringenden Speise, damit das österliche Geheimnis in uns reiche Frucht bringe. Darum bitten wir durch Christus, unseren Herrn.

## FEIERLICHER SCHLUSSSEGEN

S. 392

***

### DU WORT

Du Wort
das die Welt erschuf

Du Mensch
der die Menschheit rettet

springst
in mein Leben

öffnest dich mir

damit ich sehe
höre
dir begegne

Du Gott
bei mir

*Heinz Detlef Stäps*

# CHRISTI HIMMELFAHRT – HOCHFEST

## 21. Mai 2020

Jesus geht. Er geht in den Tod. Was bleibt, ist Verlassenheit. Nach drei Tagen kommt es anders. Ganz anders. Jesus kommt. Er tritt ins Leben, tritt zu ihnen. Ein anderer und doch derselbe; er selbst. Verwundeter Arzt. Geretteter Retter. Bringer des Friedens. Vierzig Tage gehen ins Land. Jesus geht. Entschwindet, wird ihnen entzogen. Wie gekommen, so genommen? Sie haben das Nachsehen. Sie starren und erstarren. Da trifft sie sein Weckruf. Sie hören Gottes Botschaft und empfangen: heilenden, heiligenden, Heiligen Geist.

### ERÖFFNUNGSVERS

Apg 1,11

Ihr Männer von Galiläa,
was steht ihr da und schaut zum Himmel?
Der Herr wird wiederkommen,
wie er jetzt aufgefahren ist. Halleluja.

### KYRIE-RUFE

Herr Jesus Christus, du hast alle Macht
im Himmel und auf der Erde.
V/A: Herr, erbarme dich.
Du sendest die Kirche zu allen Völkern, um alle
Menschen zu deinen Jüngern zu machen.
V/A: Christus, erbarme dich.
Du bist bei uns alle Tage bis zum Ende der Welt.
V/A: Herr, erbarme dich.

Ehre sei Gott, S. 489 f.

## TAGESGEBET

Allmächtiger, ewiger Gott, erfülle uns mit Freude und Dankbarkeit, denn in der Himmelfahrt deines Sohnes hast du den Menschen erhöht. Schenke uns das feste Vertrauen, dass auch wir zu der Herrlichkeit gerufen sind, in die Christus uns vorausgegangen ist, der in der Einheit des Heiligen Geistes mit dir lebt und herrscht in alle Ewigkeit.

# WORTGOTTESDIENST

ZUR 1. LESUNG Die Erzählungen von der Himmelfahrt Christi weisen in zwei Richtungen: Einerseits wird Christus zur Rechten des Vaters erhöht, also, Gottes Geschenk, auf eine Stufe mit ihm. Die Aufgabe der Jünger und Jüngerinnen aber besteht weiter in der Welt, sie müssen nun in größerer Eigenverantwortung handeln. Andererseits steht der Herr ihnen gerade in diesem Handeln durch seine Kraft und durch Zeichen bei, deren Darstellung hier der biblischen Tradition entnommen ist. Das vierzigtägige Erscheinen des Auferstandenen erinnert an die vierzig Jahre von Israels Wüstenwanderung, an die vierzig Tage des Mose auf dem Berg, in Zwiesprache mit Gott, an die vierzigtägige Versuchung Jesu in der Wüste. Jesus ist nicht einfach abwesend. Vierzig Tage der Reifung für die verstörten Schüler des Meisters! Seine Anwesenheit wird mit der Erfahrung des Heiligen Geistes in Verbindung gebracht. Und die Wolke, in der Jesus den Blicken entzogen wird, verweist in der Geschichte Israels auf Gottes verborgene Gegenwart. In dieser Spannung leben wir noch heute: Einerseits sind wir voll selbst verantwortlich, andererseits dürfen wir gerade in dieser Verantwortung auf den vollen Beistand des Herrn in Gottes eigenem Geist vertrauen. Hier gibt es kein „Halb und halb“, sondern nur ein „Je ganz“!

## ERSTE LESUNG

Apg 1,1–11

*Dieser Jesus, der in den Himmel aufgenommen wurde, wird ebenso wiederkommen, wie ihr ihn habt zum Himmel hingehen sehen*

**Lesung aus der Apostelgeschichte.**

Im ersten Buch, lieber Theóphilus, habe ich über alles berichtet, was Jesus von Anfang an getan und gelehrt hat, bis zu dem Tag, an dem er in den Himmel aufgenommen wurde. Vorher hat er den Aposteln, die er sich durch den Heiligen Geist erwählt hatte, Weisung gegeben. Ihnen hat er nach seinem Leiden durch viele Beweise gezeigt, dass er lebt; vierzig Tage hindurch ist er ihnen erschienen und hat vom Reich Gottes gesprochen.

Beim gemeinsamen Mahl gebot er ihnen: Geht nicht weg von Jerusalem, sondern wartet auf die Verheißung des Vaters, die ihr von mir vernommen habt! Denn Johannes hat mit Wasser getauft, ihr aber werdet schon in wenigen Tagen mit dem Heiligen Geist getauft werden.

Als sie nun beisammen waren, fragten sie ihn: Herr, stellst du in dieser Zeit das Reich für Israel wieder her? Er sagte zu ihnen: Euch steht es nicht zu, Zeiten und Fristen zu erfahren, die der Vater in seiner Macht festgesetzt hat. Aber ihr werdet Kraft empfangen, wenn der Heilige Geist auf euch herabkommen wird; und ihr werdet meine Zeugen sein in Jerusalem und in ganz Judäa und Samárien und bis an die Grenzen der Erde.

Als er das gesagt hatte, wurde er vor ihren Augen emporgehoben und eine Wolke nahm ihn auf und entzog ihn ihren Blicken.

Während sie unverwandt ihm nach zum Himmel emporschauten, siehe, da standen zwei Männer in weißen Gewändern bei ihnen und sagten: Ihr Männer von Galiläa, was steht ihr da und schaut zum Himmel empor? Dieser Jesus, der von euch fort in den Himmel aufgenommen wurde, wird ebenso wiederkommen, wie ihr ihn habt zum Himmel hingehen sehen.

## ANTWORTPSALM

Ps 47 (46),2–3.6–7.8–9 (Kv: vgl. 6)

Kv Gott steigt empor unter Jubel,
der HERR beim Schall der Posaunen. – Kv

*Oder:*

Kv Halleluja. – Kv

Ihr Völker alle, klatscht in die Hände; *
jauchzt Gott zu mit lautem Jubel!
Denn Furcht gebietend ist der HERR, der Höchste, *
ein großer König über die ganze Erde. – (Kv)

Gott stieg empor unter Jubel, *
der HERR beim Schall der Hörner.
Singt unserm Gott, ja singt ihm! *
Singt unserm König, singt ihm! – (Kv)

Denn König der ganzen Erde ist Gott. *
Singt ihm ein Weisheitslied!
Gott wurde König über die Völker, *
Gott hat sich auf seinen heiligen Thron gesetzt. – Kv

ZUR 2. LESUNG Unser Abschnitt aus dem Brief an die Epheser beginnt mit dem Wunsch, dass ihnen die Augen des Herzens aufgehen mögen. Gott möge „die Augen eures Herzens" erleuchten. Gott selbst nämlich hat Christus zu seiner Rechten eingesetzt; was heißt das? Der Erhöhte lebt über alle Mächte und Gewalten erhoben, erhaben, bei Gott – und doch nicht in „splendid isolation". Wie könnte es auch anders sein, wenn er „zur Rechten" des leidenschaftlich liebenden Gottes Israels, und aller Welt, residiert? Er regiert nun nach Gottes Willen die Welt; eben darum nicht von oben herab. Christus, so sagt es der Epheserbrief, erfüllt seinen Leib, die Kirche. Er ist mittendrin und doch nicht verstrickt. Die Macht der Unheilsmächte dieser Welt – Angst und Neid, Gier und Grausamkeit, Kälte, Gleichgültigkeit und tödliche Gewalt – ist in ihm bereits gebrochen.

## ZWEITE LESUNG

Eph 1,17–23

*Gott hat Christus auf den Platz zu seiner Rechten erhoben*

**Lesung aus dem Brief des Apostels Paulus an die Gemeinde in Éphesus.**

Schwestern und Brüder! Der Gott Jesu Christi, unseres Herrn, der Vater der Herrlichkeit, gebe euch den Geist der Weisheit und Offenbarung, damit ihr ihn erkennt. Er erleuchte die Augen eures Herzens, damit ihr versteht, zu welcher Hoffnung ihr durch ihn berufen seid, welchen Reichtum die Herrlichkeit seines Erbes den Heiligen schenkt und wie überragend groß seine Macht sich an uns, den Gläubigen, erweist durch das Wirken seiner Kraft und Stärke.

Er ließ sie wirksam werden in Christus, den er von den Toten auferweckt und im Himmel auf den Platz zu seiner Rechten erhoben hat, hoch über jegliche Hoheit und Gewalt, Macht und Herrschaft und über jeden Namen, der nicht nur in dieser Weltzeit, sondern auch in der künftigen genannt wird.

Alles hat er ihm zu Füßen gelegt und ihn, der als Haupt alles überragt, über die Kirche gesetzt. Sie ist sein Leib, die Fülle dessen, der das All in allem erfüllt.

## RUF VOR DEM EVANGELIUM

Vers: Mt 28, 19a.20b

Halleluja. Halleluja.
(So spricht der Herr:)
Geht und macht alle Völker zu meinen Jüngern.
Ich bin mit euch alle Tage bis zum Ende der Welt.
Halleluja.

ZUM EVANGELIUM Matthäus, wenn wir seinem Evangelium folgen, so verstehen wir: Es geht nicht um eine „Vita", um eine Helden-Biografie. Keine Coming-of-Age-Story, kein psychologisch fein ziselierter Entwicklungsroman. Schon am Anfang des Evangeliums wird ja alles und das einzig Wichtige über Jesus gesagt. Verstehen wir es, am Ende? Jesus Christus, Sohn Davids und Sohn Abrahams (1, 1), zu Israel gesandt und zu allen Völkern, Gottes menschliche Daseinsweise

(1,21.23). Jesus Immanu-El. Seine Sendung ist von universaler Weite. Bis in die Passion hinein lebt er vor, wozu seine Jüngerinnen und Jünger von Gott her befreit, wozu sie ihm verpflichtet sind. Und dann dies: „Seid gewiss: Ich bin bei euch alle Tage bis zum Ende der Welt."

## EVANGELIUM

Mt 28,16–20

*Mir ist alle Vollmacht gegeben im Himmel und auf der Erde*

**+ Aus dem heiligen Evangelium nach Matthäus.**

In jener Zeit gingen die elf Jünger nach Galiläa auf den Berg, den Jesus ihnen genannt hatte. Und als sie Jesus sahen, fielen sie vor ihm nieder, einige aber hatten Zweifel.

Da trat Jesus auf sie zu und sagte zu ihnen: Mir ist alle Vollmacht gegeben im Himmel und auf der Erde.

Darum geht und macht alle Völker zu meinen Jüngern; tauft sie auf den Namen des Vaters und des Sohnes und des Heiligen Geistes und lehrt sie, alles zu befolgen, was ich euch geboten habe. Und siehe, ich bin mit euch alle Tage bis zum Ende der Welt.

Glaubensbekenntnis, S. 492 ff.

## FÜRBITTEN

Wir haben die Zusage Jesu Christi, dass er bei uns ist bis zum Ende der Welt. Ihm vertrauen wir uns an und zu ihm kommen wir mit den Sorgen und Nöten unserer Zeit:

- Sei deiner Kirche nahe und schenke ihr die Kraft der Erneuerung; gib ihr Vertrauen und Mut, den Mut zum Hören, durch den allein Verkündigung Wert und Wahrheit gewinnt. V/A: Höre und erhöre uns.

- Weise den Suchenden und Zweifelnden den Weg und schenke ihnen die Freude des Ankommens. V/A: Höre und erhöre uns.

- Stille Hunger und Durst der Menschen, die in lebensbedrohlicher Armut leben, und hilf ihnen, zu einem menschenwürdigen Dasein zu finden. V/A: Höre und erhöre uns.
- Wecke uns alle aus dem Schlaf der Sicherheit und öffne unsre Augen für die Not der Welt. V/A: Höre und erhöre uns.
- Stehe den Schwerkranken und Sterbenden bei und umhülle sie mit deinem Frieden des Himmels. V/A: Höre und erhöre uns.

Jesus Christus, du bist unser erhöhter Herr und bleibst doch unser Bruder. Dir vertrauen wir, auf dich bauen wir in der Gnade Gottes, heute und alle Tage unseres Lebens.

# EUCHARISTIEFEIER

## GABENGEBET

Allmächtiger Gott, am Fest der Himmelfahrt deines Sohnes bringen wir dieses Opfer dar. Gib uns durch diese heilige Feier die Gnade, dass wir uns über das Irdische erheben und suchen, was droben ist. Darum bitten wir durch Christus, unseren Herrn.

## PRÄFATION

In Wahrheit ist es würdig und recht, dir, allmächtiger Vater, zu danken durch unseren Herrn Jesus Christus, den König der Herrlichkeit. Denn er ist heute als Sieger über Sünde und Tod aufgefahren in den Himmel. Die Engel schauen den Mittler zwischen Gott und den Menschen, den Richter der Welt, den Herrn der ganzen Schöpfung. Er kehrt zu dir heim, nicht um uns Menschen zu verlassen, er gibt den Gliedern seines Leibes die Hoffnung, ihm dorthin zu folgen, wohin er als Erster vorausging. Darum jubelt heute der ganze Erdkreis in österlicher Freude, darum preisen dich die himmlischen Mächte und die Chöre der Engel und singen das Lob deiner Herrlichkeit: Heilig …

## KOMMUNIONVERS

Mt 28,20

Ich bin bei euch alle Tage
bis zum Ende der Welt. Halleluja.

## SCHLUSSGEBET

Allmächtiger, ewiger Gott, du hast uns, die wir noch auf Erden leben, deine göttlichen Geheimnisse anvertraut. Lenke unser Sinnen und Verlangen zum Himmel, wo Christus als Erster der Menschen bei dir ist, der mit dir lebt und herrscht in alle Ewigkeit.

## FEIERLICHER SCHLUSSSEGEN

Der allherrschende Gott, der heute Christus zu seiner Rechten erhöht und uns den Zugang zum Leben erschlossen hat, gewähre euch die Fülle seines Segens. – A: Amen.
Vor den Augen seiner Jünger wurde Christus zum Himmel erhoben; er sei euch ein gnädiger Richter, wenn er wiederkommt. – A: Amen.
Er thront in der Herrlichkeit des Vaters und bleibt dennoch inmitten seiner Kirche; er schenke euch den Trost seiner Gegenwart. – A: Amen.
Das gewähre euch der dreieinige Gott, der Vater und der Sohn † und der Heilige Geist. – A: Amen.

***

## MIT IHM

Mit ihm kam Liebe in die Welt
die stiftet Beziehung
macht Vertrauen möglich
gibt die Hoffnung nicht auf.

Liebe wird nicht alt
sie vergeht mit dem Vergänglichen
sie schließt nicht aus.
Liebe urteilt nicht
sie deckt viel Schuld zu.

Der Liebe ist alles möglich
sie hält dem Zweifel stand
macht das Leben verlässlich.

Mit ihm kam Liebe in die Welt
die treibt die Furcht aus
und überdauert den Tod.

*Eleonore Beck*

# 7. SONNTAG DER OSTERZEIT

## 24. Mai 2020

Jesus ist gekommen, damit Israel, ja alle Welt, den Vater in den Blick bekommt. Dieses Gott-in-den-Blick-Bekommen nennt der Johannes-Evangelist „ewiges Leben". Erblicken kann man den Vater im Sohn aber nur, wenn man die Beziehung von Vater und Sohn erkennt. Zwischen Vater und Sohn: Nähe und Freiheit, Großzügigkeit und Dankbarkeit. Der Vater hat dem Sohn die Macht gegeben. Der Sohn hat sie nicht eigenmächtig an sich genommen, sondern vom Vater als Geschenk entgegengenommen. Und was für eine Macht! Eine Macht, die darin besteht, aus Liebe in die tiefste Ohnmacht und Demütigung zu gehen, denn nur darin können die Menschen den Vater erkennen, wie er wirklich ist. Darin wird er verherrlicht, weil nun die unauslotbare Tiefe seiner Zuneigung zu den Menschen sichtbar geworden ist. Werden aber die Menschen bereit sein, eine solche Offenbarung Gottes anzunehmen? Passt dieser Gott in mein, passt er in irgendein „Gottesbild"?

### ERÖFFNUNGSVERS

Ps 27 (26), 7–9

Vernimm, o Herr, mein lautes Rufen;
sei mir gnädig und erhöre mich!
Mein Herz denkt an dein Wort:
„Sucht mein Angesicht!"
Dein Angesicht, Herr, will ich suchen.
Verbirg nicht dein Gesicht vor mir! Halleluja.

### KYRIE-RUFE

Herr Jesus Christus, du bist bei deinem Vater verherrlicht.
V/A: Herr, erbarme dich.

Du hast Macht über alle Menschen.
V/A: Christus, erbarme dich.
Du schenkst allen, die dir gegeben sind, ewiges Leben.
V/A: Herr, erbarme dich.

Ehre sei Gott, S. 489 f.

## TAGESGEBET

Allmächtiger Gott, wir bekennen, dass unser Erlöser bei dir in deiner Herrlichkeit ist. Erhöre unser Rufen und lass uns erfahren, dass er alle Tage bis zum Ende der Welt bei uns bleibt, wie er uns verheißen hat. Er, der in der Einheit des Heiligen Geistes mit dir lebt und herrscht in alle Ewigkeit.

# WORTGOTTESDIENST

**ZUR 1. LESUNG** Der Auferstandene hat sie verlassen. Nun hofft ein Kreis von Freunden und Anhängern auf den Geist, der ihnen verheißen ist. Voller Erwartung ziehen sie sich zum Gebet zurück. Die Elf, durch die Israel gesammelt werden soll, sind dabei. Ihre Namen werden von Lukas zuerst genannt. Aber auch die Frauen, die engsten Jüngerinnen Jesu, warten mit den Verwandten des Herrn in der Abgeschiedenheit des Versammlungsraumes darauf, dass Gottes Geist kommt und alles in Bewegung bringt. Es ist gut, an diese pfingstliche Kirche des Anfangs zu erinnern. Eine Hoffnungsgemeinschaft aus Männern und Frauen, in Christus eins. Eine Glaubensgemeinschaft, die ihre Reihen nicht dicht schließt, sondern dem Wehen des Geistes öffnet. Eine Gemeinschaft, die sich sammelt, um sich senden zu lassen.

## ERSTE LESUNG

Apg 1,12–14

*Sie alle verharrten einmütig im Gebet*

**Lesung aus der Apostelgeschichte.**

Als Jesus in den Himmel aufgenommen worden war, kehrten die Apostel von dem Berg, der Ölberg genannt wird und nur einen Sabbatweg von Jerusalem entfernt ist, nach Jerusalem zurück.

Als sie in die Stadt kamen, gingen sie in das Obergemach hinauf, wo sie nun ständig blieben: Petrus und Johannes, Jakobus und Andreas, Philíppus und Thomas, Bartholomäus und Matthäus, Jakobus, der Sohn des Alphäus, und Simon, der Zelót, sowie Judas, der Sohn des Jakobus.

Sie alle verharrten dort einmütig im Gebet, zusammen mit den Frauen und Maria, der Mutter Jesu, und seinen Brüdern.

## ANTWORTPSALM

Ps 27 (26), 1.4.7–8 (Kv: vgl. 13)

Kv Ich schaue Gottes Güte im Land der Lebenden. – Kv

*Oder:*

Kv Halleluja. – Kv

Der Herr ist mein Licht und mein Heil: *
Vor wem sollte ich mich fürchten?
Der Herr ist die Zuflucht meines Lebens: *
Vor wem sollte mir bangen? – (Kv)

Eines habe ich vom Herrn erfragt, dieses erbitte ich: *
im Haus des Herrn zu wohnen alle Tage meines Lebens;
die Freundlichkeit des Herrn zu schauen *
und nachzusinnen in seinem Tempel. – (Kv)

Höre, Herr, meine Stimme, wenn ich rufe; *
sei mir gnädig und gib mir Antwort!
Mein Herz denkt an dich: „Suchet mein Angesicht!" *
Dein Angesicht, Herr, will ich suchen. – Kv

ZUR 2. LESUNG Wie kann man jemandem sagen, er solle sich über sein Leiden freuen? Ist das nicht zynisch? Aber der Petrusbrief will das Leid und das Leiden nicht. Er preist es nicht, etwa um die Menschen daran zu hindern, sich gegen Unrecht zu wehren, sondern findet Menschen vor, die wegen ihres Glaubens leiden, ohne etwas dagegen unternehmen zu können. Diesen Menschen wird zugesagt, dass sie in ihrem Leid Anteil an Christus haben, weil er es mit ihnen geteilt hat – für immer. Deshalb dürfen sie sich gegen alle Erfahrung seligpreisen. Sie brauchen sich nicht auch noch ihres Leides wegen zu schämen. Diese zusätzliche Last soll sie nicht beschweren. Sie soll ihnen genommen sein, in Gottes Namen. Um Gottes willen!

## ZWEITE LESUNG 1 Petr 4,13–16

*Freut euch, dass ihr Anteil an den Leiden Christi habt*

**Lesung aus dem ersten Brief des Apostels Petrus.**

Schwestern und Brüder! Freut euch, dass ihr Anteil an den Leiden Christi habt; denn so könnt ihr auch bei der Offenbarung seiner Herrlichkeit voll Freude jubeln.

Wenn ihr wegen des Namens Christi beschimpft werdet, seid ihr seligzupreisen; denn der Geist der Herrlichkeit, der Geist Gottes, ruht auf euch.

Wenn einer von euch leiden muss, soll es nicht deswegen sein, weil er ein Mörder oder ein Dieb ist, weil er Böses tut oder sich in fremde Angelegenheiten einmischt.

Wenn er aber leidet, weil er Christ ist, dann soll er sich nicht schämen, sondern Gott darin verherrlichen.

## RUF VOR DEM EVANGELIUM Vers: vgl. Joh 14,18

Halleluja. Halleluja.
(So spricht der Herr:)
Ich lasse euch nicht als Waisen zurück.

Ich komme zu euch. Dann wird euer Herz sich freuen.
Halleluja.

ZUM EVANGELIUM Nicht von der Welt, aber in der Welt, so formuliert ein zu Recht berühmtes Wort aus dem Johannes-Evangelium das Lebensprogramm für Menschen, die zum Glauben an den Gott und Vater Jesu Christi gefunden haben. Wenn „die Welt" sich vor Gott verschließt, wenn sie sich dem Gotteslicht verweigert, das die Botschaft und das Leben Jesu auf sie wirft, warum müssen dann die, die in der Begegnung mit Jesus offen, sogar durchlässig geworden sind für Gottes Licht, überhaupt noch in dieser lichtscheuen Welt verbleiben? Weil sie eine Aufgabe haben, die sich nicht delegieren lässt, eine gemeinsame und ganz persönlich anvertraute Sendung: Licht zu sein für die Welt.

## EVANGELIUM

Joh 17,1–11a

*Vater, verherrliche deinen Sohn!*

+ **Aus dem heiligen Evangelium nach Johannes.**

In jener Zeit erhob Jesus seine Augen zum Himmel und sagte: Vater, die Stunde ist gekommen. Verherrliche deinen Sohn, damit der Sohn dich verherrlicht! Denn du hast ihm Macht über alle Menschen gegeben, damit er allen, die du ihm gegeben hast, ewiges Leben schenkt. Das aber ist das ewige Leben: dass sie dich, den einzigen wahren Gott, erkennen und den du gesandt hast, Jesus Christus.

Ich habe dich auf der Erde verherrlicht und das Werk zu Ende geführt, das du mir aufgetragen hast. Jetzt verherrliche du mich, Vater, bei dir mit der Herrlichkeit, die ich bei dir hatte, bevor die Welt war!

Ich habe deinen Namen den Menschen offenbart, die du mir aus der Welt gegeben hast. Sie gehörten dir und du hast sie mir gegeben und sie haben dein Wort bewahrt.

Sie haben jetzt erkannt, dass alles, was du mir gegeben hast, von dir ist. Denn die Worte, die du mir gabst, habe ich ihnen gegeben und sie haben sie angenommen. Sie haben wahrhaftig erkannt, dass ich von dir ausgegangen bin, und sie sind zu dem Glauben gekommen, dass du mich gesandt hast.

Für sie bitte ich; nicht für die Welt bitte ich, sondern für alle, die du mir gegeben hast; denn sie gehören dir. Alles, was mein ist, ist dein, und was dein ist, ist mein; in ihnen bin ich verherrlicht.

Ich bin nicht mehr in der Welt, aber sie sind in der Welt und ich komme zu dir.

Glaubensbekenntnis, S. 492 ff.

## FÜRBITTEN

Jesus Christus ist der Gute Hirte. Zu ihm kommen wir mit unseren Nöten und Sorgen und bitten ihn:

- Für alle, die im Raum der Kirche fürsorglich handeln und Verantwortung übernehmen. V: Jesus, guter Hirte. A: Höre unser Rufen.
- Für alle Eltern, die in Sorge um ihre Kinder sind, und für alle Menschen, jung und alt, die in ihren Familien und Gemeinschaften aufeinander achten. V: Jesus, guter Hirte. A: Höre unser Rufen.
- Für alle in der Seelsorge Tätigen, die Türen zu Gott, dem Vater und der Heimat aller Menschen, öffnen. V: Jesus, guter Hirte. A: Höre unser Rufen.
- Für alle, die keinen sicheren Ort mehr für sich und ihre Angehörigen haben, und für alle, die ihnen Türen öffnen. V: Jesus, guter Hirte. A: Höre unser Rufen.
- Für alle Sterbenden, die ohne Begleitung und Zuwendung ihr Leben lassen müssen. V: Jesus, guter Hirte. A: Höre unser Rufen.

Herr Jesus Christus, du weist uns den Weg, und durch dich preisen wir den Vater im Heiligen Geist bis in alle Ewigkeit.

# EUCHARISTIEFEIER

## GABENGEBET

Herr und Gott, nimm die Gebete und Opfergaben deiner Gläubigen an. Lass uns diese heilige Feier mit ganzer Hingabe begehen, damit wir einst das Leben in der Herrlichkeit des Himmels erlangen. Darum bitten wir durch Christus, unseren Herrn.

## PRÄFATION

In Wahrheit ist es würdig und recht, dir, allmächtiger Vater, zu danken durch unseren Herrn Jesus Christus, den König der Herrlichkeit. Denn er ist als Sieger über Sünde und Tod aufgefahren in den Himmel. Die Engel schauen den Mittler zwischen Gott und den Menschen, den Richter der Welt, den Herrn der ganzen Schöpfung. Er kehrt zu dir heim, nicht um uns Menschen zu verlassen, er gibt den Gliedern seines Leibes die Hoffnung, ihm dorthin zu folgen, wohin er als Erster vorausging. Darum preisen wir dich in österlicher Freude und singen mit den Chören der Engel das Lob deiner Herrlichkeit: Heilig …

## KOMMUNIONVERS

Vgl. Joh 17,22

Ich bitte dich, Vater, lass sie eins sein,
wie wir eins sind. Halleluja.

## SCHLUSSGEBET

Erhöre uns, Gott, unser Heil, und schenke uns die feste Zuversicht, dass durch die Feier der heiligen Geheimnisse die ganze Kirche jene Vollendung erlangen wird, die Christus, ihr Haupt, in deiner Herrlichkeit schon besitzt, der mit dir lebt und herrscht in alle Ewigkeit.

## FEIERLICHER SCHLUSSSEGEN

S. 392

***

### ALS DIE LIEBE

Wir bitten dich, Vater:
Steh uns bei auf dem Weg
zu der Einheit, die Jesus Christus –
dein Sohn, unser Bruder –
für uns erbeten hat.
Lass uns die Augen aufgehen
füreinander.
Gib uns Mut, damit wir wagen,
aufeinander zuzugehen.
Mach uns hellhörig,
dass wir im anderen
deine Stimme erkennen;
großherzig – dass wir
einander vertrauen,
die Angst verlieren
voreinander,
Einheit werden,
in der nichts anderes zählt
als die Liebe.

*Eleonore Beck*

# PFINGSTEN – HOCHFEST

„Dafür kann ich mir nichts kaufen!" Eine Antwort, die schmerzt. Du machst es dir zu leicht, heißt das. Mit deinem wohlmeinenden Rat. Mit deiner Wiedergutmachungsgeste, die nichts wieder gut macht. An Pfingsten wird Geist geschenkt. „Geschenkt!" Was ist ein Geschenk wert, das keiner sieht, für das man sich nichts kaufen kann und das nur von denen wahrgenommen wird, denen es geschenkt worden ist? Aber kann man einem Gegenstand ansehen, dass er ein Geschenk ist? Nein. Einmal ausgepackt, reiht er sich unter die anderen Gegenstände ein und kann von ihnen nur durch den Beschenkten unterschieden werden, für den er mehr und anderes bedeutet. So ist auch die Gabe des Geistes: Nur wer sie erhalten hat, weiß um sie. Die Gabe ist unsichtbar und kann bezeugt werden allein von dem, der sie empfängt.

## AM VORABEND

## 30. Mai 2020

„Es bedarf noch der Erwähnung, dass in jeder Eucharistiefeier ... die Geisteskraft Jesu auf die Gaben (und die Gemeinde) herabgerufen wird, damit sich so ein Wandlungsprozess an den Gaben und an der Gemeinde vollziehe. Eine Menschengruppe aus Griechen und Juden, Sklaven und Freien, Großen und Kleinen, Schwarzen und Gelben, Linken und Rechten, Reichen und Armen zu einer wahren Gemeinde umzubilden, die dem Vermächtnis Jesu gerecht wird, bedeutet ein ständiges Wunder, dessen jede Gemeinde und die gesamte Ökumene der Christenheit im Kreislauf des Jahres immer wieder bedarf."

*Josef Wohlmuth*

## ERÖFFNUNGSVERS

Röm 5,5

Die Liebe Gottes ist ausgegossen in unsere Herzen
durch den Heiligen Geist, der uns gegeben ist.
Halleluja.

## KYRIE-RUFE

Herr Jesus Christus, du sendest deinen Geist aus:
Sie werden erschaffen.
V/A: Herr, erbarme dich.
Du erneuerst das Angesicht der Erde.
V/A: Christus, erbarme dich.
Du gibst einen neuen Geist in unser Inneres.
V/A: Herr, erbarme dich.

Ehre sei Gott, S. 489 f.

## TAGESGEBET

Gott, unser Herr, du hast das österliche Geheimnis im Geschehen des Pfingsttages vollendet und Menschen aus allen Völkern das Heil geoffenbart. Vereine im Heiligen Geist die Menschen aller Sprachen und Nationen zum Bekenntnis deines Namens. Darum bitten wir durch Jesus Christus.

# WORTGOTTESDIENST

**ZUR 1. LESUNG** Vielleicht haben Sie sich auch schon einmal über den Infopoint, das Handy und die Bahncard geärgert? Ich spreche nicht von den bezeichneten Sachen, sondern von den pseudoenglischen Wörtern. Vielleicht kann man das aber auch locker sehen; Sprachmoden, die vorbeigehen. Bei unseren Urgroßeltern war das

Französische en vogue. Und die deutsche Sprache gehört ja noch nicht zu den bedrohten Arten. Und dennoch. Die Bibel erzählt von einer zweckmäßig erscheinenden, in Wirklichkeit aber gewalttätigen Sprachvereinheitlichung, die in heilloser Zersplitterung endet, in einer alle von allen entfremdenden Sprachenverwirrung. Um der durch monopolistische Machtgier bedrohten Vielfalt seiner Schöpfung willen hat Gott dazwischengefunkt. Immerhin brauchte es ein Pfingsten, wie es das zweite Kapitel der Apostelgeschichte berichtet, um die Isolation und Verständnislosigkeit der Menschengruppen aufzuheben. Aber nicht gewaltsam, nicht durch noch größeren Anpassungsdruck. Nein, die Wunde von Babel wird nur durch das Wunder der Liebe, durch vielsprachige Einmütigkeit, nicht durch verordnete Eintönigkeit, geheilt!

## ERSTE LESUNG

Gen 11,1–9

*Man gab der Stadt den Namen Babel; denn dort hat der Herr die Sprache der ganzen Erde verwirrt*

**Lesung aus dem Buch Génesis.**

Die ganze Erde hatte eine Sprache und ein und dieselben Worte. Als sie ostwärts aufbrachen, fanden sie eine Ebene im Land Schinar und siedelten sich dort an.

Sie sagten zueinander: Auf, formen wir Lehmziegel und brennen wir sie zu Backsteinen. So dienten ihnen gebrannte Ziegel als Steine und Erdpech als Mörtel. Dann sagten sie: Auf, bauen wir uns eine Stadt und einen Turm mit einer Spitze bis in den Himmel! So wollen wir uns einen Namen machen, damit wir uns nicht über die ganze Erde zerstreuen.

Da stieg der Herr herab, um sich Stadt und Turm anzusehen, die die Menschenkinder bauten. Und der Herr sprach: Siehe, ein Volk sind sie und eine Sprache haben sie alle. Und das ist erst der Anfang ihres Tuns. Jetzt wird ihnen nichts mehr unerreichbar sein, wenn sie es sich zu tun vornehmen. Auf, steigen wir hinab und verwirren wir dort ihre Sprache, sodass keiner mehr die Sprache des anderen versteht.

Der HERR zerstreute sie von dort aus über die ganze Erde und sie hörten auf, an der Stadt zu bauen. Darum gab man der Stadt den Namen Babel, Wirrsal, denn dort hat der HERR die Sprache der ganzen Erde verwirrt und von dort aus hat er die Menschen über die ganze Erde zerstreut.

*Oder:*

ZUR 1. LESUNG Familie, Freizeit, Erfolg – was ist mir heilig? Im Alten Testament ist Gott „der Heilige". Das hebräische Wort für heilig bedeutet: abgesondert. Gott ist fern und erhaben, anders als die Welt; er ist besonders. Doch dieser Gott will seinem Volk nahe sein. Er gibt Anteil an seiner Heiligkeit, an seinem Leben. Mose bereitet das Volk auf die Ankunft des Heiligen vor. Nicht an Ort und Stelle und nicht von jetzt auf gleich kommt es zur Begegnung zwischen Gott und Mensch. Begegnung setzt Verschiedenheit, Berührung Trennung voraus. Den Abstand, der Nähe erst ermöglicht, drückt die Bibel mit einer Zeitangabe aus. „Am dritten Tage" will Gott erscheinen. Der zweite Tag, der frei ist von allem, was unsere Tage auszufüllen pflegt, klafft auf wie eine Lücke und öffnet so für das wahrhaft Neue, für die Begegnung mit dem heiligen Gott. Die neutestamentliche Darstellung der Auferstehung Jesu folgt dem Motiv des dritten Tages, und auch der Pfingstgeist ist machtlos ohne die Leerstelle in uns, die Erfüllung sucht.

## ERSTE LESUNG

Ex 19,3–8a.16–20

*Vor den Augen des ganzen Volkes stieg der Herr auf den Berg Sinai herab*

**Lesung aus dem Buch Éxodus.**

In jenen Tagen stieg Mose zu Gott hinauf. Da rief ihm der HERR vom Berg her zu: Das sollst du dem Haus Jakob sagen und den Israeliten verkünden: Ihr habt gesehen, was ich den Ägyptern angetan habe, wie ich euch auf Adlerflügeln getragen und zu mir gebracht habe. Jetzt aber, wenn ihr auf meine Stimme hört und meinen

Bund haltet, werdet ihr unter allen Völkern mein besonderes Eigentum sein. Mir gehört die ganze Erde, ihr aber sollt mir als ein Königreich von Priestern und als ein heiliges Volk gehören. Das sind die Worte, die du den Israeliten mitteilen sollst.

Mose ging und rief die Ältesten des Volkes zusammen. Er legte ihnen alles vor, was der HERR ihm aufgetragen hatte. Das ganze Volk antwortete einstimmig und erklärte: Alles, was der HERR gesagt hat, wollen wir tun.

Am dritten Tag, im Morgengrauen, begann es zu donnern und zu blitzen. Schwere Wolken lagen über dem Berg und gewaltiger Hörnerschall erklang. Das ganze Volk im Lager begann zu zittern. Mose führte das Volk aus dem Lager hinaus Gott entgegen. Unten am Berg blieben sie stehen.

Der ganze Sínai war in Rauch gehüllt, denn der HERR war im Feuer auf ihn herabgestiegen. Der Rauch stieg vom Berg auf wie Rauch aus einem Schmelzofen. Der ganze Berg bebte gewaltig und der Hörnerschall wurde immer lauter. Mose redete und Gott antwortete ihm mit verstehbarer Stimme. Der HERR war auf den Sínai, auf den Gipfel des Berges, herabgestiegen. Er hatte Mose zu sich auf den Gipfel des Berges gerufen und Mose war hinaufgestiegen.

*Oder:*

ZUR 1. LESUNG Das deutsche Wort Geist klingt nach grauer Theorie und blasser Abstraktion, oder sogar gespenstisch-geisterhaft. Das war nicht immer so, und es muss auch nicht bei diesem Klang bleiben. Im Ezechielbuch hören wir von einem Feld, das mit ausgebleichtem, dürrem Gebein übersät ist. Ein trostloser Anblick. Und doch. Gott schafft aus dieser Triumphstätte des Todes regsames Leben. Zuerst bilden sich Sehnen, Haut und Fleisch: Ohne diese könnten wir nicht leben, aber sie reichen zum Leben nicht aus. Erst als Gottes Geist weht, haucht oder bläst – das ist der Ursprung unseres Wortes Geist –, als er alle anweht und anhaucht, werden aus den reglosen Körpern lebendige Leiber. Erstorbenes spürt sich, was tot war, wird wach. „Sie wurden lebendig und standen auf." Menschen empfangen Geisthauch. Lebensatem. Gottesodem. Stehen auf und gehen. Stehen auf und leben. Miteinander, füreinander, geist-voll: vor Gott.

## ERSTE LESUNG

Ez 37, 1–14

*Ihr ausgetrockneten Gebeine, ich selbst bringe Geist in euch, dann werdet ihr lebendig*

**Lesung aus dem Buch Ezéchiel.**

In jenen Tagen legte sich die Hand des HERRN auf mich und er brachte mich im Geist des HERRN hinaus und versetzte mich mitten in die Ebene. Sie war voll von Gebeinen.

Er führte mich ringsum an ihnen vorüber und siehe, es waren sehr viele über die Ebene hin; und siehe, sie waren ganz ausgetrocknet.

Er fragte mich: Menschensohn, können diese Gebeine wieder lebendig werden? Ich antwortete: GOTT und Herr, du weißt es.

Da sagte er zu mir: Sprich als Prophet über diese Gebeine und sag zu ihnen: Ihr ausgetrockneten Gebeine, hört das Wort des HERRN! So spricht GOTT, der Herr, zu diesen Gebeinen: Siehe, ich selbst bringe Geist in euch, dann werdet ihr lebendig. Ich gebe euch Sehnen, umgebe euch mit Fleisch und überziehe euch mit Haut; ich gebe Geist in euch, sodass ihr lebendig werdet. Dann werdet ihr erkennen, dass ich der HERR bin.

Da sprach ich als Prophet, wie mir befohlen war; und noch während ich prophetisch redete, war da ein Geräusch: Und siehe, ein Beben: Die Gebeine rückten zusammen, Bein an Bein. Und als ich hinsah, siehe, da waren Sehnen auf ihnen, Fleisch umgab sie und Haut überzog sie von oben. Aber es war kein Geist in ihnen.

Da sagte er zu mir: Rede als Prophet zum Geist, rede prophetisch, Menschensohn, sag zum Geist: So spricht GOTT, der Herr: Geist, komm herbei von den vier Winden! Hauch diese Erschlagenen an, damit sie lebendig werden!

Da sprach ich als Prophet, wie er mir befohlen hatte, und es kam der Geist in sie. Sie wurden lebendig und sie stellten sich auf ihre Füße – ein großes, gewaltiges Heer.

Er sagte zu mir: Menschensohn, diese Gebeine sind das ganze Haus Israel. Siehe, sie sagen: Ausgetrocknet sind unsere Gebeine, unsere Hoffnung ist untergegangen, wir sind abgeschnitten. Deshalb tritt als Prophet auf und sag zu ihnen: So spricht GOTT, der Herr:

Siehe, ich öffne eure Gräber und hole euch, mein Volk, aus euren Gräbern herauf. Ich bringe euch zum Ackerboden Israels. Und ihr werdet erkennen, dass ich der HERR bin, wenn ich eure Gräber öffne und euch, mein Volk, aus euren Gräbern heraufhole. Ich gebe meinen Geist in euch, dann werdet ihr lebendig und ich versetze euch wieder auf euren Ackerboden. Dann werdet ihr erkennen, dass ich der HERR bin.

Ich habe gesprochen und ich führe es aus – Spruch des HERRN.

*Oder:*

ZUR 1. LESUNG „Komm, Heiliger Geist, erfülle die Herzen der Gläubigen und entzünde in ihnen das Feuer deiner Liebe", so bittet die Gemeinde am Pfingsttag vor dem Evangelium. Was können wir Größeres erbitten als das Feuer der göttlichen Liebe? Das Feuer einer Liebe, die stärker ist als der Tod? Das Feuer einer Liebe, die Maßstäbe setzt im Zusammenleben der Menschen? Das Feuer einer Liebe, die Menschen nicht in Schubladen steckt und kleinmacht, sondern als Gegenüber des großen Gottes entdeckt? Kein Über-Ich und keine äußere Konvention, sondern allein die göttliche Geisteskraft bringt diese Liebe zum Leuchten – das ist die Pfingstbotschaft der biblischen Propheten.

## ERSTE LESUNG Joël 3, 1–5

*Ich werde meinen Geist ausgießen über meine Knechte und Mägde*

**Lesung aus dem Buch Joël.**

So spricht Gott, der Herr: Es wird Folgendes geschehen: Ich werde meinen Geist ausgießen über alles Fleisch. Eure Söhne und Töchter werden Propheten sein, eure Alten werden Träume haben und eure jungen Männer haben Visionen. Auch über Knechte und Mägde werde ich meinen Geist ausgießen in jenen Tagen.

Ich werde wunderbare Zeichen wirken am Himmel und auf der Erde: Blut und Feuer und Rauchsäulen. Die Sonne wird sich in Finsternis verwandeln und der Mond in Blut, ehe der Tag des HERRN kommt, der große und schreckliche Tag.

Und es wird geschehen: Jeder, der den Namen des HERRN anruft, wird gerettet. Denn auf dem Berg Zion und in Jerusalem gibt es Rettung, wie der HERR gesagt hat, und wen der HERR ruft, der wird entrinnen.

## ANTWORTPSALM Ps 104 (103), 1–2.24–25.27–28.29–30 (Kv: vgl. 30)

Kv Sende aus deinen Geist
und das Angesicht der Erde wird neu. – Kv

*Oder:*

Kv Halleluja. – Kv

Preise den HERRN, meine Seele! /
HERR, mein Gott, überaus groß bist du! *
Du bist mit Hoheit und Pracht bekleidet.
Du hüllst dich in Licht wie in einen Mantel, *
du spannst den Himmel aus gleich einem Zelt. – (Kv)

Wie zahlreich sind deine Werke, HERR, /
sie alle hast du mit Weisheit gemacht, *
die Erde ist voll von deinen Geschöpfen.
Da ist das Meer, so groß und weit, *
darin ein Gewimmel, nicht zu zählen: kleine und große Tiere. – (Kv)

Auf dich warten sie alle, *
dass du ihnen ihre Speise gibst zur rechten Zeit.
Gibst du ihnen, dann sammeln sie ein, *
öffnest du deine Hand, werden sie gesättigt mit Gutem. – (Kv)

Verbirgst du dein Angesicht, sind sie verstört, /
nimmst du ihnen den Atem, so schwinden sie hin *
und kehren zurück zum Staub.
Du sendest deinen Geist aus: Sie werden erschaffen *
und du erneuerst das Angesicht der Erde. – Kv

ZUR 2. LESUNG Der Gott und Retter Israels, der Gott und Vater Jesu Christi, ein Gott, der aus Sklaverei und Gefangenschaft herausführt, ein Gott, der Freiheit und Leben schenken will. Und das gilt nicht nur in Bezug auf die Menschen, sondern auch im Blick auf die Natur. Gerade in unserer Zeit der Globalisierung merken wir deutlich, wie Mensch und Schöpfung zusammenhängen, wie der Mensch die Macht hat, die umgebende Natur und damit seine Lebensgrundlage zu zerstören, wie die Natur in Katastrophen zurückschlägt, wenn der Mensch ihr nicht mit Achtung und Respekt gegenübertritt. Vieles spricht zwar gegen eine gute Zukunft. Doch für Paulus gilt: Wo hinfällige Menschen sich als Kinder Gottes vertrauensvoll der schöpferischen Geistkraft anheimgeben und ihr Wirken jenseits der Wortgrenze zulassen, da gibt es Hoffnung für den Menschen und für die ganze Schöpfung – wenn auch durch schwere „Wehen", durch Chaos und Katastrophe, hindurch. Nicht ganz bedeutungslos, dass das Wort „katastrophé" im Griechischen zunächst „Umkehr, Wendepunkt" bedeutet hat.

## ZWEITE LESUNG Röm 8,22–27

*Der Geist selber tritt für uns ein mit unaussprechlichen Seufzern*

**Lesung aus dem Brief des Apostels Paulus an die Gemeinde in Rom.**

Schwestern und Brüder! Wir wissen, dass die gesamte Schöpfung bis zum heutigen Tag seufzt und in Geburtswehen liegt. Aber nicht nur das, sondern auch wir, obwohl wir als Erstlingsgabe den Geist haben, auch wir seufzen in unserem Herzen und warten darauf, dass wir mit der Erlösung unseres Leibes als Söhne offenbar werden.

Denn auf Hoffnung hin sind wir gerettet. Hoffnung aber, die man schon erfüllt sieht, ist keine Hoffnung. Denn wie kann man auf etwas hoffen, das man sieht? Hoffen wir aber auf das, was wir nicht sehen, dann harren wir aus in Geduld.

So nimmt sich auch der Geist unserer Schwachheit an. Denn wir wissen nicht, was wir in rechter Weise beten sollen; der Geist selber tritt jedoch für uns ein mit unaussprechlichen Seufzern. Der die Herzen erforscht, weiß, was die Absicht des Geistes ist. Denn er tritt so, wie Gott es will, für die Heiligen ein.

## RUF VOR DEM EVANGELIUM

(*Zum Vers* Komm, Heiliger Geist ... *knien alle.*)

Halleluja. Halleluja.
Komm, Heiliger Geist,
erfülle die Herzen deiner Gläubigen
und entzünde in ihnen das Feuer deiner Liebe!
Halleluja.

**ZUM EVANGELIUM** Das sechste Kapitel des Johannes-Evangeliums erinnert an die Wüstenexistenz des Volkes Israel und an die Gabe des Manna; nun ist das Wüstenwunder der Wasserspende im Blick. Auch christliche Existenz ist von der Wüste bestimmt, in der Gottes Fürsorge allein vor dem Verhungern oder Verdursten bewahrt. „Wer Durst hat, komme zu mir und es trinke, wer an mich glaubt." Jesus, den seine Gemeinde als Gottes Messias bekennt, lebt die Nachfolge des allein guten Gottes.

## EVANGELIUM

Joh 7,37–39

*Ströme von lebendigem Wasser werden fließen*

**+ Aus dem heiligen Evangelium nach Johannes.**

Am letzten Tag des Festes, dem großen Tag, stellte sich Jesus hin und rief:
Wer Durst hat, komme zu mir und es trinke, wer an mich glaubt!
Wie die Schrift sagt: Aus seinem Inneren werden Ströme von lebendigem Wasser fließen.

Damit meinte er den Geist, den alle empfangen sollten, die an ihn glauben; denn der Geist war noch nicht gegeben, weil Jesus noch nicht verherrlicht war.

Glaubensbekenntnis, S. 492 ff.

## FÜRBITTEN

Gottes Geist ist wie eine Quelle, die uns erfrischen und beleben will. Wir bitten um Erneuerung aus dem Heiligen Geist und bitten Gott, der Quell und Ursprung unserer Hoffnung ist:

- Für alle, die Dürre erfahren in ihrem Leben, dass sie die Hoffnung auf Frische und Fülle nicht aufgeben. V/A: Sende aus deinen Geist.
- Für alle, die unter der Zertrennung der Kirchen leiden, dass sie Schritte zur Einheit gehen können. V/A: Sende aus deinen Geist.
- Für die Familien, dass ihnen die Kraft geschenkt wird, auch in schwierigen Situationen füreinander da zu sein. V/A: Sende aus deinen Geist.
- Für alle, die politische Verantwortung tragen, dass sie der Stimme ihres Gewissens folgen und nicht schweigen, wenn Unrecht wächst und selbstverständlich wird. V/A: Sende aus deinen Geist.
- Für die Menschen in Armut, dass sie ihre Selbstachtung bewahren, weil sie Hilfe zur Selbsthilfe erfahren. V/A: Sende aus deinen Geist.

Heiliger Geist, Geistkraft des Vaters und des Sohnes, komm auch zu uns, in unsere Mitte. Hilf uns, immer mehr aus dir zu leben. Darum bitten wir durch Christus, unseren Bruder und Herrn.

# EUCHARISTIEFEIER

## GABENGEBET

Herr, unser Gott, dein Geist segne diese Gaben und erfülle durch sie die Kirche mit der Kraft deiner Liebe, damit die ganze Welt erkennt, dass du sie zum Heil gerufen hast. Darum bitten wir durch Christus, unseren Herrn.

Präfation, S. 467 f.

## KOMMUNIONVERS

Joh 7,37

Am letzten Tag des Festes, dem großen Tag,
stand Jesus da und rief:
Wer Durst hat, komme zu mir und trinke. Halleluja.

## SCHLUSSGEBET

Herr, unser Gott, du hast uns im heiligen Mahl gesättigt. Erfülle uns durch dieses Sakrament mit der Glut des Heiligen Geistes, den du am Pfingstfest den Aposteln gesandt hast. Darum bitten wir durch Christus, unseren Herrn.

## FEIERLICHER SCHLUSSSEGEN

S. 468

***

## MEINE MITTE

Gott
trägt
unsere Welt

Er
ist ihre Mitte –
Ursprung und Ziel

von ihm
kommen wir
zu ihm
gehen wir

Er
ist die Nabe
um die sich
mein Leben dreht

*Heinz Detlef Stäps*

# AM TAG

## 31. Mai 2020

Im 20. Jahrhundert war das Pfingstfest das erklärte Lieblingsfest von Papst Johannes XXIII., der damit die Hoffnung auf eine heilsame Erneuerung der Kirche verband. „Pfingsten könnte eigentlich das ‚Reformationsfest' der Kirchen sein, an dem der Geist wie ein Sturm durch die Gemeinden fegt und erwärmt, was erkaltet ist, gesunden lässt, was krank geworden ist, reinigt, was befleckt, wässert, was vertrocknet ist." (Josef Wohlmuth)

### ERÖFFNUNGSVERS

Vgl. Weish 1,7

Der Geist des Herrn erfüllt den Erdkreis.
In ihm hat alles Bestand.
Nichts bleibt verborgen vor ihm. Halleluja.

### KYRIE-RUFE

Herr Jesus Christus, du erfüllst uns mit dem Heiligen Schöpfergeist, der Herr ist und lebendig macht.
V/A: Herr, erbarme dich.
Du schenkst uns den Geist der Einheit, der die Kirche zusammenführt aus allen Sprachen und Nationen.
V/A: Christus, erbarme dich.
Du gibst uns den Geist der Freiheit, der weht, wo er will, in der Kirche und in der Welt.
V/A: Herr, erbarme dich.

Ehre sei Gott, S. 489 f.

## TAGESGEBET

Allmächtiger, ewiger Gott, durch das Geheimnis des heutigen Tages heiligst du deine Kirche in allen Völkern und Nationen. Erfülle die ganze Welt mit den Gaben des Heiligen Geistes, und was deine Liebe am Anfang der Kirche gewirkt hat, das wirke sie auch heute in den Herzen aller, die an dich glauben. Darum bitten wir durch Jesus Christus.

# WORTGOTTESDIENST

ZUR 1. LESUNG In die tödlich gelähmte Gemeinschaft der Freunde und Freundinnen Jesu kommt ungeahnter Schwung. Hier wirkt Gottes eigener Geist: Heiliger Geist! Heilender Geist. Den braucht es auch. – Die ermutigende Erfahrung wird in der Apostelgeschichte auf das jüdische Wochenfest datiert, den als Fest der Bundeserneuerung begangenen 50. Tag nach dem Pascha-Fest. Am 50. Tag nach Pascha bzw. Ostern – das griechische „pentekoste", der „Fünfzigste", hat sich zu unserem Wort „Pfingsten" abgeschliffen – feiert die christliche Gemeinde den durch Jesu Lebensgabe erneuerten Gottesbund. Seine Gabe ist die heilige Geisteskraft, die Totes lebendig macht, Getrenntes verbindet, Erstarrtes wärmt, gefährliche Glut kühlt und Müdes erfrischt. Wie nötig haben wir diesen Geist!

## ERSTE LESUNG Apg 2,1–11

*Alle wurden mit dem Heiligen Geist erfüllt und begannen zu reden*

**Lesung aus der Apostelgeschichte.**

Als der Tag des Pfingstfestes gekommen war, waren alle zusammen am selben Ort. Da kam plötzlich vom Himmel her ein Brausen, wie wenn ein heftiger Sturm daherfährt, und erfüllte das ganze Haus, in dem sie saßen.

Und es erschienen ihnen Zungen wie von Feuer, die sich verteilten; auf jeden von ihnen ließ sich eine nieder. Und alle wurden vom Heiligen Geist erfüllt und begannen, in anderen Sprachen zu reden, wie es der Geist ihnen eingab.

In Jerusalem aber wohnten Juden, fromme Männer aus allen Völkern unter dem Himmel. Als sich das Getöse erhob, strömte die Menge zusammen und war ganz bestürzt; denn jeder hörte sie in seiner Sprache reden. Sie waren fassungslos vor Staunen und sagten:

Seht! Sind das nicht alles Galiläer, die hier reden? Wieso kann sie jeder von uns in seiner Muttersprache hören:

Parther, Meder und Elamíter, Bewohner von Mesopotámien, Judäa und Kappadókien, von Pontus und der Provinz Asien, von Phrýgien und Pamphýlien, von Ägypten und dem Gebiet Líbyens nach Kyréne hin, auch die Römer, die sich hier aufhalten, Juden und Proselýten, Kreter und Áraber – wir hören sie in unseren Sprachen Gottes große Taten verkünden.

## ANTWORTPSALM Ps 104 (103), 1–2.24–25.29–30.31 u. 34 (Kv: vgl. 30)

Kv Sende aus deinen Geist
und das Angesicht der Erde wird neu. – Kv

*Oder:*

Kv Halleluja. – Kv

Preise den HERRN, meine Seele! /
HERR, mein Gott, überaus groß bist du! *
Du bist mit Hoheit und Pracht bekleidet.
Du hüllst dich in Licht wie in einen Mantel, *
du spannst den Himmel aus gleich einem Zelt. – (Kv)

Wie zahlreich sind deine Werke, HERR, /
sie alle hast du mit Weisheit gemacht, *
die Erde ist voll von deinen Geschöpfen.
Da ist das Meer, so groß und weit, *
darin ein Gewimmel, nicht zu zählen: kleine und große Tiere. – (Kv)

Verbirgst du dein Angesicht, sind sie verstört, /
nimmst du ihnen den Atem, so schwinden sie hin *
und kehren zurück zum Staub.
Du sendest deinen Geist aus: Sie werden erschaffen *
und du erneuerst das Angesicht der Erde. – (Kv)

Die Herrlichkeit des HERRN währe ewig, *
der HERR freue sich seiner Werke.
Möge ihm mein Dichten gefallen. *
Ich will mich freuen am HERRN. – Kv

ZUR 2. LESUNG In der zweiten Pfingstlesung wird der Zusammenhang zwischen dem erhöhten Herrn und dem Wirken des Geistes aufgezeigt. Der eine Herr Jesus Christus belebt seinen Leib, die Gemeinde, durch die Kraft seines Geistes, sodass jedes einzelne Glied dieses Leibes und alle Glieder in all ihrer Unterschiedlichkeit nicht gegeneinander, sondern miteinander vor dem *einen* Gott stehen, der alles in allem wirkt. Ja, wirklich, der Gotteshauch des Auferstandenen verbindet bislang Getrenntes und schafft Gemeinschaft sogar unter Menschen, die sich zuvor ganz fremd oder sogar feindlich gegenüberstanden!

## ZWEITE LESUNG 1 Kor 12,3b–7.12–13

*Durch den einen Geist wurden wir in der Taufe alle in einen einzigen Leib aufgenommen*

**Lesung aus dem ersten Brief des Apostels Paulus an die Gemeinde in Korínth.**

Schwestern und Brüder! Keiner kann sagen: Jesus ist der Herr!, wenn er nicht aus dem Heiligen Geist redet.
Es gibt verschiedene Gnadengaben, aber nur den einen Geist. Es gibt verschiedene Dienste, aber nur den einen Herrn. Es gibt verschiedene Kräfte, die wirken, aber nur den einen Gott: Er bewirkt alles

in allen. Jedem aber wird die Offenbarung des Geistes geschenkt, damit sie anderen nützt.

Denn wie der Leib einer ist, doch viele Glieder hat, alle Glieder des Leibes aber, obgleich es viele sind, einen einzigen Leib bilden: So ist es auch mit Christus. Durch den einen Geist wurden wir in der Taufe alle in einen einzigen Leib aufgenommen, Juden und Griechen, Sklaven und Freie; und alle wurden wir mit dem einen Geist getränkt.

## SEQUENZ

*(Wenn die musikalische Gestaltung es nahelegt, kann die Sequenz nach dem Hallellujavers gesungen werden, wobei sie dann mit „Amen. Halleluja" abgeschlossen wird.)*

Komm herab, o Heil'ger Geist,
der die finstre Nacht zerreißt,
strahle Licht in diese Welt.

Komm, der alle Armen liebt,
komm, der gute Gaben gibt,
komm, der jedes Herz erhellt.

Höchster Tröster in der Zeit,
Gast, der Herz und Sinn erfreut,
köstlich Labsal in der Not,

in der Unrast schenkst du Ruh,
hauchst in Hitze Kühlung zu,
spendest Trost in Leid und Tod.

Komm, o du glückselig Licht,
fülle Herz und Angesicht,
dring bis auf der Seele Grund.

Ohne dein lebendig Wehn
kann im Menschen nichts bestehn,
kann nichts heil sein noch gesund.

Was befleckt ist, wasche rein,
Dürrem gieße Leben ein,
heile du, wo Krankheit quält.

Wärme du, was kalt und hart,
löse, was in sich erstarrt,
lenke, was den Weg verfehlt.

Gib dem Volk, das dir vertraut,
das auf deine Hilfe baut,
deine Gaben zum Geleit.

Lass es in der Zeit bestehn,
deines Heils Vollendung sehn
und der Freuden Ewigkeit.
(Amen. Halleluja.)

## RUF VOR DEM EVANGELIUM

(*Zum Vers* Komm, Heiliger Geist … *knien alle.*)

Halleluja. Halleluja.
Komm, Heiliger Geist,
erfülle die Herzen deiner Gläubigen
und entzünde in ihnen das Feuer deiner Liebe!
Halleluja.

**ZUM EVANGELIUM** Dem Auferweckten öffnen sich Schloss und Riegel. Jesus zeigt den in Schock und Schmerz erstarrten Freunden seine verwundeten Hände und seine durchbohrte Seite. Gerade so bringt er, der nicht Bewahrte, sondern tödlich Versehrte, und doch von

Gott Gerettete, den furchtsamen Nachfolgern, dem zweifelnden Zwilling, Freude und Frieden. Den Gottesatem haucht er ihnen allen zu, der Leben bringt und die Kraft der Sündenvergebung schenkt!

## EVANGELIUM

Joh 20,19–23

*Wie mich der Vater gesandt hat, so sende ich euch: Empfangt den Heiligen Geist!*

**+ Aus dem heiligen Evangelium nach Johannes.**

Am Abend des ersten Tages der Woche, als die Jünger aus Furcht vor den Juden bei verschlossenen Türen beisammen waren, kam Jesus, trat in ihre Mitte und sagte zu ihnen: Friede sei mit euch!

Nach diesen Worten zeigte er ihnen seine Hände und seine Seite. Da freuten sich die Jünger, als sie den Herrn sahen.

Jesus sagte noch einmal zu ihnen: Friede sei mit euch! Wie mich der Vater gesandt hat, so sende ich euch.

Nachdem er das gesagt hatte, hauchte er sie an und sagte zu ihnen: Empfangt den Heiligen Geist! Denen ihr die Sünden erlasst, denen sind sie erlassen; denen ihr sie behaltet, sind sie behalten.

Glaubensbekenntnis, S. 492 ff.

## FÜRBITTEN

Friede ist auch uns im Heiligen Geist von Jesus zugesagt, doch scheint der Friede in immer weitere Ferne zu rücken. Wir bitten um den Beistand des Geistes:

- Geist des Friedens, verbinde die Menschen, die verfeindet sind in einer Welt, die mehr und mehr von nationalem Egoismus, von Gruppenegoismus geprägt ist. V/A: Komm, Heiliger Geist!
- Geist der Einheit, führe die getrennten Christen zur Einheit in Glaube, Liebe und Hoffnung und verhindere, dass wir uns an die Zertrennung gewöhnen. V/A: Komm, Heiliger Geist!

- Geist der Klarheit, hilf allen, die auf der Suche sind nach Sinn und Mitte ihres Lebens. V/A: Komm, Heiliger Geist!
- Geist der Liebe, schenke uns die Kraft der Treue und der Solidarität und erfrische uns, wenn wir müde sind. V/A: Komm, Heiliger Geist!
- Geist der Wahrheit, stärke die Kraft des Gewissens in allen, die Verantwortung tragen in Justiz und Politik. V/A: Komm, Heiliger Geist!
- Geist der Hoffnung, sei bei den Sterbenden und führe sie einmal in das Licht des Lebens. V/A: Komm, Heiliger Geist!

Geist des lebendigen Gottes, du bist uns vom Vater gesandt. Du bleibst bei uns und um uns, damit wir deine Wege des Lebens gehen.

# EUCHARISTIEFEIER

## GABENGEBET

Allmächtiger Gott, erfülle die Verheißung deines Sohnes: Sende uns deinen Geist, damit er uns in die volle Wahrheit einführt und uns das Geheimnis dieses Opfers immer mehr erschließt. Darum bitten wir durch Christus, unseren Herrn.

## PRÄFATION

In Wahrheit ist es würdig und recht, dir, Herr, heiliger Vater, immer und überall zu danken und diesen Tag in festlicher Freude zu feiern. Denn heute hast du das österliche Heilswerk vollendet, heute hast du den Heiligen Geist gesandt über alle, die du mit Christus auferweckt und zu deinen Kindern berufen hast. Am Pfingsttag erfüllst du deine Kirche mit Leben: Dein Geist schenkt allen Völkern die Erkenntnis des lebendigen Gottes und vereint die vielen Sprachen im Bekenntnis des einen Glaubens. Darum preisen dich alle Völker auf dem Erdenrund in österlicher Freude. Darum rühmen dich die himmlischen Kräfte und die Mächte der Engel und singen das Lob deiner Herrlichkeit: Heilig …

## KOMMUNIONVERS

Vgl. Apg 2,4.11

Alle wurden mit dem Heiligen Geist erfüllt
und verkündeten Gottes große Taten. Halleluja.

## SCHLUSSGEBET

Herr, unser Gott, du hast deine Kirche mit himmlischen Gaben beschenkt. Erhalte ihr deine Gnade, damit die Kraft aus der Höhe, der Heilige Geist, in ihr weiterwirkt und die geistliche Speise sie nährt bis zur Vollendung. Darum bitten wir durch Christus, unseren Herrn.

## FEIERLICHER SCHLUSSSEGEN

Der gütige Gott hat am heutigen Tag die Jünger durch die Eingießung des Heiligen Geistes erleuchtet; er segne euch und schenke euch den Reichtum seiner Gaben. – A: Amen.
Jenes Feuer, das in vielen Zungen auf die Jünger herabkam, reinige eure Herzen und entzünde in euch die göttliche Liebe. – A: Amen.
Der Heilige Geist, der die vielen Sprachen im Bekenntnis des Glaubens geeint hat, festige euch in der Wahrheit und führe euch vom Glauben zum Schauen. – A: Amen.
Das gewähre euch der dreieinige Gott, der Vater und der Sohn † und der Heilige Geist. – A: Amen.

***

## ABER OB WIR

Ob wir
Gott lieben,
das kann man nicht wissen.

Aber ob wir
den Nächsten lieben,
das merkt man.

*Teresa von Avila*

# PFINGSTMONTAG

## 1. Juni 2020

Schaut man einmal genauer hin, so zeigt sich: die Apostelgeschichte kennt mehrere Pfingstereignisse. Nicht nur ein Pfingstfest, sondern gleich mehrere? Welches ist denn dann das richtige? Lassen wir uns nicht von unserer Angst leiten! Spüren wir die Ermutigung: Wo immer, wann immer Menschen sich reinen Herzens für die Wirklichkeit Gottes öffnen, kommt er ihnen zu Hilfe – mit seinem eigenen, mit Heiligem Geist.

### ERÖFFNUNGSVERS

Offb 1,5–6

Christus liebt uns
und hat uns durch sein Blut befreit von unseren Sünden;
er hat uns die Würde von Königen gegeben
und uns zu Priestern gemacht
für den Dienst vor seinem Gott und Vater. Halleluja.

### KYRIE-RUFE

Herr Jesus Christus, du hast darum gebetet, dass alle
eins sein sollen, vereint in der einen Kirche.
V/A: Herr, erbarme dich.
Du spendest uns den Geist der Wahrheit, der frei macht
von falschen Bindungen an alte Vorurteile.
V/A: Christus, erbarme dich.
Durch deinen Geist führst du uns in die ganze Wahrheit.
V/A: Herr, erbarme dich.

Ehre sei Gott, S. 489 f.

## TAGESGEBET

Gott und Vater unseres Herrn Jesus Christus, im Neuen Bund berufst du aus allen Völkern dein Volk und führst es zusammen im Heiligen Geist. Gib, dass deine Kirche ihrer Sendung treu bleibt, dass sie ein Sauerteig ist für die Menschheit, die du in Christus erneuern und zu deiner Familie umgestalten willst. Darum bitten wir durch ihn, der in der Einheit des Heiligen Geistes mit dir lebt und herrscht in alle Ewigkeit.

# WORTGOTTESDIENST

ZUR 1. LESUNG Petrus sagt es ganz offen: „Jetzt begreife ich …" Er wusste nicht schon immer Bescheid, er hatte eigentlich ganz andere Vorstellungen. Doch er lässt sich auf Ungewohntes und Neues ein. Er lässt sich von Gottes Führung im Traum und vom Wirken des Heiligen Geistes überzeugen und geht mutig voran. Sollen wir uns an ihm nicht ein Beispiel nehmen? Als Handwerkszeug dazu brauchen wir wohl mindestens dreierlei: nämlich Vertrautheit mit dem Wort Gottes in der Heiligen Schrift, Sensibilität für das Wirken Gottes in unserem Lebensumfeld und schließlich die Liebe und den Mut, das daraus Erkannte anzupacken und umzusetzen.

## ERSTE LESUNG Apg 10,34–35.42–48a

*Ihm ist in jedem Volk willkommen, wer ihn fürchtet und tut, was recht ist*

**Lesung aus der Apostelgeschichte.**

In jenen Tagen begann Petrus zu reden und sagte: Wahrhaftig, jetzt begreife ich, dass Gott nicht auf die Person sieht, sondern dass ihm in jedem Volk willkommen ist, wer ihn fürchtet und tut, was recht ist. Er hat uns geboten, dem Volk zu verkünden und zu bezeugen: Dieser ist der von Gott eingesetzte Richter der Lebenden und der Toten. Von ihm bezeugen alle Propheten, dass jeder, der an ihn glaubt, durch seinen Namen die Vergebung der Sünden empfängt.

Noch während Petrus dies sagte, kam der Heilige Geist auf alle herab, die das Wort hörten. Die gläubig gewordenen Juden, die mit Petrus gekommen waren, konnten es nicht fassen, dass auch auf die Heiden die Gabe des Heiligen Geistes ausgegossen wurde. Denn sie hörten sie in Zungen reden und Gott preisen. Petrus aber sagte: Kann jemand denen das Wasser zur Taufe verweigern, die ebenso wie wir den Heiligen Geist empfangen haben? Und er ordnete an, sie im Namen Jesu Christi zu taufen.

*Oder:*

ZUR 1. LESUNG Der Prophet Ezechiel deutet die Verbannung des Volkes als Antwort auf die Verehrung falscher Götter und ihrer schlimmen Folgen für das Zusammenleben aller. Doch heute will der HERR das auseinandergetriebene Volk wieder sammeln und ins Land zurückführen, denn die fremden Völker schließen von Israels elendem Geschick auf Adonais Ohnmacht zurück, für die Seinen zu sorgen. Doch wenn der Neuanfang im Lande gelingen soll, muss ihm eine gründliche äußere und innere Reinigung, ja eine Umgestaltung der Menschen vorausgehen. Am Grunde des Götzendienstes aber liegt ein Herz aus Stein. Es soll gegen ein neues, zartes, gegen ein Herz aus Fleisch ausgetauscht werden. Und an die Stelle des mechanisierten Menschengeistes wird ein lebendiger Geist gesetzt. Kann das denn sein? Dass man einen Stein in der Brust hat und es nicht merkt? Dass man ein Mensch ist und doch geist-los lebt, dass man funktioniert wie eine Maschine? Reinigung, Erneuerung und Verwandlung sind keine Strafen, sondern wahre Wohltaten. Nicht Rache, sondern Rettung. Gott bietet sie allen Menschen an. Das Pfingstfest erinnert daran.

## ERSTE LESUNG Ez 36,16–17a.18–28

*Ich gieße reines Wasser über euch aus und gebe euch ein neues Herz*

**Lesung aus dem Buch Ezéchiel.**

Das Wort des HERRN erging an mich: Menschensohn, als die vom Haus Israel in ihrem Land wohnten, machten sie es durch ihre Wege und ihre Taten unrein. Da goss ich meinen Zorn über sie aus, weil sie Blut vergossen im Land und es mit ihren Götzen befleckten. Ich zerstreute sie unter die Nationen; in die Länder wurden sie vertrieben. Nach ihren Wegen und nach ihren Taten habe ich sie gerichtet. Als sie aber zu den Nationen kamen, entweihten sie überall, wohin sie kamen, meinen heiligen Namen; denn man sagte von ihnen: Das ist das Volk des HERRN und doch mussten sie sein Land verlassen. Da tat mir mein heiliger Name leid, den das Haus Israel bei den Nationen entweihte, wohin es auch kam.

Darum sag zum Haus Israel: So spricht GOTT, der Herr: Nicht euretwegen handle ich, Haus Israel, sondern um meines heiligen Namens willen, den ihr bei den Nationen entweiht habt, wohin ihr auch gekommen seid. Meinen großen, bei den Nationen entweihten Namen, den ihr mitten unter ihnen entweiht habt, werde ich wieder heiligen. Und die Nationen – Spruch GOTTES, des Herrn – werden erkennen, dass ich der HERR bin, wenn ich mich an euch vor ihren Augen als heilig erweise. Ich nehme euch heraus aus den Nationen, ich sammle euch aus allen Ländern und ich bringe euch zu eurem Ackerboden. Ich gieße reines Wasser über euch aus, dann werdet ihr rein. Ich reinige euch von aller Unreinheit und von allen euren Götzen.

Ich gebe euch ein neues Herz und einen neuen Geist gebe ich in euer Inneres. Ich beseitige das Herz von Stein aus eurem Fleisch und gebe euch ein Herz von Fleisch. Ich gebe meinen Geist in euer Inneres und bewirke, dass ihr meinen Gesetzen folgt und auf meine Rechtsentscheide achtet und sie erfüllt. Dann werdet ihr in dem Land wohnen, das ich euren Vätern gegeben habe. Ihr werdet mir Volk sein und ich, ich werde euch Gott sein.

## ANTWORTPSALM

Ps 117 (116), 1–2 (Kv: Apg 1, 8)

Kv Ihr werdet meine Zeugen sein
bis an die Grenzen der Erde. – Kv

*Oder:*

Kv Halleluja. – Kv

Lobt den Herrn, alle Völker, *
rühmt ihn, alle Nationen!
Denn mächtig waltet über uns seine Huld, *
die Treue des Herrn währt in Ewigkeit. – Kv

ZUR 2. LESUNG Angst ist mit Enge verwandt: Angst macht eng. Aber der Geist gibt Mut, er nimmt die falsche Furcht. Der Geist macht frei und den Blick weit. Er hilft, das Fremde zu verstehen. Das hat Paulus immer wieder erfahren. Zugleich schenkt der Gottesgeist die Fähigkeit zu unterscheiden: Was gehört zur Mitte unseres Glaubens? Was ist gestaltungsoffen? Was lässt sich gar nicht mit dem Glauben vereinbaren? Spannungen gab es damals in Ephesus wie heute in der Kirche, zwischen Menschen von höchst unterschiedlicher Herkunft und Vorgeschichte, mit schwer vereinbaren geistlichen Temperamenten. Erst durch die gemeinsame Besinnung auf den *einen* Herrn, den *einen* Geist und die in der *einen* Taufe vorgegebene Einheit konnte und kann es gelingen, Trennendes zu überwinden und die große Vor-Gabe täglich und tatkräftig umzusetzen. Eine Herausforderung für jeden und jede – und für den Gottesgeist: denn auch der Abschied von der Enge macht Angst.

## ZWEITE LESUNG

Eph 4, 1b–6

*Ein Leib und ein Geist, ein Herr, ein Glaube und eine Taufe*

**Lesung aus dem Brief des Apostels Paulus an die Gemeinde in Éphesus.**

Schwestern und Brüder! Führt ein Leben, das des Rufes würdig ist, der an euch erging. Seid demütig, friedfertig und geduldig, ertragt einander in Liebe und bemüht euch, die Einheit des Geistes zu wahren durch das Band des Friedens! *Ein* Leib und *ein* Geist, wie ihr auch berufen seid zu *einer* Hoffnung in eurer Berufung: *ein* Herr, *ein* Glaube, *eine* Taufe, *ein* Gott und Vater aller, der über allem und durch alles und in allem ist.

## SEQUENZ

*(Wenn die musikalische Gestaltung es nahelegt, kann die Sequenz nach dem Hallellujavers gesungen werden, wobei sie dann mit „Amen. Halleluja" abgeschlossen wird.)*

Komm herab, o Heil'ger Geist,
der die finstre Nacht zerreißt,
strahle Licht in diese Welt.

Komm, der alle Armen liebt,
komm, der gute Gaben gibt,
komm, der jedes Herz erhellt.

Höchster Tröster in der Zeit,
Gast, der Herz und Sinn erfreut,
köstlich Labsal in der Not,

in der Unrast schenkst du Ruh,
hauchst in Hitze Kühlung zu,
spendest Trost in Leid und Tod.

Komm, o du glückselig Licht,
fülle Herz und Angesicht,
dring bis auf der Seele Grund.

Ohne dein lebendig Wehn
kann im Menschen nichts bestehn,
kann nichts heil sein noch gesund.

Was befleckt ist, wasche rein,
Dürrem gieße Leben ein,
heile du, wo Krankheit quält.

Wärme du, was kalt und hart,
löse, was in sich erstarrt,
lenke, was den Weg verfehlt.

Gib dem Volk, das dir vertraut,
das auf deine Hilfe baut,
deine Gaben zum Geleit.

Lass es in der Zeit bestehn,
deines Heils Vollendung sehn
und der Freuden Ewigkeit.
(Amen. Halleluja.)

## RUF VOR DEM EVANGELIUM

(*Zum Vers* Komm, Heiliger Geist … *knien alle.*)

Halleluja. Halleluja.
Komm, Heiliger Geist,
erfülle die Herzen deiner Gläubigen
und entzünde in ihnen das Feuer deiner Liebe!
Halleluja.

**ZUM EVANGELIUM** Die Überzeugung, man erweise Gott einen heiligen Dienst, wenn man eine abweichende Meinung, eine verdächtige Reformbewegung, wie es die frühen Christen für traditionellere, um die eigene Identität besorgte Kreise des schwer bedrängten Judentums waren, bekämpft, ausstößt oder sogar physisch ausmerzt, kennen wir leider aus den „christlichen" Konfessionskriegen unserer Geschichte und sogar aus neueren innerkirchlichen Richtungskämpfen. Man muss ja nicht immer gleich zum Messer greifen, andere Mittel wirken auch. Gegen die jüdische Minderheit im christlichen Abendland richtete sich allerdings durch die Jahrhunderte immer wieder religiös begründete – oder bemäntelte – Gewalt. Dass solche Gewalt in der Gegenwart in vielen Weltgegenden virulent ist und heute auch weltweit wieder Christen trifft, vor allem, aber nicht allein, in Gestalt eines barbarischen Steinzeit-Islamismus, der alles Abweichende, andere, verneinen und vernichten will, ist leider nicht zu bestreiten. Es geht nicht darum, religiösen Eifer unterschiedslos zu verurteilen oder für absurd zu erklären. Das wäre nicht nur im Zeitalter des „anything goes" zu billig. Doch bei allem Ringen um den rechten Weg im Glauben sollten auch wir Christen wach bleiben für den Punkt, wo heiliger in unheiligen Eifer umschlägt, wo Glaube, Liebe und Hoffnung verstummen, während Angst herrscht, Hass dröhnt und Verachtung spricht.

## EVANGELIUM Joh 15,26–16,3.12–15

*Der Geist wird Zeugnis für mich ablegen. Und auch ihr legt Zeugnis ab*

**+ Aus dem heiligen Evangelium nach Johannes.**

In jener Zeit sprach Jesus zu seinen Jüngern: Wenn der Beistand kommt, den ich euch vom Vater aus senden werde, der Geist der Wahrheit, der vom Vater ausgeht, dann wird er Zeugnis für mich ablegen. Und auch ihr legt Zeugnis ab, weil ihr von Anfang an bei mir seid.

Das habe ich euch gesagt, damit ihr keinen Anstoß nehmt. Sie werden euch aus der Synagoge ausstoßen, ja es kommt die Stunde, in der jeder, der euch tötet, meint, Gott einen heiligen Dienst zu leisten. Das werden sie tun, weil sie weder den Vater noch mich erkannt haben.

Noch vieles habe ich euch zu sagen, aber ihr könnt es jetzt nicht tragen. Wenn aber jener kommt, der Geist der Wahrheit, wird er euch in der ganzen Wahrheit leiten. Denn er wird nicht aus sich selbst heraus reden, sondern er wird reden, was er hört, und euch verkünden, was kommen wird. Er wird mich verherrlichen; denn er wird von dem, was mein ist, nehmen und es euch verkünden.

Alles, was der Vater hat, ist mein; darum habe ich gesagt: Er nimmt von dem, was mein ist, und wird es euch verkünden.

## FÜRBITTEN

Der Geist der Wahrheit wird uns einmal die Augen öffnen. Doch heute schon können wir Not und Leid, das Menschen einander zufügen, wahrnehmen. Wir bitten Gott um den Beistand seines Heiligen Geistes:

- Für die Kirche, dass sie eigene Schuld und Verfehlung erkennt und ihre Türen weit öffnet, um den Pfingstgeist einzulassen. V/A: Komm, Schöpfer Geist!
- Für alle, die als überzeugende Botinnen und Boten des Evangeliums leben. V/A: Komm, Schöpfer Geist!
- Für die jungen Menschen, deren Schulzeit nun bald zu Ende geht und die entscheiden müssen, welche Wege sie einschlagen. V/A: Komm, Schöpfer Geist!
- Für alle, die sich von dir ergreifen lassen und neue Wege zum Guten suchen, in den Ordensgemeinschaften, in Pfarrgemeinden, in den Familien und im Berufsalltag. V/A: Komm, Schöpfer Geist!
- Für alle, die Geflüchteten helfen und die Augen nicht verschließen vor der Not in der Welt. V/A: Komm, Schöpfer Geist!
- Für alle, die den Tod vor Augen haben, besonders aber für diejenigen, die unbehütet sterben müssen. V/A: Komm, Schöpfer Geist!

„Ohne dein lebendig Wehn / kann im Menschen nichts bestehn“: Der Geist Gottes will uns erfrischen, stärken, erneuern. Dafür danken wir, am heutigen Pfingstfest und alle Tage, die uns geschenkt sind.

# EUCHARISTIEFEIER

## GABENGEBET

Gott, unser Vater, nimm unsere Gaben an, in denen das Opfer deines Sohnes gegenwärtig wird. Aus seiner Seitenwunde ist die Kirche hervorgegangen als Werk des Heiligen Geistes. Lass sie ihren Ursprung nie vergessen, sondern daraus in dieser Feier Heil und Leben schöpfen. Darum bitten wir durch Christus, unseren Herrn.

Präfation, S. 467 f.

## KOMMUNIONVERS Joh 16,13

Wenn der Geist der Wahrheit kommt,
wird er euch in die volle Wahrheit einführen. Halleluja.

## SCHLUSSGEBET

Herr, du hast uns gestärkt durch das Sakrament deines Sohnes. Mache das Werk deiner Kirche fruchtbar und enthülle durch sie den Armen das Geheimnis unserer Erlösung; denn die Armen hast du vor allen dazu berufen, Anteil zu haben an deinem Reich. Darum bitten wir durch Christus, unseren Herrn.

*Oder:*

Gütiger Gott, bewahre dem Volk der Erlösten deine Liebe und Treue. Das Leiden deines Sohnes hat uns gerettet, sein Geist, der von dir ausgeht, führe uns den rechten Weg. Darum bitten wir durch Christus, unseren Herrn.

***

## MEHR ALS EIN STEINHAUS

Dass Kirche mehr als ein Steinhaus ist
Dass Kirche mehr als ein Bollwerk ist
Dass Kirche mehr als eine Institution ist
Dass Kirche mehr als unsere Versammlung ist
– erbarme dich unser

Dass Kirche Weggemeinschaft ist
Dass Kirche Handeln heißt
Dass Kirche Zukunftswerkstatt wird
Dass Kirche Lebensraum schenkt
– erbarme dich unser

Dass Kirche Träume zulässt
Dass Kirche Hoffnung weckt
Dass Kirche von Angst befreit
Dass Kirche Leben feiert
– erbarme dich unser

*Ida Lamp*

# Die Feier der Gemeindemesse

**Deinen Tod, o Herr, verkünden wir,
und deine Auferstehung preisen wir,
bis du kommst in Herrlichkeit.**

## Inhaltsübersicht der Feier der Gemeindemesse

P = Priester    A = Alle    L = Lektor/in
G = Gemeinde    D = Diakon

# ERÖFFNUNG

## EINZUG – GESANG ZUR ERÖFFNUNG

*(Die Gemeinde versammelt sich. Darauf tritt der Priester an den Altar. Er wird begleitet von denen, die bei der Messfeier einen besonderen Dienst an Altar oder Ambo versehen. Während des Einzugs wird der Gesang zur Eröffnung gesungen.)*

## VEREHRUNG DES ALTARES

*(Der Priester verehrt gemeinsam mit seiner Begleitung den Altar und küsst ihn. Nach der Verehrung des Altares gehen der Priester und seine Begleitung zu ihren Sitzen. Alle stehen und machen das Kreuzzeichen. Der Priester spricht:)*

P: † Im Namen des Vaters und des Sohnes und des Heiligen Geistes. Amen.

P: † In nómine Patris, et Fílii, et Spíritus Sancti. Amen.

## BEGRÜSSUNG DER GEMEINDE

P: Der Herr sei mit euch.
G: Und mit deinem Geiste.

P: Dóminus vobíscum.
G: Et cum spíritu tuo.

---

*Oder:*

Die Gnade unseres Herrn Jesus Christus,
die Liebe Gottes des Vaters
und die Gemeinschaft des Heiligen Geistes
sei mit euch.

*Oder:*

Gnade und Friede von Gott, unserem Vater,
und dem Herrn Jesus Christus
sei mit euch.

*Oder:*

Gnade und Friede von dem,
der ist und der war und der kommen wird,
sei mit euch.

*Oder:*

Gnade und Friede
in der heiligen Versammlung der Kirche Gottes
sei mit euch.

*Oder:*

Der Herr der Herrlichkeit
und Spender jeder Gnade
sei mit euch.

*Oder:*

Die Gnade des Herrn Jesus,
der für uns Mensch geworden ist
(gelitten hat, gestorben ist …),
sei mit euch.

*Oder:*

Die Gnade unseres Herrn Jesus Christus
sei mit euch.

---

*(Der Priester, der Diakon oder ein anderer dazu Beauftragter kann eine knappe Einführung in die Feier geben.)*

## ALLGEMEINES SCHULDBEKENNTNIS

*(Es folgt das Allgemeine Schuldbekenntnis mit Einladung und Stille.)*

### FORM A

### EINLADUNG

Brüder und Schwestern,
damit wir die heiligen Geheimnisse
in rechter Weise feiern können,
wollen wir bekennen, dass wir gesündigt haben.

---

*Oder:*

Bevor wir das Gedächtnis des Herrn begehen,
wollen wir uns besinnen und bekennen,
dass wir sündige Menschen sind.

*(Oder eine andere, frei formulierte Einladung.)*

---

### SCHULDBEKENNTNIS

P: Wir sprechen das Schuldbekenntnis:
A: Ich bekenne Gott, dem Allmächtigen,
und allen Brüdern und Schwestern,
dass ich Gutes unterlassen
und Böses getan habe
– ich habe gesündigt
in Gedanken, Worten und Werken –

*(alle schlagen an die Brust)*

durch meine Schuld, durch meine Schuld,
durch meine große Schuld.
Darum bitte ich die selige Jungfrau Maria,
alle Engel und Heiligen

und euch, Brüder und Schwestern,
für mich zu beten bei Gott, unserem Herrn.

VERGEBUNGSBITTE

P: Der allmächtige Gott erbarme sich unser.
Er lasse uns die Sünden nach
und führe uns zum ewigen Leben.
A: Amen.

---

FORM B

EINLADUNG

Brüder und Schwestern,
bevor wir das Wort Gottes hören
und das Opfer Christi feiern,
wollen wir uns bereiten
und Gott um Vergebung unserer Sünden bitten.

*Oder:*

Damit wir das Gedächtnis des Herrn recht begehen,
prüfen wir uns selbst
und bekennen unsere Schuld
vor Gott und der Kirche.

*(Oder eine andere, frei formulierte Einladung.)*

SCHULDBEKENNTNIS

P: Erbarme dich, Herr, unser Gott,
erbarme dich.
A: Denn wir haben vor dir gesündigt.
P: Erweise, Herr, uns deine Huld.
A: Und schenke uns dein Heil.

## VERGEBUNGSBITTE

P: Nachlass, Vergebung und Verzeihung
unserer Sünden gewähre uns
der allmächtige und barmherzige Herr.
A: Amen.

## FORM C

## KYRIE-LITANEI

## EINLADUNG

Zu Beginn dieser Messfeier wollen wir uns besinnen und das Erbarmen des Herrn auf uns herabrufen.

*(Oder eine andere, frei formulierte Einladung.)*

## ANRUFUNGEN

V: Herr Jesus Christus,
du bist vom Vater gesandt, zu heilen,
was verwundet ist:
V: Kyrie, eléison.
A: Kyrie, eléison.

*Oder:*

V: Herr, erbarme dich (unser).
A: Herr, erbarme dich (unser).

V: Du bist gekommen, die Sünder zu berufen:
V: Christe, eléison.
A: Christe, eléison.

*Oder:*

V: Christus, erbarme dich (unser).
A: Christus, erbarme dich (unser).

V: Du bist zum Vater heimgekehrt,
um für uns einzutreten:
V: Kyrie, eléison.
A: Kyrie, eléison.

*Oder:*

V: Herr, erbarme dich (unser).
A: Herr, erbarme dich (unser).

*(Diese mit dem Kyrie verbundenen Anrufungen können frei formuliert werden.)*

## VERGEBUNGSBITTE

P: Der Herr erbarme sich unser.
Er nehme von uns Sünde und Schuld,
damit wir mit reinem Herzen
diese Feier begehen.
A: Amen.

---

## KYRIE

*(Es folgen die Kyrie-Rufe – falls sie nicht schon vorausgegangen sind.)*

V: Herr, erbarme dich (unser).
A: Herr, erbarme dich (unser).
V: Christus, erbarme dich (unser).
A: Christus, erbarme dich (unser).
V: Herr, erbarme dich (unser).
A: Herr, erbarme dich (unser).

V: Kyrie, eléison.
A: Kyrie, eléison.
V: Christe, eléison.
A: Christe, eléison.
V: Kyrie, eléison.
A: Kyrie, eléison.

*(An den Sonntagen außerhalb der Advents- und Fastenzeit, an Hochfesten, Festen und bei anderen festlichen Gottesdiensten folgt das Gloria.)*

## EHRE SEI GOTT IN DER HÖHE

A: Ehre sei Gott in der Höhe
und Friede auf Erden
den Menschen seiner Gnade.
Wir loben dich,
wir preisen dich,
wir beten dich an,
wir rühmen dich
und danken dir,
denn groß ist deine Herrlichkeit:
Herr und Gott, König des Himmels,
Gott und Vater, Herrscher über das All,
Herr, eingeborener Sohn, Jesus Christus.
Herr und Gott, Lamm Gottes, Sohn des Vaters,
du nimmst hinweg die Sünde der Welt:
erbarme dich unser;
du nimmst hinweg die Sünde der Welt:
nimm an unser Gebet;
du sitzest zur Rechten des Vaters:
erbarme dich unser.
Denn du allein bist der Heilige,
du allein der Herr,
du allein der Höchste:
Jesus Christus,
mit dem Heiligen Geist,
zur Ehre Gottes des Vaters.
Amen.

*Oder:*

## GLORIA

A: Glória in excélsis Deo
et in terra pax
homínibus bonae voluntátis.
Laudámus te,

benedícimus te,
adorámus te,
glorificámus te,
grátias ágimus tibi
propter magnam glóriam tuam,
Dómine Deus, Rex caeléstis,
Deus Pater omnipotens.
Dómine Fili unigénite, Iesu Christe,
Dómine Deus, Agnus Dei, Fílius Patris,
qui tollis peccáta mundi,
miserére nobis;
qui tollis peccáta mundi,
súscipe deprecatiónem nostram.
Qui sedes ad déxteram Patris,
miserére nobis.
Quóniam tu solus Sanctus,
tu solus Dóminus,
tu solus Altíssimus,
Iesu Christe,
cum Sancto Spíritu:
in glória Dei Patris.
Amen.

## TAGESGEBET

*(Der Priester lädt zum Gebet ein. Er singt oder spricht:)*

P: Lasset uns beten.

*(Nach einer kurzen Stille, in der sich alle zum Gebet sammeln, breitet der Priester die Hände aus und singt oder spricht das Tagesgebet. Die Gemeinde beschließt das Gebet mit dem Ruf:)*

G: Amen.

# WORTGOTTESDIENST

## ERSTE LESUNG UND ZWISCHENGESANG

*(Der Lektor geht zum Ambo und trägt die erste Lesung vor. Alle hören sitzend zu. Wo nach der Lesung ein Zuruf der Gemeinde üblich ist, fügt der Lektor folgenden Ruf an:)*

| | |
|---|---|
| L: Wort des lebendigen Gottes. | L: Verbum Dómini. |
| G: Dank sei Gott. | G: Deo grátias. |

*(Dann trägt der Kantor (Psalmist) als ersten Zwischengesang den Antwortpsalm vor. Die Gemeinde übernimmt den Kehrvers.)*

## ZWEITE LESUNG UND ZWISCHENGESANG

*(Folgt eine zweite Lesung, so wird auch sie durch einen Lektor vom Ambo aus vorgetragen. Sie wird in der gleichen Weise abgeschlossen wie die erste Lesung. Auf die zweite Lesung folgt als Zwischengesang das Halleluja bzw. der an dessen Stelle vorgesehene andere Gesang.)*

## EVANGELIUM

*(Der Diakon oder der Priester geht zum Ambo: Ministranten – mit Kerzen und Weihrauch – begleiten ihn.)*

| | |
|---|---|
| D/P: Der Herr sei mit euch. | D/P: Dóminus vobíscum. |
| G: Und mit deinem Geiste. | G: Et cum spíritu tuo. |
| D/P: † Aus dem heiligen Evangelium nach N. | D/P: Inítium *oder* Sequéntia sancti Evangélii secúndum N. |

*(Dabei bezeichnet er das Buch und sich selbst auf Stirn, Mund und Brust mit dem Kreuzzeichen.)*

| | |
|---|---|
| G: Ehre sei dir, o Herr. | G: Glória tibi, Dómine. |

*(Wo nach dem Evangelium ein Zuruf der Gemeinde üblich ist, fügt der Diakon/Priester an:)*

D/P: Evangelium unseres
Herrn Jesus Christus.
G: Lob sei dir, Christus.

D/P: Verbum Dómini.
G: Laus tibi, Christe.

*(Danach küsst der Diakon/Priester das Buch und spricht leise:)*

D/P: Herr, durch dein Evangelium nimm hinweg unsere Sünden.

## HOMILIE

*(Die Homilie ist ein Teil der Liturgie. Sie ist an allen Sonntagen und gebotenen Feiertagen vorgeschrieben, sonst empfohlen. An Sonntagen, an Hochfesten und bei anderen festlichen Gottesdiensten folgt das Credo.)*

## DAS GROSSE GLAUBENSBEKENNTNIS

*(Das Apostolische Glaubensbekenntnis siehe S. 495.)*

(P: Wir sprechen das Große Glaubensbekenntnis.)

A: Wir glauben an den einen Gott,
den Vater, den Allmächtigen,
der alles geschaffen hat, Himmel und Erde,
die sichtbare und die unsichtbare Welt.
Und an den einen Herrn Jesus Christus,
Gottes eingeborenen Sohn,
aus dem Vater geboren vor aller Zeit:
Gott von Gott, Licht vom Licht,
wahrer Gott vom wahren Gott,
gezeugt, nicht geschaffen,
eines Wesens mit dem Vater;
durch ihn ist alles geschaffen.
Für uns Menschen und zu unserem Heil
ist er vom Himmel gekommen,

*(Zu den folgenden Worten bis zu „Mensch geworden“ verbeugen sich alle – an Weihnachten und am Hochfest der Verkündigung des Herrn kniet man nieder.)*

hat Fleisch angenommen
durch den Heiligen Geist
von der Jungfrau Maria
und ist Mensch geworden.
Er wurde für uns gekreuzigt
unter Pontius Pilatus,
hat gelitten und ist begraben worden,
ist am dritten Tage auferstanden
nach der Schrift
und aufgefahren in den Himmel.
Er sitzt zur Rechten des Vaters
und wird wiederkommen in Herrlichkeit,
zu richten die Lebenden und die Toten;
seiner Herrschaft wird kein Ende sein.
Wir glauben an den Heiligen Geist,
der Herr ist und lebendig macht,
der aus dem Vater und dem Sohn hervorgeht,
der mit dem Vater und dem Sohn
angebetet und verherrlicht wird,
der gesprochen hat durch die Propheten,
und die eine, heilige, katholische
und apostolische Kirche.
Wir bekennen die eine Taufe
zur Vergebung der Sünden.
Wir erwarten die Auferstehung der Toten
und das Leben der kommenden Welt. Amen.

*Oder:*

## CREDO

*A:* Credo in unum Deum,
Patrem omnipoténtem,

factórem caeli et terrae,
visibílium ómnium et invisibílium.
Et in unum Dóminum Iesum Christum,
Fílium Dei unigénitum,
et ex Patre natum ante ómnia sáecula.
Deum de Deo, lumen de lúmine,
Deum verum de Deo vero,
génitum, non factum,
consubstantiálem Patri:
per quem ómnia facta sunt.
Qui propter nos hómines et propter nostram salútem
descéndit de caelis.

*(Zu den folgenden Worten bis zu „factus est" verbeugen sich alle – an Weihnachten und am Hochfest der Verkündigung des Herrn kniet man nieder.)*

Et incarnátus est
de Spíritu Sancto
ex María Vírgine,
et homo factus est.
Crucifíxus étiam pro nobis
sub Póntio Piláto;
passus et sepúltus est,
et resurréxit tértia die,
secúndum Scriptúras,
et ascéndit in caelum,
sedet ad déxteram Patris.
Et íterum ventúrus est cum glória,
iudicáre vivos et mórtuos,
cuius regni non erit finis.
Et in Spíritum Sanctum,
Dóminum et vivificántem:
qui ex Patre Filióque procédit.
Qui cum Patre et Fílio
simul adorátur et conglorificátur:
qui locútus est per prophétas.

Et unam, sanctam, cathólicam
et apostólicam Ecclésiam.
Confíteor unum baptísma
in remissiónem peccatórum.
Et expécto resurrectiónem mortuórum,
et vitam ventúri sáeculi. Amen.

*Oder:*

## DAS APOSTOLISCHE GLAUBENSBEKENNTNIS

(P: Wir sprechen das Apostolische Glaubensbekenntnis.)

A: Ich glaube an Gott,
den Vater, den Allmächtigen,
den Schöpfer des Himmels und der Erde,
und an Jesus Christus,
seinen eingeborenen Sohn, unsern Herrn,

*(Zu den folgenden Worten bis zu „Jungfrau Maria" verbeugen sich alle – an Weihnachten und am Hochfest der Verkündigung des Herrn kniet man nieder.)*

empfangen durch den Heiligen Geist,
geboren von der Jungfrau Maria,
gelitten unter Pontius Pilatus,
gekreuzigt, gestorben und begraben,
hinabgestiegen in das Reich des Todes,
am dritten Tage auferstanden von den Toten,
aufgefahren in den Himmel;
er sitzt zur Rechten Gottes,
des allmächtigen Vaters;
von dort wird er kommen,
zu richten die Lebenden und die Toten.
Ich glaube an den Heiligen Geist,
die heilige katholische Kirche,
Gemeinschaft der Heiligen,
Vergebung der Sünden,

Auferstehung der Toten
und das ewige Leben. Amen.

### FÜRBITTEN (ALLGEMEINES GEBET)

*(Es folgen die Fürbitten.)*

## EUCHARISTIEFEIER

### GABENBEREITUNG

### GESANG ZUR GABENBEREITUNG

*(Das Herbeibringen und die Bereitung der Gaben können von einem geeigneten Gesang oder von Orgelspiel begleitet werden oder auch in der Stille geschehen.)*

### HERBEIBRINGEN DER GABEN

*(Es empfiehlt sich, dass die Gläubigen ihre Teilnahme durch eine Gabe bekunden. Sie können durch Vertreter Brot und Wein für die Eucharistie oder selber andere Gaben herbeibringen, die für die Bedürfnisse der Kirche und der Armen bestimmt sind.)*

### ZURÜSTUNG DES ALTARES

*(Die Ministranten/Akolythen bringen den Kelch mit Korporale und Kelchtüchlein und das Messbuch zum Altar.)*

### BEGLEITGEBETE ZUR GABENBEREITUNG

*(Der Priester nimmt die Schale mit dem Brot, hält sie über den Altar und spricht leise:)*

Gepriesen bist du, Herr, unser Gott, Schöpfer der Welt. Du schenkst uns das Brot, die Frucht der Erde und der menschlichen Arbeit. Wir bringen dieses Brot vor dein Angesicht, damit es uns das Brot des Lebens werde. (Gepriesen bist du in Ewigkeit, Herr, unser Gott.)

*(Er stellt die Schale auf das Korporale.)*

*(Der Priester/Diakon gießt Wein und ein wenig Wasser in den Kelch und spricht leise:)*

Wie das Wasser sich mit dem Wein verbindet zum heiligen Zeichen, so lasse uns dieser Kelch teilhaben an der Gottheit Christi, der unsere Menschennatur angenommen hat.

*(Der Priester nimmt den Kelch, hält ihn über den Altar und spricht leise:)*

Gepriesen bist du, Herr, unser Gott, Schöpfer der Welt. Du schenkst uns den Wein, die Frucht des Weinstocks und der menschlichen Arbeit. Wir bringen diesen Kelch vor dein Angesicht, damit er uns der Kelch des Heiles werde. (Gepriesen bist du in Ewigkeit, Herr, unser Gott.)

*(Er stellt den Kelch auf das Korporale.)*

*(Der Priester verneigt sich und spricht leise:)*

Herr, wir kommen zu dir mit reumütigem Herzen und mit demütigem Sinn. Nimm uns an und gib, dass unser Opfer dir gefalle.

## HÄNDEWASCHUNG

*(Zur Händewaschung an der Seite des Altares spricht der Priester leise:)*

Herr, wasche ab meine Schuld,
von meinen Sünden mach mich rein.

## EINLADUNG ZUM GABENGEBET

*(Der Priester steht, der Gemeinde zugewandt, in der Mitte des Altares und spricht:)*

### FORM A

P: Lasset uns beten
zu Gott, dem allmächtigen Vater,
dass er die Gaben der Kirche annehme
zu seinem Lob und zum Heil der ganzen Welt.

---

*Oder:*

### FORM B

P: Lasset uns beten.

*(Oder eine andere geeignete Gebetseinladung.)*

*(Alle verharren eine kurze Zeit in stillem Gebet.)*

*Oder:*

### FORM C

P: Betet, Brüder und Schwestern,
dass mein und euer Opfer
Gott, dem allmächtigen Vater, gefalle.
A: Der Herr nehme das Opfer an
aus deinen Händen
zum Lob und Ruhm seines Namens,
zum Segen für uns
und seine ganze heilige Kirche.

---

## GABENGEBET

*(Der Priester breitet die Hände aus und trägt das Gabengebet vor. Die Gemeinde beschließt das Gebet mit dem Ruf:)*

G: Amen.

## DAS EUCHARISTISCHE HOCHGEBET

*(Der Priester beginnt das Eucharistische Hochgebet. Er breitet die Hände aus und singt oder spricht:)*

| | |
|---|---|
| P: Der Herr sei mit euch. | P: Dóminus vobíscum. |
| G: Und mit deinem Geiste. | G: Et cum spíritu tuo. |
| P: Erhebet die Herzen. | P: Sursum corda. |
| G: Wir haben sie beim Herrn. | G: Habémus ad Dóminum. |
| P: Lasset uns danken dem Herrn, unserm Gott. | P: Grátias agámus Dómino Deo nostro. |
| G: Das ist würdig und recht. | G: Dignum et iustum est. |

*(Der Priester singt oder spricht die Präfation.)*

# PRÄFATIONEN

## FÜR DIE ADVENTSZEIT

(1. Dezember – 24. Dezember 2019)

I.

In Wahrheit ist es würdig und recht, dir, allmächtiger Vater, zu danken durch unseren Herrn Jesus Christus. Denn in seinem ersten Kommen hat er sich entäußert und ist Mensch geworden. So hat er die alte Verheißung erfüllt und den Weg des Heiles erschlossen. Wenn er wiederkommt im Glanz seiner Herrlichkeit, werden wir sichtbar empfangen, was wir jetzt mit wachem Herzen gläubig erwarten. Darum preisen wir dich mit allen Engeln und Heiligen und singen vereint mit ihnen das Lob deiner Herrlichkeit: Heilig …

II.

In Wahrheit ist es würdig und recht, dir, Herr, heiliger Vater, allmächtiger, ewiger Gott, immer und überall zu danken durch unseren Herrn Jesus Christus. Von ihm redet die Botschaft aller Propheten, die jungfräuliche Mutter trug ihn voll Liebe in ihrem Schoß, seine Ankunft verkündete Johannes der Täufer und zeigte auf ihn, der unerkannt mitten unter den Menschen war. Er schenkt uns in diesen Tagen die Freude, uns für das Fest seiner Geburt zu bereiten, damit wir ihn wachend und betend erwarten und bei seinem Kommen mit Liedern des Lobes empfangen. Darum singen wir mit den Engeln und Erzengeln, den Thronen und Mächten und mit all den Scharen des himmlischen Heeres den Hochgesang von deiner göttlichen Herrlichkeit: Heilig …

III.
Wir danken dir, Vater im Himmel, und rühmen dich durch unseren Herrn Jesus Christus. Ihn hast du der verlorenen Menschheit als Erlöser verheißen. Seine Wahrheit leuchtet den Suchenden, seine Kraft stärkt die Schwachen, seine Heiligkeit bringt den Sündern Vergebung. Denn er ist der Heiland der Welt, den du gesandt hast, weil du getreu bist. Darum preisen wir dich mit den Kerubim und Serafim und singen mit allen Chören der Engel das Lob deiner Herrlichkeit: Heilig …

IV.
In Wahrheit ist es würdig und recht, dir, Herr, heiliger Vater, allmächtiger, ewiger Gott, immer und überall zu danken und dein Erbarmen zu preisen. Denn was durch Adams Sünde verloren ging, bringt uns Christus zurück, unser Retter und Heiland. Was du durch sein erstes Kommen begonnen hast, wirst du bei seiner Wiederkunft an uns vollenden. Darum dienen dir alle Geschöpfe, ehren dich die Erlösten, rühmt dich die Schar deiner Heiligen. Auch wir preisen dich mit den Chören der Engel und singen vereint mit ihnen das Lob deiner Herrlichkeit: Heilig …

V.
*(Diese Präfation wird vor allem an den Tagen vom 17. bis 24. Dezember gewählt.)*
In Wahrheit ist es würdig und recht, dir, Vater im Himmel, zu danken und dein Erbarmen zu preisen. Denn schon leuchtet auf der Tag der Erlösung und nahe ist die Zeit unseres Heiles, da der Retter kommt, unser Herr Jesus Christus. Durch ihn rühmen wir das Werk

deiner Liebe und vereinen uns mit den Chören der Engel zum Hochgesang von deiner göttlichen Herrlichkeit: Heilig …

**Hochfest der ohne Erbsünde empfangenen Jungfrau und Gottesmutter Maria** (9. Dezember 2019) – siehe S. 39.

## FÜR DIE WEIHNACHTSZEIT

(24. Dezember 2019 – 5. Januar 2020)

I.
In Wahrheit ist es würdig und recht, dir, Herr, heiliger Vater, allmächtiger, ewiger Gott, immer und überall zu danken. Denn Fleisch geworden ist das Wort, und in diesem Geheimnis erstrahlt dem Auge unseres Geistes das neue Licht deiner Herrlichkeit. In der sichtbaren Gestalt des Erlösers lässt du uns den unsichtbaren Gott erkennen, um in uns die Liebe zu entflammen zu dem, was kein Auge geschaut hat. Darum singen wir mit den Engeln und Erzengeln, den Thronen und Mächten und mit all den Scharen des himmlischen Heeres den Hochgesang von deiner göttlichen Herrlichkeit: Heilig …

II.
In Wahrheit ist es würdig und recht, dir, Vater im Himmel, zu danken durch unseren Herrn Jesus Christus. Denn groß ist das Geheimnis seiner Geburt: er, der unsichtbare Gott, ist (heute) sichtbar als Mensch erschienen. Vor aller Zeit aus dir geboren, hat er sich den Gesetzen der Zeit unterworfen. In ihm ist alles neu geschaffen. Er heilt die Wunden der ganzen Schöpfung, richtet auf, was darniederliegt, und ruft den verlorenen Menschen ins Reich deines Friedens. Darum rühmen dich Himmel und Erde, Engel und Menschen und singen das Lob deiner Herrlichkeit: Heilig …

III.
In Wahrheit ist es würdig und recht, dir, allmächtiger Vater, zu danken und dein Erbarmen zu rühmen durch unseren Herrn Jesus Christus. Durch ihn schaffst du den Menschen neu und schenkst ihm ewige Ehre. Denn einen wunderbaren Tausch hast du vollzogen: dein göttliches Wort wurde ein sterblicher Mensch und wir

sterbliche Menschen empfangen in Christus dein göttliches Leben. Darum preisen wir dich mit allen Chören der Engel und singen vereint mit ihnen das Lob deiner Herrlichkeit: Heilig …

---

**Fest der Heiligen Familie** (29. Dezember 2019) – siehe S. 501 f.
**Hochfest der Gottesmutter Maria** (1. Januar 2020) – siehe S. 110.
**Erscheinung des Herrn** (6. Januar 2020) – siehe S. 127 f.
**Taufe des Herrn** (12. Januar 2020) – siehe S. 136.
**Für die Sonntage im Jahreskreis** – siehe S. 504 ff.
**Darstellung des Herrn** (2. Februar 2020) – siehe S. 163 f.
**Aschermittwoch** (26. Februar 2020) – siehe unten.
**1. Fastensonntag** (1. März 2020) – siehe S. 210.
**2. Fastensonntag** (8. März 2020) – siehe S. 218.
**3. Fastensonntag** (15. März 2020) – siehe S. 229.
**Heiliger Josef** (19. März 2020) – siehe S. 238.
**4. Fastensonntag** (22. März 2020) – siehe S. 249.
**Verkündigung des Herrn** (25. März 2020) – siehe S. 257.
**5. Fastensonntag** (29. März 2020) – siehe S. 269.

## PRÄFATIONEN FÜR DIE FASTENZEIT

I.
In Wahrheit ist es würdig und recht, dir, Vater im Himmel, zu danken und dein Erbarmen zu preisen. Denn jedes Jahr schenkst du deinen Gläubigen die Gnade, das Osterfest in der Freude des Heiligen Geistes zu erwarten. Du mahnst uns in dieser Zeit der Buße zum Gebet und zu Werken der Liebe, du rufst uns zur Feier der Geheimnisse, die in uns die Gnade der Kindschaft erneuern. So führst du uns mit geläutertem Herzen zur österlichen Freude und zur Fülle des Lebens durch unseren Herrn Jesus Christus. Durch ihn rühmen wir deine Größe und vereinen uns mit den Chören der Engel zum Hochgesang von deiner göttlichen Herrlichkeit: Heilig …

II.
Wir danken dir, Vater im Himmel, und rühmen deinen heiligen Namen. Denn jetzt ist die Zeit der Gnade, jetzt sind die Tage des Hei-

les. Du hilfst uns, das Böse zu überwinden, du schenkst uns von Neuem die Reinheit des Herzens. Du gibst deinen Kindern die Kraft, in dieser vergänglichen Welt das unvergängliche Heil zu wirken durch unseren Herrn Jesus Christus. Durch ihn preisen wir dich in deiner Kirche und vereinen uns mit den Engeln und Heiligen zum Hochgesang von deiner göttlichen Herrlichkeit: Heilig …

**Palmsonntag** (5. April 2020) – siehe S. 291.
**Gründonnerstag** (9. April 2020) – siehe S. 303.

## FÜR DIE OSTERZEIT

I.

(**Osternacht:** 11/12. April 2020; **Ostersonntag:** 12. April 2020; **Ostermontag:** 13. April 2020; **2. Sonntag der Osterzeit:** 19. April 2020)

In Wahrheit ist es würdig und recht, dir, Vater, immer und überall zu danken, diese Nacht (diesen Tag, diese Tage) aber aufs Höchste zu feiern, da unser Osterlamm geopfert ist, Jesus Christus. Denn er ist das wahre Lamm, das die Sünde der Welt hinwegnimmt. Durch seinen Tod hat er unseren Tod vernichtet und durch seine Auferstehung das Leben neu geschaffen. Darum jubelt in dieser Nacht (heute) der ganze Erdkreis in österlicher Freude, darum preisen dich die himmlischen Mächte und die Chöre der Engel und singen das Lob deiner Herrlichkeit: Heilig …

II.

(**3.–7. Sonntag der Osterzeit:** 26. April – 24. Mai 2020)

Wir danken dir, Vater im Himmel, und rühmen dich durch unseren Herrn Jesus Christus. Durch ihn erstehen die Kinder des Lichtes zum ewigen Leben, durch ihn wird den Gläubigen das Tor des himmlischen Reiches geöffnet. Denn unser Tod ist durch seinen Tod überwunden, in seiner Auferstehung ist das Leben für alle erstanden. Durch ihn preisen wir dich in österlicher Freude und singen mit den Chören der Engel das Lob deiner Herrlichkeit: Heilig …

III.
In Wahrheit ist es würdig und recht, dir, Vater, in diesen Tagen freudig zu danken, da unser Osterlamm geopfert ist, Jesus Christus. Er bringt sich dir allzeit für uns dar und steht vor dir als unser Anwalt. Denn einmal geopfert, stirbt er nicht wieder, sondern lebt auf ewig als das Lamm, das geschlachtet ist. Durch ihn preisen wir dich in österlicher Freude und singen mit den Chören der Engel das Lob deiner Herrlichkeit: Heilig …

IV.
In Wahrheit ist es würdig und recht, dir, Vater, in diesen Tagen freudig zu danken, da unser Osterlamm geopfert ist, Jesus Christus. Das Alte ist vergangen, die gefallene Welt erlöst, das Leben in Christus erneuert. Darum preisen wir dich in österlicher Freude und singen mit den Chören der Engel das Lob deiner Herrlichkeit: Heilig …

V.
In Wahrheit ist es würdig und recht, dir, Vater, in diesen Tagen freudig zu danken, da unser Osterlamm geopfert ist, Jesus Christus. Als er seinen Leib am Kreuz dahingab, hat er die Opfer der Vorzeit vollendet. Er hat sich dir dargebracht zu unserem Heil, er selbst ist der Priester, der Altar und das Opferlamm. Durch ihn preisen wir dich in österlicher Freude und singen mit den Chören der Engel das Lob deiner Herrlichkeit: Heilig …

## FÜR DIE SONNTAGE IM JAHRESKREIS

(19. Januar – 23. Februar 2020)
(14. Juni – 15. November 2020)

I.
In Wahrheit ist es würdig und recht, dir, Herr, heiliger Vater, allmächtiger, ewiger Gott, immer und überall zu danken durch unseren Herrn Jesus Christus. Denn er hat Großes an uns getan: durch seinen Tod und seine Auferstehung hat er uns von der Sünde und von der Knechtschaft des Todes befreit und zur Herrlichkeit des neuen Lebens berufen. In ihm sind wir ein auserwähltes Ge-

schlecht, dein heiliges Volk, dein königliches Priestertum. So verkünden wir die Werke deiner Macht, denn du hast uns aus der Finsternis in dein wunderbares Licht gerufen. Darum singen wir mit den Engeln und Erzengeln, den Thronen und Mächten und mit all den Scharen des himmlischen Heeres den Hochgesang von deiner göttlichen Herrlichkeit: Heilig …

II.
In Wahrheit ist es würdig und recht, dir, allmächtiger Vater, zu danken und das Werk deiner Gnade zu rühmen durch unseren Herrn Jesus Christus. Denn aus Erbarmen mit uns sündigen Menschen ist er Mensch geworden aus Maria, der Jungfrau. Durch sein Leiden am Kreuz hat er uns vom ewigen Tod befreit und durch seine Auferstehung uns das unvergängliche Leben erworben. Darum preisen dich deine Erlösten und singen mit den Chören der Engel das Lob deiner Herrlichkeit: Heilig …

III.
In Wahrheit ist es würdig und recht, dir, Herr, heiliger Vater, allmächtiger, ewiger Gott, immer und überall zu danken. Denn wir erkennen deine Herrlichkeit in dem, was du an uns getan hast: Du bist uns mit der Macht deiner Gottheit zu Hilfe gekommen und hast uns durch deinen menschgewordenen Sohn Rettung und Heil gebracht aus unserer menschlichen Sterblichkeit. So kam uns aus unserer Vergänglichkeit das unvergängliche Leben durch unseren Herrn Jesus Christus. Durch ihn preisen wir jetzt und in Ewigkeit dein Erbarmen und singen mit den Chören der Engel das Lob deiner Herrlichkeit: Heilig …

IV.
Wir danken dir, Vater im Himmel, und rühmen dich durch unseren Herrn Jesus Christus. Denn durch seine Geburt hat er den Menschen erneuert, durch sein Leiden unsere Sünden getilgt, in seiner Auferstehung den Weg zum Leben erschlossen und in seiner Auffahrt zu dir das Tor des Himmels geöffnet. Durch ihn rühmen dich deine Erlösten und singen mit den Chören der Engel das Lob deiner Herrlichkeit: Heilig …

V.

In Wahrheit ist es würdig und recht, dir, allmächtiger Vater, zu danken und dich mit der ganzen Schöpfung zu loben. Denn du hast die Welt mit all ihren Kräften ins Dasein gerufen und sie dem Wechsel der Zeiten unterworfen. Den Menschen aber hast du auf dein Bild hin geschaffen und ihm das Werk deiner Allmacht übergeben. Du hast ihn bestimmt, über die Erde zu herrschen, dir, seinem Herrn und Schöpfer, zu dienen und das Lob deiner großen Taten zu verkünden durch unseren Herrn Jesus Christus. Darum singen wir mit den Engeln und Erzengeln, den Thronen und Mächten und mit all den Scharen des himmlischen Heeres den Hochgesang von deiner göttlichen Herrlichkeit: Heilig …

VI.

In Wahrheit ist es würdig und recht, dir, Vater im Himmel, zu danken und dich mit der ganzen Schöpfung zu loben. Denn in dir leben wir, in dir bewegen wir uns und sind wir. Jeden Tag erfahren wir aufs Neue das Wirken deiner Güte. Schon in diesem Leben besitzen wir den Heiligen Geist, das Unterpfand ewiger Herrlichkeit. Durch ihn hast du Jesus auferweckt von den Toten und uns die sichere Hoffnung gegeben, dass sich an uns das österliche Geheimnis vollendet. Darum preisen wir dich mit allen Chören der Engel und singen vereint mit ihnen das Lob deiner Herrlichkeit: Heilig …

VII.

In Wahrheit ist es würdig und recht, dir, Vater im Himmel, zu danken und deine Gnade zu rühmen. So sehr hast du die Welt geliebt, dass du deinen Sohn als Erlöser gesandt hast. Er ist uns Menschen gleich geworden in allem, außer der Sünde, damit du in uns lieben kannst, was du in deinem eigenen Sohne geliebt hast. Durch den Ungehorsam der Sünde haben wir deinen Bund gebrochen, durch den Gehorsam deines Sohnes hast du ihn erneuert. Darum preisen wir das Werk deiner Liebe und vereinen uns mit den Chören der Engel zum Hochgesang von deiner göttlichen Herrlichkeit: Heilig …

VIII.

In Wahrheit ist es würdig und recht, dir, allmächtiger Vater, zu danken und dein Erbarmen zu rühmen. Die Sünde hatte die Menschen von dir getrennt, du aber hast sie zu dir zurückgeführt durch das Blut deines Sohnes und die Kraft deines Geistes. Wie du eins bist mit dem Sohn und dem Heiligen Geist, so ist deine Kirche geeint nach dem Bild des dreieinigen Gottes. Sie ist dein heiliges Volk, der Leib Christi und der Tempel des Heiligen Geistes zum Lob deiner Weisheit und Liebe. Darum preisen wir dich in deiner Kirche und vereinen uns mit den Engeln und Heiligen zum Hochgesang von deiner göttlichen Herrlichkeit: Heilig ...

**Christi Himmelfahrt** (21. Mai 2020) – siehe S. 436.
**7. Sonntag der Osterzeit** (24. Mai 2020) – siehe S. 445.
**Pfingsten** (31. Mai 2020) – siehe S. 467 f.
**Pfingstmontag** (1. Juni 2020) – siehe S. 467 f.
**Dreifaltigkeitssonntag** (7. Juni 2020) – siehe S. 605.
**Hochfest des Leibes und Blutes Christi – Fronleichnam** (11. Juni 2020) – siehe S. 619.
**Herz-Jesu-Fest** (19. Juni 2020) – siehe S. 636 f.
**Geburt Johannes' des Täufers** (24. Juni 2020) – siehe S. 653 f.
**Hochfest der Apostel Petrus und Paulus** (29. Juni 2020) – siehe S. 670 f.
**Verklärung des Herrn** (6. August 2020) – siehe S. 724.
**Mariä Aufnahme in den Himmel** (15. August 2020) – siehe S. 743.
**Allerheiligen** (1. November 2020) – siehe S. 845.
**Allerseelen** (2. November 2020) – siehe S. 855.
**Christkönigssonntag** (22. November 2020) – siehe S. 882.

---

*(Zum Schluss der Präfation faltet der Priester die Hände. Gemeinsam mit der Gemeinde singt er das Sanctus.)*

A: Heilig, heilig, heilig
Gott, Herr aller Mächte
und Gewalten.
Erfüllt sind Himmel

A: Sanctus, Sanctus,
Sanctus Dóminus Deus
Sábaoth.
Pleni sunt caeli

| | |
|---|---|
| und Erde | et terra |
| von deiner Herrlichkeit. | glória tua. |
| Hosanna in der Höhe. | Hosánna in excélsis. |
| Hochgelobt sei, | Benedíctus |
| der da kommt | qui venit |
| im Namen des Herrn. | in nómine Dómini. |
| Hosanna in der Höhe. | Hosánna in excélsis. |

## ANFÄNGE DER HOCHGEBETE

Dich, gütiger Vater, bitten wir – siehe unten.

Ja, du bist heilig, großer Gott,
du bist der Quell aller Heiligkeit – siehe S. 519.

Ja, du bist heilig, großer Gott,
und alle deine Werke verkünden dein Lob – siehe S. 526.

Wir preisen dich, heiliger Vater – siehe S. 535.

# ERSTES HOCHGEBET

*(Der Priester breitet die Hände aus und spricht:)*

P: Dich, gütiger Vater, bitten wir
durch deinen Sohn,
unseren Herrn Jesus Christus:
Nimm diese heiligen,
makellosen Opfergaben an
und † segne sie.
Wir bringen sie dar
vor allem für deine heilige katholische Kirche
in Gemeinschaft mit deinem Diener,
unserem Papst N.,
mit unserem Bischof N.
und mit allen, die Sorge tragen
für den rechten,

katholischen und apostolischen Glauben.
Schenke deiner Kirche Frieden und Einheit,
behüte und leite sie auf der ganzen Erde.

## GEDÄCHTNIS DER LEBENDEN

Gedenke deiner Diener
und Dienerinnen N. N.
(für die wir heute besonders beten)
und aller, die hier versammelt sind.

Herr, du kennst ihren Glauben
und ihre Hingabe;
für sie bringen wir dieses Opfer des Lobes dar,
und sie selber weihen es dir
für sich und für alle, die ihnen verbunden sind,
für ihre Erlösung
und für ihre Hoffnung
auf das unverlierbare Heil.
Vor dich,
den ewigen, lebendigen und wahren Gott,
bringen sie ihre Gebete und Gaben.

## GEDÄCHTNIS DER HEILIGEN

*(Mit dem Gedächtnis der Heiligen wird an bestimmten Tagen die Erwähnung des Festgeheimnisses verbunden:)*

In Gemeinschaft mit der ganzen Kirche
gedenken wir deiner Heiligen.
Wir ehren vor allem Maria,
die glorreiche, allzeit jungfräuliche Mutter
unseres Herrn und Gottes Jesus Christus. ► S. 513

---

*An Sonntagen:*

In Gemeinschaft mit der ganzen Kirche
feiern wir den ersten Tag der Woche als den Tag,

an dem Christus von den Toten erstanden ist,
und gedenken deiner Heiligen:
Wir ehren vor allem Maria,
die glorreiche, allzeit jungfräuliche Mutter
unseres Herrn und Gottes Jesus Christus. ▶ S. 513

*An Mariä Empfängnis:*

In Gemeinschaft mit der ganzen Kirche
feiern wir den Tag,
an dem Maria ohne Erbschuld empfangen wurde,
da sie auserwählt war,
die Mutter des Erlösers zu werden.
Wir ehren vor allen Heiligen sie,
die glorreiche, allzeit jungfräuliche Mutter
unseres Herrn und Gottes Jesus Christus. ▶ S. 513

*Von Weihnachten bis Neujahr:*

In Gemeinschaft mit der ganzen Kirche
feiern wir (die hochheilige Nacht) den hochheiligen Tag,
(in der) an dem Maria in unversehrter Jungfräulichkeit
der Welt den Erlöser geboren hat.
Wir ehren vor allen Heiligen sie,
die glorreiche, allzeit jungfräuliche Mutter
unseres Herrn und Gottes Jesus Christus. ▶ S. 513

*An Erscheinung des Herrn:*

In Gemeinschaft mit der ganzen Kirche
feiern wir den hochheiligen Tag,
an dem dein eingeborener Sohn,
dir gleich in ewiger Herrlichkeit,
als wahrer Mensch
leibhaftig und sichtbar erschienen ist.
Wir gedenken deiner Heiligen
und ehren vor allem Maria,
die glorreiche, allzeit jungfräuliche Mutter
unseres Herrn und Gottes Jesus Christus. ▶ S. 513

*An Lichtmess:*

In Gemeinschaft mit der ganzen Kirche
feiern wir den Tag,
an dem dein eingeborener Sohn
im Tempel dargestellt wurde.
Wir gedenken deiner Heiligen
und ehren vor allem Maria,
die glorreiche, allzeit jungfräuliche Mutter
unseres Herrn und Gottes Jesus Christus. ► S. 513

*An Verkündigung des Herrn:*

In Gemeinschaft mit der ganzen Kirche
feiern wir den Tag,
an dem Maria deinen ewigen Sohn
durch den Heiligen Geist empfangen hat.
Wir ehren vor allen Heiligen sie,
die glorreiche, allzeit jungfräuliche Mutter
unseres Herrn und Gottes
Jesus Christus. ► S. 513

*Am Gründonnerstag:*

In Gemeinschaft mit der ganzen Kirche
feiern wir den hochheiligen Tag,
an dem unser Herr Jesus Christus
sich für uns hingegeben hat.
Wir gedenken deiner Heiligen
und ehren vor allem Maria,
die glorreiche, allzeit jungfräuliche Mutter
unseres Herrn und Gottes
Jesus Christus. ► S. 513

*Von der Osternacht bis zum Weißen Sonntag:*

In Gemeinschaft mit der ganzen Kirche
feiern wir
das Hochfest der Auferstehung

unseres Herrn Jesus Christus.
Wir gedenken deiner Heiligen
und ehren vor allem Maria,
die glorreiche, allzeit jungfräuliche Mutter
unseres Herrn und Gottes Jesus Christus. ▶ S. 513

*An Christi Himmelfahrt:*

In Gemeinschaft mit der ganzen Kirche
feiern wir den Tag,
an dem unser Herr Jesus Christus,
dein eingeborener Sohn,
unsere schwache,
mit seiner Gottheit vereinte Menschennatur
zu deiner Rechten erhoben hat.
Wir gedenken deiner Heiligen
und ehren vor allem Maria,
die glorreiche, allzeit jungfräuliche Mutter
unseres Herrn und Gottes Jesus Christus. ▶ S. 513

*Am Pfingsttag:*

In Gemeinschaft mit der ganzen Kirche
feiern wir das hohe Pfingstfest,
an dem der Heilige Geist
in Feuerzungen auf die Jünger herabkam.
Wir gedenken deiner Heiligen
und ehren vor allem Maria,
die glorreiche, allzeit jungfräuliche Mutter
unseres Herrn und Gottes Jesus Christus. ▶ S. 513

*An Johannes' Geburt:*

In Gemeinschaft mit der ganzen Kirche
feiern wir den Tag,
an dem Johannes geboren wurde,
der Christus voranging, um ihm den Weg zu bereiten,
dem Erlöser der Welt.

Wir gedenken deiner Heiligen
und ehren vor allem Maria,
die glorreiche, allzeit jungfräuliche Mutter
unseres Herrn und Gottes Jesus Christus. ▶ unten

*An Mariä Himmelfahrt:*

In Gemeinschaft mit der ganzen Kirche
feiern wir den Tag,
an dem die jungfräuliche Gottesmutter
in den Himmel aufgenommen wurde.
Wir ehren vor allen Heiligen sie,
die glorreiche, allzeit jungfräuliche Mutter
unseres Herrn und Gottes Jesus Christus. ▶ unten

*An Allerheiligen:*

In Gemeinschaft mit der ganzen Kirche
feiern wir den Tag,
der dem Gedächtnis aller Heiligen geweiht ist,
die im Leben Christus nachfolgten
und im Sterben
von ihm die Krone der Herrlichkeit empfingen.
Wir ehren vor allen Heiligen Maria,
die glorreiche, allzeit jungfräuliche Mutter
unseres Herrn und Gottes Jesus Christus.

---

Wir ehren ihren Bräutigam, den heiligen Josef;
deine heiligen Apostel und Märtyrer:
Petrus und Paulus, Andreas
(Jakobus, Johannes, Thomas, Jakobus,
Philippus, Bartholomäus, Matthäus,
Simon und Thaddäus,
Linus, Kletus, Klemens, Xystus, Kornelius,
Cyprianus, Laurentius, Chrysogonus,
Johannes und Paulus, Kosmas und Damianus)
und alle deine Heiligen;
blicke auf ihr heiliges Leben und Sterben

und gewähre uns auf ihre Fürsprache
in allem deine Hilfe und deinen Schutz.

*(Das folgende Gebet hat an bestimmten Tagen und bei verschiedenen Feiern eine besondere Form:)*

Nimm gnädig an, o Gott,
diese Gaben deiner Diener
und deiner ganzen Gemeinde;
ordne unsere Tage in deinem Frieden,
rette uns vor dem ewigen Verderben
und nimm uns auf in die Schar
deiner Erwählten. ▶ S. 515

---

*Am Gründonnerstag:*

Nimm gnädig an, o Gott,
diese Gaben deiner Diener
und deiner ganzen Gemeinde.
Wir bringen sie dar am Tag,
an dem unser Herr Jesus Christus
seinen Jüngern aufgetragen hat,
die Geheimnisse seines Leibes und Blutes zu feiern.
Ordne unsere Tage in deinem Frieden,
rette uns vor dem ewigen Verderben
und nimm uns auf in die Schar deiner Erwählten. ▶ S. 515

*Von der Osternacht bis zum Weißen Sonntag:*

Nimm gnädig an, o Gott, diese Gaben deiner Diener
und deiner ganzen Gemeinde.
Wir bringen sie dar auch für jene,
die an diesem Osterfest
aus dem Wasser und dem Heiligen Geist
zum neuen Leben geboren wurden,
denen du alle Sünden vergeben hast.
Ordne unsere Tage in deinem Frieden,
rette uns vor dem ewigen Verderben
und nimm uns auf in die Schar deiner Erwählten. ▶ S. 515

---

Schenke, o Gott, diesen Gaben Segen in Fülle
und nimm sie zu eigen an.
Mache sie uns zum wahren Opfer im Geiste,
das dir wohlgefällt:
zum Leib und Blut deines geliebten Sohnes,
unseres Herrn Jesus Christus.

Am Abend vor seinem Leiden
nahm er das Brot
in seine heiligen und ehrwürdigen Hände,
erhob die Augen zum Himmel,
zu dir, seinem Vater, dem allmächtigen Gott,
sagte dir Lob und Dank,
brach das Brot,
reichte es seinen Jüngern und sprach:

NEHMET UND ESSET ALLE DAVON:
DAS IST MEIN LEIB,
DER FÜR EUCH HINGEGEBEN WIRD.

Ebenso nahm er nach dem Mahl
diesen erhabenen Kelch
in seine heiligen und ehrwürdigen Hände,
sagte dir Lob und Dank,
reichte den Kelch seinen Jüngern und sprach:

NEHMET UND TRINKET ALLE DARAUS:
DAS IST DER KELCH
DES NEUEN UND EWIGEN BUNDES,
MEIN BLUT,
DAS FÜR EUCH
UND FÜR ALLE VERGOSSEN WIRD
ZUR VERGEBUNG DER SÜNDEN.
TUT DIES ZU MEINEM GEDÄCHTNIS.

Geheimnis des Glaubens:

G: Deinen Tod, o Herr,
verkünden wir
und deine Auferstehung
preisen wir,
bis du kommst in
Herrlichkeit.

G: Mortem tuam
annuntiámus,
Dómine,
et tuam resurrec-
tiónem confitémur,
donec vénias.

P: Darum, gütiger Vater,
feiern wir, deine Diener
und dein heiliges Volk,
das Gedächtnis deines Sohnes,
unseres Herrn Jesus Christus.
Wir verkünden sein heilbringendes Leiden,
seine Auferstehung von den Toten
und seine glorreiche Himmelfahrt.
So bringen wir aus den Gaben,
die du uns geschenkt hast,
dir, dem erhabenen Gott,
die reine, heilige und makellose Opfergabe dar:
das Brot des Lebens
und den Kelch des ewigen Heiles.

Blicke versöhnt und gütig darauf nieder
und nimm sie an
wie einst die Gaben
deines gerechten Dieners Abel,
wie das Opfer unseres Vaters Abraham,
wie die heilige Gabe, das reine Opfer
deines Hohenpriesters Melchisedek.

Wir bitten dich,
allmächtiger Gott:
Dein heiliger Engel trage diese Opfergabe
auf deinen himmlischen Altar
vor deine göttliche Herrlichkeit;
und wenn wir durch unsere Teilnahme am Altar

den heiligen Leib und das Blut
deines Sohnes empfangen,
erfülle uns mit aller Gnade
und allem Segen des Himmels.

## GEDÄCHTNIS DER VERSTORBENEN

Gedenke auch deiner Diener,
und Dienerinnen (N. und N.),
die uns vorangegangen sind,
bezeichnet mit dem Siegel des Glaubens,
und die nun ruhen in Frieden.

Wir bitten dich:
Führe sie und alle,
die in Christus entschlafen sind,
in das Land der Verheißung,
des Lichtes und des Friedens.

Auch uns, deinen sündigen Dienern,
die auf deine reiche Barmherzigkeit hoffen,
gib Anteil und Gemeinschaft
mit deinen heiligen Aposteln und Märtyrern:
Johannes, Stephanus, Matthias, Barnabas
(Ignatius, Alexander, Marzellinus, Petrus,
Felizitas, Perpetua, Agatha, Luzia,
Agnes, Cäcilia, Anastasia)
und mit allen deinen Heiligen;
wäge nicht unser Verdienst,
sondern schenke gnädig Verzeihung
und gib uns mit ihnen das Erbe des Himmels.
Darum bitten wir dich
durch unseren Herrn Jesus Christus.
Denn durch ihn erschaffst du immerfort
all diese guten Gaben,
gibst ihnen Leben und Weihe
und spendest sie uns.

DURCH IHN UND MIT IHM UND IN IHM IST DIR, GOTT, ALLMÄCHTIGER VATER, IN DER EINHEIT DES HEILIGEN GEISTES ALLE HERRLICHKEIT UND EHRE JETZT UND IN EWIGKEIT.

G: Amen.

*(Fortsetzung: Gebet des Herrn – siehe S. 553 f.)*

## ZWEITES HOCHGEBET

P: Der Herr sei mit euch.
G: Und mit deinem Geiste.
P: Erhebet die Herzen.
G: Wir haben sie beim Herrn.
P: Lasset uns danken
dem Herrn, unserm Gott.
G: Das ist würdig und recht.

P: Dóminus vobíscum.
G: Et cum spíritu tuo.
P: Sursum corda.
G: Habémus ad Dóminum.
P: Grátias agámus
Dómino Deo nostro.
G: Dignum et iustum est.

P: In Wahrheit ist es würdig und recht,
dir, Herr, heiliger Vater,
immer und überall zu danken
durch deinen geliebten Sohn Jesus Christus.
Er ist dein Wort,
durch ihn hast du alles erschaffen.
Ihn hast du gesandt
als unseren Erlöser und Heiland.
Er ist Mensch geworden durch den Heiligen Geist,
geboren von der Jungfrau Maria.
Um deinen Ratschluss zu erfüllen
und dir ein heiliges Volk zu erwerben,
hat er sterbend die Arme ausgebreitet
am Holze des Kreuzes.
Er hat die Macht des Todes gebrochen
und die Auferstehung kundgetan.

Darum preisen wir dich
mit allen Engeln und Heiligen
und singen vereint mit ihnen
das Lob deiner Herrlichkeit:

A: Heilig, heilig, heilig
Gott, Herr aller Mächte
und Gewalten.
Erfüllt sind Himmel
und Erde
von deiner Herrlichkeit.
Hosanna in der Höhe.
Hochgelobt sei,
der da kommt
im Namen des Herrn.
Hosanna in der Höhe.

A: Sanctus, Sanctus,
Sanctus Dóminus Deus
Sábaoth.
Pleni sunt caeli
et terra
glória tua.
Hosánna in excélsis.
Benedíctus
qui venit
in nómine Dómini.
Hosánna in excélsis.

P: Ja, du bist heilig, großer Gott,
du bist der Quell aller Heiligkeit. ▶ S. 523

---

*(In diesem Gebet kann an bestimmten Tagen das Festgeheimnis erwähnt werden.)*

*An Sonntagen:*

Darum kommen wir vor dein Angesicht
und feiern in Gemeinschaft mit der ganzen Kirche
den ersten Tag der Woche als den Tag,
an dem Christus von den Toten erstanden ist.
Durch ihn, den du zu deiner Rechten erhöht hast,
bitten wir dich: ▶ S. 523

*An Mariä Empfängnis:*

Darum kommen wir vor dein Angesicht
und feiern in Gemeinschaft
mit der ganzen Kirche den Tag,
an dem Maria ohne Erbschuld empfangen wurde,

da sie auserwählt war,
die Mutter des Erlösers zu werden.
Durch ihn, der unsere Sünden hinwegnimmt,
bitten wir dich: ▶ S. 523

*Von Weihnachten bis Neujahr:*

Darum kommen wir vor dein Angesicht
und feiern in Gemeinschaft mit der ganzen Kirche
(die hochheilige Nacht) den hochheiligen Tag,
(in der) an dem Maria in unversehrter Jungfräulichkeit
der Welt den Erlöser geboren hat.
Durch ihn, unseren Retter und Herrn,
bitten wir dich: ▶ S. 523

*An Erscheinung des Herrn:*

Darum kommen wir vor dein Angesicht
und feiern in Gemeinschaft mit der ganzen Kirche
den hochheiligen Tag,
an dem dein eingeborener Sohn,
dir gleich in ewiger Herrlichkeit,
als wahrer Mensch
leibhaft und sichtbar erschienen ist.
Durch ihn, unseren Erlöser und Heiland,
bitten wir dich: ▶ S. 523

*An Lichtmess:*

Darum kommen wir vor dein Angesicht
und feiern in Gemeinschaft
mit der ganzen Kirche den Tag,
an dem dein eingeborener Sohn
im Tempel dargestellt wurde.
Durch ihn, das Licht von deinem Licht,
bitten wir dich: ▶ S. 523

*An Verkündigung des Herrn:*

Darum kommen wir vor dein Angesicht
und feiern in Gemeinschaft
mit der ganzen Kirche den Tag,
an dem Maria deinen ewigen Sohn
durch den Heiligen Geist empfangen hat.
Durch ihn, der zu unserem Heil Mensch geworden ist,
bitten wir dich: ▶ S. 523

*Am Gründonnerstag:*

Darum kommen wir vor dein Angesicht
und feiern in Gemeinschaft mit der ganzen Kirche
den hochheiligen Tag,
an dem unser Herr Jesus Christus
sich für uns hingegeben hat.
Durch ihn, unseren Erlöser und Heiland,
den du verherrlicht hast, bitten wir dich: ▶ S. 523

*Von der Osternacht bis zum Weißen Sonntag:*

Darum kommen wir vor dein Angesicht
und feiern in Gemeinschaft
mit der ganzen Kirche
das Hochfest
der Auferstehung unseres Herrn Jesus Christus.
Durch ihn, der zu deiner Rechten erhöht ist,
bitten wir dich: ▶ S. 523

*An Christi Himmelfahrt:*

Darum kommen wir vor dein Angesicht
und feiern in Gemeinschaft
mit der ganzen Kirche den Tag,
an dem unser Herr Jesus Christus,
dein eingeborener Sohn,
unsere schwache,
mit seiner Gottheit vereinte Menschennatur

zu deiner Rechten erhoben hat.
Durch ihn bitten wir dich: ► S. 523

*Am Pfingsttag:*

Darum kommen wir vor dein Angesicht
und feiern in Gemeinschaft mit der ganzen Kirche
das hohe Pfingstfest,
an dem der Heilige Geist
in Feuerzungen auf die Jünger herabkam.
Und wir bitten dich: ► S. 523

*An Johannes' Geburt:*

Darum kommen wir vor dein Angesicht
und feiern in Gemeinschaft
mit der ganzen Kirche den Tag,
an dem Johannes geboren wurde,
der Christus voranging, um ihm den Weg zu bereiten,
dem Erlöser der Welt.
Durch ihn, der nach Johannes kam
und doch vor ihm war,
bitten wir dich: ► S. 523

*An Mariä Himmelfahrt:*

Darum kommen wir vor dein Angesicht
und feiern in Gemeinschaft
mit der ganzen Kirche den Tag,
an dem die jungfräuliche Gottesmutter
in den Himmel aufgenommen wurde
von unserem Herrn Jesus Christus.
Durch ihn,
den Urheber und Vollender unseres Glaubens,
bitten wir dich: ► S. 523

*An Allerheiligen:*

Darum kommen wir vor dein Angesicht
und feiern in Gemeinschaft
mit der ganzen Kirche den Tag,
der dem Gedächtnis aller Heiligen geweiht ist,
die im Leben Christus nachfolgten
und im Sterben
von ihm die Krone der Herrlichkeit empfingen.
Durch ihn,
den Urheber und Vollender unseres Glaubens,
bitten wir dich:

---

Darum bitten wir dich:

Sende deinen Geist auf diese Gaben herab
und heilige sie,
damit sie uns werden Leib † und Blut
deines Sohnes, unseres Herrn Jesus Christus.

Denn am Abend,
an dem er ausgeliefert wurde
und sich aus freiem Willen
dem Leiden unterwarf,
nahm er das Brot und sagte Dank,
brach es,
reichte es seinen Jüngern und sprach:

NEHMET UND ESSET ALLE DAVON:
DAS IST MEIN LEIB,
DER FÜR EUCH HINGEGEBEN WIRD.

Ebenso nahm er nach dem Mahl den Kelch,
dankte wiederum,
reichte ihn seinen Jüngern und sprach:

NEHMET UND TRINKET ALLE DARAUS:
DAS IST DER KELCH
DES NEUEN UND EWIGEN BUNDES,

MEIN BLUT,
DAS FÜR EUCH
UND FÜR ALLE VERGOSSEN WIRD
ZUR VERGEBUNG DER SÜNDEN.
TUT DIES ZU MEINEM GEDÄCHTNIS.

Geheimnis des Glaubens:

G: Deinen Tod, o Herr,
verkünden wir
und deine Auferstehung
preisen wir,
bis du kommst in
Herrlichkeit.

G: Mortem tuam
annuntiámus,
Dómine,
et tuam resurrec-
tiónem confitémur,
donec vénias.

P: Darum, gütiger Vater,
feiern wir das Gedächtnis
des Todes und der Auferstehung deines Sohnes
und bringen dir so das Brot des Lebens
und den Kelch des Heiles dar.
Wir danken dir, dass du uns berufen hast,
vor dir zu stehen und dir zu dienen.
Wir bitten dich:
Schenke uns Anteil an Christi Leib und Blut
und lass uns eins werden
durch den Heiligen Geist.

Gedenke deiner Kirche auf der ganzen Erde
und vollende dein Volk in der Liebe,
vereint mit unserem Papst N.,
unserem Bischof N. und allen Bischöfen,
unseren Priestern und Diakonen
und mit allen,
die zum Dienst in der Kirche bestellt sind. ► S. 525

---

*(An bestimmten Tagen und bei verschiedenen Anlässen kann hier eine besondere Bitte angefügt werden.)*

*Von der Osternacht bis zum Weißen Sonntag:*

Gedenke auch jener, die an diesem Osterfest
aus dem Wasser und dem Heiligen Geist
zum neuen Leben geboren wurden,
denen du alle Sünden vergeben hast. ▶ unten

---

*(In einer Messe für Verstorbene kann der Priester hier einfügen:)*

Erbarme dich
unseres Bruders N. (unserer Schwester N.),
den (die) du aus dieser Welt zu dir gerufen hast.
Durch die Taufe gehört er (sie) Christus an,
ihm ist er (sie) gleichgeworden im Tod:
lass ihn (sie) mit Christus zum Leben auferstehen.

---

Gedenke (aller) unserer Brüder und Schwestern,
die entschlafen sind in der Hoffnung,
dass sie auferstehen.
Nimm sie
und alle, die in deiner Gnade
aus dieser Welt geschieden sind,
in dein Reich auf,
wo sie dich schauen
von Angesicht zu Angesicht.

Vater, erbarme dich über uns alle,
damit uns das ewige Leben zuteil wird
in der Gemeinschaft mit der seligen
Jungfrau und Gottesmutter Maria,
mit deinen Aposteln
und mit allen,
die bei dir Gnade gefunden haben
von Anbeginn der Welt,
dass wir dich loben und preisen
durch deinen Sohn Jesus Christus.

DURCH IHN UND MIT IHM UND IN IHM IST DIR, GOTT, ALLMÄCHTIGER VATER, IN DER EINHEIT DES HEILIGEN GEISTES ALLE HERRLICHKEIT UND EHRE JETZT UND IN EWIGKEIT.

G: Amen.

*(Fortsetzung: Gebet des Herrn – siehe S. 553 f.)*

## DRITTES HOCHGEBET

*(Der Priester breitet die Hände aus und spricht:)*

P: Ja, du bist heilig, großer Gott,
und alle deine Werke verkünden dein Lob.
Denn durch deinen Sohn,
unseren Herrn Jesus Christus,
und in der Kraft des Heiligen Geistes
erfüllst du die ganze Schöpfung
mit Leben und Gnade.
Bis ans Ende der Zeiten
versammelst du dir ein Volk,
damit deinem Namen
das reine Opfer dargebracht werde
vom Aufgang der Sonne bis zum Untergang. ► S. 530

---

*(Hier kann an bestimmten Tagen das Festgeheimnis erwähnt werden.)*

*An Sonntagen:*

Darum kommen wir vor dein Angesicht
und feiern in Gemeinschaft mit der ganzen Kirche
den ersten Tag der Woche als den Tag,
an dem Christus von den Toten erstanden ist.
Durch ihn, den du zu deiner Rechten erhöht hast,
bitten wir dich, allmächtiger Gott: ► S. 530

*An Mariä Empfängnis:*

Darum kommen wir vor dein Angesicht
und feiern in Gemeinschaft
mit der ganzen Kirche den Tag,
an dem Maria ohne Erbschuld empfangen wurde,
da sie auserwählt war,
die Mutter des Erlösers zu werden.
Durch ihn, der unsere Sünden hinwegnimmt,
bitten wir dich, allmächtiger Gott: ▶ S. 530

*Von Weihnachten bis Neujahr:*

Darum kommen wir vor dein Angesicht
und feiern in Gemeinschaft mit der ganzen Kirche
(die hochheilige Nacht) den hochheiligen Tag,
(in der) an dem Maria
in unversehrter Jungfräulichkeit
der Welt den Erlöser geboren hat.
Durch ihn, unseren Retter und Herrn,
bitten wir dich, allmächtiger Gott: ▶ S. 530

*An Erscheinung des Herrn:*

Darum kommen wir vor dein Angesicht
und feiern in Gemeinschaft mit der ganzen Kirche
den hochheiligen Tag,
an dem dein eingeborener Sohn,
dir gleich in ewiger Herrlichkeit,
als wahrer Mensch
leibhaft und sichtbar erschienen ist.
Durch ihn, unseren Erlöser und Heiland,
bitten wir dich, allmächtiger Gott: ▶ S. 530

*An Lichtmess:*

Darum kommen wir vor dein Angesicht
und feiern in Gemeinschaft
mit der ganzen Kirche den Tag,

an dem dein eingeborener Sohn
im Tempel dargestellt wurde.
Durch ihn, das Licht von deinem Licht,
bitten wir dich, allmächtiger Gott: ▶ S. 530

*An Verkündigung des Herrn:*

Darum kommen wir vor dein Angesicht
und feiern in Gemeinschaft
mit der ganzen Kirche den Tag,
an dem Maria deinen ewigen Sohn
durch den Heiligen Geist empfangen hat.
Durch ihn, der zu unserem Heil
Mensch geworden ist,
bitten wir dich, allmächtiger Gott: ▶ S. 530

*Am Gründonnerstag:*

Darum kommen wir vor dein Angesicht
und feiern in Gemeinschaft
mit der ganzen Kirche
den Tag, an dem unser Herr Jesus Christus
sich für uns hingegeben hat.
Durch ihn, unseren Erlöser und Heiland,
den du verherrlicht hast,
bitten wir dich, allmächtiger Gott: ▶ S. 530

*Von der Osternacht bis zum Weißen Sonntag:*

Darum kommen wir vor dein Angesicht
und feiern in Gemeinschaft
mit der ganzen Kirche
das Hochfest
der Auferstehung unseres Herrn Jesus Christus.
Durch ihn, der zu deiner Rechten erhöht ist,
bitten wir dich, allmächtiger Gott: ▶ S. 530

*An Christi Himmelfahrt:*

Darum kommen wir vor dein Angesicht
und feiern in Gemeinschaft
mit der ganzen Kirche den Tag,
an dem unser Herr Jesus Christus,
dein eingeborener Sohn,
unsere schwache,
mit seiner Gottheit vereinte Menschennatur
zu deiner Rechten erhoben hat.
Durch ihn bitten wir dich,
allmächtiger Gott: ▶ S. 530

*Am Pfingsttag:*

Darum kommen wir vor dein Angesicht
und feiern in Gemeinschaft mit der ganzen Kirche
das hohe Pfingstfest,
an dem der Heilige Geist
in Feuerzungen auf die Jünger herabkam.
Und wir bitten dich, allmächtiger Gott: ▶ S. 530

*An Johannes' Geburt:*

Darum kommen wir vor dein Angesicht
und feiern in Gemeinschaft
mit der ganzen Kirche den Tag,
an dem Johannes geboren wurde,
der Christus voranging,
um ihm den Weg zu bereiten,
dem Erlöser der Welt.
Durch ihn,
der nach Johannes kam und doch vor ihm war,
bitten wir dich, allmächtiger Gott: ▶ S. 530

*An Mariä Himmelfahrt:*

Darum kommen wir vor dein Angesicht
und feiern in Gemeinschaft

mit der ganzen Kirche den Tag,
an dem die jungfräuliche Gottesmutter
in den Himmel aufgenommen wurde
von unserem Herrn Jesus Christus.
Durch ihn,
den Urheber und Vollender unseres Glaubens,
bitten wir dich, allmächtiger Gott: ▶ unten

*An Allerheiligen:*

Darum kommen wir vor dein Angesicht
und feiern in Gemeinschaft
mit der ganzen Kirche den Tag,
der dem Gedächtnis aller Heiligen geweiht ist,
die im Leben Christus nachfolgten
und im Sterben
von ihm die Krone der Herrlichkeit empfingen.
Durch ihn,
den Urheber und Vollender unseres Glaubens,
bitten wir dich, allmächtiger Gott:

---

Darum bitten wir dich,
allmächtiger Gott:

Heilige unsere Gaben durch deinen Geist,
damit sie uns werden Leib † und Blut
deines Sohnes, unseres Herrn Jesus Christus,
der uns aufgetragen hat,
dieses Geheimnis zu feiern.

Denn in der Nacht, da er verraten wurde,
nahm er das Brot und sagte Dank,
brach es,
reichte es seinen Jüngern und sprach:

NEHMET UND ESSET ALLE DAVON:
DAS IST MEIN LEIB,
DER FÜR EUCH HINGEGEBEN WIRD.

Ebenso nahm er nach dem Mahl den Kelch,
dankte wiederum,
reichte ihn seinen Jüngern und sprach:

NEHMET UND TRINKET ALLE DARAUS:
DAS IST DER KELCH
DES NEUEN UND EWIGEN BUNDES,
MEIN BLUT,
DAS FÜR EUCH
UND FÜR ALLE VERGOSSEN WIRD
ZUR VERGEBUNG DER SÜNDEN.
TUT DIES ZU MEINEM GEDÄCHTNIS.

Geheimnis des Glaubens:

G: Deinen Tod, o Herr,
verkünden wir
und deine Auferstehung
preisen wir,
bis du kommst in
Herrlichkeit.

G: Mortem tuam
annuntiámus,
Dómine,
et tuam resurrec-
tiónem confitémur,
donec vénias.

P: Darum, gütiger Vater,
feiern wir das Gedächtnis deines Sohnes.
Wir verkünden sein heilbringendes Leiden,
seine glorreiche Auferstehung
und Himmelfahrt
und erwarten seine Wiederkunft.
So bringen wir dir mit Lob und Dank
dieses heilige und lebendige Opfer dar.
Schau gütig auf die Gabe deiner Kirche.
Denn sie stellt dir
das Lamm vor Augen,
das geopfert wurde
und uns nach deinem Willen
mit dir versöhnt hat.
Stärke uns durch den Leib und das Blut
deines Sohnes

und erfülle uns mit seinem Heiligen Geist,
damit wir *ein* Leib und *ein* Geist werden
in Christus.

Er mache uns auf immer
zu einer Gabe, die dir wohlgefällt,
damit wir das verheißene Erbe erlangen
mit deinen Auserwählten,
mit der seligen Jungfrau
und Gottesmutter Maria,
mit deinen Aposteln und Märtyrern
(mit dem – der – heiligen N.:

*Tagesheiliger oder Patron)*

und mit allen Heiligen,
auf deren Fürsprache wir vertrauen.

Barmherziger Gott, wir bitten dich:
Dieses Opfer unserer Versöhnung
bringe der ganzen Welt Frieden und Heil.
Beschütze deine Kirche
auf ihrem Weg durch die Zeit
und stärke sie im Glauben und in der Liebe:
deinen Diener, unseren Papst N.,
unseren Bischof N.
und die Gemeinschaft der Bischöfe,
unsere Priester und Diakone,
alle, die zum Dienst in der Kirche bestellt sind,
und das ganze Volk deiner Erlösten. ▶ S. 533

---

*(An bestimmten Tagen und bei verschiedenen Anlässen kann hier eine besondere Bitte eingefügt werden.)*

*Von der Osternacht bis zum Weißen Sonntag:*

Gedenke auch jener, die an diesem Osterfest
aus dem Wasser und dem Heiligen Geist

zum neuen Leben geboren wurden,
denen du alle Sünden vergeben hast.

---

Erhöre, gütiger Vater,
die Gebete der hier versammelten Gemeinde
und führe zu dir
auch alle deine Söhne und Töchter,
die noch fern sind von dir.

---

*(In einer Messe für Verstorbene kann der Priester hier einfügen:)*

Erbarme dich unseres Bruders N.
(unserer Schwester N.),
den (die) du aus dieser Welt zu dir gerufen hast.
Durch die Taufe gehört er (sie) Christus an,
ihm ist er (sie) gleichgeworden im Tod:
gib ihm (ihr) auch Anteil an der Auferstehung,
wenn Christus die Toten auferweckt
und unseren irdischen Leib
seinem verklärten Leib ähnlich macht.

---

Erbarme dich (aller) unserer
verstorbenen Brüder und Schwestern
und aller, die in deiner Gnade
aus dieser Welt geschieden sind.
Nimm sie auf in deine Herrlichkeit.
Und mit ihnen lass auch uns,
wie du verheißen hast,
zu Tische sitzen in deinem Reich.

---

*(In einer Messe für Verstorbene:)*

Dann wirst du alle Tränen trocknen.
Wir werden dich, unseren Gott,
schauen, wie du bist,
dir ähnlich sein auf ewig
und dein Lob singen ohne Ende.

---

Darum bitten wir dich
durch unseren Herrn Jesus Christus.
Denn durch ihn
schenkst du der Welt alle guten Gaben.

DURCH IHN UND MIT IHM UND IN IHM IST DIR, GOTT, ALLMÄCHTIGER VATER, IN DER EINHEIT DES HEILIGEN GEISTES ALLE HERRLICHKEIT UND EHRE JETZT UND IN EWIGKEIT.

G: Amen.

*(Fortsetzung: Gebet des Herrn – siehe S. 553 f.)*

## VIERTES HOCHGEBET

P: Der Herr sei mit euch.
G: Und mit deinem Geiste.
P: Erhebet die Herzen.
G: Wir haben sie beim Herrn.
P: Lasset uns danken
dem Herrn, unserm Gott.
G: Das ist würdig und recht.

P: Dóminus vobíscum.
G: Et cum spíritu tuo.
P: Sursum corda.
G: Habémus ad Dóminum.
P: Grátias agámus
Dómino Deo nostro.
G: Dignum et iustum est.

P: In Wahrheit ist es würdig,
dir zu danken, heiliger Vater.
Es ist recht, dich zu preisen.
Denn du allein bist der lebendige und wahre Gott.
Du bist vor den Zeiten und lebst in Ewigkeit.
Du wohnst in unzugänglichem Lichte.
Alles hast du erschaffen,
denn du bist die Liebe
und der Ursprung des Lebens.
Du erfüllst deine Geschöpfe mit Segen
und erfreust sie alle
mit dem Glanz deines Lichtes.
Vor dir stehen die Scharen der Engel

und schauen dein Angesicht.
Sie dienen dir Tag und Nacht,
nie endet ihr Lobgesang.
Mit ihnen preisen auch wir deinen Namen,
durch unseren Mund rühmen dich alle Geschöpfe
und künden voll Freude
das Lob deiner Herrlichkeit:

A: Heilig, heilig, heilig
Gott, Herr aller Mächte
und Gewalten.
Erfüllt sind Himmel und Erde
von deiner Herrlichkeit.
Hosanna in der Höhe.
Hochgelobt sei, der da kommt
im Namen des Herrn.
Hosanna in der Höhe.

A: Sanctus, Sanctus,
Sanctus Dóminus Deus
Sábaoth.
Pleni sunt caeli et terra
glória tua.
Hosánna in excélsis.
Benedíctus qui venit
in nómine Dómini.
Hosánna in excélsis.

P: Wir preisen dich, heiliger Vater,
denn groß bist du
und alle deine Werke
künden deine Weisheit und Liebe.

Den Menschen hast du
nach deinem Bild geschaffen
und ihm die Sorge für die ganze Welt anvertraut.
Über alle Geschöpfe sollte er herrschen
und allein dir, seinem Schöpfer, dienen.

Als er im Ungehorsam deine Freundschaft verlor
und der Macht des Todes verfiel,
hast du ihn dennoch nicht verlassen,
sondern voll Erbarmen allen geholfen,
dich zu suchen und zu finden.

Immer wieder hast du den Menschen
deinen Bund angeboten
und sie durch die Propheten gelehrt,
das Heil zu erwarten.

So sehr hast du die Welt geliebt,
heiliger Vater,
dass du deinen eingeborenen Sohn
als Retter gesandt hast,
nachdem die Fülle der Zeiten gekommen war.

Er ist Mensch geworden
durch den Heiligen Geist,
geboren von der Jungfrau Maria.
Er hat wie wir als Mensch gelebt,
in allem uns gleich außer der Sünde.

Den Armen verkündete er
die Botschaft vom Heil,
den Gefangenen Freiheit,
den Trauernden Freude.

Um deinen Ratschluss zu erfüllen,
hat er sich dem Tod überliefert,
durch seine Auferstehung
den Tod bezwungen
und das Leben neu geschaffen.

Damit wir nicht mehr uns selber leben,
sondern ihm,
der für uns gestorben und auferstanden ist,
hat er von dir, Vater,
als erste Gabe für alle, die glauben,
den Heiligen Geist gesandt,
der das Werk deines Sohnes
auf Erden weiterführt
und alle Heiligung vollendet.

So bitten wir dich, Vater:
der Geist heilige diese Gaben,
damit sie uns werden Leib † und Blut
unseres Herrn Jesus Christus,
der uns die Feier dieses Geheimnisses

aufgetragen hat
als Zeichen des ewigen Bundes.

Da er die Seinen liebte,
die in der Welt waren,
liebte er sie bis zur Vollendung.
Und als die Stunde kam,
da er von dir verherrlicht werden sollte,
nahm er beim Mahl das Brot
und sagte Dank,
brach das Brot,
reichte es seinen Jüngern und sprach:

NEHMET UND ESSET ALLE DAVON:
DAS IST MEIN LEIB,
DER FÜR EUCH HINGEGEBEN WIRD.

Ebenso nahm er den Kelch mit Wein,
dankte wiederum,
reichte den Kelch seinen Jüngern
und sprach:

NEHMET UND TRINKET ALLE DARAUS:
DAS IST DER KELCH
DES NEUEN UND EWIGEN BUNDES,
MEIN BLUT,
DAS FÜR EUCH
UND FÜR ALLE VERGOSSEN WIRD
ZUR VERGEBUNG DER SÜNDEN.
TUT DIES ZU MEINEM GEDÄCHTNIS.

Geheimnis des Glaubens:

G: Deinen Tod, o Herr,
verkünden wir
und deine Auferstehung
preisen wir,
bis du kommst in
Herrlichkeit.

G: Mortem tuam
annuntiámus,
Dómine,
et tuam resurrec-
tiónem confitémur,
donec vénias.

P: Darum, gütiger Vater,
feiern wir das Gedächtnis unserer Erlösung.
Wir verkünden den Tod deines Sohnes
und sein Hinabsteigen zu den Vätern,
bekennen seine Auferstehung
und Himmelfahrt
und erwarten sein Kommen in Herrlichkeit.
So bringen wir dir seinen Leib und sein Blut dar,
das Opfer, das dir wohlgefällt
und der ganzen Welt Heil bringt.

Sieh her auf die Opfergabe,
die du selber deiner Kirche bereitet hast,
und gib, dass alle, die Anteil erhalten
an dem *einen* Brot und dem *einen* Kelch,
*ein* Leib werden im Heiligen Geist,
*eine* lebendige Opfergabe in Christus
zum Lob deiner Herrlichkeit.

Herr, gedenke aller, für deren Heil
wir das Opfer darbringen.
Wir bitten dich für unseren Papst N.,
unseren Bischof N.
und die Gemeinschaft der Bischöfe,
für unsere Priester und Diakone
und für alle,
die zum Dienst in der Kirche bestellt sind,
für alle, die ihre Gaben spenden,
für die hier versammelte Gemeinde,
für dein ganzes Volk
und für alle Menschen,
die mit lauterem Herzen dich suchen.

Wir empfehlen dir auch jene,
die im Frieden Christi heimgegangen sind,
und alle Verstorbenen,
um deren Glauben niemand weiß als du.

Gütiger Vater,
gedenke, dass wir deine Kinder sind,
und schenke uns allen das Erbe des Himmels
in Gemeinschaft mit der seligen Jungfrau
und Gottesmutter Maria,
mit deinen Aposteln und mit allen Heiligen.
Und wenn die ganze Schöpfung
von der Verderbnis der Sünde
und des Todes befreit ist,
lass uns zusammen mit ihr dich verherrlichen
in deinem Reich
durch unseren Herrn Jesus Christus.
Denn durch ihn
schenkst du der Welt alle guten Gaben.

DURCH IHN UND MIT IHM UND IN IHM IST DIR, GOTT, ALLMÄCHTIGER VATER, IN DER EINHEIT DES HEILIGEN GEISTES ALLE HERRLICHKEIT UND EHRE JETZT UND IN EWIGKEIT.

G: Amen.

*(Fortsetzung: Gebet des Herrn – siehe S. 553 f.)*

## VOTIVHOCHGEBET „VERSÖHNUNG“

*Der Bund des Friedens*

### PRÄFATION

P: Der Herr sei mit euch.
G: Und mit deinem Geiste.
P: Erhebet die Herzen.
G: Wir haben sie beim Herrn.
P: Lasset uns danken dem Herrn, unserm Gott.
G: Das ist würdig und recht.

P: Wir danken dir, Gott, allmächtiger Vater,
und preisen dich
für dein Wirken in dieser Welt
durch unseren Herrn Jesus Christus:
Denn inmitten einer Menschheit,
die gespalten und zerrissen ist,
erfahren wir,
dass du Bereitschaft zur Versöhnung schenkst.
Dein Geist bewegt die Herzen,
wenn Feinde wieder miteinander sprechen,
Gegner sich die Hände reichen
und Völker einen Weg zueinander suchen.
Dein Werk ist es,
wenn der Wille zum Frieden den Streit beendet,
Verzeihung den Hass überwindet
und Rache der Vergebung weicht.

Darum können wir nicht aufhören,
dir zu danken und dich zu preisen.
Wir stimmen ein
in den Lobgesang der Chöre des Himmels,
die ohne Ende rufen:

A: Heilig, heilig, heilig
Gott, Herr aller Mächte und Gewalten.
Erfüllt sind Himmel und Erde
von deiner Herrlichkeit.
Hosanna in der Höhe.
Hochgelobt sei,
der da kommt im Namen des Herrn.
Hosanna in der Höhe.

P: Herr aller Mächte und Gewalten,
gepriesen bist du
in deinem Sohn Jesus Christus,
der in deinem Namen gekommen ist.
Er ist dein rettendes Wort für uns Menschen.

Er ist die Hand,
die du den Sündern entgegenstreckst.
Er ist der Weg,
auf dem dein Friede zu uns kommt.

Gott, unser Vater,
als wir Menschen
uns von dir abgewandt hatten,
hast du uns durch deinen Sohn zurückgeholt.
Du hast ihn in den Tod gegeben,
damit wir zu dir und zueinander finden.

Darum feiern wir die Versöhnung,
die Christus uns erwirkt hat,
und bitten dich:

Heilige diese Gaben durch deinen Geist,
da wir nun den Auftrag
deines † Sohnes erfüllen.

Denn bevor er sein Leben hingab,
um uns zu befreien,
nahm er beim Mahl das Brot in seine Hände,
dankte dir, brach es,
reichte es seinen Jüngern und sprach:

NEHMET UND ESSET ALLE DAVON:
DAS IST MEIN LEIB,
DER FÜR EUCH HINGEGEBEN WIRD.

Ebenso nahm er an jenem Abend
den Kelch in seine Hände,
pries dein Erbarmen,
reichte den Kelch seinen Jüngern und sprach:

NEHMET UND TRINKET ALLE DARAUS:
DAS IST DER KELCH
DES NEUEN UND EWIGEN BUNDES,
MEIN BLUT, DAS FÜR EUCH

UND FÜR ALLE VERGOSSEN WIRD
ZUR VERGEBUNG DER SÜNDEN.
TUT DIES ZU MEINEM GEDÄCHTNIS.

Geheimnis des Glaubens:

G: Deinen Tod, o Herr, verkünden wir
und deine Auferstehung preisen wir,
bis du kommst in Herrlichkeit.

P: Herr, unser Gott.
Dein Sohn hat uns dieses Vermächtnis
seiner Liebe anvertraut.
In der Gedächtnisfeier
seines Todes und seiner Auferstehung
bringen wir dar,
was du uns gegeben hast:
das Opfer der Versöhnung.
Wir bitten dich,
nimm auch uns an in deinem Sohn
und schenke uns in diesem Mahl den Geist,
den er verheißen hat,
den Geist der Einheit,
der wegnimmt, was trennt,
und der uns zusammenhält in der Gemeinschaft
mit unserem Papst N.,
unserem Bischof N.,
mit allen Bischöfen
und mit deinem ganzen Volk.

Mach deine Kirche zum Zeichen der Einheit
unter den Menschen
und zum Werkzeug deines Friedens.

Wie du uns hier am Tisch deines Sohnes
versammelt hast,
in Gemeinschaft mit der seligen Jungfrau
und Gottesmutter Maria

und allen Heiligen,
so sammle die Menschen
aller Rassen und Sprachen,
aller Schichten und Gruppen
zum Gastmahl der ewigen Versöhnung
in der neuen Welt
deines immerwährenden Friedens
durch unseren Herrn Jesus Christus.

DURCH IHN UND MIT IHM UND IN IHM
IST DIR, GOTT, ALLMÄCHTIGER VATER,
IN DER EINHEIT DES HEILIGEN GEISTES
ALLE HERRLICHKEIT UND EHRE
JETZT UND IN EWIGKEIT.

G: Amen.

*(Fortsetzung: Gebet des Herrn – siehe S. 553 f.)*

## HOCHGEBET FÜR MESSEN FÜR BESONDERE ANLIEGEN

### PRÄFATION I

*Die Kirche auf dem Weg zur Einheit*

P: Der Herr sei mit euch.
G: Und mit deinem Geiste.
P: Erhebet die Herzen.
G: Wir haben sie beim Herrn.
P: Lasset uns danken dem Herrn, unserm Gott.
G: Das ist würdig und recht.

P: Wir danken dir, gütiger Vater,
und preisen dich,
denn durch die Frohe Botschaft deines Sohnes
hast du Menschen
aus allen Völkern und Sprachen

vereint in der Gemeinschaft der Kirche.
Durch sie,
die aus der Kraft deines Geistes lebt,
führst du alle Menschen zur Einheit.
So bezeugt die Kirche deine Liebe
und schenkt allen
die Hoffnung auf ewige Vollendung.
Sie wird zum Zeichen deiner Treue,
die du uns für immer versprochen hast
in unserem Herrn Jesus Christus.

Darum rühmen dich Himmel und Erde
und mit der ganzen Kirche
singen wir das Lob deiner Herrlichkeit:

A: Heilig, heilig, heilig
Gott, Herr aller Mächte und Gewalten.
Erfüllt sind Himmel und Erde
von deiner Herrlichkeit.
Hosanna in der Höhe.
Hochgelobt sei,
der da kommt im Namen des Herrn.
Hosanna in der Höhe. ▶ S. 547

## PRÄFATION II

*Gott führt die Kirche*

P: Der Herr sei mit euch.
G: Und mit deinem Geiste.
P: Erhebet die Herzen.
G: Wir haben sie beim Herrn.
P: Lasset uns danken dem Herrn, unserm Gott.
G: Das ist würdig und recht.

P: Wir danken dir, Gott, unser Vater,
und preisen dich,
denn du hast uns ins Leben gerufen.

Du lässt uns niemals allein auf unserm Weg
und bist immer da für uns.
Einst hast du Israel, dein Volk,
mit starker Hand
durch die weglose Wüste geleitet.
Heute führst du deine pilgernde Kirche
in der Kraft des Heiligen Geistes.
Du bahnst ihr den Weg durch diese Zeit
in die ewige Freude deines Reiches
durch unseren Herrn Jesus Christus.

Darum singen wir mit allen Engeln und Heiligen
das Lob deiner Herrlichkeit:

A: Heilig, heilig, heilig
Gott, Herr aller Mächte und Gewalten.
Erfüllt sind Himmel und Erde
von deiner Herrlichkeit.
Hosanna in der Höhe.
Hochgelobt sei,
der da kommt im Namen des Herrn.
Hosanna in der Höhe. ▶ S. 547

## PRÄFATION III

*Jesus, unser Weg*

P: Der Herr sei mit euch.
G: Und mit deinem Geiste.
P: Erhebet die Herzen.
G: Wir haben sie beim Herrn.
P: Lasset uns danken dem Herrn, unserm Gott.
G: Das ist würdig und recht.

P: Wir danken dir, Vater,
Herr des Himmels und der Erde,
und preisen dich
durch unseren Herrn Jesus Christus.

Durch ihn, dein Wort,
hast du die Welt geschaffen
und lenkst sie in deiner Weisheit.
Ihn, deinen menschgewordenen Sohn,
hast du uns zum Mittler gegeben.
Er hat deine Botschaft verkündet
und uns gerufen, ihm zu folgen.
Er hat uns erlöst durch sein Kreuz
und mit deinem Geiste besiegelt.
Er ist der Weg, der uns zu dir führt,
er ist die Wahrheit, die uns frei macht;
er ist das Leben
und erfüllt uns mit Freude.
Durch ihn
führst du deine Söhne und Töchter
zusammen zu einer einzigen Familie.
Darum rühmen wir jetzt und in Ewigkeit
dein Erbarmen
und singen mit den Chören der Engel
das Lob deiner Herrlichkeit:

A: Heilig, heilig, heilig
Gott, Herr aller Mächte und Gewalten.
Erfüllt sind Himmel und Erde
von deiner Herrlichkeit.
Hosanna in der Höhe.
Hochgelobt sei,
der da kommt im Namen des Herrn.
Hosanna in der Höhe. ► S. 547

## PRÄFATION IV

*Jesus, der Bruder aller*

P: Der Herr sei mit euch.
G: Und mit deinem Geiste.
P: Erhebet die Herzen.

G: Wir haben sie beim Herrn.
P: Lasset uns danken dem Herrn, unserm Gott.
G: Das ist würdig und recht.

P: Wir danken dir,
treuer Gott und barmherziger Vater,
für deinen Sohn Jesus Christus,
unseren Herrn und Erlöser.
Er hatte ein Herz
für die Armen und die Kranken,
die Ausgestoßenen und die Sünder.
Den Bedrängten und den Verzweifelten
war er ein Bruder.
Sein Leben und seine Botschaft lehren uns,
dass du für deine Kinder sorgst
wie ein guter Vater
und eine liebende Mutter.

Darum rühmen wir deine Güte und Treue
und singen mit allen Engeln und Heiligen
das Lob deiner Herrlichkeit:

A: Heilig, heilig, heilig
Gott, Herr aller Mächte und Gewalten.
Erfüllt sind Himmel und Erde
von deiner Herrlichkeit.
Hosanna in der Höhe.
Hochgelobt sei,
der da kommt im Namen des Herrn.
Hosanna in der Höhe.

---

P: Ja, du bist heilig, großer Gott.
Du liebst die Menschen
und bist ihnen nahe.
Gepriesen sei dein Sohn,
der immer mit uns auf dem Weg ist
und uns um sich versammelt

zum Mahl der Liebe.
Wie den Jüngern (von Emmaus)
deutet er uns die Schrift
und bricht das Brot für uns.

So bitten wir dich, gütiger Vater:
Sende deinen Heiligen Geist
über die Gaben von Brot und Wein.
Er heilige sie,
damit sie uns werden Leib † und Blut
unseres Herrn Jesus Christus.

Am Abend vor seinem Leiden
nahm er beim Mahl das Brot
und sagte dir Dank,
brach das Brot,
reichte es seinen Jüngern
und sprach:

NEHMET UND ESSET ALLE DAVON:
DAS IST MEIN LEIB,
DER FÜR EUCH HINGEGEBEN WIRD.

Ebenso nahm er nach dem Mahl den Kelch,
dankte wiederum,
reichte ihn seinen Jüngern
und sprach:

NEHMET UND TRINKET ALLE DARAUS:
DAS IST DER KELCH
DES NEUEN UND EWIGEN BUNDES,
MEIN BLUT, DAS FÜR EUCH
UND FÜR ALLE VERGOSSEN WIRD
ZUR VERGEBUNG DER SÜNDEN.
TUT DIES ZU MEINEM GEDÄCHTNIS.

Geheimnis des Glaubens:

G: Deinen Tod, o Herr, verkünden wir
und deine Auferstehung preisen wir,
bis du kommst in Herrlichkeit.

P: Darum, gütiger Vater,
feiern wir das Gedächtnis deines Sohnes,
der uns erlöst hat.
Durch sein Leiden
und seinen Tod am Kreuz
hast du ihn zur Herrlichkeit
der Auferstehung geführt
und ihn erhöht zu deiner Rechten.
Wir verkünden dieses Werk deiner Liebe,
bis er wiederkommt,
und bringen dir das Brot des Lebens
und den Kelch des Segens dar.

Wir feiern das Opfer Christi,
das er uns anvertraut hat.
Er hat sich für uns hingegeben
und schenkt uns Anteil
an seinem Leib und Blut.
Wir bitten dich:
Schau gütig auf die Gabe deiner Kirche
und gib, dass wir im Geist deiner Liebe
für immer verbunden bleiben
mit ihm und untereinander.

## INTERZESSION I
(wenn Präfation I gewählt wurde)

Barmherziger Gott,
erleuchte deine Kirche
(in unserem Land

und auf der ganzen Erde)
und erneuere sie durch das Evangelium.
Festige das Band der Einheit
zwischen den Gläubigen und ihren Hirten,
in der Gemeinschaft mit unserem Papst N.,
unserem Bischof N.
und allen Bischöfen.
Mache dein Volk
in unserer zerrissenen Welt
zum Werkzeug der Einheit
und des Friedens. ► S. 552

INTERZESSION II
(wenn Präfation II gewählt wurde)

Barmherziger Gott,
durch die Teilnahme an diesem Mahl
stärke uns in der Einheit.
Lass uns
in Gemeinschaft mit unserem Papst N.
und unserem Bischof N.,
mit allen Bischöfen, Priestern und Diakonen
und mit deinem ganzen Volk
in Vertrauen und Hoffnung
deine Wege gehen
und für alle
eine Quelle der Freude
und Zuversicht sein. ► S. 552

INTERZESSION III
(wenn Präfation III gewählt wurde)

Barmherziger Gott,
schenke uns

durch die Teilnahme an dieser Feier
den Geist, der uns mit Leben erfüllt.
Erneuere uns
nach dem Bild deines Sohnes.
Stärke unsere Einheit
mit deinem ganzen Volk,
mit unserem Papst N.
und unserem Bischof N.,
mit allen Bischöfen, Priestern und Diakonen
und mit allen Männern und Frauen,
die zu einem Dienst in der Kirche bestellt sind.
Lass die Gläubigen
die Zeichen der Zeit verstehen
und sich mit ganzer Kraft
für das Evangelium einsetzen.
Mache uns offen für das,
was die Menschen bewegt,
dass wir ihre Trauer und Angst,
ihre Freude und Hoffnung teilen
und als treue Zeugen der Frohen Botschaft
mit ihnen dir entgegengehen. ▶ S. 552

## INTERZESSION IV
(wenn Präfation IV gewählt wurde)

Barmherziger Gott,
vollende deine Kirche im Glauben
und in der Liebe:
unseren Papst N. und unseren Bischof N.,
alle Bischöfe, Priester und Diakone
und das ganze Volk,
das du dir erworben hast.
Öffne unsere Augen für jede Not.
Gib uns das rechte Wort,
wenn Menschen Trost und Rat suchen.

Hilf uns zur rechten Tat,
wo Menschen uns brauchen.
Lass uns denken und handeln
nach dem Wort und Beispiel Christi.
Mache deine Kirche
zu einem Ort der Wahrheit
und der Freiheit,
des Friedens und der Gerechtigkeit,
damit die Menschen
neue Hoffnung schöpfen.

---

Vater, erbarme dich
unserer Brüder und Schwestern (N. und N.),
die im Frieden Christi heimgegangen sind,
und aller Verstorbenen,
deren Glauben du allein kennst.

Lass sie dein Angesicht schauen
und schenke ihnen das Leben in Fülle.
Wenn unser eigener Weg zu Ende geht,
nimm auch uns für immer bei dir auf,
und lass uns
zusammen mit der seligen Jungfrau
und Gottesmutter Maria,
mit den Aposteln und den Märtyrern
(mit dem/der heiligen N.,
mit den heiligen N. und N.)
und mit allen Heiligen
dich loben und preisen
durch unseren Herrn Jesus Christus.

DURCH IHN UND MIT IHM UND IN IHM IST DIR, GOTT, ALLMÄCHTIGER VATER, IN DER EINHEIT DES HEILIGEN GEISTES ALLE HERRLICHKEIT UND EHRE JETZT UND IN EWIGKEIT.

G: Amen.

## KOMMUNION

### GEBET DES HERRN

*(Der Priester lädt zum Gebet des Herrn ein:)*

| | |
|---|---|
| P: Dem Wort unseres Herrn und Erlösers gehorsam und getreu seiner göttlichen Weisung wagen wir zu sprechen: | P: Praecéptis salutáribus móniti, et divína institutióne formáti, audémus dícere: |

---

*Oder:*

P: Lasset uns beten, wie der Herr uns zu beten gelehrt hat:

*Oder:*

P: Wir heißen Kinder Gottes und sind es. Darum beten wir voll Vertrauen:

*Oder:*

P: Wir haben den Geist empfangen, der uns zu Kindern Gottes macht. Darum wagen wir zu sprechen:

---

*(Priester und Gemeinde singen oder sprechen gemeinsam:)*

| | |
|---|---|
| A: Vater unser<br>im Himmel,<br>geheiligt werde dein<br>Name.<br>Dein Reich komme.<br>Dein Wille geschehe, wie<br>im Himmel so auf Erden.<br>Unser tägliches Brot<br>gib uns heute.<br>Und vergib uns<br>unsere Schuld, | A: Pater noster,<br>qui es in caelis:<br>sanctificétur nomen<br>tuum;<br>advéniat regnum tuum;<br>fiat volúntas tua,<br>sicut in caelo, et in terra.<br>Panem nostrum cotidiá-<br>num da nobis hódie;<br>et dimítte nobis<br>débita nostra, |

wie auch wir vergeben
unsern Schuldigern.
Und führe uns nicht in
Versuchung,
sondern erlöse uns
von dem Bösen.

sicut et nos dimíttimus
debitóribus nostris;
et ne nos indúcas in
tentatiónem;
sed líbera nos
a malo.

*(Der Priester singt oder spricht:)*

P: Erlöse uns, Herr, allmächtiger Vater, von allem Bösen und gib Frieden in unseren Tagen. Komm uns zu Hilfe mit deinem Erbarmen und bewahre uns vor Verwirrung und Sünde, damit wir voll Zuversicht das Kommen unseres Erlösers Jesus Christus erwarten.

*(Die Gemeinde beschließt das Gebet mit dem Ruf:)*

G: Denn dein ist das Reich
und die Kraft
und die Herrlichkeit
in Ewigkeit. Amen.

G: Quia tuum est regnum,
et potéstas,
et glória
in sáecula. Amen.

## FRIEDENSGEBET

*(Der Priester lädt nun mit folgenden oder ähnlichen Worten zum Friedensgebet ein:)*

P: Der Herr hat zu seinen Aposteln gesagt:
Frieden hinterlasse ich euch,
meinen Frieden gebe ich euch.
Deshalb bitten wir: ► S. 555

---

*In der Weihnachtszeit:*

Als Christus geboren wurde,
verkündeten Engel den Frieden auf Erden.
Deshalb bitten wir:
Herr Jesus Christus, starker Gott, Friedensfürst,
► S. 555

*In der Fastenzeit:*

Christus ist unser Friede und unsere Versöhnung.
Deshalb bitten wir:
Herr Jesus Christus, ▶ unten

*In der Osterzeit:*

Am Ostertag trat Jesus in die Mitte seiner Jünger
und sprach den Friedensgruß.
Deshalb bitten wir:
Herr Jesus Christus,
du Sieger über Sünde und Tod, ▶ unten

*Am Pfingsttag:*

Unser Herr Jesus Christus
hat den Heiligen Geist gesandt,
damit er die Kirche aus allen Völkern
in Einheit und Liebe zusammenfüge.
Deshalb bitten wir:

---

Herr Jesus Christus,
schau nicht auf unsere Sünden,
sondern auf den Glauben deiner Kirche
und schenke ihr nach deinem Willen
Einheit und Frieden.

*(Der Gemeinde zugewandt, breitet der Priester die Hände aus und singt oder spricht:)*

P: Der Friede des Herrn
sei allezeit mit euch.
G: Und mit deinem Geiste.

P: Pax Dómini sit
semper vobíscum.
G: Et cum spíritu tuo.

*(Der Diakon oder der Priester kann dazu auffordern, in einer den örtlichen Gewohnheiten entsprechenden Weise einander die Bereitschaft zu Frieden und Versöhnung zu bekunden, etwa:)*

D/P: Gebt einander ein Zeichen
des Friedens und der Versöhnung.

## BRECHUNG DES BROTES

*(Der Priester bricht die Hostie über der Schale. Ein kleines Fragment der Hostie senkt er in den Kelch. Dabei spricht er leise:)*

P: Das Sakrament des Leibes und Blutes Christi
schenke uns ewiges Leben.

*(Inzwischen wird der Gesang zur Brechung – Agnus Dei – gesungen bzw. gesprochen:)*

## AGNUS DEI

A: Lamm Gottes,
du nimmst hinweg
die Sünde der Welt:
erbarme dich unser.

Lamm Gottes,
du nimmst hinweg
die Sünde der Welt:
erbarme dich unser.

Lamm Gottes,
du nimmst hinweg
die Sünde der Welt:
gib uns deinen Frieden.

A: Agnus Dei,
qui tollis
peccáta mundi:
miserére nobis.

Agnus Dei,
qui tollis
peccáta mundi:
miserére nobis.

Agnus Dei,
qui tollis
peccáta mundi:
dona nobis pacem.

*(Falls die Brechung länger andauert, kann der Ruf öfter wiederholt werden. Der letzte Ruf schließt: „Gib uns deinen Frieden“ bzw. „Dona nobis pacem“.)*

## STILLES GEBET VOR DER KOMMUNION

*(Der Priester faltet die Hände und spricht leise:)*

P: Herr Jesus Christus, Sohn des lebendigen Gottes, dem Willen des Vaters gehorsam, hast du im Heiligen Geist durch deinen Tod der Welt das Leben geschenkt. Erlöse mich durch deinen Leib und dein Blut von allen Sünden und allem Bösen. Hilf mir, dass ich deine Gebote treu erfülle, und lass nicht zu, dass ich jemals von dir getrennt werde.

---

*Oder:*

P: Herr Jesus Christus, der Empfang deines Leibes und Blutes bringe mir nicht Gericht und Verdammnis, sondern Segen und Heil.

---

## EINLADUNG ZUR KOMMUNION

*(Der Priester macht eine Kniebeuge, nimmt ein Stück der Hostie, hält es über der Schale und spricht, zur Gemeinde gewandt, laut:)*

P: Seht das Lamm Gottes,
das hinwegnimmt die Sünde der Welt.

*(Gemeinsam mit der Gemeinde spricht er ein Mal:)*

A: Herr, ich bin nicht würdig,
dass du eingehst unter mein Dach,
aber sprich nur ein Wort,
so wird meine Seele gesund.

*(Der Priester kann hinzufügen:)*

P: Selig, die zum Hochzeitsmahl des Lammes
geladen sind.

---

*Oder:*

P: Kostet und seht, wie gut der Herr ist.

*Oder:*

P: Wer von diesem Brot isst, wird in Ewigkeit leben.

*(Oder einen anderen Kommunionvers aus dem Messbuch, vor allem den der Tagesmesse.)*

## KOMMUNIONSPENDUNG

*(Zum Altar gewandt, spricht der Priester leise:)*

P: Der Leib Christi schenke mir das ewige Leben.

*(Dann nimmt er den Kelch und spricht leise:)*

P: Das Blut Christi schenke mir das ewige Leben.

*(Nachdem er Leib und Blut Christi empfangen hat, teilt er die Kommunion aus. Er zeigt jedem Kommunikanten die Hostie, indem er sie ein wenig emporhebt, und spricht:)*

P: Der Leib Christi.

*(Der Kommunikant antwortet:)* Amen.

*(In gleicher Weise teilen auch Diakon, Akolyth und Kommunionhelfer die Kommunion aus. Wird die Kommunion unter beiden Gestalten gereicht, so geschieht das in einer der dafür vorgesehenen Weisen.)*

*(Beim Reichen des Kelches spricht der Kommunionspender:)*

Das Blut Christi.

*(Der Kommunikant antwortet:)* Amen.

## GESANG ZUR KOMMUNION

*(Während der Priester den Leib des Herrn empfängt, wird der Gesang zur Kommunion angestimmt.)*

## PURIFIKATION DER GEFÄSSE

*(Nach der Kommunionausteilung reinigt der Priester, Diakon oder Akolyth die Hostienschale über dem Kelch und dann auch den Kelch. Unterdessen betet er still:)*

P/D: Was wir mit dem Munde empfangen haben, Herr, das lass uns mit reinem Herzen aufnehmen, und diese zeitliche Speise werde uns zur Arznei der Unsterblichkeit.

*(Der Priester, Diakon oder Akolyth kann die Gefäße auch nach der Messe reinigen.)*

### BESINNUNG UND DANKHYMNUS

*(Nach der Kommunionausteilung kann der Priester an seinen Sitz zurückkehren. Auch kann man einige Zeit in stillem Gebet verweilen. Es empfiehlt sich, einen Dankpsalm oder ein Loblied zu singen.)*

### SCHLUSSGEBET

*(Der Priester steht am Altar oder am Sitz. Er singt oder spricht:)*

P: Lasset uns beten.

*(Falls schon vorher Zeit zum stillen Gebet gegeben war, folgt sofort das Gebet. Der Priester breitet die Hände aus und singt oder spricht das Schlussgebet. Die Gemeinde beschließt das Gebet mit dem Ruf:)*

G: Amen.

## ENTLASSUNG

### VERLAUTBARUNGEN

*(Wenn noch kurze Verlautbarungen für die Gemeinde zu machen sind, werden sie hier eingefügt.)*

### SEGEN UND ENTLASSUNG

*(Es folgt die Entlassung. Der Priester, zur Gemeinde gewandt, breitet die Hände aus und singt oder spricht:)*

P: Der Herr sei mit euch.
G: Und mit deinem Geiste.

P: Dóminus vobíscum.
G: Et cum spíritu tuo.

*(Der Priester segnet die Gemeinde, indem er singt oder spricht:)*

P: Es segne euch der allmächtige Gott, der Vater und der Sohn † und der Heilige Geist.
G: Amen.

P: Benedícat vos omnípotens Deus, Pater, et Fílius, † et Spíritus Sanctus.
G: Amen.

*(An bestimmten Tagen und zu bestimmten Anlässen kann der Priester statt des einfachen Segens eine feierliche Segensformel bzw. ein Gebet über die Gläubigen sprechen.)*

*(Der Diakon – oder der Priester selbst – singt oder spricht, zur Gemeinde gewandt, mit gefalteten Händen:)*

P: Gehet hin in Frieden.
G: Dank sei Gott, dem Herrn.

P: Ite, missa est.
G: Deo grátias.

*(In der Osterwoche bis zum Weißen Sonntag:)*

P: Gehet hin in Frieden. Halleluja, halleluja.
G: Dank sei Gott, dem Herrn. Halleluja, halleluja.

*(Wenn der Entlassungsruf gesungen wird, kann das doppelte „Halleluja" in der ganzen Osterzeit hinzugefügt werden.)*

*(Wie zu Beginn des Gottesdienstes küsst der Priester den Altar. Gemeinsam mit allen, die bei der Messfeier einen besonderen Dienst versehen haben, macht er die vorgesehene Ehrenbezeigung und kehrt zur Sakristei zurück.*
*Folgt unmittelbar auf die Messfeier eine andere liturgische Feier, endet die Messfeier mit dem Schlussgebet ohne den Schlusssegen und die Entlassung.)*

# Die Wort-Gottes-Feier an Sonn- und Festtagen

**Brannte nicht unser Herz in uns,
als er unterwegs mit uns redete
und uns den Sinn der Schriften
eröffnete?**

Lk 24, 32

**Aufbau der Wort-Gottes-Feier**

L = Leiter/in
D = Diakon
V = Vorbeter/in
K = Kantor/in
A = Alle
GL = Gotteslob

# ERÖFFNUNG

## EINZUG – GESANG ZUR ERÖFFNUNG

*(Vor Beginn des Einzugs kann zur Einstimmung Orgel- oder andere Instrumentalmusik gespielt werden. Beim Einzug kann von einem Lektor/einer Lektorin das Mess-Lektionar bzw. Evangeliar mitgetragen werden. Falls das Taufgedächtnis gefeiert wird, können Ministranten/Ministrantinnen auch ein Gefäß mit Wasser mittragen. Während des Einzugs wird der Gesang zur Eröffnung gesungen.)*

## KREUZZEICHEN – LITURGISCHER GRUSS – EINFÜHRUNG

*(Am Sitz wendet sich der Leiter/die Leiterin zur Gemeinde und spricht:)*

L: Im Namen des Vaters und des Sohnes
und des Heiligen Geistes. Amen.

*(Alle machen das Kreuzzeichen.)*

---

D: Gnade und Friede von Gott, unserem Vater,
und dem Herrn Jesus Christus sei mit euch.
A: Und mit deinem Geiste.

*(Oder ein anderer im Messbuch vorgesehener Text.)*

---

L: Der auferstandene Herr Jesus Christus
ist bei uns heute
und alle Tage bis in Ewigkeit.
A: Amen.

*Oder:*

L: Jesus Christus ist in unserer Mitte
und schenkt uns seinen Frieden.
A: Amen.

*Oder:*

L: Der Name des Herrn sei gepriesen.
A: Von nun an bis in Ewigkeit.

*Oder:*

L: Unsere Hilfe ist im Namen des Herrn.
A: Der Himmel und Erde erschaffen hat.

*(Oder ein anderes geeignetes Eröffnungswort.)*

*[Der Leiter/die Leiterin oder jemand anderes führt nun mit folgenden oder ähnlichen Worten in die sonn-(fest-)tägliche Feier ein:]*

L: Am ersten Tag der Woche, dem Sonntag, versammeln sich Christen, um Gott für Tod und Auferstehung Jesu Christi zu preisen. Auch wenn wir an diesem Sonntag nicht Eucharistie feiern können, gedenken wir beim Hören des Wortes Gottes der großen Taten, die Gott an uns Menschen getan hat und heute noch an uns tut. Ihm danken wir für die Hoffnung, die er uns im Tod und in der Auferstehung seines Sohnes geschenkt hat.

*Oder:*

L: Nach einer Woche, die wir unterschiedlich erlebt haben, lädt Christus uns ein, zu ihm zu kommen. Ihm halten wir unser Leben hin mit allem, was es gerade ausmacht: was uns erfreut, aber auch unsere Sorgen und unsere Schuld. Danken wir ihm für das, was gelungen ist, bitten wir ihn um Kraft für das, was uns aufgegeben ist.

*Oder:*

L: Gottes heilende und befreiende Liebe ist uns in den Worten und Taten Jesu Christi sichtbar geworden. Wir haben uns versammelt, um sein befreiendes Wort zu hören und seine heilsame Nähe zu erfahren.

*Oder:*

L: Die Heilige Schrift ist für Christen kein totes Wort. Wir glauben, dass der Herr in seinem Wort in der Gemeinde fortlebt und seine Kirche aufbaut. Christus selbst spricht zu uns und erklärt uns die Schrift, um uns Freiheit und Erlösung zu schenken. Ihm huldigen wir.

*Oder:*

L: Ganz verschiedene Menschen haben sich zu unserem Gottesdienst versammelt: Frauen und Männer, Alte und Junge, Menschen mit unterschiedlichen Ansichten, Meinungen und Lebenserfahrungen. Uns alle verbindet: Gott hat uns als seine Gemeinde hier zusammengerufen. Er beschenkt uns mit seinem Wort. Er stärkt uns im Glauben und in der Gemeinschaft. Er gibt uns von seinem Geist. Er ermutigt uns zum Christsein im Alltag.

*Oder:*

L: Es kann unterschiedliche Gründe dafür geben, dass wir jetzt hier sind. Doch gemeinsam ist unsere Zuversicht: Wir werden in dieser Feier beschenkt. Wir dürfen sehen und erfahren, dass wir als Glaubende nicht allein sind. Es wird uns Gottes Wort verkündet, wir hören, was Gott durch Christus getan hat und bis heute unter uns tut. Christus grüßen wir jetzt mit dem Ruf, mit dem ihn seit 2000 Jahren Christen begrüßen:

## CHRISTUSRUFE (KYRIE-LITANEI)

*(Nun können sich Anrufungen an Christus anschließen, die in der Regel gesungen werden.)*

V: Herr Jesus Christus, du bist das lebendige Wort Gottes.
K: Herr, erbarme dich. *oder:* Kyrie, eleison.
A: Herr, erbarme dich. *oder:* Kyrie, eleison.

V: Dein Wort ist das Licht auf unseren Wegen.
K: Christus, erbarme dich. *oder:* Christe, eleison.
A: Christus, erbarme dich. *oder:* Christe, eleison.

V: Du hast Worte des ewigen Lebens.
K: Herr, erbarme dich. *oder:* Kyrie, eleison.
A: Herr, erbarme dich. *oder:* Kyrie, eleison.

*Oder:*

Kyrie-Litanei (GL 163, 1)

*Oder:*

*(Es können auch andere Kyrie-Rufe, etwa aus dem Gotteslob, oder die in diesem Messbuch für die einzelnen Tage formulierten Kyrie-Rufe verwendet werden.)*

### ERÖFFNUNGSGEBET

*(Der Leiter/die Leiterin lädt zum Gebet ein.)*

L: Lasset uns beten.

*(Nach einer kurzen Stille trägt der Leiter/die Leiterin das Eröffnungsgebet vor.*
*Es wird das Tagesgebet vom betreffenden Sonntag/Festtag genommen. Für die Sonntage im Jahreskreis wird eine weitere, auf das Evangelium des Tages bezogene Oration zur Wahl angeboten. Siehe jeweils „Eröffnungsgebet zur Wahl“.)*

## VERKÜNDIGUNG DES WORTES GOTTES

### ERSTE LESUNG

*(An Sonn- und Festtagen sind vor dem Evangelium zwei Lesungen vorgesehen.*
*Die Gemeinde kann durch kurze Hinweise in die Lesungen eingeführt werden.*

*Der Lektor/die Lektorin holt gegebenenfalls das Mess-Lektionar, geht zum Ambo und trägt die erste Lesung vor.*
*Nach der Lesung soll eine kurze Stille gehalten werden.)*

## PSALM (GESANG)

*(Der Kantor/die Kantorin trägt den vorgesehenen Antwortpsalm oder einen anderen passenden Psalm vom Ambo aus vor. Die Gemeinde antwortet mit der Antiphon/dem Kehrvers.)*

## ZWEITE LESUNG

*(Es folgt die zweite Lesung.*
*Falls eine Evangelienprozession vorgesehen ist, wird das Mess-Lektionar nach der Lesung zum Kredenztisch gebracht.)*

## RUF VOR DEM EVANGELIUM

*(Wer das Evangelium verkündet, holt das Evangeliar vom Ambo bzw. dem Platz, wo es sich befindet, und geht zusammen mit den Ministranten/Ministrantinnen, die brennende Kerzen und gegebenenfalls Weihrauch tragen, in Prozession zum Ambo. Die Gemeinde erhebt sich.*
*Während der Prozession wird das Halleluja oder der in der Fastenzeit vorgesehene Christusruf gesungen.)*

## EVANGELIUM

*(Am Ambo trägt der Diakon, ein Lektor/eine Lektorin oder der Leiter/die Leiterin das Evangelium vor.)*

(D: Der Herr sei mit euch.
A: Und mit deinem Geiste.)
D/L: Aus dem heiligen Evangelium nach N.
A: Ehre sei dir, o Herr.

*(Wird Weihrauch verwendet, so wird nun das Buch beräuchert; dann wird das Evangelium verkündet.*

*Wo nach dem Evangelium ein Zuruf der Gemeinde üblich ist, wird angefügt:)*

D/L: Evangelium unseres Herrn Jesus Christus.
A: Lob sei dir, Christus.

*(Als Zuruf nach dem Evangelium kann auch das Halleluja bzw. in der Fastenzeit der Christusruf wiederholt und in feierlicher Mehrstimmigkeit abgeschlossen werden.)*

### AUSLEGUNG UND DEUTUNG

*(Es folgen die Auslegung und Deutung der Schriftlesungen.)*

### STILLE

## ANTWORT DER GEMEINDE

Aus den folgenden Elementen wird eine sinnvolle Auswahl getroffen:
- Glaubensbekenntnis
- Predigtlied
- Taufgedächtnis
- Schuldbekenntnis und Vergebungsbitte
- Segnungen, die zum Sonn-(Fest-)tag gehören

### A) GLAUBENSBEKENNTNIS

*(Das Apostolische oder das Große Glaubensbekenntnis wird von dem Leiter/der Leiterin zusammen mit der ganzen Gemeinde gesprochen oder gesungen.)*

L: Wir sprechen das Apostolische (*oder:* Große) Glaubensbekenntnis.
A: Ich glaube an Gott … (GL 3,4/S. 495)

*Oder:*

A: Wir glauben an den einen Gott ... (GL 586,2/S. 492)

▶ FRIEDENSZEICHEN

## B) PREDIGTLIED

*(Schriftlesung, Auslegung und Deutung können im Predigtlied nachklingen und vertieft werden.)*

▶ FRIEDENSZEICHEN

## C) TAUFGEDÄCHTNIS (FORM A)

*(Der Leiter/die Leiterin geht zum Taufbrunnen oder es wird ein geeignetes Gefäß mit Wasser gebracht.*
*Der Leiter/die Leiterin lädt mit folgenden oder ähnlichen Worten zum Taufgedächtnis ein:)*

L: Das Wasser erinnert uns daran: Wir alle sind in der Taufe von Gott erwählt, sein heiliges Volk zu sein, wir alle haben teil am Priestertum seines Sohnes und sind berufen, seine großen Taten zu verkünden.

Lasset uns beten.
Gott, du Quelle des Lebens.
Du schenkst uns dein Heil in sichtbaren Zeichen.
So sei uns dieses Wasser
ein Zeichen für das neue Leben,
das du in der Taufe in uns gewirkt hast.
Erneuere in uns die Gaben deines Geistes.
Darum bitten wir durch Christus, unseren Herrn.

A: Amen.

*(Nach dem Gebet wird das Wasser ausgeteilt. Zur Austeilung des Wassers kann die Gemeinde singen. Die Austeilung kann auf verschiedene Weise geschehen:*
*– Das Wasser wird über die Gläubigen ausgesprengt.*

- *Das Wasser wird den Gläubigen gereicht; die Gläubigen bekreuzigen sich.*
- *In einer Prozession gehen die Mitfeiernden zum Taufort, nehmen vom Wasser im Taufbrunnen und bekreuzigen sich damit. Der Leiter/die Leiterin kann auch den Einzelnen mit dem Wasser ein Kreuz auf die Stirn zeichnen.)*

► FRIEDENSZEICHEN

## D) SCHULDBEKENNTNIS UND VERGEBUNGSBITTE

*(Der Leiter/die Leiterin lädt die Gemeinde mit folgenden oder ähnlichen Worten zum Schuldbekenntnis ein. In der Einleitung kann auch ein Wort aus dem Evangelium aufgegriffen werden.)*

L: Schwestern und Brüder,
das Wort Gottes hat unser Gewissen erleuchtet.
Es ist wirksam,
es vermag die Gedanken des Herzens zu richten.
Alles liegt offen vor den Augen Gottes.
Besinnen wir uns auf unser Versagen
und bekennen wir unsere Schuld.

*(Nach einer kurzen Stille sprechen alle gemeinsam das Schuldbekenntnis:)*

A: Ich bekenne Gott, dem Allmächtigen,
und allen Brüdern und Schwestern,
dass ich Gutes unterlassen
und Böses getan habe
– ich habe gesündigt
in Gedanken, Worten und Werken –

*(alle schlagen an die Brust)*

durch meine Schuld, durch meine Schuld,
durch meine große Schuld.

Darum bitte ich die selige Jungfrau Maria,
alle Engel und Heiligen
und euch, Brüder und Schwestern,
für mich zu beten bei Gott, unserem Herrn.

*Oder:*

L: Wir haben Gottes Wort gehört.
Es ist für uns Rettung und Heil.
Vor Gott und unseren Schwestern und Brüdern
wollen wir bekennen, dass wir gesündigt haben.

*(Stille)*

A: Ich bekenne …

*Oder:*

L: Das Wort Gottes hat unser Gewissen erleuchtet;
es lädt uns ein, umzukehren zum Herrn.
Es drängt uns, ihm zu bekennen:

*(Stille)*

A: Ich bekenne …

*Oder:*

L: Gott hat uns im Wort der Schrift
seinen Willen kundgetan.
Vor diesem Wort prüfen wir uns
und bitten den Herrn um Vergebung unserer Schuld.

*(Stille)*

A: Ich bekenne …

*Oder:*

L: Jesus Christus ist nicht gekommen, um zu richten,
sondern zu suchen, was verloren ist,
und zu befreien, was in Schuld und Angst gefangen liegt,
um uns zu retten, wenn unser Herz uns anklagt.
So wollen wir vertrauensvoll vor Gott
und voreinander bekennen,
dass wir gesündigt haben.

*Oder:*

L: Schwestern und Brüder,
das Wort Gottes hat uns gestärkt und ermutigt.
Es lässt uns aber auch unser Versagen
und unsere Schuld erkennen.
Im Vertrauen auf die Güte des Herrn rufen wir:

L: Erbarme dich, Herr, unser Gott, erbarme dich.
A: Denn wir haben vor dir gesündigt.
L: Erweise uns, Herr, deine Huld.
A: Und schenke uns dein Heil.

*Oder: Psalm 130 (GL 639)*

L: Der allmächtige Gott erbarme sich unser.
Er lasse uns die Sünden nach
und führe uns zum ewigen Leben.
A: Amen.

► FRIEDENSZEICHEN

## E) SEGNUNGEN, DIE ZUM SONN-(FEST-)TAG GEHÖREN

*(Anrufungen und Segensgebet werden aus der jeweiligen Ordnung des Benediktionale für die katholischen Bistümer des deutschen Sprachgebietes übernommen. Gegebenenfalls können auch Weihwasser und Weihrauch verwendet werden. Bei der Segnung von Personen kann diesen ein Kreuz auf die Stirn gezeichnet werden.)*

## FRIEDENSZEICHEN

*(Der Leiter/die Leiterin lädt zum Friedensgruß mit folgenden oder ähnlichen Worten ein:)*

L: Jesus Christus ist unser Friede und unsere Versöhnung.
Friede mit ihm ist die Quelle des Friedens
unter uns Menschen.
Geben wir einander ein Zeichen dieses Friedens.

*Oder:*

L: Der auferstandene Herr hat uns
seinen Frieden zugesprochen.
Deshalb gilt auch für uns die Aufforderung:
In euren Herzen herrsche der Friede Christi,
dazu seid ihr berufen als Glieder eines Leibes.
Geben wir einander ein Zeichen dieses Friedens.

*(Es kann ein Friedenslied gesungen werden.)*

## KOLLEKTE (SAMMLUNG DER GABEN)

*(Auf die Verwendung der Kollekte kann mit folgenden oder ähnlichen Worten hingewiesen werden:)*

L: Die Verbundenheit, die wir im Friedensgruß bekundet haben, geht über unsere Gemeinde hinaus. Dies wird auch in unserer Kollekte sichtbar, die heute bestimmt ist für …

*(Zur Kollekte wird ein Lied gesungen oder Instrumentalmusik gespielt.)*

# LOBPREIS UND BITTE

## SONN-(FEST-)TÄGLICHER LOBPREIS

*(Am Sitz lädt der Leiter/die Leiterin zum Lobpreis ein. Die Gemeinde erhebt sich.)*

L: Schwestern und Brüder,
Gott hat zu uns gesprochen in den heiligen Schriften.
Wir haben sein Wort gehört.
Im Sonntäglichen Lobpreis (*oder:* Festtäglichen Lobpreis)
geben wir ihm Antwort.
Wir vereinen uns mit allen auf der Erde,
die heute den Tag des Herrn feiern, und beten:

*Oder:*

L: Lasst uns einstimmen in den Sonntäglichen Lobpreis (*oder:* Festtäglichen Lobpreis).

*Oder:*

L: Kommt, lasst uns den Herrn loben und preisen.

*(Stille)*

## A. LOBPREIS UND DANK FÜR DAS GESCHENK DES SONNTAGS

*„Das ist der Tag, den der Herr gemacht“*

T: nach Lk 2,14 M: Heino Schubert

*Oder:*

T u. M: Franz Forsthuber

*Oder:*

Das ist der Tag, den der Herr gemacht (GL 66,1 / 335)
Jubelt dem Herrn alle Lande (GL 643,3)
Auf, lasst uns jubeln dem Herrn (GL 141)

L: Gepriesen bist du, Schöpfer der Welt:
Am Sonntag gedenken wir deiner Güte,
mit der du Himmel und Erde erschaffen hast.
Du bist die Quelle und der Ursprung allen Lebens.
Du hast am siebten Tag geruht von deinem Werk;
du lädst auch uns nach den Tagen der Arbeit ein,
an deiner schöpferischen Ruhe teilzuhaben.
Du willst, dass wir das Leben feiern,
das du uns immerfort schenkst.
Du lässt uns ausruhen von Mühe und Hast
und aufatmen im Blick auf deine Treue
zu uns und allen Geschöpfen.

K/A: Ehre Gott in der Höhe (siehe S. 574)

*Oder:*

K/A: Dir sei Preis und Dank und Ehre! (siehe S. 574)

L: Gepriesen bist du, Gott, für den Tag,
an dem du Christus, deinen Sohn, aus dem Tod erweckt
und zur Sonne des Heils gemacht hast.
Am Sonntag sammelst du deine Gemeinde um ihn
und stellst sie in das Licht seiner Liebe.
Am Sonntag erneuerst du den Bund der Treue,
den du mit uns geschlossen hast
in Christi Tod und Auferstehung.
Christus, dein Sohn, tritt in unsere Mitte:
Er bringt uns deine Versöhnung und deinen Frieden.
Er schenkt uns immer neu seinen Heiligen Geist,
der uns das Herz aufschließt
für das Geheimnis deiner Liebe
und uns den Mund auftut zum Lob deiner großen Taten,
die du für uns und alle Welt vollbracht hast.

K/A: Ehre Gott in der Höhe (siehe S. 574)

*Oder:*

K/A: Dir sei Preis und Dank und Ehre! (siehe S. 574)

L: Gepriesen bist du, Vater, für den Tag,
an dem wir die lebendige Hoffnung feiern,
zu der du die Welt berufen hast
durch die Auferweckung deines Sohnes.
Sie ist uns Unterpfand der kommenden Vollendung,
die wir mit der ganzen Schöpfung
(voll Sehnsucht) erwarten.
Dein Sohn hat Sünde, Leid und Tod besiegt.
Er lässt uns in dieser Feier
den Geschmack der Hoffnung verkosten:
dass deine Liebe stärker ist als alle Mächte des Todes
und deine Herrschaft des Erbarmens sich durchsetzt
in dieser Welt voll Unrecht und Gewalt.

K/A: Ehre Gott in der Höhe (siehe S. 574)

*Oder:*

K/A: Dir sei Preis und Dank und Ehre! (siehe S. 574)

L: Gepriesen bist du, Freund unseres Lebens,
für das Geschenk des (dieses) Sonntags.
Wir heißen ihn an diesem Morgen (Abend)
dankbar willkommen.
Befreie uns aus aller Enge und Hast,
und lass uns aufatmen in deiner Liebe.
Wir preisen dich mit deinem Sohn im Heiligen Geist
und stimmen freudig ein
in das Lied der himmlischen Chöre,
die das Lob deiner Herrlichkeit singen:

▸ HYMNUS

*[Weitere Texte für den sonn-(fest-)täglichen Lobpreis (Form B–G) siehe S. 584 ff.]*

## HYMNUS

*[An den Festtagen und an den Sonntagen außerhalb der Advents- und Fastenzeit schließt der Hymnus „Ehre sei Gott in der Höhe“ (Gloria-Hymnus) den Lobpreis ab. In der Advents- und Fastenzeit*

*schließt der Lobpreis mit einem anderen Hymnus, beispielsweise: „Dir gebührt unser Lob".]*

## FÜRBITTEN (ALLGEMEINES GEBET)

*(Nach dem Hymnus folgen die Fürbitten. Es sollte in der Regel gebetet werden für die Anliegen der Weltkirche und der Ortsgemeinde, die Regierenden, die Notleidenden, alle Menschen und das Heil der ganzen Welt, ausdrücklich auch für den Papst und den Diözesanbischof. Es ist sinnvoll, regelmäßig darum zu beten, dass die Gemeinde wieder gemeinsam die Eucharistie feiern kann. Der Leiter/die Leiterin spricht die Einleitung. Die einzelnen Anliegen werden von verschiedenen Gemeindegliedern vorgetragen. Dabei sollte eine ausreichende Zeit der Stille gegeben werden, damit auch für eigene Anliegen gebetet werden kann. Die Antwort der Gemeinde kann gesungen werden. Der Leiter/die Leiterin lädt nach der letzten Bitte sogleich zum Vaterunser ein.)*

## VATERUNSER

*(Der Leiter/die Leiterin lädt zum gemeinsamen Gebet des Vaterunsers ein:)*

L: Wir heißen Kinder Gottes und sind es.
Darum beten wir voll Vertrauen:

*Oder:*

L: Lasst uns beten,
wie der Herr uns zu beten gelehrt hat:

*Oder:*

L: Wir haben den Geist empfangen,
der uns zu Kindern Gottes macht.
Darum wagen wir zu sprechen:

A: Vater unser im Himmel,
geheiligt werde dein Name.
Dein Reich komme.

Dein Wille geschehe,
wie im Himmel so auf Erden.
Unser tägliches Brot gib uns heute.
Und vergib uns unsere Schuld,
wie auch wir vergeben unsern Schuldigern.
Und führe uns nicht in Versuchung,
sondern erlöse uns von dem Bösen.
Denn dein ist das Reich und die Kraft
und die Herrlichkeit in Ewigkeit.
Amen.

### LOBLIED/DANKLIED

*(An dieser Stelle kann ein Loblied, ein Danklied oder ein der Kirchenjahreszeit entsprechendes Lied gesungen werden.)*

## ABSCHLUSS

### MITTEILUNGEN

*(An dieser Stelle kann auf Gottesdienste und Veranstaltungen der Gemeinde an den kommenden Tagen hingewiesen oder anderes bekannt gemacht werden.)*

### SEGENSBITTE

*(Leitet ein Diakon die Feier, so erteilt er am Sitz den Segen in der für ihn vorgesehenen Weise. Leitet ein Beauftragter Laie die Feier, so kann die Segensbitte in folgender oder ähnlicher Weise erfolgen:)*

L: Der Herr segne uns und behüte uns.
Der Herr lasse sein Angesicht über uns leuchten
und sei uns gnädig.
Der Herr wende uns sein Angesicht zu
und schenke uns seinen Frieden.
A: Amen.

*Oder:*

L: Der Vater schenke uns seine Liebe.
A: Amen.
L: Der Sohn erfülle uns mit seinem Leben.
A: Amen.
L: Der Heilige Geist stärke uns mit seiner Kraft.
A: Amen.

*(Die Segensbitte schließt mit den Worten:)*

L: Und der Segen des allmächtigen Gottes,
des Vaters und des Sohnes und des Heiligen Geistes
komme auf uns herab und bleibe bei uns allezeit.

*(Währenddessen machen alle das Kreuzzeichen.)*

A: Amen.

## ENTLASSUNG

---

D: Gehet hin in Frieden.
A: Dank sei Gott, dem Herrn.

---

L: Singet Lob und Preis.
A: Dank sei Gott, dem Herrn.

## (ABENDLIED/MORGENLIED/MARIENLIED)

*(Zum Abschluss kann gegebenenfalls ein Abend- oder Morgenlied oder ein Marienlied gesungen werden.)*

## AUSZUG

*(Der Auszug findet in derselben Ordnung statt wie der Einzug. Er kann mit Orgel- oder anderer Instrumentalmusik begleitet werden.)*

## AUSTEILUNG UND EMPFANG DER KOMMUNION

*(Die Wort-Gottes-Feier folgt bis einschließlich der Fürbitten der oben aufgeführten Ordnung. Die Fürbitten werden jedoch in diesem Fall vom Leiter/von der Leiterin durch ein Lobgebet abgeschlossen. Die Austeilung der Kommunion schließt sich nach dem folgenden Modell an.)*

### HINWEIS AUF DIE EUCHARISTISCHE GEMEINSCHAFT

*(Der Leiter/die Leiterin verweist am Sitz mit folgenden oder ähnlichen Worten auf die eucharistische Tischgemeinschaft:)*

L: Wir haben die Gegenwart
unseres Herrn Jesus Christus erfahren
in der Verkündigung seines Wortes.
Das eucharistische Brot, das uns jetzt geschenkt wird,*
verbindet uns mit der Eucharistiefeier,
die wir am vergangenen Sonntag
(in der vergangenen Woche, im vergangenen Monat,
am Fest ...)
hier zuletzt gefeiert haben.

*(Oder:*
*verbindet uns mit der Eucharistiefeier,
die heute in unserer Nachbargemeinde gefeiert wurde.)

Die bleibende Gegenwart des Herrn im eucharistischen Brot ist uns kostbares Gut, das den Glauben nährt, die Hoffnung stärkt und die Gemeinschaft mit unserem Herrn Jesus Christus festigt.

### BEREITUNG DES ALTARES – ÜBERTRAGUNG DES ALLERHEILIGSTEN

*(Ein Ministrant/eine Ministrantin breitet das Korporale auf dem Altar aus.*
*Die Gemeinde kniet.*

*Während der Übertragung wird ein Christus- oder ein Sakramentslied gesungen.)*

## STILLE ANBETUNG

*(Nach der Übertragung lädt der Leiter/die Leiterin zur stillen Anbetung ein und kniet zusammen mit den anderen liturgischen Diensten vor dem Altar nieder.)*

## VATERUNSER

*(Die Gemeinde erhebt sich. Der Leiter/die Leiterin lädt zum Gebet des Herrn ein.)*

L: Lasst uns beten,
wie der Herr uns zu beten gelehrt hat:

*(Alle singen oder sprechen gemeinsam:)*

A: Vater unser im Himmel,
geheiligt werde dein Name.
Dein Reich komme.
Dein Wille geschehe,
wie im Himmel so auf Erden.
Unser tägliches Brot gib uns heute.
Und vergib uns unsere Schuld,
wie auch wir vergeben unsern Schuldigern.
Und führe uns nicht in Versuchung,
sondern erlöse uns von dem Bösen.
Denn dein ist das Reich und die Kraft
und die Herrlichkeit in Ewigkeit.
Amen.

## EINLADUNG ZUR KOMMUNION – KOMMUNION

*(Der Leiter/die Leiterin macht vor dem Altar eine Kniebeuge, nimmt eine Hostie, hält sie über der Hostienschale und spricht der Gemeinde zugewandt:)*

L: Seht das Lamm Gottes,
das hinwegnimmt die Sünde der Welt.
A: Herr, ich bin nicht würdig,
dass du eingehst unter mein Dach,
aber sprich nur ein Wort,
so wird meine Seele gesund.

*(Dann teilt der Leiter/die Leiterin die Kommunion an die anderen Kommunionhelfer/Kommunionhelferinnen aus und empfängt selbst die Kommunion. Anschließend wird die Kommunion in der gewohnten Weise an die Gemeinde ausgeteilt.)*

*(Leiter/in oder Kommunionhelfer/in:)*

Der Leib Christi.

*(Kommunizierende/r:)*

Amen.

*(Während der Kommunionausteilung kann Orgel- oder andere Instrumentalmusik gespielt werden. Es kann auch ein geeigneter Wechselgesang gewählt oder Stille gehalten werden.*
*Die Schale/n mit den nach der Kommunionausteilung verbliebenen Hostien wird/werden in den Tabernakel zurückgestellt. Die leeren Gefäße werden zur Kredenz gebracht und – nach dem Gottesdienst – gereinigt.)*

## STILLE – DANKLIED

*(Nach einer angemessenen Zeit der Stille kann ein geeignetes Danklied gesungen werden.)*

## SCHLUSSGEBET

*(Der Leiter/die Leiterin spricht am Sitz das folgende oder ein anderes Schlussgebet* *(siehe S. 596 ff).*

L: Lasset uns beten.

*(Nach einer kurzen Stille trägt der Leiter/die Leiterin das Schlussgebet vor.)*

L: Barmherziger Gott,
du hast uns gestärkt durch das lebendige Brot,
das vom Himmel kommt.
Deine Liebe,
die wir in der heiligen Speise empfangen haben,
mache uns bereit,
dir in unseren Schwestern und Brüdern zu dienen.
Darum bitten wir durch Christus, unseren Herrn.
A: Amen.

*(Die Feier wird in der Weise abgeschlossen, wie es auf S. 578 f. vorgesehen ist.)*

---

**Auswahlelemente**

# AUSWAHLELEMENTE

## SONNTÄGLICHER LOBPREIS

### B. LOBPREIS DES DREIEINIGEN GOTTES

„Preist den dreieinigen Gott, den Vater, den Sohn
und den Heiligen Geist"

*(Die folgende Akklamation wird beim ersten Mal vorgesungen und dann von allen wiederholt.)*

K/A: Dir sei Preis und Dank und Ehre! (siehe S. 574)

L: Gepriesen bist du, Herr, unser Gott,
für das Leben, das du geschaffen hast.
Die ganze Welt hältst du in der Hand,
und wir dürfen dich unseren Vater nennen.

A: Dir sei Preis und Dank und Ehre! (siehe S. 574)

L: Wir danken dir für deinen Sohn Jesus Christus,
unseren Herrn und Bruder.
Durch ihn wurde deine Güte
in menschlicher Gestalt sichtbar.
In seinem Tod und seiner Auferstehung
hast du uns erlöst
und bleibende Hoffnung geschenkt.
Er ist das Wort, das uns den Weg weist,
er ist die Wahrheit, die uns frei macht.

A: Dir sei Preis und Dank und Ehre! (siehe S. 574)

L: Wir preisen dich für den Heiligen Geist,
der uns zusammenführt und als Kirche eint.
Aus seiner Fülle haben wir empfangen,
aus seiner Kraft dürfen wir leben.

A: Dir sei Preis und Dank und Ehre! (siehe S. 574)

L: Wir danken dir für alle,
die den Weg mit uns gemeinsam gehen

und ihr Leben mit uns teilen.
Für alle, die bei uns bleiben in Stunden der Freude,
aber auch in Stunden der Not und der Angst.

A: Dir sei Preis und Dank und Ehre! (siehe S. 574)

L: Wir preisen dich, Herr, unser Gott,
durch ihn, Jesus Christus, deinen Sohn,
im Heiligen Geist
und stimmen ein in den Lobgesang
der himmlischen Chöre:

▶ HYMNUS

## C. LOBPREIS UND DANK FÜR SCHÖPFUNG UND NEUSCHÖPFUNG

„Gott ruft sein Volk zusammen“

*(Die folgende Akklamation wird beim ersten Mal vorgesungen und dann von allen wiederholt. Anstelle der gesungenen Akklamation kann der folgende Ruf auch jeweils gesprochen werden.)*

*(Kantor/in oder Leiter/in:)*

K: Wir loben dich, wir preisen dich, wir beten dich an. (nach GL 131)
A: Wir loben dich, wir preisen dich, wir beten dich an.

L: Gepriesen bist du, Herr, unser Gott,
für die Gabe des ersten Tages der Woche.
Dies ist der Tag,
an dem du das Werk der Schöpfung begonnen hast,
indem du Licht und Finsternis trenntest.
Dies ist der Tag,
an dem du durch die Auferweckung deines Sohnes
mitten in der alten Schöpfung
die neue Schöpfung schon begonnen hast.
Dies ist der Tag
der Ruhe und Unterbrechung,
den du uns allen am Berg Sinai
durch dein Sabbatgebot geschenkt hast.

Denn du hast uns deinem geliebten Volk Israel
im Neuen Bunde zugesellt.
So halten auch wir einen Tag der Woche für dich frei.
Wie dein Volk Israel
sehnen wir uns nach der Erfüllung deiner Verheißungen.
Wir vereinen uns mit allen, die deinen Namen kennen,
und rufen:

K/A: Wir loben dich, wir preisen dich,
wir beten dich an.

L: Als die Zeit ihre Fülle erreicht hatte,
hast du uns Jesus, den Christus, geschenkt,
dein ewiges, nun sichtbares und Leben schaffendes Wort.
Seiner vor allem gedenken wir am Sonntag.
Es ist der Tag,
an dem er den Geist
auf die im Saal Versammelten sandte
und so deine Kirche schuf.
Als deine Gemeinde (von …)
sind wir versammelt
(in der Ortskirche/im Bistum von …),
um auf deinen Sohn zu hören
und ihm im Glauben zu folgen.

---

*(An dieser Stelle kann entsprechend der Zeit im Kirchenjahr einer der folgenden Einschübe eingefügt werden:)*

*Sonntage im Jahreskreis:*

Sein Wort ist Frohe Botschaft.
Seine Taten zeugen von Barmherzigkeit
und Gerechtigkeit.
Sein Leiden und Tod machen Solidarität
und Wahrheit offenbar.
Seine Auferstehung kündet von einer Liebe,
die kein Hass zerstören kann.

► S. 588

*Oder:*

Er hat Großes an uns getan:
Durch seinen Tod und seine Auferstehung
hat er uns von der Sünde
und von der Knechtschaft des Todes befreit
und neues Leben geschenkt.
In ihm sind wir ein auserwähltes Geschlecht,
dein heiliges Volk, dein königliches Priestertum.

► S. 588

*Oder:*

Er hat den Armen eine gute Nachricht gebracht,
den Gefangenen die Entlassung verkündet,
Blinden das Augenlicht geschenkt,
Tauben die Ohren geöffnet,
Aussätzige rein gemacht
und Tote zum Leben gerufen.

► S. 588

*Sonntage im Advent:*

Ihn hast du der Menschheit als Erlöser verheißen.
Seine Wahrheit leuchtet den Suchenden,
seine Kraft stärkt die Schwachen,
seine Barmherzigkeit bringt den Sündern Vergebung.
Er ist der Heiland der Welt,
den du gesandt hast in Treue zu deinem Wort.

► S. 588

*Sonntage in der Weihnachtszeit:*

Er ist Mensch geworden
und hat der Welt Rettung und Licht gebracht.
Er heilt die Wunden der Schöpfung,
richtet auf, was gebeugt ist und darniederliegt,
er ruft die Menschen ins Reich deines Friedens.

► S. 588

*Sonntage in der Österlichen Bußzeit:*

Er hat Erbarmen mit uns Menschen.
Sein Wort ruft uns zu Umkehr und Buße.
Seine Botschaft schenkt uns Hoffnung und Vergebung.
Seine Taten eröffnen Heil und Leben.

▶ unten

*Sonntage in der Osterzeit:*

Er hat den Tod besiegt und
durch seine Auferstehung das Leben neu geschaffen.
Er schenkt uns Hoffnung,
die dem Leben Licht
und im Sterben Halt schenkt.

---

K/A: Wir loben dich, wir preisen dich,
wir beten dich an.

L: Als die Gemeinde Jesu Christi,
die er aus der Zerstreuung und Vereinzelung sammelt,
folgen wir ihm auf seinem Weg durch die Zeit.
In ihm geschwisterlich verbunden,
teilen wir die Sorgen und Nöte,
die Hoffnungen und Freuden aller Menschen guten Willens.
Sie stehen vor uns an diesem Tag,
und im Geist Christi beten wir.
Wir bitten dich, Gott, um den Heiligen Geist,
den Tröster und Befreier,
den Atem und Wind.
Als deine heilige Versammlung rufen wir:

K: Sende aus deinen Geist,
und das Antlitz der Erde wird neu. (GL 645,3)
A: Sende aus deinen Geist,
und das Antlitz der Erde wird neu.

L: Wir feiern (diesen ...) Sonntag.
Du hast uns heute zusammengerufen,

dass wir dein Wort hören
und dir das Lob singen konnten.
(Das Brot zu brechen, ist uns nicht gegeben,
doch deine Nähe ist uns zugesagt.)
Herr, es ist die Kirche,
die Jesus als dein Volk aus allen Völkern gesammelt hat.
Als seine Kirche halten wir Ausschau
nach seinem endgültigen Kommen.
Mit allen, die den Weg auf dein Reich hin gehen,
geben wir dir, Gott, die Ehre.

▶ HYMNUS

## D. LOBPREIS UND DANK FÜR JESUS CHRISTUS

„Jesus Christus ist der Herr zur Ehre Gottes des Vaters“

*(Die folgende Akklamation wird beim ersten Mal vorgesungen und dann von allen wiederholt. Anstelle der gesungenen Akklamation kann der folgende Ruf auch jeweils gesprochen werden.)*

*(Kantor/in oder Leiter/in:)*

M: Walter Röder / Rechte: Christophorus, Freiburg

L: Menschenfreundlicher Gott,
Vater unseres Herrn Jesus Christus,
so sehr hast du die Welt geliebt,
dass du uns deinen einzigen Sohn gabst,
damit jeder, der an ihn glaubt,

nicht zugrunde geht,
sondern das ewige Leben hat.

A: Jesus Christus ist der Herr zur Ehre Gottes des Vaters.

L: Wir preisen dich, Vater,
für die Menschwerdung deines Sohnes,
für seine Geburt aus der Jungfrau Maria,
für sein Leben in unserer Mitte.

A: Jesus Christus ist der Herr zur Ehre Gottes des Vaters.

L: Wir preisen dich, Vater,
für Jesu Leben in Nazaret,
für die Offenbarung deines Sohnes am Jordan,
für seinen Sieg über den Versucher in der Wüste.

A: Jesus Christus ist der Herr zur Ehre Gottes des Vaters.

L: Wir preisen dich, Vater,
für jedes Wort aus dem Munde Jesu,
für sein heilendes Wirken,
für die Zeichen seiner Herrlichkeit.

A: Jesus Christus ist der Herr zur Ehre Gottes des Vaters.

L: Wir preisen dich, Vater,
für das Abendmahl deines Sohnes,
für sein Leiden und Sterben,
für seine Grabesruhe
und seine Auferstehung.

A: Jesus Christus ist der Herr zur Ehre Gottes des Vaters.

L: Wir preisen dich, Vater,
für alle Macht,
die du Christus gegeben hast,
im Himmel und auf Erden,
für seine Auffahrt zu dir,
für die Sendung des Heiligen Geistes.

A: Jesus Christus ist der Herr zur Ehre Gottes des Vaters.

L: Wir preisen dich, Vater,
dass dein Sohn uns nicht allein lässt;
dass er gegenwärtig ist,
wo zwei oder drei
in seinem Namen versammelt sind;
dass er alle Tage bei uns ist
bis zum Ende der Welt.

A: Jesus Christus ist der Herr zur Ehre Gottes des Vaters.

L: Wir preisen dich, Vater,
Herr des Himmels und der Erde,
in Dankbarkeit, in Ehrfurcht und in Liebe
durch deinen Sohn im Heiligen Geist
und stimmen ein in das Loblied der himmlischen Chöre:

▶ HYMNUS

## E. LOBPREIS UND DANK FÜR GOTTES WIRKEN

„Durch ihn und auf ihn hin ist alles geschaffen"

*(Die folgende Akklamation wird beim ersten Mal vorgesungen und dann von allen wiederholt. Anstelle der gesungenen Akklamation kann der folgende Ruf auch jeweils gesprochen werden.)*

*(Kantor/in oder Leiter/in:)*

K: Lobet den Herrn, preist seine Huld und Treue. (GL 401)
A: Lobet den Herrn, preist seine Huld und Treue.

L: Gepriesen bist du, Herr, unser Gott.
Alles, was du geschaffen hast, ist gut.

A: Lobet den Herrn, preist seine Huld und Treue.

L: Die Welt kündet deine Weisheit und Größe.
Der Mensch kann dich erkennen und dir dienen.

A: Lobet den Herrn, preist seine Huld und Treue.

L: Du lässt uns in der Sorge um die Welt nicht allein.
In Jesus Christus ist uns deine Liebe erschienen.

A: Lobet den Herrn, preist seine Huld und Treue.

L: Auf ihn hin ist alles geschaffen;
er schenkt uns die Fülle des Lebens.

A: Lobet den Herrn, preist seine Huld und Treue.

L: Er heilt die Wunden der Schöpfung
und gibt uns unzerstörbare Hoffnung.

A: Lobet den Herrn, preist seine Huld und Treue.

L: Er ist der Anfang einer neuen Schöpfung;
durch ihn willst du die Welt vollenden.

A: Lobet den Herrn, preist seine Huld und Treue.

L: Gepriesen bist du, Herr, unser Gott,
durch ihn, Jesus Christus, deinen Sohn.
Im Heiligen Geist versammelt, stimmen wir ein
in den Lobgesang der himmlischen Chöre:

▶ HYMNUS

## F. LOBPREIS UND DANK FÜR GOTTES WORT

„Dein Wort, o Herr, geleitet uns“

*(Die folgende Akklamation wird beim ersten Mal vorgesungen und dann von allen wiederholt. Anstelle der gesungenen Akklamation kann der folgende Ruf auch jeweils gesprochen werden.)*

*(Kantor/in oder Leiter/in:)*

K: Dein Wort ist Licht und Wahrheit;
es leuchtet mir auf all meinen Wegen. (GL 630,4)
A: Dein Wort ist Licht und Wahrheit;
es leuchtet mir auf all meinen Wegen.

L: Gott, unser Vater,
wir leben nicht vom Brot allein,
sondern von jedem Wort
aus deinem Munde.
Denn durch dein Wort

hast du die Welt erschaffen;
durch dein Wort hast du alles ins Leben gerufen.

A: Dein Wort ist Licht und Wahrheit;
es leuchtet mir auf all meinen Wegen.

L: Auf dein Wort hast du den Bund
mit Israel gegründet.
Du hast Mose
das Wort deiner Treue anvertraut
als Halt und Weisung für dein Volk,
als Kraft und Stärke für dein Erbe.

A: Dein Wort ist Licht und Wahrheit;
es leuchtet mir auf all meinen Wegen.

L: Du hast die Propheten berufen
als Künder deiner Liebe.
Durch dein Wort mahnten sie das Volk
zu Umkehr und Buße,
sagten an dein Gericht,
spendeten Trost in Not und Bedrängnis.

A: Dein Wort ist Licht und Wahrheit;
es leuchtet mir auf all meinen Wegen.

L: Dein Wort hat Israels Sänger bewegt
und sie erfüllt mit dem Geist des Gebetes.
Deine Weisheit haben sie bekundet,
uns gelehrt, deinen Namen zu preisen.

A: Dein Wort ist Licht und Wahrheit;
es leuchtet mir auf all meinen Wegen.

L: In der Fülle der Zeiten
hast du deinen Sohn gesandt:
das ewige Wort am Herzen des Vaters.
Gnade und Wahrheit kamen durch ihn.
Geist und Leben sind seine Worte.

A: Dein Wort ist Licht und Wahrheit;
es leuchtet mir auf all meinen Wegen.

L: Um das Werk deines Sohnes zu vollenden,
hast du den Heiligen Geist ausgegossen,
damit er uns alles lehre
und uns stärke
zum Zeugnis des Glaubens.

A: Dein Wort ist Licht und Wahrheit;
es leuchtet mir auf all meinen Wegen.

L: Wir preisen dich für dein Wort
und danken dir für dein Wirken.
Ja, dir gebührt unser Lob,
dir unser rühmendes Lied:

▶ HYMNUS

## G. LOBPREIS UND DANK FÜR DEN SONNTAG

„Dankt unserm Gott, lobsinget ihm"

L: Schwestern und Brüder,
wir sind im Namen Jesu versammelt.
Er ist in unserer Mitte.
Er ist unser Mittler bei Gott.
Deshalb beten wir:

*(Stille)*

L: Allmächtiger Gott,
den Sabbat hast du geheiligt
als Tag des Lobes und Dankes
für das Werk deiner Schöpfung.
Der Mensch soll ausruhen von der Arbeit,
dein Wort hören und deinen Namen preisen.
Dankbar erheben wir unsere Stimme:

T: Liturgie/M: Erhard Quack

(In der österlichen Bußzeit:)
Danket dem Herrn, denn er ist gütig,
denn seine Huld währt ewig. (GL 558,1)

L: Den Sonntag hast du uns geschenkt,
damit wir uns freuen
und deines geliebten Sohnes gedenken.
Er kam in die Welt als dein Wort.
Er lebte mit den Menschen.
Sie überlieferten ihn dem Tod.
Du aber hast ihn gerettet.
Darum feiern wir diesen Tag
und gedenken seiner Auferstehung:

K/A: Dank sei Gott, Halleluja.

L: In Christus hast du alle Menschen berufen,
dein auserwähltes Volk zu werden.
Von dir geliebt, schreitet es durch die Zeit,
zur ewigen Vollendung hin,
um dich für immer zu schauen und zu loben:

K/A: Dank sei Gott, Halleluja.

L: Ja, dieser Tag ist ein Geschenk deiner Liebe.
Darum loben und preisen wir dich,
beten wir dich an und danken dir
durch Jesus Christus im Heiligen Geist
und vereinen uns mit den Chören des Himmels
zu deinem Lobgesang:

▶ HYMNUS

## SCHLUSSGEBETE

*(Wenn die Wort-Gottes-Feier mit einer Kommunionfeier verbunden wird, kann das Schlussgebet aus den folgenden Texten gewählt werden.)*

### SCHLUSSGEBET 1

Gott, unser himmlischer Vater,
du schenkst Vergebung und Frieden.
Bleib bei uns auf dem Weg.
Lass uns Sorge tragen für alle, die uns brauchen,
und wo Unrecht deinem Reich entgegensteht,
lass uns Verzeihung üben
durch Jesus Christus, unseren Herrn.

### SCHLUSSGEBET 2

Gott,
du bist reich an Liebe und Güte.
Wie eine Mutter für ihre Kinder sorgt,
so bist du uns zugetan.
Begleite uns in dieser Woche,
dass wir deinen Namen
in Wort und Tat verherrlichen
durch Jesus Christus, unseren Herrn.

### SCHLUSSGEBET 3

Gott, Spender aller Gaben!
Du hast uns bewirtet
mit deinem Wort und dem Brot des Lebens.
Gib uns ein wachsames Herz,
damit wir dich erkennen in allem,
was uns im Alltag begegnet.
Darum bitten wir
durch Jesus Christus, unseren Herrn.

## SCHLUSSGEBET 4

Gott, Urgrund unseres Seins!
Wir danken dir für Jesus, deinen Sohn,
unseren Herrn und Bruder.
Er sei unsere Stärke,
wenn wir dich, den Verborgenen, suchen.
Er sei unsere Kraft,
wenn wir auf seinen Spuren durchs Leben gehen.
Darum bitten wir durch ihn,
Jesus Christus, unseren Herrn.

## SCHLUSSGEBET 5

Herr, unser Gott,
du hast uns als deine Gemeinde versammelt.
Wir bitten dich:
Ruf uns zusammen mit den Menschen aller Völker
und Nationen in das Reich deines Sohnes,
der mit dir lebt und herrscht in Ewigkeit.

## SCHLUSSGEBET 6

Allmächtiger Gott und Vater,
du hast deinen gekreuzigten Sohn auferweckt
und ihm, dem Lebendigen,
die Macht des Leben spendenden Geistes gegeben.
Nimm dich deiner Kirche an, o Herr,
und erneuere ihre Jugend.
Lass sie aufleben durch deinen Heiligen Geist
durch Jesus Christus, unseren Herrn.

## SCHLUSSGEBET 7

Gott, unser Vater,
dein Sohn hat uns von dir Kunde gebracht.
Er hat uns erkennen lassen, wie du bist:

groß in deiner Huld für deine Geschöpfe,
gewaltig in deiner Hoheit,
wehrlos in deiner Liebe.
Wir sagen dir Dank durch ihn,
der sich uns im Wort und im Brot des Lebens geschenkt hat,
Jesus Christus, unseren Herrn.

## SCHLUSSGEBET 8

Herr, unser Gott,
du hast gewollt,
dass sich das Bild deines Sohnes auspräge
im Wesen der Getauften,
die du zu deinem Tisch geladen hast.
Ermutige uns, dem Evangelium zu folgen
und deinem Heiligen Geist Raum zu geben,
durch Jesus Christus, unseren Herrn.

## SCHLUSSGEBET 9

Allmächtiger Gott,
in dieser Feier
hast du uns an deinem göttlichen Leben Anteil geschenkt.
Lass uns niemals von dir getrennt werden,
sondern bewahre uns in deiner Liebe
durch Jesus Christus, unseren Herrn.

# Zeit im Jahreskreis

## DREIFALTIGKEITSSONNTAG – HOCHFEST

7. Juni 2020

„Gott ist dreifaltig einer; / der Vater schuf die Welt, der Sohn hat uns erlöset, / der Geist uns auserwählt." (GL 354) Diese Liedzeilen sind mir seit Kindertagen vertraut. Aus diesem Glauben leben und beten und feiern wir. Und zugleich ist der christliche Glaube an die göttliche Dreieinigkeit ein Glaube, der zu denken gibt. Im liturgischen Gebet, vor allem im Gebet des Vorstehers, wird die Dreifaltigkeit in ihrer zweifachen Bewegungsrichtung zum Ausdruck gebracht: von Gott her auf die Menschheit hin, in der Sendung des Sohnes und des Geistes, und von der Menschheit her, durch den Sohn, in ihm und mit ihm, in der Einheit des Heiligen Geist, zur Ehre Gottes, des Vaters.

### ERÖFFNUNGSVERS

Gepriesen sei der dreieinige Gott:
der Vater und sein eingeborener Sohn
und der Heilige Geist;
denn er hat uns sein Erbarmen geschenkt.

### KYRIE-RUFE

Herr Jesus Christus, du sendest uns zu allen Völkern,
um alle zu taufen auf den Namen des Vaters
und des Sohnes und des Heiligen Geistes.
V/A: Herr, erbarme dich.

Du bist das Mensch gewordene Antlitz des Vaters.
V/A: Christus, erbarme dich.
Du, Herr, bist der Geist.
V/A: Herr, erbarme dich.

Ehre sei Gott, S. 489 f.

### TAGESGEBET

Herr, himmlischer Vater, du hast dein Wort und deinen Geist in die Welt gesandt, um das Geheimnis des göttlichen Lebens zu offenbaren. Gib, dass wir im wahren Glauben die Größe der göttlichen Dreifaltigkeit bekennen und die Einheit der drei Personen in ihrem machtvollen Wirken verehren. Darum bitten wir durch Jesus Christus.

## WORTGOTTESDIENST

ZUR 1. LESUNG „Und lass uns dein Eigentum sein." Jemandes Eigentum sein, ist das so verlockend? Sie kennen aber vielleicht das kleine mittelhochdeutsche Liebesgedicht, das so beginnt: „Dû bist mîn, ich bin dîn: / des solt dû gewis sîn." – Dem liebenden Gott zu eigen zu werden, das ist nicht der Verlust von Freiheit und Menschenwürde und auch kein kluger Deal zwischen zwei Parteien, wenn wir sogar darauf hoffen dürfen, dass die liebende Verbindung zweier Menschen keine Illusion und weder Freiheitsberaubung noch Geschäftsbeziehung ist. „Und lass uns dein Eigentum sein." Das ist eine Bitte. In dieser Beziehung gibt es keine eingebauten Sicherungen und Rücktrittsklauseln, aber auch keine Gewalt. Dieser Bitte liegt eine meertiefe Gewissheit zugrunde, die Glaubenserfahrung, dass der biblische Gott kein Sklavenhalter und kein Puppenspieler ist, sondern ein wahrhaft und darum wehrlos Liebender. In der zweiten Strophe von Paul Gerhardts Weihnachtslied „Ich steh an deiner Krippe hier" (GL 256; KG 333; EG 36) kommt sie zum Ausdruck. Das göttliche Du, dem ich zugeeignet bin, es sann schon vor aller Zeit darauf, mein zu werden: „Da ich noch nicht geboren war, / da bist du mir geboren / und hast mich dir zu eigen gar, / eh ich dich kannt, erkoren. / Eh ich durch deine Hand gemacht, / da hast du schon bei dir bedacht, / wie du mein wolltest werden."

## ERSTE LESUNG

Ex 34,4b.5–6.8–9

*Der HERR ist der HERR, ein barmherziger und gnädiger Gott*

**Lesung aus dem Buch Éxodus.**

In jenen Tagen stand Mose früh am Morgen auf und ging auf den Sínai hinauf, wie es ihm der HERR aufgetragen hatte. Der HERR aber stieg in der Wolke herab und stellte sich dort neben ihn hin. Er rief den Namen des HERRN aus. Der HERR ging vor seinem Angesicht vorüber und rief: Der HERR ist der HERR, ein barmherziger und gnädiger Gott, langmütig und reich an Huld und Treue:

Sofort verneigte sich Mose bis zur Erde und warf sich zu Boden. Er sagte: Wenn ich Gnade in deinen Augen gefunden habe, mein Herr, dann ziehe doch, mein Herr, in unserer Mitte! Weil es ein hartnäckiges Volk ist, musst du uns unsere Schuld und Sünde vergeben und uns dein Eigentum sein lassen!

## ANTWORTPSALM

Dan 3,52.53.54.55.56 (Kv: vgl. 52)

Gepriesen bist du, HERR, du Gott unserer Väter. *
Kv Gerühmt und verherrlicht in Ewigkeit.

Gepriesen bist du im Tempel deiner heiligen Herrlichkeit. *
Kv Gerühmt und verherrlicht in Ewigkeit.

Gepriesen bist du, der in die Tiefen schaut und auf Kérubim thront. *
Kv Gerühmt und verherrlicht in Ewigkeit.

Gepriesen bist du auf dem Thron deiner Herrschaft. *
Kv Gerühmt und verherrlicht in Ewigkeit.

Gepriesen bist du am Gewölbe des Himmels. *
Kv Gerühmt und verherrlicht in Ewigkeit.

ZUR 2. LESUNG Freude ist das Vorzeichen. „Freut euch" steht gleich am Beginn. Das Vorzeichen der Freude soll vor unserem Glauben und vor unserem Leben aus dem Glauben stehen. Das eine Vorzeichen, doch aller guten Gründe sind drei: Dass Gott, der Vater, der ursprungslose Ursprung, alles, was da ist, ins Leben gerufen hat. Dass der Ewige sein Volk und alle Welt durch die Zeit begleitet und in Jesus Christus, dem Mensch gewordenen Ja-Wort Gottes zur Welt, neu und für immer angenommen hat. Und dass uns der Heilige Geist zu einer Gemeinschaft verbindet, die sich aus Streit und Schrecken, Zweifel und Zwist zu öffnen vermag füreinander, für die anderen, in der Gemeinschaft des Heiligen Geistes. „Grüßt einander mit dem heiligen Kuss!"

## ZWEITE LESUNG 2 Kor 13,11–13

*Die Gnade des Herrn Jesus Christus und die Liebe Gottes und die Gemeinschaft des Heiligen Geistes sei mit euch allen!*

**Lesung aus dem zweiten Brief des Apostels Paulus an die Gemeinde in Korínth.**

Schwestern und Brüder, freut euch, kehrt zur Ordnung zurück, lasst euch ermahnen, seid eines Sinnes, haltet Frieden! Dann wird der Gott der Liebe und des Friedens mit euch sein.
Grüßt einander mit dem heiligen Kuss! Es grüßen euch alle Heiligen.
Die Gnade des Herrn Jesus Christus und die Liebe Gottes und die Gemeinschaft des Heiligen Geistes sei mit euch allen!

## RUF VOR DEM EVANGELIUM

Vers: vgl. Offb 1,8

Halleluja. Halleluja.
Ehre sei dem Vater und dem Sohn und dem Heiligen Geist.
Ehre sei dem einen Gott,
der war und der ist und der kommen wird.
Halleluja.

**ZUM EVANGELIUM** „Welt" bedeutet im Johannes-Evangelium: die Menschheit, die Menschen in ihrer bodenlosen Angst um sich selbst, in ihrem furchtsamen und gewalttätigen Bestreben, sich, sich und noch einmal sich selbst durchzusetzen. Diese „Welt" droht sich selbst zu richten, zugrunde zu richten, und so zu vernichten. Das „Gericht" wird hier also nicht als ein von Gott eigens geplantes und herbeigeführtes Geschehen betrachtet, sondern als etwas, das als Folge einer bestimmten menschlichen Grundhaltung eintritt. Davor will Gott die Menschen retten. Dazu hat er seinen Sohn gesandt, nicht irgendwohin, sondern: in die Welt. Wer das erkennt, wer darauf vertrauen lernt, verlernt die lebenslange Lebensangst, verliert die tödliche Todesangst, verliert seine Gewalttätigkeit: wird gerettet.

## EVANGELIUM

Joh 3,16–18

*Gott hat seinen Sohn gesandt, damit die Welt durch ihn gerettet wird*

\+ **Aus dem heiligen Evangelium nach Johannes.**

Gott hat die Welt so sehr geliebt, dass er seinen einzigen Sohn hingab, damit jeder, der an ihn glaubt, nicht verloren geht, sondern ewiges Leben hat.

Denn Gott hat seinen Sohn nicht in die Welt gesandt, damit er die Welt richtet, sondern damit die Welt durch ihn gerettet wird.

Wer an ihn glaubt, wird nicht gerichtet; wer nicht glaubt, ist schon gerichtet, weil er nicht an den Namen des einzigen Sohnes Gottes geglaubt hat.

Glaubensbekenntnis, S. 492 ff.

## FÜRBITTEN

Gott sendet aus Liebe zu uns Menschen seinen Sohn. Der Heilige Geist ist bleibender Beistand in uns und zugleich belebendes Wehen. Wir rufen zum dreifaltigen, zum dreieinigen Gott:

- Wirke durch deinen Geist in deiner Kirche und lass die in der Verkündigung Tätigen Worte und Wege finden, die die Menschen heute erreichen. V: Dreieiniger Gott. A: Höre unser Rufen.
- Öffne denen, die nach Sinn und Erfüllung suchen, die Augen und hilf ihnen, den Weg der Liebe und der Wahrheit zu gehen. V: Dreieiniger Gott. A: Höre unser Rufen.
- Sei bei denen, die tagtäglich Angst vor Gewalt und Übergriffen haben müssen, sei besonders bei den Kindern. V: Dreieiniger Gott. A: Höre unser Rufen.
- Segne alle, die Unrecht und Ungerechtigkeit nicht hinnehmen, sondern durch Worte und Taten widerstehen. V: Dreieiniger Gott. A: Höre unser Rufen.
- Stärke die Menschen, die als Einzelne oder in politischen Gruppierungen Schritte zum Frieden gehen. V: Dreieiniger Gott. A: Höre unser Rufen.
- Nimm Angst und Schmerz von den Schwerkranken und Sterbenden und lass sie einmal heimkommen in dein Haus aus Licht. V: Dreieiniger Gott. A: Höre unser Rufen.

Ehre sei dem Vater mit dem Sohn im Heiligen Geist, heute und alle Tage bis in Ewigkeit.

# EUCHARISTIEFEIER

## GABENGEBET

Gott, unser Vater, wir rufen deinen Namen an über Brot und Wein. Heilige diese Gaben und nimm mit ihnen auch uns an, damit wir dir auf ewig gehören. Darum bitten wir durch Christus, unseren Herrn.

## PRÄFATION

In Wahrheit ist es würdig und recht, dir, Herr, heiliger Vater, allmächtiger, ewiger Gott, immer und überall zu danken. Mit deinem eingeborenen Sohn und dem Heiligen Geist bist du der eine Gott und der eine Herr, nicht in der Einzigkeit einer Person, sondern in den drei Personen des einen göttlichen Wesens. Was wir auf deine Offenbarung hin von deiner Herrlichkeit glauben, das bekennen wir ohne Unterschied von deinem Sohn, das bekennen wir vom Heiligen Geiste. So beten wir an im Lobpreis des wahren und ewigen Gottes die Sonderheit in den Personen, die Einheit im Wesen und die gleiche Fülle in der Herrlichkeit. Dich loben die Engel und Erzengel, die Kerubim und Serafim. Wie aus einem Mund preisen sie dich Tag um Tag und singen auf ewig das Lob deiner Herrlichkeit: Heilig …

## KOMMUNIONVERS

Gal 4,6

Weil ihr Söhne seid,
sandte Gott den Geist seines Sohnes in eure Herzen,
den Geist, der ruft: Abba, Vater.

## SCHLUSSGEBET

Herr, unser Gott, wir haben den Leib und das Blut deines Sohnes empfangen. Erhalte uns durch dieses Sakrament im wahren Glauben und im Bekenntnis des einen Gottes in drei Personen. Darum bitten wir durch Christus, unseren Herrn.

## FEIERLICHER SCHLUSSSEGEN

Gott, unser Vater, segne euch mit allem Segen des Himmels, damit ihr rein und heilig lebt vor seinem Angesicht. – A: Amen.
Er lehre euch durch das Wort der Wahrheit; er bilde euer Herz nach dem Evangelium Christi und gebe euch Anteil an seiner Herrlichkeit. – A: Amen.
Er schenke euch jene brüderliche Liebe, an der die Welt die Jünger Christi erkennen soll. – A: Amen.
Das gewähre euch der dreieinige Gott, der Vater und der Sohn † und der Heilige Geist. – A: Amen.

***

## IN DEINER FREUNDSCHAFT

Preis sei dir, o Herr
der du uns von Anbeginn
in deiner Freiheit erschaffen hast.
Preis sei dir, o Herr,
der du uns zu deinem lebendigen
Ebenbild berufen hast.
Preis sei dir, o Herr,
der du uns geadelt hast
mit den Gaben der Freiheit und der Vernunft.
Preis sei dir, gerechter Vater,
der du uns durch die Liebe besitzen wolltest.
Preis sei dir, allheiliger Sohn,
der du unseren Leib angenommen hast,
um uns zu retten.
Preis sei dir, Geist des Lebens,
der du uns mit deinen Gaben beschenkt hast.

Jeder Mund soll dich loben,
Vater, Sohn und Heiliger Geist.
Von den Höhen herab bis zu den Tiefen
sei Preis der Dreifaltigkeit
durch Zeit und Ewigkeit.

*Symeon der Theologe*

# HOCHFEST DES LEIBES UND BLUTES CHRISTI

# FRONLEICHNAM

## 11. Juni 2020

Israels Wüstenerfahrung lautet nicht: Wir sind unbesiegbar, wir sind Helden, wir schaffen das alles, mit leichter Hand. Vielmehr klingt sie so: Wir sind verletzliche Menschen; Gott aber schafft Leben. Sein Wort verschafft uns, was wir zum Leben brauchen; dafür gibt er alles. Gott ist gut. Er öffnet seine Hand. Es ist gut, hungrig zu bleiben nach seinem Wort.

### ERÖFFNUNGSVERS

Vgl. Ps 81 (80), 17

Er hat uns mit bestem Weizen genährt
und mit Honig aus dem Felsen gesättigt.

### KYRIE-RUFE

Herr Jesus Christus, du bist das lebendige Brot,
das vom Himmel herabgekommen ist.
V/A: Herr, erbarme dich.
Du gibst uns Anteil an deinem Leib und an deinem Blut.
V/A: Christus, erbarme dich.
Du gibst dein Fleisch für das Leben der Welt.
V/A: Herr, erbarme dich.

Ehre sei Gott, S. 489 f.

## TAGESGEBET

Herr Jesus Christus, im wunderbaren Sakrament des Altares hast du uns das Gedächtnis deines Leidens und deiner Auferstehung hinterlassen. Gib uns die Gnade, die heiligen Geheimnisse deines Leibes und Blutes so zu verehren, dass uns die Frucht der Erlösung zuteil wird. Der du in der Einheit des Heiligen Geistes mit Gott dem Vater lebst und herrschest in alle Ewigkeit.

# WORTGOTTESDIENST

ZUR 1. LESUNG In einer „Rede des Mose" wird Israel an die vierzig Jahre seiner Wüstenwanderung erinnert, entbehrungsreiche Zeit, Zeit der Prüfung, Probezeit. Für das Volk, vielleicht auch für seinen Gott? In der Wüste musste Gottes Volk Durststrecken durchstehen, wörtlich und im übertragenen Sinne. Alte Sicherheiten brachen weg, die eigene Bedrohtheit und Bedürftigkeit trat schmerzhaft zutage. Doch in der Krise brach sich Gottes Bundestreue Bahn, wie lebendiges Wasser harten Fels durchdringt. Gegen alle Widerstände wächst Vertrauen: Gott hat uns sein Wort gegeben. Gott hält Wort, Gottes Wort – hält.

## ERSTE LESUNG Dtn 8,2–3.14–16a

*Er hat dich mit Manna gespeist, das du nicht kanntest und das auch deine Väter nicht kannten*

**Lesung aus dem Buch Deuteronómium.**

Mose sprach zum Volk: Du sollst an den ganzen Weg denken, den der HERR, dein Gott, dich während der vierzig Jahre in der Wüste geführt hat, um dich gefügig zu machen und dich zu prüfen. Er wollte erkennen, wie du dich entscheiden würdest: ob du seine Gebote bewahrst oder nicht.

Durch Hunger hat er dich gefügig gemacht und hat dich dann mit dem Manna gespeist, das du nicht kanntest und das auch deine Väter nicht kannten. Er wollte dich erkennen lassen, dass der Mensch nicht nur von Brot lebt, sondern dass der Mensch von allem lebt, was der Mund des HERRN spricht.

Nimm dich in Acht, dass dein Herz nicht hochmütig wird und du den HERRN, deinen Gott, nicht vergisst, der dich aus Ägypten, dem Sklavenhaus, geführt hat; der dich durch die große und Furcht erregende Wüste geführt hat, durch Feuernattern und Skorpione, durch ausgedörrtes Land, wo es kein Wasser gab; der für dich Wasser aus dem Felsen der Steilwand hervorsprudeln ließ der dich in der Wüste mit dem Manna speiste, das deine Väter noch nicht kannten.

## ANTWORTPSALM

Ps 147 (146), 12–13.14–15.19–20 (Kv: 12a)

Kv Jerusalem, rühme den HERRN! – Kv

(*Oder:* Halleluja.)

Jerusalem, rühme den HERRN! *
Zion, lobe deinen Gott!
Denn er hat die Riegel deiner Tore festgemacht, *
die Kinder in deiner Mitte gesegnet. – (Kv)

Er verschafft deinen Grenzen Frieden, *
er sättigt dich mit bestem Weizen.
Er sendet seinen Spruch zur Erde, *
in Eile läuft sein Wort dahin. – (Kv)

Er verkündet Jakob sein Wort, *
Israel seine Gesetze und seine Entscheide.
An keinem anderen Volk hat er so gehandelt, *
sie kennen sein Recht nicht. – Kv

ZUR 2. LESUNG Sage mir, mit wem du isst, und ich sage dir, wer du bist. Gemeinsames Essen setzt Gemeinsamkeiten voraus und schafft sie. Dies erfährt die christliche Gemeinde bei der Feier des Herrenmahles. Das Teilen der Gaben schafft Gemeinschaft der Verschiedenen, ja Gegenseitigkeit der Gegner; Gemeinschaft mit Christus und Gemeinschaft untereinander. Der sich brechen ließ, als er zu Gottes Kommen sammelte und in seinem Namen, lädt abermals ein zum versöhnenden Mahl: Im Brechen des Brotes wird Getrenntes geeint.

## ZWEITE LESUNG 1 Kor 10,16–17

*Ein Brot ist es. Darum sind wir viele ein Leib*

**Lesung aus dem ersten Brief des Apostels Paulus an die Gemeinde in Korínth.**

Schwestern und Brüder! Ist der Kelch des Segens, über den wir den Segen sprechen, nicht Teilhabe am Blut Christi? Ist das Brot, das wir brechen, nicht Teilhabe am Leib Christi?

*Ein* Brot ist es. Darum sind wir viele *ein* Leib; denn wir alle haben teil an dem einen Brot.

## SEQUENZ

Deinem Heiland, deinem Lehrer,
deinem Hirten und Ernährer,
Sion, stimm ein Loblied an!

Preis nach Kräften seine Würde,
da kein Lobspruch, keine Zierde
seinem Ruhm genügen kann.

Dieses Brot sollst du erheben,
welches lebt und gibt das Leben,
das man heut den Christen weist.

Dieses Brot, mit dem im Saale
Christus bei dem Abendmahle
die zwölf Jünger hat gespeist.

Laut soll unser Lob erschallen
und das Herz in Freude wallen,
denn der Tag hat sich genaht,

da der Herr zum Tisch der Gnaden
uns zum ersten Mal geladen
und dies Mahl gestiftet hat.

Neuer König, neue Zeiten,
neue Ostern, neue Freuden,
neues Opfer allzumal!

Vor der Wahrheit muss das Zeichen,
vor dem Licht der Schatten weichen,
hell erglänzt des Tages Strahl.

Was von Christus dort geschehen,
sollen wir fortan begehen,
seiner eingedenk zu sein.

Treu dem heiligen Befehle
wandeln wir zum Heil der Seele
in sein Opfer Brot und Wein.

Doch wie uns der Glaube kündet,
der Gestalten Wesen schwindet,
Fleisch und Blut wird Brot und Wein.

Was das Auge nicht kann sehen,
der Verstand nicht kann verstehen,
sieht der feste Glaube ein.

Unter beiderlei Gestalten
hohe Dinge sind enthalten,
in den Zeichen tief verhüllt.

Blut ist Trank und Fleisch ist Speise,
doch der Herr bleibt gleicherweise
ungeteilt in beider Bild.

Wer ihm nahet voll Verlangen,
darf ihn unversehrt empfangen,
ungemindert, wunderbar.

Einer kommt und tausend kommen,
doch so viele ihn genommen,
er bleibt immer, der er war.

Gute kommen, Böse kommen,
alle haben ihn genommen,
die zum Leben, die zum Tod.

Bösen wird er Tod und Hölle,
Guten ihres Lebens Quelle,
wie verschieden wirkt dies Brot!

Wird die Hostie auch gespalten,
zweifle nicht an Gottes Walten,
dass die Teile das enthalten,
was das ganze Brot enthält.

Niemals kann das Wesen weichen,
teilen lässt sich nur das Zeichen,
Sach und Wesen sind die gleichen,
beide bleiben unentstellt.

Seht das Brot, die Engelspeise!
Auf des Lebens Pilgerreise

nehmt es nach der Kinder Weise,
nicht den Hunden werft es hin!

Lang im Bild war's vorbereitet:
Isaak, der zum Opfer schreitet;
Osterlamm, zum Mahl bereitet;
Manna nach der Väter Sinn.

Guter Hirt, du wahre Speise,
Jesus, gnädig dich erweise!
Nähre uns auf deinen Auen,
lass uns deine Wonnen schauen
in des Lebens ewigem Reich!

Du, der alles weiß und leitet,
uns im Tal des Todes weidet,
lass an deinem Tisch uns weilen,
deine Herrlichkeit uns teilen.
Deinen Seligen mach uns gleich!

*Oder (Kurzfassung):*

## SEQUENZ

Seht das Brot, die Engelspeise!
Auf des Lebens Pilgerreise
nehmt es nach der Kinder Weise,
nicht den Hunden werft es hin!

Lang im Bild war's vorbereitet:
Isaak, der zum Opfer schreitet;
Osterlamm, zum Mahl bereitet;
Manna nach der Väter Sinn.

Guter Hirt, du wahre Speise,
Jesus, gnädig dich erweise!
Nähre uns auf deinen Auen,

lass uns deine Wonnen schauen
in des Lebens ewigem Reich!

Du, der alles weiß und leitet,
uns im Tal des Todes weidet,
lass an deinem Tisch uns weilen,
deine Herrlichkeit uns teilen.
Deinen Seligen mach uns gleich!

*Oder:*

## SEQUENZ

Lobe, Zion, deinen Hirten;
dem Erlöser der Verirrten
stimme Dank und Jubel an.
Lass dein Lob zum Himmel dringen;
ihn zu rühmen, ihm zu singen,
hat kein Mensch genug getan.

Er ist uns im Brot gegeben,
Brot, das lebt und spendet Leben,
Brot das Ewigkeit verheißt,
Brot, mit dem der Herr im Saale
dort beim österlichen Mahle
die zwölf Jünger hat gespeist.

Lobt und preist, singt Freudenlieder;
festlich kehrt der Tag uns wieder,
jener Tag von Brot und Wein,
da der Herr zu Tisch geladen
und dies heilge Mahl der Gnaden
setzte zum Gedächtnis ein.

Was bei jenem Mahl geschehen,
sollen heute wir begehen
und verkünden seinen Tod.

Wie der Herr uns aufgetragen,
weihen wir, Gott Dank zu sagen,
nun zum Opfer Wein und Brot.

Seht das Brot, der Engel Speise,
Brot auf unsrer Pilgerreise,
das den Hunger wahrhaft stillt.
Abrams Opfer hats gedeutet,
war im Manna vorbereitet,
fand im Osterlamm sein Bild.

Guter Hirt, du Brot des Lebens,
wer dir traut, hofft nicht vergebens,
geht getrost durch diese Zeit.
Die du hier zu Tisch geladen,
ruf auch dort zum Mahl der Gnaden
in des Vaters Herrlichkeit.

*Oder (Kurzfassung):*

## SEQUENZ

Seht das Brot, der Engel Speise,
Brot auf unsrer Pilgerreise,
das den Hunger wahrhaft stillt.
Abrams Opfer hats gedeutet,
war im Manna vorbereitet,
fand im Osterlamm sein Bild.

Guter Hirt, du Brot des Lebens,
wer dir traut, hofft nicht vergebens,
geht getrost durch diese Zeit.
Die du hier zu Tisch geladen,
ruf auch dort zum Mahl der Gnaden
in des Vaters Herrlichkeit.

## RUF VOR DEM EVANGELIUM

Vers: vgl. Joh 6,51

Halleluja. Halleluja.
(So spricht der Herr:)
Ich bin das lebendige Brot,
das vom Himmel gekommen ist.
Wer dieses Brot isst, wird in Ewigkeit leben.
Halleluja.

**ZUM EVANGELIUM** Wovon lebt der Mensch? Nicht vom Brot allein. Aber von diesem auch. Kein Mensch darf es dem anderen verweigern. Jesus weiß und zeigt mit Leib und Seele, dass er von Gott lebt. Gerade dies, seine Durchlässigkeit für den Gott des Lebens, wird ihn das Leben kosten. Jesus deutet hier aber an, dass er nicht nur zerbrochen werden wird, sondern dass er sich austeilt: den vielen; dass er sein Leben teilt gerade mit denen, die schon im Leben dem Tod unterliegen. Er gibt sich den anderen – zum ewigen Leben. Zum wahren Leben. Zum Leben, das lebt und aufleben lässt. Daran teilzuhaben und teilzugeben, lädt er ein. Teilzuhaben an seinem Leben, an seinem Tod. Damit wir das Leben haben. Ewiges Leben: Leben und lieben mit Gott.

## EVANGELIUM

Joh 6,51–58

*Mein Fleisch ist wahrhaft eine Speise und mein Blut ist wahrhaft ein Trank*

**+ Aus dem heiligen Evangelium nach Johannes.**

In jener Zeit sprach Jesus zu der Menge: Ich bin das lebendige Brot, das vom Himmel herabgekommen ist. Wer von diesem Brot isst, wird in Ewigkeit leben. Das Brot, das ich geben werde, ist mein Fleisch für das Leben der Welt.

Da stritten sich die Juden und sagten: Wie kann er uns sein Fleisch zu essen geben?

Jesus sagte zu ihnen: Amen, amen, ich sage euch: Wenn ihr das Fleisch des Menschensohnes nicht esst und sein Blut nicht trinkt, habt ihr das Leben nicht in euch.

Wer mein Fleisch isst und mein Blut trinkt, hat das ewige Leben und ich werde ihn auferwecken am Jüngsten Tag. Denn mein Fleisch ist wahrhaft eine Speise und mein Blut ist wahrhaft ein Trank.

Wer mein Fleisch isst und mein Blut trinkt, der bleibt in mir und ich bleibe in ihm. Wie mich der lebendige Vater gesandt hat und wie ich durch den Vater lebe, so wird jeder, der mich isst, durch mich leben.

Dies ist das Brot, das vom Himmel herabgekommen ist. Es ist nicht wie das Brot, das die Väter gegessen haben, sie sind gestorben. Wer aber dieses Brot isst, wird leben in Ewigkeit.

Glaubensbekenntnis, S. 492 ff.

## FÜRBITTEN

Das Brot des Himmels wird uns auch heute geschenkt. Jesus Christus ist lebendiges Brot für die Welt. Er will uns wahrhaft nähren. Zu ihm rufen wir und bitten ihn:

- Für alle, die sich mit dem Skandal der Entzweiung der Christenheit nicht abfinden und nicht müde werden, Wege zur Einheit zu suchen. V: Jesus, du Brot des Lebens. A: Nähre sie.
- Für alle, die im Dienst der Verkündigung andere geistlich nähren. V: Jesus, du Brot des Lebens. A: Nähre sie.
- Für all diejenigen, die nachts hungrig einschlafen und morgens hungrig aufwachen. V: Jesus, du Brot des Lebens. A: Nähre sie.
- Für die Menschen, die ohne Zuhause sind, weil sie in ihrer Heimat ihres Lebens nicht mehr sicher waren. V: Jesus, du Brot des Lebens. A: Nähre sie.
- Für alle, die Hungrigen zu essen geben, Durstigen zu trinken und Heimatlosen Heimat. V: Jesus, du Brot des Lebens. A: Nähre sie.

- Für unsere Verstorbenen und für alle Toten, dass sie teilhaben an deinem Mahl der Versöhnung und der Freude. V: Jesus, du Brot des Lebens. A: Nähre sie.

Im unscheinbaren Brot bist du gegenwärtig, Jesus Christus, der du unser Herr und Bruder bist. Sei du unsere Kraft auf dem Weg, der zum Vater führt, und erfülle unser Herz mit Hoffnung. Dir sei Dank in Ewigkeit.

# EUCHARISTIEFEIER

## GABENGEBET

Herr, unser Gott, wir bringen das Brot dar, das aus vielen Körnern bereitet, und den Wein, der aus vielen Trauben gewonnen ist. Schenke deiner Kirche, was diese Gaben geheimnisvoll bezeichnen: die Einheit und den Frieden. Darum bitten wir durch Christus, unseren Herrn.

## PRÄFATION

In Wahrheit ist es würdig und recht, dir, Herr, heiliger Vater, allmächtiger, ewiger Gott, immer und überall zu danken durch unseren Herrn Jesus Christus. Denn er hat beim letzten Abendmahl das Gedächtnis des Kreuzesopfers gestiftet zum Heil der Menschen bis ans Ende der Zeiten. Er hat sich dargebracht als Lamm ohne Makel, als Gabe, die dir gefällt, als Opfer des Lobes. Dieses erhabene Geheimnis heiligt und stärkt deine Gläubigen, damit der eine Glaube die Menschen der einen Erde erleuchte, die eine Liebe sie alle verbinde. So kommen wir zu deinem heiligen Tisch, empfangen von dir Gnade um Gnade und werden neu gestaltet nach dem Bild deines Sohnes. Durch ihn rühmen dich Himmel und Erde, Engel und Menschen und singen wie aus einem Munde das Lob deiner Herrlichkeit: Heilig …

## KOMMUNIONVERS

Joh 6,56

So spricht der Herr:
Wer mein Fleisch isst und mein Blut trinkt,
der bleibt in mir und ich bleibe in ihm.

## SCHLUSSGEBET

Herr Jesus Christus, der Empfang deines Leibes und Blutes ist für uns ein Vorgeschmack der kommenden Herrlichkeit. Sättige uns im ewigen Leben durch den vollen Genuss deiner Gottheit. Der du lebst und herrschest in alle Ewigkeit.

## FEIERLICHER SCHLUSSSEGEN

S. 210 f.

*Oder:*

Gott hat euch zu Königen gemacht und zu Priestern. Er gebe euch die Kraft, aus dem Opfer Christi zu leben. – A: Amen.
Er hat euch um den einen Tisch versammelt und euch gestärkt mit dem einen Brot. Er mache euch eines Herzens und eines Sinnes. – A: Amen.
Er hat euch gesandt, euren Glauben zu bezeugen. Er helfe euch, die Menschen durch das Beispiel eurer Liebe zu Jesus Christus zu führen. – A: Amen.
Das gewähre euch der dreieinige Gott, der Vater und der Sohn † und der Heilige Geist. – A: Amen.

***

## AUS ALLER NOT

Gott sei gelobet und gebenedeiet,
der uns selber hat gespeiset
mit seinem Fleische und mit seinem Blute;
das gib uns, Herr Gott, zugute.
Kyrieleison.

Herr, du nahmest menschlichen Leib an,
der von deiner Mutter Maria kam.
Durch dein Fleisch und dein Blut
hilf uns, Herr, aus aller Not.
Kyrieleison.

*Anonym, um 1350*

# 11. SONNTAG IM JAHRESKREIS

## 14. Juni 2020

„Umsonst habt ihr empfangen, umsonst sollt ihr geben." (Mt 10,8) Gott hat ein weites Herz, er ist großzügig und liebevoll. Er schenkt Leben und lädt uns ein, es ihm gleichzutun. Wie die Strahlen der Sonne auf Gute und Böse fallen, so soll auch unser Wohlwollen allen Menschen erfahrbar sein. Es liegt eine besondere Freude darin, die Welt im Lichte Gottes zu sehen. Denn so wachsen Dankbarkeit und Liebe. Was wollen wir mehr?

### ERÖFFNUNGSVERS

Ps 27 (26),7.9

Vernimm, o Herr, mein lautes Rufen,
sei mir gnädig und erhöre mich.
Du bist meine Hilfe: Verstoß mich nicht,
verlass mich nicht, du Gott meines Heils!

### KYRIE-RUFE

Herr Jesus Christus, du versammelst um dich
dein heiliges Volk als ein Reich von Priestern.
V/A: Herr, erbarme dich.
Du berufst Menschen, in deinem besonderen Dienst
mit Vollmacht zu wirken.
V/A: Christus, erbarme dich.
Du schenkst uns heute Berufungen.
V/A: Herr, erbarme dich.

Ehre sei Gott, S. 489 f.

## TAGESGEBET

Gott, du unsere Hoffnung und unsere Kraft, ohne dich vermögen wir nichts. Steh uns mit deiner Gnade bei, damit wir denken, reden und tun, was dir gefällt. Darum bitten wir durch Jesus Christus.

# WORTGOTTESDIENST

**ZUR 1. LESUNG** Wie eine Mutter ihr Kind zieht Gott sein Volk an sich. Er kämpft es frei aus der Unterdrückung, trägt es wie auf Adlersflügeln zu sich, macht es vertraut mit seiner Stimme und hat für sein Volk einen besonderen Platz im Herzen. Dem Volk wird aber auch eine Aufgabe übertragen: es soll als ein Reich von Priestern und ein heiliges Volk das Heil Gottes auf der ganzen Erde zugänglich machen. Sowohl Mose als auch das ganze Volk haben eine Mittler-Funktion. Das Wort Gottes will gehört und verkündet werden: von Mund zu Mund und von Herz zu Herz.

## ERSTE LESUNG Ex 19,2–6a

*Ihr sollt mir als ein Königreich von Priestern und als ein heiliges Volk gehören*

**Lesung aus dem Buch Éxodus.**

In jenen Tagen kamen die Israeliten in die Wüste Sínai. Sie schlugen in der Wüste das Lager auf. Dort lagerte Israel gegenüber dem Berg.

Mose stieg zu Gott hinauf. Da rief ihm der Herr vom Berg her zu: Das sollst du dem Haus Jakob sagen und den Israeliten verkünden: Ihr habt gesehen, was ich den Ägyptern angetan habe, wie ich euch auf Adlerflügeln getragen und zu mir gebracht habe.

Jetzt aber, wenn ihr auf meine Stimme hört und meinen Bund haltet, werdet ihr unter allen Völkern mein besonderes Eigentum sein.

Mir gehört die ganze Erde, ihr aber sollt mir als ein Königreich von Priestern und als ein heiliges Volk gehören.

## ANTWORTPSALM

Ps 100 (99), 1–3.4–5 (Kv: vgl. 3c)

Kv Wir sind das Volk des HERRN,
die Herde seiner Weide. – Kv

Jauchzt dem HERRN, alle Lande! /
Dient dem HERRN mit Freude! *
Kommt vor sein Angesicht mit Jubel!
Erkennt: Der HERR allein ist Gott. /
Er hat uns gemacht, wir sind sein Eigentum, *
sein Volk und die Herde seiner Weide. – (Kv)

Kommt mit Dank durch seine Tore, /
mit Lobgesang in seine Höfe! *
Dankt ihm, preist seinen Namen!
Denn der HERR ist gut, /
ewig währt seine Huld *
und von Geschlecht zu Geschlecht seine Treue. – Kv

**ZUR 2. LESUNG** Es ist ein starkes Wort,: wir Menschen als „Gottes Feinde". Feindschaft gegen Gott entsteht oft beiläufig, wenn man ungewollt vom Kurs abdriftet und den inneren Kompass außer Acht lässt. Die Liebe verliert sich mit der Zeit, ökonomische und politische Plausibilitäten übernehmen das Ruder, bis es nicht mehr weit ist zu Eigennutz und Fremdenhass. Doch auf die Liebe, die „ausgegossen ist in unsere Herzen" (Röm 5,5), kommt es an. Sie ist der Grund, dass Jesus bis zum Kreuz seinen Weg für uns gegangen ist. Seine Liebe dringt bis in unsere Feindseligkeiten hinein, befreit und schenkt Frieden.

## ZWEITE LESUNG Röm 5,6–11

*Da wir mit Gott versöhnt wurden durch den Tod seines Sohnes, werden wir erst recht gerettet werden durch sein Leben*

**Lesung aus dem Brief des Apostels Paulus an die Gemeinde in Rom.**

Schwestern und Brüder! Christus ist, als wir noch schwach waren, für die zu dieser Zeit noch Gottlosen gestorben. Dabei wird nur schwerlich jemand für einen Gerechten sterben; vielleicht wird er jedoch für einen guten Menschen sein Leben wagen. Gott aber erweist seine Liebe zu uns darin, dass Christus für uns gestorben ist, als wir noch Sünder waren.

Nachdem wir jetzt durch sein Blut gerecht gemacht sind, werden wir durch ihn erst recht vor dem Zorn gerettet werden.

Da wir mit Gott versöhnt wurden durch den Tod seines Sohnes, als wir noch Gottes Feinde waren, werden wir erst recht, nachdem wir versöhnt sind, gerettet werden durch sein Leben.

Mehr noch, ebenso rühmen wir uns Gottes durch Jesus Christus, unseren Herrn, durch den wir jetzt schon die Versöhnung empfangen haben.

## RUF VOR DEM EVANGELIUM Vers: Mk 1,15

Halleluja. Halleluja.
Das Reich Gottes ist nahe.
Kehrt um und glaubt an das Evangelium!
Halleluja.

**ZUM EVANGELIUM** Diese zweite Rede Jesu im Matthäus-Evangelium, die Aussendungsrede, ist provokativ. Während noch in der Einleitung und auch später das Volk mit orientierungs- und schutzlosen Schafen verglichen wird, die dringend in Obhut genommen werden müssen, hebt Jesus nun mit einem anderen Bild an: Reife Früchte, die zu verfaulen drohen, sollen geerntet werden. Mit der Freude und dem Eifer der Erntezeit sollen die Jünger Jesu ihre göttliche Sendung verwirklichen und die verlorenen Schafe des Hauses Israels sammeln. Die zwölf Apostel – nach dem Vorbild der von Gott zuerst und für immer erwählten zwölf Stämme Israels – sollen Gottes Voll-Macht für die Menschen erfahrbar werden lassen. Sie können und sollen unreine Geister austreiben und Menschen von allen Krankheiten und Leiden heilen. Diese Jünger sind wir. Eine starke Botschaft!

## EVANGELIUM

Mt 9,36–10,8

*Jesus rief seine zwölf Jünger zu sich und sandte sie aus*

+ **Aus dem heiligen Evangelium nach Matthäus.**

In jener Zeit, als Jesus die vielen Menschen sah, hatte er Mitleid mit ihnen; denn sie waren müde und erschöpft wie Schafe, die keinen Hirten haben. Da sagte er zu seinen Jüngern: Die Ernte ist groß, aber es gibt nur wenig Arbeiter. Bittet also den Herrn der Ernte, Arbeiter für seine Ernte auszusenden!

Dann rief er seine zwölf Jünger zu sich und gab ihnen die Vollmacht, die unreinen Geister auszutreiben und alle Krankheiten und Leiden zu heilen.

Die Namen der zwölf Apostel sind: an erster Stelle Simon, genannt Petrus, und sein Bruder Andreas, dann Jakobus, der Sohn des Zebedäus, und sein Bruder Johannes, Philíppus und Bartholomäus, Thomas und Matthäus, der Zöllner, Jakobus, der Sohn des Alphäus, und Thaddäus, Simon Kananäus und Judas Iskáriot, der ihn ausgeliefert hat.

Diese Zwölf sandte Jesus aus und gebot ihnen: Geht nicht den Weg zu den Heiden und betretet keine Stadt der Samaríter, sondern geht zu den verlorenen Schafen des Hauses Israel!

Geht und verkündet: Das Himmelreich ist nahe! Heilt Kranke, weckt Tote auf, macht Aussätzige rein, treibt Dämonen aus!

Umsonst habt ihr empfangen, umsonst sollt ihr geben.

Glaubensbekenntnis, S. 492 ff.

## FÜRBITTEN

Liebender Gott, dein Wort ruft uns, es lädt uns ein und will uns nähren. So kommen auch wir mit den Anliegen und Nöten unserer Zeit zu dir und bitten dich:

- Stärke alle, die im Dienst deines Wortes und in der Verkündigung deiner frohen Botschaft den Menschen nahe sind. V: Du Gott des Lebens. A: Wir bitten dich, erhöre uns.
- Steh den Menschen bei, die wie Sklaven arbeiten müssen, und hilf ihnen, zu einem menschenwürdigen Leben zu kommen. V: Du Gott des Lebens. A: Wir bitten dich, erhöre uns.
- Wecke uns, deine Getauften, aus unserer Gleichgültigkeit und bewege uns, Partei zu ergreifen für die Menschen am Rande. V: Du Gott des Lebens. A: Wir bitten dich, erhöre uns.
- Ermutige die jungen Menschen in Freiwilligendiensten, dass sie ihr Herz öffnen und ihren Blick weiten. V: Du Gott des Lebens. A: Wir bitten dich, erhöre uns.
- Begleite jene, die alte und kranke Menschen besuchen und ihnen so Teilhabe am Leben schenken. V: Du Gott des Lebens. A: Wir bitten dich, erhöre uns.

Vater im Himmel, bei dir ist Hoffnung und Leben. Auf dich vertrauen wir, auf dich bauen wir, heute und allezeit und in Ewigkeit.

# EUCHARISTIEFEIER

## GABENGEBET

Herr, durch diese Gaben nährst du den ganzen Menschen: du gibst dem irdischen Leben Nahrung und dem Leben der Gnade Wachstum. Lass uns daraus immer neue Kraft schöpfen für Seele und Leib. Darum bitten wir durch Christus, unseren Herrn.

Präfation, S. 504 ff.

## KOMMUNIONVERS

Joh 17,11

Heiliger Vater, bewahre sie in deinem Namen,
die du mir gegeben hast,
damit sie eins sind wie wir.

## SCHLUSSGEBET

Herr, unser Gott, das heilige Mahl ist ein sichtbares Zeichen, dass deine Gläubigen in dir eins sind. Lass diese Feier wirksam werden für die Einheit der Kirche. Darum bitten wir durch Christus, unseren Herrn.

## FEIERLICHER SCHLUSSSEGEN

Gott, der allmächtige Vater, segne euch; er bewahre euch vor Unheil und Schaden. – *A:* Amen.
Er öffne eure Herzen für sein göttliches Wort und bereite sie für die unvergänglichen Freuden. – *A:* Amen.
Er lasse euch erkennen, was zum Heile dient, und führe euch auf dem Weg seiner Gebote zur Gemeinschaft der Heiligen. – *A:* Amen.
Das gewähre euch der dreieinige Gott, der Vater und der Sohn † und der Heilige Geist. – *A:* Amen.

***

Für eine Wort-Gottes-Feier:

## ERÖFFNUNGSGEBET ZUR WAHL

Gott, dein Sohn hatte Mitleid mit den Menschen. Er hat seine Jünger ausgesandt, um die Not zu lindern. Gib uns deinen Geist, damit wir deine Liebe in die Welt tragen. Darum bitten wir durch ihn, Jesus Christus, unseren Herrn, der mit dir und dem Heiligen Geist lebt und herrscht in Ewigkeit.

***

## MITARBEITERWERBUNG

Und der Herr sucht in der Volksmenge, der er dies zuruft,
einen Arbeiter für sich und sagt wieder:
„Wer ist der Mensch, der das Leben liebt
und gute Tage zu sehen wünscht?"
Wenn du das hörst und antwortest: „Ich",
dann sagt Gott zu dir:
„Willst du wahres und unvergängliches Leben,
bewahre deine Zunge vor Bösem
und deine Lippen vor falscher Rede!
Meide das Böse und tu das Gute;
suche den Frieden und jage ihm nach!
Wenn ihr das tut, blicken meine Augen auf euch,
und meine Ohren hören auf eure Gebete;
und noch bevor ihr zu mir ruft,
sage ich euch: Seht, ich bin da."
Liebe Brüder, was kann beglückender für uns sein
als dieses Wort des Herrn, der uns einlädt?
Seht, in seiner Güte zeigt uns der Herr
den Weg des Lebens.

*Benediktusregel (Prolog 14–20)*

# HEILIGSTES HERZ JESU – HOCHFEST

## 19. Juni 2020

Das Fest des Herzens Jesu findet sich allein im römisch-katholischen Festkalender, und es ist ein junges Fest. Treibendes Moment sind in den Jahren 1673–1675 die Visionen von Margareta-Maria Alacoque im Kloster Paray-le-Monial. Die Anfänge einer besonderen Verehrung des Herzens Jesu reichen jedoch zurück bis in die mittelalterliche Mystik. Nach langen Widerständen – zu feminin, zu privat, zu affektiv – erhält dieser Kult erst 1856 durch Papst Pius IX. die gesamtkirchliche Anerkennung. In der ersten Hälfte des 20. Jahrhunderts errang das Fest in kürzester Zeit die allerhöchste Klasse des römischen Kalenders. Die Liturgiereform des II. Vaticanums bestätigte diesen Rang. Karl Rahner, einer der großen Herz-Jesu-Theologen der Gesellschaft Jesu, hat von der Andacht zum Heiligsten Herzen Jesu einmal gesagt, sie werde „immer jünger, je älter sie wird".

### ERÖFFNUNGSVERS

Vgl. Ps 33 (32), 11.19

Der Ratschluss des Herrn bleibt ewig bestehen,
die Pläne seines Herzens überdauern die Zeiten:
Er will uns dem Tod entreißen
und in der Hungersnot unser Leben erhalten.

### KYRIE-RUFE

Herr Jesus Christus, du hast uns Gott als die Liebe gezeigt.
V/A: Herr, erbarme dich.
Du bist als Offenbarung der Liebe Gottes in die
Welt gesandt, damit wir durch dich leben.
V/A: Christus, erbarme dich.

Du lädst alle Mühseligen und Beladenen ein,
sich von dir erquicken zu lassen.
V/A: Herr, erbarme dich.

Ehre sei Gott, S. 489 f.

## TAGESGEBET

Allmächtiger Gott, wir verehren das Herz deines geliebten Sohnes und preisen die großen Taten seiner Liebe. Gib, dass wir aus dieser Quelle göttlichen Erbarmens die Fülle der Gnade und des Lebens empfangen. Darum bitten wir durch Jesus Christus.

# WORTGOTTESDIENST

**ZUR 1. LESUNG** Weil ihr ein heiliges Volk seid, darum liebt euch der Herr. Weit gefehlt: Weil der Herr euch liebt, darum werdet ihr sein heiliges Volk. Wäre diese Weise zu lieben, also die Liebe nach Gottes Art, nicht auch für uns gut? In Ehe und Familie, in der Freundschaft, in der Kirche? Statt routinemäßig zu behaupten: Du bist nicht schön genug, nicht gut genug, nicht klug genug, nicht fromm genug, wie kann ich dich da lieben! – mit Gottes Herzen hinschauen, hinspüren, hingerissen sein: den anderen lieben.

## ERSTE LESUNG

Dtn 7,6–11

*Der Herr hat euch ins Herz geschlossen und ausgewählt*

**Lesung aus dem Buch Deuteronómium.**

Mose sprach zum Volk: Du bist ein Volk, das dem Herrn, deinem Gott, heilig ist. Dich hat der Herr, dein Gott, ausgewählt, damit du unter allen Völkern, die auf der Erde leben, das Volk wirst, das ihm persönlich gehört.

Nicht weil ihr zahlreicher als die anderen Völker wäret, hat euch der HERR ins Herz geschlossen und ausgewählt; ihr seid das kleinste unter allen Völkern. Weil der HERR euch liebt und weil er auf den Schwur achtet, den er euren Vätern geleistet hat, deshalb hat der HERR euch mit starker Hand herausgeführt und dich aus dem Sklavenhaus freigekauft, aus der Hand des Pharao, des Königs von Ägypten.

Daran sollst du erkennen: Der HERR, dein Gott, ist der Gott; er ist der treue Gott; noch nach tausend Generationen bewahrt er den Bund und erweist denen seine Huld, die ihn lieben und seine Gebote bewahren. Denen aber, die ihn hassen, vergilt er ins Angesicht und tilgt einen jeden aus; er zögert nicht, wenn er ihn hasst, sondern vergilt ihm ins Angesicht.

Deshalb sollst du das Gebot bewahren und die Gesetze und die Rechtsentscheide, auf die ich dich heute verpflichte, und du sollst sie halten.

## ANTWORTPSALM

Ps 103 (102), 1–2.3–4.6–7.8 u. 10 (Kv: 17a)

Kv Die Huld des HERRN währt immer und ewig. – Kv
Preise den HERRN, meine Seele, *
und alles in mir seinen heiligen Namen!
Preise den HERRN, meine Seele, *
und vergiss nicht, was er dir Gutes getan hat! – (Kv)

Der dir all deine Schuld vergibt *
und all deine Gebrechen heilt,
der dein Leben vor dem Untergang rettet *
und dich mit Huld und Erbarmen krönt. – (Kv)

Der HERR vollbringt Taten des Heiles, *
Recht verschafft er allen Bedrängten.
Er hat Mose seine Wege kundgetan, *
den Kindern Israels seine Werke. – (Kv)

Der HERR ist barmherzig und gnädig, *
langmütig und reich an Huld.
Er handelt an uns nicht nach unsern Sünden *
und vergilt uns nicht nach unsrer Schuld. – Kv

ZUR 2. LESUNG Gott ist die Liebe – biblischer Spitzensatz. Grundsatz. Leitsatz. Spreng-Satz. Wort Gottes, das unsere Angst und Enge sprengt. Niemand hat Gott geschaut, nur die Liebe legt Zeugnis ab für ihn und seinen Geist. Hier liegt gleichsam das erste und wichtigste Kriterium für Gottes Gegenwart in Kirche und Welt vor: Der Mensch kann Gott nicht sehen, aber wo Liebe ist, da ist Gott. Allerdings ist die Liebe allein zu unbestimmt – kann sie fehlgeleitet sein? –, sodass sie unter das Kriterium Christi gestellt wird: In seinem Angesicht muss sich die Liebe bewähren, sie muss seinem Geist und seinem Auftrag entsprechen. Sein Auftrag war es, gesandt zu sein; nicht, die Autorität und Macht des Sendenden an sich zu reißen. Liebt einander … Ihr alle seid einander Brüder und Schwestern. Liebe also für einen anderen, dem anderen zugute, nicht zur eigenen Bereicherung, Vervollkommnung, Ermächtigung.

## ZWEITE LESUNG 1 Joh 4,7–16

*Darin besteht die Liebe: Nicht dass wir Gott geliebt haben, sondern dass er uns geliebt hat*

**Lesung aus dem ersten Johannesbrief.**

Geliebte, wir wollen einander lieben; denn die Liebe ist aus Gott und jeder, der liebt, stammt von Gott und erkennt Gott. Wer nicht liebt, hat Gott nicht erkannt; denn Gott ist Liebe.

Darin offenbarte sich die Liebe Gottes unter uns, dass Gott seinen einzigen Sohn in die Welt gesandt hat, damit wir durch ihn leben.

Darin besteht die Liebe: Nicht dass wir Gott geliebt haben, sondern dass er uns geliebt und seinen Sohn als Sühne für unsere Sünden gesandt hat.

Geliebte, wenn Gott uns so geliebt hat, müssen auch wir einander lieben. Niemand hat Gott je geschaut; wenn wir einander lieben, bleibt Gott in uns und seine Liebe ist in uns vollendet.

Daran erkennen wir, dass wir in ihm bleiben und er in uns bleibt: Er hat uns von seinem Geist gegeben. Wir haben geschaut und bezeugen, dass der Vater den Sohn gesandt hat als Retter der Welt.

Wer bekennt, dass Jesus der Sohn Gottes ist, in dem bleibt Gott und er bleibt in Gott. Wir haben die Liebe, die Gott zu uns hat, erkannt und gläubig angenommen.

Gott ist Liebe, und wer in der Liebe bleibt, bleibt in Gott und Gott bleibt in ihm.

## RUF VOR DEM EVANGELIUM

Vers: Mt 11,29ab

Halleluja. Halleluja.
(So spricht der Herr:)
Nehmt mein Joch auf euch und lernt von mir;
denn ich bin gütig und von Herzen demütig.
Halleluja.

**ZUM EVANGELIUM** Es ist gar nicht so leicht, einen Menschen wirklich kennenzulernen. Nicht nur seine Außenseite zu bemerken, die Schauseite, nicht nur das zur Kenntnis zu nehmen, was im Lebenslauf steht, die offiziellen Stationen und Wege, Verdienste und Würden. Wenn ich einen Menschen in seiner Familie oder im nächsten Freundeskreis erlebe, wenn ich spüre, wie er oder sie mit den Kindern umgeht, mit den Eltern, mit dem Partner, mit Freunden, dann komme ich diesem Menschen recht nahe, dann ist mir dieser Mensch nah. Im heutigen Evangelium erleben wir Jesus in einer intimen, einer familiären Situation: im Gespräch mit seinem Vater, im Gebet. Wir können Jesus hier also sehr gut kennenlernen. Jesus und der Vater, eine unvergleichlich enge Beziehung. Aber nichts ist hier klamm, beengt oder ängstlich. Alles ist Weite und Offenheit. Die vom Leben Geplagten, die schwer Bedrückten und Belasteten, sie werden von Jesus eingeladen, bei ihm Ruhe und Erleichterung zu finden. Kommt alle! Keiner ist ausgeschlossen aus der Herzlichkeit zwischen Vater und Sohn.

## EVANGELIUM

Mt 11,25–30

*Lernt von mir; denn ich bin gütig und von Herzen demütig*

**+ Aus dem heiligen Evangelium nach Matthäus.**

In jener Zeit sprach Jesus: Ich preise dich, Vater, Herr des Himmels und der Erde, weil du das vor den Weisen und Klugen verborgen und es den Unmündigen offenbart hast. Ja, Vater, so hat es dir gefallen.

Alles ist mir von meinem Vater übergeben worden; niemand kennt den Sohn, nur der Vater, und niemand kennt den Vater, nur der Sohn und der, dem es der Sohn offenbaren will.

Kommt alle zu mir, die ihr mühselig und beladen seid! Ich will euch erquicken.

Nehmt mein Joch auf euch und lernt von mir; denn ich bin gütig und von Herzen demütig; und ihr werdet Ruhe finden für eure Seele. Denn mein Joch ist sanft und meine Last ist leicht.

Glaubensbekenntnis, S. 492 ff.

## FÜRBITTEN

Erbarmender Gott, in deinem Sohn Jesus Christus können wir deine umfassende Liebe erfahren. Hilf auch uns, aufmerksamer und liebevoller zu leben:

- Erbarme dich deiner Kirche und all ihrer Glieder, dass sie als Sauerteig der Liebe in der Welt wirksam ist. V: Gott, du Vater des Erbarmens. A: Wir bitten dich, erhöre uns.

- Erbarme dich aller, die sich missverstanden, ausgegrenzt, minderwertig fühlen. V: Gott, du Vater des Erbarmens. A: Wir bitten dich, erhöre uns.
- Erbarme dich aller, die Hunger leiden und Kälte und Hitze ausgeliefert sind. V: Gott, du Vater des Erbarmens. A: Wir bitten dich, erhöre uns.
- Segne alle, die an der Seite der Schwachen und Benachteiligten stehen. V: Gott, du Vater des Erbarmens. A: Wir bitten dich, erhöre uns.
- Segne alle, die Not erkennen und tatkräftig helfen. V: Gott, du Vater des Erbarmens. A: Wir bitten dich, erhöre uns.
- Erbarme dich aller, die plötzlich und unvorbereitet gestorben sind, und derer, die um sie trauern. V: Gott, du Vater des Erbarmens. A: Wir bitten dich, erhöre uns.

Du Gott des Erbarmens, wir danken dir, dass wir in den Härten und Belastungen des Lebens im Herzen Jesu Trost und Hilfe suchen und finden dürfen. Dir sei Lob und Dank in Ewigkeit.

# EUCHARISTIEFEIER

## GABENGEBET

Allmächtiger Gott, sieh auf das durchbohrte Herz deines Sohnes, der uns geliebt und sich für uns hingegeben hat. Lass unser Opfer dir wohlgefallen und zur Sühne für unsere Sünden werden. Darum bitten wir durch Christus, unseren Herrn.

## PRÄFATION

In Wahrheit ist es würdig und recht, dir, allmächtiger Vater, zu danken und dich mit der ganzen Schöpfung zu loben, durch unseren

Herrn Jesus Christus. Am Kreuz erhöht, hat er sich für uns dahingegeben aus unendlicher Liebe und alle an sich gezogen. Aus seiner geöffneten Seite strömen Blut und Wasser, aus seinem durchbohrten Herzen entspringen die Sakramente der Kirche. Das Herz des Erlösers steht offen für alle, damit sie freudig schöpfen aus den Quellen des Heiles. Durch ihn rühmen dich deine Erlösten und singen mit den Chören der Engel das Lob deiner Herrlichkeit: Heilig …

## KOMMUNIONVERS

Joh 7,37–38

Wer Durst hat, komme zu mir,
und es trinke, wer an mich glaubt!
Die Schrift sagt:
Aus seinem Inneren werden
Ströme von lebendigem Wasser fließen.

*Oder:* Joh 19,34

Ein Soldat stieß mit der Lanze in seine Seite,
und sogleich floss Blut und Wasser heraus.

## SCHLUSSGEBET

Herr, unser Gott, du hast uns gestärkt mit dem Sakrament jener Liebe, durch die dein Sohn alles an sich zieht. Entzünde auch in uns das Feuer seiner Liebe, damit wir in unseren Brüdern ihn erkennen und ihm dienen. Darum bitten wir durch ihn, Christus, unseren Herrn.

***

## IN JEDEM MENSCHEN

Dass das menschliche Herz
überall das gleiche ist:
in der Vielfalt der Stämme und Nationen,
in jedem Menschen,
ganz gleich,
welche Erde seinen Leib gebildet,
seine Sinne geformt,
sein Temperament gestaltet
und seinen Geist geprägt hat.

*Nach Madeleine Delbrêl*

# 12. SONNTAG IM JAHRESKREIS

## 21. Juni 2020

Aus dem Glauben heraus zu handeln, bringt über kurz oder lang auch Nachteile und Bedrängnis mit sich. Jesus hat das früh zu spüren bekommen, als Menschen ihn baten, sich fernzuhalten, oder einflussreiche Leute begannen, ihn verbal anzugreifen und ihn schließlich vor ein ungerechtes Gericht zu bringen. Jesus wusste, dass es vor ihm den Propheten so ergangen war und dass dasselbe Schicksal jederzeit die treffen kann, die ihm nachfolgen. Orientierung und Halt fand Jesus – wie Jeremia und viele andere vor ihm, und seine Jünger und Jüngerinnen, Paulus und unzählige Christen nach ihm – in Gott, der die Nachteile und Bedrängnisse auf liebende Weise durchbricht.

### ERÖFFNUNGSVERS

Ps 28 (27),8–9

Der Herr ist die Stärke seines Volkes,
er ist Schutz und Heil für seinen Gesalbten.
Herr, hilf deinem Volk und segne dein Erbe,
führe und trage es in Ewigkeit.

### KYRIE-RUFE

Herr Jesus Christus, du rettest uns in der Bedrängnis
wie ein gewaltiger Held.
V/A: Herr, erbarme dich.
Du rettest uns aus allem Bösen, in das wir aus eigener Schuld
oder durch die Verhängnisse des Lebens verstrickt sind.
V/A: Christus, erbarme dich.

Du hast den Ankläger gestürzt, der uns bei Tag und bei Nacht
vor unserem Gott verklagte.
V/A: Herr, erbarme dich.

Ehre sei Gott, S. 489 f.

### TAGESGEBET

Heiliger Gott, gib, dass wir deinen Namen allezeit fürchten und lieben. Denn du entziehst keinem deine väterliche Hand, der fest in deiner Liebe verwurzelt ist. Darum bitten wir durch Jesus Christus.

## WORTGOTTESDIENST

ZUR 1. LESUNG Jeremia war ein sehr unbequemer Prophet und geriet aufgrund seiner Unheilsankündigungen immer wieder in Konflikte und Auseinandersetzungen. Einmal wurde er vom Priester Paschhur für eine Nacht in einen Folterblock gespannt. Am nächsten Morgen lässt Jeremia ihn wissen: „Nicht mehr Paschhur nennt dich der HERR, sondern: Grauen ringsum." (Jer 20,3) Für Jeremia ist das Grauen nach der Haft sehr konkret und seine Ängste sind durchaus begründet. Doch bleibt er fest in der Anklage von Unrecht und der Kundgabe seiner prophetischen Einsichten. Trotz des „Grauens ringsum" setzt er sein Vertrauen auf Gott und erwartet Hilfe von ihm.

### ERSTE LESUNG Jer 20,10–13

*Er rettet das Leben der Armen aus der Hand der Übeltäter*

**Lesung aus dem Buch Jeremía.**

Jeremía sprach: Ich hörte die Verleumdung der Vielen: Grauen ringsum! Zeigt ihn an! Wir wollen ihn anzeigen. Meine nächsten

Bekannten warten alle darauf, dass ich stürze: Vielleicht lässt er sich betören, dass wir ihn überwältigen und an ihm Rache nehmen können.

Doch der HERR steht mir bei wie ein gewaltiger Held. Darum straucheln meine Verfolger und können nicht überwältigen. Sie werden schmählich zuschanden, da sie nichts erreichen, in ewiger, unvergesslicher Schmach.

Aber der HERR der Heerscharen prüft den Gerechten, er sieht Nieren und Herz. Ich werde deine Vergeltung an ihnen sehen; denn dir habe ich meinen Rechtsstreit anvertraut.

Singt dem HERRN, rühmt den HERRN; denn er rettet das Leben des Armen aus der Hand der Übeltäter.

## ANTWORTPSALM

Ps 69 (68),8 u. 10.14.33–34 (Kv: 14bc)

Kv Gott, in deiner großen Huld erhöre mich,
mit deiner rettenden Treue! – Kv

Herr, deinetwegen erleide ich Hohn *
und Schande bedeckt mein Angesicht.
Denn der Eifer für dein Haus hat mich verzehrt, *
die Verhöhnungen derer, die dich verhöhnen,
sind auf mich gefallen. – (Kv)

Ich komme zu dir mit meinem Bittgebet, *
HERR, zur Zeit der Gnade.
Gott, in deiner großen Huld erhöre mich, *
mit deiner rettenden Treue! – (Kv)

Die Gebeugten sehen es und sie freuen sich! *
Ihr, die ihr Gott sucht, euer Herz lebe auf!
Denn der HERR hört auf die Armen, *
seine Gefangenen verachtet er nicht. – Kv

ZUR 2. LESUNG Kann sich das Tun eines einzigen Menschen tatsächlich auf das Leben aller anderen auswirken? Dieser Gedanke ist uns spätestens seit den Erkenntnissen und Diskussionen um den Klimawandel nicht ganz fern. Jeder von uns hinterlässt Spuren. Adam steht hier für die gesamte Menschheit, wie sie sich entwickelt hat. An Adam wird gezeigt, wie von Anfang an die Abwendung von Gott, die Selbstgenügsamkeit und das Ohne-Gott-hoch-hinaus-Wollen zum Menschsein dazugehört und seine zerstörerischen Spuren hinterlässt. Die Gnade Gottes in Jesus Christus durchbricht jedoch die unheilvollen Kettenreaktionen und lässt alle Menschen neu teilhaben an Gottes Gegenwart.

## ZWEITE LESUNG Röm 5,12–15

*Anders als mit der Übertretung verhält es sich mit der Gnade*

**Lesung aus dem Brief des Apostels Paulus an die Gemeinde in Rom.**

Schwestern und Brüder! Durch einen einzigen Menschen kam die Sünde in die Welt und durch die Sünde der Tod und auf diese Weise gelangte der Tod zu allen Menschen, weil alle sündigten.

Sünde war nämlich schon vor dem Gesetz in der Welt, aber Sünde wird nicht angerechnet, wo es kein Gesetz gibt; dennoch herrschte der Tod von Adam bis Mose auch über die, welche nicht durch Übertreten eines Gebots gesündigt hatten wie Adam, der ein Urbild des Kommenden ist.

Doch anders als mit der Übertretung verhält es sich mit der Gnade; sind durch die Übertretung des einen die vielen dem Tod anheimgefallen, so ist erst recht die Gnade Gottes und die Gabe, die durch die Gnadentat des einen Menschen Jesus Christus bewirkt worden ist, den vielen reichlich zuteilgeworden.

## RUF VOR DEM EVANGELIUM

Vers: vgl. Joh 15,26b.27a

Halleluja. Halleluja.
(So spricht der Herr:)
Der Geist der Wahrheit wird Zeugnis geben für mich;
und auch ihr sollt Zeugen sein.
Halleluja.

**ZUM EVANGELIUM** Mitten in der Aussendungsrede, in der Jesus die zwölf Apostel auf viele Schwierigkeiten vorbereitet, fordert er sie drei Mal auf: Fürchtet euch nicht! Wie der Engel zu Beginn des Evangeliums Josef im Traum auffordert, keine Furcht zu haben und Maria trotz Schwangerschaft zur Frau zu nehmen, so sagt Jesus nun seinen Aposteln: Lasst euch nicht von Angst überfallen in den Widersprüchen von Dunkelheit und Licht, von Geheimnis und Verkündigung, von Leben und Tod. Die Verkündigung des Reiches Gottes beginnt nicht da, wo Ordnung und Klarheit herrschen, sondern mitten in der Komplexität und Verwirrung des Lebens. Es geht darum, Position zu beziehen, sich zu bekennen zu einem Gott, der den Überblick trotz allem nicht verliert, zum Vater im Himmel.

## EVANGELIUM

Mt 10,26–33

*Fürchtet euch nicht vor denen, die den Leib töten*

**+ Aus dem heiligen Evangelium nach Matthäus.**

In jener Zeit sprach Jesus zu seinen Aposteln: Fürchtet euch nicht vor den Menschen! Denn nichts ist verhüllt, was nicht enthüllt wird, und nichts ist verborgen, was nicht bekannt wird. Was ich euch im Dunkeln sage, davon redet im Licht, und was man euch ins Ohr flüstert, das verkündet auf den Dächern!

Fürchtet euch nicht vor denen, die den Leib töten, die Seele aber nicht töten können, sondern fürchtet euch eher vor dem, der Seele und Leib in der Hölle verderben kann!

Verkauft man nicht zwei Spatzen für einen Pfennig? Und doch fällt keiner von ihnen zur Erde ohne den Willen eures Vaters. Bei euch aber sind sogar die Haare auf dem Kopf alle gezählt. Fürchtet euch also nicht! Ihr seid mehr wert als viele Spatzen.

Jeder, der sich vor den Menschen zu mir bekennt, zu dem werde auch ich mich vor meinem Vater im Himmel bekennen. Wer mich aber vor den Menschen verleugnet, den werde auch ich vor meinem Vater im Himmel verleugnen.

Glaubensbekenntnis, S. 492 ff.

## FÜRBITTEN

Mit Gottes Treue dürfen wir rechnen, so sagt es uns Jesus im heutigen Evangelium. Deshalb bitten wir voll Vertrauen:

- Schenke den Ordenschristen, den Priestern, Diakonen und allen, die in der Verkündigung tätig sind, die Erfahrung, dass sie auch in der scheinbaren Vergeblichkeit ihres Tuns in der Gnade Gottes sind. V: Du treuer Gott. A: Höre unser Rufen.

- Stärke die Menschen, die an Leib und Seele krank sind, und schenke ihnen treue und feinfühlige Begleitung durch die Krankheit hindurch. V: Du treuer Gott. A: Höre unser Rufen.

- Segne alle, die den Frieden suchen, wo Hass und Misstrauen sich verfestigt haben, und schenke ihnen die Kraft der Überzeugung. V: Du treuer Gott. A: Höre unser Rufen.

- Bestärke all diejenigen, die sich für den Erhalt deiner Schöpfung einsetzen und dafür Gewohnheiten und Annehmlichkeiten aufgeben. V: Du treuer Gott. A: Höre unser Rufen.

- Gedenke unserer lieben Verstorbenen und lass sie einmal Fülle und Freude erfahren an deinem Tisch des Lebens. V: Du treuer Gott. A: Höre unser Rufen.

Weil du für uns sorgst, müssen wir nicht all unseren Besitz ängstlich festhalten. Du befreist uns zum freigebigen Leben. Dafür loben wir dich und danken dir, heute und alle Tage, die uns geschenkt sind.

# EUCHARISTIEFEIER

## GABENGEBET

Barmherziger Gott, nimm das Opfer des Lobes und der Versöhnung an. Löse uns durch diese Feier aus aller Verstrickung, damit wir in freier Hingabe ganz dir angehören. Darum bitten wir durch Christus, unseren Herrn.

Präfation, S. 504 ff.

## KOMMUNIONVERS

Joh 10,11.15

Ich bin der gute Hirt.
Ich gebe mein Leben für meine Schafe –
so spricht der Herr.

## SCHLUSSGEBET

Gütiger Gott, du hast uns durch den Leib und das Blut Christi gestärkt. Gib, dass wir niemals verlieren, was wir in jeder Feier der Eucharistie empfangen. Darum bitten wir durch Christus, unseren Herrn.

***

Für eine Wort-Gottes-Feier:

## ERÖFFNUNGSGEBET ZUR WAHL

Gott, unser Heiland, du Retter der Menschen. Durch deinen Sohn Jesus berufst du uns zu Zeugen deiner Nähe. Lass uns dein Wort verstehen und danach handeln. Stärke uns, dass wir ihn weiterschenken, der im Wort der Heiligen Schrift gegenwärtig ist: Jesus Christus, deinen Sohn, der in der Einheit des Heiligen Geistes mit dir lebt in Ewigkeit.

***

## SCHULE FÜR DEN DIENST DES HERRN

Wir wollen also eine Schule
für den Dienst des Herrn einrichten.
Bei dieser Gründung hoffen wir,
nichts Hartes und nichts Schweres festzulegen.
Sollte es jedoch aus wohlüberlegtem Grund
etwas strenger zugehen,
um Fehler zu bessern und die Liebe zu bewahren,
dann lass dich nicht sofort von Angst verwirren
und fliehe nicht vom Weg des Heils;
er kann am Anfang nicht anders sein als eng.
Wer aber im klösterlichen Leben und im Glauben
fortschreitet, dem wird das Herz weit,
und er läuft in unsagbarem Glück der Liebe
den Weg der Gebote Gottes.

*Benediktusregel (Prolog 45–49)*

# GEBURT DES HEILIGEN JOHANNES DES TÄUFERS HOCHFEST

## 24. Juni 2020

Jeder ist sich selbst der Nächste. Das weiß doch jeder! Die Bibel weiß etwas anderes. Von Anbeginn ist Gott dem Menschen zugewandt, noch vor unserem Anfang hat er uns gerufen, uns beim Namen genannt. Du, Herr, bist mir näher, als ich mir selber bin, so hat es der heilige Augustinus gesagt. Darum können Menschen mitten in der Welt Gottes eigene Stimme hören, wie Jesaja, wie Johannes, wie Jesus, und sich furchtlos senden lassen, Gott-weiß-wohin.

### ERÖFFNUNGSVERS

Joh 1,6–7; Lk 1,17

Ein Mensch trat auf, der von Gott gesandt war;
sein Name war Johannes.
Er kam als Zeuge, um Zeugnis abzulegen für das Licht
und das Volk für den Herrn bereitzumachen.

### KYRIE-RUFE

Herr Jesus Christus, du bist das wahre Licht,
für das Johannes Zeugnis abgelegt hat.
V/A: Herr, erbarme dich.
Du bist der, den Johannes als Sohn Gottes bekannt hat.
V/A: Christus, erbarme dich.
Du bist, wie Johannes bezeugt, das Lamm Gottes,
das die Sünde der Welt hinwegnimmt.
V/A: Herr, erbarme dich.

Ehre sei Gott, S. 489 f.

## TAGESGEBET

Gott, du hast den heiligen Johannes den Täufer berufen, das Volk des Alten Bundes Christus, seinem Erlöser, entgegenzuführen. Schenke deiner Kirche die Freude im Heiligen Geist und führe alle, die an dich glauben, auf dem Weg des Heiles und des Friedens. Darum bitten wir durch Jesus Christus.

# WORTGOTTESDIENST

ZUR 1. LESUNG Wie der Gottesknecht wurde Johannes der Täufer schon im Mutterleib von Gott berufen und beim Namen genannt. Der Gottesknecht des Jesajabuches ist, wie alle wahren Propheten, mit Gottes Wort ausgerüstet. Die rettende Rechtsordnung des HERRN macht er allerorten bekannt. Heil und Heilung soll er Israel bringen, damit das Volk aufleuchte und zu einem hellen Licht werde, das auch die Fernen anzieht und zu Gott führt. Doch das ist schwer. Enttäuschung und Scheitern säumen den Weg des Boten. Der Gottesknecht des Jesajabuches hat dies geradeso erfahren wie die Gottkünder und Menschenhelfer Johannes und Jesus. Verdunkelung und Todesnacht aber haben nicht das letzte Wort. Das ist die Gewissheit des Gottesknechtes und der Name Johannes bedeutet: Der HERR ist gnädig. Im Lichte des Gottesknechtes hat die junge Kirche nicht nur das Todesgeschick des Täufers, sondern auch den Weg Jesu Christi in seiner nicht auslotbaren Tiefe erfasst.

## ERSTE LESUNG

Jes 49,1–6

*Ich mache dich zum Licht der Nationen*

**Lesung aus dem Buch Jesája.**

Hört auf mich, ihr Inseln, merkt auf, ihr Völker in der Ferne! Der HERR hat mich schon im Mutterleib berufen; als ich noch im Schoß meiner Mutter war, hat er meinen Namen genannt.

Er machte meinen Mund wie ein scharfes Schwert, er verbarg mich im Schatten seiner Hand. Er machte mich zu einem spitzen Pfeil und steckte mich in seinen Köcher. Er sagte zu mir: Du bist mein Knecht, Israel, an dem ich meine Herrlichkeit zeigen will.

Ich aber sagte: Vergeblich habe ich mich bemüht, habe meine Kraft für Nichtiges und Windhauch vertan. Aber mein Recht liegt beim HERRN und mein Lohn bei meinem Gott.

Jetzt aber hat der HERR gesprochen, der mich schon im Mutterleib zu seinem Knecht geformt hat, damit ich Jakob zu ihm heimführe und Israel bei ihm versammelt werde. So wurde ich in den Augen des HERRN geehrt und mein Gott war meine Stärke.

Und er sagte: Es ist zu wenig, dass du mein Knecht bist, nur um die Stämme Jakobs wieder aufzurichten und die Verschonten Israels heimzuführen. Ich mache dich zum Licht der Nationen; damit mein Heil bis an das Ende der Erde reicht.

## ANTWORTPSALM

Ps 139 (138), 1–3.13–14.15–16 (Kv: vgl. 14a)

Kv Ich danke dir, Herr:
Ich bin so staunenswert und wunderbar gestaltet. – Kv

HERR, du hast mich erforscht und kennst mich. /
Ob ich sitze oder stehe, du kennst es. *
Du durchschaust meine Gedanken von fern.
Ob ich gehe oder ruhe, du hast es gemessen. *
Du bist vertraut mit all meinen Wegen. – (Kv)

Du selbst hast mein Innerstes geschaffen, *
hast mich gewoben im Schoß meiner Mutter.
Ich danke dir, dass ich so staunenswert und wunderbar gestaltet bin. *
Ich weiß es genau: Wunderbar sind deine Werke. – (Kv)

Dir waren meine Glieder nicht verborgen, /
als ich gemacht wurde im Verborgenen, *
gewirkt in den Tiefen der Erde.
Als ich noch gestaltlos war, sahen mich bereits deine Augen. /
In deinem Buch sind sie alle verzeichnet: *
die Tage, die schon geformt waren,
als noch keiner von ihnen da war. – Kv

ZUR 2. LESUNG In der Heilsgeschichte Israels ist Jesus der unerwartete Erwartete, wie der Hütejunge David, den damals kein Mensch auf dem Schirm hatte und auf den doch Gottes Gnadenwahl gefallen war. Auch mit Jesus von Nazaret hatte niemand gerechnet, und doch haben auf ihn schon die Propheten gehofft. Auf ihn hat zuletzt der Täufer Johannes hingewiesen, indem er die öffentliche Aufmerksamkeit von sich ab- und auf Jesus hinlenkte: „Ich bin nicht der, für den ihr mich haltet ..." In der Synagoge der kleinen pisidischen Stadt Antiochia zeigt Paulus auf, dass die so unableitbaren wie verheißungsgemäßen Heilstaten in der Geschichte Israels und Gottes unvorhersehbares und doch in der Tiefe schlüssiges Handeln in Jesus untrennbar zusammengehören: Gott ist treu / und zeigt sich stets neu.

## ZWEITE LESUNG

Apg 13, 16.22–26°

*Vor dem Auftreten Jesu hat Johannes eine Taufe der Umkehr verkündet*

**Lesung aus der Apostelgeschichte.**

In der Synagoge von Antióchia in Pisídien stand Paulus auf, gab mit der Hand ein Zeichen und sagte:

Ihr Israeliten und ihr Gottesfürchtigen, hört! Gott erhob David zum König, von dem er bezeugte: Ich habe David, den Sohn des Ísai, als einen Mann nach meinem Herzen gefunden, der alles, was ich will, vollbringen wird. Aus seinem Geschlecht hat Gott dem Volk Israel, der Verheißung gemäß, Jesus als Retter geschickt. Vor des-

sen Auftreten hat Johannes dem ganzen Volk Israel eine Taufe der Umkehr verkündet.
Als Johannes aber seinen Lauf vollendet hatte, sagte er: Ich bin nicht der, für den ihr mich haltet; aber siehe, nach mir kommt einer, dem die Sandalen von den Füßen zu lösen ich nicht wert bin.
Brüder, ihr Söhne aus Abrahams Geschlecht und ihr Gottesfürchtigen! Uns wurde das Wort dieses Heils gesandt.

## RUF VOR DEM EVANGELIUM

Vers: vgl. Lk 1,76

Halleluja. Halleluja.
Du wirst Prophet des Höchsten heißen;
denn du wirst dem Herrn vorausgehen und ihm den Weg bereiten.
Halleluja.

## ZUM EVANGELIUM

Die Zeit erfüllte sich: Neues Leben ist herangewachsen. Die Geburt eines Kindes steht bevor. Der Lebenswunsch einer gedemütigten Frau ist in Erfüllung gegangen. Die Zeit erfüllte sich: Gottes Erbarmen ist groß geworden. Die Zeit erfüllte sich: Was Gott verheißen hat, wurde wahr. Elisabet und Zacharias erfahren es am eigenen Leibe. Bei der Feier zur Beschneidung des Kindes werden es Nachbarn und Verwandte miterleben. Sie erschrecken. Nachdrücklich stellen sie die Frage, die jede Geburt stellt: Was wird aus diesem Kind werden? Die Geburt des Johannes ist die Erfüllung der Zeit, und der Anfang vom Anfang. Sind auch wir bereit: zur Begegnung mit Gottes Fülle, zur Begrüßung des Lebens, das, so ersehnt wie unverhofft, in uns keimt und reift?

## EVANGELIUM

Lk 1,57–66.80

*Johannes ist sein Name*

**+ Aus dem heiligen Evangelium nach Lukas.**

Für Elisabet erfüllte sich die Zeit, dass sie gebären sollte, und sie brachte einen Sohn zur Welt. Ihre Nachbarn und Verwandten hörten, welch großes Erbarmen der Herr ihr erwiesen hatte, und freuten sich mit ihr.

Und es geschah: Am achten Tag kamen sie zur Beschneidung des Kindes und sie wollten ihm den Namen seines Vaters Zacharías geben.

Seine Mutter aber widersprach und sagte: Nein, sondern er soll Johannes heißen. Sie antworteten ihr: Es gibt doch niemanden in deiner Verwandtschaft, der so heißt.

Da fragten sie seinen Vater durch Zeichen, welchen Namen das Kind haben solle. Er verlangte ein Schreibtäfelchen und schrieb darauf: Johannes ist sein Name. Und alle staunten.

Im gleichen Augenblick konnte er Mund und Zunge wieder gebrauchen und er redete und pries Gott. Und alle ihre Nachbarn gerieten in Furcht und man sprach von all diesen Dingen im ganzen Bergland von Judäa.

Alle, die davon hörten, nahmen es sich zu Herzen und sagten: Was wird wohl aus diesem Kind werden? Denn die Hand des Herrn war mit ihm.

Das Kind wuchs heran und wurde stark im Geist. Und es lebte in der Wüste bis zu dem Tag, an dem es seinen Auftrag für Israel erhielt.

Glaubensbekenntnis, S. 492 ff.

## FÜRBITTEN

Johannes‘ Ruf zur Erneuerung ermutigt uns, in den Anliegen unserer Welt vor Gott zu treten. Wir bitten ihn:

- Für die Kirche, um die Kraft zu Erneuerung und Umkehr, wo sie schwerfällig und starr geworden ist. V: Erbarmender Gott. A: Wir bitten dich, erhöre uns.

- Für Männer und Frauen der Kirche und für alle, die sich solidarisch für andere einsetzen, auch wenn es unerwünscht, unbequem, ja gefährlich ist. V: Erbarmender Gott. A: Wir bitten dich, erhöre uns.

- Für alle Menschen, die in diesen Ferienwochen die Stille suchen und die Blickrichtung ändern wollen, in der sommerlichen Natur, in einem Kloster, in der Ruhe eines Kirchenraums. V: Erbarmender Gott. A: Wir bitten dich, erhöre uns.

- Für alle, die umkehren wollen, die etwas neu und besser machen wollen in ihrem Leben. V: Erbarmender Gott. A: Wir bitten dich, erhöre uns.
- Für alle, die in Armut leben müssen, für die Kinder und Jugendlichen, die kaum Bildungschancen haben, und für alle, die ihnen helfen und sich für Gerechtigkeit einsetzen. V: Erbarmender Gott. A: Wir bitten dich, erhöre uns.

Guter Vater, sieh auf unsere Bereitschaft, unseren guten Willen zu Einkehr und Umkehr. Schenke uns die Kraft zur Barmherzigkeit, durch Jesus Christus, deinen Sohn, unseren Bruder und Herrn.

# EUCHARISTIEFEIER

## GABENGEBET

Herr, unser Gott, in Freude legen wir unsere Gaben auf deinen Altar am Geburtsfest des heiligen Vorläufers Johannes. Er hat angekündigt, dass der Erlöser kommt, und als er gekommen war, auf ihn gezeigt, auf Jesus Christus, deinen Sohn, der mit dir lebt und herrscht in alle Ewigkeit.

## PRÄFATION

In Wahrheit ist es würdig und recht, dir, allmächtiger Vater, zu danken und am Fest des heiligen Johannes das Werk deiner Gnade zu rühmen. Du hast ihn geehrt vor allen, die je eine Frau geboren hat, schon im Mutterschoß erfuhr er das kommende Heil, seine Geburt erfüllte viele mit Freude. Als Einziger der Propheten schaute er den Erlöser und zeigte hin auf das Lamm, das die Sünde der Welt hinwegnimmt. Im Jordan taufte er Christus, der seiner Kirche die Taufe geschenkt hat, so wurde das Wasser zum heiligen Quell des ewigen

Lebens. Bis an sein Ende gab Johannes Zeugnis für das Licht und besiegelte mit dem Blut seine Treue. Darum preisen wir dich mit allen Engeln und Heiligen und singen vereint mit ihnen das Lob deiner Herrlichkeit: Heilig …

## KOMMUNIONVERS Lk 1,78

Durch die barmherzige Liebe unseres Gottes
hat uns besucht das aufstrahlende Licht aus der Höhe.

## SCHLUSSGEBET

Herr, unser Gott, am Geburtstag Johannes' des Täufers hast du deine Kirche zum Festmahl des Lammes geladen und sie mit Freude erfüllt. Gib, dass wir Christus, den Johannes vorausverkündigt hat, als den erkennen, der uns das ewige Leben erworben hat, der mit dir lebt und herrscht in alle Ewigkeit.

***

*[In Stadt und Land bringt der Wettersegen die solidarische Sorge um das tägliche Brot vor Gott. Vor allem im ländlichen Raum wird in den Gemeinden vom Fest des heiligen Markus (25. April) bis Kreuzerhöhung (14. September) für das Gedeihen der Feldfrüchte gebetet.]*

## WETTERSEGEN

Gott, du Schöpfer aller Dinge, du hast uns Menschen die Welt anvertraut und willst, dass wir ihre Kräfte nützen. Aus dem Reichtum deiner Liebe schenkst du uns die Früchte der Erde: den Ertrag aus Garten und Acker, Weinberg und Wald, damit wir mit frohem und dankbarem Herzen dir dienen. Erhöre unser Gebet: Halte Ungewitter

und Hagel, Überschwemmung und Dürre, Frost und alles, was uns schaden mag, von uns fern. Schenke uns alles, was wir zum Leben brauchen. Darum bitten wir durch Christus, unseren Herrn.
Und der Segen des allmächtigen Gottes, des Vaters und des Sohnes † und des Heiligen Geistes, komme auf euch herab und bleibe bei euch allezeit. – A: Amen.

***

DU KIND

wirst ausbrechen
aus deiner gutbürgerlichen Stube.
Du wirst die Sünder
zu Gott
umkehren
und die Axt
an die Wurzel
der Bäume legen.

Du wirst
den Mächtigen
in die Suppe
spucken,
dich unbeliebt machen
und ein Opfer
des Henkers werden.

Du verweist uns
auf ihn,
auf das Lamm Gottes,
das unerkannt
mitten unter uns
steht.

*Heinz Detlef Stäps*

# 13. SONNTAG IM JAHRESKREIS

## 28. Juni 2020

Was es bedeutet, einen Menschen aufzunehmen, wissen Eltern, die ein Pflegekind in ihre Familie aufgenommen haben. Auch setzen sich viele Menschen für Geflüchtete ein oder nehmen Austauschschülerinnen und -schüler oder Au-pairs in ihre Familie auf. Dazu braucht es immer wieder Mut und Einfühlungsvermögen, um Fremdheit zu überwinden und gemeinsam neue Erfahrungen zu machen. Gemeinsam wird dann das Leben in neuen Dimensionen spürbar und durch gemeinsame Anstrengung öffnen sich neue Perspektiven.

### ERÖFFNUNGSVERS

Ps 47 (46),2

Ihr Völker alle, klatscht in die Hände;
jauchzt Gott zu mit lautem Jubel.

### KYRIE-RUFE

Herr Jesus Christus, du bist bei uns wie ein Gast.
V/A: Herr, erbarme dich.
Du bleibst bei uns, auch wenn es Abend wird
und der Tag sich schon geneigt hat.
V/A: Christus, erbarme dich.
Du gibst allen, die dich aufnehmen, Macht,
Kinder Gottes zu werden.
V/A: Herr, erbarme dich.

Ehre sei Gott, S. 489 f.

## TAGESGEBET

Gott, unser Vater, du hast uns in der Taufe zu Kindern des Lichtes gemacht. Lass nicht zu, dass die Finsternis des Irrtums über uns Macht gewinnt, sondern hilf uns, im Licht deiner Wahrheit zu bleiben. Darum bitten wir durch Jesus Christus.

# WORTGOTTESDIENST

ZUR 1. LESUNG Gastfreundschaft wird in vielen Kulturen großgeschrieben. Zwar sind Gäste in gewisser Weise auch unbequem: man muss sich um sie kümmern, sie brauchen einen Raum zum Schlafen, etwas zu essen, Aufmerksamkeit … Doch bringen Gäste immer auch neues Leben ins Haus. Die Alltäglichkeit wird aufgebrochen, neue Perspektiven erweitern die eigenen Anschauungen und man hat oft viel Freude miteinander. Auch wenn es selten so sein wird, dass, wie bei dem Ehepaar von Schunem, ein sehnlicher Kinderwunsch in Erfüllung gehen wird: Im Gast wird immer auch Christus empfangen und für Gottes Christus ist grundsätzlich alles möglich.

## ERSTE LESUNG 2 Kön 4,8–11.14–16a

*Dieser Mann, der ständig bei uns vorbeikommt, ist ein heiliger Gottesmann*

**Lesung aus dem zweiten Buch der Könige.**

Eines Tages ging Elíscha nach Schunem. Dort lebte eine vornehme Frau, die ihn dringend bat, bei ihr zu essen. Seither kehrte er zum Essen bei ihr ein, sooft er vorbeikam. Sie aber sagte zu ihrem Mann: Ich weiß, dass dieser Mann, der ständig bei uns vorbeikommt, ein heiliger Gottesmann ist. Wir wollen ein kleines, gemauertes Obergemach herrichten und dort ein Bett, einen Tisch, einen Stuhl und einen Leuchter für ihn bereitstellen. Wenn er dann zu uns kommt, kann er sich dorthin zurückziehen.

Als Elíscha eines Tages wieder hinkam, ging er in das Obergemach, um dort zu schlafen. Und als er seinen Diener Géhasi fragte, was man für die Frau tun könne, sagte Géhasi: Nun, sie hat keinen Sohn und ihr Mann ist alt. Da befahl er: Ruf sie herein! Er rief sie und sie blieb in der Tür stehen. Darauf versicherte ihr Elíscha: Im nächsten Jahr um diese Zeit wirst du einen Sohn liebkosen.

## ANTWORTPSALM

Ps 89 (88),2–3.16–17.18–19 (Kv: 2a))

Kv Von der Huld des Herrn
will ich ewig singen. – Kv

Von der Huld des Herrn will ich ewig singen, *
von Geschlecht zu Geschlecht mit meinem Mund
deine Treue verkünden.
Denn ich bekenne: Auf ewig ist Huld gegründet, *
im Himmel deine Treue gefestigt. – (Kv)

Selig das Volk, das den Jubelruf kennt, *
Herr, sie gehen im Licht deines Angesichts.
Sie freuen sich allezeit über deinen Namen *
und sie jubeln über deine Gerechtigkeit. – (Kv)

Denn du bist ihre Schönheit und Stärke, *
du erhöhst unsre Kraft in deiner Güte.
Ja, dem Herrn gehört unser Schild, *
dem Heiligen Israels unser König. – Kv

**ZUR 2. LESUNG** Getauft auf den Tod? Diese Redeweise befremdet, steht doch die Taufe am Beginn des christlichen Lebens. Gleich am Anfang soll es in den Tod gehen? Diese steile Aussage des Paulus lässt sich nicht leicht auf frisch getaufte Kleinkinder anwenden. Auch für erwachsene Täuflinge ist der Anspruch enorm. Was in der Taufe durch das Untertauchen zum Ausdruck kommt, braucht ein ganzes Leben, um sich entfalten zu können. Der Tod hat keine Macht mehr:

Für bestimmte Plausibilitäten wie die ständige, oftmals zerstörerische Selbstoptimierung oder die Abgrenzungs-Logik im Privaten und auch im Politischen ist ein Christ, insofern er wirklich aus Christus lebt, nicht ansprechbar. Für die Sünde ist er tot. Denn das Leben winkt aus einer anderen Richtung: der Gott des Lebens schenkt Frieden.

## ZWEITE LESUNG

Röm 6,3–4.8–11

*Wir wurden ja mit Christus begraben durch die Taufe; damit wir in der Wirklichkeit des neuen Lebens wandeln*

**Lesung aus dem Brief des Apostels Paulus an die Gemeinde in Rom.**

Schwestern und Brüder! Wir, die wir auf Christus Jesus getauft wurden, sind auf seinen Tod getauft worden. Wir wurden ja mit ihm begraben durch die Taufe auf den Tod, damit auch wir, so wie Christus durch die Herrlichkeit des Vaters von den Toten auferweckt wurde, in der Wirklichkeit des neuen Lebens wandeln.

Sind wir nun mit Christus gestorben, so glauben wir, dass wir auch mit ihm leben werden. Wir wissen, dass Christus, von den Toten auferweckt, nicht mehr stirbt; der Tod hat keine Macht mehr über ihn.

Denn durch sein Sterben ist er ein für alle Mal gestorben für die Sünde, sein Leben aber lebt er für Gott. So begreift auch ihr euch als Menschen, die für die Sünde tot sind, aber für Gott leben in Christus Jesus.

## RUF VOR DEM EVANGELIUM

Vers: vgl. 1 Petr 2,9

Halleluja. Halleluja.
Ihr seid ein auserwähltes Geschlecht,
eine königliche Priesterschaft, ein heiliger Stamm.
Verkündet die großen Taten Gottes,
der euch in sein wunderbares Licht gerufen hat.
Halleluja.

ZUM EVANGELIUM Am Schluss der Aussendungsrede Jesu im Matthäus-Evangelium sind verschiedene provokative Sprüche aneinandergereiht. In zwei Sätzen heißt es: Wer die eigenen Eltern und die eigenen Kinder mehr liebe als Jesus, sei seiner nicht wert. Das klingt fast so, als solle man die Liebe zur Familie einschränken. Ist das Jesu Botschaft? Im dritten Satz heißt es dann: Wer nicht sein Kreuz auf sich nimmt und mir nachfolgt, ist meiner nicht wert. Kreuzesnachfolge heißt aus ganzem Herzen zu lieben und so über den Tod hinaus auf die Macht Gottes zu vertrauen. Der Horizont der selbstverständlichen Liebe in der Familie wird nicht begrenzt, sondern geweitet. Alle Menschen sollen Zugang zu Gott, dem Vater, haben und füreinander „Brüder, Schwestern und Mütter" sein (Mt 12,50).

## EVANGELIUM

Mt 10,37–42

*Wer nicht sein Kreuz auf sich nimmt, ist meiner nicht wert. – Wer euch aufnimmt, nimmt mich auf*

**+ Aus dem heiligen Evangelium nach Matthäus.**

In jener Zeit sprach Jesus zu seinen Aposteln: Wer Vater oder Mutter mehr liebt als mich, ist meiner nicht wert, und wer Sohn oder Tochter mehr liebt als mich, ist meiner nicht wert.

Und wer nicht sein Kreuz auf sich nimmt und mir nachfolgt, ist meiner nicht wert.

Wer das Leben findet, wird es verlieren; wer aber das Leben um meinetwillen verliert, wird es finden.

Wer euch aufnimmt, der nimmt mich auf, und wer mich aufnimmt, nimmt den auf, der mich gesandt hat.

Wer einen Propheten aufnimmt, weil es ein Prophet ist, wird den Lohn eines Propheten erhalten.

Wer einen Gerechten aufnimmt, weil es ein Gerechter ist, wird den Lohn eines Gerechten erhalten.

Und wer einem von diesen Kleinen auch nur einen Becher frisches Wasser zu trinken gibt, weil es ein Jünger ist – Amen, ich sage euch: Er wird gewiss nicht um seinen Lohn kommen.

Glaubensbekenntnis, S. 492 ff.

## FÜRBITTEN

Wie können wir Leben gewinnen? Wenn wir nicht für uns allein leben. Darum treten wir heute mit den Nöten und Anliegen unserer Zeit vor Gott, den Urgrund und Geber allen Seins:

- Wir kommen zu dir mit der Hoffnung und den Fragen der Getauften. V/A: Herr, erbarme dich. (Liedruf GL 157)
- Wir kommen zu dir mit dem Willen zum Guten all derer, die keiner Glaubensgemeinschaft angehören. V/A: Herr, erbarme dich. (Liedruf GL 157)
- Wir kommen zu dir mit unserem Scheitern, wenn wir ungeduldig und lieblos waren. V/A: Herr, erbarme dich. (Liedruf GL 157)
- Wir kommen zu dir mit unserem Gelingen und unseren frohmachenden Erfahrungen, wenn wir Geduld miteinander hatten und gelassen sein konnten. V/A: Herr, erbarme dich. (Liedruf GL 157)
- Wir kommen zu dir mit unserer Sehnsucht nach Geborgenheit und Freundschaft. V/A: Herr, erbarme dich. (Liedruf GL 157)
- Wir kommen zu dir mit unserer Hoffnung auf Gerechtigkeit und Frieden. V/A: Herr, erbarme dich. (Liedruf GL 157)
- Wir kommen zu dir mit unserer Sorge um die Kinder weltweit, die kaum Entwicklungs- und Bildungschancen haben. V/A: Herr, erbarme dich. (Liedruf GL 157)
- Wir kommen zu dir mit unserem Wunsch, deine Schöpfung, die voll Schönheit ist, zu erhalten. V/A: Herr, erbarme dich. (Liedruf GL 157)
- Wir kommen zu dir mit unserer Angst vor dem Tod und mit unserer Hoffnung, in deiner Liebe gehalten zu sein. V/A: Herr, erbarme dich. (Liedruf GL 157)

Erbarmender Gott, du willst, dass wir leben und dass wir Leben in Fülle haben. Steh uns bei auf unseren Lebenswegen und hilf uns, dich und den Nächsten nicht aus dem Blick zu verlieren. So bitten wir durch Jesus Christus, unseren Bruder und Lehrer.

# EUCHARISTIEFEIER

## GABENGEBET

Herr, unser Gott, in den Geheimnissen, die wir feiern, wirkst du unser Heil. Gib, dass wir den Dienst an diesem Altar würdig vollziehen, von dem wir deine Gaben empfangen. Darum bitten wir durch Christus, unseren Herrn.

Präfation, S. 504 ff.

## KOMMUNIONVERS

Ps 103 (102), 1

Lobe den Herrn, meine Seele!
Alles in mir lobe seinen heiligen Namen.

## SCHLUSSGEBET

Gütiger Gott, die heilige Opfergabe, die wir dargebracht und empfangen haben, schenke uns neues Leben. Lass uns Frucht bringen in Beharrlichkeit und dir auf immer verbunden bleiben. Darum bitten wir durch Christus, unseren Herrn.

***

Für eine Wort-Gottes-Feier:

## ERÖFFNUNGSGEBET ZUR WAHL

Gerechter und guter Gott, dein Sohn spricht zu uns: „Wer nicht sein Kreuz auf sich nimmt, ist meiner nicht würdig." Gib uns die Kraft, unser Leben im Alltag zu bestehen, und schenke uns einst die Herrlichkeit, die uns verheißen ist, durch ihn, Jesus Christus, unseren Herrn, der mit dir und dem Heiligen Geist lebt in alle Ewigkeit.

***

### WILLKOMMEN!

Alle Fremden, die kommen,
sollen aufgenommen werden wie Christus;
denn er wird sagen:
„Ich war fremd, und ihr habt mich aufgenommen."
Allen erweise man die angemessene Ehre,
besonders den Brüdern im Glauben und den Pilgern.

Sobald ein Gast gemeldet wird,
sollen ihm daher der Obere und die Brüder
voll dienstbereiter Liebe entgegeneilen.
Zuerst sollen sie miteinander beten
und dann als Zeichen der Gemeinschaft
den Friedenskuss austauschen.

*Benediktusregel (Kapitel 53, 1–4)*

# HL. PETRUS UND HL. PAULUS, APOSTEL
# HOCHFEST

## 29. Juni 2020

Paulus aus Tarsus, zweisprachig erzogen, in der griechischen und in der hebräisch-biblischen Kultur zu Hause, Gottsucher, Gottesgelehrter, groß im Glauben, leidenschaftlicher geistlicher Mensch, glühender, unermüdlicher, erfindungsreicher Christuszeuge, der die Botschaft Israels und Jesu Christi konsequent auch den Nicht-Juden geöffnet hat. Petrus, der Galiläer. Der Felsenmann. Biblisch ist Gott selbst „Fels" und „Burg" (Ps 31,3–4). Doch auch Abraham kann „Fels" des Glaubens Israels genannt werden (Jes 51,1–2). Diese Rolle wird auch Petrus zugesprochen, dem Erstberufenen und Sprecher der Jünger. Petrus, der Felsenmann, nicht unerschütterlich, sein Glaube steht nicht felsenfest, und doch ein Mann der Treue. Fester, liebender Freund, dem Jesus traut und vertraut.

### ERÖFFNUNGSVERS

Die Apostel Petrus und Paulus
haben die Kirche begründet;
sie haben den Kelch des Herrn getrunken,
nun sind sie Gottes Freunde.

### KYRIE-RUFE

Herr Jesus Christus, du hast deine Kirche auf das
Fundament der Apostel und Propheten gegründet.
V/A: Herr, erbarme dich.
Du hast auf Petrus, den Felsen, deine Kirche gebaut.
V/A: Christus, erbarme dich.

Du hast den Apostel Paulus auserwählt,
dich unter den Völkern zu verkünden.
V/A: Herr, erbarme dich.

Ehre sei Gott, S. 489 f.

## TAGESGEBET

Herr, unser Gott, am Hochfest der Apostel Petrus und Paulus haben wir uns in Freude versammelt. Hilf deiner Kirche, in allem der Weisung deiner Boten zu folgen, durch die sie den Glauben und das Leben in Christus empfangen hat, der in der Einheit des Heiligen Geistes mit dir lebt und herrscht in alle Ewigkeit.

# WORTGOTTESDIENST

ZUR 1. LESUNG Petrus, der seinem verhafteten Freund und Meister noch bis zum Innenhof des hohenpriesterlichen Palastes gefolgt war, ihn dann aber verleugnet hatte, war schließlich zu einer überzeugenden Autorität der Jerusalemer Urgemeinde herangereift. Nach Jahren relativer Ruhe bläst der Gemeinde nun ein scharfer Wind ins Gesicht. Herodes Agrippa I. lässt Führungspersönlichkeiten verfolgen, um gesetzestreu zu erscheinen. Zwei Apostel sind betroffen. Jakobus wird mit dem Schwert hingerichtet, doch Petrus kann entkommen. Seine Flucht ist ein wahres Wunder. Doch um die Offenheit für solche Wunder geht es wohl: dass wir mit schlafwandlerischer Sicherheit aufstehen und gehen, wenn unser Engel uns anstößt und weckt.

## ERSTE LESUNG Apg 12,1–11

*Nun weiß ich, dass der Herr mich der Hand des Herodes entrissen hat*

**Lesung aus der Apostelgeschichte.**

In jenen Tagen ließ der König Herodes einige aus der Gemeinde verhaften und misshandeln. Jakobus, den Bruder des Johannes, ließ er mit dem Schwert hinrichten. Als er sah, dass es den Juden gefiel, ließ er auch Petrus festnehmen. Das geschah in den Tagen der Ungesäuerten Brote. Er nahm ihn also fest und warf ihn ins Gefängnis. Die Bewachung übertrug er vier Abteilungen von je vier Soldaten. Er beabsichtigte, ihn nach dem Paschafest dem Volk vorführen zu lassen. Petrus wurde also im Gefängnis bewacht. Die Gemeinde aber betete inständig für ihn zu Gott.

In der Nacht, ehe Herodes ihn vorführen lassen wollte, schlief Petrus, mit zwei Ketten gefesselt, zwischen zwei Soldaten; vor der Tür aber bewachten Posten den Kerker.

Und siehe, ein Engel des Herrn trat hinzu und ein Licht strahlte in dem Raum. Er stieß Petrus in die Seite, weckte ihn und sagte: Schnell, steh auf! Da fielen die Ketten von seinen Händen. Der Engel aber sagte zu ihm: Gürte dich und zieh deine Sandalen an! Er tat es. Und der Engel sagte zu ihm: Wirf deinen Mantel um und folge mir! Und Petrus ging hinaus und folgte ihm, ohne zu wissen, dass es Wirklichkeit war, was durch den Engel geschah; es kam ihm vor, als habe er eine Vision.

Sie gingen an der ersten und an der zweiten Wache vorbei und kamen an das eiserne Tor, das in die Stadt führt; es öffnete sich ihnen von selbst. Sie traten hinaus und gingen eine Gasse weit; und sogleich verließ ihn der Engel.

Da kam Petrus zu sich und sagte: Nun weiß ich wahrhaftig, dass der Herr seinen Engel gesandt und mich der Hand des Herodes entrissen hat und alldem, was das Volk der Juden erwartet hat.

## ANTWORTPSALM

Ps 34 (33), 2–3.4–5.6–7.8–9 (Kv: vgl. 5b)

Kv All meinen Ängsten hat mich der Herr entrissen. – Kv

Ich will den Herrn allezeit preisen; *
immer sei sein Lob in meinem Mund.

Meine Seele rühme sich des Herrn; *
die Armen sollen es hören und sich freuen. – (Kv)

Preist mit mir die Größe des Herrn, *
lasst uns gemeinsam seinen Namen erheben!
Ich suchte den Herrn und er gab mir Antwort, *
er hat mich all meinen Ängsten entrissen. – (Kv)

Die auf ihn blickten, werden strahlen, *
nie soll ihr Angesicht vor Scham erröten.
Da rief ein Armer und der Herr erhörte ihn *
und half ihm aus all seinen Nöten. – (Kv)

Der Engel des Herrn umschirmt, die ihn fürchten, *
und er befreit sie.
Kostet und seht, wie gut der Herr ist! *
Selig der Mensch, der zu ihm sich flüchtet! – Kv

ZUR 2. LESUNG Auf der Straße nach Damaskus, ja schon im Mutterleib, wurde er gerufen. Nun setzt Paulus Kraft und Können, Leib und Leben dafür ein, dem Herrn zu dienen um des Evangeliums willen. Kein Weg ist ihm zu weit, zu gefährlich, zu schwer. Schläge und Rückschläge treffen den Apostel Jesu Christi, und treffen ihn nicht. Scheitern bedroht ihn, doch Paulus schwankt und schlingert nicht. Der Rachen des Löwen hat ihn gepackt, aber das Raubtier hat ihn nicht verschlungen. Er hat keine Bedingungen gestellt, sondern unbedingt vertraut. Gottes Treue nämlich rettet den Vertrauten – durch Schwäche und Schande, durch Tod hindurch.

## ZWEITE LESUNG 2 Tim 4,6–8.17–18

*Schon jetzt liegt für mich der Kranz der Gerechtigkeit bereit*

**Lesung aus dem zweiten Brief des Apostels Paulus an Timótheus.**

Mein Sohn! Ich werde schon geopfert und die Zeit meines Aufbruchs ist nahe. Ich habe den guten Kampf gekämpft, den Lauf vollendet, die Treue bewahrt.

Schon jetzt liegt für mich der Kranz der Gerechtigkeit bereit, den mir der Herr, der gerechte Richter, an jenem Tag geben wird, aber nicht nur mir, sondern allen, die sein Erscheinen ersehnen.

Der Herr stand mir zur Seite und gab mir Kraft, damit durch mich die Verkündigung vollendet wird und alle Völker sie hören; und so wurde ich dem Rachen des Löwen entrissen.

Der Herr wird mich allem bösen Treiben entreißen und retten in sein himmlisches Reich. Ihm sei die Ehre in alle Ewigkeit. Amen.

## RUF VOR DEM EVANGELIUM

Vers: Mt 16,18

Halleluja. Halleluja.
(So spricht der Herr:)
Du bist Petrus – der Fels –
und auf diesen Felsen werde ich meine Kirche bauen
und die Pforten der Unterwelt werden sie nicht überwältigen.
Halleluja.

**ZUM EVANGELIUM** „Er heißt: Der Fels" (Dtn 32,4). Biblisch ist der Fels vor allem ein Gottesbild. Die Psalmen hoffen auf den Herrn als schützenden und rettenden Felsen (Ps 62,8; 89,27). Doch auch die fundamentale Bedeutung Zions wird im Bild des Felsen zur Sprache gebracht: „Blickt auf den Felsen, aus dem ihr gehauen seid" (Jes 51,1–2)! Auch Jesus wählt für sich einen Felsen. Petrus wird eine der drei „Säulen" (Gal 2,9) der Gemeinde Christi, die sich nach Ostern zur Kirche aus Juden *und* Heiden wandelte. Eine gefährliche Gratwanderung. Die wegweisenden Entscheidungen sind mit dem Namen des Petrus verbunden. Gott, der Fels, trägt die Welt nicht anders als durch Menschen, die Menschen tragen.

## EVANGELIUM

Mt 16,13–19

*Du bist Petrus; ich werde dir die Schlüssel des Himmelreichs geben*

**+ Aus dem heiligen Evangelium nach Matthäus.**

In jener Zeit, als Jesus in das Gebiet von Cäsaréa Philíppi kam, fragte er seine Jünger und sprach: Für wen halten die Menschen den Menschensohn?

Sie sagten: Die einen für Johannes den Täufer, andere für Elíja, wieder andere für Jeremía oder sonst einen Propheten.

Da sagte er zu ihnen: Ihr aber, für wen haltet ihr mich?

Simon Petrus antwortete und sprach: Du bist der Christus, der Sohn des lebendigen Gottes!

Jesus antwortete und sagte zu ihm: Selig bist du, Simon Barjóna; denn nicht Fleisch und Blut haben dir das offenbart, sondern mein Vater im Himmel. Ich aber sage dir: Du bist Petrus – der Fels – und auf diesen Felsen werde ich meine Kirche bauen und die Pforten der Unterwelt werden sie nicht überwältigen. Ich werde dir die Schlüssel des Himmelreichs geben; was du auf Erden binden wirst, das wird im Himmel gebunden sein, und was du auf Erden lösen wirst, das wird im Himmel gelöst sein.

Glaubensbekenntnis, S. 492 ff.

## FÜRBITTEN

Petrus, der oft Wankelmütige, bekennt hier klar und deutlich, dass Jesus der ist, durch den das Heil in die Welt gekommen ist. Das ist unsere Hoffnung, deshalb können und dürfen auch wir zum Herrn rufen:

- Wir bitten dich für die Kirche unserer Zeit und für alle, die im Dienst der Verkündigung stehen, um die Kraft, dich als Herrn und Bruder zu bezeugen. V: Christus, höre uns. A: Christus, erhöre uns.
- Wir bitten für alle, die sich im Dienst der Kirche ernsthaft mühen, um die Erfahrung des Paulus, gerade in der Schwachheit von

Gottes Gnade getragen zu sein. V: Christus, höre uns. A: Christus, erhöre uns.

- Wir beten für alle, die in diesen Sommerwochen zur Ruhe kommen und zur Mitte finden wollen, um den Beistand des Geistes. V: Christus, höre uns. A: Christus, erhöre uns.
- Wir beten um Schutz und Segen für alle, die unter den Dunkelheiten dieser Welt leiden: unter übler Nachrede und Hetze, unter seelischer und körperlicher Gewalt, unter Krieg und Terror. V: Christus, höre uns. A: Christus, erhöre uns.
- Wir bitten um deinen Geist des Trostes für alle Menschen, die ahnen, dass ihr Leben sich dem Ende zuneigt. V: Christus, höre uns. A: Christus, erhöre uns.

Herr Jesus Christus, du leitest deine Kirche durch die Höhen und Tiefen der Zeit. Wir danken dir für die Hoffnung, die durch deine Menschwerdung allen Menschen geschenkt ist; wir loben dich und preisen dich, heute und alle Tage bis in Ewigkeit.

# EUCHARISTIEFEIER

## GABENGEBET

Herr und Gott, in Gemeinschaft mit den Aposteln Petrus und Paulus bitten wir dich: Heilige unsere Gaben und lass uns mit Bereitschaft und Hingabe das Opfer deines Sohnes feiern, der mit dir lebt und herrscht in alle Ewigkeit.

## PRÄFATION

In Wahrheit ist es würdig und recht, dich, allmächtiger Vater, in deinen Heiligen zu preisen und am Fest der Apostel Petrus und Paulus das Werk deiner Gnade zu rühmen. Petrus hat als Erster den Glauben an Christus bekannt und aus Israels heiligem Rest die erste Kirche gesammelt. Paulus empfing die Gnade tiefer Einsicht und die Berufung zum Lehrer der Heiden. Auf verschiedene Weise dienten beide Apostel der einen Kirche, gemeinsam empfingen sie die Krone des Lebens. Darum ehren wir beide in gemeinsamer Feier und vereinen uns mit allen Engeln und Heiligen zum Hochgesang von deiner göttlichen Herrlichkeit: Heilig …

## KOMMUNIONVERS

Mt 16,16.18

Petrus sagte zu Jesus:
Du bist der Messias, der Sohn des lebendigen Gottes.
Jesus erwiderte ihm:
Du bist Petrus, und auf diesen Felsen
werde ich meine Kirche bauen.

## SCHLUSSGEBET

Herr, unser Gott, du hast uns durch das heilige Sakrament gestärkt. Gib, dass wir im Brotbrechen und in der Lehre der Apostel verharren und in deiner Liebe ein Herz und eine Seele werden. Darum bitten wir durch Christus, unseren Herrn.

## FEIERLICHER SCHLUSSSEGEN

Seinen Segen gewähre euch der allmächtige Gott, der auf das Bekenntnis des Petrus die Kirche gegründet und durch ihn die Brüder im Glauben gestärkt hat. – A: Amen.
Durch Paulus hat er die Heidenvölker zum Glauben geführt; das Beispiel dieses Apostels lehre euch, Menschen für Christus zu gewinnen. – A: Amen.
Beide bezeugten den Herrn bis zum Tod: Petrus am Kreuz, Paulus unter dem Schwert; ihre Fürsprache geleite euch zur ewigen Heimat. – A: Amen.

Das gewähre euch der dreieinige Gott, der Vater und der Sohn † und der Heilige Geist. – A: Amen.

***

## JÜNGER WERDEN

*wer mein jünger sein will,*
*der verleugne sich selbst und folge mir nach*

jugendlich trunken
meinte ich alles zu geben
und dir egal wohin
lässig zu folgen

alt und ernüchtert
möchte ich vor allem zugeben
egal wohin ich auch gestolpert bin
bist du mir unablässig nachgefolgt.

*Andreas Knapp*

# 14. SONNTAG IM JAHRESKREIS

## 5. Juli 2020

Wie wird es sein, wenn Gott wirklich kommt? Die Erfahrungen von Gottes Gegenwart im Leben von Menschen sind sehr unterschiedlich, so verschieden wie die Menschen selbst. Und doch bleibt Gott sich treu. Er ist ein Gott des Lebens, der Freiheit und der Liebe. Die Texte des heutigen Sonntags beschreiben die Ankunft seines Boten, seines Christus, so: Er reitet auf einem Esel, nimmt Wohnung bei den Menschen und lässt sie Ruhe finden für ihre Seele.

### ERÖFFNUNGSVERS

Ps 48 (47), 10–11

Deiner Huld, o Gott, gedenken wir
in deinem heiligen Tempel.
Wie dein Name, Gott,
so reicht dein Ruhm bis an die Enden der Erde;
deine rechte Hand ist voll von Gerechtigkeit.

### KYRIE-RUFE

Herr Jesus Christus, du bist gütig
und von Herzen demütig.
V/A: Herr, erbarme dich.
Du bist gerecht und hilfst.
V/A: Christus, erbarme dich.
Du lässt uns Ruhe finden für unsere Seele.
V/A: Herr, erbarme dich.

Ehre sei Gott, S. 489 f.

## TAGESGEBET

Barmherziger Gott, durch die Erniedrigung deines Sohnes hast du die gefallene Menschheit wieder aufgerichtet und aus der Knechtschaft der Sünde befreit. Erfülle uns mit Freude über die Erlösung und führe uns zur ewigen Seligkeit. Darum bitten wir durch Jesus Christus.

# WORTGOTTESDIENST

**ZUR 1. LESUNG** Wie man sich die Rettung der Welt auch vorstellt, ein Esel kommt den meisten dabei nicht so schnell in den Sinn. Schon der Prophet Sacharja wiederholt es lieber gleich: Er „reitet auf einem Esel, ja, auf einem Esel, dem Jungen einer Eselin". So ausgestattet, soll er Kriegswaffen ausmerzen und Frieden herstellen. Das ist unvorstellbar, und doch spüren heute viele Menschen, dass unsere Welt nur durch sanfte, wenn auch konsequente Maßnahmen zu retten ist. Alle Menschen müssen Würde und Respekt erfahren und unsere Umwelt muss geschützt werden. Da passt der Esel doch: Denn ein Esel, der in Stress gerät, bleibt stehen und rührt sich nicht. Weder greift er selbst an noch flieht er. Sobald Ruhe einkehrt, geht er weiter und ist bereit, auch große Lasten zu tragen.

## ERSTE LESUNG Sach 9,9–10

*Siehe, dein König kommt zu dir; demütig ist er*

**Lesung aus dem Buch Sachárja.**

So spricht der Herr: Juble laut, Tochter Zion! Jauchze, Tochter Jerusalem! Siehe, dein König kommt zu dir. Gerecht ist er und Rettung wurde ihm zuteil, demütig ist er und reitet auf einem Esel, ja, auf einem Esel, dem Jungen einer Eselin.

Ausmerzen werde ich die Streitwagen aus Éfraim und die Rosse aus Jerusalem, ausgemerzt wird der Kriegsbogen.

Er wird den Nationen Frieden verkünden; und seine Herrschaft reicht von Meer zu Meer und vom Strom bis an die Enden der Erde.

## ANTWORTPSALM Ps 145 (144), 1–2.8–9.10–11.13c–14 (Kv: 1a)

Kv Ich will dich erheben, meinen Gott und König. – Kv

(*Oder:* Halleluja.)

Ich will dich erheben, meinen Gott und König, *
ich will deinen Namen preisen auf immer und ewig.
Jeden Tag will ich dich preisen *
und deinen Namen loben auf immer und ewig. – (Kv)

Der Herr ist gnädig und barmherzig, *
langmütig und reich an Huld.
Der Herr ist gut zu allen, *
sein Erbarmen waltet über all seinen Werken. – (Kv)

Danken sollen dir, Herr, all deine Werke, *
deine Frommen sollen dich preisen.
Von der Herrlichkeit deines Königtums sollen sie reden, *
von deiner Macht sollen sie sprechen. – (Kv)

Treu ist der Herr in seinen Reden, *
und heilig in all seinen Werken.
Der Herr stützt alle, die fallen, *
er richtet alle auf, die gebeugt sind. – Kv

ZUR 2. LESUNG Paulus betont immer wieder, dass der Geist Gottes, der zugleich der Geist Jesu Christi ist, in uns wohnt. Christsein bedeutet nach Paulus, dem Geist Jesu im eigenen Leben Raum anzubieten. Der Geist muss sich bewegen können im Menschen, dort ein Zuhause mit offenen Fenstern und Türen finden. Doch was meint Paulus, wenn er davon spricht, mithilfe des Geistes die sündigen Taten des Leibes zu töten? Die Sünde, also die Abwendung von Gott und das Sich-Verlieren in Eigennutz und Ablehnung, wird von selbst zunichte, wenn Menschen Gott in ihrem Leben Raum und Wohnung geben. Der Geist Christi schenkt Anteil am Leben Gottes, da verschwindet das Böse ganz von selbst.

## ZWEITE LESUNG

Röm 8,9.11–13

*Wenn ihr durch den Geist die sündigen Taten des Leibes tötet, werdet ihr leben*

**Lesung aus dem Brief des Apostels Paulus an die Gemeinde in Rom.**

Schwestern und Brüder! Ihr seid nicht vom Fleisch, sondern vom Geist bestimmt, da ja der Geist Gottes in euch wohnt. Wer aber den Geist Christi nicht hat, der gehört nicht zu ihm.

Wenn aber der Geist dessen in euch wohnt, der Jesus von den Toten auferweckt hat, dann wird er, der Christus von den Toten auferweckt hat, auch eure sterblichen Leiber lebendig machen, durch seinen Geist, der in euch wohnt.

Wir sind also nicht dem Fleisch verpflichtet, Brüder und Schwestern, sodass wir nach dem Fleisch leben müssten. Denn wenn ihr nach dem Fleisch lebt, müsst ihr sterben; wenn ihr aber durch den Geist die sündigen Taten des Leibes tötet, werdet ihr leben.

## RUF VOR DEM EVANGELIUM

Vers: vgl. Mt 11,25

Halleluja. Halleluja.
Sei gepriesen, Vater, Herr des Himmels und der Erde;
du hast die Geheimnisse des Reiches den Unmündigen offenbart.
Halleluja.

ZUM EVANGELIUM Im Matthäus-Evangelium rücken besonders in den Kapiteln 11 und 12 zwischen der Aussendungsrede und der Gleichnisrede weisheitliche Themen in den Blick. Hier greift Jesus das Gebet am Schluss des Buches Jesus Sirach auf: „Ich will dich preisen, Herr und König." (Sir 51,1) „Kommt her zu mir, ihr Ungebildeten." (Sir 51,23) „Beugt euren Nacken unter das Joch, eure Seele soll Bildung annehmen! Sie ist nahe, sodass man sie findet. Seht mit euren Augen, dass ich mich ein wenig mühte und viel Ruhe für mich gefunden habe." (Sir 51,26–27) Jesus allerdings wirbt nicht nur für die Weisheit, sondern stellt sich selbst als Weisheit vor, als den Weg zu Gott. Bei ihm finden auch wir Erfrischung und Ruhe. Sein Joch zu tragen meint dabei, an seiner Seite zu gehen und sich aufmerksam und liebevoll von ihm zeigen zu lassen, wie ein gütiges und von Herzen demütiges Leben gelingt.

## EVANGELIUM Mt 11,25–30

*Ich bin gütig und von Herzen demütig*

**+ Aus dem heiligen Evangelium nach Matthäus.**

In jener Zeit sprach Jesus: Ich preise dich, Vater, Herr des Himmels und der Erde, weil du das vor den Weisen und Klugen verborgen und es den Unmündigen offenbart hast. Ja, Vater, so hat es dir gefallen.

Alles ist mir von meinem Vater übergeben worden; niemand kennt den Sohn, nur der Vater, und niemand kennt den Vater, nur der Sohn und der, dem es der Sohn offenbaren will.

Kommt alle zu mir, die ihr mühselig und beladen seid! Ich will euch erquicken.

Nehmt mein Joch auf euch und lernt von mir; denn ich bin gütig und von Herzen demütig; und ihr werdet Ruhe finden für eure Seele. Denn mein Joch ist sanft und meine Last ist leicht.

Glaubensbekenntnis, S. 492 ff.

## FÜRBITTEN

„Kommt alle zu mir“, so ruft Jesus auch uns im heutigen Evangelium zu. Deshalb treten wir in Hoffnung und Zuversicht mit unseren Lasten und Sorgen vor ihn und bitten ihn, den Freund und Bruder:

- Für die Katechetinnen und Katecheten, die beschwerliche Wege auf sich nehmen, um mit den Menschen am Rande, mit den Belasteten und Beladenen, die frohe Botschaft zu teilen. V: Jesus Christus, Freund und Bruder. A: Wir bitten dich, erhöre uns.
- Für alle, die in Fabriken und Steinbrüchen, in Haushalten und auf Feldern Schwerarbeit leisten und doch nicht genug zum Leben haben. V: Jesus Christus, Freund und Bruder. A: Wir bitten dich, erhöre uns.
- Für alle, die Leid und Elend, Traurigkeit und Einsamkeit wahrnehmen und dort helfen, wo es möglich ist. V: Jesus Christus, Freund und Bruder. A: Wir bitten dich, erhöre uns.
- Für alle, die im Elend, fernab von Geborgenheit und Heimat, sterben müssen. V: Jesus Christus, Freund und Bruder. A: Wir bitten dich, erhöre uns.

Jesus, du willst uns nicht schwere Lasten auflegen, sondern vielmehr denen Ruhe verschaffen, die besonders belastet und beladen sind. Dafür danken wir dir, heute und alle Tage, die uns geschenkt sind.

# EUCHARISTIEFEIER

## GABENGEBET

Herr, zu deiner Ehre feiern wir dieses Opfer. Es befreie uns vom Bösen und helfe uns, Tag für Tag das neue Leben sichtbar zu machen, das wir von dir empfangen. Darum bitten wir durch Christus, unseren Herrn.

Präfation, S. 504 ff.

## KOMMUNIONVERS

Mt 11,28

Kommt alle zu mir,
die ihr euch plagt und unter Lasten stöhnt!
Ich will euch Ruhe verschaffen –
so spricht der Herr.

## SCHLUSSGEBET

Herr, du hast uns mit reichen Gaben beschenkt. Lass uns in der Danksagung verharren und einst die Fülle des Heils erlangen. Darum bitten wir durch Christus, unseren Herrn.

***

Für eine Wort-Gottes-Feier:

## ERÖFFNUNGSGEBET ZUR WAHL

Gott und Vater, Herr des Himmels und der Erde! Wir kommen zu dir mit unseren Lasten – um Ruhe zu finden für unsere Seele. Schenke uns in dieser Feier deinen Geist, damit wir den Weg zur ewigen Heimat finden mit Jesus Christus, deinem Sohn, der mit dir und dem Heiligen Geist lebt in Ewigkeit.

***

### DIE AUFGABE, MENSCHEN ZU FÜHREN

Der Abt muss wissen,
welch schwierige und mühevolle Aufgabe er auf sich nimmt:
Menschen zu führen und der Eigenart vieler zu dienen.
Muss er doch dem einen mit gewinnenden,
dem anderen mit tadelnden,

dem dritten mit überzeugenden Worten begegnen.
Nach der Eigenart und Fassungskraft jedes Einzelnen
soll er sich auf alle einstellen und auf sie eingehen.
So wird er an der ihm anvertrauten Herde
keinen Schaden erleiden,
vielmehr kann er sich am Wachsen einer guten Herde freuen.

Vor allem darf er über das Heil der ihm Anvertrauten
nicht hinwegsehen oder es geringschätzen
und sich größere Sorge machen
um vergängliche, irdische und hinfällige Dinge.
Stets denke er daran:
Er hat die Aufgabe übernommen, Menschen zu führen,
für die er einmal Rechenschaft ablegen muss.

*Benediktusregel (Kapitel 2,31–34)*

# 15. SONNTAG IM JAHRESKREIS

## 12. Juli 2020

Die Herrlichkeit Gottes, die Ewigkeit, der Himmel, das Leben nach dem Tod – das alles sind Bilder, die von Gott künden. Sie weisen auf eine Wirklichkeit hin, die uns noch nicht zugänglich ist. Allenfalls können wir sie erahnen und einen Vorgeschmack bekommen. Die Auferstehungs-Erzählungen in den Evangelien wollen uns damit vertraut machen, ebenso die Offenbarung des Johannes und viele Geschichten und Erwägungen des Ersten und Zweiten Testaments. Im Eingangsvers dieses Sonntags wird der Schluss von Psalm 17 zitiert: ... wenn ich einst erwache, will ich mich satt sehen an deiner Gestalt. Denn die Erkenntnis Gottes wird alles übersteigen, was wir uns ausdenken und vorstellen können. Dann werden wir uns satt sehen!

### ERÖFFNUNGSVERS

Ps 17 (16), 15

Ich will in Gerechtigkeit dein Angesicht schauen,
mich satt sehen an deiner Gestalt, wenn ich einst erwache.

### KYRIE-RUFE

Herr Jesus Christus, du verkündest dein Wort
wie ein Sämann, der aufs Feld ging, um zu säen.
V/A: Herr, erbarme dich.
Du öffnest uns Augen und Ohren,
damit wir sehen, hören und verstehen.
V/A: Christus, erbarme dich.
Du bewirkst durch dein Wort, was du willst –
es kehrt nicht leer zu dir zurück.
V/A: Herr, erbarme dich.

Ehre sei Gott, S. 489 f.

## TAGESGEBET

Gott, du bist unser Ziel, du zeigst den Irrenden das Licht der Wahrheit und führst sie auf den rechten Weg zurück. Gib allen, die sich Christen nennen, die Kraft, zu meiden, was diesem Namen widerspricht, und zu tun, was unserem Glauben entspricht. Darum bitten wir durch Jesus Christus.

# WORTGOTTESDIENST

**ZUR 1. LESUNG** Gott spricht die Sprache der Schöpfung. Wie Regen und Schnee ihren Dienst auf wunderbare Weise tun, ohne dass Menschen darauf Einfluss hätten, so tut auch das Wort Gottes seinen Dienst, ohne von Menschen abhängig zu sein. Es ist ein tröstendes Wort, das an das Grundvertrauen appelliert. Gott ist der Schöpfer der Welt. Wenn er spricht, entsteht Wirklichkeit, die sich Schritt für Schritt entfaltet. Für ihn ist alles möglich – weit über unsere Vorstellungskraft hinaus.

## ERSTE LESUNG

Jes 55,10–11

*Wie der Regen die Erde zum Keimen und Sprossen bringt, so bewirkt mein Wort, was ich will*

**Lesung aus dem Buch Jesája.**

So spricht der Herr: Wie der Regen und der Schnee vom Himmel fällt und nicht dorthin zurückkehrt, ohne die Erde zu tränken und sie zum Keimen und Sprossen zu bringen, dass sie dem Sämann Samen gibt und Brot zum Essen, so ist es auch mit dem Wort, das meinen Mund verlässt: Es kehrt nicht leer zu mir zurück, ohne zu bewirken, was ich will, und das zu erreichen, wozu ich es ausgesandt habe.

## ANTWORTPSALM

Ps 65 (64), 10.11–12.13–14 (Kv: vgl. Lk 8, 8)

Kv Dein Wort, o Herr, fiel auf guten Boden
und brachte reiche Frucht. – Kv

Du hast für das Land gesorgt, es getränkt, *
es überschüttet mit Reichtum.
Der Bach Gottes ist voller Wasser, /
gedeihen lässt du ihnen das Korn, *
so lässt du das Land gedeihen. – (Kv)

Du hast seine Furchen getränkt, seine Schollen geebnet, *
du machst es weich durch Regen, segnest seine Gewächse.
Du hast das Jahr mit deiner Güte gekrönt, *
von Fett triefen deine Spuren. – (Kv)

In der Steppe prangen Auen, *
es gürten sich die Höhen mit Jubel.
Die Weiden bekleiden sich mit Herden, /
es hüllen sich die Täler in Korn. *
Sie jauchzen, ja, sie singen. – Kv

ZUR 2. LESUNG Die ganze Schöpfung soll der Vergänglichkeit entrissen werden und zur Freiheit und Herrlichkeit der Kinder Gottes befreit werden. Diese Aussage des Paulus ist einmalig in seinen Briefen. Es wird deutlich, wie sehr der Mensch Teil der ganzen Schöpfung ist. Der Mensch steht nicht der Welt gegenüber, sondern Mensch und Welt verdanken sich zusammen dem einen Schöpfergott und erwarten gemeinsam sehnsüchtig die Erlösung. Die Herrlichkeit, die der Schöpfung trotz Leiden und Aussichtslosigkeit verheißen ist, ist Teilhabe an der Herrlichkeit des auferstandenen Christus. Jenseits der Grenze des

Todes und der Vernichtung bricht neues Leben in Fülle auf. Wo wir dieses Leben, diese Herrlichkeit schon jetzt erfahren, da haben wir es mit dem Heiligen Geist zu tun, dem Geist Christi in unseren Gliedern.

## ZWEITE LESUNG

Röm 8,18–23

*Die Schöpfung wartet sehnsüchtig auf das Offenbarwerden der Söhne Gottes*

**Lesung aus dem Brief des Apostels Paulus an die Gemeinde in Rom.**

Schwestern und Brüder! Ich bin überzeugt, dass die Leiden der gegenwärtigen Zeit nichts bedeuten im Vergleich zu der Herrlichkeit, die an uns offenbar werden soll. Denn die Schöpfung wartet sehnsüchtig auf das Offenbarwerden der Söhne Gottes.

Gewiss, die Schöpfung ist der Nichtigkeit unterworfen, nicht aus eigenem Willen, sondern durch den, der sie unterworfen hat, auf Hoffnung hin: Denn auch sie, die Schöpfung, soll von der Knechtschaft der Vergänglichkeit befreit werden zur Freiheit und Herrlichkeit der Kinder Gottes.

Denn wir wissen, dass die gesamte Schöpfung bis zum heutigen Tag seufzt und in Geburtswehen liegt. Aber nicht nur das, sondern auch wir, obwohl wir als Erstlingsgabe den Geist haben, auch wir seufzen in unserem Herzen und warten darauf, dass wir mit der Erlösung unseres Leibes als Söhne offenbar werden.

## RUF VOR DEM EVANGELIUM

Halleluja. Halleluja.
Der Samen ist das Wort Gottes, der Sämann ist Christus.
Wer Christus findet, der bleibt in Ewigkeit.
Halleluja.

ZUM EVANGELIUM Warum Jesus zur Menge in Gleichnissen spricht, aber nur im kleinen Kreis die Bedeutung erklärt, ist eine berechtigte Frage. Jesus antwortet mit der lapidaren Feststellung: „Wer hat, dem wird gegeben und er wird im Überfluss haben." (Mt 13,12) Dieser Satz wird viel später im Evangelium fast wortgleich wiederholt: im Gleichnis von den anvertrauten Talenten (Mt 25,29). Es ist eine Lebenserfahrung, die Jesus zitiert und die viele Menschen teilen: Kann man sich über einen Erfolg freuen, folgen meist weitere. Oder: Wer viele FreundInnen hat, gewinnt leicht neue hinzu. Oder: Wer zwei Sprachen gelernt hat, tut sich mit der dritten nicht so schwer. Oder ... Es geht also nicht darum, die Hände in den Schoß zu legen und Gott allein machen zu lassen. Vielmehr geht es immer um den nächsten Schritt der Nachfolge. Die Botschaft Jesu erschließt sich unterwegs.

## EVANGELIUM

Mt 13,1–23

*Ein Sämann ging hinaus, um zu säen*

+ **Aus dem heiligen Evangelium nach Matthäus.**

An jenem Tag verließ Jesus das Haus und setzte sich an das Ufer des Sees. Da versammelte sich eine große Menschenmenge um ihn. Er stieg deshalb in ein Boot und setzte sich. Und alle Menschen standen am Ufer. Und er sprach lange zu ihnen in Gleichnissen.

Er sagte: Siehe, ein Sämann ging hinaus, um zu säen. Als er säte, fiel ein Teil auf den Weg und die Vögel kamen und fraßen es.

Ein anderer Teil fiel auf felsigen Boden, wo es nur wenig Erde gab, und ging sofort auf, weil das Erdreich nicht tief war; als aber die Sonne hochstieg, wurde die Saat versengt und verdorrte, weil sie keine Wurzeln hatte.

Wieder ein anderer Teil fiel in die Dornen und die Dornen wuchsen und erstickten die Saat.

Ein anderer Teil aber fiel auf guten Boden und brachte Frucht, teils hundertfach, teils sechzigfach, teils dreißigfach.

Wer Ohren hat, der höre!

Da traten die Jünger zu ihm und sagten: Warum redest du zu ihnen in Gleichnissen?

Er antwortete ihnen: Euch ist es gegeben, die Geheimnisse des Himmelreichs zu verstehen; ihnen aber ist es nicht gegeben. Denn wer hat, dem wird gegeben und er wird im Überfluss haben; wer aber nicht hat, dem wird auch noch weggenommen, was er hat. Deshalb rede ich zu ihnen in Gleichnissen, weil sie sehen und doch nicht sehen und hören und doch nicht hören und nicht verstehen.

An ihnen erfüllt sich das Prophetenwort Jesájas:

Hören sollt ihr, hören und doch nicht verstehen; sehen sollt ihr, sehen und doch nicht einsehen. Denn das Herz dieses Volkes ist hart geworden. Mit ihren Ohren hören sie schwer und ihre Augen verschließen sie, damit sie mit ihren Augen nicht sehen und mit ihren Ohren nicht hören und mit ihrem Herzen nicht zur Einsicht kommen und sich bekehren und ich sie heile.

Eure Augen aber sind selig, weil sie sehen, und eure Ohren, weil sie hören. Denn, amen, ich sage euch: Viele Propheten und Gerechte haben sich danach gesehnt zu sehen, was ihr seht, und haben es nicht gesehen, und zu hören, was ihr hört, und haben es nicht gehört.

Ihr also, hört, was das Gleichnis vom Sämann bedeutet. Zu jedem Menschen, der das Wort vom Reich hört und es nicht versteht, kommt der Böse und nimmt weg, was diesem Menschen ins Herz gesät wurde; bei diesem ist der Samen auf den Weg gefallen.

Auf felsigen Boden ist der Samen bei dem gefallen, der das Wort hört und sofort freudig aufnimmt; er hat aber keine Wurzeln, sondern ist unbeständig; sobald er um des Wortes willen bedrängt oder verfolgt wird, kommt er sofort zu Fall.

In die Dornen ist der Samen bei dem gefallen, der das Wort hört, und die Sorgen dieser Welt und der trügerische Reichtum ersticken es und es bleibt ohne Frucht.

Auf guten Boden ist der Samen bei dem gesät, der das Wort hört und es auch versteht; er bringt Frucht – hundertfach oder sechzigfach oder dreißigfach.

*Oder:*

## KURZFASSUNG

Mt 13,1–9

*Ein Sämann ging hinaus, um zu säen*

+ **Aus dem heiligen Evangelium nach Matthäus.**

An jenem Tag verließ Jesus das Haus und setzte sich an das Ufer des Sees. Da versammelte sich eine große Menschenmenge um ihn. Er stieg deshalb in ein Boot und setzte sich. Und alle Menschen standen am Ufer. Und er sprach lange zu ihnen in Gleichnissen.

Er sagte: Siehe, ein Sämann ging hinaus, um zu säen. Als er säte, fiel ein Teil auf den Weg und die Vögel kamen und fraßen es.

Ein anderer Teil fiel auf felsigen Boden, wo es nur wenig Erde gab, und ging sofort auf, weil das Erdreich nicht tief war; als aber die Sonne hochstieg, wurde die Saat versengt und verdorrte, weil sie keine Wurzeln hatte.

Wieder ein anderer Teil fiel in die Dornen und die Dornen wuchsen und erstickten die Saat.

Ein anderer Teil aber fiel auf guten Boden und brachte Frucht, teils hundertfach, teils sechzigfach, teils dreißigfach.

Wer Ohren hat, der höre!

Glaubensbekenntnis, S. 492 ff.

## FÜRBITTEN

Gottes Wort ist die Saat, die reiche Frucht bringen kann. Wir bitten den Geber aller Gaben um seinen Beistand:

- Für die Kirche, dass sie sich öffnet für die Menschen in Not und Bedrängnis, und Solidarität übt mit den Armen dieser Erde. V: Vater im Himmel. A: Höre und erhöre uns.

- Für die Gläubigen der christlichen Bekenntnisse, dass sie zu einer lebendigen Einheit zusammenwachsen. V: Vater im Himmel. A: Höre und erhöre uns.

- Für die Menschen, die in der Ferienzeit Ruhe suchen oder Belebung, dass sie Freude erfahren und gestärkt an Leib und Seele in ihren Alltag zurückkehren. V: Vater im Himmel. A: Höre und erhöre uns.
- Für alle, die keinen Urlaub machen können, weil sie schwer erkrankt sind, dass ihnen Kraft geschenkt wird und sie auf Genesung hoffen können. V: Vater im Himmel. A: Höre und erhöre uns.
- Für alle, die den Tod vor Augen haben, um deinen Trost, wenn manches in ihrem Leben nicht gefruchtet hat und nicht aufgegangen ist. V: Vater im Himmel. A: Höre und erhöre uns.

Guter Gott, deine Saat ist reichlich ausgestreut, sie kann keimen, wachsen und Frucht bringen. Auch uns nährst du, damit wir leben und lieben können. Dazu segne uns der barmherzige Gott, heute und allezeit.

# EUCHARISTIEFEIER

## GABENGEBET

Gott, sieh auf dein Volk, das im Gebet versammelt ist, und nimm unsere Gaben an. Heilige sie, damit alle, die sie empfangen, in deiner Liebe wachsen und dir immer treuer dienen. Darum bitten wir durch Christus, unseren Herrn.

Präfation, S. 504 ff.

## KOMMUNIONVERS

Joh 6,56

So spricht der Herr:
Wer mein Fleisch isst und mein Blut trinkt,
der bleibt in mir und ich bleibe in ihm.

## SCHLUSSGEBET

Herr, unser Gott, wir danken dir für die heilige Gabe. Lass deine Heilsgnade in uns wachsen, sooft wir diese Speise empfangen. Darum bitten wir durch Christus, unseren Herrn.

***

Für eine Wort-Gottes-Feier:

## ERÖFFNUNGSGEBET ZUR WAHL

Gott, unser Schöpfer, du hast dein Wort in unser Herz gelegt. Gib, dass wir es hören und verstehen, danach handeln und reiche Frucht bringen. Darum bitten wir durch Jesus Christus, deinen Sohn, der mit dir und dem Heiligen Geist lebt in Ewigkeit.

***

### GEMEINSAM ZUM EWIGEN LEBEN

Wie es einen bitteren und bösen Eifer gibt,
der von Gott trennt und zur Hölle führt,
so gibt es den guten Eifer, der von den Sünden trennt,
zu Gott und zum ewigen Leben führt.

Diesen Eifer sollen also die Mönche
mit glühender Liebe in die Tat umsetzen,
das bedeutet:
Sie sollen einander in gegenseitiger Achtung zuvorkommen;
ihre körperlichen und charakterlichen Schwächen
sollen sie mit unerschöpflicher Geduld ertragen;
im gegenseitigen Gehorsam sollen sie miteinander wetteifern;
keiner achte auf das eigene Wohl,
sondern mehr auf das des anderen,
die Bruderliebe sollen sie einander selbstlos erweisen;

in Liebe sollen sie Gott fürchten;
ihrem Abt seien sie in aufrichtiger und demütiger Liebe zugetan.

Christus sollen sie überhaupt nichts vorziehen.
Er führe uns gemeinsam zum ewigen Leben.

*Benediktusregel (Kapitel 72)*

# 16. SONNTAG IM JAHRESKREIS

## 19. Juli 2020

Das Thema Macht ist vielschichtig. Unvermeidlich, so scheint es, üben Menschen Macht aus, werden Anweisungen gegeben, Regeln durchgesetzt und hier und da auch Machtworte gesprochen. Doch wenn Menschen zu viel Macht über andere haben, kann es schnell bedrängend werden – bis dahin, dass Leben und Würde von Menschen mit Füßen getreten wird. Die Texte des heutigen Sonntags geben aus ganz unterschiedlichen Perspektiven Anregungen, sich mit diesem Thema auseinanderzusetzen. Denn in jeder Familie, in jedem Freundeskreis, in jeder Pfarrgemeinde und jeder Institution des gesellschaftlichen Lebens wird Macht ausgeübt. Auf das „Wie" kommt es an. Daran kann man ablesen, wie es um die Nachfolge Christi bestellt ist.

### ERÖFFNUNGSVERS

Ps 54 (53),6.8

Gott ist mein Helfer, der Herr beschützt mein Leben.
Freudig bringe ich dir mein Opfer dar
und lobe deinen Namen, Herr, denn du bist gütig.

### KYRIE-RUFE

Herr Jesus Christus, du kommst unserem Tun
mit deiner Gnade zuvor.
V/A: Herr, erbarme dich.
Du bereitest den Boden unseres Herzens,
damit dein Wort gut wächst und das
Unkraut des Lebens es nicht überwuchert.
V/A: Christus, erbarme dich.

Du lockst immerdar unsere Freiheit,
nach deinem Willen das Gute zu tun.
V/A: Herr, erbarme dich.

Ehre sei Gott, S. 489 f.

## TAGESGEBET

Herr, unser Gott, sieh gnädig auf alle, die du in deinen Dienst gerufen hast. Mach uns stark im Glauben, in der Hoffnung und in der Liebe, damit wir immer wachsam sind und auf dem Weg deiner Gebote bleiben. Darum bitten wir durch Jesus Christus.

# WORTGOTTESDIENST

ZUR 1. LESUNG Man könnte meinen, dass die Welt hier als ein von Gott geschaffenes totalitäres System beschrieben wird. Denn – so wird geradezu hymnisch proklamiert – Gott braucht sich nicht zu rechtfertigen oder zu erklären. Er beweist Stärke, wo er geleugnet wird, und bestraft, wo sich jemand trotzig auflehnt. Hinzu kommt die Allmacht und Zuständigkeit (= Sorge) für alles. Immerhin ist nicht explizit von Kontrolle die Rede … Daneben werden auch wichtige Korrektive benannt: Mit der Stärke verbindet Gott die Gerechtigkeit, und seine Herrschaft mit Nachsicht. Zentral ist aber wohl der letzte Satz: So wie Gott mit seinem Volk umgeht und trotz Machtfülle gerecht und milde bleibt, so sollen auch wir menschenfreundlich und hoffnungsvoll geduldig sein, wo wir Macht ausüben. Das wird hoffentlich nie in einem totalitären System sein, aber im Alltag gibt es jede Menge Gelegenheit.

## ERSTE LESUNG

Weish 12,13.16–19

*Du hast deinen Söhnen und Töchtern die Hoffnung geschenkt, dass du den Sündern die Umkehr gewährst*

**Lesung aus dem Buch der Weisheit.**

Es gibt keinen Gott, Herr, außer dir, der für alles Sorge trägt; daher brauchst du nicht zu beweisen, dass du gerecht geurteilt hast.

Deine Stärke ist die Grundlage deiner Gerechtigkeit und deine Herrschaft über alles lässt dich alles schonen. Stärke beweist du, wenn man an deine unbeschränkte Macht nicht glaubt, und bei denen, die sie kennen, strafst du die anmaßende Auflehnung. Weil du über Stärke verfügst, richtest du in Milde und behandelst uns mit großer Schonung; denn die Macht steht dir zur Verfügung, wann immer du willst.

Durch solches Handeln hast du dein Volk gelehrt, dass der Gerechte menschenfreundlich sein muss, und hast deinen Söhnen und Töchtern die Hoffnung geschenkt, dass du den Sündern die Umkehr gewährst.

## ANTWORTPSALM

Ps 86 (85),5–6.9–10.15–16 (Kv: 5a)

Kv Du, mein Herr, bist gut und bereit zu vergeben. – Kv

Du, mein Herr, bist gut und bereit zu vergeben, *
reich an Liebe für alle, die zu dir rufen.
Vernimm, HERR, mein Bittgebet, *
achte auf mein lautes Flehen! – (Kv)

Alle Völker, die du gemacht hast, werden kommen /
und sich niederwerfen, mein Herr, vor deinem Angesicht, *
sie werden deinen Namen ehren.
Denn du bist groß und tust Wunder, *
nur du bist Gott, du allein. – (Kv)

Du, Herr, bist ein barmherziger und gnädiger Gott, *
langsam zum Zorn und reich an Huld und Treue.
Wende dich mir zu und sei mir gnädig, /
gib deinem Knecht deine Stärke *
und rette den Sohn deiner Magd! – Kv

ZUR 2. LESUNG Zu Gott als Gott muss man eigentlich in Gottes Sprache reden. Und tatsächlich: Das können wir! Dank des Geistes, der uns Anteil am Wesen Gottes schenkt. Es gibt eine Übereinstimmung von Gott und Mensch, die der Mensch nicht herstellen, sondern nur genießen kann. Wir können Gott nicht für uns in Anspruch nehmen und ihn für unser Tun verantwortlich machen, aber wir können einschwingen in das Handeln Gottes an den Menschen, ihm Raum geben in uns und dem Seufzen des Geistes lauschen. So wird der Geist uns und die Welt immer wieder neu ausrichten – auf Gott hin.

## ZWEITE LESUNG

Röm 8,26–27

*Der Geist selber tritt für uns ein mit unaussprechlichen Seufzern*

**Lesung aus dem Brief des Apostels Paulus an die Gemeinde in Rom.**

Schwestern und Brüder! Der Geist nimmt sich unserer Schwachheit an. Denn wir wissen nicht, was wir in rechter Weise beten sollen; der Geist selber tritt jedoch für uns ein mit unaussprechlichen Seufzern.

Der die Herzen erforscht, weiß, was die Absicht des Geistes ist. Denn er tritt so, wie Gott es will, für die Heiligen ein.

## RUF VOR DEM EVANGELIUM

Vers: vgl. Mt 11,25

Halleluja. Halleluja.
Sei gepriesen, Vater, Herr des Himmels und der Erde;

du hast die Geheimnisse des Reiches den Unmündigen offenbart. Halleluja.

ZUM EVANGELIUM In drei aufeinanderfolgenden Gleichnissen, die abgeschlossen werden von der Auslegung des ersten, geht es um die Ausbreitung des Himmelreichs. Es geht um einen kleinen Anfang mit großer Wirkung und den Umgang mit gegenläufigen Entwicklungen und Gegnern. Es sind Gleichnisse, die Gelassenheit und Hoffnung nähren. Denn wir Christen sollen nicht unsere Ellbogen einsetzen oder das Urteil über andere sprechen. Macht und Gericht liegen im Letzten bei Gott. Matthäus stellt die Gleichnisse in den Gesamtzusammenhang der Schrift, indem er mittendrin an einen Psalmvers erinnert: „Ich öffne meinen Mund in Gleichnissen, ich spreche aus, was seit der Schöpfung der Welt verborgen war." (Ps 78,2, zitiert nach Mt 13,35) Jesu Botschaft ist von Anfang an in der Schöpfung angelegt und wird in Ihm offenbar, sodass alle, die sich Ihm anschließen, „wie die Sonne leuchten" (Mt 13,43) werden.

## EVANGELIUM Mt 13,24–43

*Lasst beides wachsen bis zur Ernte*

**+ Aus dem heiligen Evangelium nach Matthäus.**

In jener Zeit erzählte Jesus der Menge folgendes Gleichnis: Mit dem Himmelreich ist es wie mit einem Mann, der guten Samen auf seinen Acker säte. Während nun die Menschen schliefen, kam sein Feind, säte Unkraut unter den Weizen und ging weg.

Als die Saat aufging und sich die Ähren bildeten, kam auch das Unkraut zum Vorschein. Da gingen die Knechte zu dem Gutsherrn und sagten: Herr, hast du nicht guten Samen auf deinen Acker gesät? Woher kommt dann das Unkraut? Er antwortete: Das hat ein Feind getan. Da sagten die Knechte zu ihm: Sollen wir gehen und es ausreißen?

Er entgegnete: Nein, damit ihr nicht zusammen mit dem Unkraut den Weizen ausreißt. Lasst beides wachsen bis zur Ernte und zur Zeit der Ernte werde ich den Schnittern sagen: Sammelt zuerst das Unkraut und bindet es in Bündel, um es zu verbrennen; den Weizen aber bringt in meine Scheune!

Er legte ihnen ein weiteres Gleichnis vor und sagte: Mit dem Himmelreich ist es wie mit einem Senfkorn, das ein Mann auf seinen Acker säte. Es ist das kleinste von allen Samenkörnern; sobald es aber hochgewachsen ist, ist es größer als die anderen Gewächse und wird zu einem Baum, sodass die Vögel des Himmels kommen und in seinen Zweigen nisten.

Er sagte ihnen ein weiteres Gleichnis: Mit dem Himmelreich ist es wie mit dem Sauerteig, den eine Frau nahm und unter drei Sea Mehl verbarg, bis das Ganze durchsäuert war.

Dies alles sagte Jesus der Menschenmenge in Gleichnissen und ohne Gleichnisse redete er nicht zu ihnen, damit sich erfülle, was durch den Propheten gesagt worden ist:

Ich öffne meinen Mund in Gleichnissen, ich spreche aus, was seit der Schöpfung der Welt verborgen war.

Dann verließ er die Menge und ging in das Haus. Und seine Jünger kamen zu ihm und sagten: Erkläre uns das Gleichnis vom Unkraut auf dem Acker!

Er antwortete: Der den guten Samen sät, ist der Menschensohn; der Acker ist die Welt; der gute Samen, das sind die Kinder des Reiches; das Unkraut sind die Kinder des Bösen; der Feind, der es gesät hat, ist der Teufel; die Ernte ist das Ende der Welt; die Schnitter sind die Engel.

Wie nun das Unkraut aufgesammelt und im Feuer verbrannt wird, so wird es auch bei dem Ende der Welt sein: Der Menschensohn wird seine Engel aussenden und sie werden aus seinem Reich alle zusammenholen, die andere verführt und Gesetzloses getan haben, und werden sie in den Feuerofen werfen. Dort wird Heulen und Zähneknirschen sein. Dann werden die Gerechten im Reich ihres Vaters wie die Sonne leuchten.

Wer Ohren hat, der höre!

*Oder:*

## KURZFASSUNG

Mt 13,24–30

*Lasst beides wachsen bis zur Ernte*

**+ Aus dem heiligen Evangelium nach Matthäus.**

In jener Zeit erzählte Jesus der Menge folgendes Gleichnis: Mit dem Himmelreich ist es wie mit einem Mann, der guten Samen auf seinen Acker säte. Während nun die Menschen schliefen, kam sein Feind, säte Unkraut unter den Weizen und ging weg.

Als die Saat aufging und sich die Ähren bildeten, kam auch das Unkraut zum Vorschein. Da gingen die Knechte zu dem Gutsherrn und sagten: Herr, hast du nicht guten Samen auf deinen Acker gesät? Woher kommt dann das Unkraut? Er antwortete: Das hat ein Feind getan. Da sagten die Knechte zu ihm: Sollen wir gehen und es ausreißen?

Er entgegnete: Nein, damit ihr nicht zusammen mit dem Unkraut den Weizen ausreißt. Lasst beides wachsen bis zur Ernte und zur Zeit der Ernte werde ich den Schnittern sagen: Sammelt zuerst das Unkraut und bindet es in Bündel, um es zu verbrennen; den Weizen aber bringt in meine Scheune!

Glaubensbekenntnis, S. 492 ff.

## FÜRBITTEN

Gott will Wachstum und Gelingen. Es ist ihm nicht gleichgültig, wie wir leben und wie wir miteinander umgehen. Wir rufen zu ihm und bitten ihn um seinen Beistand:

- Wir beten für alle, die ein Amt in der Kirche innehaben, und für alle Getauften, dass wir von deiner Langmut im Umgang mit den Menschen lernen. V: Gott, du Freund des Lebens. A: Wir bitten dich, erhöre uns.

- Wir beten für die Frauen und Männer in Pflege- und Heilberufen, die sich mit Geduld und Menschenfreundlichkeit den Kranken zuwenden. V: Gott, du Freund des Lebens. A: Wir bitten dich, erhöre uns.

- Wir beten für die alten und hochbetagten Menschen in unseren Gemeinden, die schon so viel in ihrem Leben gesehen und geleistet haben. V: Gott, du Freund des Lebens. A: Wir bitten dich, erhöre uns.

- Wir beten für Eltern, die mit Liebe und Langmut chronisch kranke oder behinderte Kinder umsorgen. V: Gott, du Freund des Lebens. A: Wir bitten dich, erhöre uns.

- Wir beten für die Menschen, die nun schon über Jahre hin im Ehrenamt für Geflüchtete da sind und Ängste vermindern, Not lindern, Zuversicht schenken. V: Gott, du Freund des Lebens. A: Wir bitten dich, erhöre uns.

Gott, du lässt das Unscheinbare wachsen und sich entfalten, denn du bist ein Gott des Lebens und hast Geduld mit unserer Schwachheit. Hilf uns, auch einander mit Langmut und Gelassenheit zu begegnen und einander Raum zu geben für Wachstum und Entfaltung. So bitten wir dich, der du auch heute unter uns bist.

# EUCHARISTIEFEIER

## GABENGEBET

Herr, du hast die vielen Opfer, die dir je von Menschen dargebracht werden, in dem einen Opfer des Neuen Bundes vollendet. Nimm die Gaben deiner Gläubigen an und heilige sie, wie du einst das Opfer Abels angenommen hast; und was jeder Einzelne zu deiner Ehre darbringt, das werde allen zum Heil. Darum bitten wir durch Christus, unseren Herrn.

Präfation, S. 504 ff.

## KOMMUNIONVERS

Offb 3,20

So spricht der Herr:
Ich stehe an der Tür und klopfe.
Wenn einer meine Stimme hört und die Tür öffnet,
werde ich bei ihm eintreten und mit ihm Mahl halten,
und er mit mir.

## SCHLUSSGEBET

Barmherziger Gott, höre unser Gebet. Du hast uns im Sakrament das Brot des Himmels gegeben, damit wir an Seele und Leib gesunden. Gib, dass wir die Gewohnheiten des alten Menschen ablegen und als neue Menschen leben. Darum bitten wir durch Christus, unseren Herrn.

***

Für eine Wort-Gottes-Feier:

## ERÖFFNUNGSGEBET ZUR WAHL

Gott, zu deinem Lob sind wir versammelt, Frauen und Männer, Junge und Alte. Jedem von uns hast du deinen Geist eingepflanzt. Lass den Samen deines Wortes in uns aufgehen, damit wir reiche Frucht bringen. Darum bitten wir durch Jesus Christus, der mit dir lebt in der Einheit des Heiligen Geistes, Gott von Ewigkeit zu Ewigkeit.

***

## ÖFFENTLICHE AUFGABE DER KIRCHE

Auch dies gehört zur öffentlichen Aufgabe der Kirche: im Kyrie eleison der allgemeinen Not eine Stimme zu geben, in deren Schreien das Morgenrot jenes eschatologischen Gloria sich bereits ankündigt. Die geistliche Kompetenz des Gottesdienstes der Kirche bemisst sich darum auch an der Autorität ihrer allgemeinen, konkreten Fürbitte, die schon als solche ein Zeichen der Hoffnung für die Welt ist, für die sie betet.

*Ulrich Wilckens*

# 17. SONNTAG IM JAHRESKREIS

## 26. Juli 2020

Nach biblischem Verständnis ist Weisheit keine Art von selbstbezogener Lebenskunst oder nützlichem Geheimwissen. Wer weise ist, blickt über den eigenen Tellerrand hinaus. Er ahnt etwas davon, welchen Weg Gott mit der Welt und mit meinem eigenen Leben gehen will. Dieser Weg beginnt schon in den Anfängen der Welt, und doch muss ich mich immer wieder an den Wegweisern orientieren und jeden Tag neu entscheiden, welchen Weg ich einschlagen will. Weise ist, wer sich dabei von Gottes Wort leiten lässt und sich mit diesem Kompass in der Hand orientiert.

### ERÖFFNUNGSVERS

Vgl. Ps 68 (67),6–7.36

Gott ist hier, an heiliger Stätte.
Gott versammelt sein Volk in seinem Haus,
er schenkt ihm Stärke und Kraft.

### KYRIE-RUFE

Herr Jesus Christus, du gibst uns ein hörendes Herz,
damit wir das Gute vom Bösen zu unterscheiden verstehen.
V/A: Herr, erbarme dich.
Du lehrst uns, alles zu prüfen und das Gute zu behalten.
V/A: Christus, erbarme dich.
Du hältst uns an, klug wie die Schlangen zu sein.
V/A: Herr, erbarme dich.

Ehre sei Gott, S. 489 f.

## TAGESGEBET

Gott, du Beschützer aller, die auf dich hoffen, ohne dich ist nichts gesund und nichts heilig. Führe uns in deinem Erbarmen den rechten Weg und hilf uns, die vergänglichen Güter so zu gebrauchen, dass wir die ewigen nicht verlieren. Darum bitten wir durch Jesus Christus.

# WORTGOTTESDIENST

ZUR 1. LESUNG Bevor Salomo mit dem Regieren beginnt, stellt er sich vor Gott und pilgert nach Gibeon, ein wichtiger Ort der Gottesnähe, an dem auch die Stiftshütte gestanden hatte (vgl. 2 Chr 1,3). Er bittet nicht um Einfluss, um Geld oder Ansehen, sondern um Weisheit. Die besteht für ihn in einem hörenden Herz. So nur wird er ein würdiger Nachfolger seines Vaters David sein. Nur im Hören auf die göttliche Weisung kann er seiner großen Aufgabe gerecht werden. Zu solcher Weisheit gehört es, die Verantwortung zu erkennen und sich selbst nicht zu überschätzen. Die von Gott geschenkte Weisheit demonstriert das erste Buch der Könige anschließend in dem berühmten „salomonischen" Urteil (1 Kön 3,16–28).

## ERSTE LESUNG 1 Kön 3,5.7–12

*Du hast um Weisheit gebeten*

**Lesung aus dem ersten Buch der Könige.**

In jenen Tagen erschien der HERR dem Sálomo nachts im Traum und forderte ihn auf: Sprich eine Bitte aus, die ich dir gewähren soll!

Und Sálomo sprach: HERR, mein Gott, du hast deinen Knecht anstelle meines Vaters David zum König gemacht. Doch ich bin noch sehr jung und weiß nicht aus noch ein. Dein Knecht steht aber mitten in deinem Volk, das du erwählt hast: einem großen Volk, das man wegen seiner Menge nicht zählen und nicht schätzen kann. Verleih daher deinem Knecht ein hörendes Herz, damit er dein Volk zu regieren und das Gute vom Bösen zu unterscheiden versteht! Wer könnte sonst dieses mächtige Volk regieren?

Es gefiel dem Herrn, dass Sálomo diese Bitte aussprach. Daher antwortete ihm Gott: Weil du gerade diese Bitte ausgesprochen hast und nicht um langes Leben, Reichtum oder um den Tod deiner Feinde, sondern um Einsicht gebeten hast, um auf das Recht zu hören, werde ich deine Bitte erfüllen. Sieh, ich gebe dir ein so weises und verständiges Herz, dass keiner vor dir war und keiner nach dir kommen wird, der dir gleicht.

## ANTWORTPSALM

Ps 119 (118), 57 u. 72.76–77.127–128.129–130 (Kv: 97a)

Kv Wie sehr liebe ich deine Weisung, o Herr! – Kv

Mein Anteil ist es, Herr, *
das habe ich versprochen, deine Worte zu beachten.
Gut ist für mich die Weisung deines Mundes, *
mehr als große Mengen von Gold und Silber. – (Kv)

Tröste mich in deiner Liebe, *
nach dem Spruch für deinen Knecht!
Dein Erbarmen komme über mich, sodass ich lebe, *
denn deine Weisung ist mein Ergötzen. – (Kv)

Darum liebe ich deine Gebote *
mehr als Rotgold und Weißgold.
Darum halte ich alle deine Befehle für richtig, *
alle Pfade der Lüge hasse ich. – (Kv)

Wunderwerke sind deine Zeugnisse, *
darum bewahrt sie meine Seele.
Das Aufschließen deiner Worte erleuchtet, *
den Unerfahrenen schenkt es Einsicht. – Kv

**ZUR 2. LESUNG** Der Abschnitt führt einen Gedanken weiter, den Paulus in Röm 8,18 schon begonnen hat: Das Leiden der gegenwärtigen Welt ist nicht das letzte Wort, das Gott über diese Welt gesprochen hat. Am Ende steht die Herrlichkeit, die schon jetzt ihre Strahlen in das jetzige Dunkel herüberblitzen lässt. Dies zu wissen, kann uns weise und gelassen machen. Denn es sind letztlich nur vorletzte Dinge, die uns hier beschäftigen. Wir wissen, so ist Paulus überzeugt, dass unser Leben durch Leid und Tod hindurch am Ende bei Gott aufgehoben sein wird.

## ZWEITE LESUNG

Röm 8,28–30

*Gott hat uns im Voraus dazu bestimmt, an Wesen und Gestalt seines Sohnes teilzuhaben*

**Lesung aus dem Brief des Apostels Paulus an die Gemeinde in Rom.**

Schwestern und Brüder! Wir wissen, dass denen, die Gott lieben, alles zum Guten gereicht, denen, die gemäß seinem Ratschluss berufen sind; denn diejenigen, die er im Voraus erkannt hat, hat er auch im Voraus dazu bestimmt, an Wesen und Gestalt seines Sohnes teilzuhaben, damit dieser der Erstgeborene unter vielen Brüdern sei.

Die er aber vorausbestimmt hat, die hat er auch berufen, und die er berufen hat, die hat er auch gerecht gemacht; die er aber gerecht gemacht hat, die hat er auch verherrlicht.

## RUF VOR DEM EVANGELIUM

Vers: vgl. Mt 11,25

Halleluja. Halleluja.
Sei gepriesen, Vater, Herr des Himmels und der Erde;
du hast die Geheimnisse des Reiches den Unmündigen offenbart.
Halleluja.

ZUM EVANGELIUM Wie bei dem Grundgedanken der zweiten Lesung setzt auch der Evangelist Matthäus den Glauben ins Verhältnis zu den Dingen der Welt. Das Reich Gottes gleicht einem Schatz, einer unendlich wertvollen Perle, für die sich der Einsatz des gesamten Vermögens lohnt. Das Reich Gottes ist nicht käuflich. Es ist wertvoller als alles, was ich mir mit Geld leisten kann. Dabei ist dieser Schatz ganz leicht zu finden. Wer in der Heiligen Schrift aufmerksam liest, dem erschließt sich die Frohe Botschaft immer wieder neu (V. 52). Gottes Wort ist der Proviant, mit dem wir uns unbeschwert – mit dem leichten Gepäck der Verheißungen Gottes – auf den Weg machen können.

## EVANGELIUM

Mt 13,44–52

*Er verkaufte alles, was er besaß, und kaufte jenen Acker*

**+ Aus dem heiligen Evangelium nach Matthäus.**

In jener Zeit sprach Jesus zu den Jüngern: Mit dem Himmelreich ist es wie mit einem Schatz, der in einem Acker vergraben war. Ein Mann entdeckte ihn und grub ihn wieder ein. Und in seiner Freude ging er hin, verkaufte alles, was er besaß, und kaufte den Acker.

Auch ist es mit dem Himmelreich wie mit einem Kaufmann, der schöne Perlen suchte. Als er eine besonders wertvolle Perle fand, ging er hin, verkaufte alles, was er besaß, und kaufte sie.

Wiederum ist es mit dem Himmelreich wie mit einem Netz, das ins Meer ausgeworfen wurde und in dem sich Fische aller Art fingen. Als es voll war, zogen es die Fischer ans Ufer; sie setzten sich, sammelten die guten Fische in Körbe, die schlechten aber warfen sie weg.

So wird es auch bei dem Ende der Welt sein: Die Engel werden kommen und die Bösen aus der Mitte der Gerechten aussondern und sie in den Feuerofen werfen. Dort wird Heulen und Zähneknirschen sein.

Habt ihr das alles verstanden? Sie antworteten ihm: Ja.

Da sagte er zu ihnen: Deswegen gleicht jeder Schriftgelehrte, der ein Jünger des Himmelreichs geworden ist, einem Hausherrn, der aus seinem Schatz Neues und Altes hervorholt.

*Oder:*

## KURZFASSUNG

Mt 13,44–46

*Er verkaufte alles, was er besaß, und kaufte jenen Acker*

+ **Aus dem heiligen Evangelium nach Matthäus.**

In jener Zeit sprach Jesus zu den Jüngern: Mit dem Himmelreich ist es wie mit einem Schatz, der in einem Acker vergraben war. Ein Mann entdeckte ihn und grub ihn wieder ein. Und in seiner Freude ging er hin, verkaufte alles, was er besaß, und kaufte den Acker.

Auch ist es mit dem Himmelreich wie mit einem Kaufmann, der schöne Perlen suchte. Als er eine besonders wertvolle Perle fand, ging er hin, verkaufte alles, was er besaß, und kaufte sie.

Glaubensbekenntnis, S. 492 ff.

## FÜRBITTEN

Der Glanz der Perle im heutigen Evangelium ist Angeld und Abglanz des Heils von Gott her, für das Jesus uns die Augen öffnen will. Wir rufen zu Gott, der unser Wohl und Heil will, und bitten ihn:

- Für die Kirche, dass sie das Licht der Frohen Botschaft den Menschen erfahrbar macht. V: Gott, du unsere Hoffnung. A: Höre und erhöre uns.

- Für die Lehrenden an Schulen und Hochschulen, dass sie um dein Wort ringen und es mit Leidenschaft und Überzeugungskraft vermitteln können. V: Gott, du unsere Hoffnung. A: Höre und erhöre uns.

- Für die Ordenschristen, dass auch in den alt werdenden Gemeinschaften und Konventen Glaube, Hoffnung und Liebe jung und lebendig bleiben. V: Gott, du unsere Hoffnung. A: Höre und erhöre uns.

- Für alle, die in Familien leben, dass sie einander mit neuen Augen sehen und mit erneuerten Kräften ihre Wege gehen. V: Gott, du unsere Hoffnung. A: Höre und erhöre uns.
- Für alle, die in diesen Wochen in den Urlaub fahren, dass sie Schönes sehen, Gemeinschaft erfahren und gut und gesund heimkehren. V: Gott, du unsere Hoffnung. A: Höre und erhöre uns.

Die Freude des Evangeliums ist der Schatz, der unser Herz hell macht. Hilf uns, diesen Schatz zu suchen auf dem Acker unseres Lebens und aus der Freude des Evangeliums zu leben. Darum bitten wir durch Jesus Christus, unseren Lehrer und Bruder.

# EUCHARISTIEFEIER

## GABENGEBET

Gütiger Gott, nimm die Gaben an, die wir von deiner Güte empfangen haben. Lass deine Kraft in ihnen wirken, damit sie uns in diesem Leben heiligen und zu den ewigen Freuden führen. Darum bitten wir durch Christus, unseren Herrn.

Präfation, S. 504 ff.

## KOMMUNIONVERS Mt 5,7–8

Selig, die barmherzig sind; denn sie werden Erbarmen finden.
Selig, die ein reines Herz haben; denn sie werden Gott schauen.

## SCHLUSSGEBET

Herr, unser Gott, wir haben das Gedächtnis des Leidens Christi gefeiert und das heilige Sakrament empfangen. Was uns dein Sohn in unergründlicher Liebe geschenkt hat, das werde uns nicht zum Gericht, sondern bringe uns das ewige Heil. Darum bitten wir durch Christus, unseren Herrn.

***

Für eine Wort-Gottes-Feier:

## ERÖFFNUNGSGEBET ZUR WAHL

Gott, vieles treibt uns um und bewegt uns. Gib uns ein weises und verständiges Herz, dass wir im Vielen dich, den Einen, nicht verlieren. Darum bitten wir dich, Gott und Vater, durch Christus, deinen Sohn, mit dem du im Heiligen Geist lebst als der eine Gott in Ewigkeit.

***

## ALLER WEISHEIT HÖCHSTE FÜLLE

Aller Weisheit höchste Fülle
in dir ja verborgen liegt.
Gib nur, dass sich auch mein Wille
fein in solche Schranken fügt,
worinnen die Demut und Einfalt regieret
und mich zu der Weisheit, die himmlisch ist, führet.
Ach wenn ich nur Jesus recht kenne und weiß,
so hab ich der Weisheit vollkommenen Preis.

*Johann Heinrich Schröder*

# 18. SONNTAG IM JAHRESKREIS

## 2. August 2020

Gottes Liebe und Treue sind unverbrüchlich. Wer darauf sein Vertrauen setzt und sich Gott mit Leib und Leben anvertraut, wird erfahren, dass ihm, dass ihr nichts fehlen wird. Vielmehr wird den Glaubenden verheißen, dass Leben in Fülle sie erwartet. Hunger und Durst nach Leben werden durch Gott selbst gestillt. Mit der Liebe Gottes dürfen wir unseren Durst stillen, an ihr uns geradezu betrinken, so sagen es die Mystiker. Und das alles ganz unabhängig davon, wie meine persönlichen Lebensumstände aussehen. Große Verheißungen und Worte, die uns die Lesungen dieses Sonntags bieten. Tröstliche Worte und zugleich unglaubliche angesichts der Nöte und Leiden, die jeder Mensch im eigenen Leben erfährt und in den Nachrichten tagtäglich hören und sehen muss. Dass mit Gottvertrauen nicht einfach Wohlstand und Leidfreiheit einhergehen, bezeugt auch Paulus, dessen Überzeugung und Lebenszeugnis ihn in die Verfolgung und den gewaltsamen Tod geführt haben. Dennoch kann er in großartigen Worten sagen, dass nichts uns zu trennen vermag von der Liebe Gottes. Es geht also wohl eher um den Blickwinkel, aus dem wir das Leben betrachten und aus dem heraus wir es gestalten. Gottvertrauen macht aufmerksam für all die kleinen Geschenke im Leben und gibt sogar, oder gerade so, die Kraft, Unmögliches möglich zu machen: beispielsweise auf der Grundlage von fünf Broten und zwei Fischen eine sehr große Menschenmenge satt zu bekommen.

### ERÖFFNUNGSVERS

Ps 70 (69),2.6

Gott, komm mir zu Hilfe; Herr, eile, mir zu helfen.
Meine Hilfe und mein Retter bist du, Herr, säume nicht.

## KYRIE-RUFE

Herr Jesus Christus, aus deiner Fülle haben
wir alle empfangen, Gnade über Gnade.
V/A: Herr, erbarme dich.
Du gibst im Überfluss – ein gutes, volles,
gehäuftes, überfließendes Maß.
V/A: Christus, erbarme dich.
Umsonst hast du gegeben, umsonst sollen wir geben.
V/A: Herr, erbarme dich.

Ehre sei Gott, S. 489 f.

## TAGESGEBET

Gott, unser Vater, steh deinen Dienern bei und erweise allen, die zu dir rufen, Tag für Tag deine Liebe. Du bist unser Schöpfer und der Lenker unseres Lebens. Erneuere deine Gnade in uns, damit wir dir gefallen, und erhalte, was du erneuert hast. Darum bitten wir durch Jesus Christus.

# WORTGOTTESDIENST

**ZUR 1. LESUNG** Die Kapitel 40–55 des Buches Jesaja werden auch „Evangelium des Alten Testaments" genannt. Die in ihnen enthaltenen Prophetien bringen dem im Exil lebenden Volk Israel die frohe und tröstliche Botschaft, dass Gott treu ist und bleibt. Er schließt einen „ewigen Bund" mit allen, die seiner Einladung folgen. Gottes Treue kann und muss nicht erkauft werden, sondern ist Geschenk: „kommt und kauft ohne Geld und ohne Bezahlung". Wer sich Gott anvertraut und auf ihn hört – die Tora ist Gottes gute Lebensweisung –, wird seinen Durst und Hunger nach Leben sättigen können. Wird aufleben und Fülle erfahren, unabhängig von den äußeren Lebensumständen.

## ERSTE LESUNG

Jes 55,1–3

*Kommt und esst!*

**Lesung aus dem Buch Jesája.**

So spricht der Herr: Auf, alle Durstigen, kommt zum Wasser! Die ihr kein Geld habt, kommt, kauft Getreide und esst, kommt und kauft ohne Geld und ohne Bezahlung Wein und Milch!

Warum bezahlt ihr mit Geld, was euch nicht nährt, und mit dem Lohn eurer Mühen, was euch nicht satt macht? Hört auf mich, dann bekommt ihr das Beste zu essen und könnt euch laben an fetten Speisen!

Neigt euer Ohr und kommt zu mir, hört und ihr werdet aufleben! Ich schließe mit euch einen ewigen Bund: Die Erweise der Huld für David sind beständig.

## ANTWORTPSALM

Ps 145 (144),8–9.15–16.17–18 (Kv: 16)

Kv Herr, du tust deine Hand auf
und sättigst alles, was lebt, mit Wohlgefallen. – Kv

Der Herr ist gnädig und barmherzig, *
langmütig und reich an Huld.
Der Herr ist gut zu allen, *
sein Erbarmen waltet über all seinen Werken. – (Kv)

Aller Augen warten auf dich *
und du gibst ihnen ihre Speise zur rechten Zeit.
Du tust deine Hand auf *
und sättigst alles, was lebt, mit Wohlgefallen. – (Kv)

Gerecht ist der Herr auf all seinen Wegen *
und getreu in all seinen Werken.
Nahe ist der Herr allen, die ihn rufen, *
allen, die ihn aufrichtig rufen. – Kv

ZUR 2. LESUNG Der Glaube an Jesus Christus bewahrt nicht vor Bedrängnis und Strapazen, vor Leid oder Not. Davon könnte Paulus ein Lied singen. Das tut er an dieser Stelle des Römerbriefes jedoch nicht. Stattdessen legt er in geradezu poetischen Worten Zeugnis davon ab, was ihn besonders in den genannten Situationen trägt und treu sein lässt: das Vertrauen darauf und die Erfahrung, dass uns nichts trennen kann von Gottes Liebe, die ein für alle Mal offenbar geworden ist in der Lebenshingabe Jesu. Dieses persönliche Glaubensbekenntnis des Paulus verdeutlicht eindrücklich, dass seine Theologie nicht nur wohlkonstruiertes Gedankengebäude ist, sondern sich aus seiner Beziehung zu Jesus Christus speist. Gerade aus ihr erwächst die Überzeugungskraft des Paulus. Darin kann er uns Vorbild sein: nicht nur allgemein und theoretisch über den Glauben zu sprechen, sondern persönlich den eigenen Glauben zu bezeugen.

## ZWEITE LESUNG Röm 8,35.37–39

*Nichts kann uns scheiden von der Liebe Gottes, die in Christus Jesus ist*

**Lesung aus dem Brief des Apostels Paulus an die Gemeinde in Rom.**

Schwestern und Brüder! Was kann uns scheiden von der Liebe Christi? Bedrängnis oder Not oder Verfolgung, Hunger oder Kälte, Gefahr oder Schwert? Doch in alldem tragen wir einen glänzenden Sieg davon durch den, der uns geliebt hat.

Denn ich bin gewiss: Weder Tod noch Leben, weder Engel noch Mächte, weder Gegenwärtiges noch Zukünftiges noch Gewalten, weder Höhe oder Tiefe noch irgendeine andere Kreatur können uns scheiden von der Liebe Gottes, die in Christus Jesus ist, unserem Herrn.

## RUF VOR DEM EVANGELIUM

Vers: vgl. Mt 4,4b

Halleluja. Halleluja.
Nicht nur vom Brot lebt der Mensch,
sondern von jedem Wort aus Gottes Mund.
Halleluja.

**ZUM EVANGELIUM** Die Erzählung von der Brotvermehrung eröffnet einen Erzählzusammenhang (Mt 14,13–16,12), in dem Hungern und Sattwerden, Kleinglaube und Gottvertrauen einen roten Faden bilden. Die „einsame Gegend", in der die Erzählung verortet ist, erinnert an die Wüste, in der Jesus in Versuchung geführt wird, gedrängt wurde, zum Erweis seiner Macht aus Steinen Brot werden zu lassen. Dieser Versuchung widersteht Jesus. Den vielen Menschen dagegen, die ihm gefolgt waren, entzieht er sich nicht. Er erbarmt sich ihrer, heilt die Kranken und macht alle satt. So zu handeln, kennzeichnet ihn als den Messias Israels, was sich auch in der Zwölfzahl (zwölf Stämme Israels) der Körbe, die mit Brot gefüllt übrig bleiben, widerspiegelt. Aber Jesus handelt nicht allein, er bezieht seine Jünger mit ein: „Gebt ihr ihnen zu essen!" Was Jesus tut, ist ebenso denen aufgetragen, die ihm nachfolgen. Dabei erzählt das Evangelium davon, dass im Vertrauen auf Jesus und in Verbindung mit ihm aus wenigem – „Wir haben nur fünf Brote und zwei Fische hier" – so viel erwachsen kann, dass nicht nur alle satt werden, sondern dass es mehr gibt als genug.

## EVANGELIUM

Mt 14,13–21

*Alle aßen und wurden satt*

+ **Aus dem heiligen Evangelium nach Matthäus.**

In jener Zeit, als Jesus hörte, dass Johannes enthauptet worden war, zog er sich allein von dort mit dem Boot in eine einsame Gegend zurück. Aber die Volksscharen hörten davon und folgten ihm zu Fuß aus den Städten nach. Als er ausstieg, sah er die vielen Menschen und hatte Mitleid mit ihnen und heilte ihre Kranken.

Als es Abend wurde, kamen die Jünger zu ihm und sagten: Der Ort ist abgelegen und es ist schon spät geworden. Schick die Leute weg, damit sie in die Dörfer gehen und sich etwas zu essen kaufen!

Jesus aber antwortete: Sie brauchen nicht wegzugehen. Gebt ihr ihnen zu essen!

Sie sagten zu ihm: Wir haben nur fünf Brote und zwei Fische hier.

Er antwortete: Bringt sie mir her!

Dann ordnete er an, die Leute sollten sich ins Gras setzen. Und er nahm die fünf Brote und die zwei Fische, blickte zum Himmel auf, sprach den Lobpreis, brach die Brote und gab sie den Jüngern; die Jünger aber gaben sie den Leuten und alle aßen und wurden satt.

Und sie sammelten die übrig gebliebenen Brotstücke ein, zwölf Körbe voll. Es waren etwa fünftausend Männer, die gegessen hatten, dazu noch Frauen und Kinder.

Glaubensbekenntnis, S. 492 ff.

## FÜRBITTEN

Im Evangelium zeigt Jesus eine neue Realität auf, und er zeigt, was Teilen bewirken kann. So rufen wir heute zu ihm und bitten ihn voll Hoffnung:

- Befähige deine Kirche zum Mitfühlen und Mitleiden und lass sie ihre Pforten weit öffnen. V: Treuer Gott. A: Höre unser Rufen.

- Stärke alle, die in der Caritas tätig sind, und lass sie immer wieder neu aus deiner Quelle der Liebe schöpfen. V: Treuer Gott. A: Höre unser Rufen.

- Ermutige Frauen und Männer mit gesellschaftlichem und politischem Einfluss zu einem Handeln aus dem Geist der Verantwortung für die Schwachen. V: Treuer Gott. A: Höre unser Rufen.

- Hilf den Gläubigen in den christlichen Gemeinden, ihre Gaben einzubringen und zu teilen. V: Treuer Gott. A: Höre unser Rufen.

- Sei bei den Menschen, die in Armut und Not sterben müssen, und bei allen Sterbenden, und nimm sie auf in dein großes Erbarmen. V: Treuer Gott. A: Höre unser Rufen.

Deine Einladung zum Teilen gilt auch uns: Deshalb können wir als beschenkte und schenkende Menschen leben. Dafür erbitten wir deinen Segen durch Jesus Christus, unseren Bruder und Freund.

# EUCHARISTIEFEIER

## GABENGEBET

Barmherziger Gott, heilige diese Gaben. Nimm das Opfer an, das dir im Heiligen Geist dargebracht wird, und mache uns selbst zu einer Gabe, die für immer dir gehört. Darum bitten wir durch Christus, unseren Herrn.

Präfation, S. 504 ff.

## KOMMUNIONVERS

Joh 6,35

So spricht der Herr:
Ich bin das Brot des Lebens,
wer zu mir kommt, wird nicht mehr hungern,
und wer an mich glaubt, wird nicht mehr Durst haben.

## SCHLUSSGEBET

Barmherziger Gott, in den heiligen Gaben empfangen wir neue Kraft. Bleibe bei uns in aller Gefahr und versage uns nie deine Hilfe, damit wir der ewigen Erlösung würdig werden. Darum bitten wir durch Christus, unseren Herrn.

***

Für eine Wort-Gottes-Feier:

## ERÖFFNUNGSGEBET ZUR WAHL

Gott, du Quelle allen Lebens, du teilst deine Gabe aus ohne Maß. Öffne uns Ohr und Herz, und sättige uns mit deinem Wort. Darum beten wir zu dir, dem guten Vater, in der Kraft des Heiligen Geistes, durch Jesus Christus, unseren Herrn.

***

## GENUG DAVON

Gott hat genug davon
dass wir nach Leben hungern und dürsten
Gott hat genug
Liebe, Zuneigung, Zärtlichkeit
Vergebung, Erbarmen, Gnade
Ansehen, Stärke, Gerechtigkeit
Ruhm, Ehre, Herrlichkeit
mehr als genug
zu verschenken, auszuteilen, aus seiner Fülle zu schöpfen
inklusive seinem eigenen Sohn
dass die, die auf ihn vertrauen, und nicht nur die
nichts von ihm trennen kann
keine noch so schweren Lebensumstände
nicht einmal der Tod
nichts und wieder nichts
und dann reicht es für alle
dann bleiben uns noch zwölf Körbe voll
voll Leben

*Inga Schmitt*

# VERKLÄRUNG DES HERRN – FEST

## 6. August 2020

„Verklärt ist alles Leid der Welt, des Todes Dunkel ist erhellt." Dieser Satz aus der zweiten Strophe des bekannten Osterliedes „Das ist der Tag, den Gott gemacht" (GL 329) bringt die enge Verbindung zwischen Ostern und dem Fest Verklärung des Herrn zum Ausdruck. Die Erzählung von der Verklärung (Verwandlung) Jesu auf dem hohen Berg ist wie ein vorweggenommenes privates Ostern für Petrus, Johannes und Jakobus. Für die Jünger, die später im Garten Getsemani immer wieder einschlafen, statt mit Jesus zu wachen, die, wie alle anderen Jünger auch, Jesus nicht auf seinem Kreuzweg begleiten, die nicht die ersten Zeugen seiner Auferstehung sind und dennoch den Auftrag erhalten, die frohe Botschaft in aller Welt zu verkünden und alle Völker zu seinen Jüngern zu machen. Diese Jünger erhaschen auf dem Berg einen besonderen Anblick; einen Einblick. Sie sehen Jesus, dem sie bis dahin treu gefolgt sind, den sie aber auch nicht immer verstehen, in neuem Licht. Seine göttliche Herrlichkeit erklärt sich vor ihren Augen in einem Leuchten, sonnengleich, in Kleidern, weiß wie Licht, im himmlischen Besuch von Mose und Elija und durch die Stimme aus dem Himmel. Die Stimme wiederholt nicht nur, was in der Taufe Jesu zu Gehör gebracht wurde, sondern fordert dazu auf, auf Jesus zu hören. Wir hören die Worte des Evangeliums und werden Zeugen und Zeuginnen dieser intimen Gotteserscheinung, in die wir nun hineingenommen sind. Auch wir sind eingeladen, auf Jesus zu hören und ihm zu folgen, auch wenn seine göttliche Herrlichkeit sich uns nur hin und wieder erschließt und sie uns genauso wenig zuhanden ist wie den Jüngern, die mit Jesus wieder den Abstieg vom Berg antreten müssen, zurück in den Alltag des Lebens. Der nicht ohne Leid und Dunkel ist, der aber durch die Erfahrung der Herrlichkeit Jesu eine andere Perspektive erhält. Hoffnungsschwanger, lichterfüllt.

## ERÖFFNUNGSVERS

Vgl. Mt 17,5

Aus einer leuchtenden Wolke kam die Stimme des Vaters:
Dies ist mein geliebter Sohn,
an dem ich Gefallen gefunden habe:
Auf ihn sollt ihr hören.

## KYRIE-RUFE

Herr Jesus Christus, du hast von Gott, dem Vater,
Ehre und Herrlichkeit empfangen.
V/A: Herr, erbarme dich.
Du hast die Gestalt deiner Verherrlichung
schon an deinem irdischen Leib erfahren.
V/A: Christus, erbarme dich.
Du hast die Stimme der erhabenen Herrlichkeit gehört,
du, an dem Gott Gefallen gefunden hat.
V/A: Herr, erbarme dich.

Ehre sei Gott, S. 489 f.

## TAGESGEBET

Allmächtiger Gott, bei der Verklärung deines eingeborenen Sohnes hast du durch das Zeugnis der Väter die Geheimnisse unseres Glaubens bekräftigt. Du hast uns gezeigt, was wir erhoffen dürfen, wenn unsere Annahme an Kindes statt sich einmal vollendet. Hilf uns, auf das Wort deines Sohnes zu hören, damit wir Anteil erhalten an seiner Herrlichkeit. Darum bitten wir durch Jesus Christus.

# WORTGOTTESDIENST

ZUR 1. LESUNG Zur Entstehungszeit des Danielbuches hat das Volk Israel deprimierende Zeiten hinter sich und seine staatliche Eigenständigkeit lange verloren. Wie lässt sich diese Erfahrung in Einklang bringen mit der Überzeugung, von Gott geliebt und mit ihm im Bunde zu sein? Welcher Plan steckt dahinter? Die apokalyptischen Visionen (Kapitel 7–12) zeichnen dagegen ein hoffnungsvolles Bild. Daniel sieht, wie Gott – der Hochbetagte – in seinem himmlischen Reich über die irdischen Mächte, die wie Tiere über die Menschen herrschen, Gericht hält, sie radikal entmachtet. An ihrer statt setzt Gott einen unvergänglichen Herrscher ein. Ihm werden alle Völker, Nationen und Sprachen dienen. Er wird beschrieben als einer, der „kam mit den Wolken des Himmels", „wie ein Menschensohn". Damit unterscheidet er sich zweifach von den irdischen Herrschern. Seine Herrschaft wird im besten Sinne menschlich und sie wird zugleich himmlisch verankert sein. Die frühen Christus-Gläubigen haben in Jesus von Nazaret diese Vision verwirklicht gesehen und in ihm den „Menschensohn" erkannt.

## ERSTE LESUNG Dan 7,9–10.13–14

*Sein Gewand war weiß wie Schnee*

**Lesung aus dem Buch Daniel.**

Ich, Daniel, sah in einer nächtlichen Vision: Throne wurden aufgestellt und ein Hochbetagter nahm Platz. Sein Gewand war weiß wie Schnee, sein Haar wie reine Wolle. Feuerflammen waren sein Thron und dessen Räder waren loderndes Feuer. Ein Strom von Feuer ging von ihm aus. Tausendmal Tausende dienten ihm, zehntausendmal Zehntausende standen vor ihm. Das Gericht nahm Platz und es wurden Bücher aufgeschlagen.

Immer noch hatte ich die nächtlichen Visionen: Da kam mit den Wolken des Himmels einer wie ein Menschensohn. Er gelangte bis zu dem Hochbetagten und wurde vor ihn geführt. Ihm wurden Herrschaft, Würde und Königtum gegeben. Alle Völker, Nationen und Sprachen dienten ihm. Seine Herrschaft ist eine ewige, unvergängliche Herrschaft. Sein Reich geht niemals unter.

## ANTWORTPSALM

Ps 97 (96), 1–2.5–6.8–9 (Kv: vgl. 1a.9a)

Kv Der Herr ist König,
er ist der Höchste über der ganzen Erde. – Kv

Der Herr ist König. Es juble die Erde! *
Freuen sollen sich die vielen Inseln.
Rings um ihn her sind Wolken und Dunkel, *
Gerechtigkeit und Recht sind die Stützen seines Thrones. – (Kv)

Berge schmelzen wie Wachs vor dem Herrn, *
vor dem Angesicht des Herrn der ganzen Erde.
Seine Gerechtigkeit verkünden die Himmel, *
seine Herrlichkeit schauen alle Völker. – (Kv)

Zion hört es und freut sich, *
Judas Töchter jubeln, Herr, über deine Urteile.
Denn du, Herr, bist der Höchste über der ganzen Erde, *
hoch erhaben bist du über alle Götter. – Kv

**ZUR 2. LESUNG** Gut 2000 Jahre nach Christi Geburt warten wir nicht oft mit innerer Alarmbereitschaft auf das endgültige Kommen des Herrn, auch wenn diese Erwartung, zumal in der Adventszeit, immer aufs Neue unter uns wach wird. Für die frühen Gemeinden gehörte die Naherwartung, also die Erwartung: bald wird der Herr kommen, und Gottes Reich wird endgültig wirklich werden auf Erden, zum Kern des Glaubens. Für einige stellte dann die Verzögerung der Wiederkunft alles infrage. Ist die christliche Botschaft vertrauenswürdig? Der Autor des zweiten Petrusbriefes antwortet am Ende des ersten Jahrhunderts darauf mit der Erfahrung, die Petrus, Johannes und Jakobus auf dem Berg gemacht haben, als vor ihren Augen die Göttlichkeit Jesu sichtbar und hörbar wurde. Für ihn bestätigt sich darin und hat dauerhaft Bestand, dass Jesus der Christus, der Gesalbte Gottes, der Messias ist, den die Propheten angekündigt haben. Diese Erkenntnis strahlt wie ein Licht in alle Zeiten hinein bis ans Ende aller Tage. Die Herrlichkeit Jesu Christi wird dann aufstrahlen – und kann es bereits jetzt in den Herzen der Glaubenden.

## ZWEITE LESUNG 2 Petr 1,16–19

*Die Stimme, die vom Himmel kam, haben wir gehört, als wir mit ihm auf dem heiligen Berg waren*

**Lesung aus dem zweiten Brief des Apostels Petrus.**

Schwestern und Brüder! Wir sind nicht klug ausgedachten Geschichten gefolgt, als wir euch die machtvolle Ankunft unseres Herrn Jesus Christus kundtaten, sondern wir waren Augenzeugen seiner Macht und Größe.

Denn er hat von Gott, dem Vater, Ehre und Herrlichkeit empfangen, als eine Stimme von erhabener Herrlichkeit an ihn erging: Das ist mein geliebter Sohn, an dem ich Wohlgefallen gefunden habe. Diese Stimme, die vom Himmel kam, haben wir gehört, als wir mit ihm auf dem heiligen Berg waren.

Dadurch ist das Wort der Propheten für uns noch sicherer geworden und ihr tut gut daran, es zu beachten, wie ein Licht, das an einem finsteren Ort scheint, bis der Tag anbricht und der Morgenstern aufgeht in eurem Herzen.

## RUF VOR DEM EVANGELIUM Vers: vgl. Lk 9,35

Halleluja. Halleluja.
Aus der leuchtenden Wolke rief die Stimme des Vaters:
Das ist mein geliebter Sohn; auf ihn sollt ihr hören.
Halleluja.

ZUM EVANGELIUM Die sogenannte Verklärung Jesu auf einem hohen Berg schließt bei Matthäus an die erste Ankündigung des Leidens und der Auferstehung und an die Aufforderung Jesu zur Nachfolge und Selbstverleugnung an. Einerseits gibt sie einen Einblick darin, wer dieser Jesus eigentlich ist: Er ist der geliebte Sohn, an dem der himmlische Vater Wohlgefallen gefunden hat. Er ist der, auf den die anwesenden Jünger hören sollen. Zugleich gibt der Abschnitt einen Ausblick über das irdische Leben Jesu hinaus; seine lichterfüllte Verwandlung verweist auf seine Auferstehung. Für einen kurzen Augenblick wird sichtbar, und dann nachdrücklich durch die Stimme aus dem Himmel bestätigt, wer Jesus ist: Gottes Sohn, der verheißene Messias, durch den Gottes Glanz und Herrlichkeit in die Welt einfallen. Diese Herrlichkeit Jesu, die durch hohen Besuch unterstrichen wird: Mose ist der erste Prophet (Dtn 18,15) und große Mittler der Tora, Elija der krönende Abschluss in der Reihe der Propheten (Mal 3,23), lässt sich nicht festhalten. Der Weg Jesu findet seine Vollendung erst in seiner Hingabe am Kreuz und in seiner Auferweckung. Deshalb ist Jesus nach seiner Verwandlung für die Freunde zunächst wieder „ganz der Alte" und steigt mit seinen Jüngern herunter vom Berg. Denen, die Jesus nachfolgen, steht genau das bevor: ein Leben, das durch Abstiege und Abwege hindurch in die Herrlichkeit Gottes führt – begleitet von dem, der uns vorausgegangen ist.

## EVANGELIUM Mt 17,1–9

*Er wurde vor ihnen verwandelt; sein Gesicht leuchtete wie die Sonne*

**+ Aus dem heiligen Evangelium nach Matthäus.**

In jener Zeit nahm Jesus Petrus, Jakobus und dessen Bruder Johannes beiseite und führte sie auf einen hohen Berg. Und er wurde vor ihnen verwandelt; sein Gesicht leuchtete wie die Sonne und seine Kleider wurden weiß wie das Licht. Und siehe, es erschienen ihnen Mose und Elíja und redeten mit Jesus.

Und Petrus antwortete und sagte zu Jesus: Herr, es ist gut, dass wir hier sind. Wenn du willst, werde ich hier drei Hütten bauen, eine für dich, eine für Mose und eine für Elíja.

Noch während er redete, siehe, eine leuchtende Wolke überschattete sie und siehe, eine Stimme erscholl aus der Wolke: Dieser ist mein geliebter Sohn, an dem ich Wohlgefallen gefunden habe; auf ihn sollt ihr hören. Als die Jünger das hörten, warfen sie sich mit dem Gesicht zu Boden und fürchteten sich sehr.

Da trat Jesus zu ihnen, fasste sie an und sagte: Steht auf und fürchtet euch nicht! Und als sie aufblickten, sahen sie niemanden außer Jesus allein.

Während sie den Berg hinabstiegen, gebot ihnen Jesus: Erzählt niemandem von dem, was ihr gesehen habt, bis der Menschensohn von den Toten auferweckt ist!

Glaubensbekenntnis, S. 492 ff.

## FÜRBITTEN

Die drei Jünger, die auf dem Berg Tabor Zeugen der Verklärung werden, gehen mit ihm hinab ins Ungewisse. Wir bitten Jesus, der auch unsere Hoffnung ist, um sein Licht für die Welt:

- Wir bitten für die Kirche und all ihre Glieder, dass das Licht der Tabor-Erfahrung Gewissheit und Freude schenke. V: Jesus, Licht der Welt. A: Weise den Weg.
- Wir beten für alle, die ohne Heimat und ohne Hoffnung sind, dass sie Menschen finden, die sie annehmen, stützen und stärken. V: Jesus, Licht der Welt. A: Weise den Weg.
- Wir beten für alle, die einen hohen Preis bezahlen für ihren selbstlosen Einsatz für Frieden, Freiheit und Gerechtigkeit, dass sie solidarische Hilfe erfahren. V: Jesus, Licht der Welt. A: Weise den Weg.

- Wir beten für die Menschen, die ihr Augenlicht verloren haben, dass ihr inneres Sehen stark und leuchtend werde. V: Jesus, Licht der Welt. A: Weise den Weg.
- Wir bitten dich für die Menschen, deren Lebenslicht zu verlöschen droht, dass Gottes Engel sie führen in dein Haus aus Licht. V: Jesus, Licht der Welt. A: Weise den Weg.

Jesus Christus, du bist für uns Menschen den Weg vom Licht ins Dunkel gegangen, doch Gott hat dich für immer ins Licht des Lebens geführt. Hilf uns, aus der Kraft dieser Hoffnung zu leben, bis wir einmal vollendet sind bei dir.

# EUCHARISTIEFEIER

## GABENGEBET

Gott, unser Vater, sende über uns und diese Gaben das Licht deiner Herrlichkeit, das in deinem Sohn aufgestrahlt ist. Es vertreibe das Dunkel der Sünde und mache uns zu Kindern des Lichtes. Darum bitten wir durch Christus, unseren Herrn.

## PRÄFATION

In Wahrheit ist es würdig und recht, dir, Herr, heiliger Vater, allmächtiger, ewiger Gott, immer und überall zu danken durch unseren Herrn Jesus Christus. Denn er enthüllte auf dem Berg der Verklärung seine verborgene Herrlichkeit, er ließ vor auserwählten Zeugen seinen sterblichen Leib im Lichtglanz erstrahlen und gab den Jüngern die Kraft, das Ärgernis des Kreuzes zu tragen. So schenkte er der ganzen Kirche die Hoffnung, vereint mit ihrem Haupt die ewige Verklärung zu empfangen. Darum preisen wir deine Größe und vereinen uns mit den Chören der Engel zum Hochgesang von deiner göttlichen Herrlichkeit: Heilig …

## KOMMUNIONVERS

1 Joh 3,2

Wenn der Herr offenbar wird, werden wir ihm ähnlich sein,
denn wir werden ihn sehen, wie er ist.

## SCHLUSSGEBET

Herr, unser Gott, in der Verklärung deines Sohnes wurde der Glanz seiner Gottheit offenbar. Lass uns durch den Empfang der himmlischen Speise seinem verherrlichten Leib gleichgestaltet werden. Darum bitten wir durch ihn, Christus, unseren Herrn.

## FEIERLICHER SCHLUSSSEGEN

Der Herr segne euch und behüte euch; der Herr lasse sein Angesicht über euch leuchten und sei euch gnädig; er wende euch sein Antlitz zu und schenke euch seinen Frieden! A: Amen.
Das gewähre euch der dreieinige Gott, der Vater und der Sohn † und der Heilige Geist. A: Amen.

***

### VERKLÄRUNG

klärt
erklärt
erhellt
erstrahlt
erleuchtet
Jesu wahres Wesen
Gottessohn
Menschensohn
Auferstandener
unfassbar

augenblicklich
überwältigend
aber
auf ihn sollt ihr hören
führt der Weg auch in die Abgründe des Lebens

*Inga Schmitt*

# 19. SONNTAG IM JAHRESKREIS

## 9. August 2020

Gott ist immer wieder für Überraschungen gut. Gerade dann, wenn es darum geht zu beschreiben, wie er sich erfahrbar macht. Er genügt nicht unseren Vorstellungen, und unsere Vorstellungen genügen ihm nicht. Keines der Bilder, die wir uns von Gott machen, wird ihm gerecht; auch nicht alle zusammen. Wäre es nicht schön und hilfreich, wenn sich Gott mit Donner und Getöse Gehör verschaffte, sodass wir ihn eindeutig erkennen könnten? Vielleicht hinterlässt die eine oder andere Erzählung einen solchen Eindruck bei uns. Aber auch in der „Stimme des leisen Schweigens" können wir ihn nachhaltig erfahren. Und oft nehmen wir seine Gegenwart erst wahr, wenn er längst vorübergezogen ist. Die biblischen Texte laden uns am heutigen Sonntag ein, offenzubleiben für überraschende Begegnungen mit Gott. Er ist da, unergründlich und unerkannt, und reicht seine rettende Hand.

### ERÖFFNUNGSVERS

Vgl. Ps 74 (73),20.19.22.23

Blick hin, o Herr, auf deinen Bund
und vergiss das Leben deiner Armen nicht für immer.
Erhebe dich, Gott, und führe deine Sache.
Vergiss nicht das Rufen derer, die dich suchen.

### KYRIE-RUFE

Guter Herr Jesus, du rettest uns,
wenn wir Angst haben und untergehen.
V/A: Herr, erbarme dich.
Du hilfst unserem Unglauben.
V/A: Christus, erbarme dich.

Wahrhaftig, du bist Gottes Sohn.
V/A: Herr, erbarme dich.

Ehre sei Gott, S. 489 f.

## TAGESGEBET

Allmächtiger Gott, wir dürfen dich Vater nennen, denn du hast uns an Kindes statt angenommen und uns den Geist deines Sohnes gesandt. Gib, dass wir in diesem Geist wachsen und einst das verheißene Erbe empfangen. Darum bitten wir durch Jesus Christus.

# WORTGOTTESDIENST

ZUR 1. LESUNG Gewalt im Kampf gegen den Baalskult, Todesangst, Flucht in die Wüste, Erschöpfung und Todeswunsch, Stärkung durch Gottes Boten und Sendung auf einen 40-tägigen Weg führen Elija zum Gottesberg Horeb. Und auch hier zunächst Rückzug in eine Höhle. Doch Gott spricht zu Elija und lockt ihn, herauszukommen. Sturm, Erdbeben und Feuer – also Naturgewalten, die klassischerweise zu Gotteserscheinungen gehören (z. B. im Buch Exodus) – ziehen vorüber. Davon lässt sich Elija aber nicht nach draußen locken. Darin ist sein Gott ausdrücklich nicht zu entdecken. Wie auch, zeigt sich doch für viele Baals-Gläubige in den Naturgewalten der Wetter- und Vegetationsgott Baal. Und wäre das nicht auch zu viel für Elija nach all der Gewalt, die bis dahin in seinem Leben beherrschend war? Stattdessen erkennt Elija Gottes Gegenwart in dem, was wie Stille anmutet (wörtlich: „Stimme des leisen Schweigens“). Das lockt ihn endlich, an den Eingang der Höhle und vor Gott zu treten. Eine zunächst überraschende und zugleich sicher sehr wohltuende und eindringliche Erfahrung für Elija. Sie macht zweierlei bewusst: erstens, wie leicht Gottes Stimme überhört werden kann im Lärmen der Götter der Welt, und zweitens, dass er verlässlich gegenwärtig ist, auch dann, wenn ich seine Stimme kaum zu vernehmen mag.

## ERSTE LESUNG

1 Kön 19,9ab.11b–13

*Komm heraus und stell dich auf den Berg vor den Herrn!*

**Lesung aus dem ersten Buch der Könige.**

In jenen Tagen kam Elíja zum Gottesberg Horeb. Dort ging er in eine Höhle, um darin zu übernachten. Doch das Wort des HERRN erging an ihn: Komm heraus und stell dich auf den Berg vor den HERRN!

Da zog der HERR vorüber: Ein starker, heftiger Sturm, der die Berge zerriss und die Felsen zerbrach, ging dem HERRN voraus. Doch der HERR war nicht im Sturm. Nach dem Sturm kam ein Erdbeben. Doch der HERR war nicht im Erdbeben. Nach dem Beben kam ein Feuer. Doch der HERR war nicht im Feuer.

Nach dem Feuer kam ein sanftes, leises Säuseln. Als Elíja es hörte, hüllte er sein Gesicht in den Mantel, trat hinaus und stellte sich an den Eingang der Höhle.

## ANTWORTPSALM

Ps 85 (84),9–10.11–12.13–14 (Kv: 8)

Kv Lass uns schauen, o HERR, deine Huld
und schenke uns dein Heil! – Kv

Ich will hören, was Gott redet: /
Frieden verkündet der HERR seinem Volk und seinen Frommen, *
sie sollen sich nicht zur Torheit wenden.
Fürwahr, sein Heil ist denen nahe, die ihn fürchten, *
seine Herrlichkeit wohne in unserm Land. – (Kv)

Es begegnen einander Huld und Treue; *
Gerechtigkeit und Friede küssen sich.
Treue sprosst aus der Erde hervor; *
Gerechtigkeit blickt vom Himmel hernieder. – (Kv)

Ja, der HERR gibt Gutes *
und unser Land gibt seinen Ertrag.

Gerechtigkeit geht vor ihm her *
und bahnt den Weg seiner Schritte. – Kv

ZUR 2. LESUNG In seinem Brief an die Römer (9,1–11,36) setzt sich der gläubige Jude Paulus mit der schweren Frage auseinander, was aus den Menschen aus dem Bundesvolk wird, die Christus nicht als Messias anerkennen, und in welchem Verhältnis Christus-Gläubige aus Judentum und Heidentum und jüdische Gläubige, für die Jesus nicht Gottes Christus ist, zueinander stehen. Paulus ist der festen Überzeugung, dass Christus Jesus der von Gott verheißene Messias ist, sodass zu erwarten wäre, dass gerade Israel seinem Ruf folgt. Eine Mehrheit seiner Glaubensgeschwister lehnt Jesus jedoch, so zeigt sich, als den Messias ab, und es finden vermehrt Menschen aus den (Heiden-)Völkern zu Jesus. Das ist Paulus nicht gleichgültig, es trifft ihn im Mark. „Unablässig leidet mein Herz." Schließlich begreift der Apostel: Gottes heilgeschichtliche Zusagen an Israel bleiben bestehen (Röm 9,4): Israel ist die Tora gegeben, mit Israel hat Gott seinen Bund, seine Bünde, geschlossen, Israel ist Gottes Sohn, und aus Israel ist der Christus geboren. Der kurze Lobpreis am Schluss dieser Lesung korrespondiert mit dem Lobpreis, in dem bereits Paulus' Überzeugung durchscheint, dass ganz Israel gerettet werde; auf seinem eigenen Weg, über den wir nicht urteilen können, da Gottes Wege unerforschlich sind (vgl. Röm 11,33–36).

## ZWEITE LESUNG Röm 9,1–5

*Ich wünschte selbst verflucht zu sein, um meiner Brüder willen*

**Lesung aus dem Brief des Apostels Paulus an die Gemeinde in Rom.**

Schwestern und Brüder! Ich sage in Christus die Wahrheit und lüge nicht und mein Gewissen bezeugt es mir im Heiligen Geist: Ich bin voll Trauer, unablässig leidet mein Herz.

Ja, ich wünschte selbst verflucht zu sein, von Christus getrennt, um meiner Brüder willen, die der Abstammung nach mit mir verbunden sind. Sie sind Israeliten; ihnen gehören die Sohnschaft, die Herrlichkeit und die Bundesschlüsse; ihnen ist das Gesetz gegeben, der Gottesdienst und die Verheißungen; ihnen gehören die Väter und ihnen entstammt der Christus dem Fleische nach. Gott, der über allem ist, er sei gepriesen in Ewigkeit. Amen.

## RUF VOR DEM EVANGELIUM

Vers: Ps 130 (129),5

Halleluja. Halleluja.
Ich hoffe auf den HERRN,
ich warte auf sein Wort.
Halleluja.

**ZUM EVANGELIUM** „Fürchtet euch nicht!" – Ein Satz, der die Bibel wie ein roter Faden durchzieht. Überall da, wo Lebenspläne durchkreuzt werden oder Ungewöhnliches bzw. Ungewohntes in die Lebenswirklichkeit einbricht, ertönt ein „Fürchte dich nicht!", „Fürchtet euch nicht!". Die Ermutigung zu Vertrauen und Furchtlosigkeit bildet die Basis für eine Neukalibrierung der eigenen Einstellungen, Vorstellungen und Pläne. Sie ermöglicht erst, sich dem Ungewohnten und Neuen zu stellen und über eigene Grenzen hinauszuwachsen. Dass dies allerdings keine Garantie dafür ist, dass das reibungslos vonstattengeht, zeigt die Erzählung vom sogenannten Seewandel Jesu. Auf Jesu Zusage „ich bin es; fürchtet euch nicht" und seine Einladung „Komm!" hin kann Petrus das sichere, wenn auch schwankende Boot verlassen. Als er sich aber der Realität und ihrer Gefahren wieder bewusst wird, verliert er sein Vertrauen und droht unterzugehen. Sein Hilferuf wird sofort erhört; Jesus greift rettend ein. Die Erkenntnis, dass sich hier Jesus als Gottes Sohn zeigt, kann aber erst ins Bewusstsein sickern, als alle mit Jesus im Boot sitzen und der Sturm sich gelegt hat. Mitten in den Gefahren und Bedrohungen des Lebens reicht unser Blick oft nicht darüber hinaus und wir fühlen uns restlos verlassen. Haben wir diese Erfahrung hinter uns gelassen – sind gerettet –, dämmert erst, dass der scheinbar Abwesende mittendrin anwesend war. Auf Letzteres zu vertrauen, dazu lädt das Evangelium ein.

## EVANGELIUM

Mt 14,22–33

*Herr, befiehl, dass ich auf dem Wasser zu dir komme*

+ **Aus dem heiligen Evangelium nach Matthäus.**

Nachdem Jesus die Menge gespeist hatte, drängte er die Jünger, ins Boot zu steigen und an das andere Ufer vorauszufahren. Inzwischen wollte er die Leute nach Hause schicken. Nachdem er sie weggeschickt hatte, stieg er auf einen Berg, um für sich allein zu beten. Als es Abend wurde, war er allein dort.

Das Boot aber war schon viele Stadien vom Land entfernt und wurde von den Wellen hin und her geworfen; denn sie hatten Gegenwind.

In der vierten Nachtwache kam er zu ihnen; er ging auf dem See. Als ihn die Jünger über den See kommen sahen, erschraken sie, weil sie meinten, es sei ein Gespenst, und sie schrien vor Angst.

Doch sogleich sprach Jesus zu ihnen und sagte: Habt Vertrauen, ich bin es; fürchtet euch nicht!

Petrus erwiderte ihm und sagte: Herr, wenn du es bist, so befiehl, dass ich auf dem Wasser zu dir komme! Jesus sagte: Komm!

Da stieg Petrus aus dem Boot und kam über das Wasser zu Jesus. Als er aber den heftigen Wind bemerkte, bekam er Angst. Und als er begann unterzugehen, schrie er: Herr, rette mich!

Jesus streckte sofort die Hand aus, ergriff ihn und sagte zu ihm: Du Kleingläubiger, warum hast du gezweifelt? Und als sie ins Boot gestiegen waren, legte sich der Wind.

Die Jünger im Boot aber fielen vor Jesus nieder und sagten: Wahrhaftig, Gottes Sohn bist du.

Glaubensbekenntnis, S. 492 ff.

## FÜRBITTEN

Petrus schrie vor Angst, als er sah, wie heftig Wind und Wellen waren. Auch wir rufen zu Gott in den Turbulenzen unseres Lebens und unserer Zeit und bitten ihn:

- Für alle, die im belastenden Dienst der Verkündigung müde und matt geworden sind. V: Treuer Gott. A: Höre unser Rufen.
- Für das gemeinsame Schiff der Ökumene in den Stürmen und Flauten unserer Zeit. V: Treuer Gott. A: Höre unser Rufen.
- Für alle, die den geflüchteten Menschen beistehen, die lebensgefährliche Überfahrten wagen, weil Europa ihre letzte Hoffnung ist. V: Treuer Gott. A: Höre unser Rufen.
- Für alle, die unterzugehen drohen im Strudel der nur auf kurzfristige Gewinnmaximierung ausgerichteten Wirtschaft und Politik. V: Treuer Gott. A: Höre unser Rufen.
- Für alle Schwerkranken und Sterbenden, über denen die Wellen der Angst zusammenschlagen. V: Treuer Gott. A: Höre unser Rufen.

Guter Gott, du bist bei uns im Boot unseres Lebens und bei allen, die dich suchen. Du hörst unser Rufen und erhörst uns in Christus Jesus, unserem Herrn und Bruder.

# EUCHARISTIEFEIER

## GABENGEBET

Herr, unser Gott, wir bringen die Gaben zum Altar, die du selber uns geschenkt hast. Nimm sie von deiner Kirche entgegen und mache sie für uns zum Sakrament des Heiles. Darum bitten wir durch Christus, unseren Herrn.

Präfation, S. 504 ff.

## KOMMUNIONVERS

Joh 6,51

So spricht der Herr:
Das Brot, das ich geben werde, ist mein Fleisch;
ich gebe es hin für das Leben der Welt.

## SCHLUSSGEBET

Barmherziger Gott, wir haben den Leib und das Blut deines Sohnes empfangen. Das heilige Sakrament bringe uns Heil, es erhalte uns in der Wahrheit und sei unser Licht in der Finsternis. Darum bitten wir durch Christus, unseren Herrn.

## FEIERLICHER SCHLUSSSEGEN

Gott, unser Vater, segne euch mit allem Segen des Himmels, damit ihr rein und heilig lebt vor seinem Angesicht. – A: Amen.
Er lehre euch durch das Wort der Wahrheit; er bilde euer Herz nach dem Evangelium Christi und gebe euch Anteil an seiner Herrlichkeit. – A: Amen.
Er schenke euch jene brüderliche Liebe, an der die Welt die Jünger Christi erkennen soll. – A: Amen.
Das gewähre euch der dreieinige Gott, der Vater und der Sohn † und der Heilige Geist. – A: Amen.

***

Für eine Wort-Gottes-Feier:

## ERÖFFNUNGSGEBET ZUR WAHL

Gott, wir kommen voll Vertrauen zu dir, denn du hast uns beim Namen gerufen. Gib dich zu erkennen im Wort der Frohen Botschaft und hilf unserem schwachen Glauben auf. Darum bitten wir dich in der Gemeinschaft des Heiligen Geistes durch Jesus Christus, deinen Sohn, der mit dir lebt jetzt und in Ewigkeit.

***

## UNBEMERKT UND UNERWARTET

bricht
Gottes Gegenwart
in unsere Wirklichkeit
väterlich – schöpferisch
menschlich – hingebungsvoll
geistvoll – grenzüberschreitend
scheinbar
ist er da
auch
im Schweigen
im Leiden
in der Not
und reicht dir
seine rettende Hand
selbst im Tod
selig
wer in der Gottesferne
nicht untergeht und ertrinkt

*Inga Schmitt*

# MARIÄ AUFNAHME IN DEN HIMMEL
# HOCHFEST

## 15. August 2020

Als Menschen kennzeichnet uns unsere Leiblichkeit. Dieser Leib ist nach biblischer Überzeugung beseelt. Er ist mehr als nur Gefäß für den göttlichen Funken, der uns geschenkt ist. Er macht uns aus. Und doch ist er vergänglich, sterblich. In Bezug auf unsere Auferstehungshoffnung heißt das, dass auch unser Leib darin eingeschlossen ist; dass die Auferstehung eine leibliche ist. Das bezeugen die Auferstehungserzählungen der Evangelien, das verteidigt Paulus in seiner Verkündigung. Und das feiert die Kirche im Fest „Leibliche Aufnahme Mariens in den Himmel", kürzer auch „Mariä Aufnahme in den Himmel". Die Kirche ist davon überzeugt, dass in der Frau, die durch ihr Ja zur Botschaft des Engels Gottes ewiges Wort, den Logos, aufgenommen hat, schon vorweggenommen ist, was uns allen verheißen ist: von Gott aufgenommen zu werden in seine Nähe. Mit Seele und Leib. Wir feiern also, worauf wir hoffen und worüber wir uns jetzt schon freuen dürfen. Auch wenn die Bibel darüber schweigt, wie Maria starb und was auch in ihrem Tod Großes an ihr geschah.

### ERÖFFNUNGSVERS Offb 12,1

Ein großes Zeichen erschien am Himmel:
Eine Frau, umgeben von der Sonne,
den Mond unter ihren Füßen
und einen Kranz von zwölf Sternen auf ihrem Haupt.

*Oder:*

Freut euch alle im Herrn am Fest der Aufnahme
der seligsten Jungfrau Maria in den Himmel.
Mit uns freuen sich die Engel und loben Gottes Sohn.

## KYRIE-RUFE

Herr Jesus Christus, du hast deine Mutter Maria
mit Leib und Seele in die himmlische Herrlichkeit
aufgenommen.
V/A: Herr, erbarme dich.
Du hast deine Mutter Maria als Königin
des Himmels gekrönt.
V/A: Christus, erbarme dich.
Du hast uns in deiner Mutter Maria eine
mächtige Fürsprecherin bei Gott bestellt.
V/A: Herr, erbarme dich.

Ehre sei Gott, S. 489 f.

## TAGESGEBET

Allmächtiger, ewiger Gott, du hast die selige Jungfrau Maria, die uns Christus geboren hat, vor aller Sünde bewahrt und sie mit Leib und Seele zur Herrlichkeit des Himmels erhoben. Gib, dass wir auf dieses Zeichen der Hoffnung und des Trostes schauen und auf dem Weg bleiben, der hinführt zu deiner Herrlichkeit. Darum bitten wir durch Jesus Christus.

# WORTGOTTESDIENST

ZUR 1. LESUNG In den Zeiten der Bedrängnis aufgrund des auftrumpfenden römischen Kaiserkultes wendet sich die Offenbarung des Johannes an Gemeinden in Kleinasien, um die von innen und außen Bedrohten zur Glaubenstreue zu ermutigen, ihnen Orientierung zu geben und sie zu trösten. Eine apokalyptische Vision blickt vor auf die Endzeit, in der Gericht gehalten wird und in der Christus endgültig siegt, sodass eine neue Schöpfung entstehen kann. Der Seher benutzt dafür eindringliche Bilder. In der himmlischen Frau, die im Lesungstext auftritt, ist das neue Gottesvolk des Alten und des Neuen Bundes symbolisiert. Sie ist im Himmel mit göttlicher Herrlichkeit bekleidet und schreit auf Erden in Geburtswehen. Ihr gegenüber steht der Drache, der die Frau und ihr Kind bedroht; er verkörpert die Chaosmacht. Der Kampf zwischen ihnen scheint aussichtslos vorentschieden, und doch ist Rettung greifbar nah. Die himmlische Frau leistet dem Bösen Widerstand und kann dabei auf göttlichen Beistand vertrauen. Die Verheißung, dass am Ende der Zeiten Christus den Sieg davontragen wird, ermutigt die Gemeinden in Kleinasien, keine Kompromisse mit den Römern einzugehen, sondern auch in der Bedrängnis Christus treu zu bleiben. Genauso sind heute wir gerufen, uns mit all unserer Kraft und Liebe zum Leben für das Gute einzusetzen und Gottes Gerechtigkeit Raum zu verschaffen – wie es auch Maria, die Mutter Jesu, getan hat. Sie wird mit der himmlischen Frau assoziiert und in Bildern und Hymnen als Himmelskönigin verehrt.

## ERSTE LESUNG

Offb 11,19a; 12,1–6a.10ab

*Ein großes Zeichen erschien am Himmel: eine Frau, mit der Sonne bekleidet, der Mond unter ihren Füßen*

**Lesung aus der Offenbarung des Johannes.**

Der Tempel Gottes im Himmel wurde geöffnet und in seinem Tempel wurde die Lade seines Bundes sichtbar: Dann erschien ein großes Zeichen am Himmel: eine Frau, mit der Sonne bekleidet; der Mond war unter ihren Füßen und ein Kranz von zwölf Sternen auf ihrem Haupt. Sie war schwanger und schrie vor Schmerz in ihren Geburtswehen.

Ein anderes Zeichen erschien am Himmel und siehe, ein Drache, groß und feuerrot, mit sieben Köpfen und zehn Hörnern und mit sieben Diademen auf seinen Köpfen. Sein Schwanz fegte ein Drittel der Sterne vom Himmel und warf sie auf die Erde herab. Der Drache stand vor der Frau, die gebären sollte; er wollte ihr Kind verschlingen, sobald es geboren war. Und sie gebar ein Kind, einen Sohn, der alle Völker mit eisernem Zepter weiden wird. Und ihr

Kind wurde zu Gott und zu seinem Thron entrückt. Die Frau aber floh in die Wüste, wo Gott ihr einen Zufluchtsort geschaffen hatte.
Da hörte ich eine laute Stimme im Himmel rufen: Jetzt ist er da, der rettende Sieg, die Macht und die Königsherrschaft unseres Gottes und die Vollmacht seines Gesalbten.

## ANTWORTPSALM

Ps 45 (44), 11–12.16 u. 18

Kv Selig bist du, Jungfrau Maria,
du stehst zur Rechten des Herrn. – Kv

Höre, Tochter, sieh her und neige dein Ohr, *
vergiss dein Volk und dein Vaterhaus!
Der König verlangt nach deiner Schönheit; *
er ist ja dein Herr, wirf dich vor ihm nieder! – (Kv)

Sie werden geleitet mit Freude und Jubel, *
sie kommen in den Palast des Königs.
Ich will deinen Namen in Erinnerung rufen
von Geschlecht zu Geschlecht; *
darum werden die Völker dich preisen auf immer und ewig. – Kv

ZUR 2. LESUNG Entgegen der Vorstellung einzelner Gemeindeglieder in Korinth bekennt Paulus ausdrücklich die leibliche Auferstehung der Toten am Ende der Zeiten. Der Mensch ist beseelter Leib, das heißt, Leib und Seele sind untrennbar verbunden. Wer an die Auferstehung Jesu Christi von den Toten glaubt, kann also nicht anders, als auch die Auferweckung der Toten allgemein anzunehmen. Denn Christus hat das menschliche Schicksal der Vergänglichkeit als Erster angenommen und durchbrochen und den Tod besiegt. Aber erst, wenn der Herr wiederkommt, wird der Tod für immer besiegt sein; dann werden alle, die zu ihm gehören, auferweckt werden zu neuem Leben in Gott. Das Bekenntnis zur leiblichen Aufnahme Mariens in den Himmel bezeugt, dass Maria aufgrund ihrer besonderen Bedeutung im Heilsplan Gottes eben dies schon zuteilgeworden ist.

## ZWEITE LESUNG

1 Kor 15,20–27a

*In Christus werden alle lebendig gemacht werden:*
*Erster ist Christus; dann folgen alle, die zu ihm gehören*

**Lesung aus dem ersten Brief des Apostels Paulus an die Gemeinde in Korínth.**

Schwestern und Brüder! Christus ist von den Toten auferweckt worden als der Erste der Entschlafenen.

Da nämlich durch einen Menschen der Tod gekommen ist, kommt durch einen Menschen auch die Auferstehung der Toten. Denn wie in Adam alle sterben, so werden in Christus alle lebendig gemacht werden.

Es gibt aber eine bestimmte Reihenfolge: Erster ist Christus; dann folgen, wenn Christus kommt, alle, die zu ihm gehören. Danach kommt das Ende, wenn er jede Macht, Gewalt und Kraft entmachtet hat und seine Herrschaft Gott, dem Vater, übergibt.

Denn er muss herrschen, bis Gott ihm alle Feinde unter seine Füße gelegt hat. Der letzte Feind, der entmachtet wird, ist der Tod. Denn: Alles hat er seinen Füßen unterworfen.

## RUF VOR DEM EVANGELIUM

Halleluja. Halleluja.
Aufgenommen in den Himmel ist die Jungfrau Maria.
Die Engel freuen sich und preisen den Herrn.
Halleluja.

ZUM EVANGELIUM Am eigenen Leibe hat sich für Elisabet und Maria bereits erfüllt, wofür Maria Gott preist. An ihnen hat Gott machtvolle Taten vollbracht. Sie bilden ab, was passiert, wenn Gott die Verhältnisse auf den Kopf stellt. Die eine erwartet den lange vergeblich ersehnten, schließlich verheißenen Sohn, obwohl sie schon zu alt dafür ist, die andere geht schwanger mit Gottes eigenem WORT. So ist Marias Lobpreis gemeinsamer Dank für Gottes Erbarmen. Zugleich kündigt das Magnificat an, was sich ereignen wird, wenn Johannes und Jesus inmitten des Volkes Israel wirken werden. In Jesu Tod am Kreuz und seiner Auferweckung stellt Gott alle gängigen Denkmuster auf den Kopf; er befreit seine Schöpfung von der letzten Grenze, dem Tod, und öffnet ihr den Himmel. Weil die nachösterliche Gemeinde darum weiß, kann sie, können wir, allabendlich in den Lobpreis Mariens einstimmen. Mit dem Fest der Aufnahme Mariens in den Himmel bezeugt die Kirche, dass der Frau, die sich durch ihr Ja dem Himmel geöffnet hat, der Himmel offen steht: vor allen anderen, und, so dürfen wir hoffen, mit uns anderen. An unserer großen Schwester im Glauben ist ablesbar, was auch uns blüht: Eingang in Gottes Nähe.

## EVANGELIUM Lk 1,39–56

*Der Mächtige hat Großes an mir getan: Er erhöht die Niedrigen*

+ **Aus dem heiligen Evangelium nach Lukas.**

In jenen Tagen machte sich Maria auf den Weg und eilte in eine Stadt im Bergland von Judäa. Sie ging in das Haus des Zacharías und begrüßte Elisabet. Und es geschah: Als Elisabet den Gruß Marias hörte, hüpfte das Kind in ihrem Leib.

Da wurde Elisabet vom Heiligen Geist erfüllt und rief mit lauter Stimme: Gesegnet bist du unter den Frauen und gesegnet ist die Frucht deines Leibes. Wer bin ich, dass die Mutter meines Herrn zu mir kommt? Denn siehe, in dem Augenblick, als ich deinen Gruß hörte, hüpfte das Kind vor Freude in meinem Leib. Und selig, die geglaubt hat, dass sich erfüllt, was der Herr ihr sagen ließ.

Da sagte Maria: Meine Seele preist die Größe des Herrn und mein Geist jubelt über Gott, meinen Retter. Denn auf die Niedrigkeit seiner Magd hat er geschaut. Siehe, von nun an preisen mich selig alle Geschlechter. Denn der Mächtige hat Großes an mir getan und sein Name ist heilig. Er erbarmt sich von Geschlecht zu Geschlecht über alle, die ihn fürchten. Er vollbringt mit seinem Arm machtvolle Taten: Er zerstreut, die im Herzen voll Hochmut sind; er stürzt die Mächtigen vom Thron und erhöht die Niedrigen. Die Hungernden beschenkt er mit seinen Gaben und lässt die Reichen leer ausgehen. Er nimmt sich seines Knechtes Israel an und denkt an sein Erbarmen, das er unsern Vätern verheißen hat, Abraham und seinen Nachkommen auf ewig.

Und Maria blieb etwa drei Monate bei ihr; dann kehrte sie nach Hause zurück.

Glaubensbekenntnis, S. 492 ff.

## FÜRBITTEN

Marias Lied ist ein Lied des Jubels und des Dankes: Gott, der Mächtige, nimmt sich der Armen, Erniedrigten, Hungernden an, damals und heute. Wir rufen voll Hoffnung zu ihm:

- *Er vollbringt mit seinem Arm machtvolle Taten.* Wir beten für alle, die kleingehalten und mundtot gemacht werden, weil sie sich für Freiheit und Gerechtigkeit einsetzen. V: Gott des Erbarmens. A: Höre und erhöre uns.
- *Er zerstreut, die im Herzen voll Hochmut sind.* Wir bitten für all diejenigen, die den Dialog und Austausch der Religionen und Konfessionen mit reinem Herzen suchen. V: Gott des Erbarmens. A: Höre und erhöre uns.
- *Er stürzt die Mächtigen vom Thron.* Wir beten für die Völker, die unterdrückt und manipuliert werden, für die Minderheiten und Gruppierungen, die geschwächt und gedemütigt werden. V: Gott des Erbarmens. A: Höre und erhöre uns.
- *Die Hungernden beschenkt er mit seinen Gaben.* Wir beten für alle, die den Mangel, den viele erleiden müssen, und den Hunger in der Welt nicht stillschweigend hinnehmen, sondern helfen und teilen. V: Gott des Erbarmens. A: Höre und erhöre uns.

- *Er nimmt sich seines Knechtes Israel an und denkt an sein Erbarmen.* Wir bitten für das Land Israel, für seine Nachbarn und Anrainer und für alle, die sich dort für Frieden und Aussöhnung einsetzen. V: Gott des Erbarmens. A: Höre und erhöre uns.

Gottes Macht des Erbarmens ist stärker als Feindschaft und Tod. Dafür danken wir voll Freude mit Maria, die in den Himmel aufgenommen wurde. Dir, Vater, sei Lob und Preis in Ewigkeit.

# EUCHARISTIEFEIER

## GABENGEBET

Allmächtiger Gott, unser Gebet und unser Opfer steige zu dir empor. Höre auf die selige Jungfrau Maria, die du in den Himmel aufgenommen hast, und entzünde in unseren Herzen das Feuer der Liebe, damit wir dich allezeit suchen. Darum bitten wir durch Christus, unseren Herrn.

## PRÄFATION

In Wahrheit ist es würdig und recht, dir, allmächtiger Vater, zu danken und das Werk deiner Gnade zu rühmen. Denn heute hast du die jungfräuliche Gottesmutter in den Himmel erhoben, als Erste empfing sie von Christus die Herrlichkeit, die uns allen verheißen ist, und wurde zum Urbild der Kirche in ihrer ewigen Vollendung. Dem pilgernden Volk ist sie ein untrügliches Zeichen der Hoffnung und eine Quelle des Trostes. Denn ihr Leib, der den Urheber des Lebens geboren hat, sollte die Verwesung nicht schauen. Darum preisen wir jetzt und in Ewigkeit dein Erbarmen und singen mit den Chören der Engel das Lob deiner Herrlichkeit: Heilig …

## KOMMUNIONVERS

Lk 1,48–49

Von nun an preisen mich selig alle Geschlechter.
Denn der Mächtige hat Großes an mir getan.

## SCHLUSSGEBET

Barmherziger Gott, wir haben das heilbringende Sakrament empfangen. Lass uns auf die Fürsprache der seligen Jungfrau Maria, die du in den Himmel aufgenommen hast, zur Herrlichkeit der Auferstehung gelangen. Darum bitten wir durch Christus, unseren Herrn.

## FEIERLICHER SCHLUSSSEGEN

Gott, der allmächtige Vater, segne euch durch den Erlöser der Welt, unseren Herrn Jesus Christus, den Sohn der jungfräulichen Mutter Maria. – A: Amen.
Sie hat den Urheber des Lebens geboren; ihre mütterliche Fürsprache erwirke euch Gottes Hilfe. – A: Amen.
Euch und allen, die heute das Fest ihrer Aufnahme in den Himmel begehen, schenke Gott die wahre Freude und den ewigen Lohn. – A: Amen.
Das gewähre euch der dreieinige Gott, der Vater und der Sohn † und der Heilige Geist. – A: Amen.

***

### MARIA

Mädchen aus Nazaret
Gebenedeit unter den Frauen
Selig, weil du geglaubt hast
Unsere Schwester bist du und Mutter im Glauben
Eine von uns und auch wieder nicht

Ja hast du gesagt
und Gott aufgenommen
ohne darüber die Sorge für andere zu vergessen
Ja hast du gesagt
und bist Mutter des Herrn geworden
ohne von den Sorgen des Lebens und Leidens verschont zu bleiben
Ja hast du gesagt
und mit den Jüngern die Heilige Geistkraft empfangen
Furcht und Angst hast du nicht ausgelassen
Ja hast du gesagt
und bist aufgenommen von Gott
mit Leib und Liebe und Leben
Das ist auch unsere Aussicht
dass uns der Himmel blühe
in dem du Heimat gefunden hast

*Inga Schmitt*

# 20. SONNTAG IM JAHRESKREIS

## 16. August 2020

Über viele Jahrhunderte hinweg hat die römisch-katholische Kirche vertreten, dass allein in ihr Heil zu finden sei und außerhalb ihrer nichts als Verdammnis. Mit dem Zweiten Vatikanischen Konzil hat sie das Verhältnis zu den anderen Konfessionen und Religionen neu bestimmt und in ihre offizielle Lehre aufgenommen. Wir bekennen Gott als den Schöpfer aller; sein Bild erkennen wir in jedem Menschen; in allen Konfessionen und Religionen zeigt sich ein Strahl der Wahrheit, die alle Menschen erleuchtet. Daraus erwächst die gemeinsame Aufgabe, sich für Frieden und Verständigung in der Welt und unter den Völkern einzusetzen. Dies entbindet nicht vom Auftrag, glaubwürdig Jesus Christus zu bezeugen, der für uns der Weg, die Wahrheit und das Leben ist. Im Gegenteil. Der Dialog der Religionen selbst, ohne den es keine Verständigung und keinen Frieden geben kann, ist schon Zeugnis im Geiste Christi. Und dieses Zeugnis hat guten biblischen Grund, wie die Schriftlesungen des heutigen Sonntags zeigen.

### ERÖFFNUNGSVERS

Vgl. Ps 84 (83), 10–11

Gott, du unser Beschützer,
schau auf das Angesicht deines Gesalbten.
Denn ein einziger Tag in den Vorhöfen deines Heiligtums
ist besser als tausend andere.

### KYRIE-RUFE

Herr Jesus Christus, du bist zu den verlorenen Schafen
des Hauses Israel gesandt.
V/A: Herr, erbarme dich.

Du erfüllst Gottes ungekündigten Bund,
seine unwiderrufliche Gnade und Berufung.
V/A: Christus, erbarme dich.
Du bist ein Licht, das die Heiden erleuchtet,
und Herrlichkeit für dein Volk Israel.
V/A: Herr, erbarme dich.

Ehre sei Gott, S. 489 f.

## TAGESGEBET

Barmherziger Gott, was kein Auge geschaut und kein Ohr gehört hat, das hast du denen bereitet, die dich lieben. Gib uns ein Herz, das dich in allem und über alles liebt, damit wir den Reichtum deiner Verheißungen erlangen, der alles übersteigt, was wir ersehnen. Darum bitten wir durch Jesus Christus.

# WORTGOTTESDIENST

ZUR 1. LESUNG Woran lässt sich festmachen, wer dazugehören darf? Wenn bisherige Kriterien nicht mehr greifen, sind neue Maßstäbe gefragt. Für Israel wurde das relevant, als es aus der Babylonischen Gefangenschaft in die Heimat zurückgekehrt ist. Es hatte seinen JHWH-Glauben bewahren können. In der Fremde hatten sich ihm aber auch Nicht-Volksangehörige, Fremde, angeschlossen, die der Weisung des HERRN folgen und in seinem Bund leben wollten. Im Anschluss an die Jesaja-Verheißung, dass Gottes Heilszusage allen gilt (Jes 55,1ff.), wird die männliche Beschneidung als verbindliches Zugehörigkeitszeichen infrage gestellt. Recht und Gerechtigkeit zu üben, daran bemisst sich die Zugehörigkeit zu Gott und seinem Volk. Hier ist der Grundstein gelegt für Jesu Botschaft, die Israel und darüber hinaus allen gilt (vgl. auch das Gleichnis vom Gericht in Mt 25,31–46 und den sogenannten Missionsauftrag in Mt 28,16–20) und sich im Evangelium des heutigen Sonntags manifestiert.

## ERSTE LESUNG

Jes 56,1.6–7

*Die Fremden werde ich zu meinem heiligen Berg bringen*

**Lesung aus dem Buch Jesája.**

So spricht der Herr: Wahrt das Recht und übt Gerechtigkeit, denn bald kommt mein Heil und meine Gerechtigkeit wird sich bald offenbaren!

Und die Fremden, die sich dem Herrn anschließen, um ihm zu dienen und den Namen des Herrn zu lieben, um seine Knechte zu sein, alle, die den Sabbat halten und ihn nicht entweihen und die an meinem Bund festhalten, sie werde ich zu meinem heiligen Berg bringen und sie erfreuen in meinem Haus des Gebets. Ihre Brandopfer und Schlachtopfer werden Gefallen auf meinem Altar finden, denn mein Haus wird ein Haus des Gebetes für alle Völker genannt werden.

## ANTWORTPSALM

Ps 67 (66),2–3.5–6.7–8 (Kv: 4)

Kv Die Völker sollen dir danken, o Gott,
danken sollen dir die Völker alle. – Kv

Gott sei uns gnädig und segne uns. *
Er lasse sein Angesicht über uns leuchten,
damit man auf Erden deinen Weg erkenne, *
deine Rettung unter allen Völkern. – (Kv)

Die Nationen sollen sich freuen und jubeln, /
denn du richtest die Völker nach Recht *
und leitest die Nationen auf Erden.
Die Völker sollen dir danken, o Gott, *
danken sollen dir die Völker alle. – (Kv)

Die Erde gab ihren Ertrag. *
Gott, unser Gott, er segne uns!
Es segne uns Gott! *
Fürchten sollen ihn alle Enden der Erde. – Kv

ZUR 2. LESUNG Wer wird gerettet werden? Für Paulus ist gewiss, dass die Rettung von Christus Jesus kommt, da er der verheißene Messias, der Gesalbte Gottes ist. Wie Jesus ist Paulus Jude und dem jüdischen Volk als erstem Adressaten der Botschaft Jesu besonders verbunden. Er leidet darunter, dass nur eine Minderheit aus seinem Volk den Christus Jesus erkennt. Zugleich weiß er sich als Apostel seines Volkes auch zu den Heiden gesandt. Aus der Überzeugung heraus, dass Gottes Gnade unermesslich ist und gerecht macht, mahnt Paulus hier die Christus-Gläubigen aus dem Heidentum zum Respekt vor der kraftvollen Wurzel des Ölbaums, vor dem Glaubens- und Lebensweg Israels mit dem Einen Gott. Gottes Berufung ist unwiderruflich; das ist die Wahrheit über Israel. Juden wie Heiden sind gegen Gott ungehorsam gewesen, doch nicht weniger verbindet alle Gottes unbegreifliches Erbarmen. Alle Welt soll von diesem Erbarmen erfahren. Auftrag für beide, Christen und Juden.

## ZWEITE LESUNG

Röm 11,13–15.29–32

*Unwiderruflich sind die Gnadengaben und die Berufung, die Gott Israel gewährt*

**Lesung aus dem Brief des Apostels Paulus an die Gemeinde in Rom.**

Schwestern und Brüder! Euch, den Heiden, sage ich: Gerade als Apostel der Heiden preise ich meinen Dienst, weil ich hoffe, die Angehörigen meines Volkes eifersüchtig zu machen und wenigstens einige von ihnen zu retten. Denn wenn schon ihre Zurückweisung für die Welt Versöhnung bedeutet, was wird dann ihre Annahme anderes sein als Leben aus den Toten?

Denn unwiderruflich sind die Gnadengaben und die Berufung Gottes. Denn wie ihr einst Gott ungehorsam wart, jetzt aber infolge ihres Ungehorsams Erbarmen gefunden habt, so sind auch sie infolge des Erbarmens, das ihr gefunden habt, ungehorsam geworden, damit jetzt auch sie Erbarmen finden.

Denn Gott hat alle in den Ungehorsam eingeschlossen, um sich aller zu erbarmen.

## RUF VOR DEM EVANGELIUM

Vers: Mt 4,23b

Halleluja. Halleluja.
Jesus verkündete das Evangelium vom Reich
und heilte im Volk alle Krankheiten und Leiden.
Halleluja.

**ZUM EVANGELIUM** Jesus weiß sich zu Israel gesandt. Aber was ist mit all den anderen? Das Matthäus-Evangelium gibt in der Erzählung von der Begegnung Jesu mit der heidnischen Frau eine Antwort, die sich bereits mit der Benennung der vier Frauen im Stammbaum Jesu (Mt 1,1–17), durch die Huldigung der Sterndeuter aus dem Osten (Mt 2,1–12) und in der Begegnung mit dem römischen Hauptmann (Mt 8,5–13), dessen herausragend großen Glauben Jesus preist, anbahnt. Mit großer Hartnäckigkeit lässt sich die kanaanäische Frau mit ihrer Bitte um Heilung für ihre besessene Tochter nicht abwimmeln. Ihr Argument: So wie sich die Hunde unter dem Tisch von den Resten ernähren können, so kann vom Heil Israels ein kleines Stück auch für Nicht-Israeliten abfallen. Der große Gedanke dahinter: Gottes Heil kann nicht eingegrenzt werden, weil er nicht nur der Schöpfer Israels, sondern der ganzen Welt ist. Dadurch hat jede einzelne Person eine Verbindung zu Gott, unabhängig von der Zugehörigkeit zum Volk Israel. Bei Matthäus gipfelt diese Einsicht in die Universalität der Sendung Jesu im Auftrag des Auferstandenen an seine Jünger, alle Völker zu seinen Jüngern zu machen und sie zu taufen (Mt 28,16–20). Damit greift der Evangelist die Jesaja-Verheißung an die Fremden, die sich an der Weisung des Herrn orientieren (vgl. die 1. Lesung), auf und führt sie weiter. Ohne diesen Schritt über die Grenzen des Volkes Israel hinaus gäbe es die Kirche, die wir kennen und schätzen, die Kirche aus Juden *und* Heiden, sicher nicht.

## EVANGELIUM

Mt 15,21–28

*Frau, dein Glaube ist groß*

**+ Aus dem heiligen Evangelium nach Matthäus.**

In jener Zeit zog sich Jesus in das Gebiet von Tyrus und Sidon zurück. Und siehe, eine kanaanäische Frau aus jener Gegend kam zu ihm und rief: Hab Erbarmen mit mir, Herr, du Sohn Davids! Meine Tochter wird von einem Dämon gequält. Jesus aber gab ihr keine Antwort.

Da traten seine Jünger zu ihm und baten: Schick sie fort, denn sie schreit hinter uns her! Er antwortete: Ich bin nur zu den verlorenen Schafen des Hauses Israel gesandt.

Doch sie kam, fiel vor ihm nieder und sagte: Herr, hilf mir!

Er erwiderte: Es ist nicht recht, das Brot den Kindern wegzunehmen und den kleinen Hunden vorzuwerfen.

Da entgegnete sie: Ja, Herr! Aber selbst die kleinen Hunde essen von den Brotkrumen, die vom Tisch ihrer Herren fallen.

Darauf antwortete ihr Jesus: Frau, dein Glaube ist groß. Es soll dir geschehen, wie du willst.

Und von dieser Stunde an war ihre Tochter geheilt.

Glaubensbekenntnis, S. 492 ff.

## FÜRBITTEN

Gott ist größer, als wir uns in unseren engen Berechnungen, in unseren Ein- und Abgrenzungen vorstellen können. Wir rufen zu ihm, dem Allerbarmenden:

- Um den Geist der Weite für deine Kirche. V/A: Höre und erhöre uns.
- Um den Geist der Beständigkeit für alle deine Getauften. V/A: Höre und erhöre uns.
- Um den Geist der Hoffnung für alle, die in Bedrängnis sind. V/A: Höre und erhöre uns.
- Um den Geist der Umkehr für alle, die andere benachteiligt und verletzt haben. V/A: Höre und erhöre uns.

- Um den Geist der Versöhnung für alle, die in Feindseligkeit erstarrt sind. V/A: Höre und erhöre uns.

Guter Gott, du schenkst uns Hoffnung auf die Überwindung all dessen, was Leben behindert, einengt und Menschen kleinmacht. Dir sei Lob und Dank dafür in Christus Jesus, unserem Bruder und Lehrer.

# EUCHARISTIEFEIER

## GABENGEBET

Herr, wir bringen unsere Gaben dar für die Feier, in der sich ein heiliger Tausch vollzieht. Nimm sie in Gnaden an und schenke uns dich selbst in deinem Sohn Jesus Christus, der mit dir lebt und herrscht in alle Ewigkeit.

Präfation, S. 504 ff.

## KOMMUNIONVERS

Joh 6,51

So spricht der Herr:
Ich bin das lebendige Brot,
das vom Himmel herabgekommen ist.
Wer von diesem Brote isst, wird leben in Ewigkeit.

## SCHLUSSGEBET

Barmherziger Gott, im heiligen Mahl schenkst du uns Anteil am Leben deines Sohnes. Dieses Sakrament mache uns auf Erden Christus ähnlich, damit wir im Himmel zur vollen Gemeinschaft mit ihm gelangen, der mit dir lebt und herrscht in alle Ewigkeit.

***

Für eine Wort-Gottes-Feier:

## ERÖFFNUNGSGEBET ZUR WAHL

Aus allen Nationen, Herr, unser Gott, sammelst du dir ein Volk. Mach uns bereit, Mauern einzureißen, die Menschen trennen, und schenke uns deine Liebe, die alle eint. Darum bitten wir durch Jesus Christus, deinen Sohn, der mit dir und dem Heiligen Geist lebt und herrscht jetzt und in Ewigkeit.

***

## FREMD

Fremd sind sie mir die Fremden
Sehen fremd aus, reden fremd, handeln fremd
Manche, viele glauben fremd
Anders sind sie die anderen
Sehen anders aus, reden anders, handeln anders
Manche, viele glauben anders
Beängstigend, faszinierend, bereichernd
Die anderen, die Fremden, du und ich
Von Gott geschaffen, Geschöpfe des Einen, Ebenbilder des Ewigen
In den Augen jedes Menschen Christus
Zusammen gemeinsam miteinander gerufen
Recht und Gerechtigkeit zu wahren
Mit der ganzen Schöpfung zu seufzen und zu hoffen
Heil zu empfangen und zu bringen
Geh und handle danach

*Inga Schmitt*

# 21. SONNTAG IM JAHRESKREIS

## 23. August 2020

Der Römische Katechismus von 1564 hatte in seiner Textfassung des Apostolikums das Bekenntnis zur Kirche, „credo ecclesiam", wörtlich: „Ich glaube Kirche", sprachlich von dem unmittelbar vorangehenden Bekenntnis des Glaubens an den Heiligen Geist, „credo in Spiritum Sanctum", „Ich glaube an den Heiligen Geist", abgehoben. Diese feine Unterscheidung bleibt bedeutsam. Der Glaube, der der Kirche gilt, ist mehr als ein Der-Kirche-Glauben, aber auch nicht einfach gleichzusetzen mit dem Glauben an den dreieinen Gott, Vater, Sohn und Geist. „Credo ecclesiam" bedeutet: Ich bekenne mich zur Kirche als geistgewirkter, geistgeführter und geist-offener, ich glaube an die Kirche als Wirkungsfeld des Geistes Christi. „Das Apostolische Glaubensbekenntnis versteht die Kirche Jesu Christi als ‚Geistgeschöpf', als eine Gemeinschaft, die bewirkt, bestimmt und getragen ist vom Heiligen Geist des erhöhten Herrn, der selber lebendig und anwesend ist als das ‚Haupt seines Leibes'." (Theodor Schneider)

### ERÖFFNUNGSVERS

Ps 86 (85), 1–3

Wende dein Ohr mir zu, erhöre mich, Herr,
hilf deinem Knecht, der dir vertraut,
sei mir gnädig, o Herr.
Den ganzen Tag rufe ich zu dir.

### KYRIE-RUFE

Herr Jesus Christus, du bist der Messias,
der Sohn des lebendigen Gottes.
V/A: Herr, erbarme dich.

Du allein bist der Heilige, du allein der Herr,
du allein der Höchste.
V/A: Christus, erbarme dich.
Du nimmst hinweg die Sünde der Welt.
V/A: Herr, erbarme dich.

Ehre sei Gott, S. 489 f.

## TAGESGEBET

Gott, unser Herr, du verbindest alle, die an dich glauben, zum gemeinsamen Streben. Gib, dass wir lieben, was du befiehlst, und ersehnen, was du uns verheißen hast, damit in der Unbeständigkeit dieses Lebens unsere Herzen dort verankert seien, wo die wahren Freuden sind. Darum bitten wir durch Jesus Christus.

# WORTGOTTESDIENST

ZUR 1. LESUNG Korruption wächst weltweit, besagen neuere Statistiken. Das Problem ist uralt, die Versuchung, eine Vertrauensstellung zu missbrauchen, um sich und den Seinen Vorteile zu verschaffen, scheint übergroß und universal. Palastvorsteher Schebna soll durch einen anderen, hoffentlich weniger anfälligen Amtsträger mit Namen Eljakim abgelöst werden. Symbolisch wird dem neuen Beamten der „Schlüssel des Hauses David" übergeben, auf den sich die adventliche Antiphon „o clavis David" (vgl. Offb 3,7) und das Wort an Petrus in Mt 16,19 beziehen. Wer im Besitz des Hausschlüssels ist, ist in einer Schlüssel-Position, trägt Verantwortung nicht nur für den sensiblen Eingangsbereich und damit verbunden für das ganze Haus in seiner Verwundbarkeit, sondern auch für die, denen Einlass gewährt, ebenso wie für jene, denen er verwehrt wird. Man spricht von Schlüsselgewalt; Gewalt ist ein altes Wort für Macht. Ist Eljakim der ihm zuwachsenden Macht gewachsen? Die beiden folgenden Verse 24 und

25, die allerdings nicht Bestandteil des heutigen Lesungsabschnittes sind, warnen auch den hochgelobten Eljakim davor, die eigene Versuchbarkeit auf die leichte Schulter zu nehmen.

## ERSTE LESUNG

Jes 22,19–23

*Ich werde ihm den Schlüssel des Hauses David auf die Schulter legen*

**Lesung aus dem Buch Jesája.**

So spricht der Herr zu Schebna, dem Palastvorsteher: Ich werde dich von deinem Posten stoßen und dich aus deiner Stellung reißen.

An jenem Tag werde ich meinen Knecht Éljakim, den Sohn Hilkíjas, berufen. Ich werde ihn mit deinem Gewand bekleiden und ihm deine Schärpe fest umbinden. Deine Herrschaft gebe ich in seine Hand und er wird zum Vater für die Einwohner Jerusalems und für das Haus Juda.

Ich werde ihm den Schlüssel des Hauses David auf die Schulter legen. Er wird öffnen und niemand ist da, der schließt; er wird schließen und niemand ist da, der öffnet. Ich werde ihn als Pflock an einer festen Stelle einschlagen und er wird zum Thron der Ehre für sein Vaterhaus.

## ANTWORTPSALM

Ps 138 (137),1–2b,2c–3.6 u. 8 (Kv: 8bc)

Kv HERR, deine Huld währt ewig.
Lass nicht ab von den Werken deiner Hände! – Kv

Ich will dir danken mit meinem ganzen Herzen, *
vor Göttern will ich dir singen und spielen.
Ich will mich niederwerfen zu deinem heiligen Tempel hin, *
will deinem Namen danken für deine Huld und für deine Treue. – (Kv)

Denn du hast dein Wort größer gemacht *
als deinen ganzen Namen.
Am Tag, da ich rief, gabst du mir Antwort, *
du weckst Kraft in meiner Seele. – (Kv)

Erhaben ist der HERR, /
doch er schaut auf den Niedrigen, *
in der Höhe ist er, doch er erkennt von ferne.
Der HERR wird es für mich vollenden. /
HERR, deine Huld währt ewig. *
Lass nicht ab von den Werken deiner Hände! – Kv

ZUR 2. LESUNG Paulus hat in den dramatischen Kapiteln 9–11 des Römerbriefes die unverbrüchliche Treue des einen Gottes zu seinem ersterwählten Volk Israel erkannt. Damit sind für ihn aber noch nicht alle Probleme des Verhältnisses von christusgläubigen Juden und Heiden und nicht-christusgläubigen Juden gelöst oder mit menschlicher Vernunft auflösbar. Gerade darum respektiert der Apostel am Ende des 11. Kapitels Gottes Geheimnis. Er preist die göttliche Weisheit und bringt so den souveränen Gnadenbund Gottes zu voller Geltung. „O Tiefe des Reichtums, der Weisheit und der Erkenntnis Gottes! (...) Denn wer hat die Gedanken des Herrn erkannt? Oder wer ist sein Ratgeber gewesen?" Der katholische Theologe Josef Wohlmuth bemerkt dazu: „Der jüdisch-christliche Dialog der Gegenwart sollte deshalb dazu beitragen, dass Juden und Christen im Lobpreis der unbeirrbaren Treue Gottes wetteifern, weil sie sich aufgrund der Treue Gottes näher sind, als alle sonstigen interreligiösen Beziehungen ahnen lassen."

## ZWEITE LESUNG Röm 11,33–36

*Aus ihm und durch ihn und auf ihn hin ist die ganze Schöpfung*

**Lesung aus dem Brief des Apostels Paulus an die Gemeinde in Rom.**

O Tiefe des Reichtums, der Weisheit und der Erkenntnis Gottes! Wie unergründlich sind seine Entscheidungen, wie unerforschlich seine Wege!

Denn wer hat die Gedanken des Herrn erkannt? Oder wer ist sein Ratgeber gewesen? Oder wer hat ihm etwas gegeben, sodass Gott ihm etwas zurückgeben müsste?

Denn aus ihm und durch ihn und auf ihn hin ist die ganze Schöpfung. Ihm sei Ehre in Ewigkeit! Amen.

## RUF VOR DEM EVANGELIUM

Vers: Mt 16,18

Halleluja. Halleluja.
(So spricht der Herr:)
Du bist Petrus – der Fels –
und auf diesen Felsen werde ich meine Kirche bauen
und die Pforten der Unterwelt werden sie nicht überwältigen.
Halleluja.

**ZUM EVANGELIUM** Du bist Petrus, der Fels! Das berühmte Felsenwort des Matthäus-Evangeliums ist von Aussagen gerahmt, die allen Menschen um Jesus und in seiner Nachfolge gelten. So knüpft das Bekenntnis Petri zum Gottessohn an das Gottessohn-Bekenntnis der Jünger insgesamt an (14,33), und die Seligpreisung des Petrus führt deren Seligpreisung fort (13,16–17). Das Wort, in dem Simon, dem Sohn des Jona, die Vollmacht zu binden und zu lösen zugesprochen wird, weist voraus auf eine Aussage, die diese Vollmacht allen Jesus-Jüngern, allen Männern und Frauen in seiner Nachfolge, zuspricht (18,18). Für Matthäus ist Petrus der typische Jünger, der Jünger schlechthin. Petrus ist im Matthäus-Evangelium hochbedeutsam, aber Matthäus idealisiert ihn nicht. Glauben wagen – und versagen, die Wahrheit erkennen – und vor ihr zurückschrecken, den Herrn verleugnen – und Schwäche bereuen. Simon Barjona, großes Vorbild und herausfordernder Spiegel: „Du bist Petrus."

## EVANGELIUM

Mt 16,13–20

*Du bist Petrus; ich werde dir die Schlüssel des Himmelreichs geben*

**+ Aus dem heiligen Evangelium nach Matthäus.**

In jener Zeit, als Jesus in das Gebiet von Cäsaréa Philíppi kam, fragte er seine Jünger und sprach: Für wen halten die Menschen den Menschensohn?

Sie sagten: Die einen für Johannes den Täufer, andere für Elíja, wieder andere für Jeremía oder sonst einen Propheten.

Da sagte er zu ihnen: Ihr aber, für wen haltet ihr mich?

Simon Petrus antwortete und sprach: Du bist der Christus, der Sohn des lebendigen Gottes!

Jesus antwortete und sagte zu ihm: Selig bist du, Simon Barjóna; denn nicht Fleisch und Blut haben dir das offenbart, sondern mein Vater im Himmel. Ich aber sage dir: Du bist Petrus – der Fels – und auf diesen Felsen werde ich meine Kirche bauen und die Pforten der Unterwelt werden sie nicht überwältigen. Ich werde dir die Schlüssel des Himmelreichs geben; was du auf Erden binden wirst, das wird im Himmel gebunden sein, und was du auf Erden lösen wirst, das wird im Himmel gelöst sein.

Dann befahl er den Jüngern, niemandem zu sagen, dass er der Christus sei.

Glaubensbekenntnis, S. 492 ff.

## FÜRBITTEN

Wir rufen zu Gott, dem gütigen Vater im Himmel, und bitten ihn:

- Für die Boten des Evangeliums, dass sie leben, was sie lehren und verkünden. V/A: Höre und erhöre uns.

- Für alle Christinnen und Christen, die sich um die Einheit im Glauben bemühen. V/A: Höre und erhöre uns.
- Für alle, die sich in diesen Ferienwochen öffnen konnten für die Schönheit deiner Schöpfung und für deine Güte und Weite. V/A: Höre und erhöre uns.
- Für alle, die Zwist und Streitigkeiten in ihren Familien überwinden und Schritte der Versöhnung gehen. V/A: Höre und erhöre uns.
- Für die Menschen, die in dieser spätsommerlichen Zeit spüren, dass ihr Leben zu Ende geht. V/A: Höre und erhöre uns.

Gott, guter Vater, wir bitten dich: So, wie du das Schwanken des Petrus und sein Zaudern im Glauben, in der Liebe und in der Treue verziehen hast, so sieh auch uns unser Schwanken und Zaudern nach und stärke unseren Glauben. So bitten wir durch Jesus Christus, deinen Sohn, unseren Herrn und Bruder.

# EUCHARISTIEFEIER

## GABENGEBET

Herr und Gott, du hast dir das eine Volk des Neuen Bundes erworben durch das Opfer deines Sohnes, das er ein für alle Mal dargebracht hat. Sieh gnädig auf uns und schenke uns in deiner Kirche Einheit und Frieden. Darum bitten wir durch Christus, unseren Herrn.

Präfation, S. 504 ff.

## KOMMUNIONVERS Joh 6,54

So spricht der Herr:
Wer mein Fleisch isst und mein Blut trinkt,

hat das ewige Leben,
und ich werde ihn auferwecken am Letzten Tag.

## SCHLUSSGEBET

Herr, unser Gott, schenke uns durch dieses Sakrament die Fülle deines Erbarmens und mache uns heil. Gewähre uns deine Hilfe, damit wir so vor dir leben können, wie es dir gefällt. Darum bitten wir durch Christus, unseren Herrn.

***

Für eine Wort-Gottes-Feier:

## ERÖFFNUNGSGEBET ZUR WAHL

Lebendiger Gott, du hast uns zusammengerufen als deine Gemeinde. Wir begegnen deinem Sohn in seinem Wort und feiern seine Gegenwart. Öffne uns für die Frohe Botschaft und schenke uns Gemeinschaft mit dir. Darum bitten wir durch ihn, Jesus Christus, deinen Sohn, der mit dir und dem Heiligen Geist lebt in Ewigkeit.

***

## DIE FELDKAPELLE

das land liegt
ausgebreitet
durch das ein weg
mich leitet
der über alle
grenzen geht

der baum
und die kapelle
die stehen auf
der schwelle
vom weizenfeld
zum himmelreich

dort werde ich
verweilen
die stille wird
mich heilen
die stille wird
mich tragen
weit fort von
allem sagen
weit fort von dem
was ich begriff

*Wilhelm Willms*

# 22. SONNTAG IM JAHRESKREIS

## 30. August 2020

Ist Glauben nützlich? Stärkt es die Immunabwehr? Die seelische Gesundheit? Das allgemeine Wohlbefinden? Und wenn ja, welcher Glaube? Jeder Glaube? Ach, die Bibel ist einfach kein optimaler Werbeträger. Die biblischen Propheten nämlich fühlen sich nach ihrem Ja-Wort nicht unbedingt wohl in ihrer Haut. Nicht im siebten Himmel. Schon zuvor war es aufreibend gewesen. Sie konnten die Ohren, die Augen nicht verschließen vor dem, was so grausam, so gründlich schieflief. Vor ihren Augen. Unter aller Augen. Nur sie, sie konnten einfach nicht die Augen schließen, nicht wegschauen, nicht weghören. Die Grausamkeiten der Großen. Die Schmerzen, die Schreie der anderen. Und sie selbst konnten den Mund nicht mehr halten: Gott bat sie darum.

### ERÖFFNUNGSVERS

Ps 86 (85),3.5

Sei mir gnädig, o Herr.
Den ganzen Tag rufe ich zu dir.
Herr, du bist gütig und bereit, zu verzeihen;
für alle, die zu dir rufen, reich an Gnade.

### KYRIE-RUFE

Herr Jesus Christus, du hast gelitten,
bist gestorben und wurdest begraben.
V/A: Herr, erbarme dich.
Du bist am dritten Tage auferstanden
von den Toten.
V/A: Christus, erbarme dich.

Du hast deine Jünger gerufen, ihr Kreuz
auf sich zu nehmen, dir nachzufolgen und
so das Leben zu gewinnen.
V/A: Herr, erbarme dich.

Ehre sei Gott, S. 489 f.

## TAGESGEBET

Allmächtiger Gott, von dir kommt alles Gute. Pflanze in unser Herz die Liebe zu deinem Namen ein. Binde uns immer mehr an dich, damit in uns wächst, was gut und heilig ist. Wache über uns und erhalte, was du gewirkt hast. Darum bitten wir durch Jesus Christus.

# WORTGOTTESDIENST

ZUR 1. LESUNG Eine Liebesgeschichte? Ach, wohl eher nicht. Betörung und Verführung seien im Spiel: also letztlich Gewalt. Jeremia ist nicht aus freien Stücken Adonais Prophet geworden, sondern, so sagt er, gegen seinen Willen, wie unter einem Bann. Hohn und Spott der Leute, denen Jeremias Botschaft zu einem rettenden Neubeginn helfen soll, sind sein Botenlohn. Was für ein Leben! Doch der Prophet wider Willen kann das Wort des HERRN auch nicht einfach vergessen. Sucht er es zu verdrängen, so klopft es umso lauter an, es brennt in seinem Herzen wie Feuer, dies gesteht er sich ein. Was für ein Dilemma! Weglos. Ausweglos. Ein unlösbarer Konflikt. Eine Liebesgeschichte? Vielleicht doch. Liebe Gottes zu den Menschen, die in die Irre gehen. Liebe des Propheten zu diesem Gott. Liebe Gottes zu Jeremia, Mensch, dem er die Menschen anvertraut.

## ERSTE LESUNG Jer 20,7–9

*Das Wort des Herrn bringt mir Hohn und Spott*

**Lesung aus dem Buch Jeremía.**

Du hast mich betört, o HERR, und ich ließ mich betören; du hast mich gepackt und überwältigt. Zum Gespött bin ich geworden den ganzen Tag, ein jeder verhöhnt mich. Ja, sooft ich rede, muss ich schreien, „Gewalt und Unterdrückung“ muss ich rufen. Denn das Wort des HERRN bringt mir den ganzen Tag nur Hohn und Spott.

Sagte ich aber: Ich will nicht mehr an ihn denken und nicht mehr in seinem Namen sprechen!, so brannte in meinem Herzen ein Feuer, eingeschlossen in meinen Gebeinen. Ich mühte mich, es auszuhalten, vermochte es aber nicht.

## ANTWORTPSALM

Ps 63 (62),2.3–4.5–6.8–9 (Kv: vgl. 2)

Kv Meine Seele dürstet nach dir, mein Gott. – Kv

Gott, mein Gott bist du, dich suche ich, *
es dürstet nach dir meine Seele.
Nach dir schmachtet mein Fleisch *
wie dürres, lechzendes Land ohne Wasser. – (Kv)

Darum halte ich Ausschau nach dir im Heiligtum, *
zu sehen deine Macht und Herrlichkeit.
Denn deine Huld ist besser als das Leben. *
Meine Lippen werden dich rühmen. – (Kv)

So preise ich dich in meinem Leben, *
in deinem Namen erhebe ich meine Hände.
Wie an Fett und Mark wird satt meine Seele, *
mein Mund lobt dich mit jubelnden Lippen. – (Kv)

Ja, du wurdest meine Hilfe, *
ich juble im Schatten deiner Flügel.
Meine Seele hängt an dir, *
fest hält mich deine Rechte. – Kv

ZUR 2. LESUNG Was bedeutet das, was wir allsonntäglich feiern: Gottesdienst? Eine fromme Gesinnung, zumindest einmal in der Woche? Weise Worte, Gebete, Gemeinschaft? Was bedeutet Gottesdienst für mich persönlich? Paulus stellt vor diese Frage nicht nur die Gemeinde in Rom vor zweitausend Jahren, sondern auch uns heute. Seine Antwort ist ebenso klar und anspruchsvoll wie die Worte des Tagesevangeliums. Der „wahre und angemessene Gottesdienst" besteht in der Bereitschaft, sich selbst „als lebendiges und heiliges Opfer darzubringen" (Röm 12, 1). Was mit diesen hochgespannt und vielleicht zunächst überspannt wirkenden Worten gemeint sein kann, wird im Folgenden ausgeführt. Der Gottesdienst muss sich auf unser Leben auswirken, das eigene Denken erneuern und umwälzen. Ein gottgemäßes Leben, das im Gottesdienst eingeübt und gestärkt werden soll, strahlt aus und widersteht der Versuchung, im Getriebe dieser Welt aufzugehen. Stattdessen sind wir berufen, zu erforschen, zu prüfen und zu erkennen, worin der Wille Gottes besteht. Das Gute kann nicht gesteigert, es will nur getan werden.

## ZWEITE LESUNG Röm 12,1–2

*Bringt eure Leiber als lebendiges und Gott wohlgefälliges Opfer dar*

**Lesung aus dem Brief des Apostels Paulus an die Gemeinde in Rom.**

Ich ermahne euch, Schwestern und Brüder, kraft der Barmherzigkeit Gottes, eure Leiber als lebendiges, heiliges und Gott wohlgefälliges Opfer darzubringen – als euren geistigen Gottesdienst.

Und gleicht euch nicht dieser Welt an, sondern lasst euch verwandeln durch die Erneuerung des Denkens, damit ihr prüfen und erkennen könnt, was der Wille Gottes ist: das Gute, Wohlgefällige und Vollkommene!

## RUF VOR DEM EVANGELIUM

Vers: vgl. Eph 1,17–18

Halleluja. Halleluja.
Der Vater unseres Herrn Jesus Christus
erleuchte die Augen unseres Herzens,
damit wir verstehen, zu welcher Hoffnung wir berufen sind.
Halleluja.

ZUM EVANGELIUM Die Jünger beginnen zu begreifen, dass Jesus der Messias ist; ihr Sprecher, Petrus, hat es gerade erst ausdrücklich bekannt. Aber als Jesus sein Leiden ankündigt, versucht Simon-Petrus, ihn von seinem ureigenen, dem Gottes-Weg, abzubringen. Doch Jesus, der die Diener Satans kennt, erlebt den Freund hier wie den Versucher in der Wüste. Jesus erklärt den Jüngern, dass sein Weg steinig sein wird und das Holz des Kreuzes nicht vermeiden kann. Die Sorge um sich selbst hat hier ihr Vorrecht verloren. Jesus sucht nicht verzweifelt nach einem Ausweg, sondern fragt mit Leib und Seele nach dem, was Gott will. Jeder ist sich selbst der Nächste, aber Jesus gibt sich dem anheim, der sich aller erbarmt.

## EVANGELIUM

Mt 16,21–27

*Wenn einer hinter mir hergehen will, verleugne er sich selbst*

**+ Aus dem heiligen Evangelium nach Matthäus.**

In jener Zeit begann Jesus, seinen Jüngern zu erklären: Er müsse nach Jerusalem gehen und von den Ältesten und Hohepriestern und Schriftgelehrten vieles erleiden, getötet und am dritten Tag auferweckt werden.

Da nahm ihn Petrus beiseite und begann, ihn zurechtzuweisen, und sagte: Das soll Gott verhüten, Herr! Das darf nicht mit dir geschehen!

Jesus aber wandte sich um und sagte zu Petrus: Tritt hinter mich, du Satan! Ein Ärgernis bist du mir, denn du hast nicht das im Sinn, was Gott will, sondern was die Menschen wollen.

Darauf sagte Jesus zu seinen Jüngern: Wenn einer hinter mir hergehen will, verleugne er sich selbst, nehme sein Kreuz auf sich und folge mir nach. Denn wer sein Leben retten will, wird es verlieren; wer aber sein Leben um meinetwillen verliert, wird es finden.

Was nützt es einem Menschen, wenn er die ganze Welt gewinnt, dabei aber sein Leben einbüßt? Um welchen Preis kann ein Mensch sein Leben zurückkaufen?

Der Menschensohn wird mit seinen Engeln in der Herrlichkeit seines Vaters kommen und dann wird er jedem nach seinen Taten vergelten.

Glaubensbekenntnis, S. 492 ff.

## FÜRBITTEN

Leid und Tod sollen nicht sein. Auch wir verschließen immer wieder die Augen vor dieser Wirklichkeit menschlicher Existenz. Rufen wir deshalb nun gemeinsam zu Gott, dem Vater des Erbarmens, und bitten ihn:

- Lass deine Kirche Heimathafen sein auch für Menschen, die die Verlierer unserer Gesellschaften sind. V: Gott, Vollender der Welt. A: Wir bitten dich, erhöre uns.

- Steh denen bei, die voll Trauer sind, weil sie einen geliebten Menschen verloren haben. V: Gott, Vollender der Welt. A: Wir bitten dich, erhöre uns.

- Stärke alle, die sich für gerechte Strukturen und Lebenschancen für die Menschen in verarmten und destabilisierten Ländern einsetzen. V: Gott, Vollender der Welt. A: Wir bitten dich, erhöre uns.

- Segne die Eltern behinderter oder schwer kranker Kinder, die liebevoll und geduldig für sie da sind. V: Gott, Vollender der Welt. A: Wir bitten dich, erhöre uns.

- Runde und vollende das Leben der Menschen, die ihren Tod vor Augen haben und das Unfertige und Unvollkommene ihres Lebens schmerzhaft empfinden. V: Gott, Vollender der Welt. A: Wir bitten dich, erhöre uns.

Du Gott des Lebens wirkst auch in unserer Gegenwart und schaffst alles neu. Erneuere auch unser Denken und Handeln, dass wir das Rechte tun durch Jesus Christus, unseren Freund und Lehrer.

# EUCHARISTIEFEIER

## GABENGEBET

Herr, unser Gott, diese Opferfeier bringe uns Heil und Segen. Was du jetzt unter heiligen Zeichen wirkst, das vollende in deinem Reich. Darum bitten wir durch Christus, unseren Herrn.

Präfation, S. 504 ff.

## KOMMUNIONVERS

Mt 5,9–10

Selig, die Frieden stiften;
denn sie werden Söhne Gottes genannt werden.
Selig, die um der Gerechtigkeit willen verfolgt werden;
denn ihnen gehört das Himmelreich.

## SCHLUSSGEBET

Allmächtiger Gott, du hast uns gestärkt durch das lebendige Brot, das vom Himmel kommt. Deine Liebe, die wir im Sakrament empfangen haben, mache uns bereit, dir in unseren Brüdern zu dienen. Darum bitten wir durch Christus, unseren Herrn.

***

Für eine Wort-Gottes-Feier:

## ERÖFFNUNGSGEBET ZUR WAHL

Gott, unser Vater, wir haben uns versammelt, um dir in deinem Wort und mit unserem Gebet zu begegnen. Erneuere unser Denken und gib uns die Kraft, den Weg zu gehen, den du uns zeigst durch Jesus Christus, deinen Sohn, der mit dir und dem Heiligen Geist lebt in Ewigkeit.

***

### DER WEG

unkraut
heilkraut
wegerich
stehn am weg
bewegen mich

da wo
sich der weg
verengt
hab ich mich noch
durch-gezwängt

unkraut
heilkraut
wegerich
stehn am weg
bewegen mich

und wo
gar kein weg
mehr war
trug mich

weglos
die gefahr

unkraut
heilkraut
wegerich
stehn am weg
bewegen mich

bis zu-letzt
die wolke kam
und mich
in den himmel
nahm

unkraut
heilkraut
wegerich
stehn am weg
bewegen mich

*Wilhelm Willms*

# 23. SONNTAG IM JAHRESKREIS

## 6. September 2020

Der religiöse Mensch ist in großer Gefahr, denn er richtet sein Leben nach Gott aus. Das ist alles andere als einfach, es vergrößert nämlich unsere Verantwortung. Gleichzeitig erhalten wir aber weitere Dimensionen zu unserem Leben hinzu, die uns verschlossen blieben, wüssten wir nichts von Gott. Wir suchen ihn in der Tiefe unseres Herzens, wir suchen ihn zwischen den Zeilen der Tageszeitung, wir suchen ihn in den Blicken unserer Kinder und Verwandten und in der Hand, die sich uns hungrig entgegenstreckt oder gebieterisch von der Tür weist. Ist es vermessen, all das in die Waagschale zu werfen und wirklich in allem Gott zu suchen? Vielleicht ist es vermessen, aber wie könnte ich anders?

### ERÖFFNUNGSVERS

Ps 119 (118), 137.124

Herr, du bist gerecht und deine Entscheide sind richtig.
Handle an deinem Knecht nach deiner Huld.

### KYRIE-RUFE

Herr Jesus Christus, du machst uns
zu Hütern unserer Brüder und Schwestern.
V/A: Herr, erbarme dich.
Du spendest uns Trost.
V/A: Christus, erbarme dich.
Du trägst uns das Gebot der Liebe auf
als die Erfüllung des Gesetzes.
V/A: Herr, erbarme dich.

Ehre sei Gott, S. 489 f.

## TAGESGEBET

Gütiger Gott, du hast uns durch deinen Sohn erlöst und als deine geliebten Kinder angenommen. Sieh voll Güte auf alle, die an Christus glauben, und schenke ihnen die wahre Freiheit und das ewige Erbe. Darum bitten wir durch Jesus Christus.

# WORTGOTTESDIENST

ZUR 1. LESUNG Welch ungeheure Macht erhält hier der Prophet: Gott der Herr verhängt aufgrund von Sünde ein Todesurteil, macht aber den Propheten für dessen Vollstreckung verantwortlich; Gott nimmt ihn in Mitverantwortung für das Leben seiner Brüder und Schwestern, die sich schuldig gemacht haben. Ist das nicht zu viel verlangt von einem Menschen? Vielleicht nicht, wenn man bedenkt, dass dieser Mensch hier gleichsam sein Berufsethos formuliert, wie ein Arzt, eine Ärztin den hippokratischen Eid. Wenn ich dich warne und du von deinem sündigen Weg umkehrst, dann rette ich auch mein Leben, denn du bist mir nicht egal. Gott selbst hat mir aufgetragen, mich um dich wie um meinen Augapfel zu kümmern. Dürfen wir nicht auf Menschen hoffen, denen wir so am Herzen liegen?

## ERSTE LESUNG Ez 33,7–9

*Wenn du den Schuldigen nicht warnst, fordere ich aus deiner Hand sein Blut zurück*

**Lesung aus dem Buch Ezéchiel.**

So spricht der Herr: Du Menschensohn, ich habe dich dem Haus Israel als Wächter gegeben; wenn du ein Wort aus meinem Mund hörst, musst du sie vor mir warnen.

Wenn ich zum Schuldigen sage: Schuldiger, du musst sterben! und wenn du nicht redest, um den Schuldigen vor seinem Weg zu war-

nen, dann wird dieser Schuldige seiner Sünde wegen sterben; sein Blut aber fordere ich aus deiner Hand zurück.
Du aber, wenn du einen Schuldigen vor seinem Weg gewarnt hast, damit er umkehrt, und er sich nicht abkehrt von seinem Weg, dann wird er seiner Sünde wegen sterben; du aber hast dein Leben gerettet.

## ANTWORTPSALM

Ps 95 (94), 1–2.6–7c.7d–9 (Kv: vgl. 7d.8a)

Kv Hört auf die Stimme des Herrn;
verhärtet nicht euer Herz! – Kv

Kommt, lasst uns jubeln dem Herrn, *
jauchzen dem Fels unsres Heiles!
Lasst uns mit Dank seinem Angesicht nahen, *
ihm jauchzen mit Liedern! – (Kv)

Kommt, wir wollen uns niederwerfen, uns vor ihm verneigen, *
lasst uns niederknien vor dem Herrn, unserm Schöpfer!
Denn er ist unser Gott, /
wir sind das Volk seiner Weide, *
die Herde, von seiner Hand geführt. – (Kv)

Würdet ihr doch heute auf seine Stimme hören! /
Verhärtet euer Herz nicht wie in Meríba, *
wie in der Wüste am Tag von Massa!
Dort haben eure Väter mich versucht, *
sie stellten mich auf die Probe
und hatten doch mein Tun gesehen. – Kv

**ZUR 2. LESUNG** Die vielen Einzelgebote ergeben zusammen das Gesetz, sie sind die Konkretionen des großen Ganzen, um das es geht. Aber auch dieses große Ganze bleibt bei Jesus nicht abstrakt, er füllt es mit Leben, sodass man es ganz einfach zusammenfassen kann, sodass es jeder und jede versteht: Liebe deinen Nächsten wie dich selbst. So einfach gesagt, so schwer in der Tat. Es ist oft einfach, einem Menschen ein Stück Brot oder einen Becher Wasser zu geben, aber schwer, den Nächsten zu lieben, den man in so vielen Situationen kennt, in denen er einem nicht lieb ist. Und fast noch schwerer ist es, sein eigenes Gesicht jeden Morgen im Spiegel zu sehen und im Tiefsten zu wissen: Gott liebt mich. Vertrauen wir darauf.

## ZWEITE LESUNG

Röm 13,8–10

*Die Liebe ist die Erfüllung des Gesetzes*

**Lesung aus dem Brief des Apostels Paulus an die Gemeinde in Rom.**

Schwestern und Brüder! Niemandem bleibt etwas schuldig, außer der gegenseitigen Liebe! Wer den andern liebt, hat das Gesetz erfüllt. Denn die Gebote: Du sollst nicht die Ehe brechen, du sollst nicht töten, du sollst nicht stehlen, du sollst nicht begehren! und alle anderen Gebote sind in dem einen Satz zusammengefasst: Du sollst deinen Nächsten lieben wie dich selbst.

Die Liebe tut dem Nächsten nichts Böses. Also ist die Liebe die Erfüllung des Gesetzes.

## RUF VOR DEM EVANGELIUM

Vers: vgl. 2 Kor 5,19

Halleluja. Halleluja.
Gott hat in Christus die Welt mit sich versöhnt
und uns das Wort von der Versöhnung anvertraut.
Halleluja.

**ZUM EVANGELIUM** Wer sündigt, weiß das oft nicht. Da ist es gut, wenn man in einem vertraulichen Gespräch oder im kleinen Kreis darauf hingewiesen wird. Erst danach sollte man nach Jesus den vollen Druck der Öffentlichkeit suchen. Konträr dazu steht die Zusage, dass Gott erfüllt, worum ihn zwei bitten. Haben die zum Gespräch Hinzugezogenen mit dem Mahner nicht gemeinsam um die Bekehrung des Sünders gebetet? Bestimmt, aber offenbar hat Gott nicht die Macht, alles zu tun, um was er gebeten wird, oder die Menschen merken nicht, dass sie erhalten, worum sie Gott bitten, oder sie sind sich im Letzten nicht einig, worum sie bitten. Es wäre zu leicht, die Schuld für die Nicht-Erfüllung nur bei den Menschen zu suchen, aber sicher bleibt, dass schon die Einigung auf das Ziel einer Bitte eine Gabe des Geistes ist.

## EVANGELIUM

Mt 18,15–20

*Wenn dein Bruder auf dich hört, so hast du ihn zurückgewonnen*

**+ Aus dem heiligen Evangelium nach Matthäus.**

In jener Zeit sprach Jesus zu seinen Jüngern: Wenn dein Bruder gegen dich sündigt, dann geh und weise ihn unter vier Augen zurecht! Hört er auf dich, so hast du deinen Bruder zurückgewonnen.

Hört er aber nicht auf dich, dann nimm einen oder zwei mit dir, damit die ganze Sache durch die Aussage von zwei oder drei Zeugen entschieden werde.

Hört er auch auf sie nicht, dann sag es der Gemeinde! Hört er aber auch auf die Gemeinde nicht, dann sei er für dich wie ein Heide oder ein Zöllner.

Amen, ich sage euch: Alles, was ihr auf Erden binden werdet, das wird auch im Himmel gebunden sein, und alles, was ihr auf Erden lösen werdet, das wird auch im Himmel gelöst sein.

Weiter sage ich euch: Was auch immer zwei von euch auf Erden einmütig erbitten, werden sie von meinem himmlischen Vater erhalten. Denn wo zwei oder drei in meinem Namen versammelt sind, da bin ich mitten unter ihnen.

Glaubensbekenntnis, S. 492 ff.

## FÜRBITTEN

Wie viel leichter ist es, über den anderen zu reden als mit ihm. Wir bitten Gott um seinen Beistand im Miteinander der Menschen unserer Zeit:

- Segne alle, die das Gespräch suchen und Brücken bauen, im Raum der Kirche wie in Politik und Gesellschaft. V: Gott, du Freund der Versöhnung. A: Höre unser Rufen.
- Ermutige alle, die Schuld auf sich geladen haben und ernsthaft Reue spüren, um Verzeihung zu bitten vor Gott und den geschädigten Menschen. V: Gott, du Freund der Versöhnung. A: Höre unser Rufen.
- Stärke in unserer Gemeinde jene, die Einsamkeit und Leid erkennen und helfen, wo es nottut. V: Gott, du Freund der Versöhnung. A: Höre unser Rufen.
- Leite alle, die in harten Ideologien verhaftet sind und sich im alleinigen Besitz der Wahrheit wähnen, auf den Weg des respektvollen Miteinanders. V: Gott, du Freund der Versöhnung. A: Höre unser Rufen.
- Behüte alle, die mutige Schritte zum Frieden und zur Versöhnung vorangehen, wo Hass und Zwietracht tief verwurzelt sind. V: Gott, du Freund der Versöhnung. A: Höre unser Rufen.

Du bist bei uns, wo zwei oder drei in deinem Namen versammelt sind. Hilf uns, aus deiner versöhnenden Gegenwart zu leben, heute und alle Tage unserer Lebenszeit.

# EUCHARISTIEFEIER

## GABENGEBET

Herr, unser Gott, du schenkst uns den Frieden und gibst uns die Kraft, dir aufrichtig zu dienen. Lass uns dich mit unseren Gaben ehren und durch die Teilnahme an dem einen Brot und dem einen Kelch eines Sinnes werden. Darum bitten wir durch Christus, unseren Herrn.

Präfation, S. 504 ff.

## KOMMUNIONVERS

Joh 8, 12

So spricht der Herr:
Ich bin das Licht der Welt.
Wer mir nachfolgt, wird nicht in der Finsternis gehen,
sondern wird das Licht des Lebens haben.

## SCHLUSSGEBET

Herr, unser Gott, in deinem Wort und Sakrament gibst du uns Nahrung und Leben. Lass uns durch diese großen Gaben in der Liebe wachsen und zur ewigen Gemeinschaft mit deinem Sohn gelangen, der mit dir lebt und herrscht in alle Ewigkeit.

***

Für eine Wort-Gottes-Feier:

## ERÖFFNUNGSGEBET ZUR WAHL

Gott, wenn wir uns in deinem Namen versammeln, bist du mitten unter uns. Zeige uns Wege zur Umkehr und mache uns fähig zu wahrer Gemeinschaft mit dir und untereinander. Darum bitten wir dich durch Jesus Christus, deinen Sohn, der mit dir und dem Heiligen Geist lebt in Ewigkeit.

***

## IN GOTTES UNBEGREIFLICHKEIT WOHNEN

Inmitten der nahen Unbegreiflichkeit Gottes zu wohnen,
von Gott selbst so geliebt zu werden,
dass die erste und letzte Gabe
die Unendlichkeit und Unbegreiflichkeit selber ist,
das ist erschreckend und selig zumal.
Aber wir haben keine Wahl.
Gott ist mit uns.

*Karl Rahner*

# 24. SONNTAG IM JAHRESKREIS

## 13. September 2020

Vergebung gehört zu den komplizierten Taten unseres Zusammenlebens. Wer mit Geld Schulden begleicht, ist fein raus; Geld ist gleichsam kontaminationsfrei und steril. Bei der zwischenmenschlichen Schuld ist das nicht so einfach. Hier bedarf es oft langwieriger Prozesse, bis Vergebungsbereitschaft entsteht und echte Vergebung möglich wird. Schuld ist mit Schulden nicht zu vergleichen, und doch bedienen wir uns des ökonomischen Bildes, um die Wirkmacht von Schuld zu verdeutlichen. Schuld wirkt und man muss auf sie reagieren, sonst wächst sie uns über den Kopf und bedrückt unser Handeln insgesamt.

### ERÖFFNUNGSVERS

Vgl. Sir 36,18.21–22

Herr, gib Frieden denen, die auf dich hoffen,
und erweise deine Propheten als zuverlässig.
Erhöre das Gebet deiner Diener und deines Volkes.

### KYRIE-RUFE

Herr Jesus Christus, du vergibst uns all unsere Schuld.
V/A: Herr, erbarme dich.
Du spendest die Bereitschaft,
immer und immer wieder zu vergeben.
V/A: Christus, erbarme dich.
Du lehrst uns, das Ende zu bedenken
und den Geboten treu zu sein.
V/A: Herr, erbarme dich.

Ehre sei Gott, S. 489 f.

## TAGESGEBET

Gott, du Schöpfer und Lenker aller Dinge, sieh gnädig auf uns. Gib, dass wir dir mit ganzem Herzen dienen und die Macht deiner Liebe an uns erfahren. Darum bitten wir durch Jesus Christus.

# WORTGOTTESDIENST

ZUR 1. LESUNG Der weisheitliche Text aus Jesus Sirach ist eine gute Vorlage für die fünfte Bitte des Vaterunsers: „Und vergib uns unsere Schuld, wie auch wir vergeben unsern Schuldigern." Es wird hier sehr eindeutig, dass Gott nicht bloß irgendwo über den Himmeln existiert, sondern dass unser Tun und Lassen dem Nächsten gegenüber mit Gott zu tun hat. Dabei ist es nicht einfach so, dass Gott auf das reagiert, was wir tun, sondern der andere ist unser Weg zu Gott: Was wir ihm tun, tun wir Gott, sodass dessen Tun unser Tun dem anderen gegenüber widerspiegelt und übersteigt, denn Gott wird immer barmherzig sein.

## ERSTE LESUNG

Sir 27,30–28,7 (27,33 – 28,9)

*Vergib deinem Nächsten das Unrecht, dann werden dir, wenn du bittest, deine Sünden vergeben*

**Lesung aus dem Buch Jesus Sirach.**

Groll und Zorn, auch diese sind Gräuel und ein sündiger Mann hält an ihnen fest. Wer sich rächt, erfährt Rache vom Herrn; seine Sünden behält er gewiss im Gedächtnis. Vergib deinem Nächsten das Unrecht, dann werden dir, wenn du bittest, deine Sünden vergeben!

Ein Mensch verharrt gegen einen Menschen im Zorn, beim Herrn aber sucht er Heilung? Mit einem Menschen gleich ihm hat er kein Erbarmen, aber wegen seiner Sünden bittet er um Verzeihung? Er selbst – ein Wesen aus Fleisch, verharrt im Groll. Wer wird seine Sünden vergeben? Denk an das Ende, lass ab von der Feindschaft, denk an Untergang und Tod und bleib den Geboten treu! Denk an die Gebote und grolle dem Nächsten nicht, denk an den Bund des Höchsten und übersieh die Fehler!

## ANTWORTPSALM

Ps 103 (102), 1–2.3–4.9–10.12–13 (Kv: vgl. 8)

Kv Gnädig und barmherzig ist der HERR,
voll Langmut und reich an Huld. – Kv

Preise den HERRN, meine Seele, *
und alles in mir seinen heiligen Namen!
Preise den HERRN, meine Seele, *
und vergiss nicht, was er dir Gutes getan hat! – (Kv)

Der dir all deine Schuld vergibt *
und all deine Gebrechen heilt,
der dein Leben vor dem Untergang rettet *
und dich mit Huld und Erbarmen krönt. – (Kv)

Er wird nicht immer rechten *
und nicht ewig trägt er nach.
Er handelt an uns nicht nach unsern Sünden *
und vergilt uns nicht nach unsrer Schuld. – (Kv)

So weit der Aufgang entfernt ist vom Untergang, *
so weit entfernt er von uns unsere Frevel.
Wie ein Vater sich seiner Kinder erbarmt, *
so erbarmt sich der HERR über alle, die ihn fürchten. – Kv

**ZUR 2. LESUNG** Heute endet die lange Lesungsreihe aus dem Römerbrief. Paulus mahnt Toleranz in der Gemeinde an, weil wir von außen nicht beurteilen können, aus welchen Gründen jemand etwas tut. Vieles kann gut sein, denn eigentlich ist uns alles entzogen: Weder unser Leben noch unser Sterben gehört uns. Haben wir damit unsere Privatsphäre verloren und verkauft? Gibt es überhaupt kein Unterscheidungskriterium mehr? Es geht Paulus wohl kaum um Gleichgültigkeit, sondern um eine heilige Indifferenz: Wenn wir etwas im Blick auf den Herrn tun, dann schenkt uns dieser eine große Freiheit im Handeln. Gelingt es uns, uns dem Herrn so zu übereignen, dass wir von dieser Indifferenz durchdrungen sind?

## ZWEITE LESUNG Röm 14,7–9

*Ob wir leben oder ob wir sterben, wir gehören dem Herrn*

**Lesung aus dem Brief des Apostels Paulus an die Gemeinde in Rom.**

Schwestern und Brüder! Keiner von uns lebt sich selber und keiner stirbt sich selber: Leben wir, so leben wir dem Herrn, sterben wir, so sterben wir dem Herrn. Ob wir leben oder ob wir sterben, wir gehören dem Herrn.

Denn Christus ist gestorben und lebendig geworden, um Herr zu sein über Tote und Lebende.

## RUF VOR DEM EVANGELIUM Vers: Joh 13,34ac

Halleluja. Halleluja.
(So spricht der Herr:)
Ein neues Gebot gebe ich euch:
Wie ich euch geliebt habe, so sollt auch ihr einander lieben.
Halleluja.

*Oder:*

Dies ist mein Gebot:
Liebet einander, wie ich euch geliebt!

ZUM EVANGELIUM Vordergründig geht es um Schuld und Vergebung, hintergründig aber wird deutlich, dass die Bildwelt des Geldes nicht ausreicht, um mit ihr die Frage von Schuld und Vergebung zu verhandeln. Jesus ruft uns dazu auf, zu vergeben, und er tut dies mit einem Gleichnis, das uns bei der Betrachtung zerbricht. Es ist einfach unlogisch, jemanden ins Gefängnis zu werfen oder ihn foltern zu lassen, bis er seine Schulden beglichen hat. Hier wird ja kein Tagessatz ausgerechnet: 1 Tag Gefängnis ersetzt mir 1 Denar oder dergleichen. Es geht um Schmerz und öffentliche Demütigung und damit um mehr als um Geld. Vergebung kann also nicht erkauft werden, sondern reicht in eine Dimension unseres Lebens, die ökonomisch nicht zu erfassen ist.

## EVANGELIUM

Mt 18,21–35

*Nicht bis zu siebenmal musst du vergeben, sondern bis zu siebzigmal siebenmal*

**+ Aus dem heiligen Evangelium nach Matthäus.**

In jener Zeit trat Petrus zu Jesus und fragte: Herr, wie oft muss ich meinem Bruder vergeben, wenn er gegen mich sündigt? Bis zu siebenmal? Jesus sagte zu ihm: Ich sage dir nicht: Bis zu siebenmal, sondern bis zu siebzigmal siebenmal.

Mit dem Himmelreich ist es deshalb wie mit einem König, der beschloss, von seinen Knechten Rechenschaft zu verlangen. Als er nun mit der Abrechnung begann, brachte man einen zu ihm, der ihm zehntausend Talente schuldig war. Weil er aber das Geld nicht zurückzahlen konnte, befahl der Herr, ihn mit Frau und Kindern und allem, was er besaß, zu verkaufen und so die Schuld zu begleichen.

Da fiel der Knecht vor ihm auf die Knie und bat: Hab Geduld mit mir! Ich werde dir alles zurückzahlen. Der Herr des Knechtes hatte Mitleid, ließ ihn gehen und schenkte ihm die Schuld.

Als nun der Knecht hinausging, traf er einen Mitknecht, der ihm hundert Denáre schuldig war. Er packte ihn, würgte ihn und sagte: Bezahl, was du schuldig bist!

Da fiel der Mitknecht vor ihm nieder und flehte: Hab Geduld mit mir! Ich werde es dir zurückzahlen. Er aber wollte nicht, sondern ging weg und ließ ihn ins Gefängnis werfen, bis er die Schuld bezahlt habe.

Als die Mitknechte das sahen, waren sie sehr betrübt; sie gingen zu ihrem Herrn und berichteten ihm alles, was geschehen war.

Da ließ ihn sein Herr rufen und sagte zu ihm: Du elender Knecht! Deine ganze Schuld habe ich dir erlassen, weil du mich angefleht hast. Hättest nicht auch du mit deinem Mitknecht Erbarmen haben müssen, so wie ich mit dir Erbarmen hatte? Und in seinem Zorn übergab ihn der Herr den Peinigern, bis er die ganze Schuld bezahlt habe.

Ebenso wird mein himmlischer Vater euch behandeln, wenn nicht jeder seinem Bruder von Herzen vergibt.

Glaubensbekenntnis, S. 492 ff.

## FÜRBITTEN

Gott, du willst das Heil aller Menschen und schenkst die Chance zum heilvollen Neubeginn. Wir bringen vor dich das Unvollendete und Unheile, ebenso wie das Hoffnungsvolle und Gute unseres Lebens und unserer Zeit:

- Wir bringen dir unser Unvermögen und unsere Schuld, wenn wir Freunde verraten und unsolidarisch gelebt haben. V/A: Herr, erbarme dich.

- Wir bringen dir Hoffnung und guten Willen derer, die sich keiner Kirche oder Glaubensgemeinschaft zuordnen können. V/A: Herr, erbarme dich.

- Wir bringen dir den Glauben und den Zweifel der Getauften. V/A: Herr, erbarme dich.

- Wir bringen dir die Freude unseres Lebens, wenn wir Geduld hatten und füreinander da waren. V/A: Herr, erbarme dich.

- Wir bringen dir unsere Sehnsucht nach Verzeihung und Versöhnung. V/A: Herr, erbarme dich.
- Wir bringen dir unsere Angst vor dem Tod und unser Vertrauen auf deine Liebe. V/A: Herr, erbarme dich.

Erbarmender Gott, du schenkst uns die Freiheit, einander zu verzeihen und miteinander neu anzufangen. Nimm all das an, was wir zu dir bringen, und segne unseren Willen zum Aufbruch und zum Neubeginn. So bitten wir durch Jesus Christus, unseren Bruder und Lehrer.

# EUCHARISTIEFEIER

## GABENGEBET

Herr, nimm die Gebete und Gaben deiner Kirche an; und was jeder Einzelne zur Ehre deines Namens darbringt, das werde allen zum Heil. Darum bitten wir durch Christus, unseren Herrn.

Präfation, S. 504 ff.

## KOMMUNIONVERS

Vgl. 1 Kor 10,16

Der Kelch des Segens, über den wir den Segen sprechen,
ist Teilhabe am Blut Christi.
Das Brot, das wir brechen,
ist Teilhabe am Leib Christi.

## SCHLUSSGEBET

Herr, unser Gott, wir danken dir, dass du uns Anteil am Leib und Blut Christi gegeben hast. Lass nicht unser eigenes Streben Macht über uns gewinnen, sondern gib, dass die Wirkung dieses Sakramentes unser Leben bestimmt. Darum bitten wir durch Christus, unseren Herrn.

***

Für eine Wort-Gottes-Feier:

## ERÖFFNUNGSGEBET ZUR WAHL

Gott, du bist groß im Erbarmen und schenkst Gnade und Vergebung. Gib auch uns die Kraft zu verzeihen, wenn Menschen an uns schuldig werden. Darum bitten wir durch deinen Sohn, unseren Herrn Jesus Christus, der mit dir und dem Heiligen Geist lebt und herrscht in Ewigkeit.

***

### VERGEBEN

Vergeben ist lästig,
braucht Zeit
und den Mut,
erlittenes Unrecht nicht
klein zu machen
und wegzustecken.
Standhalten
dem, der mir Böses getan,
und mir selbst,
der Wut, dem Zorn,
dem Zurückzahlen-Wollen.
Vergeben
um des Friedens willen,
um der Freiheit
und der Zukunft willen,
um meinet- und um deinetwillen.

*Eleonore Beck*

# 25. SONNTAG IM JAHRESKREIS

## 20. September 2020

Unsere Zeit beschreibt sich gerne als orientierungslos und schwer zu fassen. Aber schon der Prophet ruft seine Landsleute auf, den Herrn zu suchen, und Paulus weiß nicht, was er tun und wählen soll. Orientierung ist nicht selbstverständlich und sie ergibt sich auch nicht einfach aus einem gefestigten Glaubensleben heraus. Orientierung muss immer wieder gesucht und gefunden werden, so wie auch die Arbeiter einen Platz finden müssen, an dem sie gefunden werden können. Unser Leben ist Suchen nach dem je richtigen Ort.

### ERÖFFNUNGSVERS

Das Heil des Volkes bin ich – so spricht der Herr.
In jeder Not, aus der sie zu mir rufen, will ich sie erhören.
Ich will ihr Herr sein für alle Zeit.

### KYRIE-RUFE

Herr Jesus Christus, du rufst uns, zu geben,
sodass dann auch uns gegeben wird.
V/A: Herr, erbarme dich.
Du lehrst uns, dass Gott einen fröhlichen Geber liebt.
V/A: Christus, erbarme dich.
Du zeigst uns Gott, der selbst großzügig gibt –
ein gutes, volles, gehäuftes, überfließendes Maß.
V/A: Herr, erbarme dich.

Ehre sei Gott, S. 489 f.

## TAGESGEBET

Heiliger Gott, du hast uns das Gebot der Liebe zu dir und zu unserem Nächsten aufgetragen als die Erfüllung des ganzen Gesetzes. Gib uns die Kraft, dieses Gebot treu zu befolgen, damit wir das ewige Leben erlangen. Darum bitten wir durch Jesus Christus.

# WORTGOTTESDIENST

ZUR 1. LESUNG Gott lässt sich finden; er ist zwar Geheimnis und wir müssen ihn suchen, aber er lässt sich finden. Er ist nah – weshalb sollte ich ihn rufen? Wenn jemand nahe ist, muss ich nur noch flüstern; aber bei Gott geht es nicht ums Rufen, sondern darum, ihn anzurufen, wir können uns also an ihn wenden – er wird hören. Gott versteckt sich nicht, er ist ansprechbar, er lässt sich finden; wenn wir es wollen. Ach, wie schwer ist es doch, Gott wirklich finden zu wollen, denn das bedeutet immer wieder, dass ich umkehren muss. Warum nur renne ich so oft in die falsche Richtung?

## ERSTE LESUNG Jes 55,6–9

*Meine Gedanken sind nicht eure Gedanken*

**Lesung aus dem Buch Jesája.**

Sucht den HERRN, er lässt sich finden, ruft ihn an, er ist nah! Der Frevler soll seinen Weg verlassen, der Übeltäter seine Pläne. Er kehre um zum HERRN, damit er Erbarmen hat mit ihm, und zu unserem Gott; denn er ist groß im Verzeihen.

Meine Gedanken sind nicht eure Gedanken und eure Wege sind nicht meine Wege – Spruch des HERRN. So hoch der Himmel über der Erde ist, so hoch erhaben sind meine Wege über eure Wege und meine Gedanken über eure Gedanken.

## ANTWORTPSALM

Ps 145 (144),2–3.8–9.17–18 (Kv: vgl. 18a)

Kv Der Herr ist nahe allen, die ihn rufen. – Kv

Herr, jeden Tag will ich dich preisen *
und deinen Namen loben auf immer und ewig.
Groß ist der Herr und hoch zu loben, *
unerforschlich ist seine Größe. – (Kv)

Der Herr ist gnädig und barmherzig, *
langmütig und reich an Huld.
Der Herr ist gut zu allen, *
sein Erbarmen waltet über all seinen Werken. – (Kv)

Gerecht ist der Herr auf all seinen Wegen *
und getreu in all seinen Werken.
Nahe ist der Herr allen, die ihn rufen, *
allen, die ihn aufrichtig rufen. – Kv

ZUR 2. LESUNG Paulus ist hin- und hergerissen, er weiß nicht weiter. Wenn er lebt, kann er weiter für Christus arbeiten, wenn er stirbt, wird er bei ihm sein. Wählen ist da schwer, und Paulus muss lernen, dass es nicht auf ihn ankommt. Insgesamt ist er von einem unerschütterlichen Selbstbewusstsein geprägt: Die Gemeinde braucht ihn, und mit seinem Sterben würde er Christus verherrlichen – wer kann das von sich sagen? Wie geht die Gemeinde damit um, dass Paulus auf das verzichtet, was er eigentlich will, nur um ihr weiterhin zu helfen? Wir wissen es nicht und kennen nur diese wenigen Zeilen einer offenbar engen Beziehung

## ZWEITE LESUNG

Phil 1,20ad–24.27a

*Für mich ist Christus das Leben*

**Lesung aus dem Brief des Apostels Paulus an die Gemeinde in Philíppi.**

Schwestern und Brüder! Ich erwarte und hoffe, dass Christus verherrlicht werden wird in meinem Leibe, ob ich lebe oder sterbe. Denn für mich ist Christus das Leben und Sterben Gewinn. Wenn ich aber weiterleben soll, bedeutet das für mich fruchtbares Wirken. Was soll ich wählen? Ich weiß es nicht.

Bedrängt werde ich von beiden Seiten: Ich habe das Verlangen, aufzubrechen und bei Christus zu sein – um wie viel besser wäre das! Aber euretwegen ist es notwendiger, dass ich am Leben bleibe.

Vor allem: Lebt als Gemeinde so, wie es dem Evangelium Christi entspricht!

## RUF VOR DEM EVANGELIUM

Vers: vgl. Apg 16,14b

Halleluja. Halleluja.
Herr, öffne uns das Herz,
dass wir auf die Worte deines Sohnes hören.
Halleluja.

ZUM EVANGELIUM Gott gibt allen, was sie zum Leben brauchen, sodass niemand traurig sein muss – so lesen wir zu Recht das Gleichnis vom Gutsbesitzer. Aber ein Punkt bleibt erstaunlich: Der Grundbesitzer geht ständig zum Markt und findet immer wieder jemanden, der keine Arbeit hat. Wie ist das möglich? Wo sind diejenigen hergekommen, die vorher noch nicht da waren? Nach ihrem eigenen Bekunden hat sie niemand angeworben. Gibt es mehrere Märkte in der Stadt? Laufen sie verwirrt durch die Gegend? Vielleicht erzählt das Gleichnis auch davon, dass man sich finden lassen muss, dass man sich nicht verstecken darf, sondern aktiv Rettung zu suchen hat.

## EVANGELIUM

Mt 20,1–16

*Ist dein Auge böse, weil ich gut bin?*

+ **Aus dem heiligen Evangelium nach Matthäus.**

In jener Zeit erzählte Jesus seinen Jüngern das folgende Gleichnis: Mit dem Himmelreich ist es wie mit einem Gutsbesitzer, der früh am Morgen hinausging, um Arbeiter für seinen Weinberg anzuwerben. Er einigte sich mit den Arbeitern auf einen Denár für den Tag und schickte sie in seinen Weinberg.

Um die dritte Stunde ging er wieder hinaus und sah andere auf dem Markt stehen, die keine Arbeit hatten. Er sagte zu ihnen: Geht auch ihr in meinen Weinberg! Ich werde euch geben, was recht ist. Und sie gingen.

Um die sechste und um die neunte Stunde ging der Gutsherr wieder hinaus und machte es ebenso.

Als er um die elfte Stunde noch einmal hinausging, traf er wieder einige, die dort standen. Er sagte zu ihnen: Was steht ihr hier den ganzen Tag untätig? Sie antworteten: Niemand hat uns angeworben. Da sagte er zu ihnen: Geht auch ihr in meinen Weinberg!

Als es nun Abend geworden war, sagte der Besitzer des Weinbergs zu seinem Verwalter: Ruf die Arbeiter und zahl ihnen den Lohn aus, angefangen bei den Letzten, bis hin zu den Ersten!

Da kamen die Männer, die er um die elfte Stunde angeworben hatte, und jeder erhielt einen Denár. Als dann die Ersten kamen, glaubten sie, mehr zu bekommen. Aber auch sie erhielten einen Denár.

Als sie ihn erhielten, murrten sie über den Gutsherrn und sagten: Diese Letzten haben nur eine Stunde gearbeitet und du hast sie uns gleichgestellt. Wir aber haben die Last des Tages und die Hitze ertragen.

Da erwiderte er einem von ihnen: Freund, dir geschieht kein Unrecht. Hast du nicht einen Denár mit mir vereinbart? Nimm dein Geld und geh! Ich will dem Letzten ebenso viel geben wie dir. Darf ich mit dem, was mir gehört, nicht tun, was ich will? Oder ist dein Auge böse, weil ich gut bin?

So werden die Letzten Erste sein und die Ersten Letzte.

Glaubensbekenntnis, S. 492 ff.

## FÜRBITTEN

Unsere Rechnungen gehen oft nicht auf, vielleicht weil wir zu berechnend sind? Gottes Güte und Barmherzigkeit entziehen sich menschlichem Kalkulieren. Wir beten zu ihm, dessen Liebe der Grund unserer Hoffnung ist:

- Hilf der Kirche, deine Güte und Großzügigkeit zur Grundlage auch ihres Handelns werden zu lassen. V: Gott des Lebens. A: Höre unser Rufen.

- Stärke alle, die ehrenamtlich oder beruflich im Bereich der Caritas arbeiten, und all diejenigen, die in ihrem Alltag Not sehen und Not lindern. V: Gott des Lebens. A: Höre unser Rufen.

- Lass jene Gerechtigkeit erfahren, die trotz ihrer schweren Arbeit von früh bis spät nicht genug zum Leben haben. V: Gott des Lebens. A: Höre unser Rufen.

- Hilf denjenigen, die ihrem Vorteil nachjagen, kühl berechnen und kalkulieren, zu einer neuen Sicht zu finden und zu erkennen, dass innere und äußere Großzügigkeit nicht Verlust, sondern Gewinn sind. V: Gott des Lebens. A: Höre unser Rufen.

- Tröste die Sterbenden, die noch so viel vorhatten in ihrem Leben, und lass ihr Leben rund und reif werden in deiner barmherzigen Liebe. V: Gott des Lebens. A: Höre unser Rufen.

Gott, du bist ein Freund des Lebens. Unseren Mangel willst du in Fülle verwandeln. Dafür danken wir dir und preisen dich, heute und alle Tage, die uns geschenkt sind.

# EUCHARISTIEFEIER

## GABENGEBET

Herr, unser Gott, nimm die Gaben deines Volkes an und gib, dass wir im Geheimnis der heiligen Eucharistie empfangen, was wir im Glauben bekennen. Darum bitten wir durch Christus, unseren Herrn.

Präfation, S. 504 ff.

## KOMMUNIONVERS

Joh 10,14

So spricht der Herr:
Ich bin der Gute Hirt, ich kenne die Meinen,
und die Meinen kennen mich.

## SCHLUSSGEBET

Allmächtiger Gott, du erneuerst uns durch deine Sakramente. Gewähre uns deine Hilfe und mache das Werk der Erlösung, das wir gefeiert haben, auch in unserem Leben wirksam. Darum bitten wir durch Christus, unseren Herrn.

***

Für eine Wort-Gottes-Feier:

## ERÖFFNUNGSGEBET ZUR WAHL

Gütiger Gott, du liebst die Menschen und schenkst ihnen Gaben nach deinem Maß. Lass uns deine Wege erkennen und ihnen folgen, damit wir auf ewig bei Christus sind, der mit dir und dem Heiligen Geist lebt und herrscht in Ewigkeit.

***

## WO KÄMEN WIR HIN

Wo kämen wir hin,
wenn wir – statt mit Gewinn und Verlust –
anfingen, mit Menschen zu rechnen?
Wenn alle, rund um die Erde,
gleichen Lohn erhielten
für gleiche Leistung?
Wenn Frauen, „die ihren Mann stehen“,
wirklich gleichberechtigt wären;
wenn Kinder nicht zur Arbeit gepresst
und ausgenutzt würden …?

Wo kämen wir hin,
wenn Erfolgreiche und Versager,
Meister und Lehrlinge,
Stellenbesitzer und Arbeitslose,
Erwachsene und Kinder
miteinander redeten,
miteinander teilten?
Wo kämen wir hin,
wenn Gott rechnete und lohnte wie wir?

*Eleonore Beck*

# 26. SONNTAG IM JAHRESKREIS

## 27. September 2020

Die heutigen Texte sind von großer Klarheit. Gewiss hat der religiöse Mensch die Hoffnung, dass er richtig und gut handelt und dass sein Tun in Gottes Augen Gnade finden wird. Aber leider gibt uns der Glaube oft nur Orientierungshinweise ohne konkrete Handlungsanweisungen. Die konkreten Handlungen müssen wir selbst verantworten, und wir müssen diese immer wieder reflektieren und neu justieren. Dabei hilft uns der Blick auf Gottes Wort – und ein sehr einfacher Hinweis aus der Epistel: Schau auf das Wohl des anderen.

### ERÖFFNUNGSVERS

Vgl. Dan 3,31.29.30.43.42

Alles, was du uns getan hast, o Herr,
das hast du nach deiner gerechten Entscheidung getan,
denn wir haben gesündigt,
wir haben dein Gesetz übertreten.
Verherrliche deinen Namen und rette uns
nach der Fülle deines Erbarmens.

### KYRIE-RUFE

Herr Jesus Christus, du rufst uns zu Einsicht und Umkehr.
V/A: Herr, erbarme dich.
Du lädst uns ein zu einem Leben in deiner Nachfolge.
V/A: Christus, erbarme dich.
Du willst, dass wir nicht mit Wort und Zunge lieben,
sondern in Tat und Wahrheit.
V/A: Herr, erbarme dich.

Ehre sei Gott, S. 489 f.

## TAGESGEBET

Großer Gott, du offenbarst deine Macht vor allem im Erbarmen und im Verschonen. Darum nimm uns in Gnaden auf, wenn uns auch Schuld belastet. Gib, dass wir unseren Lauf vollenden und zur Herrlichkeit des Himmels gelangen. Darum bitten wir durch Jesus Christus.

# WORTGOTTESDIENST

ZUR 1. LESUNG Ein Text voller Drohung, ein Text voller Verheißung. Ein Gerechter, der sündigt, wird sterben; ein Ungerechter, der umkehrt, wird leben. Schon allein aufgrund dieser Hinweise wird sich jeder Gläubige selbst für unwürdig halten. Das ist ein Dilemma, das die gesamte Heilsgeschichte durchzieht: Wer sich seiner Gerechtigkeit bewusst ist, weiß genau, dass er auf dem falschen Weg ist. Ist es dabei nicht seltsam, dass wir wissen, in Christus erlöst zu sein, und doch niemals selbstgewiss sein dürfen? Wir dürfen gewiss sein, dass wir in Christus erlöst sind, und doch werden wir immer auf ihn verweisen – wie Johannes –, sodass uns das Selfie fremd bleibt.

## ERSTE LESUNG Ez 18,25–28

*Wenn ein Schuldiger von dem Unrecht umkehrt, wird er sein Leben bewahren*

**Lesung aus dem Buch Ezéchiel.**

So spricht der Herr: Ihr sagt: Der Weg des Herrn ist nicht richtig. Hört doch, ihr vom Haus Israel: Mein Weg soll nicht richtig sein? Sind es nicht eure Wege, die nicht richtig sind?

Wenn ein Gerechter sich abkehrt von seiner Gerechtigkeit und Unrecht tut, muss er dafür sterben. Wegen des Unrechts, das er getan hat, wird er sterben. Wenn ein Schuldiger von dem Unrecht umkehrt, das er begangen hat, und nach Recht und Gerechtigkeit handelt, wird er sein Leben bewahren. Wenn er alle seine Vergehen, die er verübt hat, einsieht und umkehrt, wird er bestimmt am Leben bleiben. Er wird nicht sterben.

## ANTWORTPSALM

Ps 25 (24),4–5.6–7.8–9 (Kv: 6ab)

Kv Gedenke deines Erbarmens, o HERR,
und der Taten deiner Gnade! – Kv

Zeige mir, HERR, deine Wege, *
lehre mich deine Pfade!
Führe mich in deiner Treue und lehre mich; /
denn du bist der Gott meines Heiles. *
Auf dich hoffe ich den ganzen Tag. – (Kv)

Gedenke deines Erbarmens, HERR, /
und der Taten deiner Gnade; *
denn sie bestehen seit Ewigkeit!
Gedenke nicht meiner Jugendsünden und meiner Frevel! *
Nach deiner Huld gedenke meiner, HERR, denn du bist gütig! – (Kv)

Der HERR ist gut und redlich, *
darum weist er Sünder auf den rechten Weg.
Die Armen leitet er nach seinem Recht, *
die Armen lehrt er seinen Weg. – Kv

**ZUR 2. LESUNG** Im Philipperbriefhymnus wird berichtet, dass einer nicht daran festhielt, wie Gott zu sein, und dass Gott ihn deshalb erhöht hat, sodass sich vor seinem Namen alle Knie beugen. Diese christologische Aussage ist noch einigermaßen gut nachvollziehbar;

aber wie um alles in der Welt sollen wir diesem gleich gesinnt sein? Kann uns das gelingen, kann ich wirklich den Anspruch haben, so zu sein wie Er? Von mir selbst aus wohl kaum, aber ich kann mein Leben nach der Maxime ausrichten, nicht auf mich und mein eigenes Wohl zu schauen, sondern den anderen in den Mittelpunkt meines Handelns zu stellen.

## ZWEITE LESUNG

Phil 2,1–11

*Seid so gesinnt wie Christus Jesus!*

**Lesung aus dem Brief des Apostels Paulus an die Gemeinde in Philíppi.**

Schwestern und Brüder! Wenn es eine Ermahnung in Christus gibt, einen Zuspruch aus Liebe, eine Gemeinschaft des Geistes, ein Erbarmen und Mitgefühl, dann macht meine Freude vollkommen, dass ihr eines Sinnes seid, einander in Liebe verbunden, einmütig, einträchtig, dass ihr nichts aus Streitsucht und nichts aus Prahlerei tut. Sondern in Demut schätze einer den andern höher ein als sich selbst. Jeder achte nicht nur auf das eigene Wohl, sondern auch auf das der anderen.

Seid untereinander so gesinnt, wie es dem Leben in Christus Jesus entspricht:

Er war Gott gleich, hielt aber nicht daran fest, Gott gleich zu sein, sondern er entäußerte sich und wurde wie ein Sklave und den Menschen gleich. Sein Leben war das eines Menschen; er erniedrigte sich und war gehorsam bis zum Tod, bis zum Tod am Kreuz.

Darum hat ihn Gott über alle erhöht und ihm den Namen verliehen, der größer ist als alle Namen, damit alle im Himmel, auf der Erde und unter der Erde ihr Knie beugen vor dem Namen Jesu und jeder Mund bekennt: Jesus Christus ist der Herr zur Ehre Gottes, des Vaters.

*Oder:*

## KURZFASSUNG

Phil 2,1–5

*Seid so gesinnt wie Christus Jesus!*

**Lesung aus dem Brief des Apostels Paulus an die Gemeinde in Philíppi.**

Schwestern und Brüder! Wenn es eine Ermahnung in Christus gibt, einen Zuspruch aus Liebe, eine Gemeinschaft des Geistes, ein Erbarmen und Mitgefühl, dann macht meine Freude vollkommen, dass ihr eines Sinnes seid, einander in Liebe verbunden, einmütig, einträchtig, dass ihr nichts aus Streitsucht und nichts aus Prahlerei tut. Sondern in Demut schätze einer den andern höher ein als sich selbst. Jeder achte nicht nur auf das eigene Wohl, sondern auch auf das der anderen.

Seid untereinander so gesinnt, wie es dem Leben in Christus Jesus entspricht.

## RUF VOR DEM EVANGELIUM

Vers: Joh 10,27

Halleluja. Halleluja.
(So spricht der Herr:)
Meine Schafe hören auf meine Stimme;
ich kenne sie und sie folgen mir.
Halleluja.

ZUM EVANGELIUM Umkehr und Buße sind alles andere als einfach. Wer verlässt schon gerne die Wege der Gewohnheit, die man ja nicht nur deshalb einschlägt, weil sie einfach sind. Oft wählen wir unsere Wege aus Überzeugung, wir folgen Ratschlägen, nutzen Chancen, die sich uns bieten, und wollen und sollen uns selbst verwirklichen. Wie soll ich da entscheiden, welchem der vielen Propheten ich Glauben schenke und doch wieder alles infrage stelle, was ich mir aufgebaut habe? Gelingt es mir, meine bürgerlichen Sicherungsmechanismen immer wieder zu überwinden und mich den Läuften des

Lebens auszusetzen – wie es die Dirnen und Zöllner notgedrungen tun müssen?

## EVANGELIUM

Mt 21,28–32

*Später reute es ihn und er ging hinaus. –*
*Die Zöllner und die Dirnen gelangen eher in das Reich Gottes als ihr*

**+ Aus dem heiligen Evangelium nach Matthäus.**

In jener Zeit sprach Jesus zu den Hohepriestern und den Ältesten des Volkes:

Was meint ihr? Ein Mann hatte zwei Söhne. Er ging zum ersten und sagte: Mein Kind, geh und arbeite heute im Weinberg! Er antwortete: Ich will nicht. Später aber reute es ihn und er ging hinaus.

Da wandte er sich an den zweiten und sagte zu ihm dasselbe. Dieser antwortete: Ja, Herr – und ging nicht hin.

Wer von den beiden hat den Willen seines Vaters erfüllt? Sie antworteten: Der erste.

Da sagte Jesus zu ihnen: Amen, ich sage euch: Die Zöllner und die Dirnen gelangen eher in das Reich Gottes als ihr.

Denn Johannes ist zu euch gekommen auf dem Weg der Gerechtigkeit und ihr habt ihm nicht geglaubt; aber die Zöllner und die Dirnen haben ihm geglaubt. Ihr habt es gesehen und doch habt ihr nicht bereut und ihm nicht geglaubt.

Glaubensbekenntnis, S. 492 ff.

## FÜRBITTEN

Gott schaut nicht auf den schönen Schein, er sieht ins Herz. Er sieht uns ganz, mit unserer Geschichte, unserem Scheitern, mit unserem Kleinmut und unserem guten Willen. Wir rufen zu ihm:

- Für alle, die ihre Tatkraft in die Kirche einbringen, die ein Amt oder Ehrenamt gut ausfüllen und aus der Liebe Gottes für ihre

Mitmenschen da sind. V: Gott, unser Vater. A: Wir bitten dich, erhöre uns.

- Für die Väter und Mütter, die, um die Familie zu ernähren, lange Trennungen auf sich nehmen und im Ausland unter schweren Bedingungen arbeiten müssen. V: Gott, unser Vater. A: Wir bitten dich, erhöre uns.
- Für die Obdachlosen und die vielen, die keinen Anteil am Wohlstand unseres reichen Landes haben. V: Gott, unser Vater. A: Wir bitten dich, erhöre uns.
- Für Priester, Diakone, für Ordenschristinnen und Ordenschristen, die sichtbar, erfahrbar und mit Überzeugung in deinem Weinberg wirken. V: Gott, unser Vater. A: Wir bitten dich, erhöre uns.
- Für alle, die durch Dürren, Wetterextreme und Naturkatastrophen ihre Existenz verloren haben. V: Gott, unser Vater. A: Wir bitten dich, erhöre uns.
- Für alle, die ihnen helfen: durch Geld- und Sachspenden und durch vielfältige Hilfe. V: Gott, unser Vater. A: Wir bitten dich, erhöre uns.

Ewiger und barmherziger Gott, jede und jeden von uns rufst du zur Mitarbeit in deinem Reich. Hilf uns, die kleinen und großen Schritte zu gehen, die nötig sind. So bitten wir durch Jesus Christus, unseren Bruder und Herrn.

# EUCHARISTIEFEIER

## GABENGEBET

Barmherziger Gott, nimm unsere Gaben an und öffne uns in dieser Feier die Quelle, aus der aller Segen strömt. Darum bitten wir durch Christus, unseren Herrn.

Präfation, S. 504 ff.

## KOMMUNIONVERS

Vgl. 1 Joh 3,16

Die Liebe Gottes haben wir daran erkannt,
dass Christus sein Leben für uns gegeben hat.
So müssen auch wir das Leben hingeben für die Brüder.

## SCHLUSSGEBET

Allmächtiger Gott, in der Feier der Eucharistie haben wir den Tod des Herrn verkündet. Dieses Sakrament stärke uns an Leib und Seele und mache uns bereit, mit Christus zu leiden, damit wir auch mit ihm zur Herrlichkeit gelangen, der mit dir lebt und herrscht in alle Ewigkeit.

***

Für eine Wort-Gottes-Feier:

## ERÖFFNUNGSGEBET ZUR WAHL

Barmherziger Gott, auch wenn wir schuldig geworden sind, lässt du uns nicht fallen. Gib uns die Kraft zur Umkehr und den Mut, deinem Willen zu folgen. So bitten wir im Heiligen Geist durch Jesus Christus, deinen Sohn, der mit dir lebt in alle Ewigkeit.

***

## WER BIST DU, LICHT

Wer bist du, Licht,
das mich erfüllt
und meines Herzens Dunkelheit
erleuchtet?

Du leitest mich
gleich einer Mutter Hand,
und ließest du mich los,
so wüsste keinen Schritt
ich mehr zu gehen.

*Edith Stein*

# 27. SONNTAG IM JAHRESKREIS

## 4. Oktober 2020

Die Texte des heutigen Sonntags sprechen viel von Demut: Wir können viel, wir sollen mit offenen Augen durch die Welt gehen und sehen, dass vieles nicht so ist, wie es sein soll oder sein könnte. Dennoch müssen wir auch akzeptieren, dass wir nicht über die Wunderwaffe verfügen, um selbst alles gut zu machen. Hier lernt offensichtlich auch der, der sich hingegeben hat, der nicht ein Selbstmacher war, sondern alles in die Hände der anderen gelegt hat – weil er ihnen vertraut und sie ermächtigen will, sie selbst zu sein.

### ERÖFFNUNGSVERS

Est 13,9.10–11 (Vulgata)

Deiner Macht ist das All unterworfen, Herr,
und niemand kann sich dir widersetzen;
denn du hast Himmel und Erde gemacht
und alles, was wir unter dem Himmel bestaunen.
Du bist der Herr über alles.

### KYRIE-RUFE

Herr Jesus Christus, du bist der Weinstock,
wir sind die Reben.
V/A: Herr, erbarme dich.
Du willst, dass wir reiche Frucht bringen
und deine Jünger werden.
V/A: Christus, erbarme dich.
Du machst uns fruchtbar, wenn wir in dir
bleiben und du in uns bleibst.
V/A: Herr, erbarme dich.

Ehre sei Gott, S. 489 f.

## TAGESGEBET

Allmächtiger Gott, du gibst uns in deiner Güte mehr, als wir verdienen, und Größeres, als wir erbitten. Nimm weg, was unser Gewissen belastet, und schenke uns jenen Frieden, den nur deine Barmherzigkeit geben kann. Darum bitten wir durch Jesus Christus.

# WORTGOTTESDIENST

ZUR 1. LESUNG Die Bedingungen scheinen ideal, aber der Weinberg bringt keine Frucht. Wer kann es da dem Besitzer verdenken, dass er missgelaunt ist und seinen Weinberg aufgibt? Ganz offenbar lernt Gott in diesem Gleichnis, dass der Gärtner, Bauer und Winzer ein demütiger Mensch sein muss: Er bemüht sich, aber die Frucht ist nicht garantiert. So bemüht sich auch der Mensch, aber der Erfolg bleibt ein Geheimnis, ist nichts, was garantiert und berechnet werden kann. Haben wir sie noch, diese Demut des Bauern, oder berechnen und verzwecken wir alles, wie es der „homo faber" tut?

## ERSTE LESUNG Jes 5,1–7

*Der Weinberg des Herrn der Heerscharen ist das Haus Israel*

**Lesung aus dem Buch Jesája.**

Ich will singen von meinem Freund, das Lied meines Liebsten von seinem Weinberg.
Mein Freund hatte einen Weinberg auf einer fruchtbaren Höhe. Er grub ihn um und entfernte die Steine und bepflanzte ihn mit edlen Reben. Er baute in seiner Mitte einen Turm und hieb zudem eine

Kelter in ihm aus. Dann hoffte er, dass der Weinberg Trauben brächte, doch er brachte nur faule Beeren.

Und nun, Bewohner Jerusalems und Männer von Juda, richtet zwischen mir und meinem Weinberg! Was hätte es für meinen Weinberg noch zu tun gegeben, das ich ihm nicht getan hätte? Warum hoffte ich, dass er Trauben brächte? Und er brachte nur faule Beeren!

Jetzt aber will ich euch kundtun, was ich mit meinem Weinberg mache: seine Hecke entfernen, sodass er abgeweidet wird; einreißen seine Mauer, sodass er zertrampelt wird. Zu Ödland will ich ihn machen. Nicht werde er beschnitten, nicht behackt, sodass Dornen und Disteln hochkommen. Und den Wolken gebiete ich, keinen Regen auf ihn fallen zu lassen.

Denn der Weinberg des HERRN der Heerscharen ist das Haus Israel und die Männer von Juda sind die Pflanzung seiner Lust. Er hoffte auf Rechtsspruch – doch siehe da: Rechtsbruch, auf Rechtsverleih – doch siehe da: Hilfegeschrei.

## ANTWORTPSALM

Ps 80 (79),9 u. 12.13–14.15–16.19–20 (Kv: vgl. Jes 5,7a)

Kv Der Weinberg des HERRN ist das Haus Israel. – Kv

Einen Weinstock hobst du aus in Ägypten, *
du hast Völker vertrieben und ihn eingepflanzt.
Seine Ranken trieb er bis zum Meer *
und seine Schösslinge bis zum Eufrat! – (Kv)

Warum rissest du seine Mauern ein? *
Alle, die des Weges kommen, plündern ihn.
Der Eber aus dem Wald wühlt ihn um, *
es fressen ihn ab die Tiere des Feldes. – (Kv)

Gott der Heerscharen, kehre doch zurück, /
blicke vom Himmel herab und sieh, *
sorge für diesen Weinstock!

Beschütze, was deine Rechte gepflanzt hat, *
und den Sohn, den du dir stark gemacht! – (Kv)

Wir werden nicht von dir weichen. *
Belebe uns und wir rufen deinen Namen an.
Herr, Gott der Heerscharen, stelle uns wieder her, *
lass dein Angesicht leuchten und wir sind gerettet. – Kv

ZUR 2. LESUNG Sich um nichts sorgen zu müssen – wie schön wäre das! Sorge bedeutet, dass ich versuche, etwas selbst zu lösen. Paulus empfiehlt, nicht auf die eigene Kraft zu setzen, sondern dem Herrn mit Bitte und Dank das vorzutragen, was in unseren Augen anders sein sollte. Vieles sollte und müsste anders sein, denn wir können uns die Welt wahrhaft anders und besser vorstellen, als wir sie sehen und wahrnehmen. Aus irgendeinem Grund ist sie aber so, wie sie ist, und wir können und müssen darauf vertrauen, dass Gott weiß, warum. Ohne dieses Vertrauen werden wir verzweifeln, und es ist nicht naiv, zu vertrauen, wenn wir uns zugestehen, dass wir vieles niemals verstehen können.

## ZWEITE LESUNG

Phil 4,6–9

*Was ihr angenommen habt, das tut; und der Gott des Friedens wird mit euch sein*

**Lesung aus dem Brief des Apostels Paulus an die Gemeinde in Philíppi.**

Schwestern und Brüder! Sorgt euch um nichts, sondern bringt in jeder Lage betend und flehend eure Bitten mit Dank vor Gott! Und der Friede Gottes, der alles Verstehen übersteigt, wird eure Herzen und eure Gedanken in Christus Jesus bewahren.

Im Übrigen, Brüder und Schwestern: Was immer wahrhaft, edel, recht, was lauter, liebenswert, ansprechend ist, was Tugend heißt

und lobenswert ist, darauf seid bedacht! Und was ihr gelernt und angenommen, gehört und an mir gesehen habt, das tut!
Und der Gott des Friedens wird mit euch sein.

## RUF VOR DEM EVANGELIUM

Vers: vgl. Joh 15,16

Halleluja. Halleluja.
(So spricht der Herr:)
Ich habe euch erwählt und dazu bestimmt, dass ihr Frucht bringt
und dass eure Frucht bleibt.
Halleluja.

**ZUM EVANGELIUM** Der Gutsbesitzer verlangt nicht zu viel, er will nur seinen Anteil; das ist sein gutes Recht. Soll man ihm vorwerfen, dass er nicht für gute Stimmung sorgt, dass er sich um die Pächter nicht kümmert? Moderne Personalführung sieht anders aus und man verlangt von einem Vorgesetzten, dass er seine Mannschaft motiviert. Wir haben hier ein anderes Bild vor Augen, das Bild von selbstmotivierten Pächtern, die von sich aus tun, was recht ist. Denken wir nicht zu gering von uns und muten wir uns zu, dass wir Pächter des Weinbergs (in säkularer Zeit) sind und der Herr nicht ständig zu uns kommt, um uns zu motivieren – er traut unserer Selbstachtung etwas zu.

## EVANGELIUM

Mt 21,33–42.44.43

*Er wird den Weinberg an andere Winzer verpachten*

+ **Aus dem heiligen Evangelium nach Matthäus.**

In jener Zeit sprach Jesus zu den Hohepriestern und den Ältesten des Volkes:
Hört noch ein anderes Gleichnis: Es war ein Gutsbesitzer, der legte einen Weinberg an, zog ringsherum einen Zaun, hob eine Kelter

aus und baute einen Turm. Dann verpachtete er den Weinberg an Winzer und reiste in ein anderes Land. Als nun die Erntezeit kam, schickte er seine Knechte zu den Winzern, um seine Früchte holen zu lassen. Die Winzer aber packten seine Knechte; den einen prügelten sie, den andern brachten sie um, wieder einen anderen steinigten sie. Darauf schickte er andere Knechte, mehr als das erste Mal; mit ihnen machten sie es genauso.

Zuletzt sandte er seinen Sohn zu ihnen; denn er dachte: Vor meinem Sohn werden sie Achtung haben.

Als die Winzer den Sohn sahen, sagten sie zueinander: Das ist der Erbe. Auf, wir wollen ihn umbringen, damit wir sein Erbe in Besitz nehmen. Und sie packten ihn, warfen ihn aus dem Weinberg hinaus und brachten ihn um. Wenn nun der Herr des Weinbergs kommt: Was wird er mit jenen Winzern tun?

Sie sagten zu ihm: Er wird diese bösen Menschen vernichten und den Weinberg an andere Winzer verpachten, die ihm die Früchte abliefern, wenn es Zeit dafür ist.

Und Jesus sagte zu ihnen: Habt ihr nie in der Schrift gelesen:

Der Stein, den die Bauleute verworfen haben, er ist zum Eckstein geworden; vom Herrn ist das geschehen und es ist wunderbar in unseren Augen?

Und wer auf diesen Stein fällt, wird zerschellen; auf wen der Stein aber fällt, den wird er zermalmen.

Darum sage ich euch: Das Reich Gottes wird euch weggenommen und einem Volk gegeben werden, das die Früchte des Reiches Gottes bringt.

Glaubensbekenntnis, S. 492 ff.

## FÜRBITTEN

Auch im heutigen Evangelium erfahren wir, dass unser Menschenmaß nicht reicht, Gottes unfassbare Geduld zu erfassen. Vor Gott, den langmütigen Herrn des Weinbergs, tragen wir nun unsere Bitten:

- Wir beten für die Kirche, dass sie auch heute Frucht bringt und so der Ehre Gottes und dem Heil und Wohl der Menschen dient. V: Barmherziger Gott. A: Höre auch heute unser Rufen.
- Wir beten für alle, die sich einsetzen für Gerechtigkeit und die reichen Gaben und Güter der Erde allen Menschen zugänglich machen wollen. V: Barmherziger Gott. A: Höre auch heute unser Rufen.
- Wir beten für alle, die sich verantwortungsvoll und zuverlässig um Kinder und Jugendliche mühen, deren Startbedingungen ins Leben schlecht waren. V: Barmherziger Gott. A: Höre auch heute unser Rufen.
- Wir beten für alle, die in Unsicherheit und Armut leben und nicht wissen, wovon sie morgen satt werden sollen. V: Barmherziger Gott. A: Höre auch heute unser Rufen.
- Wir beten für all diejenigen, die anderen im beruflichen oder privaten Bereich Fehler verzeihen können und eine zweite Chance geben. V: Barmherziger Gott. A: Höre auch heute unser Rufen.
- Wir beten für alle, für die dieser beginnende Herbst der letzte Herbst ihres Lebens sein wird. V: Barmherziger Gott. A: Höre auch heute unser Rufen.

Gott, du bist uns Vater und Mutter und wir bedürfen deiner Güte und Geduld so sehr. Hilf uns, auf deine Stimme zu hören und deine Wege zu suchen. Darum bitten wir durch Jesus, unseren Lehrer und Bruder.

# EUCHARISTIEFEIER

## GABENGEBET

Allmächtiger Gott, nimm die Gaben an, die wir nach deinem Willen darbringen. Vollende in uns das Werk der Erlösung und der Heiligung durch die Geheimnisse, die wir zu deiner Verherrlichung feiern. Darum bitten wir durch Christus, unseren Herrn.

Präfation, S. 504 ff.

## KOMMUNIONVERS

Vgl. 1 Kor 10,17

*Ein* Brot ist es, darum sind wir viele *ein* Leib.
Denn wir alle haben teil an dem einen Brot
und dem einen Kelch.

## SCHLUSSGEBET

Gott und Vater, du reichst uns das Brot des Lebens und den Kelch der Freude. Gestalte uns nach dem Bild deines Sohnes, der im Sakrament unsere Speise geworden ist. Darum bitten wir durch ihn, Christus, unseren Herrn.

***

Für eine Wort-Gottes-Feier:

## ERÖFFNUNGSGEBET ZUR WAHL

Gott, du hast uns angenommen als deine Kinder, wir sind dein Eigen. Mache uns zu Zeugen deiner Liebe, damit alle Menschen dich als Vater erkennen. Darum bitten wir durch Jesus Christus, deinen Sohn, mit dem dir Lobpreis und Ehre gebührt in der Einheit des Heiligen Geistes, Gott von Ewigkeit zu Ewigkeit.

***

## DU ALLEIN

Ich brauche dich, Herr,
als meinen Lehrer,
tagtäglich brauche ich dich.
Gib mir die Klarheit des Gewissens,
die alleine deinen Geist spüren kann.
Meine Ohren sind taub,
ich kann deine Stimme nicht hören.
Mein Blick ist getrübt,
ich kann deine Zeichen nicht sehen.
Du allein kannst mein Ohr schärfen
und meinen Blick klären
und mein Herz reinigen.
Lehre mich zu deinen Füßen sitzen
und auf dein Wort hören.

*John Henry Newman*

# 28. SONNTAG IM JAHRESKREIS

## 11. Oktober 2020

Menschliches Leben und Sehnen ist von starken Gegensätzen geprägt: Wir können uns die Welt so perfekt vorstellen und ausmalen, und doch erleben wir wie der Apostel Überfluss und Entbehrung zugleich – nicht immer als Einzelperson, aber in der Menschheitsfamilie auf jeden Fall. Unser Sehnen ist dabei so viel stärker und schöner als unser Erleben, und doch ist auch das Sehnen von dem geprägt, was wir erlebt haben, von Festmählern und gutem Wein. Kommen wir aber nicht über das hinaus, was uns prägt? Nein, und das ist weder verwunderlich noch notwendig, denn der, der uns ermöglichen wird, über uns hinauszuwachsen, wird noch erwartet.

### ERÖFFNUNGSVERS

Ps 130 (129),3–4

Würdest du, Herr, unsere Sünden beachten,
Herr, wer könnte bestehen?
Doch bei dir ist Vergebung, Gott Israels.

### KYRIE-RUFE

Herr Jesus Christus, du bist das Licht der Völker.
V/A: Herr, erbarme dich.
Du bist ein Licht, das die Heiden erleuchtet,
und Herrlichkeit für dein Volk Israel.
V/A: Christus, erbarme dich.
Du versammelst alle Völker und Nationen
zu deinem Festmahl.
V/A: Herr, erbarme dich.

Ehre sei Gott, S. 489 f.

## TAGESGEBET

Herr, unser Gott, deine Gnade komme uns zuvor und begleite uns, damit wir dein Wort im Herzen bewahren und immer bereit sind, das Gute zu tun. Darum bitten wir durch Jesus Christus.

# WORTGOTTESDIENST

ZUR 1. LESUNG O, wie sehne ich diesen Tag herbei! Es geht mir weniger um das Festmahl mit feinsten Speisen und erlesenen Weinen; es geht vielmehr darum, dass alle Völker gemeinsam dort sein werden und dass der Tod besiegt ist. Was wird das für eine Freude sein. Tod bedeutet die ewige Angst um sich, die Sorge, zu kurz zu kommen. Wenn er beseitigt ist, können wir uns den anderen endlich öffnen. Jene Angst schnürt uns die Kehle zu und sie liegt auf uns wie eine schwere Decke, eine Last, die wir nicht stemmen können und unter der wir zu ersticken drohen. Wann kommt er endlich, der Tag der Lüftung?

## ERSTE LESUNG Jes 25,6–10a

*Der Herr wird für alle Völker ein Festmahl geben; er wird die Tränen von jedem Gesicht abwischen*

**Lesung aus dem Buch Jesája.**

An jenem Tag wird der HERR der Heerscharen auf diesem Berg – dem Zion – für alle Völker ein Festmahl geben mit den feinsten Speisen, ein Gelage mit erlesenen Weinen, mit den feinsten, fetten Speisen, mit erlesenen, reinen Weinen. Er verschlingt auf diesem Berg die Hülle, die alle Völker verhüllt, und die Decke, die alle Nationen bedeckt.

Er hat den Tod für immer verschlungen und GOTT, der Herr, wird die Tränen von jedem Gesicht abwischen und die Schande seines Volkes entfernt er von der ganzen Erde, denn der HERR hat gesprochen.

An jenem Tag wird man sagen: Siehe, das ist unser Gott, auf ihn haben wir gehofft, dass er uns rettet. Das ist der HERR, auf ihn haben wir gehofft. Wir wollen jubeln und uns freuen über seine rettende Tat. Denn die Hand des HERRN ruht auf diesem Berg.

## ANTWORTPSALM

Ps 23 (22), 1–3.4.5.6 (Kv: vgl. 6b)

Kv Im Haus des HERRN werde ich wohnen
für immer und ewig. – Kv

Der HERR ist mein Hirt, nichts wird mir fehlen. /
Er lässt mich lagern auf grünen Auen *
und führt mich zum Ruheplatz am Wasser.
Meine Lebenskraft bringt er zurück. *
Er führt mich auf Pfaden der Gerechtigkeit,
getreu seinem Namen. – (Kv)

Auch wenn ich gehe im finsteren Tal, *
ich fürchte kein Unheil;
denn du bist bei mir, *
dein Stock und dein Stab, sie trösten mich. – (Kv)

Du deckst mir den Tisch *
vor den Augen meiner Feinde.
Du hast mein Haupt mit Öl gesalbt, *
übervoll ist mein Becher. – (Kv)

Ja, Güte und Huld *
werden mir folgen mein Leben lang
und heimkehren werde ich ins Haus des HERRN *
für lange Zeiten. – Kv

ZUR 2. LESUNG Der Apostel beschreibt sein Leben der Extreme: Sattsein und Hungern, Überfluss und Entbehrung. Dies alles kann er ertragen, weil der Herr ihn stärkt. Aber kann er wirklich alles ertragen? Er merkt wohl, dass diese Aussage zu groß geraten ist, und besinnt sich darauf, dass er nicht alleine, sondern die betende Gemeinde mit ihm leidet. Ja, es scheint so zu sein, als müsste der Repräsentant erst einmal alles selbst erleiden, aber dann muss er doch wieder lernen, dass ihm dies nur möglich ist, weil viele ihn stützen. Paulus ist so froh über diese Unterstützung, dass er dies den Philippern zusagt: Gott wird ihnen alles geben, was sie nötig haben.

## ZWEITE LESUNG Phil 4,12–14.19–20

*Alles vermag ich durch den, der mich stärkt*

**Lesung aus dem Brief des Apostels Paulus an die Gemeinde in Philíppi.**

Schwestern und Brüder! Ich weiß Entbehrungen zu ertragen, ich kann im Überfluss leben. In jedes und alles bin ich eingeweiht: in Sattsein und Hungern, Überfluss und Entbehrung. Alles vermag ich durch den, der mich stärkt. Doch ihr habt recht daran getan, an meiner Bedrängnis Anteil zu nehmen.

Mein Gott aber wird euch durch Christus Jesus alles, was ihr nötig habt, aus dem Reichtum seiner Herrlichkeit schenken.

Unserem Gott und Vater aber sei die Ehre in alle Ewigkeit! Amen.

## RUF VOR DEM EVANGELIUM Vers: vgl. Eph 1,17–18

Halleluja. Halleluja.
Der Vater unseres Herrn Jesus Christus
erleuchte die Augen unseres Herzens,
damit wir verstehen, zu welcher Hoffnung wir berufen sind.
Halleluja.

ZUM EVANGELIUM Welch seltsame Geschichte über das Ereignis der Berufung. Der König hat eingeladen, aber die Geladenen kommen nicht; sie sind gerufen, aber folgen nicht dem Ruf. Offenbar hat der König die Situation falsch eingeschätzt: Niemand will mit ihm feiern. Ist das verwunderlich bei einem jähzornigen König, der Städte in Schutt und Asche legen lässt? Hätte er nicht nachfragen müssen, warum niemand seinem Ruf Folge leisten will? Ich stelle mir die himmlische Gottesherrschaft nicht so vor, dass die Berufenen bedingungslos gehorchen müssen. Die Verfehlung des Gastes ohne Hochzeitsgewand war es auch, dass er schweigt; Gott will keine Schweiger, sondern uns, die wir ihm Rede und Antwort stehen.

## EVANGELIUM

Mt 22,1–14

*Ladet alle, die ihr trefft, zur Hochzeit ein!*

**+ Aus dem heiligen Evangelium nach Matthäus.**

In jener Zeit erzählte Jesus den Hohepriestern und den Ältesten des Volkes das folgende Gleichnis:

Mit dem Himmelreich ist es wie mit einem König, der seinem Sohn die Hochzeit ausrichtete. Er schickte seine Diener, um die eingeladenen Gäste zur Hochzeit rufen zu lassen. Sie aber wollten nicht kommen.

Da schickte er noch einmal Diener und trug ihnen auf: Sagt den Eingeladenen: Siehe, mein Mahl ist fertig, meine Ochsen und das Mastvieh sind geschlachtet, alles ist bereit. Kommt zur Hochzeit! Sie aber kümmerten sich nicht darum, sondern der eine ging auf seinen Acker, der andere in seinen Laden, wieder andere fielen über seine Diener her, misshandelten sie und brachten sie um.

Da wurde der König zornig; er schickte sein Heer, ließ die Mörder töten und ihre Stadt in Schutt und Asche legen.

Dann sagte er zu seinen Dienern: Das Hochzeitsmahl ist vorbereitet, aber die Gäste waren nicht würdig. Geht also an die Kreuzungen der Straßen und ladet alle, die ihr trefft, zur Hochzeit ein! Die Diener gingen auf die Straßen hinaus und holten alle zusammen, die sie trafen, Böse und Gute, und der Festsaal füllte sich mit Gästen.

Als der König eintrat, um sich die Gäste anzusehen, bemerkte er unter ihnen einen Menschen, der kein Hochzeitsgewand anhatte. Er sagte zu ihm: Freund, wie bist du hier ohne Hochzeitsgewand hereingekommen? Der aber blieb stumm.

Da befahl der König seinen Dienern: Bindet ihm Hände und Füße und werft ihn hinaus in die äußerste Finsternis! Dort wird Heulen und Zähneknirschen sein. Denn viele sind gerufen, wenige aber auserwählt.

*Oder:*

KURZFASSUNG Mt 22,1–10

*Ladet alle, die ihr trefft, zur Hochzeit ein!*

**+ Aus dem heiligen Evangelium nach Matthäus.**

In jener Zeit erzählte Jesus den Hohepriestern und den Ältesten des Volkes das folgende Gleichnis:

Mit dem Himmelreich ist es wie mit einem König, der seinem Sohn die Hochzeit ausrichtete. Er schickte seine Diener, um die eingeladenen Gäste zur Hochzeit rufen zu lassen. Sie aber wollten nicht kommen.

Da schickte er noch einmal Diener und trug ihnen auf: Sagt den Eingeladenen: Siehe, mein Mahl ist fertig, meine Ochsen und das Mastvieh sind geschlachtet, alles ist bereit. Kommt zur Hochzeit! Sie aber kümmerten sich nicht darum, sondern der eine ging auf seinen Acker, der andere in seinen Laden, wieder andere fielen über seine Diener her, misshandelten sie und brachten sie um.

Da wurde der König zornig; er schickte sein Heer, ließ die Mörder töten und ihre Stadt in Schutt und Asche legen.

Dann sagte er zu seinen Dienern: Das Hochzeitsmahl ist vorbereitet, aber die Gäste waren nicht würdig. Geht also an die Kreuzungen der Straßen und ladet alle, die ihr trefft, zur Hochzeit ein! Die Diener gingen auf die Straßen hinaus und holten alle zusammen, die sie trafen, Böse und Gute, und der Festsaal füllte sich mit Gästen.

Glaubensbekenntnis, S. 492 ff.

## FÜRBITTEN

Gottes Einladung gilt allen. Sie gilt uns. Deshalb rufen wir zu ihm, gemeinsam und voll Hoffnung:

- Wir bitten dich für die zertrennte Christenheit, dass es ihr mehr und mehr gelingt, als Gemeinschaft deine Gastfreundschaft, deine einladende Liebe, zu bezeugen. V: Liebender Gott. A: Höre und erhöre uns.
- Wir bitten für unsere Pfarrgemeinden, dass auch sie deine einladende Liebe widerspiegeln. V: Liebender Gott. A: Höre und erhöre uns.
- Wir beten für Familien, die besonders schwere Lasten tragen müssen, dass sie zu einem guten Miteinander finden. V: Liebender Gott. A: Höre und erhöre uns.
- Wir bitten für uns selbst um ein hörendes Herz, damit wir deine Stimme in der Stimme der Menschen, die uns brauchen, vernehmen. V: Liebender Gott. A: Höre und erhöre uns.
- Wir bitten für unsere lieben Verstorbenen, dass sie Freude und Gemeinschaft mit dir bei deinem Festmahl des Lebens erfahren. V: Liebender Gott. A: Höre und erhöre uns.

Gott, du lädst uns ein und willst uns deine Nähe schenken. Öffne unsere Ohren und unser Herz für deine gute Gegenwart, so bitten wir im Heiligen Geist durch Jesus Christus, deinen Sohn, unseren Bruder und Lehrer.

# EUCHARISTIEFEIER

## GABENGEBET

Herr und Gott, nimm die Gebete und Opfergaben deiner Gläubigen an. Lass uns diese heilige Feier mit ganzer Hingabe begehen, damit wir einst das Leben in der Herrlichkeit des Himmels erlangen. Darum bitten wir durch Christus, unseren Herrn.

Präfation, S. 504 ff.

## KOMMUNIONVERS

Ps 34 (33), 11

Reiche müssen darben und hungern.
Wer aber den Herrn sucht,
braucht kein Gut zu entbehren.

## SCHLUSSGEBET

Allmächtiger Gott, in der heiligen Opferfeier nährst du deine Gläubigen mit dem Leib und dem Blut deines Sohnes. Gib uns durch dieses Sakrament auch Anteil am göttlichen Leben. Darum bitten wir durch Christus, unseren Herrn.

***

Für eine Wort-Gottes-Feier:

## ERÖFFNUNGSGEBET ZUR WAHL

Gott, überreich an Güte, du deckst uns den Tisch deines Wortes und hältst Gaben in Fülle bereit. Wir bitten dich: Lass uns würdige Gäste sein und dich immerdar loben und preisen im Heiligen Geist durch Jesus Christus, unseren Herrn.

***

## SIEHE, DAS IST UNSER GOTT

Er zählt die Tränen der Verlassenen;
er öffnet den Ausgeschlossenen die Tür;
er wartet auf die Vertriebenen,
die ein Zuhause suchen;
er nimmt die auf,
die keiner haben will.
Er hört das Stöhnen der Kranken
in schlaflosen Nächten;
er kennt die Trauer
der Zurückgebliebenen.
Er erbarmt sich der Hungernden;
er lädt die Gescheiterten
an seinen Tisch …

„Seht, das ist unser Gott,
auf ihn haben wir
unsere Hoffnung gesetzt."

*Eleonore Beck*

# 29. SONNTAG IM JAHRESKREIS

## 18. Oktober 2020

Es ist schwer, Gottes Willen zu kennen, und noch schwerer, ihn zu erkennen, ihn aus all unseren geschichtlichen und lebensgeschichtlichen Irrungen und Wirrungen herauszuhören. Hier hilft nur der Heilige Geist. Leider können wir diesen aber nicht einfach so herbeibeten oder uns in ihn zwingend hineinmeditieren. Ja, wir müssen die Ohren unserer Herzen auf ihn hin sensibilisieren, aber er kommt von selbst und wird sich oft dort bemerkbar machen, wo wir ihn nicht vermutet haben. Warum das so ist? Das ist noch viel schwerer zu beantworten, aber Gott will uns offenbar nicht mit seiner Wucht und Herrlichkeit überwältigen und überfordern.

### ERÖFFNUNGSVERS

Ps 17 (16),6.8

Ich rufe dich an, denn du, Gott, erhörst mich.
Wende dein Ohr mir zu, vernimm meine Rede!
Behüte mich wie den Augapfel, den Stern des Auges,
birg mich im Schatten deiner Flügel.

### KYRIE-RUFE

Herr Jesus Christus, du lehrst uns, Gott allein
die Ehre zu geben und sonst niemand.
V/A: Herr, erbarme dich.
Du heißt uns, Gott zu geben, was Gott gehört,
und dem Kaiser, was dem Kaiser gehört.
V/A: Christus, erbarme dich.

Du willst, dass wir Gott mehr gehorchen
als den Menschen.
V/A: Herr, erbarme dich.

Ehre sei Gott, S. 489 f.

## TAGESGEBET

Allmächtiger Gott, du bist unser Herr und Gebieter. Mach unseren Willen bereit, deinen Weisungen zu folgen, und gib uns ein Herz, das dir aufrichtig dient. Darum bitten wir durch Jesus Christus.

# WORTGOTTESDIENST

ZUR 1. LESUNG Israel ist in der Babylonischen Gefangenschaft und Kyrus wird zum Handlanger Gottes. Er wird nicht um seinetwillen erwählt, sondern um Israels willen – Heilsgeschichte ist oft verschlungen und wird nicht immer auf geraden Linien geschrieben. Erwählung um eines anderen willen ist keine Seltenheit und oft wird erst im Nachhinein klar, dass Gott es gefügt hat, ohne dass man seine Führung im Geschichtslauf selbst gemerkt hätte. So ergibt sich im Nachhinein die klare Erkenntnis, dass es nur einen Gott gibt. Gott gibt es nicht einfach, sondern er gibt sich im Nach-Denken.

## ERSTE LESUNG Jes 45,1.4–6

*Ich habe Kyrus bei der Hand gefasst, um ihm Nationen zu unterwerfen*

**Lesung aus dem Buch Jesája.**

So spricht der HERR zu seinem Gesalbten, zu Kyrus: Ich habe ihn an seiner rechten Hand gefasst, um ihm Nationen zu unterwer-

fen; Könige entwaffne ich, um ihm Türen zu öffnen und kein Tor verschlossen zu halten:
Um meines Knechtes Jakob willen, um Israels, meines Erwählten, willen habe ich dich bei deinem Namen gerufen; ich habe dir einen Ehrennamen gegeben, ohne dass du mich kanntest.
Ich bin der HERR und sonst niemand; außer mir gibt es keinen Gott. Ich habe dir den Gürtel angelegt, ohne dass du mich kanntest, damit man vom Aufgang der Sonne bis zu ihrem Untergang erkennt, dass es außer mir keinen Gott gibt. Ich bin der HERR und sonst niemand.

## ANTWORTPSALM

Ps 96 (95), 1 u. 3.4–5.7–8.9 u. 10abd (Kv: 7b)

Kv Bringt dar dem HERRN Ehre und Macht! – Kv

Singet dem HERRN ein neues Lied, *
singt dem HERRN, alle Lande!
Erzählt bei den Nationen von seiner Herrlichkeit, *
bei allen Völkern von seinen Wundern! – (Kv)

Denn groß ist der HERR und hoch zu loben, *
mehr zu fürchten als alle Götter.
Denn alle Götter der Völker sind Nichtse, *
aber der HERR ist es, der den Himmel gemacht hat. – (Kv)

Bringt dar dem HERRN, ihr Stämme der Völker, *
bringt dar dem HERRN Ehre und Macht,
bringt dar dem HERRN die Ehre seines Namens! *
Bringt Gaben und tretet ein in die Höfe seines Heiligtums! – (Kv)

Werft euch nieder vor dem HERRN in heiligem Schmuck! *
Erbebt vor ihm, alle Lande!
Verkündet bei den Nationen: Der HERR ist König! *
Er richtet die Völker so, wie es recht ist. – Kv

ZUR 2. LESUNG Dankt Paulus für die Thessalonicher allein, wenn er betet, oder dankt er für sie jedes Mal, wenn er an sie denkt? Der Apostel meint, Letzteres treffe zu, denn er erläutert, dass er auch außerhalb des Gebetes die Gemeinde dankbar im Blick hat. Seine Gewissheit für die Erwählung der Gläubigen verweist auf ein Zeichen, das nicht von Paulus hervorgebracht worden ist, sondern von Gott kommt – die Erfüllung und Belebung durch den Heiligen Geist. Daraus entspringt das Werk des Glaubens; ein paradoxes Wort, denn der Glaube ist Geschenk und aus ihm geht sicheres Handeln hervor. Handle ich im Einklang mit Gott?

## ZWEITE LESUNG

1 Thess 1, 1–5b

*Wir erinnern uns vor Gott an euren Glauben, eure Liebe und eure Hoffnung*

**Lesung aus dem ersten Brief des Apostels Paulus an die Gemeinde in Thessalónich.**

Paulus, Silvánus und Timótheus an die Kirche der Thessalónicher, die in Gott, dem Vater, und in Jesus Christus, dem Herrn, ist: Gnade sei mit euch und Friede!

Wir danken Gott für euch alle, sooft wir in unseren Gebeten an euch denken; unablässig erinnern wir uns vor Gott, unserem Vater, an das Werk eures Glaubens, an die Mühe eurer Liebe und an die Standhaftigkeit eurer Hoffnung auf Jesus Christus, unseren Herrn.

Wir wissen, von Gott geliebte Brüder und Schwestern, dass ihr erwählt seid. Denn unser Evangelium kam zu euch nicht im Wort allein, sondern auch mit Kraft und mit dem Heiligen Geist und mit voller Gewissheit.

## RUF VOR DEM EVANGELIUM

Vers: vgl. Phil 2, 15d.16a

Halleluja. Halleluja.
Haltet fest am Worte Christi;

dann leuchtet ihr als Lichter in der Welt.
Halleluja.

ZUM EVANGELIUM „Ohne Ansehen der Person". Unser Wort „Person" hat geschichtlich einen Wandel erlebt. Jesus lässt sich nicht aufs Glatteis führen: Man schmeichelt ihm und bescheinigt ihm, nicht auf die Person – den sozialen Status, den gesellschaftlichen Rang eines Menschen, so die alte Bedeutung des Begriffs – zu sehen. Die Schmeichelei soll von den unlauteren Motiven der Fragesteller ablenken. Jesus lässt sich aber nicht ablenken, sondern erkennt die Absicht. In diesem Sinne schaut er also auf die Person – auf die Beweggründe des Individuums, dies ist die neuere Bedeutung von „Person". So vermag Jesus, zwischen Menschlichem, allzu Menschlichem, und Göttlichem zu unterscheiden; eine Gabe, die nur wenigen gegeben ist.

## EVANGELIUM Mt 22,15–21

*Gebt dem Kaiser, was dem Kaiser gehört, und Gott, was Gott gehört*

**+ Aus dem heiligen Evangelium nach Matthäus.**

In jener Zeit kamen die Pharisäer zusammen und beschlossen, Jesus mit einer Frage eine Falle zu stellen.
Sie veranlassten ihre Jünger, zusammen mit den Anhängern des Herodes zu ihm zu gehen und zu sagen: Meister, wir wissen, dass du die Wahrheit sagst und wahrhaftig den Weg Gottes lehrst und auf niemanden Rücksicht nimmst, denn du siehst nicht auf die Person. Sag uns also: Was meinst du? Ist es erlaubt, dem Kaiser Steuer zu zahlen, oder nicht?
Jesus aber erkannte ihre böse Absicht und sagte: Ihr Heuchler, warum versucht ihr mich? Zeigt mir die Münze, mit der ihr eure Steuern bezahlt! Da hielten sie ihm einen Denár hin.
Er fragte sie: Wessen Bild und Aufschrift ist das? Sie antworteten ihm: Des Kaisers.

Darauf sagte er zu ihnen: So gebt dem Kaiser, was dem Kaiser gehört, und Gott, was Gott gehört!

Glaubensbekenntnis, S. 492 ff.

## FÜRBITTEN

Wir bitten Gott um seine Kraft und Hilfe, den Nächsten in seiner Bedürftigkeit zu sehen:

- Hilf allen, die Leitungsverantwortung in der Kirche haben, Wichtiges von Unwichtigem zu unterscheiden und dein Wort heute zu Gehör zu bringen. V: Gott, Mitte unseres Lebens. A: Höre und erhöre uns.
- Stehe den Menschen bei, für die das Bekenntnis zu dir Nachteile bringt, die verfolgt, bestraft, ja lebensgefährlich bedroht werden. V: Gott, Mitte unseres Lebens. A: Höre und erhöre uns.
- Öffne unsere Augen und unser Herz für die Not in der Welt und für die Nöte in unserer Nähe. V: Gott, Mitte unseres Lebens. A: Höre und erhöre uns.
- Sei bei den Menschen, die in Familie oder Beruf besonders belastet sind, und bewahre sie davor, sich in den Anforderungen und Überforderungen des Alltags zu verlieren. V: Gott, Mitte unseres Lebens. A: Höre und erhöre uns.
- Stärke die vielen jungen Menschen, die von Leistungsanforderungen und durch den Druck absurder Schönheitsideale in ihrer Selbstachtung bedroht sind. V: Gott, Mitte unseres Lebens. A: Höre und erhöre uns.
- Schenke den Langzeitkranken Mut und Zuversicht und lass sie erfahren, dass sie nicht vergessen sind. V: Gott, Mitte unseres Lebens. A: Höre und erhöre uns.

Guter Gott, du bist mit uns auf dem Weg und hilfst uns, schädigende Gewohnheiten und vermeintliche Sachzwänge zu überwinden und das Rechte zu tun. Dafür danken wir dir durch Jesus Christus, deinen Sohn, der unser Bruder geworden ist.

# EUCHARISTIEFEIER

## GABENGEBET

Hilf uns, Herr, dass wir den Dienst am Altar mit freiem Herzen vollziehen. Befreie uns durch diese Feier von aller Schuld, damit wir rein werden und dir gefallen. Darum bitten wir durch Christus, unseren Herrn.

Präfation, S. 504 ff.

## KOMMUNIONVERS

Mk 10,45

Der Menschensohn ist gekommen,
um sein Leben als Lösegeld hinzugeben für viele.

## SCHLUSSGEBET

Allmächtiger Gott, gib, dass die heiligen Geheimnisse, die wir gefeiert haben, in uns Frucht bringen. Schenke uns Tag für Tag, was wir zum Leben brauchen, und führe uns zur ewigen Vollendung. Darum bitten wir durch Christus, unseren Herrn.

***

Für eine Wort-Gottes-Feier:

## ERÖFFNUNGSGEBET ZUR WAHL

Gott, Schöpfer des Himmels und der Erde, alles ist dein Eigen, du bist Herr über die ganze Welt. Wir bitten dich: Schaffe Raum deinem Reich der Gerechtigkeit und Liebe, damit alle Menschen deine Größe preisen. Darum bitten wir durch Jesus Christus, deinen Sohn, der mit dir lebt und die Welt regiert in der Einheit des Heiligen Geistes, Gott von Ewigkeit zu Ewigkeit.

***

## BESCHLEUNIGE DEN TAG

Lass uns den Heiligen Geist bitten, dass die Kirche auf der Erde bereit sei, wie der Herr das Leben für die Menschen hinzugeben, sich zerschlagen zu lassen und sich hinzuschenken für die Not der Welt, damit das Reich unseres Gottes komme.
Wir bitten dich, beschleunige den Tag, da wir dir eines Herzens und eines Sinnes dienen und dich anbeten können im Frieden und in der Liebe des Leibes Christi.

*Gebet aus Taizé*

# 30. SONNTAG IM JAHRESKREIS

## 25. Oktober 2020

Es ist nicht immer leicht, in den Anforderungen des Alltags einen klaren Kopf zu behalten. So vieles stürmt auf uns ein, bedrängt und beutelt uns. So vieles führt uns in Versuchung und versucht uns zu besetzen und in eine Richtung zu ziehen, die wir womöglich gar nicht gutheißen. Da ist es erholsam, wenn uns das Wort Gottes immer wieder so klar vor Augen hält, worum es geht: den Götzen, die uns besetzen wollen, den Rücken zu kehren und auf die Not des anderen zu schauen. Wenn wir diese lindern, handeln wir im Sinne Gottes.

### ERÖFFNUNGSVERS

Vgl. Ps 105 (104), 3–4

Freuen sollen sich alle, die den Herrn suchen.
Sucht den Herrn und seine Macht,
sucht sein Antlitz allezeit.

### KYRIE-RUFE

Herr Jesus Christus, du bringst Gerechtigkeit und Recht.
V/A: Herr, erbarme dich.
Du bist gekommen, nicht um das Gesetz aufzuheben,
sondern um es zu erfüllen.
V/A: Christus, erbarme dich.
Du hast uns das Gebot der Liebe zu Gott und zu
unserem Nächsten aufgetragen als die Erfüllung
des ganzen Gesetzes.
V/A: Herr, erbarme dich.

Ehre sei Gott, S. 489 f.

## TAGESGEBET

Allmächtiger, ewiger Gott, mehre in uns den Glauben, die Hoffnung und die Liebe. Gib uns die Gnade, zu lieben, was du gebietest, damit wir erlangen, was du verheißen hast. Darum bitten wir durch Jesus Christus.

# WORTGOTTESDIENST

ZUR 1. LESUNG Göttliche Logik scheint den Gesetzen des Marktes zu widersprechen. Jedenfalls ist es nach dem Bundesbuch verboten, die Notlage eines Bedürftigen für sich auszunutzen; vielmehr muss man auch beim Geschäftemachen auf die Situation der anderen Seite schauen und diese berücksichtigen. Wäre es nicht herrlich, wenn wir all dies umsetzen würden? Wichtig ist dabei, dass die göttliche Logik nicht einfach einer weltfremden Utopie folgt, sondern dass das Gesetz der Unterbrechung und des Altruismus auch in unserer Wirtschaftswelt wirksam wird.

## ERSTE LESUNG Ex 22,20–26

*Wenn ihr Witwen und Waisen ausnützt, so wird mein Zorn gegen euch entbrennen*

**Lesung aus dem Buch Éxodus.**

So spricht der Herr: Einen Fremden sollst du nicht ausnützen oder ausbeuten, denn ihr selbst seid im Land Ägypten Fremde gewesen. Ihr sollt keine Witwe oder Waise ausnützen. Wenn du sie ausnützt und sie zu mir schreit, werde ich auf ihren Klageschrei hören. Mein Zorn wird entbrennen und ich werde euch mit dem Schwert umbringen, sodass eure Frauen zu Witwen und eure Söhne zu Waisen werden.

Leihst du einem aus meinem Volk, einem Armen, der neben dir wohnt, Geld, dann sollst du dich gegen ihn nicht wie ein Gläubiger benehmen. Ihr sollt von ihm keinen Zins fordern. Nimmst du von einem Mitbürger den Mantel zum Pfand, dann sollst du ihn bis Sonnenuntergang zurückgeben; denn es ist seine einzige Decke, der Mantel, mit dem er seinen bloßen Leib bedeckt. Worin soll er sonst schlafen? Wenn er zu mir schreit, höre ich es, denn ich habe Mitleid.

## ANTWORTPSALM

Ps 18 (17),2–3.4 u. 47.51 u. 50 (Kv: 2)

Kv Ich will dich lieben, HERR, meine Stärke. – Kv

Ich will dich lieben, HERR, meine Stärke, *
HERR, du mein Fels und meine Burg und mein Retter;
mein Gott, mein Fels, bei dem ich mich berge, *
mein Schild und Horn meines Heils, meine Zuflucht. – (Kv)

Ich rufe: Der HERR sei hoch gelobt! *
und ich werde vor meinen Feinden gerettet.
Es lebt der HERR, gepriesen sei mein Fels. *
Der Gott meiner Rettung sei hoch erhoben. – (Kv)

Seinem König verleiht er große Hilfe, /
Huld erweist er seinem Gesalbten, *
David und seinem Stamm auf ewig.
Darum will ich dir danken, HERR, inmitten der Nationen, *
ich will deinem Namen singen und spielen. – Kv

ZUR 2. LESUNG Die Hinwendung zu Gott bedingt die Abwendung von den Götzen. Das klingt sehr einfach, aber wie erkennt man Götzen? Vielleicht geht es um die Haltung des Wartens: Die Gläubigen erwarten den auferstandenen Herrn, sie warten auf den Messias. Ja, Gott hat ihn bereits von den Toten auferweckt, aber als solcher muss er wiederkommen, weil er jetzt eben nicht da ist. Wäre er da, wäre das Ende der Zeit bereits da. So leben wir Christusgläubigen in steter

Erwartung und sehnen das Kommen des Herrn herbei. Götzen befriedigen im Hier und Jetzt; wer den Messias erwartet, weiß darum, dass das noch nicht alles gewesen sein kann.

## ZWEITE LESUNG

1 Thess 1,5c–10

*Ihr habt euch von den Götzen zu Gott bekehrt, um dem wahren Gott zu dienen und seinen Sohn zu erwarten*

**Lesung aus dem ersten Brief des Apostels Paulus an die Gemeinde in Thessalónich.**

Schwestern und Brüder! Ihr wisst, wie wir bei euch aufgetreten sind, um euch zu gewinnen. Und ihr seid unserem Beispiel gefolgt und dem des Herrn; ihr habt das Wort trotz großer Bedrängnis mit der Freude aufgenommen, die der Heilige Geist gibt. So wurdet ihr ein Vorbild für alle Glaubenden in Mazedónien und in Acháia.

Von euch aus ist das Wort des Herrn aber nicht nur nach Mazedónien und Acháia gedrungen, sondern überall ist euer Glaube an Gott bekannt geworden, sodass wir darüber nichts zu sagen brauchen.

Denn man erzählt sich überall, welche Aufnahme wir bei euch gefunden haben und wie ihr euch von den Götzen zu Gott bekehrt habt, um dem lebendigen und wahren Gott zu dienen und seinen Sohn vom Himmel her zu erwarten, Jesus, den er von den Toten auferweckt hat und der uns dem kommenden Zorn entreißt.

## RUF VOR DEM EVANGELIUM

Vers: vgl. Joh 14,23

Halleluja. Halleluja.
(So spricht der Herr:)
Wer mich liebt, hält mein Wort.
Mein Vater wird ihn lieben
und wir werden bei ihm Wohnung nehmen.
Halleluja.

ZUM EVANGELIUM Es entspinnt sich ein filigraner Disput zwischen einem Pharisäer und Jesus. Jener fragt nach einem großen Gebot im Gesetz. Jesus stellt das Gesetz im Ganzen nicht infrage, spricht aber davon, dass es im Gesetz ein erstes Gebot gibt. Er gewichtet also sehr konkret und geht so auf den Pharisäer ein, der ja nach einer Gewichtung im Gesetz gefragt hat. Ein zweites Gebot ist aber dem ersten gleichgewichtig, sodass die Frage der Wichtigkeit in den Hintergrund rückt und vielmehr die Haltung betont wird: Du sollst lieben. Liebe ist dabei sehr konkret und zielt auf den Nächsten, und gerade so gilt sie Gott.

## EVANGELIUM

Mt 22,34–40

*Du sollst den Herrn, deinen Gott, lieben; deinen Nächsten sollst du lieben wie dich selbst*

**+ Aus dem heiligen Evangelium nach Matthäus.**

In jener Zeit, als die Pharisäer hörten, dass Jesus die Sadduzäer zum Schweigen gebracht hatte, kamen sie am selben Ort zusammen. Einer von ihnen, ein Gesetzeslehrer, wollte ihn versuchen und fragte ihn: Meister, welches Gebot im Gesetz ist das wichtigste?

Er antwortete ihm: Du sollst den Herrn, deinen Gott, lieben mit ganzem Herzen, mit ganzer Seele und mit deinem ganzen Denken. Das ist das wichtigste und erste Gebot.

Ebenso wichtig ist das zweite: Du sollst deinen Nächsten lieben wie dich selbst.

An diesen beiden Geboten hängt das ganze Gesetz und die Propheten.

Glaubensbekenntnis, S. 492 ff.

## FÜRBITTEN

Du bist ein Gott der Weite und befreist unser oft so enges Denken aus dem Gewohnten. Wir rufen zu dir und bitten dich:

- Für die Kirche auf der ganzen Erde, dass sie sich immer wieder neu unter das Liebesgebot Jesu Christi stellt. V: Gott, du Freund des Lebens. A: Wir bitten dich, erhöre uns.

- Für die Menschen, die in Hospizen und Heimen, in Krankenhäusern und zu Hause Kranke besuchen und ihr Leben heller machen. V: Gott, du Freund des Lebens. A: Wir bitten dich, erhöre uns.

- Für die Kinder und Jugendlichen, die nie selbstlose und langmütige Liebe erfahren haben. V: Gott, du Freund des Lebens. A: Wir bitten dich, erhöre uns.

- Für alle Eltern und für alle, die in Kindergärten und Schulen Kinder liebevoll, treu und klar begleiten. V: Gott, du Freund des Lebens. A: Wir bitten dich, erhöre uns.

- Für alle, die in Freiwilligendiensten Verantwortung übernehmen, Leid und Not mindern und Freude und Zuversicht schenken. V: Gott, du Freund des Lebens. A: Wir bitten dich, erhöre uns.

- Für die Menschen, die ohne Beistand sterben müssen, bitten wir um deine Nähe und dein Licht der Hoffnung. V: Gott, du Freund des Lebens. A: Wir bitten dich, erhöre uns.

Guter Gott, weil du dich uns immer schon zugewandt hast, können wir uns unserem Nächsten zuwenden. Dazu bitten wir um deinen Beistand und dafür danken wir dir, heute und alle Tage unseres Lebens.

# EUCHARISTIEFEIER

## GABENGEBET

Allmächtiger Gott, sieh gnädig auf die Gaben, die wir darbringen, und lass uns dieses Opfer so feiern, dass es dir zur Ehre gereicht. Darum bitten wir durch Christus, unseren Herrn.

Präfation, S. 504 ff.

## KOMMUNIONVERS

Eph 5,2

Christus hat uns geliebt und sich für uns hingegeben
als Gabe und Opfer, das Gott wohlgefällt.

## SCHLUSSGEBET

Herr, unser Gott, gib, dass deine Sakramente in uns das Heil wirken, das sie enthalten, damit wir einst als unverhüllte Wirklichkeit empfangen, was wir jetzt in heiligen Zeichen begehen. Darum bitten wir durch Christus, unseren Herrn.

***

Für eine Wort-Gottes-Feier:

## ERÖFFNUNGSGEBET ZUR WAHL

Gott, du hast uns das Gebot der Liebe aufgetragen als Erfüllung des ganzen Gesetzes. Öffne uns Augen und Herzen für die Spuren deiner Liebe und lass uns weitergeben, was uns geschenkt ist. Das erbitten wir im Heiligen Geist durch Jesus Christus, unsern Herrn, der mit dir lebt von Ewigkeit zu Ewigkeit.

***

## DIE WURZEL LIEBE

Ein für alle Mal soll dir dies den Weg weisen:
Liebe – und dann tu, was du willst.
Wenn du schweigst, schweige aus Liebe.
Wenn du sprichst, sprich aus Liebe.
Wenn du ermahnst, mahne aus Liebe.
Wenn du verzeihst, verzeihe aus Liebe.
In der Tiefe deines Herzens
trage die Wurzel der Liebe.
Aus dieser Wurzel kann nur Gutes hervorgehen.

*Aurelius Augustinus*

# ALLERHEILIGEN – HOCHFEST

## 1. November 2020

Leider sind wir nicht alle heilig, aber wir wollen auch niemanden vergessen, der es war; wir wollen aller Heiligen gedenken, denn so werden wir ihnen gerecht. Die Kirche tut sich dabei oft schwer, Heiligkeit zu erkennen, und die Kriterien dafür, zur Ehre der Altäre erhoben zu werden, resultieren aus einem bestimmten Frömmigkeitsideal, das nur auf wenige von uns zutrifft. Diese wenigen verlieren nicht ihre Vorbildfunktion, aber wir dürfen getrost auch dort Heiligkeit suchen, wo die Kirche sie bisher nicht gefunden hat.

### ERÖFFNUNGSVERS

Freut euch alle im Herrn am Fest aller Heiligen;
mit uns freuen sich die Engel und loben Gottes Sohn.

### KYRIE-RUFE

Herr Jesus Christus, du formst jeden,
der sich dir zur Verfügung stellt.
V/A: Herr, erbarme dich.
Du machst uns dir ähnlich, wenn du offenbar wirst.
V/A: Christus, erbarme dich.
Du offenbarst uns dein gebenedeites Antlitz,
wenn wir dich im Tod schauen.
V/A: Herr, erbarme dich.

Ehre sei Gott, S. 489 f.

## TAGESGEBET

Allmächtiger, ewiger Gott, du schenkst uns die Freude, am heutigen Fest die Verdienste aller deiner Heiligen zu feiern. Erfülle auf die Bitten so vieler Fürsprecher unsere Hoffnung und schenke uns dein Erbarmen. Darum bitten wir durch Jesus Christus.

# WORTGOTTESDIENST

ZUR 1. LESUNG Der Seher hat eine Vision und in dieser kann er erkennen, dass das ersterwählte Volk in großer Zahl gerettet wird, dass aber auch aus den Nationen sehr viele hinzukommen. Das darf uns Heidenchristen freuen, denn nur durch Christus haben wir Zugang zur Erwählung erhalten, sodass auch wir dereinst zu Israel gehören werden und gemeinsam mit ihm Gott anbeten werden. Eine wunderbare Vision.

## ERSTE LESUNG Offb 7,2–4.9–14

*Ich sah eine große Schar aus allen Nationen und Sprachen; niemand konnte sie zählen*

**Lesung aus der Offenbarung des Johannes.**

Ich, Johannes, sah vom Aufgang der Sonne her einen anderen Engel emporsteigen; er hatte das Siegel des lebendigen Gottes und rief den vier Engeln, denen die Macht gegeben war, dem Land und dem Meer Schaden zuzufügen, mit lauter Stimme zu und sprach: Fügt dem Land, dem Meer und den Bäumen keinen Schaden zu, bis wir den Knechten unseres Gottes das Siegel auf die Stirn gedrückt haben!

Und ich erfuhr die Zahl derer, die mit dem Siegel gekennzeichnet waren. Es waren hundertvierundvierzigtausend aus allen Stämmen der Söhne Israels, die das Siegel trugen:

Danach sah ich und siehe, eine große Schar aus allen Nationen und Stämmen, Völkern und Sprachen; niemand konnte sie zählen. Sie standen vor dem Thron und vor dem Lamm, gekleidet in weiße Gewänder, und trugen Palmzweige in den Händen. Sie riefen mit lauter Stimme und sprachen: Die Rettung kommt von unserem Gott, der auf dem Thron sitzt, und von dem Lamm.

Und alle Engel standen rings um den Thron, um die Ältesten und die vier Lebewesen. Sie warfen sich vor dem Thron auf ihr Angesicht nieder, beteten Gott an und sprachen:

Amen, Lob und Herrlichkeit, Weisheit und Dank, Ehre und Macht und Stärke unserem Gott in alle Ewigkeit. Amen.

Da nahm einer der Ältesten das Wort und sagte zu mir: Wer sind diese, die weiße Gewänder tragen, und woher sind sie gekommen? Ich erwiderte ihm: Mein Herr, du weißt das. Und er sagte zu mir: Dies sind jene, die aus der großen Bedrängnis kommen; sie haben ihre Gewänder gewaschen und im Blut des Lammes weiß gemacht.

## ANTWORTPSALM

Ps 24 (23), 1–2.3–4.5–6 (Kv: vgl. 6)

Kv Aus allen Völkern hast du sie erwählt,
die dein Angesicht suchen, o Herr. – Kv

Dem HERRN gehört die Erde und was sie erfüllt, *
der Erdkreis und seine Bewohner.
Denn er hat ihn auf Meere gegründet, *
ihn über Strömen befestigt. – (Kv)

Wer darf hinaufziehn zum Berg des HERRN, *
wer darf stehn an seiner heiligen Stätte?
Der unschuldige Hände hat und ein reines Herz, /
der seine Seele nicht an Nichtiges hängt *
und keinen trügerischen Eid geschworen hat. – (Kv)

Er wird Segen empfangen vom HERRN *
und Gerechtigkeit vom Gott seines Heils.
Das ist das Geschlecht, das nach ihm fragt, *
die dein Angesicht suchen, Jakob. – Kv

ZUR 2. LESUNG Jetzt sind wir Kinder, aber was werden wir einmal sein? Das ist ungewiss, weil das Jenseits nicht einsehbar und vorstellbar ist. Es können allenfalls Annäherungswerte gefunden werden: Wir werden Gott ähnlich sein, das heißt heilig, so wie er heilig ist. Aber in welcher Beziehung wir zu Ihm stehen werden, ist nicht klar: Werden wir weiterhin Kinder sein, oder Brüder und Schwestern mit dem Herrn, oder wird alles ganz anders sein? Die Beziehung ist unklar, aber es wird keine Beziehungslosigkeit herrschen, denn wir werden Ihn sehen. Wir sehen Ihn und haben Anteil an Ihm; im Prinzip reicht das als hoffnungsvoller Ausblick, und mehr müssen wir eigentlich nicht wissen.

## ZWEITE LESUNG

1 Joh 3,1–3

*Wir werden Gott sehen, wie er ist*

**Lesung aus dem ersten Johannesbrief.**

Schwestern und Brüder! Seht, welche Liebe uns der Vater geschenkt hat: Wir heißen Kinder Gottes und wir sind es. Deshalb erkennt die Welt uns nicht, weil sie ihn nicht erkannt hat.

Geliebte, jetzt sind wir Kinder Gottes. Doch ist noch nicht offenbar geworden, was wir sein werden. Wir wissen, dass wir ihm ähnlich sein werden, wenn er offenbar wird; denn wir werden ihn sehen, wie er ist.

Jeder, der diese Hoffnung auf ihn setzt, heiligt sich, so wie er heilig ist.

## RUF VOR DEM EVANGELIUM

Vers: Mt 11,28

Halleluja. Halleluja.
(So spricht der Herr:)
Kommt alle zu mir,
die ihr mühselig und beladen seid!
Ich will euch erquicken.
Halleluja.

ZUM EVANGELIUM Jesus beginnt die Lehre der Bergpredigt mit den Seligpreisungen, sie sind sozusagen das Vorwort zu all dem, was dann als Konkretion folgt. Es kommen zuerst vier Tröstungen, weil denen, denen es nicht gut ergeht, Gutes zugesagt wird. Es folgen drei Entsprechungen, weil denen, die Gutes tun, in gleichem Maße vergolten wird. Jesus schließt mit zwei Hinweisen auf die Verfolgungssituation, denen Christen ausgesetzt sein können. Trost, gute Vergeltung, Verfolgung – sind das die normalen Situationen für uns Menschen? Sicherlich kann sich jeder und jede in einer der Seligpreisungen wiederfinden, sodass uns allen Seligkeit verheißen ist.

## EVANGELIUM Mt 5, 1 – 12a

*Freut euch und jubelt: Denn euer Lohn wird groß sein im Himmel*

**+ Aus dem heiligen Evangelium nach Matthäus.**

In jener Zeit, als Jesus die vielen Menschen sah, die ihm folgten, stieg er auf den Berg. Er setzte sich und seine Jünger traten zu ihm. Und er öffnete seinen Mund, er lehrte sie und sprach:

Selig, die arm sind vor Gott; denn ihnen gehört das Himmelreich. Selig die Trauernden; denn sie werden getröstet werden. Selig die Sanftmütigen; denn sie werden das Land erben. Selig, die hungern und dürsten nach der Gerechtigkeit; denn sie werden gesättigt werden. Selig die Barmherzigen; denn sie werden Erbarmen finden. Selig, die rein sind im Herzen; denn sie werden Gott schauen. Selig, die Frieden stiften; denn sie werden Kinder Gottes genannt werden. Selig, die verfolgt werden um der Gerechtigkeit willen; denn ihnen gehört das Himmelreich.

Selig seid ihr, wenn man euch schmäht und verfolgt und alles Böse über euch redet um meinetwillen. Freut euch und jubelt: Denn euer Lohn wird groß sein im Himmel.

Glaubensbekenntnis, S. 492 ff.

## FÜRBITTEN

Wir sind zur Heiligkeit berufen, beschenkt mit deiner Gnade. In allen deinen Heiligen spiegelt sich deine Liebe und Güte. Wir rufen zu dir:

- *Selig, die arm sind vor Gott.* Ermutige deine Kirche, sich auf die Seite der Armen zu stellen und sich für Gerechtigkeit einzusetzen. V: Vater im Himmel. A: Höre und erhöre uns.

- *Selig die Trauernden.* Hilf uns, deinen Getauften, Trauer wahrzunehmen und mit den trauernden Menschen zu sein. V: Vater im Himmel. A: Höre und erhöre uns.

- *Selig, die keine Gewalt anwenden.* Behüte alle, die Schritte zum Frieden gehen und dafür verächtlich gemacht, verleumdet und bedroht werden. V: Vater im Himmel. A: Höre und erhöre uns.

- *Selig die Barmherzigen.* Segne alle, die ein offenes Ohr und ein offenes Herz für Menschen in Leid und Unglück haben und dort helfen, wo es nottut. V: Vater im Himmel. A: Höre und erhöre uns.

- *Selig, die ein reines Herz haben.* Stärke alle, die aus deinem Wort leben, das Rechte wollen und das Richtige tun. V: Vater im Himmel. A: Höre und erhöre uns.

Heiliger Gott, auch wir wollen durchlässig werden für dein Licht und bitten um deinen belebenden Geist und deine stärkende Nähe. Wir danken dir für die Heiligen des Himmels – und für die vielen guten Menschen, die mit ihrer Menschenfreundlichkeit unser Leben hell machen. Dir sei Lob und Dank in Ewigkeit.

# EUCHARISTIEFEIER

## GABENGEBET

Herr, unser Gott, nimm die Gaben entgegen, die wir am heutigen Fest darbringen. Wir glauben, dass deine Heiligen bei dir leben und dass Leid und Tod sie nicht mehr berühren. Erhöre ihr Gebet und lass uns erfahren, dass sie uns nahe bleiben und für uns eintreten. Darum bitten wir durch Christus, unseren Herrn.

## PRÄFATION

In Wahrheit ist es würdig und recht, dir, allmächtiger Vater, zu danken und dich mit der ganzen Schöpfung zu rühmen. Denn heute schauen wir deine heilige Stadt, unsere Heimat, das himmlische Jerusalem. Dort loben dich auf ewig die verherrlichten Glieder der Kirche, unsere Brüder und Schwestern, die schon zur Vollendung gelangt sind. Dorthin pilgern auch wir im Glauben, ermutigt durch ihre Fürsprache und ihr Beispiel, und gehen freudig dem Ziel der Verheißung entgegen. Darum preisen wir dich in der Gemeinschaft deiner Heiligen und singen mit den Chören der Engel das Lob deiner Herrlichkeit: Heilig …

## KOMMUNIONVERS

Mt 5,8–10

Selig, die ein reines Herz haben;
denn sie werden Gott schauen.
Selig, die Frieden stiften;
denn sie werden Söhne Gottes genannt werden.
Selig, die um der Gerechtigkeit willen verfolgt werden;
denn ihnen gehört das Himmelreich.

## SCHLUSSGEBET

Gott, du allein bist heilig, dich ehren wir, wenn wir der Heiligen gedenken. Stärke durch dein Sakrament in uns das Leben der Gnade und führe uns auf dem Weg der Pilgerschaft zum ewigen Gastmahl, wo du selbst die Vollendung der Heiligen bist. Darum bitten wir durch Christus, unseren Herrn.

## FEIERLICHER SCHLUSSSEGEN

Der gütige Gott, der die Heiligen zur Vollendung geführt hat, segne euch und bewahre euch vor allem Unheil. – A: Amen.
Das Vorbild der Heiligen lehre euch und ihre Fürsprache helfe euch, Gott und den Menschen zu dienen. – A: Amen.
Am heutigen Festtag gedenkt die Kirche in Freude aller Heiligen; Gott führe euch nach diesem Leben zur ewigen Gemeinschaft mit ihnen. – A: Amen.
Das gewähre euch der dreieinige Gott, der Vater und der Sohn † und der Heilige Geist. – A: Amen.

***

## NACH DEINEM MASS

Heiliger Gott:
Wir, die Selbstbewussten,
die Erfolgreichen und Satten –
wir, die Armen,
die Kranken und Süchtigen –
wir, die Habenden,
die Haltenden, die Sich-Rühmenden –
wir, die Bittenden,
die Suchenden, die Zweifelnden –
wir, die Trauernden,
die Einsamen, die Alleingelassenen –
wir, die Hoffenden,
die Treuen, die Träumenden –
wir, die Mächtigen,
die Planenden, die Kämpfenden –
wir, die Irrenden
die Fehlenden, die Sünder …

Sieh das Volk, das dir gehört.
Lass unsere Träume nach deinem Maß

Wirklichkeit werden,
lass dein Heil aufgehen
über unserer Erde,
lass uns Gemeinschaft werden,
die den Mächten dieser Welt standhält.

*Eleonore Beck*

# ALLERSEELEN

## 2. November 2020

Wir sind mit unseren Vorfahren verbunden und sind bis weit in unsere Ängste und unsere Freuden von ihnen geprägt, bis hinein in unser tägliches Tun, im Guten und im Schlechten. Das ist nicht nur ein Gesetz der Psychologie und der Alltagsweisheit, sondern auch und zuerst der Religion. Warum sonst hätten wir einst begonnen, unsere Toten zu begraben und sie so zu ehren und dem Fraß der Tiere zu entziehen? Tote zu begraben zählt deshalb zu den Geburtsstunden von Religion und gehört zutiefst zum religiösen Leben dazu.

### ERÖFFNUNGSVERS

1 Thess 4,14; 1 Kor 15,22

Wie Jesus gestorben und auferstanden ist,
so wird Gott auch die in Jesus Entschlafenen mit ihm vereinen.
Denn wie in Adam alle sterben,
so werden in Christus einst alle lebendig gemacht.

### KYRIE-RUFE

Herr Jesus Christus, du bist der treue Zeuge,
der Erstgeborene der Toten.
V/A: Herr, erbarme dich.
Du liebst uns und hast uns von unseren Sünden erlöst.
V/A: Christus, erbarme dich.
Du hast uns zu einem Königreich gemacht
und zu Priestern vor Gott, deinem Vater.
V/A: Herr, erbarme dich.

## TAGESGEBET

Allmächtiger Gott, wir glauben und bekennen, dass du deinen Sohn als Ersten von den Toten auferweckt hast. Stärke unsere Hoffnung, dass du auch unsere Brüder und Schwestern auferwecken wirst zum ewigen Leben. Darum bitten wir durch ihn, Jesus Christus.

# WORTGOTTESDIENST

ZUR 1. LESUNG „Doch ich, ich weiß: Mein Erlöser lebt": In unserer christlichen Tradition wurde dieser Vers auf die Auferstehung Christi hin gedeutet und hat eine enorme Wirkungsgeschichte entfaltet. Um eine dramatische und unvorhersehbare Wende von Not und Tod zum Leben, von Verdacht und Verzweiflung zu Gottvertrauen geht es hier. Gott selbst ist Ijob zum Erzfeind, zum Verfolger geworden. Doch auch die Freunde verraten ihn, verlassen ihn, sie bieten weder Hilfe gegen noch Ersatz für den verlorenen Gott. Ijob ist ein Verzweifelter. Doch ein Ausbruch, ein Aufbruch, ein Durchbruch von Gott her, steht ihm bevor. Sein Gottesbild ist ihm unter der Wucht der Schicksalsschläge zerbrochen, doch nicht die Nacht noch das Nichts haben das letzte Wort. Ijob ruft Gott gegen Gott an, hofft auf Gott wider Gott, hofft wider alle Hoffnung. Sein verletztes Herz sehnt sich, unbelehrbar, unbeirrbar, nach dem Herrn. Und Gott – hört. Und Gott – erhört. „... meine Augen werden ihn sehen, nicht mehr fremd."

## ERSTE LESUNG

Ijob 19,1.23–27a

*Ich weiß: Mein Erlöser lebt*

**Lesung aus dem Buch Íjob.**

Íjob sprach: Würden meine Worte doch geschrieben, würden sie doch in ein Buch eingeritzt, mit eisernem Griffel und mit Blei, für immer gehauen in den Fels.

Doch ich, ich weiß: Mein Erlöser lebt, als Letzter erhebt er sich über dem Staub. Ohne meine Haut, die so zerfetzte, und ohne mein Fleisch werde ich Gott schauen. Ihn selber werde ich dann für mich schauen; meine Augen werden ihn sehen, nicht mehr fremd.

## ANTWORTPSALM Ps 42 (41), 2–3.5bcd; Ps 43 (42), 3–4 (Kv: 42 [41], 3a)

Kv Meine Seele dürstet nach Gott,
nach dem lebendigen Gott. – Kv

Wie der Hirsch lechzt nach frischem Wasser, *
so lechzt meine Seele, Gott, nach dir.
Meine Seele dürstet nach Gott, /
nach dem lebendigen Gott. *
Wann darf ich kommen und erscheinen vor Gottes Angesicht? – (Kv)

Ich will in einer Schar einherziehn. *
Ich will in ihr zum Hause Gottes schreiten,
im Schall von Jubel und Dank *
in festlich wogender Menge. – (Kv)

Sende dein Licht und deine Wahrheit; sie sollen mich leiten; *
sie sollen mich bringen zu deinem heiligen Berg
und zu deinen Wohnungen.
So will ich kommen zu Gottes Altar, /
zum Gott meiner Freude und meines Jubels. *
Ich will dir danken zur Leier, Gott, du mein Gott. – Kv

*Oder:*

ZUR 1. LESUNG Judas betet für gefallene Soldaten und muss deshalb davon überzeugt sein, dass das für sie dargebrachte Opfer sinnvoll ist; deshalb muss er an die Auferstehung der Toten geglaubt haben. So kommt der Glaube an die Auferstehung aus einer liturgischen Praxis und geht von dort in das allgemeine Glaubensgut über, jedenfalls bei dem sich vom Mittelmeerraum her ausbreitenden Christentum. Beten wir für unsere Toten? Ist dieses Gebet sinnvoll? Ist es nicht so, dass sich der Sinn des Gebetes erst dem Beter erschließt?

## ERSTE LESUNG 2 Makk 12,43–45

*Er handelte schön und edel; denn er dachte an die Auferstehung*

**Lesung aus dem zweiten Buch der Makkabäer.**

In jenen Tagen veranstaltete Judas, der Makkabäer, eine Sammlung, an der sich alle beteiligten, und schickte etwa zweitausend Silberdrachmen nach Jerusalem, damit man dort ein Sündopfer darbringe. Damit handelte er sehr schön und edel; denn er dachte an die Auferstehung.

Denn hätte er nicht erwartet, dass die Gefallenen auferstehen werden, wäre es überflüssig und sinnlos gewesen, für die Toten zu beten.

Auch hielt er sich den herrlichen Lohn vor Augen, der für die hinterlegt ist, die in Frömmigkeit entschlafen. Ein heiliger und frommer Gedanke! Darum ließ er die Toten entsühnen, damit sie von der Sünde befreit werden.

## ANTWORTPSALM Ps 130 (129),1–2.3–4.5–6.7–8 (Kv: 1)

Kv Aus den Tiefen rufe ich, HERR, zu dir. – Kv

Aus den Tiefen rufe ich, HERR, zu dir: *
Mein Herr, höre doch meine Stimme!
Lass deine Ohren achten *
auf mein Flehen um Gnade. – (Kv)

Würdest du, HERR, die Sünden beachten, *
mein Herr, wer könnte bestehen?
Doch bei dir ist Vergebung, *
damit man in Ehrfurcht dir dient. – (Kv)

Ich hoffe auf den HERRN, es hofft meine Seele, *
ich warte auf sein Wort.
Meine Seele wartet auf meinen Herrn /
mehr als Wächter auf den Morgen, *
ja, mehr als Wächter auf den Morgen. – (Kv)

Israel, warte auf den HERRN, /
denn beim HERRN ist die Huld, *
bei ihm ist Erlösung in Fülle.
Ja, er wird Israel erlösen *
aus all seinen Sünden. – Kv

ZUR 2. LESUNG Alles scheint am Glauben zu hängen, am Glauben, dass Gott Jesus aus den Toten erweckt hat. Wenn dem so ist, dann wird Gott dieses Wunder auch an den anderen Toten wirken. Es handelt sich dabei nicht um eine Art von Wiederbelebung, denn die Verwandlung des Auferstandenen ist überdeutlich. Was genau geschehen wird, bleibt im Dunkeln, aber wir dürfen hoffen, an der Verwandlung Jesu Teil zu erhalten. Insgesamt entsteht so eine hoffnungsfrohe Gemeinschaft. Erleben wir uns und Kirche als hoffnungsfrohe Gemeinschaft, die sich selbst vom Tod nicht unterkriegen lässt? Gott sei Dank!

## ZWEITE LESUNG

1 Thess 4, 13–18

*Wir werden immer beim Herrn sein*

**Lesung aus dem ersten Brief des Apostels Paulus an die Gemeinde in Thessalónich.**

Schwestern und Brüder, wir wollen euch über die Entschlafenen nicht in Unkenntnis lassen, damit ihr nicht trauert wie die anderen, die keine Hoffnung haben.

Denn wenn wir glauben, dass Jesus gestorben und auferstanden ist, so wird Gott die Entschlafenen durch Jesus in die Gemeinschaft mit ihm führen. Denn dies sagen wir euch nach einem Wort des

Herrn: Wir, die Lebenden, die noch übrig sind bei der Ankunft des Herrn, werden den Entschlafenen nichts voraushaben.
Denn der Herr selbst wird vom Himmel herabkommen, wenn der Befehl ergeht, der Erzengel ruft und die Posaune Gottes erschallt. Zuerst werden die in Christus Verstorbenen auferstehen; dann werden wir, die Lebenden, die noch übrig sind, zugleich mit ihnen auf den Wolken in die Luft entrückt zur Begegnung mit dem Herrn. Dann werden wir immer beim Herrn sein.
Tröstet also einander mit diesen Worten!

## RUF VOR DEM EVANGELIUM

Vers: vgl. Joh 11,25a.26b

Christus Sieger, Christus König, Christus Herr in Ewigkeit! – Kv
(So spricht der Herr:)
Ich bin die Auferstehung und das Leben.
Jeder, der an mich glaubt, wird auf ewig nicht sterben.
Christus Sieger, Christus König, Christus Herr in Ewigkeit!

**ZUM EVANGELIUM** Marta antwortet auf die schwer verständlichen Worte Jesu mit dem Bekenntnis, er sei der Sohn Gottes, der kommen soll. Der Messias zeichnet sich dadurch aus, dass er kommt; er ist nicht einfach da, er ist im Kommen, er kommt zukünftig. Von daher erschließt sich auch das, was Jesus sagt: Als einer, der im Kommen zukünftig ist, bin ich Auferstehung und Leben, weil ich jetzt noch nicht der bin, der ich sein werde, aber wer jetzt schon an mich glaubt, wird an mir Teil haben – und leben.

## EVANGELIUM

Joh 11,17–27

*Ich bin die Auferstehung und das Leben*

+ **Aus dem heiligen Evangelium nach Johannes.**

Als Jesus in Betánien ankam, fand er Lázarus schon vier Tage im Grab liegen. Betánien war nahe bei Jerusalem, etwa fünfzehn Stadien entfernt.

Viele Juden waren zu Marta und Maria gekommen, um sie wegen ihres Bruders zu trösten.

Als Marta hörte, dass Jesus komme, ging sie ihm entgegen, Maria aber blieb im Haus sitzen. Marta sagte zu Jesus: Herr, wärst du hier gewesen, dann wäre mein Bruder nicht gestorben. Aber auch jetzt weiß ich: Alles, worum du Gott bittest, wird Gott dir geben.

Jesus sagte zu ihr: Dein Bruder wird auferstehen.

Marta sagte zu ihm: Ich weiß, dass er auferstehen wird bei der Auferstehung am Jüngsten Tag.

Jesus sagte zu ihr: Ich bin die Auferstehung und das Leben. Wer an mich glaubt, wird leben, auch wenn er stirbt, und jeder, der lebt und an mich glaubt, wird auf ewig nicht sterben. Glaubst du das?

Marta sagte zu ihm: Ja, Herr, ich glaube, dass du der Christus bist, der Sohn Gottes, der in die Welt kommen soll.

## FÜRBITTEN

Gott lässt uns nicht im Tod, er ruft uns ins Leben und in die ewige Gemeinschaft mit ihm. Sein Ruf gilt aber auch schon hier und heute. Wir bitten ihn:

- Für unsere lieben Verstorbenen, die unser Leben farbig, froh und reich gemacht haben. V: Gott des Lebens. A: Höre unser Rufen.

- Für all diejenigen, die Kranke, Einsame und Sterbende liebevoll umsorgen. V: Gott des Lebens. A: Höre unser Rufen.

- Für alle, die als Seelsorgerinnen und Seelsorger in den Menschen ein Hoffnungslicht entzünden. V: Gott des Lebens. A: Höre unser Rufen.

- Für alle, die bereuen, dass sie anderen Leid zugefügt haben. V: Gott des Lebens. A: Höre unser Rufen.

- Für alle, die Schuld von ganzem Herzen verzeihen können. V: Gott des Lebens. A: Höre unser Rufen.
- Für alle, die voll Schmerz und Trauer über den Verlust eines geliebten Menschen sind. V: Gott des Lebens. A: Höre unser Rufen.

Du, Gott, bist ein treuer Gott, der uns auch im Tode nicht zurücklässt. Stärke unser Vertrauen und unsere Hoffnung, so bitten wir dich im Heiligen Geist, durch Jesus Christus, unseren Bruder und erhöhten Herrn.

# EUCHARISTIEFEIER

## GABENGEBET

Herr, unser Gott, schau gütig auf unsere Gaben. Nimm deine Diener und Dienerinnen auf in die Herrlichkeit deines Sohnes, mit dem auch wir durch das große Sakrament der Liebe verbunden sind. Darum bitten wir durch ihn, Christus, unseren Herrn.

## PRÄFATION

In Wahrheit ist es würdig und recht, dir, allmächtiger Vater, zu danken durch unseren Herrn Jesus Christus. Denn er ist das Heil der Welt, das Leben der Menschen, die Auferstehung der Toten. Durch ihn rühmen dich Himmel und Erde, Engel und Menschen und singen wie aus einem Munde das Lob deiner Herrlichkeit: Heilig …

## KOMMUNIONVERS

Joh 11,25–26

So spricht der Herr:
Ich bin die Auferstehung und das Leben;
wer an mich glaubt, wird leben, auch wenn er stirbt,
und jeder, der lebt und an mich glaubt,
wird in Ewigkeit nicht sterben.

## SCHLUSSGEBET

Barmherziger Gott, wir haben das Gedächtnis des Todes und der Auferstehung Christi gefeiert für unsere Brüder und Schwestern. Führe sie vom Tod zum Leben, aus dem Dunkel zum Licht, aus der Bedrängnis in deinen Frieden. Darum bitten wir durch Christus, unseren Herrn.

## FEIERLICHER SCHLUSSSEGEN

Die Gnade seines Segens schenke euch der Gott allen Trostes, der uns aus Liebe erschaffen und uns in Christus die Hoffnung auf die selige Auferstehung geschenkt hat. – A: Amen.
Den Lebenden gewähre er die Verzeihung der Sünden, die Verstorbenen führe er in sein Licht und seinen Frieden. – A: Amen.
Der Lebenden und der Toten erbarme sich Christus, der wahrhaft aus dem Grabe erstanden ist. – A: Amen.
Das gewähre euch der dreieinige Gott, der Vater und der Sohn † und der Heilige Geist. – A: Amen.

***

## BEI GOTT EINEN NAMEN HABEN

Die Achtung, die wir Christen den Toten entgegenbringen, zeigt sich darin, dass wir ihre Namen auf das Grab schreiben. Jeder Mensch hat nicht nur einen bürgerlichen Namen, er hat auch und vor allem bei Gott einen Namen. Wir sind vor Gott nicht anonyme Wesen, sondern seine geliebten Kinder, Schwestern und Brüder Jesu Christi. Gott hat jeden Menschen „beim Namen gerufen“ (Jes 43,1). Unsere Namen „stehen im Buch des Lebens“ (Phil 4,3). Wir bringen das Gedächtnis der Toten vor Gott und erinnern uns ihrer in der Feier der Liturgie. Entscheidend ist, bei Gott einen Namen zu haben.

*Die deutschen Bischöfe*

# 32. SONNTAG IM JAHRESKREIS

## 8. November 2020

Zum Ende des Kirchenjahres besinnt sich die Kirche auf das Drängen der Zeit, auf die Wiederkunft des Herrn, auf ihr endzeitliches Fundament. Alles beginnt mit der Auferweckung Jesu, aber sein Leben nach ihr auszurichten, ist alles andere als einfach. Wie lebt man in ständiger Erwartung und ohne sich den Wirrungen des Alltags hinzugeben? Wir suchen hier nach Vorbildern und finden sie so schwer. Wo sind sie, die Heiligen unserer Zeit? Hoffentlich haben wir wache Augen und Herzen, um sie wirklich identifizieren zu können.

### ERÖFFNUNGSVERS

Ps 88 (87), 3

Herr, lass mein Gebet zu dir dringen,
wende dein Ohr meinem Flehen zu.

### KYRIE-RUFE

Jesus Christus, auferstandener Herr, du
selbst wirst vom Himmel herabkommen.
V/A: Herr, erbarme dich.
Du sammelst die ganze Menschheit
in deine Herrlichkeit.
V/A: Christus, erbarme dich.
Dann lässt du uns immer bei dir sein.
V/A: Herr, erbarme dich.

Ehre sei Gott, S. 489 f.

## TAGESGEBET

Allmächtiger und barmherziger Gott, wir sind dein Eigentum, du hast uns in deine Hand geschrieben. Halte von uns fern, was uns gefährdet, und nimm weg, was uns an Seele und Leib bedrückt, damit wir freien Herzens deinen Willen tun. Darum bitten wir durch Jesus Christus.

# WORTGOTTESDIENST

**ZUR 1. LESUNG** Wer braucht sie nicht, die Weisheit? Gehen wir ihrer in unserer hektischen Zeit verlustig, weil wir über so weniges nachdenken können und weil so vieles in weltweiter Gleichzeitigkeit verläuft? Die Weisheit sucht noch immer nach denen, die ihrer würdig sind, – sind wir es nicht, wenn wir uns so sehr nach ihr sehnen und sie so häufig vermissen? Vielleicht hat jede Generation einen ganz eigenen Zugang zur Weisheit und wir müssen immer wieder lernen, sie dort zu suchen, wo wir sie nicht vermuten. Finde mich, Weisheit, ich will dich suchen.

## ERSTE LESUNG

Weish 6,12–16

*Wer die Weisheit sucht, findet sie*

**Lesung aus dem Buch der Weisheit.**

Strahlend und unvergänglich ist die Weisheit; wer sie liebt, erblickt sie schnell, und wer sie sucht, findet sie. Denen, die nach ihr verlangen, kommt sie zuvor und gibt sich zu erkennen.

Wer sie am frühen Morgen sucht, braucht keine Mühe, er findet sie vor seiner Türe sitzen. Über sie nachzusinnen, ist vollkommene Klugheit; wer ihretwegen wacht, wird schnell von Sorge frei.

Sie geht selbst umher, um die zu suchen, die ihrer würdig sind; freundlich erscheint sie ihnen auf allen Wegen und kommt ihnen entgegen bei jedem Gedanken.

## ANTWORTPSALM

Ps 63 (62),2.3–4.5–6.7–8 (Kv: vgl. 2)

Kv Meine Seele dürstet nach dir, mein Gott. – Kv

Gott, mein Gott bist du, dich suche ich, *
es dürstet nach dir meine Seele.
Nach dir schmachtet mein Fleisch *
wie dürres, lechzendes Land ohne Wasser. – (Kv)

Darum halte ich Ausschau nach dir im Heiligtum, *
zu sehen deine Macht und Herrlichkeit.
Denn deine Huld ist besser als das Leben. *
Meine Lippen werden dich rühmen. – (Kv)

So preise ich dich in meinem Leben, *
in deinem Namen erhebe ich meine Hände.
Wie an Fett und Mark wird satt meine Seele, *
mein Mund lobt dich mit jubelnden Lippen. – (Kv)

Ich gedenke deiner auf meinem Lager *
und sinne über dich nach, wenn ich wache.
Ja, du wurdest meine Hilfe, *
ich juble im Schatten deiner Flügel. – Kv

**ZUR 2. LESUNG** Zeitnah, Wort oder Unwort des Jahres? Paulus erwartet die Wiederkunft Christi jedenfalls zeitnah. Er hat sich darin getäuscht, so scheint es; die Geschichte geht ihren Gang. Ja, sie hat mit Jesu Auferweckung ein neues, ein anderes Zentrum erhalten, aber allzu häufig finden oder sehen wir dieses nicht. Wird Er morgen wiederkommen, oder gar heute? Wir wissen es nicht und leben unser Leben. Wie soll man jede Stunde als letzte begehen, wie gelingt es uns, so bewusst zu leben, dass nichts vergeblich war und der Tod uns nicht endgültig ereilt? Wachsamkeit tut not.

## ZWEITE LESUNG

1 Thess 4, 13–18

*Gott wird die Entschlafenen durch Jesus in die Gemeinschaft mit ihm führen*

**Lesung aus dem ersten Brief des Apostels Paulus an die Gemeinde in Thessalónich.**

Schwestern und Brüder, wir wollen euch über die Entschlafenen nicht in Unkenntnis lassen, damit ihr nicht trauert wie die anderen, die keine Hoffnung haben.

Denn wenn wir glauben, dass Jesus gestorben und auferstanden ist, so wird Gott die Entschlafenen durch Jesus in die Gemeinschaft mit ihm führen. Denn dies sagen wir euch nach einem Wort des Herrn: Wir, die Lebenden, die noch übrig sind bei der Ankunft des Herrn, werden den Entschlafenen nichts voraushaben.

Denn der Herr selbst wird vom Himmel herabkommen, wenn der Befehl ergeht, der Erzengel ruft und die Posaune Gottes erschallt. Zuerst werden die in Christus Verstorbenen auferstehen; dann werden wir, die Lebenden, die noch übrig sind, zugleich mit ihnen auf den Wolken in die Luft entrückt zur Begegnung mit dem Herrn. Dann werden wir immer beim Herrn sein.

Tröstet also einander mit diesen Worten!

*Oder:*

## KURZFASSUNG

1 Thess 4, 13–14

*Gott wird die Entschlafenen durch Jesus in die Gemeinschaft mit ihm führen*

**Lesung aus dem ersten Brief des Apostels Paulus an die Gemeinde in Thessalónich.**

Schwestern und Brüder, wir wollen euch über die Entschlafenen nicht in Unkenntnis lassen, damit ihr nicht trauert wie die anderen, die keine Hoffnung haben.

Denn wenn wir glauben, dass Jesus gestorben und auferstanden ist, so wird Gott die Entschlafenen durch Jesus in die Gemeinschaft mit ihm führen.

## RUF VOR DEM EVANGELIUM

Vers: vgl. Mt 24,42a.44

Halleluja. Halleluja.
Seid wachsam und haltet euch bereit!
Denn der Menschensohn kommt
zu einer Stunde, in der ihr es nicht erwartet.
Halleluja.

**ZUM EVANGELIUM** Wir kennen die Stunde nicht, in der der Herr kommt. Aber Wachsamkeit hätte den fünf törichten Jungfrauen im folgenden Gleichnis nichts genützt, denn sie waren einfach nicht vorbereitet auf das lange Ausbleiben des Herrn. Seid klug!, so müsste der Ratschlag am Ende heißen. Bereitet euch vor, bedenkt alle Eventualitäten. Der Bräutigam reagiert dabei überaus schroff und die fünf törichten Brautjungfern haben das Nachsehen. Vielleicht hätte eine wach bleiben und immer nur eine Lampe brennen lassen sollen, damit nicht alle verlöschen. Aber alle schliefen ein. Was bewahrt uns vor dieser Schläfrigkeit?

## EVANGELIUM

Mt 25,1–13

*Siehe, der Bräutigam! Geht ihm entgegen!*

**+ Aus dem heiligen Evangelium nach Matthäus.**

In jener Zeit erzählte Jesus seinen Jüngern das folgende Gleichnis: Mit dem Himmelreich wird es sein wie mit zehn Jungfrauen, die ihre Lampen nahmen und dem Bräutigam entgegengingen. Fünf von ihnen waren töricht und fünf waren klug. Die Törichten nahmen ihre Lampen mit, aber kein Öl, die Klugen aber nahmen mit ihren Lampen noch Öl in Krügen mit. Als nun der Bräutigam lange nicht kam, wurden sie alle müde und schliefen ein.

Mitten in der Nacht aber erscholl der Ruf: Siehe, der Bräutigam! Geht ihm entgegen! Da standen die Jungfrauen alle auf und machten ihre Lampen zurecht.

Die Törichten aber sagten zu den Klugen: Gebt uns von eurem Öl, sonst gehen unsere Lampen aus! Die Klugen erwiderten ihnen:

Dann reicht es nicht für uns und für euch; geht lieber zu den Händlern und kauft es euch!

Während sie noch unterwegs waren, um es zu kaufen, kam der Bräutigam. Die Jungfrauen, die bereit waren, gingen mit ihm in den Hochzeitssaal und die Tür wurde zugeschlossen.

Später kamen auch die anderen Jungfrauen und riefen: Herr, Herr, mach uns auf! Er aber antwortete ihnen und sprach: Amen, ich sage euch: Ich kenne euch nicht.

Seid also wachsam! Denn ihr wisst weder den Tag noch die Stunde.

Glaubensbekenntnis, S. 492 ff.

## FÜRBITTEN

Das Kirchenjahr neigt sich dem Ende zu und wir werden ermahnt zu Achtsamkeit und Wachsamkeit. Wir rufen zu Gott, dem Herrn der Zeit, und bitten ihn:

- Für die Kirche, dass sie achtsam mit den ihr anvertrauten Menschen ist und wachsam auf das Kommen deines Sohnes Jesus Christus zugeht. V: Gott, Herr der Zeit. A: Höre unser Rufen.

- Für alle, die in politischen Entscheidungsprozessen stehen, dass sie besonnen und verantwortungsvoll handeln, weil sie das Wohl aller im Blick haben. V: Gott, Herr der Zeit. A: Höre unser Rufen.

- Für alle, die im Dienst des Wortes Gottes, in Seelsorge und Verkündigung, müde geworden sind, dass der Heilige Geist sie aus der Ermattung wecke, sie stärke und belebe. V: Gott, Herr der Zeit. A: Höre unser Rufen.

- Für die Menschen, die heute nicht wissen, wovon sie morgen satt werden sollen, dass sie Hilfe erfahren in ihrer Not. V: Gott, Herr der Zeit. A: Höre unser Rufen.

- Für alle, die sich für Gerechtigkeit und Frieden nah und fern einsetzen, dass sie sich nicht entmutigen lassen. V: Gott, Herr der Zeit. A: Höre unser Rufen.

- Für die Toten, dass sie in deinem Frieden geborgen sind. V: Gott, Herr der Zeit. A: Höre unser Rufen.

Guter Gott, hilf uns, achtsam und wachsam hier und heute den guten Weg des Lebens zu gehen. Hilf uns, unsere Müdigkeit zu überwinden, und sei mit uns, heute und alle Tage unseres Lebens.

# EUCHARISTIEFEIER

## GABENGEBET

Gott, unser Vater, nimm unsere Opfergaben gnädig an und gib, dass wir mit gläubigem Herzen das Leidensgeheimnis deines Sohnes feiern, der mit dir lebt und herrscht in alle Ewigkeit.

Präfation, S. 504 ff.

## KOMMUNIONVERS

Ps 23 (22), 1–2

Der Herr ist mein Hirte, nichts wird mir fehlen.
Er lässt mich lagern auf grünen Auen
und führt mich zum Ruheplatz am Wasser.

## SCHLUSSGEBET

Wir danken dir, gütiger Gott, für die heilige Gabe, in der wir die Kraft von oben empfangen. Erhalte in uns deinen Geist und lass uns dir stets aufrichtig dienen. Darum bitten wir durch Christus, unseren Herrn.

***

Für eine Wort-Gottes-Feier:

## ERÖFFNUNGSGEBET ZUR WAHL

Herr, unser Gott, du Grund unserer Hoffnung. Wir haben uns versammelt und feiern deine Gegenwart. Halte uns wach in der Erwartung deines Sohnes, damit wir ihm entgegengehen, wenn er kommt: Jesus Christus, unser Herr, der mit dir und dem Heiligen Geist lebt und herrscht in Ewigkeit.

***

## DEIN REICH KOMME

Dein Reich komme
auch für uns, die wir
müde geworden und leer
nicht mehr über den Tag
hinaus hoffen.

Dein Reich komme
auch für uns, die wir
selbstzufrieden und satt
die Zukunft nicht fürchten.

Dein Reich komme
auch für uns, die wir
uns eingerichtet haben
mit dem Leben und
mit dem Sterben-Müssen.

*Eleonore Beck*

# 33. SONNTAG IM JAHRESKREIS

## 15. November 2020

Die Texte des Tages berichten von den Alltagsmühen und von der Orientierung an der Wiederkunft des Herrn. Diese kann jederzeit geschehen und so ist unser Leben stets ungewiss. Aber darauf achtet unsere Gesellschaft nicht und wir haben alles so eingerichtet, dass es immer weitergeht. Daraus ist aber ein Schuldzusammenhang entstanden, der immens ist und auch innerhalb unserer Gesellschaft zu Gewaltausbrüchen führt, sodass sich die politische Rhetorik schwer verschärft hat. Aber die Frage ist doch, ob wir uns wirklich so radikalisieren müssen, dass wir verrohen und unseren Besitz harsch verteidigen. Sollten wir nicht wenigstens Wasser für die Notleidenden parat halten?

### ERÖFFNUNGSVERS

Vgl. Jer 29,11.12.14

So spricht der Herr:
Ich sinne Gedanken des Friedens und nicht des Unheils.
Wenn ihr mich anruft, so werde ich euch erhören
und euch aus der Gefangenschaft
von allen Orten zusammenführen.

### KYRIE-RUFE

Herr Jesus Christus, du rüttelst uns auf.
V/A: Herr, erbarme dich.
Du lässt uns wachsam und nüchtern leben
im Licht des Tages, im Licht der Wahrheit.
V/A: Christus, erbarme dich.

Du kommst zu einer Stunde,
in der wir es nicht erwarten.
V/A: Herr, erbarme dich.

Ehre sei Gott, S. 489 f.

## TAGESGEBET

Gott, du Urheber alles Guten, du bist unser Herr. Lass uns begreifen, dass wir frei werden, wenn wir uns deinem Willen unterwerfen, und dass wir die vollkommene Freude finden, wenn wir in deinem Dienst treu bleiben. Darum bitten wir durch Jesus Christus.

# WORTGOTTESDIENST

ZUR 1. LESUNG Leider verkürzt die Leseordnung den heutigen Text. In der gebotenen Auswahl ist er ein herrliches Lob auf die Frau, aber er erscheint einseitig, weil sie mit all ihrer Arbeit dem Manne zu dienen scheint. Der Anfang des Textes warnt allerdings den König davor, sich dem Wein hinzugeben. So liest sich der Text sehr viel passgenauer: Trinke nicht, während sich deine Frau abrackert und alles zum Guten fügt. Sind Mann und Frau einander zugetan und ziehen sie an einem Strang, werden sich ihre Beziehung und ihre eheliche Gemeinschaft und das Gemeinwesen gut entwickeln.

## ERSTE LESUNG

Spr 31,10–13.19–20.30–31

*Sie arbeitet voll Lust mit ihren Händen*

**Lesung aus dem Buch der Sprichwörter.**

Eine tüchtige Frau, wer findet sie? Sie übertrifft alle Perlen an Wert. Das Herz ihres Mannes vertraut auf sie und es fehlt ihm nicht an Gewinn. Sie tut ihm Gutes und nichts Böses alle Tage ihres Lebens.

Sie sorgt für Wolle und Flachs und arbeitet voll Lust mit ihren Händen. Nach dem Spinnrocken greift ihre Hand, ihre Finger fassen die Spindel.

Sie öffnet ihre Hand für den Bedürftigen und reicht ihre Hände dem Armen.

Trügerisch ist Anmut, vergänglich die Schönheit, eine Frau, die den HERRN fürchtet, sie allein soll man rühmen. Gebt ihr vom Ertrag ihrer Hände, denn im Stadttor rühmen sie ihre Werke!

## ANTWORTPSALM

Ps 128 (127), 1–2.3.4–5 (Kv: vgl. 1)

Kv Selig die Menschen,
die Gottes Wege gehn. – Kv

Selig jeder, der den HERRN fürchtet, *
der auf seinen Wegen geht!
Was deine Hände erarbeitet haben, wirst du genießen; *
selig bist du – es wird dir gut ergehn. – (Kv)

Deine Frau ist wie ein fruchtbarer Weinstock *
im Innern deines Hauses.
Wie Schösslinge von Ölbäumen sind deine Kinder *
rings um deinen Tisch herum. – (Kv)

Siehe, so wird der Mann gesegnet, *
der den HERRN fürchtet.
Es segne dich der HERR vom Zion her. *
Du sollst schauen das Glück Jerusalems alle Tage deines Lebens. – Kv

ZUR 2. LESUNG Es kann jederzeit passieren, dass der Herr wiederkommt – und die Zeichen seiner Wiederkunft sind deutlich. So jedenfalls sieht und erlebt es Paulus und deshalb benutzt er das Bild einer hochschwangeren Frau, die weiß, dass die Wehen kommen werden, aber nicht exakt weiß, wann. Ist unsere Gesellschaft und Welt in Erwartung – oder sind wir trunken und feiern die Nacht? Ja, wir leiden unter oft unwürdigen Zuständen und wissen um unser Ungenügen, aber eigentlich ist kein Ende in Sicht. Wie wäre eine Gesellschaft oder eine Glaubensgemeinschaft beschaffen, die jederzeit mit dem Kommen des Herrn rechnete?

## ZWEITE LESUNG

1 Thess 5, 1–6

*Der Tag des Herrn soll euch nicht wie ein Dieb überraschen*

**Lesung aus dem ersten Brief des Apostels Paulus an die Gemeinde in Thessalónich.**

Über Zeiten und Stunden, Schwestern und Brüder, brauche ich euch nicht zu schreiben. Ihr selbst wisst genau, dass der Tag des Herrn kommt wie ein Dieb in der Nacht.

Während die Menschen sagen: Friede und Sicherheit!, kommt plötzlich Verderben über sie wie die Wehen über eine schwangere Frau und es gibt kein Entrinnen. Ihr aber, Brüder und Schwestern, lebt nicht im Finstern, sodass euch der Tag nicht wie ein Dieb überraschen kann. Ihr alle seid Söhne des Lichts und Söhne des Tages. Wir gehören nicht der Nacht und nicht der Finsternis.

Darum wollen wir nicht schlafen wie die anderen, sondern wach und nüchtern sein.

## RUF VOR DEM EVANGELIUM

Vers: Joh 15, 4a.5b

Halleluja. Halleluja.
(So spricht der Herr:)
Bleibt in mir und ich bleibe in euch.
Wer in mir bleibt, der bringt reiche Frucht.
Halleluja.

ZUM EVANGELIUM Eigentlich könnte sich der mächtige Mann bei seiner Rückkehr glücklich preisen, denn er hat die Fähigkeiten seiner Diener richtig eingeschätzt; er besitzt offenbar gute Menschenkenntnis. Und doch ist er böse auf den Diener, der Angst vor ihm hatte. Es geht insgesamt um Teilhabe am Freudenfest, am Zinsgeschäft der Banken und um den Überfluss. Warum sollten wir solchen anstreben? Ich will nicht, dass mir so viel gegeben wird, dass ich damit nichts anfangen kann. Womöglich ist das heutige Evangelium nur im Zusammenhang mit dem vom nächsten Sonntag verständlich, denn dort geht es darum, wie man Christus dient, wenn man einem anderen Gutes tut. In der Ökonomie gibt es Gewinner und Verlierer, aber bei Christus zählt der Dienst am anderen.

## EVANGELIUM Mt 25,14–30

*Über Weniges warst du treu; nimm teil am Freudenfest deines Herrn!*

**+ Aus dem heiligen Evangelium nach Matthäus.**

In jener Zeit erzählte Jesus seinen Jüngern das folgende Gleichnis: Mit dem Himmelreich ist es wie mit einem Mann, der auf Reisen ging.

Er rief seine Diener und vertraute ihnen sein Vermögen an. Dem einen gab er fünf Talente Silbergeld, einem anderen zwei, wieder einem anderen eines, jedem nach seinen Fähigkeiten. Dann reiste er ab.

Sofort ging der Diener, der die fünf Talente erhalten hatte hin, wirtschaftete mit ihnen und gewann noch fünf weitere dazu. Ebenso gewann der, der zwei erhalten hatte, noch zwei weitere dazu. Der aber, der das eine Talent erhalten hatte, ging und grub ein Loch in die Erde und versteckte das Geld seines Herrn.

Nach langer Zeit kehrte der Herr jener Diener zurück und hielt Abrechnung mit ihnen.

Da kam der, der die fünf Talente erhalten hatte, brachte fünf weitere und sagte: Herr, fünf Talente hast du mir gegeben; sieh her, ich habe noch fünf dazugewonnen. Sein Herr sagte zu ihm: Sehr gut, du tüchtiger und treuer Diener. Über Weniges warst du treu, über Vieles werde ich dich setzen. Komm, nimm teil am Freudenfest deines Herrn!

Dann kam der Diener, der zwei Talente erhalten hatte, und sagte: Herr, du hast mir zwei Talente gegeben; sieh her, ich habe noch zwei dazugewonnen. Sein Herr sagte zu ihm: Sehr gut, du tüchtiger und treuer Diener. Über Weniges warst du treu, über Vieles werde ich dich setzen. Komm, nimm teil am Freudenfest deines Herrn!

Es kam aber auch der Diener, der das eine Talent erhalten hatte, und sagte: Herr, ich wusste, dass du ein strenger Mensch bist; du erntest, wo du nicht gesät hast, und sammelst, wo du nicht ausgestreut hast; weil ich Angst hatte, habe ich dein Geld in der Erde versteckt. Sieh her, hier hast du das Deine.

Sein Herr antwortete und sprach zu ihm: Du bist ein schlechter und fauler Diener! Du hast gewusst, dass ich ernte, wo ich nicht gesät habe, und sammle, wo ich nicht ausgestreut habe. Du hättest mein Geld auf die Bank bringen müssen, dann hätte ich es bei meiner Rückkehr mit Zinsen zurückerhalten. Nehmt ihm also das Talent weg und gebt es dem, der die zehn Talente hat!

Denn wer hat, dem wird gegeben werden und er wird im Überfluss haben; wer aber nicht hat, dem wird auch noch weggenommen, was er hat. Werft den nichtsnutzigen Diener hinaus in die äußerste Finsternis! Dort wird Heulen und Zähneknirschen sein.

*Oder:*

## KURZFASSUNG

Mt 25,14–15.19–21

*Über Weniges warst du treu; nimm teil am Freudenfest deines Herrn!*

**+ Aus dem heiligen Evangelium nach Matthäus.**

In jener Zeit erzählte Jesus seinen Jüngern das folgende Gleichnis: Mit dem Himmelreich ist es wie mit einem Mann, der auf Reisen ging.

Er rief seine Diener und vertraute ihnen sein Vermögen an. Dem einen gab er fünf Talente Silbergeld, einem anderen zwei, wieder einem anderen eines, jedem nach seinen Fähigkeiten. Dann reiste er ab.

Nach langer Zeit kehrte der Herr jener Diener zurück und hielt Abrechnung mit ihnen.

Da kam der, der die fünf Talente erhalten hatte, brachte fünf weitere und sagte: Herr, fünf Talente hast du mir gegeben; sieh her, ich habe noch fünf dazugewonnen. Sein Herr sagte zu ihm: Sehr gut, du tüchtiger und treuer Diener. Über Weniges warst du treu, über Vieles werde ich dich setzen. Komm, nimm teil am Freudenfest deines Herrn!

Glaubensbekenntnis, S. 492 ff.

## FÜRBITTEN

Guter Gott, alle Menschen sind von dir und vor dir begabt. Gib, dass wir uns selbst und einander annehmen können als deine geliebten Kinder und so unsere Gaben einbringen können zur Mitarbeit in deinem Reich. Wir bitten dich:

- Für alle, die ihre Gaben im Dienst der Verkündigung einbringen, damit dein Wort und deine Liebe wachsen in der Welt. V: Gott der Fülle. A: Wir bitten dich, erhöre uns.
- Für die Kinder, besonders für die vielen Mädchen weltweit, die entmutigt werden, deren Gaben nicht gesehen werden und denen Bildung und Ausbildung verwehrt sind. V: Gott der Fülle. A: Wir bitten dich, erhöre uns.
- Für alle, die die Gaben anderer sehen und zu ihrer Entfaltung beitragen. V: Gott der Fülle. A: Wir bitten dich, erhöre uns.
- Für alle, die ihre Begabungen einsetzen, um zu versöhnen und zu heilen. V: Gott der Fülle. A: Wir bitten dich, erhöre uns.
- Für alle, die uns selbst ermutigt haben, uns und unseren Begabungen zu trauen. V: Gott der Fülle. A: Wir bitten dich, erhöre uns.

- Für die Menschen mit einer Behinderung und für alle, die ihnen die Wege zu ihren eigenen, besonderen Gaben gezeigt haben. V: Gott der Fülle. A: Wir bitten dich, erhöre uns.

Vielfältig hast du uns geschaffen, und Vielfalt und Fülle hast du uns geschenkt, guter Gott. Hilf uns, den Reichtum deiner Gaben anzunehmen, so bitten wir durch Christus Jesus, unseren Herrn.

# EUCHARISTIEFEIER

## GABENGEBET

Herr, unser Gott, die Gabe, die wir darbringen, schenke uns die Kraft, dir treu zu dienen, und führe uns zur ewigen Gemeinschaft mit dir. Darum bitten wir durch Christus, unseren Herrn.

Präfation, S. 504 ff.

## KOMMUNIONVERS

Ps 73 (72),28

Gott nahe zu sein ist mein Glück.
Ich setze mein Vertrauen auf Gott, den Herrn.

## SCHLUSSGEBET

Barmherziger Gott, wir haben den Auftrag deines Sohnes erfüllt und sein Gedächtnis begangen. Die heilige Gabe, die wir in dieser Feier empfangen haben, helfe uns, dass wir in der Liebe zu dir und unseren Brüdern Christus nachfolgen, der mit dir lebt und herrscht in alle Ewigkeit.

★★★

Für eine Wort-Gottes-Feier:

## ERÖFFNUNGSGEBET ZUR WAHL

Allmächtiger Gott, du beschenkst deine Geschöpfe mit vielfältigen Gaben. Lass uns erkennen, was du von uns willst, und gib uns die Kraft, zu tun, was du von uns erwartest. Darum bitten wir dich durch unseren Herrn Jesus Christus, deinen Sohn, der mit dir lebt und herrscht in der Einheit des Heiligen Geistes, Gott von Ewigkeit zu Ewigkeit.

***

## ICH TRÄUME VON EINER KIRCHE

Ich träume von einer Kirche,
weit und offen für alle,
die heimat- und ortlos
Halt und Hilfe suchen.

Ich träume von einer Kirche,
die nicht auf Ämter setzt
und auf Sicherheit,
sondern auf Liebe und Vertrauen.

Ich träume von einer Kirche,
in der das Wort ihres Herrn
mehr gilt als die
Erfolgsrezepte der Welt.

Ich träume von einer Kirche,
die, ganz irdisch, die Erde hütet
und alles, was lebt, mitnimmt
auf dem Weg in den Himmel.

*Eleonore Beck*

# CHRISTKÖNIGSSONNTAG – HOCHFEST

## 22. November 2020

Wo ist es denn nun, das Reich Gottes, dessen Nähe Jesus verkündigt hat? Was ist wahrnehmbar von Christi Königsherrschaft, die der Auferstandene, zur Rechten des Vaters erhöht, angetreten hat? Genügt es, zu wissen, dass die Welt und dieses Leben sicher noch viel schrecklicher wären, wenn „der Name Gottes" weniger „tief eingegraben" wäre „in die Hoffnungs- und Leidensgeschichte der Menschheit" (Gemeinsame Synode, Beschluss „Unsere Hoffnung")? Wenn aus biblischem Denken nicht die universale Garantie der Menschenwürde, die Verpflichtung zur Solidarität mit den Armen und Leidenden, die befreiende Kritik an menschlicher Macht in das allgemeine sittliche und Rechtsbewusstsein eingegangen und darin wirksam geworden wären? Das angekündigte und erbetete Reich Gottes jedenfalls verheißt viel mehr. Nein, „Leben in Fülle" (Joh 10,10), Heil für alle (vgl. 1 Tim 2,4), davon kann im Ganzen einstweilen keine Rede sein. Fast trotzig, kontrafaktisch, setzt das Kirchenjahr dennoch den Christkönigssonntag an sein Ende und richtet damit diese große, universale Heilsperspektive wieder auf. Und tatsächlich, bei aller notwendigen, der intellektuellen Redlichkeit des Glaubens geschuldeten Nachfrage gibt es doch, so klein er auch sein mag, jenen Spielraum menschlicher Freiheit, den wir Tag für Tag nutzen können, Gottes Willen zu tun und so am Kommen seines Reiches mitzuwirken.

### ERÖFFNUNGSVERS

Offb 5,12; 1,6

Würdig ist das Lamm, das geschlachtet ist,
Macht zu empfangen,
Reichtum und Weisheit, Kraft und Ehre.
Ihm sei die Herrlichkeit und die Herrschermacht
in Ewigkeit.

## KYRIE-RUFE

Herr Jesus Christus, du wirst am Ende
jede Macht, Gewalt und Kraft vernichten.
V/A: Herr, erbarme dich.
Du musst herrschen, bis Gott dir
alle Feinde unter die Füße gelegt hat.
V/A: Christus, erbarme dich.
Du wirst deine Herrschaft Gott,
dem Vater, übergeben,
damit Gott alles in allem sei.
V/A: Herr, erbarme dich.

Ehre sei Gott, S. 489 f.

## TAGESGEBET

Allmächtiger, ewiger Gott, du hast deinem geliebten Sohn alle Gewalt gegeben im Himmel und auf Erden und ihn zum Haupt der neuen Schöpfung gemacht. Befreie alle Geschöpfe von der Macht des Bösen, damit sie allein dir dienen und dich in Ewigkeit rühmen. Darum bitten wir durch Jesus Christus.

# WORTGOTTESDIENST

**ZUR 1. LESUNG** Das schöne Bild vom guten Hirten, das sich für Gott (vgl. Ps. 23) und später für Jesus (Joh 10,11) durch das Alte und Neue Testament zieht und in der christlichen Ikonografie das erste „Markenzeichen" für Jesus werden sollte, hat eine ganz urtümliche Suggestivkraft. Es ist das Sehnsuchtsbild eines fürsorglichen Helfers, der trägt, beschützt, heimführt aus der Verirrung. Was Ezechiel in die Situation des babylonischen Exils nach 587 vor Christus hineinsagt, das als Folge des Versagens von Israels Führung gedeutet wird, gilt auch für unser Versagen jeden Tag: dass Gott die Sache dann eben selbst in die Hand nehmen muss und sich selbst um uns kümmert, wie der Hirt um die Tiere seiner Herde. Wir haben auch keine andere Hoffnung, wenn sich „am dunklen, düsteren Tag“ unseres Lebens die einsame Last unserer Freiheit wieder einmal als zu schwer erwiesen hat.

## ERSTE LESUNG

Ez 34,11–12.15–17a

*Ihr, meine Herde, ich sorge für Recht zwischen Schaf und Schaf*

**Lesung aus dem Buch Ezéchiel.**

So spricht GOTT, der Herr: Siehe, ich selbst bin es, ich will nach meinen Schafen fragen und mich um sie kümmern. Wie ein Hirt sich um seine Herde kümmert an dem Tag, an dem er inmitten seiner Schafe ist, die sich verirrt haben, so werde ich mich um meine Schafe kümmern und ich werde sie retten aus all den Orten, wohin sie sich am Tag des Gewölks und des Wolkendunkels zerstreut haben.

Ich, ich selber werde meine Schafe weiden und ich, ich selber werde sie ruhen lassen – Spruch GOTTES, des Herrn. Das Verlorene werde ich suchen, das Vertriebene werde ich zurückbringen, das Verletzte werde ich verbinden, das Kranke werde ich kräftigen. Doch das Fette und Starke werde ich vertilgen. Ich werde es weiden durch Rechtsentscheid. Ihr aber, meine Herde – so spricht GOTT, der Herr –, siehe, ich sorge für Recht zwischen Schaf und Schaf.

## ANTWORTPSALM

Ps 23 (22),1–3.4.5.6 (Kv: 1)

Kv Der HERR ist mein Hirt,
nichts wird mir fehlen. – Kv

Der HERR ist mein Hirt, nichts wird mir fehlen. /
Er lässt mich lagern auf grünen Auen *
und führt mich zum Ruheplatz am Wasser.
Meine Lebenskraft bringt er zurück. *

Er führt mich auf Pfaden der Gerechtigkeit,
getreu seinem Namen. – (Kv)

Auch wenn ich gehe im finsteren Tal, *
ich fürchte kein Unheil;
denn du bist bei mir, *
dein Stock und dein Stab, sie trösten mich. – (Kv)

Du deckst mir den Tisch *
vor den Augen meiner Feinde.
Du hast mein Haupt mit Öl gesalbt, *
übervoll ist mein Becher. – (Kv)

Ja, Güte und Huld *
werden mir folgen mein Leben lang
und heimkehren werde ich ins Haus des HERRN *
für lange Zeiten. – Kv

ZUR 2. LESUNG Welch ein gewaltiger Text ist doch dieses 15. Kapitel des 1. Korintherbriefs! Es ist der Auferstehungstext der Bibel schlechthin: zur gegenseitigen Abhängigkeit der Auferstehung Christi und der aller Menschen, in beide Richtungen – Christus als „der Erste der Entschlafenen" (V. 20), aber auch: „wenn Tote nicht auferweckt werden, ist auch Christus nicht auferweckt worden" (V. 16) –; zur absoluten Unverzichtbarkeit der Auferstehung für den Glauben, denn ohne Christi Auferweckung „ist euer Glaube nutzlos" (V. 17), ja „sind wir erbärmlicher daran als alle anderen Menschen" (V. 19); zur Vernichtung des Todes als des Letzten aller Feinde (V. 26). Schließlich öffnet er sich zu der endzeitlichen Perspektive der Unterwerfung aller Mächte und Gewalten, damit am Ende „Gott alles in allem sei" (V. 28). Selten wird die kompromisslose Machtkritik wahrgenommen, die die ganze Bibel durchzieht und hier ihren Höhepunkt findet. Aber welch ungeheure Befreiung liegt doch darin, dass am Ende all die lächerliche und doch so zerstörerische Anmaßung der Macht von Menschen über Menschen abgeschafft und die Herrschaft Gottes zum Durchbruch gekommen sein wird, der allein der „König des Himmels" und „Herrscher über das All" (Gloria) ist.

## ZWEITE LESUNG

1 Kor 15,20–26.28

*Christus wird seine Herrschaft Gott, dem Vater, übergeben, damit Gott alles in allem sei*

**Lesung aus dem ersten Brief des Apostels Paulus an die Gemeinde in Korínth.**

Schwestern und Brüder! Christus ist von den Toten auferweckt worden als der Erste der Entschlafenen. Da nämlich durch einen Menschen der Tod gekommen ist, kommt durch einen Menschen auch die Auferstehung der Toten. Denn wie in Adam alle sterben, so werden in Christus alle lebendig gemacht werden.

Es gibt aber eine bestimmte Reihenfolge: Erster ist Christus; dann folgen, wenn Christus kommt, alle, die zu ihm gehören. Danach kommt das Ende, wenn er jede Macht, Gewalt und Kraft entmachtet hat und seine Herrschaft Gott, dem Vater, übergibt.

Denn er muss herrschen, bis Gott ihm alle Feinde unter seine Füße gelegt hat. Der letzte Feind, der entmachtet wird, ist der Tod.

Wenn ihm dann alles unterworfen ist, wird auch er, der Sohn, sich dem unterwerfen, der ihm alles unterworfen hat, damit Gott alles in allem sei.

## RUF VOR DEM EVANGELIUM

Vers: Mk 11,9.10

Halleluja. Halleluja.
Gesegnet sei er, der kommt im Namen des Herrn!
Gesegnet sei das Reich unseres Vaters David,
das nun kommt.
Halleluja.

**ZUM EVANGELIUM** Kaum ein Text der Heiligen Schrift hat über die Jahrhunderte die christliche Vorstellung vom „Jüngsten Gericht" so nachhaltig geprägt wie die große Gerichtsrede Jesu im 25. Kapitel des Matthäus-Evangeliums. Kaum etwas hat aber auch mehr Angst ausgelöst als die Perspektive vom doppelten Ausgang des Gerichts und damit der Menschheitsgeschichte, von der ewigen Strafe für die Böcke zur Linken. In der Tat ist die Vorstellung ewiger Höllenqual, und sei es für den allerschlimmsten aller Übeltäter, schlechthin unerträglich, inakzeptabel und kann nur auf den entschiedenen, solidarischen Protest christlicher Menschlichkeit stoßen. Es ist gut, dass die Theologie der letzten Jahrzehnte hier weitergedacht hat und wahrnimmt, dass Gott selbst, der „will, dass alle Menschen gerettet werden" (1 Tim 2,4), scheitern würde, wenn auch nur eines seiner geliebten Menschenkinder verloren ginge. Gott nimmt die Freiheit des Menschen ernst. Doch vor allem hält seine Liebe die Tür zur Umkehr nötigenfalls eine ganze „Ewigkeit" lang offen. „Das nie unterbrochene und nie aufhörende Warten des Vaters auf seine Kinder gibt eine Hoffnung, die auch in die Hölle hineinreicht." (Hansjürgen Verweyen)

## EVANGELIUM Mt 25,31–46

*Der Menschensohn wird sich auf den Thron seiner Herrlichkeit setzen und er wird die Menschen voneinander scheiden*

\+ **Aus dem heiligen Evangelium nach Matthäus.**

In jener Zeit sprach Jesus zu seinen Jüngern: Wenn der Menschensohn in seiner Herrlichkeit kommt und alle Engel mit ihm, dann wird er sich auf den Thron seiner Herrlichkeit setzen. Und alle Völker werden vor ihm versammelt werden und er wird sie voneinander scheiden, wie der Hirt die Schafe von den Böcken scheidet. Er wird die Schafe zu seiner Rechten stellen, die Böcke aber zur Linken.

Dann wird der König denen zu seiner Rechten sagen: Kommt her, die ihr von meinem Vater gesegnet seid, empfangt das Reich als Erbe, das seit der Erschaffung der Welt für euch bestimmt ist! Denn ich war hungrig und ihr habt mir zu essen gegeben; ich war durstig und ihr habt mir zu trinken gegeben; ich war fremd und ihr habt mich aufgenommen; ich war nackt und ihr habt mir Kleidung gegeben; ich war krank und ihr habt mich besucht; ich war im Gefängnis und ihr seid zu mir gekommen.

Dann werden ihm die Gerechten antworten und sagen: Herr, wann haben wir dich hungrig gesehen und dir zu essen gegeben oder durstig und dir zu trinken gegeben? Und wann haben wir dich fremd gesehen und aufgenommen oder nackt und dir Kleidung gegeben? Und wann haben wir dich krank oder im Gefängnis gesehen und sind zu dir gekommen?

Darauf wird der König ihnen antworten: Amen, ich sage euch: Was ihr für einen meiner geringsten Brüder getan habt, das habt ihr mir getan.

Dann wird er zu denen auf der Linken sagen: Geht weg von mir, ihr Verfluchten, in das ewige Feuer, das für den Teufel und seine Engel bestimmt ist! Denn ich war hungrig und ihr habt mir nichts zu essen gegeben; ich war durstig und ihr habt mir nichts zu trinken gegeben; ich war fremd und ihr habt mich nicht aufgenommen; ich war nackt und ihr habt mir keine Kleidung gegeben; ich war krank und im Gefängnis und ihr habt mich nicht besucht.

Dann werden auch sie antworten: Herr, wann haben wir dich hungrig oder durstig oder fremd oder nackt oder krank oder im Gefängnis gesehen und haben dir nicht geholfen?

Darauf wird er ihnen antworten: Amen, ich sage euch: Was ihr für einen dieser Geringsten nicht getan habt, das habt ihr auch mir nicht getan.

Und diese werden weggehen zur ewigen Strafe, die Gerechten aber zum ewigen Leben.

Glaubensbekenntnis, S. 492 ff.

## FÜRBITTEN

Jesus Christus, der König mit der Dornenkrone, identifiziert sich mit den Bedrängten und Beladenen, die den dornigen Weg gehen müssen. Wir rufen zu ihm, der unser Bruder, Herr und König ist:

- Segne alle in deiner Kirche, die die Nähe zu den Armen und Geschundenen nicht nur fordern, sondern leben. V: Jesus, du Macht der Ohnmächtigen. A: Höre unser Rufen.

- Behüte die Kinder, die jungen Frauen und jungen Männer auf der Flucht, die getrennten Familien und alle, die ihre Heimat aufgeben mussten. V: Jesus, du Macht der Ohnmächtigen. A: Höre unser Rufen.

- Ermutige diejenigen, die sich für eine gerechtere Verteilung der reichen Gaben und Güter dieser Erde einsetzen. V: Jesus, du Macht der Ohnmächtigen. A: Höre unser Rufen.
- Stärke die Kranken und alle, die ihr Leben leichter machen, sie besuchen und ihnen Gemeinschaft schenken. V: Jesus, du Macht der Ohnmächtigen. A: Höre unser Rufen.
- Segne die Gefangenen, die zu Unrecht und ohne Urteil in den Gefängnissen so vieler Länder dieser Erde sitzen müssen. V: Jesus, du Macht der Ohnmächtigen. A: Höre unser Rufen.
- Erbarme dich der Menschen, deren Leben mit dem Kirchenjahr zu Ende geht, und geleite sie in Gottes Ewigkeit. V: Jesus, du Macht der Ohnmächtigen. A: Höre unser Rufen.

Herr Jesus Christus, du bist ein anderer König und weist uns wahrhaft den Weg, der ins Leben führt. Dich loben wir und preisen wir, heute und alle Tage unseres Lebens bis in Ewigkeit.

# EUCHARISTIEFEIER

## GABENGEBET

Herr, unser Gott, wir bringen das Opfer deines Sohnes dar, das die Menschheit mit dir versöhnt. Er, der für uns gestorben ist, schenke allen Völkern Einheit und Frieden, der mit dir lebt und herrscht in alle Ewigkeit.

## PRÄFATION

In Wahrheit ist es würdig und recht, dir, Herr, heiliger Vater, immer und überall zu danken. Du hast deinen eingeborenen Sohn, unseren Herrn Jesus Christus, mit dem Öl der Freude gesalbt zum ewigen

Priester und zum König der ganzen Schöpfung. Als makelloses Lamm und friedenstiftendes Opfer hat er sich dargebracht auf dem Altar des Kreuzes, um das Werk der Erlösung zu vollziehen. Wenn einst die ganze Schöpfung seiner Herrschaft unterworfen ist, wird er dir, seinem Vater, das ewige, alles umfassende Reich übergeben: das Reich der Wahrheit und des Lebens, das Reich der Heiligkeit und der Gnade, das Reich der Gerechtigkeit, der Liebe und des Friedens. Durch ihn rühmen dich Himmel und Erde, Engel und Menschen und singen das Lob deiner Herrlichkeit: Heilig ...

## KOMMUNIONVERS

Ps 29 (28), 10–11

Der Herr thront als König in Ewigkeit.
Der Herr segne sein Volk mit Frieden.

## SCHLUSSGEBET

Allmächtiger Gott, du hast uns berufen, Christus, dem König der ganzen Schöpfung, zu dienen. Stärke uns durch diese Speise, die uns Unsterblichkeit verheißt, damit wir Anteil erhalten an seiner Herrschaft und am ewigen Leben. Darum bitten wir durch ihn, Christus, unseren Herrn.

## FEIERLICHER SCHLUSSSEGEN

Num 6, 24–26

Der Herr segne euch und behüte euch; der Herr lasse sein Angesicht über euch leuchten und sei euch gnädig; er wende euch sein Antlitz zu und schenke euch seinen Frieden. – A: Amen.
Das gewähre euch der dreieinige Gott, der Vater und der Sohn † und der Heilige Geist. – A: Amen.

***

Für eine Wort-Gottes-Feier:

## ERÖFFNUNGSGEBET ZUR WAHL

Allmächtiger Gott, dein Sohn ist uns zum Bruder geworden und sitzt zu deiner Rechten. Hilf uns, in dieser Zeit seiner Weisung zu folgen, damit wir einst aufgenommen werden in sein Reich. Darum bitten wir durch ihn, Jesus Christus, deinen Sohn, der mit dir lebt und herrscht in der Einheit des Heiligen Geistes, Gott von Ewigkeit zu Ewigkeit.

***

### UNGEBET

niemanden im himmel
sollst du vater nennen
kein name für gott
von seinem reich keine spur
sollte es himmlischer wille sein
dass so viele auf erden
ohne das tägliche brot sind
unter schulden ersticken
von rache verfolgt
versuchungen ausgeliefert
vom bösen zerstört

sein ist kein reich
keine kraft
und keine herrlichkeit
in dieser zeit

zu all dem auch noch
amen sagen
irgendetwas sträubt sich

doch was

*Andreas Knapp*

# VERZEICHNIS DER SCHRIFTLESUNGEN

## ALTES TESTAMENT

LUKAS



JOHANNES



APOSTELGESCHICHTE



RÖMER

# VERZEICHNIS DER PRÄFATIONEN

# VERZEICHNIS DER FEIERLICHEN SCHLUSSSEGEN

# STICHWORTVERZEICHNIS ZU DEN MEDITATIONSTEXTEN

# VERZEICHNIS DER AUTOREN UND IHRER EINFÜHRUNGEN UND TEXTE

FLORIAN BRUCKMANN, Apl. Prof. Dr. theol., geboren 1974, Studium der Katholischen Theologie, arbeitet im Bischöflichen Ordinariat Dresden–Meißen; Publikationen zum christlich-jüdischen Dialog, zur Christologie und zum Gespräch mit philosophischen Positionen der Gegenwart.
*Einführungen:* 23. Sonntag im Jahreskreis; 24. Sonntag im Jahreskreis; 25. Sonntag im Jahreskreis; 26. Sonntag im Jahreskreis; 27. Sonntag im Jahreskreis; 28. Sonntag im Jahreskreis; 29. Sonntag im Jahreskreis; 30. Sonntag im Jahreskreis; Allerheiligen – Hochfest; Allerseelen; 32. Sonntag im Jahreskreis; 33. Sonntag im Jahreskreis.

KIRA BUSCH-WAGNER, geboren 1961, Studium der Evangelischen Theologie und Judaistik, Pfarrerin in Karlsruhe, Vorsitzende des Studienkreises „Kirche und Israel" der Evangelischen Landeskirche in Baden; theologische Bildungsarbeit, Veröffentlichungen in Fachzeitschriften und Presse.
*Einführungen:* 4. Adventssonntag; Weihnachten – Am Heiligen Abend; Weihnachten – In der Heiligen Nacht; Weihnachten – Am Morgen; Weihnachten – Am Tag; Heiliger Stephanus, erster Märtyrer – Fest; Fest der Heiligen Familie (zu 2. Lesung, siehe Susanne Sandherr).

RENÉ DAUSNER, Dr. theol. habil., geboren 1975, Professor für Systematische Theologie (Fundamentaltheologie und Dogmatik) an der Universität Hildesheim. Dogmatische und Fundamentaltheologische Publikationen, Forschungsschwerpunkte im jüdisch-christlichen Gespräch, Phänomenologie sowie Theologie und Literatur.
*Einführungen:* 6. Sonntag im Jahreskreis; 7. Sonntag im Jahreskreis; Aschermittwoch; 1. Fastensonntag; 2. Fastensonntag; 3. Fastensonntag.

KATRIN GROSSMANN, geboren 1980, Studium der katholischen Theologie in Tübingen und Jerusalem, Dipl. Theol., Beauftragte für

den Dialog mit den nichtchristlichen Religionen im Bistum Osnabrück.
*Einführungen:* 1. Adventssonntag; 2. Adventssonntag.

TOBIAS LICHT, geboren 1962, Studium der Katholischen Theologie, Dipl. Theol., Leiter des „Karlsruher Foyers Kirche und Recht“, Leiter des Bildungszentrums Karlsruhe (Bildungswerk der Erzdiözese Freiburg), Katholischer Beauftragter für privaten Hörfunk in Karlsruhe, umfangreiche Tätigkeit im publizistischen und im Bildungsbereich, Beirat für theologische Fragen der Zeitschrift MAGNIFICAT.
*Texte:* Kyrie-Rufe.
*Einführungen:* Christkönigssonntag – Hochfest.

SUSANNE SANDHERR, Dr. theol., geboren 1960, Studium der Katholischen Theologie, Philosophie, Germanistik und Erziehungswissenschaft, Professorin für Systematische Theologie an der Katholischen Stiftungsfachhochschule München, Abt. Benediktbeuern, Schwerpunkte: jüdisch-christlicher Dialog, Gespräche zwischen Theologie und Literatur; Theologie und Philosophie, Theologie und Therapie. Redakteurin der Zeitschrift MAGNIFICAT.
*Einführungen:* Weihnachten – Am Heiligen Abend (allg. Einführung); Fest der Heiligen Familie (2. Lesung); 5. Sonntag im Jahreskreis; Heiliger Josef, Bräutigam der Gottesmutter Maria – Hochfest; Verkündigung des Herrn – Hochfest; 5. Fastensonntag; Palmsonntag (zu Einführung Passion, siehe Irmtrud Schweigert); Ostermontag; 2. Sonntag der Osterzeit; 3. Sonntag der Osterzeit; 4. Sonntag der Osterzeit; 5. Sonntag der Osterzeit; 6. Sonntag der Osterzeit; Christi Himmelfahrt – Hochfest; 7. Sonntag der Osterzeit; Pfingsten – Hochfest – Am Vorabend; Pfingsten – Hochfest – Am Tag; Pfingstmontag; Dreifaltigkeitssonntag – Hochfest; Hochfest des Leibes und Blutes Christi – Fronleichnam; Heiligstes Herz Jesu – Hochfest; Geburt des heiligen Johannes des Täufers – Hochfest; Hl. Petrus und hl. Paulus, Apostel – Hochfest; 21. Sonntag im Jahreskreis; 22. Sonntag im Jahreskreis.

DOROTHEE SANDHERR-KLEMP, geboren 1960, Studium der Katholischen Theologie, Germanistik und Erziehungswissenschaft; Staatsexamen; Redakteurin der Zeitschrift MAGNIFICAT, Herausge-

berin und Autorin, Geistliche Beirätin des Bundesverbandes des Katholischen Deutschen Frauenbundes.
*Texte:* Fürbitten.

INGA SCHMITT, geboren 1971, Studium der Theologie in Freiburg i. Br. und Münster, Dipl.-Theol., Pastoralreferentin, Koordinatorin des Bereichs Liturgie und Kirchenmusik und Referentin für den Bereich Glaubenskommunikation im Seelsorgeamt des Bistums Osnabrück.
*Kyrie-Rufe und Einführungen:* 18. Sonntag im Jahreskreis; Verklärung des Herrn – Fest; 19. Sonntag im Jahreskreis; Mariä Aufnahme in den Himmel – Hochfest; 20. Sonntag im Jahreskreis.

IRMTRUD SCHWEIGERT, geboren 1957, Studium der Katholischen Theologie und Altphilologie, Gymnasiallehrerin an einem kirchlichen Gymnasium in Bonn.
*Einführungen:* Palmsonntag (Einführung zur Passion).

SCHWESTER LYDIA SCHULTE-SUTRUM OSB, geboren 1982, Studium der Theologie in Münster und Rom, Dipl. Theol., Benediktinerin im Kloster Burg Dinklage.
*Einführungen:* 11. Sonntag im Jahreskreis; 12. Sonntag im Jahreskreis; 13. Sonntag im Jahreskreis; 14. Sonntag im Jahreskreis; 15. Sonntag im Jahreskreis; 16. Sonntag im Jahreskreis.

STEFAN VOGES, Dr. theol., geboren 1978, Studium der Geschichte, Journalistik und Katholischen Theologie; Pastoralreferent im Bistum Aachen, Autor.
*Einführungen:* 4. Fastensonntag; Gründonnerstag – Hoher Donnerstag; Karfreitag – Die Feier vom Leiden und Sterben Christi; Ostersonntag – Die Feier der Osternacht; Ostersonntag – Am Tag.

REGINA WILDGRUBER, Dr. theol., geboren 1976, Bischöfliche Beauftragte für die Weltkirche im Bistum Osnabrück.
*Einführungen:* Hochfest der ohne Erbsünde empfangenen Jungfrau und Gottesmutter Maria; 3. Adventssonntag

MARC WITZENBACHER, Dr. theol., geboren 1971, Studium der Evangelischen Theologie und Altphilologie, Pfarrer, Oberkirchenrat; Leiter des Koordinierungsbüros der Vollversammlung des ÖRK 2021 in Karlsruhe.
*Einführungen:* Hochfest der Gottesmutter Maria; 2. Sonntag nach Weihnachten; Erscheinung des Herrn – Hochfest; Taufe des Herrn – Fest; 2. Sonntag im Jahreskreis; 3. Sonntag im Jahreskreis; Darstellung des Herrn – Fest; 17. Sonntag im Jahreskreis.

# VERZEICHNIS DER SCHRIFTLESUNGEN AN DEN WOCHENTAGEN

## 1. ADVENTSWOCHE

| | | |
|---|---|---|
| Mo. | 2. 12. | Jes 2,1–5 oder Jes 4,2–6 \| Mt 8,5–11 |
| Di. | 3. 12. | Jes 11,1–10 \| Lk 10,21–24 |
| Mi. | 4. 12. | Jes 25,6–10a \| Mt 15,29–37 |
| Do. | 5. 12. | Jes 26,1–6 \| Mt 7,21.24–27 |
| Fr. | 6. 12. | Jes 29,17–24 \| Mt 9,27–31 |
| Sa. | 7. 12. | Jes 30,19–21.23–26 \| Mt 9,35–10,1.6–8 |

## 2. ADVENTSWOCHE

| | | |
|---|---|---|
| Mo. | 9. 12. | siehe Seite 32 ff. |
| Di. | 10. 12. | Jes 40,1–11 \| Mt 18,12–14 |
| Mi. | 11. 12. | Jes 40,25–31 \| Mt 11,28–30 |
| Do. | 12. 12. | Jes 41,13–20 \| Mt 11,7b.11–15 |
| Fr. | 13. 12. | Jes 48,17–19 \| Mt 11,16–19 |
| Sa. | 14. 12. | Sir 48,1–4.9–11 \| Mt 17,9a.10–13 |

## 3. ADVENTSWOCHE

| | | |
|---|---|---|
| Mo. | 16. 12. | Num 24,2–7.15–17a \| Mt 21,23–27 |
| Di. | 17. 12. | Gen 49,2.8–10 \| Mt 1,1–17 |
| Mi. | 18. 12. | Jer 23,5–8 \| Mt 1,18–24 |
| Do. | 19. 12. | Ri 13,2–7.24–25a \| Lk 1,5–25 |
| Fr. | 20. 12. | Jes 7,10–14 \| Lk 1,26–38 |
| Sa. | 21. 12. | Hld 2,8–14 oder Zef 3,14–17 (14–18a) \| Lk 1,39–45 |

## 4. ADVENTSWOCHE

| | | |
|---|---|---|
| Mo. | 23. 12. | Mal 3,1–4.23–24 \| Lk 1,57–66 |
| Di. | 24. 12. | 2 Sam 7,1–5.8b–12.14a.16 \| Lk 1,67–79 |

## WEIHNACHTSZEIT

| | | |
|---|---|---|
| Do. | 26. 12. | siehe Seite 89 ff. |
| Fr. | 27. 12. | 1 Joh 1,1–4 \| Joh 20,2–8 |
| Sa. | 28. 12. | 1 Joh 1,5–2,2 \| Mt 2,13–18 |
| Mo. | 30. 12. | 1 Joh 2,12–17 \| Lk 2,36–40 |
| Di. | 31. 12. | 1 Joh 2,18–21 \| Joh 1,1–18 |
| Do. | 2. 1. | 1 Joh 2,22–28 \| Joh 1,19–28 |
| Fr. | 3. 1. | 1 Joh 2,29–3,6 \| Joh 1,29–34 |

| | | |
|---|---|---|
| Sa. | 4. 1. | 1 Joh 3,7–10 I Joh 1,35–42 |
| Mo. | 6. 1. | siehe Seite 121 ff. |
| Di. | 7. 1. | 1 Joh 3,22 – 4,6 I Mt 4,12 –17.23–25 |
| Mi. | 8. 1. | 1 Joh 4,7–10 I Mk 6,34–44 |
| Do. | 9. 1. | 1 Joh 4,11–18 I Mk 6,45–52 |
| Fr. | 10. 1. | 1 Joh 4,19 – 5,4 I Lk 4,14–22a |
| Sa. | 11. 1. | 1 Joh 5,5–13 I Lk 5,12–16 |

## 1. WOCHE IM JAHRESKREIS

| | | |
|---|---|---|
| Mo. | 13. 1. | 1 Sam 1,1–8 I Mk 1,14–20 |
| Di. | 14. 1. | 1 Sam 1,9–20 I Mk 1,21–28 |
| Mi. | 15. 1. | 1 Sam 3,1–10.19–20 I Mk 1,29–39 |
| Do. | 16. 1. | 1 Sam 4,1b–11 (1–11) I Mk 1,40–45 |
| Fr. | 17. 1. | 1 Sam 8,4–7.10–22a I Mk 2,1–12 |
| Sa. | 18. 1. | 1 Sam 9,1–4.17–19; 10,1 (1a) I Mk 2,13–17 |

## 2. WOCHE IM JAHRESKREIS

| | | |
|---|---|---|
| Mo. | 20. 1. | 1 Sam 15,16–23 I Mk 2,18–22 |
| Di. | 21. 1. | 1 Sam 16,1–13 I Mk 2,23–28 |
| Mi. | 22. 1. | 1 Sam 17,32–33.37.40–51 I Mk 3,1–6 |
| Do. | 23. 1. | 1 Sam 18,6–9; 19,1–7 I Mk 3,7–12 |
| Fr. | 24. 1. | 1 Sam 24,3–21 I Mk 3,13–19 |
| Sa. | 25. 1. | Apg 22,1a.3–16 oder Apg 9,1–22 I Mk 16,15 –18 |

## 3. WOCHE IM JAHRESKREIS

| | | |
|---|---|---|
| Mo. | 27. 1. | 2 Sam 5,1–7.10 I Mk 3,22–30 |
| Di. | 28. 1. | 2 Sam 6,12b–15.17–19 I Mk 3,31–35 |
| Mi. | 29. 1. | 2 Sam 7,4–17 I Mk 4,1–20 |
| Do. | 30. 1. | 2 Sam 7,18–19.24–29 I Mk 4,21–25 |
| Fr. | 31. 1. | 2 Sam 11,1–4a.c.5–10a.13–17 I Mk 4,26–34 |
| Sa. | 1. 2. | 2 Sam 12,1–7a.10–17 I Mk 4,35–41 |

## 4. WOCHE IM JAHRESKREIS

| | | |
|---|---|---|
| Mo. | 3. 2. | 2 Sam 15,13–14.30; 16,5–13a I Mk 5,1–20 |
| Di. | 4. 2. | 2 Sam 18,6.9–10.14b.24–25a.30 – 19,3 I Mk 5,21–43 |
| Mi. | 5. 2. | 2 Sam 24,2.9–17 I Mk 6,1b–6 |
| Do. | 6. 2. | 1 Kön 2,1–4.10–12 I Mk 6,17–13 |
| Fr. | 7. 2. | Sir 47,2–11 (2–13) I Mk 6,14–29 |
| Sa. | 8. 2. | 1 Kön 3,4–13 I Mk 6,30–34 |

### 5. WOCHE IM JAHRESKREIS

| | | |
|---|---|---|
| Mo. | 10. 2. | 1 Kön 8,1–7.9–13 I Mk 6,53–56 |
| Di. | 11. 2. | 1 Kön 8,22–23.27–30 I Mk 7,1–13 |
| Mi. | 12. 2. | 1 Kön 10,1–10 I Mk 7,14–23 |
| Do. | 13. 2. | 1 Kön 11,4–13 I Mk 7,24–30 |
| Fr. | 14. 2. | Apg 13,46–49 I Lk 10,1–9 |
| Sa. | 15. 2. | 1 Kön 12,26–32; 13,33–34 I Mk 8,1–10 |

### 6. WOCHE IM JAHRESKREIS

| | | |
|---|---|---|
| Mo. | 17. 2. | Jak 1,1–11 I Mk 8,11–13 |
| Di. | 18. 2. | Jak 1,12–18 I Mk 8,14–21 |
| Mi. | 19. 2. | Jak 1,19–27 I Mk 8,22–26 |
| Do. | 20. 2. | Jak 2,1–9 I Mk 8,27–33 |
| Fr. | 21. 2. | Jak 2,14–24.26 I Mk 8,34 – 9,1 |
| Sa. | 22. 2. | 1 Petr 5,1–4 I Mt 16,13–19 |

### 7. WOCHE IM JAHRESKREIS

| | | |
|---|---|---|
| Mo. | 24. 2. | Apg 1,15–17.20ac–26 I Joh 15,9–17 |
| Di. | 25. 2. | Jak 4,1–10 I Mk 9,30–37 |

### ASCHERMITTWOCH BIS SAMSTAG

| | | |
|---|---|---|
| Mi. | 26. 2. | siehe Seite 192 ff. |
| Do. | 27. 2. | Dtn 30,15–20 I Lk 9,22–25 |
| Fr. | 28. 2. | Jes 58,1–9a I Mt 9,14–15 |
| Sa. | 29. 2. | Jes 58,9b–14 I Lk 5,27–32 |

### 1. FASTENWOCHE

| | | |
|---|---|---|
| Mo. | 2. 3. | Lev 19,1–2.11–18 I Mt 25,31–46 |
| Di. | 3. 3. | Jes 55,10–11 I Mt 6,7–15 |
| Mi. | 4. 3. | Jona 3,1–10 I Lk 11,29–32 |
| Do. | 5. 3. | Est 4,17k.17l–m.17r–t (4,17n.p–r.aa–bb.gg–hh) I Mt 7,7–12 |
| Fr. | 6. 3. | Ez 18,21–28 I Mt 5,20–26 |
| Sa. | 7. 3. | Dtn 26,16–19 I Mt 5,43–48 |

### 2. FASTENWOCHE

| | | |
|---|---|---|
| Mo. | 9. 3. | Dan 9,4b–10 I Lk 6,36–38 |
| Di. | 10. 3. | Jes 1,10.16–20 I Mt 23,1–12 |
| Mi. | 11. 3. | Jer 18,18–20 I Mt 20,17–28 |
| Do. | 12. 3. | Jer 17,5–10 I Lk 16,19–31 |

| | | |
|---|---|---|
| Fr. | 13. 3. | Gen 37,3–4.12–13a.17b–28 I Mt 21,33–43.45–46 |
| Sa. | 14. 3. | Mi 7,14–15.18–20 I Lk 15,1–3.11–32 |

## 3. FASTENWOCHE

| | | |
|---|---|---|
| Mo. | 16. 3. | 2 Kön 5,1–15a I Lk 4,24–30 |
| Di. | 17. 3. | Dan 3,25.34–43 I Mt 18.21–35 |
| Mi. | 18. 3. | Dtn 4,1.5–9 I Mt 5,17–19 |
| Do. | 19. 3. | siehe Seite 231 ff. |
| Fr. | 20. 3. | Hos 14,2–10 I Mk 12,28b–34 |
| Sa. | 21. 3. | Hos 6,1–6 I Lk 18,9–14 |

## 4. FASTENWOCHE

| | | |
|---|---|---|
| Mo. | 23. 3. | Jes 65,17–21 I Joh 4,43–54 |
| Di. | 24. 3. | Ez 47,1–9.12 I Joh 5,1–16 |
| Mi. | 25. 3. | siehe Seite 251 ff. |
| Do. | 26. 3. | Ex 32,7–14 I Joh 5,31–47 |
| Fr. | 27. 3. | Weish 2,1a.12–22 I Joh 7,1–2.10.25–30 |
| Sa. | 28. 3. | Jer 11,18–20 I Joh 7,40–53 |

## 5. FASTENWOCHE

| | | |
|---|---|---|
| Mo. | 30. 3. | Dan 13,1–9.15–17.19–30.33–62 I Joh 8,1–11 oder 8,12–20 |
| Di. | 31. 3. | Num 21,4–9 I Joh 8,21–30 |
| Mi. | 1. 4. | Dan 3,14–21.49.91–92.95 I Joh 8,31–42 |
| Do. | 2. 4. | Gen 17,1a.3–9 I Joh 8,51–59 |
| Fr. | 3. 4. | Jer 20,10–13 I Joh 10,31–42 |
| Sa. | 4. 4. | Ez 37,21–28 I Joh 11,45–57 |

## KARWOCHE

| | | |
|---|---|---|
| Mo. | 6. 4. | Jes 42,5a.1–7 I Joh 12,1–11 |
| Di. | 7. 4. | Jes 49,1–6 I Joh 13,21–33.36–38 |
| Mi. | 8. 4. | Jes 50,4–9a I Mt 26,14–25 |
| Do. | 9. 4 | siehe Seite 294 ff. |
| Fr. | 10. 4. | siehe Seite 305 ff. |

## OSTEROKTAV

| | | |
|---|---|---|
| Mo. | 13. 4. | siehe Seite 375 ff. |
| Di. | 14. 4. | Apg 2,14a.36–41 I Joh 20,11–18 oder Mt 28,8–15 |
| Mi. | 15. 4. | Apg 3,1–10 I Lk 24,13–35 oder Joh 20,11–18 |
| Do. | 16. 4. | Apg 3,11–26 I Lk 24,35–48 |

Fr. 17. 4. Apg 4,1–12 | Joh 21,1–14
Sa. 18. 4. Apg 4,13–21 | Mk 16,9–15

2. WOCHE DER OSTERZEIT

Mo. 20. 4. Apg 4,23–31 | Joh 3,1–8
Di. 21. 4. Apg 4,32–37 | Joh 3,7–15
Mi. 22. 4. Apg 5,17–26 | Joh 3,16–21
Do. 23. 4. Apg 5,27–33 | Joh 3,31–36
Fr. 24. 4. Apg 5,34–42 | Joh 6,1–15
Sa. 25. 4. 1 Petr 5,5b–14 | Mk 16,15–20

3. WOCHE DER OSTERZEIT

Mo. 27. 4. Apg 6,8–15 | Joh 6,22–29
Di. 28. 4. Apg 7,51– 8,1a | Joh 6,30–35
Mi. 29. 4. 1 Joh 1,5 – 2,2 | Mt 11,25–30
Do. 30. 4. Apg 8,26–40 | Joh 6,44–51
Fr. 1. 5. Apg 9,1–20 | Joh 6,52–59
Sa. 2. 5. Apg 9,31–42 | Joh 6,60–69

4. WOCHE DER OSTERZEIT

Mo. 4. 5. Apg 11,1–18 | Joh 10,1–10
Di. 5. 5. Apg 11,19–26 | Joh 10,22–30
Mi. 6. 5. Apg 12,24 – 13,5 | Joh 12,44–50
Do. 7. 5. Apg 13,13–25 | Joh 13,16–20
Fr. 8. 5. Apg 13,26–33 | Joh 14,1–6
Sa. 9. 5. Apg 13,44–52 | Joh 14,7–14

5. WOCHE DER OSTERZEIT

Mo. 11. 5. Apg 14,5–18 | Joh 14,21–26
Di. 12. 5. Apg 14,19–28 | Joh 14,27–31a
Mi. 13. 5. Apg 15,1–6 | Joh 15,1–8
Do. 14. 5. Apg 15,7–21 | Joh 15,9–11
Fr. 15. 5. Apg 15,22–31 | Joh 15,12–17
Sa. 16. 5. Apg 16,1–10 | Joh 15,18–21

6. WOCHE DER OSTERZEIT

Mo. 18. 5. Apg 16,11–15 | Joh 15,26 – 16,4a
Di. 19. 5. Apg 16,22–34 | Joh 16,5–11
Mi. 20. 5. Apg 17,15.22 – 18,1 | Joh 16,12–15
Do. 21. 5. siehe Seite 430 ff.

| | | |
|---|---|---|
| Fr. | 22. 5. | Apg 18,9–18 I Joh 16,20–23a |
| Sa. | 23. 5. | Apg 18,23–28 I Joh 16,23b–28 |

7. WOCHE DER OSTERZEIT

| | | |
|---|---|---|
| Mo. | 25. 5. | Apg 19,1–8 I Joh 16,29–33 |
| Di. | 26. 5. | Apg 20,17–27 I Joh 17,1–11a |
| Mi. | 27. 5. | Apg 20,28–38 I Joh 17,6a.11b–19 |
| Do. | 28. 5. | Apg 22,30; 23,6–11 I Joh 17,20–26 |
| Fr. | 29. 5. | Apg 25,13–21 I Joh 21,1.15–19 |
| Sa. | 30. 5. | Apg 28,16–20.30–31 I Joh 21,20–25 |

9. WOCHE IM JAHRESKREIS

| | | |
|---|---|---|
| Mo. | 1. 6. | siehe Seite 470 ff. |
| Di. | 2. 6 | 2 Petr 3,12–15a.17–18 I Mk 12,13–17 |
| Mi. | 3. 6. | 2 Tim 1,1–3.6–12 I Mk 12,18–27 |
| Do. | 4. 6. | 2 Tim 2,8–15 I Mk 12,28b–34 |
| Fr. | 5. 6. | 2 Tim 3,10–17 I Mk 12,35–37 |
| Sa. | 6. 6. | 2 Tim 4,1–8 I Mk 12,38–44 |

10. WOCHE IM JAHRESKREIS

| | | |
|---|---|---|
| Mo. | 8. 6. | 1 Kön 17,1–6 I Mt 5,1–12 |
| Di. | 9. 6. | 1 Kön 17,7–16 I Mt 5,13–16 |
| Mi. | 10. 6. | 1 Kön 18,20–39 I Mt 5,17–19 |
| Do. | 11. 6. | siehe Seite 608 ff. |
| Fr. | 12. 6. | 1 Kön 19,9a.11–16 I Mt 5,27–32 |
| Sa. | 13. 6. | 1 Kön 19,19–21 I Mt 5,33–37 |

11. WOCHE IM JAHRESKREIS

| | | |
|---|---|---|
| Mo. | 15. 6. | 1 Kön 21,1–16 I Mt 5,38–42 |
| Di. | 16. 6. | 1 Kön 21,17–29 I Mt 5,43–48 |
| Mi. | 17. 6. | 2 Kön 2,1.4b.6–14 I Mt 6,1–6.16–18 |
| Do. | 18. 6. | Sir 48,1–14 (1–15) I Mt 6,7–15 |
| Fr. | 19. 6. | siehe Seite 630 ff. |
| Sa. | 20. 6. | 2 Chr 24,17–25 I Mt 6,24–34 |

12. WOCHE IM JAHRESKREIS

| | | |
|---|---|---|
| Mo. | 22. 6. | 2 Kön 17,5–8.13–15a.18 I Mt 7,1–5 |
| Di. | 23. 6. | 2 Kön 19,9b–11.14–21.31–35a.36 I Mt 7,6.12–14 |
| Mi. | 24. 6. | siehe Seite 647 ff. |
| Do. | 25. 6. | 2 Kön 24,8–17 I Mt 7,21–29 |

| | | |
|---|---|---|
| Fr. | 26. 6. | 2 Kön 25, 1b–12 (1–12) I Mt 8, 1–4 |
| Sa. | 27. 6. | Klgl 2, 2.10–14.18–19 I Mt 8, 5–17 |

13. WOCHE IM JAHRESKREIS

| | | |
|---|---|---|
| Mo. | 29. 6. | siehe Seite 664 ff. |
| Di. | 30. 6. | Am 3, 1–8; 4, 11–12 I Mt 8, 23–27 |
| Mi. | 1. 7. | Am 5, 14–15.21–24 I Mt 8, 28–34 |
| Do. | 2. 7. | Zef 3, 14–18 oder Röm 12, 9–16b I Lk 1, 39–56 |
| Fr. | 3. 7. | Eph 2, 19–22 I Joh 20, 24–29 |
| Sa. | 4. 7. | Am 9, 11–15 I Mt 9, 14–17 |

14. WOCHE IM JAHRESKREIS

| | | |
|---|---|---|
| Mo. | 6. 7. | Hos 2, 16.17b–18.21–22 I Mt 9, 18–26 |
| Di. | 7. 7. | Hos 8, 4–7.11–13 I Mt 9, 32–38 |
| Mi. | 8. 7. | Hos 10, 1–3.7–8.12 I Mt 10, 1–7 |
| Do. | 9. 7. | Hos 11, 1–4.8a.c–9 I Mt 10, 7–15 |
| Fr. | 10. 7. | Hos 14, 2–10 I Mt 10, 16–23 |
| Sa. | 11. 7. | Spr 2, 1–9 I Mt 19, 27–29 |

15. WOCHE IM JAHRESKREIS

| | | |
|---|---|---|
| Mo. | 13. 7. | Jes 1, 10–17 I Mt 10, 34 – 11, 1 |
| Di. | 14. 7. | Jes 7, 1–9 I Mt 11, 20–24 |
| Mi. | 15. 7. | Jes 10, 5–7.13–16 I Mt 11, 25–27 |
| Do. | 16. 7. | Jes 26, 7–9.12.16–19 I Mt 11, 28–30 |
| Fr. | 17. 7. | Jes 38, 1–6.21–22.7–8 I Mt 12, 1–8 |
| Sa. | 18. 7. | Mi 2, 1–5 I Mt 12, 14–21 |

16. WOCHE IM JAHRESKREIS

| | | |
|---|---|---|
| Mo. | 20. 7. | Mi 6, 1–4.6–8 I Mt 12, 38–42 |
| Di. | 21. 7. | Mi 7, 14–15.18–20 I Mt 12, 46–50 |
| Mi. | 22. 7. | Hld 3, 1–4a oder 2 Kor 5, 14–27 I Joh 20, 1–2.11–18 |
| Do. | 23. 7. | Gal 2, 19–20 I Joh 15, 1–8 |
| Fr. | 24. 7. | Jer 3, 14–17 I Mt 13, 18–23 |
| Sa. | 25. 7. | 2 Kor 4, 7–15 I Mt 20, 20–28 |

17. WOCHE IM JAHRESKREIS

| | | |
|---|---|---|
| Mo. | 27. 7. | Jer 13, 1–11 I Mt 13, 31–35 |
| Di. | 28. 7. | Jer 14, 17b–22 I Mt 13, 36–43 |
| Mi. | 29. 7. | Jer 15, 10.16–21 I Joh 11, 19–27 oder Lk 10, 38–42 |
| Do. | 30. 7. | Jer 18, 1–6 I Mt 13, 47–52 |

| | | |
|---|---|---|
| Fr. | 31. 7. | Jer 26,1–9 I Mt 13,54–58 |
| Sa. | 1. 8. | Jer 26,11–16.24 I Mt 14,1–12 |

## 18. WOCHE IM JAHRESKREIS

| | | |
|---|---|---|
| Mo. | 3. 8. | Jer 28,1–17 I Mt 14,13–21 |
| Di. | 4. 8. | Jer 30,1–2.12–15.18–22 I Mt 14,22–36 oder Mt 15,1–2.10–14 |
| Mi. | 5. 8. | Jer 31,1–7 I Mt 15,21–28 |
| Do. | 6. 8. | siehe Seite 717 ff. |
| Fr. | 7. 8. | Nah 2,1.3; 3,1–3.6–7 I Mt 16,24–28 |
| Sa. | 8. 8. | Hab 1,12 – 2,4 I Mt 17,14–20 |

## 19. WOCHE IM JAHRESKREIS

| | | |
|---|---|---|
| Mo. | 10. 8. | 2 Kor 9,6–10 I Joh 12,24–26 |
| Di. | 11. 8. | Ez 2,8 – 3,4 I Mt 18,1–5.10.12–14 |
| Mi. | 12. 8. | Ez 9,1–8a; 10,18–22 I Mt 18,15–20 |
| Do. | 13. 8. | Ez 12,1–12 I Mt 18,21–19,1 |
| Fr. | 14. 8. | Ez 16,1–15.60.63 oder Ez 16,59–63 I Mt 19,3–12 |
| Sa. | 15. 8. | siehe Seite 736 ff. |

## 20. WOCHE IM JAHRESKREIS

| | | |
|---|---|---|
| Mo. | 17. 8. | Ez 24,15–24 I Mt 19,16–22 |
| Di. | 18. 8. | Ez 28,1–10 I Mt 19,23–30 |
| Mi. | 19. 8. | Ez 34,1–11 I Mt 20,1–16a |
| Do. | 20. 8. | Ez 36,23–28 I Mt 22,1–14 |
| Fr. | 21. 8. | Ez 37,1–14 I Mt 22,34–40 |
| Sa. | 22. 8. | Ez 43,1–7a I Mt 23,1–12 |

## 21. WOCHE IM JAHRESKREIS

| | | |
|---|---|---|
| Mo. | 24. 8. | Offb 21,9b–14 I Joh 1,45–51 |
| Di. | 25. 8. | 2 Thess 2,1–3a.14–17 I Mt 23,23–26 |
| Mi. | 26. 8. | 2 Thess 3,6–10.16–18 I Mt 23,27–32 |
| Do. | 27. 8. | 1 Kor 1,1–9 I Mt 24,42–51 |
| Fr. | 28. 8. | 1 Kor 1,17–25 I Mt 25,1–13 |
| Sa. | 29. 8. | 1 Kor 1,26–31 I Mk 6,17–29 |

## 22. WOCHE IM JAHRESKREIS

| | | |
|---|---|---|
| Mo. | 31. 8. | 1 Kor 2,1–5 I Lk 4,16–30 |
| Di. | 1. 9. | 1 Kor 2,10b–16 I Lk 4,31–37 |
| Mi. | 2. 9. | 1 Kor 3,1–9 I Lk 4,38–44 |

Do. 3. 9. 1 Kor 3,18–23 | Lk 5,1–11
Fr. 4. 9. 1 Kor 4,1–5 | Lk 5,33–39
Sa. 5. 9. 1 Kor 4,6b–15 | Lk 6,1–5

## 23. WOCHE IM JAHRESKREIS

Mo. 7. 9. 1 Kor 5,1–8 | Lk 6,6–11
Di. 8. 9. Mi 5,1–4a oder Röm 8,28–30 | Mt 1,1–16.18–23
Mi. 9. 9. 1 Kor 7,25–31 | Lk 6,20–26
Do. 10. 9. 1 Kor 8,1b–7.11–13 | Lk 6,27–32
Fr. 11. 9. 1 Kor 9,16–19.22b–27 | Lk 6,39–42
Sa. 12. 9. 1 Kor 10,14–22 | Lk 6,43–49

## 24. WOCHE IM JAHRESKREIS

Mo. 14. 9. Num 21,4–9 oder Phil 2,6–11 | Joh 3,13–17
Di. 15. 9. 1 Kor 12,12–14.27–31a | Joh 19,25–27 oder Lk 2,33–35
Mi. 16. 9. 1 Kor 12,31 – 13,13 | Lk 7,31–35
Do. 17. 9. 1 Kor 15,1–11 | Lk 7,36–50
Fr. 18. 9. 1 Kor 15,12–20 | Lk 8,1–3
Sa. 19. 9. 1 Kor 15,35–37.42–49 | Lk 8,4–15

## 25. WOCHE IM JAHRESKREIS

Mo. 21. 9. Eph 4,1–7.11–13 | Mt 9,9–13
Di. 22. 9. Spr 21,1–6.10–13 | Lk 8,19–21
Mi. 23. 9. Spr 30,5–9 | Lk 9,1–6
Do. 24. 9. Koh 1,2–11 | Lk 9,7–9
Fr. 25. 9. Koh 3,1–11 | Lk 9,18–22
Sa. 26. 9. Koh 11,9 – 12,8 | Lk 9,43b–45

## 26. WOCHE IM JAHRESKREIS

Mo. 28. 9. Ijob 1,6–22 | Lk 9,46–50
Di 29. 9. Dan 7,9–10.13–14 oder Offb 12,7–12a | Joh 1,47–51
Mi 30. 9. Ijob 9,1–12.14–16 | Lk 9,57–62
Do. 1. 10. Ijob 19,21–27 | Lk 10,1–12
Fr. 2. 10. Ijob 38,1.12–21; 40,3–5 | Mt 18,1–5.10
Sa. 3. 10. Ijob 42,1–3.5–6.12–17 (1–3.5–6.12–16) | Lk 10,17–24

## 27. WOCHE IM JAHRESKREIS

Mo. 5. 10. Gal 1,6–12 | Lk 10,25–37
Di. 6. 10. Gal 1,13–24 | Lk 10,38–42
Mi 7. 10. Gal 2,1–2.7–14 | Lk 11,1–4

Do. 8. 10. Gal 3,1–5 | Lk 11,5–13
Fr. 9. 10. Gal 3,6–14 | Lk 11,14–26
Sa. 10. 10. Gal 3,22–29 | Lk 11,27–28

## 28. WOCHE IM JAHRESKREIS

Mo. 12. 10. Gal 4,22–24.26–27.31 – 5,1 | Lk 11,29–32
Di. 13. 10. Gal 5,1–6 | Lk 11,37–41
Mi. 14. 10. Gal 5,18–25 | Lk 11,42–46
Do. 15. 10. Eph 1,1–10 | Lk 11,47–54
Fr. 16. 10. Eph 1,11–14 | Lk 12,1–7
Sa. 17. 10. Eph 1,15–23 | Lk 12,8–12

## 29. WOCHE IM JAHRESKREIS

Mo. 19. 10. Eph 2,1–10 | Lk 12,13–21
Di. 20. 10. Eph 2,12–22 | Lk 12,35–38
Mi. 21. 10. Eph 3,2–12 | Lk 12,39–48
Do. 22. 10. Eph 3,14–21 | Lk 12,49–53
Fr. 23. 10. Eph 4,1–6 | Lk 12,54–59
Sa. 24. 10. Eph 4,7–16 | Lk 13,1–9

## 30. WOCHE IM JAHRESKREIS

Mo. 26. 10. Eph 4,32 – 5,8 | Lk 13,10–17
Di. 27. 10. Eph 5,21–33 | Lk 13,18–21
Mi. 28. 10. Eph 2,19–22 | Lk 6,12–19
Do. 29. 10. Eph 6,10–20 | Lk 13,31–35
Fr. 30. 10. Phil 1,1–11 | Lk 14,1–6
Sa. 31. 10. Phil 1,18b–26 | Lk 14,1.7–11

## 31. WOCHE IM JAHRESKREIS

Mo. 2. 11. siehe Seite 848 ff.
Di. 3. 11. Phil 2,5–11 | Lk 14,15–24
Mi 4. 11. Phil 2,12–18 | Lk 14,25–33
Do. 5. 11. Phil 3,3–8a | Lk 15,1–10
Fr. 6. 11. Phil 3,17 – 4,1 | Lk 16,1–8
Sa. 7. 11. Phil 4,10–19 | Lk 16,9–15

## 32. WOCHE IM JAHRESKREIS

Mo. 9. 11. Ez 47,1–2.8–9.12 oder 1 Kor 3,9c–11.16–17 | Joh 2,13–22
Di. 10. 11. Tit 2,1–8.11–14 | Lk 17,7–10

| | | |
|---|---|---|
| Mi. | 11. 11. | Tit 3,1–7 \| Lk 17,11–19 |
| Do. | 12. 11. | Phlm 7–20 \| Lk 17,20–25 |
| Fr. | 13. 11. | 2 Joh 4–9 \| Lk 17,26–37 |
| Sa. | 14. 11. | 3 Joh 5–8 \| Lk 18,1–8 |

## 33. WOCHE IM JAHRESKREIS

| | | |
|---|---|---|
| Mo. | 16. 11. | Offb 1,1–4; 2,1–5a \| Lk 18,35–43 |
| Di. | 17. 11. | Offb 3,1–6.14–22 \| Lk 19,1–10 |
| Mi. | 18. 11. | Offb 4,1–11 \| Lk 19,11–28 |
| Do. | 19. 11. | Offb 5,1–10 \| Lk 19,41–44 |
| Fr. | 20. 11. | Offb 10,8–11 \| Lk 19,45–48 |
| Sa. | 21. 11. | Offb 11,4–12 \| Lk 20,27–40 |

## 34. WOCHE IM JAHRESKREIS

| | | |
|---|---|---|
| Mo. | 23. 11. | Offb 14,1–3.4b–5 \| Lk 21,1–4 |
| Di. | 24. 11. | Offb 14,14–19 \| Lk 21,5–11 |
| Mi. | 25. 11. | Offb 15,1–4 \| Lk 21,12–19 |
| Do. | 26. 11. | Offb 18,1–2.21–23; 19,1–3.9a \| Lk 21,20–28 |
| Fr. | 27. 11. | Offb 20,1–4.11 – 21,2 \| Lk 21,29–33 |
| Sa. | 28. 11. | Offb 22,1–7 \| Lk 21,34–36 |

# NAMENSTAGSVERZEICHNIS

Die mit (H – Hochfest), (F – Fest), (G – gebotener Gedenktag) und (g – nichtgebotener Gedenktag) gekennzeichneten Heiligen und Seligen sind entsprechend ihrem liturgischen Rang im römischen Generalkalender bzw. deutschsprachigen Regionalkalender erwähnt.

**A**chilleus 12. 5. *(g)*
Adalbert von Prag 23. 4. *(g)*
Adam 24. 12.
Adelgund 30. 1.
Adelheid 16. 12.
Adolf Kolping 4. 12. *(g)*
Agatha 5. 2. *(G)*
Agnes 21. 1. *(g)*
Agritius 19. 1.
Albert der Große 15. 11. *(g)*
Alexander 10. 7.
Alfons Maria von Liguori 1. 8. *(G)*
Alfred 28. 10.
Aloysius Gonzaga 21. 6. *(G)*
Ambrosius 7. 12. *(G)*
Anastasia 25. 12.
Andreas, Ap. 30. 11. *(F)*
Andreas Dung-Lac 24. 11. *(G)*
Andreas Kim Taegon 20. 9. *(G)*
Angela von Foligno 4. 1.
Angela Merici 27. 1. *(g)*
Anna 26. 7. *(G)*
Anna Katharina Emmerick 9. 2.
Anno 5. 12. *(g)*
Anselm 21. 4. *(g)*
Ansgar von Hamburg 3. 2. *(g)*
Antonius, Abt 17. 1. *(G)*
Antonius Maria Claret 24. 10. *(g)*
Antonius Maria Zaccaria 5. 7. *(g)*
Antonius von Padua 13. 6. *(G)*
Apollinaris 20. 7. *(g)*
Arbogast von Straßburg 21. 7.
Arnold 18. 7.
Arnold Janssen 15. 1.
Athanasius der Große 2. 5. *(G)*
Augustinus 28. 8. *(G)*
Augustinus von Canterbury 27. 5. *(g)*
Augustinus Zhao Rong 9. 7. *(g)*

**B**antus 28. 7.
Barbara 4. 12. *(g)*
Barnabas, Ap. 11. 6. *(G)*
Bartholomäus, Ap. 24. 8. *(F)*
Basilius der Große 2. 1. *(G)*
Basin 23. 9.
Beatrix 30. 7.
Beatus 28. 7.
Beda der Ehrwürdige 25. 5. *(g)*
Benedikt Josef Labre 16. 4.
Benedikt von Nursia 11. 7. *(F)*
Benno 16. 6. *(g)*
Bernadette Soubirous 16. 4.
Bernhard von Baden 15. 7.
Bernhard von Clairvaux 20. 8. *(G)*
Bernhardin von Siena 20. 5. *(g)*
Bernward 20. 11.
Berta 28. 11.
Bertold 14. 12.
Birgitta von Schweden 23. 7. *(F)*
Blasius 3. 2. *(g)*
Bonaventura 15. 7. *(G)*
Bonifatius 5. 6. *(F)*
Bonosus 17. 2.
Britto 6. 5.
Bruno 6. 10. *(g)*
Bruno von Köln 11. 10.
Bruno von Querfurt 9. 3. *(g)*
Burkhard 14. 10.

**C**äcilia 22. 11. *(G)*
Carl Lampert 13. 11. *(g)*
Charlotte 17. 7.
Christian 4. 2.
Christine 24. 7.
Christophorus 24. 7. *(g)*
Christophorus Magallanes 21. 5. *(g)*
Clemens August Graf von Galen 22. 3.
Cyprian 16. 9. *(G)*
Cyrill (Konstantin) 14. 2. *(F)*
Cyrill von Alexandrien 27. 6. *(g)*
Cyrill von Jerusalem 18. 3. *(g)*

**D**amasus I. 11. 12. *(g)*
Damian 26. 9. *(g)*
Damian Deveuster 15. 4.
Daniel 21. 7.
David 29. 12.
Detlev 23. 11.
Diana 10. 6.
Dietmar 5. 3.
Dietrich I. 7. 9.
Dionysius 9. 10. *(g)*
Dominikus 8. 8. *(G)*
Dominikus Savio 9. 3.
Dorothea 6. 2.

**E**berhard 22. 6.
Edith 8. 12.
Edith Stein (Theresia Benedicta vom Kreuz) 9. 8. *(F)*
Edmund 20. 11.
Eduard 18. 3.
Ekkehard 28. 6.
Eleonore 25. 6.
Elfriede 20. 5.
Elisabeth von Portugal 4. 7. *(g)*
Elisabeth von Thüringen 19. 11. *(G)*
Elmar 28. 8.
Engelbert von Köln 7. 11.
Ephräm der Syrer 9. 6. *(g)*
Erhard 8. 1.
Erich von Schweden 10. 7. *(g)*
Ernst 7. 11.
Eucharius 9. 12.
Eusebius von Vercelli 2. 8. *(g)*
Euthymia 9. 9.
Eva 24. 12.
Ewald 3. 10.

**F**abian 20. 1. *(g)*
Fabiola 27. 12.
Felix I. 30. 12.
Felizitas 7. 3. *(G)*
Ferdinand III. 30. 5.
Fidelis von Sigmaringen 24. 4. *(g)*
Florian von Lorch 4. 5. *(g)*
Franz von Assisi 4. 10. *(G)*
Franz von Paula 2. 4. *(g)*
Franz von Sales 24. 1. *(G)*
Franz Xaver 3. 12. *(G)*
Franziska von Rom 9. 3. *(g)*
Fridolin von Säckingen 6. 3. *(g)*
Friedrich 3. 3.

**G**abriel 29. 9. *(F)*
Gallus vom Bodensee 16. 10. *(g)*
Gebhard von Konstanz 26. 11. *(g)*
Genovefa 3. 1.
Georg 23. 4. *(g)*
Gereon 10. 10.
Gerhard 24. 9.
Gerold 19. 4.
Gertrud von Altenberg 13. 8.
Gertrud von Helfta 17. 11. *(g)*
Gertrud von Nivelles 17. 3. *(g)*
Gilbert 4. 2.
Gisbert 7. 11.
Gisela 7. 5.
Godehard von Hildesheim 5. 5. *(g)*
Gottfried von Kappenberg 13. 1.

Gregor VII. 25. 5. *(g)*
Gregor der Große 3. 9. *(G)*
Gregor von Nazianz 2. 1. *(G)*
Gregor von Utrecht 26. 8.
Gudula 8. 1.
Guido 4. 5.
Gunther 8. 10.
Gunthild 21. 2.
Gustav 10. 3.

**H**arald 1. 11.
Hartmut 23. 1.
Hartwig 5. 12.
Hedwig 16. 10. *(g)*
Heimerad von Meßkirch 27. 6.
Heinrich II. 13. 7. *(g)*
Heinrich Seuse 23. 1. *(g)*
Helene 18. 8.
Hemma von Gurk 27. 6. *(g)*
Heribert 30. 8.
Hermann Josef 21. 5. *(g)*
Herta 12. 4.
Hieronymus 30. 9. *(G)*
Hieronymus Ämiliani 8. 2. *(g)*
Hilarius 13. 1. *(g)*
Hildegard von Bingen 17. 9. *(g)*
Hildegard Burjan 12. 6. *(g)*
Hildegund 6. 2.
Hiltrud 27. 9.
Hippolyt 13. 8. *(g)*
Hubert 3. 11. *(g)*
Hugo 1. 4.

**I**da von Herzfeld 4. 9.
Ignatius von Antiochien 17. 10. *(G)*
Ignatius von Loyola 31. 7. *(G)*
Ingeborg 30. 7.
Ingrid 2. 9.
Irenäus 28. 6. *(G)*
Irene 1. 4.
Iris 4. 9.
Irmengard 16. 7.
Irmgard von Aspel 19. 2.
Irmgard von Süchteln 4. 9.
Irmina 3. 1.
Isaak Jogues 19. 10. *(g)*
Isabella 22. 2.
Isidor 4. 4. *(g)*

**J**akobus der Ältere, Ap. 25. 7. *(F)*
Jakobus der Jüngere, Ap. 3. 5. *(F)*
Januarius 19. 9. *(g)*
Jean de Brébeuf 19. 10. *(g)*
Jeanne d'Arc 30. 5.
Joachim 26. 7. *(G)*
Johanna Franziska von Chantal 12. 8. *(g)*
Johannes, Ap. u. Ev. 27. 12. *(F)*
Johannes I. 18. 5. *(g)*
Johannes Baptist de La Salle 7. 4. *(G)*
Johannes Bosco 31. 1. *(G)*
Johannes Capestrano 23. 10. *(g)*
Johannes Chrysostomus 13. 9. *(G)*
Johannes von Damaskus 4. 12. *(g)*
Johannes Eudes 19. 8. *(g)*
Johannes von Gott 8. 3. *(g)*
Johannes von Kety 23. 12.
Johannes von Krakau 23. 12. *(g)*
Johannes vom Kreuz 14. 12. *(G)*
Johannes Leonhardi 9. 10. *(g)*
Johannes Maria Vianney 4. 8. *(G)*
Johannes Nepomuk 16. 5. *(g)*
Johannes Paul II. 22. 10. *(g)*
Johannes der Täufer 24. 6. *(H)*
John Fisher 22. 6. *(g)*
Josaphat 12. 11. *(G)*
Josef von Calazanz 25. 8. *(g)*
Josemaria Escrivá de Balaguer 26. 6. *(g)*
Josefa Stenmanns 20. 5.
Josefine Bakhita 8. 2. *(g)*
Joseph 19. 3. *(H)*

Juan Diego/Johann Didacus 9. 12. *(g)*
Judas Thaddäus, Ap. 28. 10. *(F)*
Judith 29. 6.
Julia 22. 5.
Justin 1. 6. *(G)*
Jutta 22. 12.

**K**ajetan 7. 8. *(g)*
Kalixtus I. 14. 10. *(g)*
Kamillus von Lellis 14. 7. *(g)*
Karl Borromäus 4. 11. *(G)*
Karl der Große 28. 1.
Karl Leisner 12. 8.
Karl Lwanga 3. 6. *(G)*
Kasimir 4. 3. *(g)*
Kaspar 6. 1.
Kastor 13. 2.
Katharina von Alexandrien 25. 11. *(g)*
Katharina von Siena 29. 4. *(F)*
Kilian von Würzburg 8. 7. *(g)*
Klara 11. 8. *(G)*
Klaudia 18. 8.
Klemens I. 23. 11. *(g)*
Klemens Maria Hofbauer 15. 3. *(g)*
Knud von Dänemark 10. 7. *(g)*
Kolumban 23. 11. *(g)*
Konrad von Konstanz 26. 11. *(g)*
Konrad von Parzham 21. 4. *(g)*
Korbinian 20. 11.
Kordula 22. 10.
Kornelius 16. 9. *(G)*
Kosmas 26. 9. *(g)*
Kunibert 12. 11.
Kunigunde 13. 7. *(g)*

**L**ambert von Maastricht 18. 9. *(g)*
Landelin 22. 9.
Laurentius 10. 8. *(F)*
Laurentius von Brindisi 21. 7. *(g)*
Leo der Große 10. 11. *(G)*
Leo IX. 19. 4. *(g)*
Leonhard 6. 11. *(g)*
Leopold III. von Österreich 15. 11. *(g)*
Liborius 23. 7.
Lioba 28. 9. *(g)*
Liudger von Münster 26. 3. *(g)*
Liutwin 23. 9.
Lorenzo Ruiz 28. 9. *(g)*
Lothar 29. 12.
Lubentius 13. 10.
Ludwig IX. 25. 8. *(g)*
Ludwig Maria Grignion de Montfort 28. 4. *(g)*
Lukas, Ev. 18. 10. *(F)*
Luzia 13. 12. *(g)*
Luzius 2. 12. *(g)*

**M**agdalena Sophie Barat 24. 5.
Magnerich 27. 7.
Manfred 28. 1.
Marcel Callo 19. 4. *(g)*
Marcellinus 2. 6. *(g)*
Margareta 20. 7. *(g)*
Margareta Maria Alacoque 16. 10. *(g)*
Margarete von Schottland 16. 11. *(g)*
Maria 12. 9. *(g)*
Maria Droste zu Vischering 8. 6.
Maria Goretti 6. 7. *(g)*
Maria Magdalena 22. 7. *(F)*
Maria Magdalena von Pazzi 25. 5. *(g)*
Marina 17. 7.
Marius 19. 1.
Markus, Ev. 25. 4. *(F)*
Marta 29. 7. *(G)*
Martin I. 13. 4. *(g)*
Martin von Porres 3. 11. *(g)*
Martin von Tours 11. 11. *(G)*
Martina 30. 1.
Maternus 11. 9.
Mathilde 14. 3. *(g)*
Matthäus, Ap. 21. 9. *(F)*

Matthias, Ap. 24. 2. *(F)*
Mauritius 22. 9. *(g)*
Maximin 29. 5.
Maximilian Maria Kolbe 14. 8. *(G)*
Mechthild 26. 2.
Medard 8. 6.
Meinrad von Reichenau 21. 1. *(g)*
Melanie 31. 12.
Melitta 15. 9.
Methodius 14. 2. *(F)*
Michael 29. 9. *(F)*
Mildred 13. 7.
Modesta 6. 11.
Modoald 12. 5.
Monika 27. 8. *(G)*

**N**atalie 1. 12.
Nepomuk Neumann 5. 1. *(g)*
Nereus 12. 5. *(g)*
Niels Stensen 25. 11.
Niketius 3. 10.
Nikolaus 6. 12. *(g)*
Nikolaus von Flüe 25. 9. *(g)*
Norbert von Xanten 6. 6. *(g)*
Notburg 15. 9.

**O**dilia 13. 12. *(g)*
Olaf von Norwegen 10. 7. *(g)*
Olga 11. 7.
Oliver 11. 7.
Oswald 5. 8.
Otmar von St. Gallen 16. 11.
Otto von Bamberg 30. 6. *(g)*

**P**ankratius 12. 5. *(g)*
Patrick 17. 3. *(g)*
Paul Chon Hasang 20. 9. *(G)*
Paul vom Kreuz 19. 10. *(g)*
Paul Miki 6. 2. *(G)*
Paulinus von Nola 22. 6. *(g)*
Paulinus von Trier 31. 8. *(g)*
Paulus, Ap. 29. 6. *(H)*
Pelagius 1. 9.
Perpetua 7. 3. *(G)*
Peter Chanel 28. 4. *(g)*
Petronilla 31. 5.
Petrus 2. 6. *(g)*
Petrus, Ap. 29. 6. *(H)*
Petrus Chrysologus 30. 7. *(g)*
Petrus Claver 9. 9. *(g)*
Petrus Damiani 21. 2. *(g)*
Petrus Fourier 9. 12.
Petrus Julianus Eymard 2. 8. *(g)*
Petrus Kanisius 27. 4. *(g)*
Pierre Chanel 28. 4. *(g)*
Philipp Neri 26. 5. *(G)*
Philippus, Ap. 3. 5. *(F)*
Pirmin 3. 11. *(g)*
Pius V. 30. 4. *(g)*
Pius von Pietrelcina 23. 9. *(G)*
Pius X. 21. 8. *(G)*
Polykarp 23. 2. *(G)*
Pontianus 13. 8. *(g)*

**R**abanus Maurus 4. 2. *(g)*
Rafael 29. 9. *(F)*
Raimund Nonnatus 31. 8.
Raimund von Peñafort 7. 1. *(g)*
Regina 22. 8.
Reiner 14. 1.
Reinhard 7. 3.
Reinhild 30. 5.
Remigius 1. 10.
Renate 22. 5.
Richard 30. 12.
Rita 22. 5. *(g)*
Robert Bellarmin 17. 9. *(g)*
Roland 15. 9.
Romuald 19. 6. *(g)*
Rosa von Lima 23. 8. *(g)*

Roswitha 5. 9.
Rudolf 17. 4.
Rupert 24. 9. *(g)*
Ruth 1. 9.

**S**abina 29. 8.
Scharbel Mahluf 24. 7. *(g)*
Scholastika 10. 2. *(G)*
Sebastian 20. 1. *(g)*
Severin von Norikum 8. 1. *(g)*
Sigfrid 15. 2.
Sigismund 2. 5.
Silvester I. 31. 12. *(g)*
Simeon von Trier 1. 6.
Simon, Ap. 28. 10. *(F)*
Sixtus II. 7. 8.
Sophia 15. 5.
Stanislaus 11. 4. *(G)*
Stephan I. von Ungarn 16. 8. *(g)*
Stephanus 26. 12. *(F)*
Susanna 11. 8.

**T**hea 25. 7.
Thekla 23. 9.
Theodor 19. 9.
Theresia von Jesus (von Avila) 15. 10. *(G)*
Theresia vom Kinde Jesus 1. 10. *(G)*
Thomas, Ap. 3. 7. *(F)*
Thomas von Aquin 28. 1. *(G)*
Thomas Becket 29. 12. *(g)*
Thomas Morus 22. 6. *(g)*
Timotheus 26. 1. *(G)*
Titus 26. 1. *(G)*
Tobias 13. 9.
Turibio von Mongrovejo 23. 3. *(g)*
Trudpert von Breisgau 26. 4.

**U**lrich von Augsburg 4. 7. *(g)*
Ulrich von Zell 14. 7.
Ursula 21. 10. *(g)*

**V**alentin von Rätien 7. 1. *(g)*
Valerius 29. 1.
Vera 24. 1.
Verena von Zurzach 1. 9.
Veronika 4. 2.
Viktor 10. 10.
Viktoria 23. 12.
Vinzenz 22. 1. *(g)*
Vinzenz Ferrer 5. 4. *(g)*
Vinzenz Pallotti 22. 1.
Vinzenz von Paul 27. 9. *(G)*
Virgil 24. 9. *(g)*
Vitus 15. 6. *(g)*
Volker 7. 3.

**W**alburga von Tauberbischofsheim 25. 2. *(g)*
Walter 17. 5.
Wendelin von der Saar 20. 10. *(g)*
Wenzel 28. 9. *(g)*
Werner 19. 4.
Wilfrid 24. 4.
Wilhelm 28. 5.
Willehad 8. 11.
Willibald von Eichstätt 7. 7. *(g)*
Willibrord 7. 11. *(g)*
Willigis 23. 2.
Wiltrud 6. 1.
Wolfgang von Regensburg 31. 10. *(g)*
Wolfram 25. 1.

**X**ystus II. 7. 8. *(g)*

**Z**acharias 15. 3.

# QUELLENNACHWEIS

*S. 7:* Die Zitate wurden entnommen aus: Karl Rahner, Chancen des Glaubens. Fragmente einer modernen Spiritualität, © Verlag Herder, München 1971, S. 52–57.
*S. 22:* aus: Thomas Schlager-Weidinger, Sperrige Nächte – Gedichte zu Advent und Weihnachten, © Echter Verlag, Würzburg 2020, S. 34.
*S. 40:* aus: Andreas Knapp, Gedichte auf Leben und Tod. Mit einem Essay über Gott und die Welt, © Echter Verlag, Würzburg, 4. unveränderte Aufl. 2016, S. 80.
*S. 65:* Durch das Dunkel. Text: Hans-Jürgen Netz, Musik: Christoph Lehmann, aus: Das Schweigen bricht, 1987, alle Rechte im tvd-Verlag Düsseldorf.
*S. 88, 239, 292, 412, 438, 446, 787, 795, 822, 846, 864, 873:* © Eleonore Beck.
*S. 137:* Dag Hammarskjöld, Zeichen am Weg. Das spirituelle Tagebuch des UN-Generalsekretärs, übertr. und eingel. von Anton Graf Knyphausen, © 2011 Verlag Freies Geistesleben & Urachhaus GmbH, Stuttgart.
*S. 173, 259, 421, 429, 459, 655:* © Heinz Detlef Stäps.
*S. 183:* aus: Walter Kardinal Kasper/Mouhanad Khorchide, Gottes Erster Name. Ein islamisch-christliches Gespräch über Barmherzigkeit, herausgegeben von Jürgen Erbacher. Mit einem Geleitwort von Annette Schavan, © Patmos Verlag, Verlagsgruppe Patmos in der Schwabenverlag AG, Ostfildern 2017, www.verlagsgruppe-patmos.de.
*S. 270:* Aus: Josef Wohlmuth, Gast sein im Heiligen Land. Ein narrativ-theologisches Reisebuch, © Verlag Ferdinand Schöningh GmbH & Co. KG, Paderborn 2008, S. 136.
*S. 384:* aus: Georg Schwikart (Hg.), Jesus und ich. Ein Lesebuch für Glaubende und Zweifler, © 2012 Butzon & Bercker GmbH, Kevelaer, S. 134, www.bube.de.
*S. 404:* © Hans Günter Saul.
*S. 447:* aus: Josef Wohlmuth, Jesu Weg – Unser Weg, Echter Verlag, Würzburg 1992, S. 182, © Josef Wohlmuth.
*S. 480:* © Ida Lamp.
*S. 629, 646, 663, 679, 689:* Die Benediktusregel Lateinisch/Deutsch, hg. im Auftrag der Salzburger Äbtekonferenz, 2006, 5. Auflage 2011, © Beuroner Kunstverlag, D-88631 Beuron · www.klosterkunst.de.
*S. 672:* aus: Andreas Knapp, Heller als Licht. Biblische Gedichte, © Echter Verlag, Würzburg, 4. Auflage 2018, S. 55.
*S. 700:* aus: Ulrich Wilckens, Der Brief an die Römer. Studienausgabe, © 2010 Neukirchener Verlagsgesellschaft mbH, Neukirchen-Vluyn, S. 16.

*S. 762:* aus: Wilhelm Willms, Lichtbrechung. Geistliche Lyrik, © 1982 Butzon & Bercker GmbH, Kevelaer, S. 33, www.bube.de.

*S. 770:* aus: Wilhelm Willms, Lichtbrechung, a. a. O., 20–21.

*S. 779:* aus: Karl Rahner, Gebete des Lebens. Mit einer Einführung von Kardinal Lehmann, © 2012 Verlag Herder GmbH, Freiburg i. Br., S. 14.

*S. 830:* Gebet aus Taizé, © Ateliers et Presses de Taizé, 71250 Taizé, Frankreich.

*S. 856:* © Libreria Editrice Vaticana.

*S. 883:* aus: Andreas Knapp, Heller als Licht. Biblische Gedichte, a. a. O., S. 58.

Die Rechte an den übrigen namentlich gezeichneten Texten liegen bei den Verfassern/Verfasserinnen.

Wir sind bemüht, jeweils die genaue Quelle anzugeben. Trotz intensiver Recherche war dies nicht in allen Fällen möglich. Für entsprechende Hinweise ist der Verlag dankbar.

# Modelle für Andachten im Kirchenjahr

## Warten auf die Ankunft Jesu

*Andacht für den Advent*

### Lichtdanksagung (Luzernarium):

#### Material

Prozessionskerze (wenn möglich eine Kerze des Adventskranzes), Dochte zum Anzünden der übrigen Kerzen, kleine Kerzen für die Gottesdienstteilnehmer

#### Gestaltung des Raumes

Der Adventskranz wird deutlich sichtbar im Altarraum aufgestellt, die Kerzen am Altar und im Kirchenraum werden nicht entzündet, der Kirchenraum bleibt möglichst im Dunkeln, falls elektrisches Licht nötig ist, dann so sparsam wie möglich.

#### Einzugsprozession

Bei der Prozession trägt V die brennende Kerze, dazu: Orgelspiel oder Stille
Im Altarraum angekommen: (Ruf GL 659,1)
**V:** Im Namen unseres Herrn Jesus Christus: Licht und Frieden.
**A:** Dank sei Gott.
Die Prozessionskerze wird auf den Adventskranz gesteckt (oder die entsprechenden Kerzen am Adventskranz werden angezündet). Mit ihrem Licht werden zunächst die Kerzen am Altar und dann alle anderen Kerzen im Gottesdienstraum angezündet und das Licht wird an die Gottesdienstteilnehmer verteilt.

Während die Kerzen angezündet werden, wird folgendes Adventslied gesungen:
„Komm, du Heiland aller Welt" (GL 227)

**V:** Wir erwarten die Ankunft unseres Herrn Jesus Christus, des Sohnes Gottes, der Mensch geworden ist aus der Jungfrau Maria.
**A:** Amen.
**V:** Wir preisen dich, Herr Jesus Christus,
du bist das wahre Licht, das die Welt erleuchtet,
du bist die Sonne, die alle Dunkelheit erhellt.
Durch das Wirken des Heiligen Geistes
bist du Mensch geworden,
geboren von der Jungfrau Maria.
Wir gehen dir entgegen, Herr Jesus Christus,
und preisen dich voll Freude:
Du, einziger Sohn Gottes,
du, wahrer Gott und wahrer Mensch,
du, Licht vom ewigen Licht.
**A:** Amen.

**Einführung**

Advent ist die Zeit, in der wir auf die Menschwerdung Jesu warten. Auch in den Texten der Bibel begegnen wir mehreren Personen, die auf die Ankunft Jesu, den Retter, den Erlöser hoffen. Sie tun dies in sehr unterschiedlicher Weise und zeigen uns so, wie wir heute auf die Ankunft Jesu in unserem Leben warten können.

**Die Sterndeuter**

**Bibeltext:** Mt 2,1–2

**Impuls**

Die Sterndeuter beobachten am Himmel ein Zeichen, es ist ein hell leuchtender, sich bewegender Stern. Sie brechen auf, folgen ihm, gehen unbekannte Wege und lassen sich von diesem Stern zu Jesus führen. Die Sterndeuter können uns inspirieren, uns erneut auf die

Suche nach Gott zu machen. Nehmen wir bewusst die Zeichen wahr, in denen Gott sich uns zeigt.
**Lied:** „Mache dich auf und werde licht" (GL 219)

## Schuldbekenntnis

**V:** Gott offenbart sich durch viele Zeichen in der Welt. Aber oftmals sind wir blind und taub für seine Gegenwart und erkennen ihn nicht. Besinnen wir uns in einem Moment der Stille auf das Wirken Gottes in unserem Leben. –
Bekennen wir gemeinsam unsere Sehnsucht, Gott in unserem Leben zu suchen:
**Lied:** „Herr, erbarme dich" (GL 157)

## Johannes der Täufer

**Bibeltext**: Mt 3, 1–6

## Impuls

Johannes der Täufer geht in die Einsamkeit der Wüste. Dort stellt er sich mit seinem Leben ganz in den Dienst Gottes. Er begnügt sich nicht damit, selbst umzukehren, sondern er will alle Menschen durch Umkehr und Taufe wieder mit Gott vereinen. Lassen wir uns in diesem Advent von Johannes mitreißen, nehmen wir uns Zeiten der Stille und Einsamkeit, in denen wir Gott begegnen können, und überdenken wir, wo es gut ist, unsere eingefahrenen Wege zu verlassen.
**Lied:** „Mache dich auf und werde licht" (GL 219)

## Schuldbekenntnis

**V:** Im Lärm und in der Geschäftigkeit unseres Alltags geraten wir immer wieder auf Irrwege, die uns von Gott wegführen. Bedenken wir in einem Augenblick der Ruhe, wie wir unser Leben wieder auf Gott ausrichten können. –
Bekennen wir gemeinsam unsere Bereitschaft, immer wieder auf die Wege Gottes zurückzukehren:

**Lied:** „Herr, erbarme dich“ (GL 157)

### Hanna und Simeon

**Bibeltext:** Lk 2,25–26.36–37

### Impuls

Simeon und Hanna gehören wie Johannes der Täufer zu den letzten Propheten des Alten Bundes am Übergang zum Neuen Bund. Ihr tiefes Vertrauen auf Gott lässt sie in beharrlicher Geduld auf die Ankunft des Retters und Erlösers warten. Sie begegnen Jesus im Tempel. Lassen wir uns in diesem Advent von Simeon und Hanna anregen, öfter zu einem Gebet eine Kirche aufzusuchen, und nehmen wir die Gegenwart Gottes in diesem Raum ganz bewusst wahr.
**Lied:** „Mache dich auf und werde licht“ (GL 219)

### Schuldbekenntnis

**V:** Unsere schnelllebige Zeit macht es uns schwer, geduldig zu warten. Unbewusst sehnen wir uns nach schnellen Ergebnissen, auch bei unserer Gottsuche. Bringen wir in einer kurzen Stille unsere innere Unruhe vor Gott. –
Bekennen wir gemeinsam unsere Ungeduld, mit der wir auf ein Zeichen Gottes warten:
**Lied:** „Herr, erbarme dich“ (GL 157)

### Maria

**Bibeltext:** Lk 1,26–31

### Impuls

Maria wird von der Botschaft des Engels völlig überrascht. Trotzdem öffnet sie sich für Gottes Wirken und vertraut darauf, dass das scheinbar Unmögliche möglich wird. Sie stellt sich ganz in den Dienst Gottes, obwohl sie sicher Angst vor der Reaktion ihrer Eltern und ihres Verlobten, ja des ganzen Dorfes auf ihre Schwangerschaft hatte. Lassen wir uns von Maria ermutigen, uns für Gottes Möglich-

keiten zu öffnen, vertrauen wir ihm, dass er in unserem Leben alles zum Guten führen wird, wenn wir nach seinem Willen leben.
**Lied:** „Mache dich auf und werde licht“ (GL 219)

## Schuldbekenntnis

**V:** In unserer Gesellschaft zählt immer mehr die eigene Leistung. Das macht es schwer für uns, an Gottes Wirken in der Welt zu glauben. Doch Gott hat für jeden von uns eine ganz eigene Berufung. Hören wir in einem kurzen Augenblick der Stille auf seinen Ruf in unserem Leben. –
Bekennen wir gemeinsam das fehlende Vertrauen, dass durch Gott alles in unserem Leben möglich werden kann:
**Lied:** „Herr, erbarme dich“ (GL 157)

## Vaterunser

All unser Hoffen und Sehnen legen wir in das Gebet unseres Herrn und sprechen gemeinsam: Vater unser…

## Lied

„O Herr, wenn du kommst“ (GL 233)

## Segen

**V:** Gnade, Erbarmen und Frieden schenke uns Gott, der Vater, und Jesus Christus, unser Herr.
**A:** Amen.
**V:** Der Segen des allmächtigen Gottes, des Vaters und des Sohnes und des Heiligen Geistes komme auf uns herab und bleibe bei uns allezeit.
**A:** Amen.

*Die Andacht wurde zusammengestellt von Helga Jütten.*

# Vergebung statt Verurteilung

*Andacht für die Fastenzeit*

## Eröffnung

**V:** Wir sind zusammengekommen im Namen des Vaters und des Sohnes und des Heiligen Geistes.

**A:** Amen.

**V:** Unsere Hilfe ist im Namen des Herrn.

**A:** Der Himmel und Erde erschaffen hat.

## Lied

„Zeige uns, Herr, deine Allmacht und Güte" (GL 272)

## Einführung

In der österlichen Bußzeit sind wir eingeladen, unser Leben vor Gott neu zu bedenken und uns von allem abzuwenden, was uns von ihm trennt. Obwohl wir Gott lieben, fällt es uns schwer, Gewohnheiten aufzugeben, dem Mainstream zu widerstehen und nach Gottes Wort zu leben. All dies braucht Zeit, Energie und unseren entschiedenen Willen. Dies ist nur möglich, wenn wir es aus Liebe zu dem tun, der uns Heil und Frieden schenkt, der für uns am Kreuz gestorben ist und uns so in die Fülle des ewigen Lebens hineinnimmt.

## Kyrie-Litanei

Kehrvers: „Kyrie, eleison" (GL 104)

Jesus, du bist der Weg. – *Alle:* Kyrie, eleison.
Du zeigst uns, wie wir reich werden, wenn wir unseren Nächsten lieben. – *Alle:* Kyrie, eleison.
Du zeigst uns, wie wir reich werden, wenn wir teilen, was wir haben. – *Alle:* Kyrie, eleison.
Du zeigst uns, wie wir reich werden, wenn wir helfen, wo Not ist. – *Alle:* Kyrie, eleison.

Du zeigst uns, wie wir reich werden, wenn wir unser Wissen weitergeben. – *Alle:* Kyrie, eleison.

Jesus, du bist die Wahrheit. – *Alle:* Christe, eleison.
Du offenbarst uns die Gebote Gottes, damit wir unser Leben sinnvoll gestalten. – *Alle:* Christe, eleison.
Du offenbarst uns die Gebote der Liebe, damit wir in Gemeinschaft leben. – *Alle:* Christe, eleison.
Du offenbarst uns die Gebote der Vergebung, damit wir frei werden. – *Alle:* Christe, eleison.
Du offenbarst uns die Gebote des Friedens, damit wir aufbauen anstatt zu zerstören. – *Alle:* Christe, eleison.

Jesus, du bist das Leben. – *Alle:* Kyrie, eleison.
Du bist der Sohn Gottes, der uns die Füße gewaschen hat. – *Alle:* Kyrie, eleison.
Du bist der Sohn Gottes, der sich für uns am Kreuz hingegeben hat. – *Alle:* Kyrie, eleison.
Du bist der Sohn Gottes, der den Tod besiegt hat und auferstanden ist. – *Alle:* Kyrie, eleison.
Du bist der Sohn Gottes, der uns das ewige Leben schenkt. – *Alle:* Kyrie, eleison.

**Gebet**

Herr, unser Gott, dein Sohn hat sich aus Liebe zu den Menschen am Kreuz hingegeben. Lass uns, befreit von unserer Schuld, aus seiner Liebe leben. Darum bitten wir durch Jesus Christus, unseren Herrn. Amen.

**Lesung**

Joh 8,1–11

**Impuls**

Haben Sie sich schon einmal gefragt, was Jesus wohl auf die Erde geschrieben hat, als die Pharisäer und Schriftgelehrten ein Urteil von

ihm forderten? Der Evangelist Johannes lässt dies offen. Es könnten die Zehn Gebote sein oder der Psalm 51, in dem David aus Reue über die Verführung der Ehefrau des Urija Gott um Vergebung bittet. Vielleicht schreibt er auch weitere Bedeutungen des Verbs „verurteilen“ auf, z. B.: anprangern – ablehnen – herabsetzen – brandmarken – erniedrigen – beschimpfen – beschuldigen – richten – usw. All diese Verben beschreiben eine subtile Form der Sünde, bei der wir uns im Recht fühlen gegenüber jemandem, der schuldig geworden ist. Sie gibt uns das Gefühl, selbst richtig zu handeln, wenn wir die schwere Sünde eines anderen zur Schau stellen. Sie reiht uns ein in die gesellschaftliche Meinung, aus deren Deckung wir selbst, fast anonym, andere wieder und wieder beschuldigen können. Sie beschäftigt uns schließlich mit den Vergehen der anderen und verhindert so, dass wir uns selbst prüfen, dass wir unsere eigene Schuld ansehen und zugeben. Es ist daher gut, wenn wir Gott das Richten überlassen. Er kennt das Herz jedes Menschen viel besser als wir und sein Urteil allein ist gerecht.
Das Evangelium ermutigt uns, die eigenen Sünden vor Jesus zu bekennen, der uns durch seinen Tod am Kreuz erlöst hat. Er verurteilte weder die Pharisäer und Schriftgelehrten noch die Frau, obwohl alle schuldig vor Gott geworden sind. So dürfen auch wir darauf vertrauen, dass Jesus uns nicht verurteilt, sondern uns seine Vergebung schenkt, um mit seiner Hilfe von Neuem zu beginnen und nach seinem Wort zu leben.

## Besinnung mit Schuldbekenntnis

Prüfen wir in der folgenden Besinnung, wo wir schuldig vor Gott geworden sind:

Wo komme ich in dem Evangelium vor?

Bin ich wie die Schriftgelehrten und Pharisäer? Kenne ich die Gebote Gottes? – *kurze Stille*
Handle ich nach den Geboten Gottes? – *kurze Stille*
Verurteile ich Menschen, die dies nicht tun? – *kurze Stille*
Welche Steine werfe ich? – *längere Stille*

Bin ich wie die Ehebrecherin? Suche ich Liebe bei anderen Menschen und nicht bei Gott? – *kurze Stille*
Ist Vergnügen mir wichtiger als Treue? – *kurze Stille*
Wie wichtig sind mir Ehe und Familie? – *kurze Stille*
Lastet eine schwere Schuld auf mir? – *längere Stille*

Bin ich wie Jesus? Bete ich, bevor ich anderen Menschen sage, wie sie leben sollen? – *kurze Stille*
Kann ich schweigen, wenn andere mich provozieren? – *kurze Stille*
Welche Antworten habe ich, wenn andere ein Urteil von mir fordern? – *kurze Stille*
Kann ich vergeben? – *längere Stille*

Bitten wir Gott um Vergebung unserer Schuld:
**A:** Ich bekenne Gott, dem Allmächtigen … (GL 582,4A)
**V:** Der allmächtige Gott erbarme sich unser. Er lasse uns die Sünden nach und führe uns zum ewigen Leben.
**A:** Amen.

### Lied

„Erbarme dich, erbarm dich mein, Herr“ (GL 268)

### Vaterunser

**V:** Lasst uns beten, wie der Herr uns zu beten gelehrt hat:
**A:** Vater unser…

### Meditation

In die Mitte gestellt,
angeprangert,
verurteilt.
Du kennst das.

In meiner Angst,
meiner Not,
meiner Einsamkeit,

bist du da.

Dein Wort
rettet,
befreit,
heilt.

Dein Kreuz,
mein Leid,
hier
begegnen wir uns.

## Segen

**V:** Der Herr lasse uns wachsen in der Liebe zueinander und zu allen Menschen. Er stärke unsere Herzen, damit wir nach seinem Wort leben und geheiligt sind vor Gott, unserem Vater.

**A:** Amen.

**V:** Der Segen des allmächtigen Gottes, des Vaters und des Sohnes und des Heiligen Geistes komme auf uns herab und bleibe bei uns allezeit.

**A:** Amen.

## Lied

„Du Sonne der Gerechtigkeit“ (GL 269)

*Die Andacht wurde zusammengestellt von Helga Jütten.*

# Segne du, Maria

## *Andacht für den Marienmonat Mai oder den Rosenkranzmonat Oktober*

### Lied

„Maria, dich lieben ist allzeit mein Sinn" (GL 521)

### Liturgischer Gruß

**V:** Im Namen des Vaters und des Sohnes und des Heiligen Geistes.
**A:** Amen.
**V:** Gott, Vater im Himmel, du hast Maria mit deiner Gnade beschenkt, durch sie ist dein Sohn Jesus Christus zur Welt gekommen, der uns das Heil erwirkt hat. – Wir loben dich.
**A:** Wir preisen dich.
**V:** Herr Jesus Christus, auf die Fürsprache deiner Mutter Maria hast du Wasser in Wein verwandelt als ein Zeichen, dass Gott uns teilhaben lassen möchte an seiner Fülle. – Wir loben dich.
**A:** Wir preisen dich.
**V:** Heiliger Geist, du hast Maria mit deiner Kraft erfüllt, du wirkst auch heute in der Kirche und schenkst Einheit und Frieden. – Wir loben dich.
**A:** Wir preisen dich.

### Einführung

Segnen bedeutet, jemandem etwas Gutes zuzusprechen. Segen dürfen wir von Gott erbitten, der die Quelle alles Guten ist und der unser Heil möchte. Wir dürfen Segen für andere erbitten und auch selbst segnen. Auch Maria, die Mutter der Kirche und damit unser aller Mutter, bitten wir um ihren Segen. Wir bitten sie, ein gutes Wort bei ihrem Sohn für uns und alle Menschen einzulegen, und wir können darauf vertrauen, dass Jesus diese Fürsprache seiner Mutter erhört, so wie wir es in der folgenden Lesung hören:

## Bibeltext

Johannes 2,1–9a

## Kurze Stille

## Lobpreis und Bittgebet

## Lied

„Gegrüßet seist du, Königin" (GL 536,1)

Maria, Mutter Gottes,
dein Herz ist voller Liebe,
du nimmst uns an die Hand
und führst uns zu deinem Sohn.
Segne uns,
die wir hier zusammengekommen sind,
segne unsere Herzen mit Frieden
und unsere Hände mit Güte.

## Lied

„O Mutter der Barmherzigkeit" (GL 536,2)

Maria, Mutter der Kirche,
dein Herz ist voller Barmherzigkeit,
Du breitest schützend deinen Mantel aus
über das ganze Volk Gottes.
Segne alle, die wir lieben,
segne die Notleidenden mit allem, was sie brauchen,
mit Nahrung, mit Wasser, mit Heimat,
und forme unser aller Herz nach deinem Herzen.

## Lied

„O mächtige Fürsprecherin" (GL 536,5)

Maria, Königin des Himmels,
du bist von deinem Sohn verherrlicht
und in den Himmel aufgenommen worden.
Segne uns, die wir hier auf der Erde leben,
mit dem Glauben an deinen Sohn,
der unsere Schuld vergibt,
und segne unser Reden und Tun,
damit wir teilhaben am himmlischen Festmahl.

*Hier können ergänzend folgende Rosenkranzgesätze gebetet werden:*
Jesus, der unsere Bitten erhört.
Jesus, der uns das ewige Leben in seinem Reich verheißt.

**Lied**

„Dein mildes Auge zu uns wend“ (GL 536,6)

**Vaterunser**

**V:** Bitten wir mit den Worten Jesu, dass das Reich Gottes hier auf Erden Wirklichkeit werde:
**A:** Vater unser…

**Lied**

„Nun singe Lob, du Christenheit“ (GL 487)

**Segen**

Der Herr segne und behüte uns. Der Herr lasse sein Angesicht über uns leuchten und sei uns gnädig. Der Herr wende uns sein Angesicht zu und schenke uns seinen Frieden.
**A:** Amen.

**Lied**

„Segne du, Maria“ (GL 535)

*Die Andacht wurde zusammengestellt von Helga Jütten.*